DICIONÁRIO DE MAÇONARIA

JOAQUIM GERVÁSIO DE FIGUEIREDO 33.º

DICIONÁRIO DE MAÇONARIA

Seus Mistérios
Ritos
Filosofia
História

(Revista e ampliada)

EDITORA PENSAMENTO
São Paulo

Edição	O primeiro número à esquerda indica a edição, ou reedição, desta obra. A primeira dezena à direita indica o ano em que esta edição, ou reedição, foi publicada.	Ano
12-13-14-15-16-17-18-19		02-03-04-05-06-07-08-09

EDITORA PENSAMENTO-CULTRIX LTDA.
Rua Dr. Mário Vicente, 368 – 04270-000 – São Paulo, SP
Fone: 272-1399 – Fax: 272-4770
E-mail: pensamento@cultrix.com.br
http://www.pensamento-cultrix.com.br

Impresso em nossas oficinas gráficas.

ÍNDICE

PREFÁCIO

Este Dicionário é fruto de quase meio século de modesta militância no campo maçônico, e de longas lucubrações e pesquisas em torno desse tema. É que sempre sentimos na Maçonaria algo mais importante do que uma simples continuação tradicional dos chamados grêmios operativos medievais, e muito menos uma associação utilitarista de "clubes para entretenimentos sociais, políticos e comerciais", como alguns a têm tachado. Bem ao contrário, sempre sentimos na verdadeira Maçonaria uma testemunha muito antiga de organizações culturais, morais, filosóficas e espirituais, cujas raízes remontam a civilizações pré-históricas, que pompearam gloriosas num passado tão longínquo que hoje se nos afiguram brumas caóticas.

Algo semelhante ocorre com as grandes e milenares religiões: quanto mais se aprofundam suas pesquisas, tanto mais esplendem as suas doutrinas fundamentais e brilham as suas fontes originais. Daí o paralelismo que se evidencia entre as linhas mestras das religiões e as da Ordem maçônica, e mesmo identidade de suas origens e finalidades. No entanto, no tocante à idade cronológica, há uma nítida diferença entre as religiões e a Maçonaria: é que, se às primeiras é possível determinar-se a época e até o dia de seu nascimento, o mesmo não acontece com a segunda. Quanto mais se investiga a origem da tradição maçônica, tanto mais ela recua no tempo e se perde nas dobras dos séculos, pois há profundas pegadas suas em países antiquíssimos como a Índia, Egito, Pérsia, Assíria, Babilônia, Grécia, Itália, México, etc. Evidentemente ali não teve a mesma denominação, uma porque as línguas foram outras, e outra porque, ao longo dos séculos, ela adotou diferentes denominações, ou para adaptar-se ao espírito da época e de seu povo, ou para escapar às perseguições fanáticas de que foi vítima. O próprio vocábulo *maçon*, "pedreiro", é relativamente recente, pois data do antigo francês medieval, e foi adotado para despistar as perseguições da Inquisição e de seus comparsas.

Para testemunhar a antiguidade da tradição maçônica, permita-se-nos citar aqui apenas dois dos investigadores mais recentes.

O primeiro foi Sir Arthur Evans, que descobriu, em 1900, em Creta, as ruínas do palácio do legendário rei Minos, um dos gregos pelasgos perdidos nos tempos pré-históricos. No interior desse palácio Evans encontrou muitos símbolos, posições, emblemas e alegorias nitidamente maçônicos (Leadbeater, *Pequena História da Maçonaria,* págs. 68-72 *et seq.*, Ed. *Pensamento*). O outro pesquisador, o famoso jornalista e escritor Paul Brunton, em seu livro recente, *O Egito Secreto,* relata o que descobriu no Egito, especialmente em suas pirâmides e nos fabulosos templos de Abidos, Karnak, Denderah (que tanta admiração causou a Napoleão Bonaparte). Sobre o que viu em Abidos declarou o autor: "O polido trono cúbico (de Osíris) indicava o domínio da natureza animal do homem. Seus ângulos retos mostravam que os iniciados devem sempre comportar-se *com retidão,* donde vem a frase na Franco-maçonaria, *pela conduta reta.* A Franco-maçonaria possui a tradição ancestral mais antiga do que o supõem os próprios Maçons ... Abidos, a primeira sede da religião de Osíris, foi também a primeira Grande Loja dos ritos secretos daquela religião; isto é, dos Mistérios, os progenitores da primitiva Franco-maçonaria." E mais adiante: "... ainda hoje os Maçons conservam alguns restos dessas antigas instituições (dos Mistérios), cujas raízes remontam ao Egito. Os membros da Maçonaria mencionam Pitágoras como um exemplo desta antiga instituição — sabem eles que Pitágoras foi iniciado no Egito? Os que instituíram os graus na Maçonaria adotaram vários dos símbolos significativos dos Mistérios egípcios." Em outro trecho comenta o mesmo autor:

"Eu creio com Plutarco, que diz: "Não há deuses diferentes nos diferentes povos, quer sejam bárbaros, pois mesmo o sol, a lua, o céu, a terra e o mar, que são propriedades comuns de todos os homens, são designados de modo diverso nos diferentes países." (*op. cit.,* 2.ª ed., pp. 151, 153, 154 e 175; Ed. *Pensamento.*)

Entre os modernos autores maçônicos, o erudito Irmão Jules Boucher chega a dizer:

"Coloca-se, em certas Lojas, a Bíblia aberta na primeira página do Evangelho de S. João, freqüentemente considerado o "Evangelho do Espírito". Sabe-se que, segundo certos autores, São Pedro simbolizaria a igreja "exterior" e São João a igreja "interior". Também se tem querido ver no vocábulo de São João utilizado pela Maçonaria a prova evidente de sua ligação à *Gnose,* considerada como a doutrina secreta e interior da Igreja." (*La Simbolique Maçonnique,* p. 84.)

A propósito, cabe também aduzir que as festividades solsticiais (ou dos dois São João), tradicionalmente celebradas no Cristianismo e na Maçonaria, como, igualmente, as equinociais da primavera e outono, provêm de eras pré-cristãs, sendo encontradas nos antiquíssimos cultos egípcios, gregos, latinos, judaicos, etc. Mais um testemunho de que todos esses cultos são ramificações diversas de um tronco comum, a atestar a sua unidade fundamental.

Em suma, encontramo-nos no ocaso do século vinte, em que as ciências e a cultura geral galgaram altíssimo nível e âmbito mundial. Acham-se amplamente democratizadas e popularizadas, e abrangem vidas, concepções e classes sociais, políticas e religiosas completamente diversas das que imperavam, por exemplo, há três séculos atrás. Tão prodigioso progresso não atingiu ainda o seu apogeu; não se pode prever até onde irá, e nenhuma força poderá detê-lo em sua ascensão, para felicidade do homem. Portanto, não se pode mais permanecer raciocinando impenitentemente nos estreitos padrões mentais dominantes no século dezessete, quando se tornou mais agudo o sentimento da necessidade da transformação da Maçonaria operativa em especulativa, para adaptá-la ao espírito da época. E apesar dos recalcitrantes, tal transformação se concretizou em Londres a 24 de junho de 1717, quando os idealistas reformadores não podiam ainda contar com os recursos culturais hoje postos à nossa disposição, e que a nenhum Maçom autêntico é lícito ignorar nem recusar.

Ademais, nossa Real Ordem não é um simples relicário guardando e perpetuando tradições e lendas mortas do passado. É antes um organismo palpitante de vida, esperanças e ideais para o presente e para o futuro; por isso ali tudo tem um significado, uma filosofia e uma história. Sua missão precípua é servir o Grande Arquiteto do Universo, para uns, e à Humanidade, para outros, porém de qualquer modo *servir*. O Grande Arquiteto tem um Plano para o Seu Universo; esse Plano se chama *Evolução,* e por isso dizia Salomão, um dos patronos lendários da Ordem: "A Sabedoria Divina dirige suave e poderosamente todas as coisas." Assim, se a Real Ordem foi gloriosa no passado nebuloso, sê-lo-á muito mais no futuro radioso, que já se aproxima.

Tais são as diretrizes que nortearam a feitura deste léxico. Longe de estar perfeito, esperamos, no entanto, que seja útil a todos os Maçons e que eles possam também melhorá-lo com suas sugestões, encaminhando-as à Editora *Pensamento*.

JOAQUIM GERVÁSIO DE FIGUEIREDO

ABREVIATURAS E SINAIS USADOS NESTE LIVRO

a. C.	antes de Cristo
ár.	árabe
arâm.	arâmico
A. L.	Anno Lucis
Apoc.	Apocalipse
cald.	caldeu
Cân.	Cântico
Cf.	Confronte-se
Cop.	Copto
Crôn.	Crônicas
C. W. L.	Charles Webster Leadbeater, 33.º
der.	derivação de
dim.	diminutivo
d. C.	depois de Cristo
D. S.	*La Doctrina Secreta* de H. P. Blavatsky, Editorial Glem, Buenos Aires, 1946
D. S. B.	Idem, edição brasileira, Ed. Pensamento
eg.	egípcio
esc.	escandinavo
Ezeq.	Ezequiel
fem.	feminino
fr.	francês
Gên.	Gênese
gn.	gnóstico
gr.	grego
heb.	hebreu
H. L.	*Hinner Life* (Vida Interna de C. W. L.)
H. P. B.	Helena Petrowna Blavatsky
ing.	inglês
isl.	islandês
lat.	latino

mit.	mitologia.
pers.	persa.
pl.	plural.
pp.	páginas.
pr.	procedente de.
pron.	pronuncia-se.
prov.	provavelmente.
q. v.	*quov vide* (lat.) "que veja-se" = "veja-se esta palavra" q.v.c.
S. D.	*The Secret Doctrina* de H. P. B., ed. The Theosophical Publishing House, Londres, 1893.
V.	Veja-se.
Verb.	Verbete.
W. W. W.	W. W. Wescott, secretário geral da Sociedade Rosa-Cruz e autoridade em Cabala, muito citada por H.P.B.
—	Substitui, nas frases, a palavra a que se aplica.
=	igual a.
+	mais.

A

A. *1* — Primeira letra do alfabeto maçônico, indicada por um ângulo reto, à pág. 16. *2* — Seguida de três pontos indicando os vértices de um triângulo eqüilátero (A. ˙ .), é a abreviatura de *Arquiteto.* *3* — No Rito Escocês Antigo e Aceito, constitui a jóia do grau 24.º e usa-se pendente do colar da *Ordem.* *4* — Na jóia do grau 12.º do Rito de Mênfis, figura no centro de um triângulo e é inicial da palavra sagrada *Adonai.* *5* — No grau 40.º do Rito de Misraim, aparece entre outras letras no quadro da *chave maçônica* e é inicial da palavra sagrada *Abendago.* *6* — No triângulo bordado na abeta do avental usado no grau 8.º do Rito Escocês Antigo e Aceito (*Intendentes dos Edifícios*) e no mesmo grau do Rito de Mênfis (*Mestre de Israel*), figuram as letras B. A. J., em que A. é inicial de *Achar* (pron. *akar*). *7* — Na manga do machado tomado por jóia dos *Cavaleiros Real Machado* e dos *Cavaleiros Príncipes do Líbano,* tem o A. três significados diferentes: *Abda, Adoniram* e *Ananias.* (Ver A. ˙ . A. ˙ . C. ˙ . D. ˙ . X. ˙ . Z. ˙ . A. ˙ .) *8* — Tanto na banda como em ambos os lados da jóia dos *Grandes Pontífices* ou *Sublimes Escoceses,* chamados da *Jerusalém Celeste,* vem bordado um A em cima da letra grega *omega,* significando, respectivamente, o *princípio* e o *fim,* ou Deus em linguagem simbólica. *9* — No chapéu dos Cavaleiros Kadosh, grau 30.º do Rito Escocês Antigo e Aceito, brilha um sol entre as letras N e A, iniciais de *Nekam* e *Adonai,* palavras sagradas desse grau. *10* — Na jóia dos *Perfeitos Arquitetos,* grau 28.º do Rito de Misraim, aparecem enlaçadas as letras A e J no centro do círculo inscrito no triângulo de ouro, como iniciais das palavras sagradas, correspondendo A a *Adonai.* Idêntico significado representa esta letra entre as doze iniciais constantes do triplo triângulo que se vê no simbolismo deste grau. *11* — Ao redor do talar que vestem as *Mestras egípcias,* grau 3.º da Maçonaria de Adoção de Cagliostro, figuram as sete letras iniciais dos anjos que presidem os sete planetas; o primeiro

A corresponde a *Anael,* que preside o Sol, e o último a *Anochiel,* que preside Saturno. (Ver A.·. M.·. R.·. G.·. V.·. Z.·. A.·.) *12* — No acampamento idealizado pelo rei da Prússia, Frederico II, cuja explicação corresponde ao grau 32.º do Rito Escocês Antigo e Aceito, a letra A representa a tenda chamada *Zorobabel,* verde-clara, dos *Cavaleiros do Oriente* ou da *Espada.*

A.·. A.·. C.·. D.·. X.·. Z.·. A.·. Letras gravadas no cabo do machado de ouro, que é a jóia do grau 2.º do Rito Escocês Antigo e Aceito. São as iniciais dos nomes Abda, Adoniram, Ciro, Dario, Xerxes, Zorobabel e Ananias.

AARÃO (heb.), "Iluminado". Irmão mais velho de Moisés, da tribo de Levi, é o primeiro iniciado do legislador hebreu, e como tal, figura à testa da linha ou hierarquia dos iniciados *Nabim* ou videntes, tendo morrido sobre o monte Hor. Foi declarado e sagrado Sumo Pontífice, funções que ficaram vinculadas à sua família. Seu nome, personalidade e funções aparecem nos Ritos e tradições da Maçonaria, dado que esta tomou grande parte de seus símbolos da história do povo israelita.

AARONITAS. São os descendentes de Aarão (*I Crôn. 27:17*).

AB. Denominação do undécimo mês maçônico, tirado do calendário hebreu.

ÁBACO, derivado do fenício *abak*: terra, pó. *1* — Entre os antigos era uma tabuinha quadrada, sobre a qual se traçavam planos, figuras, bem como caracteres para ensinar a ler às crianças. Alguns maçons supõem, por isso, derivar daí a sua *prancha de traçar.* *2* — Bastão de mando que usava o Grão-Mestre dos Templários.

ABADDON. *1* — Nome hebreu dado ao Anjo do Abismo, ou Anjo do Inferno, que em grego se denomina *Apollyon* (*Apocalipse 9:11*). *2* — Palavra dada como senha geral no grau 17.º do Rito Escocês Antigo e Aceito, e no mesmo grau do Rito de Mênfis. *3* — É também palavra sagrada nesse mesmo grau, em ambos os Ritos e do grau 47.º do Rito de Mênfis. (Cf. *Appolyon.*)

ABANDONO. Antes de ser introduzido na câmara de reflexões, o aspirante às provas de iniciação tem de se desprender de todas as jóias, armas, metais, dinheiro e qualquer outro objeto de valor que leve consigo. Entrega-os, por isso, ao irmão Terrível, o Preparador; este, por sua vez, os leva ao Venerável, que os deposita sobre o Trono, à vista de todos os membros da Loja. Simboliza esse ato o abandono ou o desprendimento que deve caracterizar o filósofo e o maçom, já que estes só devem ter por aspiração o seu próprio aperfeiçoamento. Conseguem-no abandonando todos os prazeres e paixões e não se preocupando com os bens terrenos, que são, na maioria das vezes, a causa de qualquer valor ou metal, por descuido ou não do candidato, durante a cerimônia maçônica, invalida a Iniciação, sendo necessário repeti-la desde o começo, em dia que for designado.

ABARIM, heb., pl. de *ébher* ou *eber,* "aquele que atravessou". Palavra sagrada dos graus 33.º e 34.º do Rito de Mênfis, cujos membros são chamados *Sublimes Cavaleiros Escolhidos.* (Cf. *Gabarim; Num.* 27:12).

ABATER COLUNAS. Suspender os trabalhos ativos; fechar ou dissolver temporária ou definitivamente uma Loja. (Cf. *Reatar os Trabalhos*).

ABDA. Um dos nomes indicados pelas iniciais contidas no cabo do machado de ouro, símbolo do grau 22.º do Rito Escocês Antigo e Aceito. (Cf. *I Reis* 4:6).

ABDAMON ou ABDOM. Personagem bíblico, representado no grau 14.º do Rito Escocês Antigo e Aceito pelo oitavo oficial da Loja, o *Grande Orador,* que se coloca ao Sul, próximo ao altar dos perfumes.

ABECEDÁRIO. Ordem ou série de letras, cifras hieróglifos e outros sinais convencionais empregados na escrita maçônica. (V. página 16). (Cf. Nove).

ABEL (heb.), "passageiro" ou "sopro". *1* — Segundo filho de Adão, morto por Caim (*Gên.* 4:1-16). *2* — Figura em alguns Ritos maçônicos como símbolo de bondade e inocência, ao passo que seu irmão assassino representa a inveja e a maldade. (Cf. *Caim*).

ABENDAGO. Palavra sagrada do grau 40.º do Rito de Misraim, ali representada pela letra A do quadro da chave maçônica.

ABERDEEN. Povoação da Escócia, para a qual, em 1361, foi transferida a residência de Pedro de Aumont, Grão-Mestre da Ordem denominada Estrita Observância, que chegou a constituir um ramo da Franco-maçonaria. (V. *Estrita Observância*).

ABERTURA. A cerimônia inicial dos trabalhos das Lojas, de acordo com os seus rituais.

ABIBAAL (heb.). *1* — Palavra de passe dos Eleitos dos Nove, grau 4.º do Rito Moderno Francês. *2* — Nome atribuído

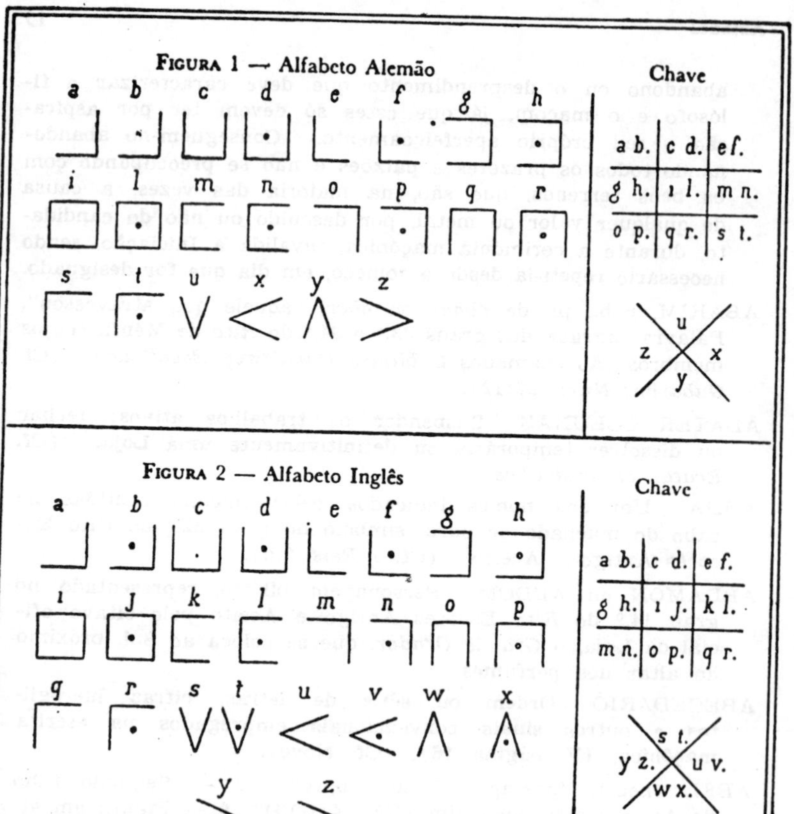

Alfabetos e chaves maçônicos

ao pai de Hiram, rei de Tiro, e a um dos supostos assassinos de Hiram Abiff, donde o seu significado *Patrem destruens: que destrói o pai.* *3* — Também se escreve *Abibalc, Abibalg* e *Abibalang,* que não passam de corrutelas do nome original. (Cf. *Abibalag; Abiram.*)

ABIBALAG ou ABIBALA (heb.), "destruidor do pai". *1* — Nome suposto de um dos assassinos de Hiram Abiff. *2* — Palavra de passe dos Eleitos do Nove, grau 4.º do Rito Moderno Francês. (Cf. *Abibaal.*)

ABIEGNUS MONS (lat.), "*Monte Abiegno*" ou de "*Abeto*". Um nome místico. Os documentos rosa-cruzes aparecem freqüentemente expedidos de certa montanha com este nome, Tem conexão com os Montes Meru, Mariah, Olimpo, Sião ou Herman, Sinai e outros montes sagrados, que antigamente eram lugares de iniciações, revelações e cultos. (Cf. *Ararat; Sinai*).

ABINADAB (heb.), "pai da nobreza". Um dos 12 Mestres Eleitos, ou seja, dos 12 Príncipes de Ameth, nomeados pelo rei Salomão, segundo a lenda, governadores de Israel e chefes das tribos. Representa-o uma das luzes que iluminam o capítulo do grau 11.º do Rito Escocês Antigo e Aceito.

ABIRAM (heb.), "pai das alturas" ou "alguém que se eleva". *1* — Um rubenita que conspirou contra Moisés (*Núm. 16:1*). *2* — Segundo a lenda do grau de Mestre 3.º, foi um dos assassinos de Hiram Abiff. *3* — É a palavra sagrada do grau 6.º da Maçonaria Adoniramita, e palavra de passe do grau 10.º da mesma. *4* — No Rito de Misraim é palavra de passe do grau 13.º. *5* — No Rito Moderno ou Francês, é o personagem que no grau 4.º recebe o nome de Abibalah. Alguns Rituais consignam *Abi-Ramah.* (Cf. *Vilões*).

ABI RAMAH (heb.), "o que abate o pai". Na antiga iniciação egípcia, era o nome de um dos maus companheiros. (Cf. *Abibaal; Abiram.*)

ABISUS. Palavra que se profere com outras duas, no grau 17.º do Rito Escocês Antigo e Aceito, ao fazer-se o sinal geral.

ABLUÇÃO. Do latim *abluere*: lavar, limpar. Cerimônia por que passa o *recipiendário,* no decurso de sua iniciação, para ensinar-lhe que a limpeza do corpo físico é uma das condições prévias para a pureza da alma. No consenso geral, a ablução tem sido considerada uma cerimônia de purificação, porém a Maçonaria adota a remotíssima tradição hindu de que têm de ornar o coração humano. (Cf. *I.·. N.·. R.·. I.·.; Nome Inefável; Pedra de Fundação; Real Arco,* Maçonaria do.)

ABÓBADA. *1* — Parte da arquitetura que figura muitas vezes nas construções e cerimônias da Franco-maçonaria. Recorda muitos dos edifícios da antiguidade, e sobretudo, o Templo erigido pelo rei Salomão. *2* — No grau 14.º do Rito Escocês constitui a verdadeira representação da Loja; em muitas outras de suas cerimônias imita-se a Abóbada por meio de diversas atitudes e vários atributos inerentes a cada grau.

ABÓBADA CELESTE. Forro simbólico da Loja para representar o caráter de sua universalidade. (Cf. *Céu*).

ABÓBADA DE AÇO. É formada pelos irmãos, colocados em duas ou quatro fileiras, armados de espadas cruzadas no alto, a fim de que, por baixo destas e por entre eles, passem certos visitantes e autoridades.

ABÓBADA ESTRELADA ou ABÓBADA DO TEMPLO. Imagem do céu ou da imensidade. (Cf. *Abóbada Celeste*).

ABÓBADA SAGRADA ou SECRETA. *1* — Nome dado à Loja ou só à parte dela, em certas ocasiões, na liturgia de vários graus. *2* — *Cavaleiro da Abóbada Sagrada.* Grau 14.º da série simbólica do Rito de Mênfis.

ABÓBADA SUBTERRÂNEA. *1* — Segundo uma lenda do Rito Escocês Antigo e Aceito, é uma câmara secreta que Salomão mandou construir sob o recinto do Templo de Jerusalém, para custodiar em lugar seguro o precioso Delta de ouro, que Hiram Abiff, ao ser assassinado, levava pendente de seu pescoço e atirou dentro de um poço para impedir caísse em poder dos seus assassinos. Essa jóia, depois de muito lamentada a sua perda, foi descoberta por uma feliz casualidade; o citado monarca depositou-a nesse santuário e nomeou uma guarda permanente, composta de Mestres selecionados, para velá-la constantemente. Figura em muitos graus de vários Ritos e sistemas, baseados nessa lenda, e com denominações e finalidades diferentes. *2* — Segundo uma interpretação mística do Cavaleiro da Rosa-Cruz grau 18.º de Heredom, essa abóbada é uma denominação simbólica do coração humano, o santuário da Vida, em cujo interior se oculta a Centelha Divina (o Divino Tetragrammaton), que cabe ao preparado candidato procurar diligentemente até descobri-la e fazê-la iluminar as trevas do mundo. A lenda anterior alegoriza este fato universal, e os Mestres ali escolhidos personificam as virtudes que têm de ornar o coração humano. (Cf. *I.·. N.·. R.·. I.·.*; *Nome Inefável; Pedra de Fundação; Real Arco,* Maçonaria do.)

ABOLLA. Na antiga Grécia era o nome de um manto de uma só peça de tecido, que se colocava dobrada, presa com um broche caindo do peito. Em algumas Lojas maçônicas, os Irmãos se envolvem nestas *abollas,* na iniciação de profanos e na recepção de grau de Mestre e outros. (Cf. *Balandrau*).

ABRA ou ABRAC, "rei sem mancha". Nos Ritos Escocês e de Mênfis, é a resposta que se dá à palavra sagrada do grau 28.º. Também se escreve erroneamente *Abbraak* e *Albra.*

ABRAÇO FRATERNAL. É uma demonstração de boa acolhida, dada pelos maçons nos diferentes graus. Faz também parte da última cerimônia da iniciação, e consiste em o Venerável abraçar três vezes o recipiendário, dando-lhe o nome de Irmão. Dado de certa maneira e acompanhado de determinados sinais e palavras, representa uma das formas de mútuo reconhecimento dos maçons de certos Ritos e graus.

ABRAHÃO. *1* — Em hebreu significa *Pai de grande multidão.* *2* — Na maioria dos Ritos da Franco-maçonaria, e especialmente no de Iorque e no Escocês Antigo e Aceito, grande número dos símbolos empregados objetiva recordar e venerar a aliança feita por Deus com os homens na pessoa de Abrahão. *3* — No grau 3.º da Adoção, a Franco-maçonaria feminina usa símbolos para recordar o sacrifício ordenado pelo Senhor ao marido de Sara. No painel que se coloca na Loja para a cerimônia de recepção da Companheira, figura entre outras pinturas um arco-íris, e debaixo deste, a figura de Abrahão com a espada levantada em atitude de imolar seu filho. Segundo o catecismo do grau de Mestra, êste símbolo recorda que todo bom franco-maçom deve sacrificar o que mais estima no altar da virtude e da verdade. *4* — No grau 18.º do Rito Escocês Antigo e Aceito e em todos os demais Ritos, ao basear a sua liturgia na propagação das três virtudes teologais, exalta-se como exemplo de *Fé* o holocausto de Isaac, submissamente feito por Abrahão. *5* — No Rito de Misraim aparece Abrahão como um dos Patriarcas Grandes Conservadores da Ordem.

ABRAXAS ou ABRASAN, (gn.). *1* — Palavra mística que se tem feito remontar até Basílides, o pitagórico de Alexandria (ano 90 d. C.). Êste filósofo a empregava como um nome da Divindade, a suprema das Sete, e como dotada de 365 virtudes. *2* — Pedras gravadas, usadas como símbolos religiosos e amuletos de algumas seitas do século II, no Oriente. Geralmente eram gemas representando o corpo humano com cabeça de galo, um dos braços com um escudo e o outro com um látego.

ABREVIATURAS. Constituem uma forma especial de escrita, com a qual, nos documentos da Franco-maçonaria, se grafam algumas palavras ou títulos de uso ali corrente. Aos que lêem ou escrevem documentos da Ordem, será útil a lista abaixo:

A.·. D.·. — *Anno Domini* (No Ano do Senhor ou da Era Cristã).

A.·. Dep.·. — *Anno Depositiones* (No Ano da renúncia ou abdicação do poder).

A.·. F.·. and A.·. M.·. — *Ancient Free and Accepeted Mason* (Franco-maçom Antigo e Aceito).

A.·. I.·. — *Anno Inventionis* (No ano das invenções).

A.·. L.·. — *Anno Lucis* (No ano da Luz).

Ao Oc.·. — Ao Ocidente.

A.·. G.·. D.·. G.·. A.·. D.·. U.·. — À glória do Grande Arquiteto do Universo.

Ao Or.·. — Ao Oriente.

A.·. M.·. — *Anno Mundi* (No ano do mundo).

An.·. — Anjo.

A.·. Or.·. — *Anno Ordinis* (No ano da Ordem).

Ap.·. ou Apr.·. — Aprendiz.

A.·. Y.·. M.·. — *Ancient York Masons* (Antigos Maçons de Iorque).

B.·. — *Bruder* em alemão ou *Brother* em inglês (Irmão).

B'n.·. Brn.·. BBr.·. Brr.·. — Plural de *Bruder* ou *Brother*.

C.·. — Companheiro; Compasso.

C.·. D.·. T.·. O.·. V.·. MM.·. — Chefe de todos os verdadeiros Maçons.

Cav.·. — Cavaleiro.

C.·. G.·. — Capitão de Guardas ou da Guarda.

D.·. — Diácono.

D.·. D.·. G.·. M.·. — *District Deputy Grand Master* (Grande Mestre Deputado do Distrito).

D.·. G.·. M.·. P.·. — Deputado Grande Mestre Provincial.

E.·. A.·. — *Entered Apprendice* (Aprendiz, em inglês).

E.·. C.·. — Excelente Companheiro.

E.·. G.·. C.·. — Eminente Grande Comandante.

F.·. C.·. — Companheiro, em inglês.

F.·. A.·. M.·. — *Free and Accepted Mason* (Maçom Livre e Aceito, em inglês).

G.·. A.·. — Grande Arquivista.

G. ·. C. ·. — Grão-Copto, ou Conde Cagliostro.
G. ·. Cap. ·. — Grão-Capelão.
G. ·. D. ·. — Grão-Diácono.
G. ·. D. ·. C. ·. — Grande Diretor de Cerimônias.
G. ·. E. ·. T. ·. — Guarda Externo do Templo.
G. ·. I. ·. T. ·. — Guarda Interno do Templo.
G. ·. L. ·. — Grande Loja.
G. ·. M. ·. — Grão-Mestre.
G. ·. M. ·. C. ·. — Grande Mestre de Cerimônias.
G. ·. O. ·. — Grande Oriente ou Grande Organista.
G. ·. P. ·. — Grande Precursor.
G. ·. S. ·. — Grande Secretário.
G. ·. T. ·. — Grande Tesoureiro.
H. ·. A. ·. B. ·. — Hiram Abiff.
I. ·. P. ·. M. ·. — *Imediate Past Master*, em inglês.
J. ·. — Juramento.
L. ·. Loja.
M. ·. — Mestre.
Maç. ·. — Maçom ou Maçonaria.
M. ·. C. ·. — *Middle Chamber* (Câmara do Meio ou do 2.º Grau); ou Mestre de Cerimônias.
M. ·. D. ·. S. ·. — Mestre da Sabedoria.
M. ·. M. ·. — Mestre Maçom.
MM. ·. ou MMaç. ·. — Maçons.
M. ·. R. ·. — Mui Respeitável.
M. ·. V. ·. M. ·. — Mui Venerável Mestre.
Or. ·. ou O. ·. — Oriente ou orador.
P. ·. D. ·. — Primeiro Diácono.
P. ·. G. ·. M. ·. — *Past Grand Master* (Ex-Grão-Mestre).
Pro G. ·. M. ·. — *Pro Grand Master* (Vice-Grão-Mestre).
P. ·. P. ·. G. ·. M. ·. — *Past Provincial Grand Master.*
P. ·. V. ·. — Primeiro Vigilante.
R. ·. C. ·. — Rosa-cruz.
R. ·. L. ·. — Respeitável Loja.
R. ·. M. ·. — Respeitável Mestre.
R. ·. W. ·. M. ·. — *Right Worshipful Master* (Mui Venerável Mestre).
S. ·. D. ·. — Segundo Diácono.
S. ·. V. ·. — Segundo Vigilante.
V. ·. L. ·. — Venerável Loja.
V. ·. M. ·. — Venerável Mestre.

ACÁCIA. *1* — Árvore de muitas espécies, disseminada no Egito, Arábia e Palestina, que provia os hebreus da sagrada e aromática madeira *Shittim* ou *Sitim* (*Êxodo* 30:24 e *Esc*. 27:22), muito empregada na construção do tabernáculo e seus acessórios. *2* — Planta consagrada nas cerimônias, graus e espírito da Franco-maçonaria, como símbolo da inocência, iniciação e imortalidade da alma. *3* — Na lenda do 3.º grau, o ramo de acácia indica o lugar onde os três companheiros homicidas haviam ocultado o corpo do Mestre Hiram Abiff, por eles assassinado no Templo de Salomão. *4* — É a palavra de passe do grau 5.º dos Ritos Escocês Antigo e Aceito, e de Mênfis.

ACÁCIA ME É CONHECIDA, A. Frase maçônica que significa que quem a profere tem o último grau iniciático do simbolismo maçônico, isto é, o de Mestre (3.º).

ACÁCIA, *Ramo da*. Símbolo de imortalidade nos emblemas maçônicos. É também dada como recompensa de assiduidade.

ACADEMIA DOS VERDADEIROS MAÇONS. Pertence ao Rito de Pernety. Um Venerável da Loja-Mater do Condado de Venassin (Inglaterra) a instituiu em Montpeller no ano de 1787.

ACADEMIA ESCOCESA. Denominação designativa do grau 34.º do Rito de Mênfis.

ACADEMIA MAÇÔNICA DE LETRAS. Sociedade civil literária de Maçons, de âmbito nacional, constituída sobre bases democráticas, com a finalidade de incentivar a cultura e letras maçônicas. Sua sede provisória é no Rio de Janeiro, GB, onde foi fundada em 21 de abril de 1972 e instalada em 24 de junho do mesmo ano, em solenidade presidida pelo ilustre Presidente da Academia Brasileira de Letras, o Acadêmico Austregésilo de Athayde. Consta a Academia de quarenta membros vitalícios e de número ilimitado de membros correspondentes, tanto no país como no estrangeiro, dos mais ilustres e destacados nas letras e atividades maçônicas, sendo seu presidente fundador o culto general Morivalde Calvet Fagundes. Não faz nenhuma distinção discriminatória entre Maçons e Ritos maçônicos, mas franquia seus portais a todos os Irmãos (e deduzimos também Irmãs) maçônicos animados de sadio idealismo e desejosos de enriquecê-la com a sua leal cooperação.

ACADEMIA RUSSO-SUECA. Título adotado pela Academia dos Verdadeiros Maçons.

ACAMPAMENTO. *1* — Denominação de algumas disposições do local em que os irmãos de certos graus elevados realizam suas reuniões. *2* — Na Franco-maçonaria é o ideado por Frederico II da Prússia, ao reorganizar a Ordem em que se baseia o grau 32.º do Rito Escocês Antigo e Aceito.

ACANTO. Planta, de cujas folhas se adornam os capitéis de duas colunas laterais, colocadas no pórtico da parte ocidental das Lojas maçônicas.

ACEITO. Equivale a admitido, iniciado ou adepto, na Franco-maçonaria. Ao Rito Escocês se aplica a palavra *Aceito* pela razão seguinte: Em 1739 vários irmãos recalcitrantes separaram-se da Grande Loja de Londres; uniram-se aos remanescentes de algumas corporações de pedreiros construtores, e formaram uma Grande Loja, sob a constituição da grande corporação de Obreiros de Iorque. Depois, os dissidentes aplicaram à Grande Loja da Inglaterra o título de Rito Moderno e adotaram para si o de *Grande Loja do Regime Escocês Antigo.* Tendo posteriormente conseguido seu reconhecimento pelas Grandes Lojas da Escócia e da Irlanda, acrescentaram ao seu título *e Aceito.* Daí a origem da denominação "Rito Escocês Antigo *e Aceito*".

ACHA. Arma antiga, do feitio de uma machada. (Ver *Machado.*)

ACHAR (heb.). Os deuses sobre os quais Jeová é o Deus (segundo os judeus). Pronuncia-se acompanhada do sinal de admiração, que faz parte da liturgia do grau 8.º dos Ritos Escocês e de Mênfis. (Cf. *B*. ˙. *A*. ˙. *J*. ˙.)

ACHIRAB. Também grafado *Hachirab.* Veja-se o correto, que é *Achitob.*

ACHITOB, do hebreu *Ahitub,* "irmão da bondade". *1* — Pai de Ahimelech, sumo-sacerdote de Saul (*I. Sam.* 22:12) e provavelmente de Zadoc, sumo-sacerdote de Salomão (*I. Crô.* 18:16). *2* — Palavra sagrada da Mestra Perfeita grau 14.º da Maçonaria de Adoção, em lugar de *Sigé.* (Ver *esta pal.*)

ACHIZAR. Grão-Mestre da Câmara do rei Salomão. Segundo a lenda do grau 10.º do Rito Escocês, o rei lhe ordenou que encerrasse na torre que leva a sua denominação, os dois assassinos de Hiram Abiff, chamados Jubella Gibs e Jubello Grabelot.

ACLAMAÇÃO. *1* — Palavras ou frases que os membros de determinadas Lojas pronunciam em voz alta, acompanhadas de baterias, gestos ou sinais, variáveis segundo os graus dos diferentes Ritos, sendo as mais em voga: I — *Liberdade,*

Igualdade, Fraternidade, que começaram a ser usadas no fim do século dezoito, e também servem de divisa ou lema. Tanto no Rito Escocês como no Francês as pronunciam com o braço direito estendido horizontalmente para a frente, depois de soada a bateria de abertura dos trabalhos. II — *Huzza! Huzza! Huzza!* É uma velha aclamação escocesa, com o significado de *Viva o rei!* Corresponde ao moderno Hurra! Essa palavra talvez tenha se originado do hebreu *Oza,* "força". III — *Vivat, Vivat, Semper Vivat.* Uma aclamação que foi muito tempo usada nas Lojas francesas, antes da adoção da fórmula "Liberté, Égalité, Fraternité". *2* — Processo público e unânime de eleição, quando se dispensa a votação por escrutínio secreto.

AÇO. Símbolo de fortaleza em diversos graus. (Cf. *Abóbada de aço*).

A COBERTO. Frase maçônica indicativa de que um Irmão nada deve à Oficina a que pertence. (Ver *Estar a Coberto.*)

ACOLADA. Cerimônia derivada, segundo alguns autores, da antiga Ordem da Cavalaria, e que tem lugar na admissão, recepção e constituição de um novo maçom da Ordem, ou em sua elevação a um grau superior. Consiste em três golpes dados com a espada em ambos os ombros e na cabeça do recipiendário, seguidos, depois, de um triplo abraço e do ósculo de paz com que se saúdam os Irmãos maçons. O ósculo da paz remonta aos primitivos cristãos, pois todas as epístolas de São Paulo terminavam com esta fórmula: *Salutate invicem in osculo sancto* (Saudai-vos uns aos outros com um santo ósculo), porém caiu praticamente em desuso como costume propriamente maçônico. (Cf. *Ósculo*).

ACROMÁTICO. Qualificação com que se distinguem os tratados de matérias sublimes e ocultas.

ACTA LATOMORUM (lat.). Título de uma das mais importantes obras publicadas sobre a história, leis e práticas da Franco-maçonaria, e em que muitos escritores maçônicos têm baseado as suas produções. Foi editada por Thorry em 1815.

ADAGA. Arma branca, mais larga e maior que o punhal, que em algumas Lojas simbólicas é utilizada pelo Cobridor Interno, particularmente nas cerimônias de Iniciação, em lugar da espada. (Cf. *Espada.*)

ADÃO. *1* — Nome que no *Gênese,* Cap. I, significa "o primeiro varão-fêmea", ou andrógino, e na *Cabala,* "o único engendrado", e "terra vermelha", e nessa acepção tem sido introduzido na Maçonaria. *2* — No grau 28.º do Rito Escocês é o Presidente do Conselho dos Cavaleiros do Sol, representando o pai de todos os homens.

ADAR (heb.), "Deus do Fogo". *1* — No calendário judaico é o duodécimo mês do ano eclesiástico que se inicia em março, no Equinócio da Primavera, e o sexto ano civil que se inicia em setembro, no Equinócio do Outono. O mês de Adar marca a época de algumas cerimônias de vários Ritos. *2* — Palavra sagrada do grau de Príncipe de Jerusalém, grau 16.º do Rito Escocês Antigo e Aceito.

A.·. Dep.·. Abreviatura de *Anno Depositations,* usada nos documentos em que se emprega o cálculo que os maçons ingleses denominam *year of the Deposit* (ano do Depósito).

ADEPTO DA ÁGUIA E DO SOL. Título do grau 13.º do Rito Escocês Filosófico da Loja-Mãe Escocesa de Marselha, fundada em 1750, com 18 graus.

ADEPTO DA LOJA-MÃE. Título do grau 6.º do Rito Filosófico da Loja-Mãe Escocesa de Marselha.

ADEPTO ROSA-CRUZ. É o grau 19.º da Universidade, também denominado *Irmão da Rosa-Cruz.*

ADEPTO DO ORIENTE. Título do grau 4.º da Ordem dos Templários.

ADEPTO PERFEITO DO PELICANO, ou *Postulante da Ordem.* Título do grau 6.º da Ordem dos Templários.

ADEPTUS EXEMPTUS. Título do grau 7.º dos Irmãos da Rosa-Cruz.

ADEPTUS JUNIOR. Título do grau 5.º dos Irmãos da Rosa-Cruz.

ADEPTUS MAJOR. Título do grau 6.º dos Irmãos da Rosa-Cruz.

ADINGTON. Dignitário cuja assinatura aparece como Grande Chanceler na coleção de Regras, Balaústres e Estatutos da Alta Maçonaria, recopilados em Bordéus em 1762.

ADJUNTO. Sub-oficial da Loja, eleito para substituir o titular efetivo, em caso de sua falta ou ausência temporária. Em quase todos os Ritos, os oficiais que têm adjuntos são o Orador, o Secretário, o Tesoureiro, o Experto, o Arquiteto e o Hospitaleiro ou Esmoler. O Experto pode ter até cinco *Adjuntos* para exercer as funções de Cobridor, Preparador, Terrível e Sacrificador. O *Adjunto* do Arquiteto tem a seu cargo as funções de Bibliotecário.

ADMINISTRAÇÃO. É o poder atribuído legalmente aos corpos da Maçonaria para fazer cumprir os Ritos, Regulamentos e práticas da Ordem. Segundo as diversas esferas e jurisdições, esse poder compete aos Conselhos, Capítulos e demais corpos chamados superiores, bem como às Lojas. Pode subdividir-se em: *Administração Política,* que corresponde à autoridade suprema da potência maçônica de um país ou estado; *Administração Judiciária,* pertencente às Oficinas de que faça parte o irmão cuja conduta deva ser submetida a julgamento; *Administração Litúrgica,* que trata das cerimônias e ritos das oficinas; *Administração Econômica,* relacionada com a gerência dos fundos.

ADMIRAÇÃO. Ação acompanhada de gestos e sinais, praticada em diversos graus da Ordem no sentido de testemunhar admiração.

ADMISSÃO. Ato de acolher ou aprovar uma proposição nas deliberações, ou de aceitar um candidato nos quadros da Ordem. Às Lojas exclusivamente cabe decidir quanto à admissão de determinada pessoa em seu quadro, embora isso dependa também da aquiescência de sua autoridade superior. A decisão é geralmente tomada por escrutínio secreto. (Cf. *Aprovação; Aprovação, Sinal de; Aviso; Candidato; Iniciação; Profano; Proponente; Proposição, 2; Voz de Boa Referência.*)

ADMOESTAÇÃO. Ligeira penalidade ou corretivo que uma Loja pode aplicar a seus membros, por faltas leves. Geralmente a aplica o Venerável. Se tem lugar em plenos trabalhos, faz-se colocar, antes, o infrator entre colunas. Se acompanhada de alguma multa, o produto desta reverterá em benefício da caixa assistencial da Loja.

ADOÇÃO. Cerimônia, também impropriamente chamada batismo, pela qual uma Loja maçônica adota solenemente os *Lowtons,* filhos de membros do quadro, ou um ancião. No primeiro caso, cabe-lhe atender aos gastos de sua educação, e no segundo, aos de sua subsistência. Com este nome também se designa a Maçonaria de Mulheres, criada em 1774 pelo Grande Oriente da França. (Cf. *Batismo; Lowtons; Maçonaria de Adoção.*)

ADOÇÃO DE CAGLIOSTRO. Rito de adoção fundado em 1762, em Paris, por Cagliostro. A Loja tomou o nome de Loja Mater de Adoção da Alta Maçonaria Egípcia, e foi precedida pela esposa de Cagliostro, Serafina Feliciana. Compunha-se de três graus: *Aprendiz, Companheira* e *Mestra.* Seu fundador usava o título de *Grão-Copto.*

ADOLESCENTE. Título de 1.º grau do Rito da União Alemã, de seis graus.

ADOMA (anagrama de *Amado*). Um dos títulos usados pelos Cavaleiros da Águia Negra.

ADONAI (heb.). *1* — O mesmo que Adônis. É comumente traduzido por "Senhor"; astronomicamente, é o Sol. Quando, na leitura, um hebreu deparava com o nome IHVH, chamado *Jeová,* fazia uma pausa e substituía-o pela palavra "Adonai" (Adni); porém, quando estava escrita com os pontos de *Alhim,* o chamava *Elohim.* *2* — Um dos nomes, o sexto, que se lêem nos arcos da Loja grau 13.º do Rito Escocês. *3* — Nome que está no meio do triângulo que ostenta na metade de seu centro a águia negra dos Cavaleiros Kadosh. *4* — Palavra de passe e sagrada de vários graus. (Cf. letra *A.*)

ADONIRAM. *1* — Segundo a lenda, personagem acolhido pelo rei Salomão, por ele instruído no conhecimento dos mistérios e nomeado intendente na edificação de seu templo. *2* — É representado pelo Presidente da Loja do grau 5.º do Rito Escocês Antigo e Aceito, porém como filho de Abda, da tribo de Dan, e pelo Segundo Vigilante da Loja do grau 8.º do mesmo Rito. *3* — Significa, segundo alguns, *O Consagrado pelo Senhor.* (Cf. *I Reis* IV:6, e V:14.)

ADONIRAMITA ou *Adonhiramita*. Franco-maçonaria cujo Rito reconhece Adoniram como chefe dos operários que Salomão empregou na construção de seu templo. (Cf. *Hiramitas.*)

ADORAÇÃO. Certos sinais e ações de adoração praticados nas cerimônias do grau 13.º dos Ritos Escocês e de Mênfis, especialmente, e em outros Ritos.

ADORAM. Contração de Adoniram. (Cf. *II Crôn.* 10:8.)

ADORMECER. É o mesmo que *abater colunas.*

ADORMECIDO. Diz-se de um maçom ou Loja que cessou suas atividades.

ADORNOS. São as alfaias maçônicas: o avental, a faixa e as jóias do grau. Seu uso é obrigatório nas sessões magnas, porém o avental, tendo caráter de vestimenta, é indispensável em todas as sessões, salvo nos altos graus em que seja regularmente substituído por outra insígnia. (Cf. *Ornamentos.*)

ADRO, lat. *atrium*: *pátio, alpendre*. Pátio em frente ou ao redor de uma igreja. Entre os judeus, designava o terreiro circundando o tabernáculo; entre os maçons, compreende o terreiro ou espaço em frente ao Templo. (Cf. *Atrio.*)

AD UNIVERSI TERRARUM ORBIS SUMMI ARCHITECTI GLORIAM. Timbre dos documentos outorgados e expedidos pelos Soberanos Grandes Inspetores Gerais ou Supremos Conselhos do grau 33.º do Rito Escocês Antigo e Aceito. Significa: *À glória do Sumo Arquiteto da Terra e de Todo o Universo.*

ADVOGADO. Chama-se Advogado dos acusados, no Rito de Mênfis, um dos onze membros do Supremo Grande Tribunal dos Patriarcas Defensores da Ordem. É o terceiro em categoria e tem o título de *Patriarca da Ordem.*

ÁFRICA. *1* — Também existem Lojas maçônicas no continente africano, tendo sido fundada a primeira em 1736, na Costa do Cabo. Posteriormente se criaram outras no Cabo da Boa Esperança, Túnis, Argélia, Marrocos, Morbom, Cairo e Alexandria, bem como nas Ilhas Maurício, Madagascar, Canárias, Santa Helena e Ascensão. *2* — Lado sul da Loja de Adoção.

AFRICANOS. Denominação dada aos maçons do Rito dos Irmãos Africanos, ou, também, *Ordem dos Arquitetos da África.*

A.·. G.·. Iniciais que figuram nos atributos dos graus 7.º e 12.º do Rito Escocês. Simbolizam que foi Deus o Grande Arquiteto do Templo de Salomão.

AGAPAR-MELETAM ("exercitar-se em amar"). Palavra de admissão ao grau de Adelfa, ou seja, ao grau 1.º da Ordem de Paládio ou Soberano Conselho da Sabedoria. É uma das palavras de reconhecimento, que tem de ser acompanhada do sinal correspondente e acrescida da frase: *Eu O reconheço porque descendo d'Ele.*

ÁGAPES (gr.). Refeição em que os cristãos primitivos se reuniam para comemorar a última ceia de Jesus Cristo com seus discípulos, e davam-se mutuamente o ósculo de paz e fraternidade. Estava associada à Eucaristia. Ambas essas cerimônias foram depois separadas, e por último os ágapes foram suprimidos pela Igreja, alegando prática de abusos. A Maçonaria o conserva nos graus capitulares. (Ver *Banquete.*)

AGARRA DO LEÃO ou AGARRA DO MESTRE MAÇOM. Cerimônia usada no grau 3.º simbólico (*Mestre Maçom*), alusiva à terceira e bem sucedida tentativa que, segundo a lenda, fizeram os Mestres, após duas anteriormente fracassadas, para erguer o cadáver de Hiram Abiff, vilmente assassinado e sepultado. Misticamente simboliza a invencível e infalível assistência que, no final das cruciantes provas do Iniciado perseverante, lhe presta o Altíssimo ou o poderoso Mestre dos Mestres, simbolizado no leão. Tal é o que, em relação a Cristo, ilustra o seu Evangelho (*Marc.* 15:34; *Apoc.* 4:10-12; 5:5), e tal é o significado esotérico da "poderosa agarra da pata do leão da tribo de Judá" entre duas mãos. Como diz o irmão W. L. Wilmshurst: "A alma deve, voluntária e conscientemente, passar por um estado de extrema desvalidez, do qual nenhuma terrena mão pode tirá-la, e do qual, ao tentá-lo, se revelará escorregadia. Até que, afinal, do Trono desce a Ajuda Divina, que, com a "agarra do leão" de onipotente poder, ergue a fiel e regenerada alma à união Consigo, num amplexo de reconciliação após a expiação dos pecados" (*The Meaning of Masonry*, p. 43). (Cf. *Década*, 8; Toque do Mestre.)

ÁGATA ou *Agatha*. *1* — Pedra preciosa, assim denominada por ter sido encontrada num rio da Sicília com o mesmo nome. *2* — Figura simbolicamente nas lendas maçônicas, mormente na lenda salomônica.

AGATÓFILOS. Nome de dois oficiais dentre dez dos subalternos que integram a Ordem ou Rito Sagrado dos Sofísios. Substitui, quando necessário, o oficial superior chamado *Agatos*.

AGATOS. Um dos sete oficiais superiores do Rito Sagrado dos Sofísios. (Ver *Agatófilos*.)

A.·. G.·. D.·. G.·. A.·. D.·. U.·. Iniciais usadas pelos maçons e que na língua portuguêsa correspondem à saudação *À Glória do Grande Arquiteto do Universo.*

AGENDA DOS TRABALHOS. Temário de uma reunião, para discussão ou redação do processo verbal.

AGGEU (heb.), "festival do Senhor". *1* — Um dos profetas menores do século VI a. C. *2* — Resposta dada no grau 32.° todas as quintas-feiras ao ouvir-se o nome correlativo dos protetores da Ordem.

AGNUS-DEI, lat., *cordeiro de Deus.* Pedaço de cera com a imagem de um cordeiro, bento pelos Papas no primeiro ano do seu pontificado, e depois, de sete em sete anos.

ÁGUA. *1* — Um dos quatro elementos purificadores nas cerimônias de iniciação ou elevação do candidato; os outros três são: a terra, o fogo e o ar. *2* — É o *sinal da água* nos graus 20.° e 29.° do Rito Escocês Antigo e Aceito e no mesmo grau no Rito de Mênfis. (Cf. *Ablução.*)

ÁGUA LUSTRAL. Emblema da purificação de um templo maçônico.

ÁGUA SECA. Nome simbólico do sal nos banquetes do Rito de Adoção.

ÁGUIA. Esta ave figura simbòlicamente em quase todos os graus da Maçonaria, conhecido pelo nome de *Filosóficos* ou *Altos Graus*. É emblema da audácia, perspicácia e gênio com que se deve contemplar, serena e fixamente, a deslumbrante luz da Verdade, bem como a Vitória.

ÁGUIA BICÉFALA. Distintivo dos mais elevados graus da Maçonaria Filosófica e Administrativa, e emblema do grau 33.º dos Ritos Escocês e de Mênfis. Figura nos símbolos dos Cavaleiros *Kadosh*, Príncipes do Real Segredo e Soberanos Grandes Inspetores Gerais.

ÁGUIA NEGRA. Águia bicéfala que simboliza especialmente o grau e os nomes dos Cavaleiros Eleitos *Kadosh*.

ÁGUIAS, *As Duas*. Sociedade Maçônica do sistema de Zinnendorf, que, fundindo-se com outras, constitui desde o ano de 1787 a Academia Swedenborguiana, que posteriormente se tornou pública sob a denominação de *Os Iluminados de Avinhão*.

AHÇHUA (*Frater Domini*, Lat., "Irmão do Senhor"). Um dos seis porteiros do Templo de Salomão, segundo o Ritual dos Príncipes de Jerusalém, grau 8.º e grau 1.º do segundo Templo de Escocismo Reformado.

AHDIR ou *Adir, Adirim*. Palavra única do Supremo Conselho, grau 89.º, e palavra segunda do Supremo Conselho, grau 90.º, ambos do Rito de Misraim.

AHIMAAS (heb.). *1* — Filho e sucessor do sumo sacerdote Zadoc, no tempo de Salomão (*1. Reis* 6:8). *2* — Um dos 12 Príncipes de Ameth que Salomão nomeou governadores de Israel e chefes das tribos (*1. Reis* 4:15). *3* — Nome representado no grau 11.º do Rito Escocês por uma das doze luzes que iluminam o Capítulo dos Sublimes Cavaleiros Eleitos.

AHIMAN-REZON. Vocábulo composto de três vozes hebraicas: *ahim*, irmão; *manah*, preparar; *ratzon*, *lei*. Portanto, literalmente significa *a lei dos irmãos preparados*. Na terminologia maçônica se dá este nome ao livro que reúne todas as regras e regulamentos da Fraternidade, atinentes às obrigações e direitos dos membros e oficiais de uma Loja. Explica pormenorizadamente as cerimônias a empregar em todos os atos dos Ritos, e condensa uma resenha completa dos princípios fundamentais da Maçonaria. Uma obra destas possui quase todas as jurisdições maçônicas, como complemento às Constituições e Regulamentos das Grandes Lojas.

AHOLIAB. V. *Ooliab.*

A.·. J.·. Segundo Casard, abreviatura da palavra sagrada do grau 3.º da Maçonaria de Adoção.

AKAR (heb.). Um dos três nomes gravados sobre o fuste de uma das colunas que figuram na caverna do terceiro departamento, nas recepções dos Cavaleiros Rosa-Cruz de Kilwinning e de Heredom. (Cf. *Achar.*)

ALAMBORT. Um dos Nove Mestres Eleitos mandados por Salomão em busca do assassino de Hiram, segundo o Rito dos Grandes Arquietos de Heredom, grau 6.º do Escocismo Reformado.

ALARMA. *1* — Sinônimo do Irmão Terrível nas recepções dos Cavaleiros Rosa-Cruz de Kilwinning, grau 46.º do Rito de Misraim. *2* — Toque ou sinal de perigo iminente ou aproximação de profanos.

ALAVANCA. Um dos instrumentos simbólicos do Companheiro, alusivo à *Perseverança* e Força moral. Segundo Mme. A, Gedalge, "simboliza a força irresistível da vontade, secundada pela inteligência e pela bondade... Mas a *régua* deve sempre acompanhar a alavanca, pois toda ação, não submissa ao dever, à eqüidade, seria prejudicial".

ALBA. *1* — Em alguns graus, a hora simbólica em que se abrem os trabalhos ou sessões. *2* — Vestimenta sacerdotal com que se adornam os Grandes Pontífices do Santo Real Arco. *3* — Grau 4.º e último da Maçonaria do Real Arco ou de Iorque.

ALCÂNTARA, *Cavaleiro de*. Um dos títulos que os maçons ingleses possuem com o distintivo de *chevaleries,* e que as Grandes Lojas não reconhecem mas toleram.

ALCORÃO (ár. *Qur'an,* "leitura"). Livro sagrado dos maometanos, escrito no mais puro árabe e hoje traduzido em cerca de 40 línguas, segundo autores muçulmanos. Conforme a doutrina ortodoxa maometana, contém esse livro as revelações feitas por etapas pelo Arcanjo Gabriel a Maomé, as quais foram escritas e editadas por seus discípulos depois de sua morte. Constitui o padrão de fé e conduta, e a fonte única do direito, moral, civilização e administração do povo islamita, e figura como o *Volume do Conhecimento Sagrado* em suas Lojas maçônicas.

ALELUIA. Cântico de louvor e alegria pronunciado em muitos graus e diversos Ritos, nos sinais e toques, sob a forma de palavras de passe ou palavra sagrada.

ALÉSIA. Antiga praça forte ao Oriente da Gália, hoje conhecida como Alise St. Reine, da Costa de Ouro, situada na confluência dos rios Ose e Oserain, cuja rendição a Júlio César marcou a conquista final da Gália. A seu respeito diz Ragon em sua *Ortodoxia Maçônica*, p. 22: "A antiga metrópole, tumba da iniciação druídica e da liberdade das Gálias." (Cf. *Mistérios Druídicos; Mistérios na Europa, Desaparecimento dos.*)

ALETHE (gr.). Uma das palavras sagradas do último grau do Rito de Adoção, com o significado de *Verdade*.

ALETHEIA e SIGÉ, gr., "Verdade e silêncio". Palavra mestra e de passe das Soberanas Ilustres Escocesas, grau 5.º do Rito de Adoção. Alguns tratados consignam erroneamente *Aletida*.

ALETOPHILOTA, "Amigo da Verdade". Título dado ao Mestre dos Sagrados Egípcios, no grau 8.º dos Arquitetos da África.

ALEXANDRE. Primeira palavra da Ordem do exército das quartas-feiras, no grau dos Príncipes do Grande Segredo, grau 32.º do Rito Escocês Antigo e Aceito. Alude a Alexandre Magno, que foi discípulo de Aristóteles.

ALEXANDRE GILBERT. Notável maçom construtor, que firmou a célebre Carta da Escócia, em 1439, da qual querem alguns escritores deduzir a origem das leis da Ordem.

ALEXANDRIA. Famosa cidade do baixo Egito, na qual se introduziu a Ordem maçônica em 1810, por influência dos exércitos franceses, segundo alguns autores.

ALFA — Veja-se *Alpha*.

ALFABETO ANGÉLICO. Talvez alusão à linguagem alegórica dos deuses ou à língua sagrada de algumas religiões ou povos. O Rito Escocês, principalmente o seu grau 4.º, faz referencia a este alfabeto.

ALFABETO MAÇÔNICO. Como as demais instituições iniciáticas, a Maçonaria adota vários alfabetos convencionais, cujo uso, no entanto, parece cada vez mais restrito à interpretação de grifos maçônicos. No quadro n.º 1, à página 16, se encontram os sistemas hieroglíficos alemão, inglês e da Idade Média, com as chaves respectivas.

ALFAIAS. São os móveis, adornos, jóias e distintivos da Oficina e oficiais, que nos Ritos e cerimônias em geral servem para caracterizar virtudes, preceitos, dignidades e funções. (Cf. *Adornos; Jóias; Móveis.*)

ALFAIATES, *Grêmio dos*. Um dos antigos ramos do Companheirismo, que tinha uma iniciação particular, em que o aspirante passava simbolicamente pelas paixões do Cristo, figurado por ele.

ALIANÇA. *1* — Primeira palavra que se pronuncia ao dar-se o segundo toque dos Sublimes Escoceses de Heredom. *2* — No Rito de Adoção, grau de Mestras Perfeitas (4.º), cada irmã admitida é distinguida com uma aliança de ouro, contendo a palavra sagrada.

ALICATES. *1* — Simbolicamente, são as tesouras. *2* — Nos banquetes do Rito de Adoção, são os garfos. (Cf. *Espeques. Tenazes.*)

ALINHAR OS CANHÕES. Dispor os copos e as garrafas sobre uma linha marcada por uma fita da cor do Rito, nos trabalhos de banquete.

ALNWICK, *Manuscrito de*. Um livro de atas maçônicas mais antigo, que se conserva e que remonta ao ano de 1703, e do qual em 1871 Guilherme J. Hughan publicou uma cópia.

ALOVAN. Nome que até 1789 ocultou a Ordem do Santo Sepulcro.

ALPHA e ÔMEGA. Primeira e última letras do alfabeto grego, bordadas, respectivamente, em cima e embaixo de um listrão carmesim usado pelos Grandes Pontífices ou Sublimes Escoceses, grau 19.º do Rito Escocês Antigo e Aceito. Aludem a Deus como princípio e fim de todas as coisas.

ALQUIMISTAS. Uma classe de maçons herméticos, que assim se denominavam e que no grau Rosa-Cruz usavam as iniciais I. N. R. I., alusivo a este aforismo da Alquimia: *"Igne nitrum roris invenitur."* (Cf. I.N.R.I.)

ALSIMPHOS. Palavra de passe do *"Filósofo Sublime"* do grau 53.º do Rito de Micraim. (Repete-se três vezes esta palavra.)

ALTA MAÇONARIA. *1* — Assim se denomina o grupo dos seis graus mais elevados no Rito dos Filaletes ou Buscadores da

Verdade. 2 — Idêntica denominação se dá à parte de legislação, organização e princípios franco-maçônicos relativos aos últimos graus do Rito Escocês, de *Kadosh* em diante.

ALTA OBSERVÂNCIA. Desmembramento do Rito da Estrita Observância; em seus trabalhos e reuniões se ocupava de alquimia, magia, cabala, evocações, etc. (Cf. *Estrita; Exata,* e *Lata Observância.*)

ALTAR. Espécie de mesa em que os antigos egitos e outros povos ofereciam sacrifícios a suas divindades. Depois da ereção do Tabernáculo, entre os hebreus apareceram duas espécies de altares: o dos sacrifícios e o do incenso. Pode-se considerar o altar maçônico como a representação de ambas essas formas. Deste altar se eleva constantemente ao Supremo Arquiteto ou ao Grande *Eu Sou,* o grato incenso do amor, consolo e verdade fraternais, enquanto que sobre ele são sacrificados os apetites mundanos e as indominadas paixões dos irmãos, em holocausto e ao gênio de sua Ordem. A forma adequada de um altar maçônico é um cubo de 0,99 m de aresta, com quatro cornos, um em cada ângulo. Sobre esse altar se colocam a Bíblia, o esquadro e o compasso; e ao seu redor, em disposição triangular e devidamente colocadas, quando o Ritual não determine outras posições — representando o Venerável, o Sol (1.º V.) e a Lua (2.º V.) — estão as três Luzes Menores. Nas Lojas Maçônicas há no altar, ou próximo, ou acima dele, pendente no centro do quadrado oriental, uma luzinha acesa, com um tubinho de cristal de cor de rubi, que simboliza o reflexo da Divindade na matéria e corresponde exatamente à lâmpada que nas Igrejas católicas arde perpetuamente diante do sacrário onde está guardada a Hóstia.

ALTAR DO FOGO. Usa-se no grau 4.º do Rito de Adoção, colocado num dos ângulos da Loja.

ALTAR DOS HOLOCAUSTOS. É o que se emprega no grau 23.º do Rito Escocês, que também usa o Altar dos Perfumes.

ALTAR DOS JURAMENTOS. Existe em todos os Ritos, para esse fim, exceto no Rito Moderno ou Francês.

ALTAR DOS SACRIFÍCIOS. É o que se coloca no Norte, nas cerimônias do grau 5.º do Rito Moderno ou Francês.

ALTAR OCTOGONAL. É o que se emprega nas Lojas do 1.º grau da Maçonaria de Adoção.

ALTO CORPO REGULAR. Grande Oriente, Grande Loja ou Supremo Conselho.

ALTOS GRAUS. São todos os graus acima do 3.º grau simbólico da Maçonaria. (Cf. *Graus Superiores; Graus Supermaçônicos.*)

ALTURA DE UMA LOJA. Simbolicamente, vai do Nadir ao Zênite.

ALVORADA DA NATUREZA. Festa da Ordem celebrada no solstício do inverno e no equinócio da primavera. (Cf. *Sessão Obrigatória.*)

A.·. M.·. Abreviatura do *Anno Mundi,* isto é, ano do mundo ou da criação.

AMAI O BEM. Frase de reconhecimento, pronunciada pelas Damas da Beneficência, grau 9.º, ou seja, o da Rosa-Cruz do Rito de Adoção. Ao dar o toque deste grau, a primeira dama que toma a mão direita da segunda, diz: *Amai o bem,* e dela recebe a resposta: *Fugi do mal.*

AMAL (heb.), "trabalho fastidioso; enfado". *1* — Filho de Helem (*1. Crôn. 7:35*). *2* — Terceira palavra de reconhecimento que se pronuncia ao dar o toque no grau de Cavaleiro do Real Arco grau 13.º, no Rito Escocês Antigo e Aceito.

AMAL SAGGHI (heb.), "grande trabalho". Nome do quinto degrau de um dos lances da escada misteriosa que figura nas cerimônias dos Grandes Eleitos Cavaleiros *Kadosh* da Águia Branca e Negra.

AMANA (heb.), "fiel". *1* — Uma montanha ao norte de Antioquia (*Cân. 4:8*). *2* — No Rito de Adoção figura como uma das virtudes essenciais que devem adornar uma esposa.

AMANHECER. No grau 7.º do Rito Escocês, corresponde simbolicamente à hora em que os Prebostes e Juízes, ou Mestres Irlandeses, iniciam os trabalhos nas Lojas.

AMARELO. *1* — Cor que, combinada com o azul, decora as Lojas do grau 2.º do Rito Escocês. Alude às nuvens douradas e azuis do céu, e à riqueza (ouro) e à abundância (trigo) da natureza. *2* — Representa a tonalidade cromática das qualidades afetivas que o Irmão deste grau deve desenvolver especialmente, em relação às alegrias e tristezas de seus semelhantes. *3* — Cor da túnica do Três Vezes Poderoso Grande Mestre do grau 13.º do Rito Escocês. *4* — Combinado com o azul e encarnado, compõe o adorno do grau 14.º do Rito Escocês, como representação das cores primitivas. *5* — É a cor característica do 2.º grau nas pinturas hieroglíficas e do 6.º grau de *Escocês* do Rito de Adoção. *6* — Na Maçonaria oculta e na Comaçonaria se faz o estudo e investigação das cores e de suas relações com as qualidades morais, intelectuais e espirituais que cumpre aos maçons desenvolver.

AMAR IAH, ou *Amariah* (heb.), "palavra de Deus" (*1 Crôn. 6:7,52*). *1* — No Rito Escocês Antigo e Aceito, é a segunda palavra de passe dos Sublimes Cavaleiros Eleitos, grau 11.º, e a denominação do quinto Porta-Estandarte, do Acampamento dos Príncipes do Real Segredo, grau 32.º. *2* — A segunda palavra de passe dos Eleitos dos Quinze no Rito de Misraim e a dos Sublimes Eleitos, grau 11.º do Rito de Mênfis.

AMAZONA. Título de um grau avulso da Maçonaria Andrógina.

AMBROSIA. Na linguagem simbólica, é o nome dado aos manjares durante os banquetes das *Noviças Maçônicas,* 1.º grau de eleição do Rito Soberano Capítulo Metropolitano das Damas Escocesas da França, do Hospício de Paris, Colina de Monte Tabor.

AMEN ou *Amem* (heb.), "assim seja". *1* — Na Maçonaria se pronuncia no final de quase todas as orações e invocações, na maioria dos Ritos, e muitos Veneráveis a empregam no final de todos os juramentos que prestam em Loja com as solenidades litúrgicas. *2* — É a palavra sagrada dos Ritos Escocês e de Mênfis em seu grau 31.º. *3* — Palavra de aclamação dos *Cavaleiros Real Arco,* grau 13.º do Rito Escocês Antigo e Aceito. *4* — Palavra final ou de conjunto, pronunciada simultâneamente, como resumo das palavras sagradas dos *Cavaleiros Grandes Pontífices de Jerusalém,* grau 16.º do Rito de Mênfis; dos *Grandes Pontífices* ou *Sublimes Escoceses* chamados de *Jerusalém Celeste,* grau 19.º do Rito Escocês Antigo e Aceito, e dos *Grandes Inspetores* e *Comendadores,* Chefes da *Segunda Série* do Rito de Misraim.

AMÉRICA. *1* — De maneira geral, em todo este continente a Maçonaria é acatada e respeitada; no entanto, é nos Estados Unidos da América do Norte que ela mais se desenvolveu, tanto em Lojas, que contam alguns milhões de membros, como em instituições educativas e beneficentes. Existem naquela nação 49 Grandes Lojas, cada uma das quais exerce jurisdição exclusiva em todo um Estado federal, no tocante aos três graus de *Aprendiz, Companheiro* e *Mestre Maçom,* sem interferência de nenhuma outra corporação. Há numerosos Capítulos de Real Arco (chamado Rito de Iorque), que se governam por Grandes Capítulos e por um Capítulo Geral de âmbito nacional. Vêm depois os Conselhos de *Royal Select Masters,* e a seguir as Comandâncias de Cavaleiros Templários. Cada Estado tem um corpo representativo geral para estas corporações. O Rito Escocês Antigo e Aceito fundou em Charlston, em 1801, o seu Supremo Conselho do grau 33.º, com âmbito mundial. Existe também em Boston outro Supremo Conselho do grau 33.º, para a jurisdição do Norte. Todavia, nem um nem outro têm autoridade nos assuntos das Lojas de Mestres Maçons, e são organizações absolutamente separadas e independentes.

Já na América Latina a Maçonaria tem sofrido impactos de divisões, perseguições e rivalidades de todo o gênero, oriundas ora de fora ora de dentro da própria Maçonaria. Nuns países latino-americanos impera o sistema das Grandes Lojas e em outros, o do Grande Oriente, ou ambas essas Potências. *2* — Lado Norte da Loja de Adoção.

AMERICANA. Denominação dada à Maçonaria que se formou com o Rito de Iorque ou Real Arco, em cinco graus.

AMETISTA. Pedra usada no peitoral do sumo sacerdote dos hebreus, a que se faz referência no ritual dos Grandes Arquitetos de Heredom, grau 6.º do Escocismo reformado.

AMIGÁVEL DE PETES-THAL. Sociedade Maçônica puramente recreativa, fundada em Paris em 1817.

AMIGOS REUNIDOS. Denominação de uma Loja de Paris, cujos representantes foram excluídos do Convento de Wilhemsbad, por seguirem as tendências templárias da Franco-maçonaria, repudiadas por aquela assembléia. Essa mesma Loja serviu de padrão em 1773 para a fundação do Rito dos Filaletes ou investigadores da verdade.

A MIM OS FILHOS DA VIÚVA. Frase que se pronuncia no ritual do 3.º grau, ao fazer-se o sinal mais importante da Maçonaria simbólica. (Cf. *Luc.,* 7:12-15; *I Reis* 7:14; *Sinal de Socorro.*)

AMON, eg. V. *Amun.*

AMOR. É o dever primário de todo maçom. O primeiro dos três passos irregulares do Candidato é dado com o pé esquerdo, o mais próximo do coração, para lembrá-lo de que o amor deve imperar sobre todas as suas decisões.

AMOR AO PRÓXIMO. *1* — Dever fundamental do grau 2.º maçônico, constante de um dos cinco degraus da fachada do seu templo. *2* — Nome simbólico de um dos degraus da escada misteriosa dos Cavaleiros *Kadosh,* grau 30.º do Rito Escocês Antigo e Aceito, e dos seus correspondentes nos Ritos de Mênfis e de Misraim.

AMOR DE DEUS. Significado simbólico atribuído a um dos montantes da escada misteriosa, a que se refere na acepção de *Amor ao próximo.*

AMOR FRATERNAL. Lema da Ordem Maçônica e dever a que se obrigam todos os maçons do mundo.

A.·. M.·. R.·. G.·. V.·. Z.·. A.·. Abreviatura empregada no grau 3.º da Maçonaria de Adoção de Cagliostro, ou da *Mestra Egípcia.* Correspondem às iniciais dos nomes de sete anjos, simbolicamente representados na iniciação da recipiendária e na consagração, por esse motivo, de seus adornos. (Cf. *Anjo.*)

AMUN (*cop.*). O deus egípcio da sabedoria, que para servi-lo como sacerdotes só tinha Iniciados ou Hierofantes. Este nome figurou principalmente nos Mistérios antigos, origem da Maçonaria. (Cf. *Amen.*)

AMUSIS. Palavra pela qual se designava, antigamente, de maneira genérica, toda e qualquer espécie de instrumento empregado pelos maçons construtores, com o fim de constatarem o aprumo e regularidade do nível das construções. Incluía igualmente o prumo, a régua, o esquadro, o nível, o cordel, etc.

ANACARSIS. Nome dos Companheiros de Ulisses, grau 2.º da *Ordem de Paládio* ou *Soberano Conselho da Sabedoria.*

ANAEL. *1* — Um dos anjos da semana, dos *Cavaleiros do Oriente e do Ocidente,* ou do *Apocalipse,* grau 17.º do Rito Escocês Antigo e Aceito. *2* — No grau 3.º do Rito de Adoção de Cagliostro, ou Mestra Egípcia, é um dos sete anjos que presidem os sete planetas. Este rege o Sol. (V. letra A, 11.)

ANAGRAMA. É o adotado pelas Lojas, formado com os seus próprios nomes, servindo-lhes para se comunicarem com os Grandes Orientes ou com as demais Lojas.

ANAK. Veja-se *Enak.*

ANALISTA. Cargo do terceiro dos grandes dignitários do Colégio Litúrgico do Rito de Mênfis, equivalente ao de secretário. No Supremo Grande Tribunal dos Patriarcas Defensores da Ordem, no mesmo Rito, se denomina *Patriarca Grande Analista* ao seu sexto dignitário. Mas nas Lojas se usa simplesmente o título de Analista.

ANCIÃO. *1* — Título que distingue os membros constituintes do Conselho dos Cavaleiros do Oriente do Ocidente, ou do Apocalipse, grau 17.º do Rito Escocês Antigo e Aceito, chamados em Loja *Veneráveis Anciães.* *2* — O único vigilante existente nas Lojas dos Eleitos Simbólicos grau 5.º do Escocismo Reformado, e que representa *Stolkin.* *3* — Grau 3.º da escola preparatória da Ordem da União Alemã, em que só se admitem escritores, artistas e pessoas de alta posição social.

ANCKER, P. K.. Escritor dinamarquês, que em 1780 publicou em Copenhague uma obra importante, hoje rara, sobre as confrarias de pedreiros construtores.

ÂNCORA. Emblema da esperança, que aparece em muitas cerimônias e empresta seu nome a várias ordens. (Cf. *Escada de Jacó; Virtudes, As Três.*)

ANDERSON, *Reverendo James.* Nascido em Edimburgo, Escócia, por volta de 1675, tornou-se teólogo e ministro da Igreja Presbiteriana de Londres. Associado com John Desagullers, da *Christ Church* de Oxford, Inglaterra, por sua vez filho de um pastor francês, Anderson é tido como um dos promotores da reforma maçônica de 1717, que resultou na fundação da Grande Loja de Londres. Segundo sua narrativa, em 1718 o Grão-Mestre George Paynes "manifestou o desejo de que cada Irmão levasse à Grande Loja quaisquer documentos referentes aos Maçons e à Maçonaria para por eles se conhecerem os antigos usos. Daí apareceram alguns velhos exemplares das Constituições góticas, que desde logo foram colecionadas". Em reunião da Grande Loja em 1721, tendo o Grão-Mestre e a Grande Loja encontrado várias deficiências nessas Constituições, incumbiram o Irmão Anderson de compilá-las por um *novo e melhor* método. Desincumbindo-se da tarefa, em 17 de janeiro de 1723 submeteu ao exame da referida Loja a sua obra, "Livro das Constituições". Eram então vinte as Lojas filiadas àquele Corpo; seus representantes examinaram o manuscrito, sugeriram algumas emendas, aprovaram-no e ordenaram a sua impressão. Isto foi feito no mesmo ano, sob o título: *The Constitutions of the Free-Masons, Containing the History, Charges, Regulations, etc., of the Most Ancient and Right Worshipful Fraternity. For the Use of the Lodge.*

No mundo maçônico se considera de suma importância esse acontecimento histórico, por sancionar oficialmente o novo aspecto simbólico, especulativo e universal da antiga associação de Pedreiros Livres. Destinadas originalmente ao uso interno da Grande Loja de Londres, as chamadas Constituições de Anderson, com algumas variantes, foram sendo progressivamente adotadas por várias dezenas de outras Grandes Lojas, por sua filiação à primitiva Grande Loja de Londres, e constituem ainda hoje a base jurídica e os *Landmarks* de grande parte da Maçonaria simbólica ou Azul. Todavia, importa não confundir essa reforma, simplesmente normativa, com a anterior, mais importante, estrutural, ritualística, da Maçonaria simbólica, empreendida no fim do século dezessete pelo Rosa-Cruz e Alquimista Elias Ashmole, autor da *Ordem da Jarreteira* e *Theatrum Chemicum,* e que reestruturou os três primeiros graus maçônicos na forma mais instrutiva, poética e significativa atualmente em uso.

A obra de Anderson e de seus companheiros, conquanto notável pelo que contém de codificadora, tem sido amiúde duramente criticada por alguns Maçons ilustres, a começar do famoso Miguel André Ramsay, contemporâneo dos reformadores de 1717 e que portanto lhes deve ter acompanhado a obra. Ele assim os acusa: "Muitos de nossos ritos e costumes contrários aos preconceitos dos reformadores foram mudados, disfarçados e suprimidos, e assim muitos Irmãos lhes esqueceram o espírito e lhes retiveram apenas a casca externa, porém no futuro a Maçonaria será restaurada em sua prístina glória". Por sua vez, o erudito e alto Maçom e Rosa-Cruz Charles Sotheran, escreve em 1877: "As Constituições de 1723 e 1738 do maçom impostor Anderson foram adaptadas para a récem-emplumada e primeira Grande Loja de *Livres e Aceitos Maçons* da Inglaterra, da qual derivaram todas as demais do mundo de hoje. Anderson compilou então estas adulteradas Constituições, e afim de coonestar a sua chamada 'história de lixo' da Ordem, teve a audácia de declarar que quase todos os documentos relativos à Maçonaria na Inglaterra haviam sido destruídos pelos reformadores de 1717. Felizmente, no Museu Britânico, na Biblioteca Bodleana e em outras instituições públicas, Rebold, Hughan e outros descobriram provas suficientes, ao molde das antigas Observâncias Maçônicas Operativas, para refutar tal assertiva". (Cit. em *Isis Unveiled,* Vol. II, p. 389, ed. 1931, de H.P.B.). Também à obra compiladora de Anderson se deve a proibição da admissão de mulheres na Franco-Maçonaria, proibição essa sem nenhum apoio nos Antigos *Landmarks,* pois não se encontra em nenhuma das antigas Constituições maçônicas, em que se diz ter-se baseado a reforma. A mais antiga delas, a de Iorque, atribuída ao príncipe Edwin e adotada em 926 como "Constituição Legal das Lojas Maçônicas da Inglaterra", determina em seu Artigo 11.º: "Para que um mestre ou companheiro possa propor uma pessoa à admissão na congraria, e para que se possa aceitá-la, é necessário que a pessoa proposta tenha nascido livre, seja de uma reputação sem mácula, possua todas as capacidades exigidas, e seja sã de corpo e espírito". E a então mais recente delas, o Regulamento de 1663, mais conhecido como "Lei de Santo Albano", prescreve em seu Artigo 2.º: "Ninguém será admitido na confraria que não seja são de corpo, de nascimento honrado, de boa reputação e submisso às leis do país". No entanto, a Constituição de 1723, de Anderson, determina em seu Artigo 3.º: "As pessoas admitidas a fazer parte de uma Loja devem ser boas, sinceras, livres, de idade madura; não são admitidos escravos, *mulheres* (é nosso o grifo), pessoas imorais ou escandalosas, mas exclusivamente as que gozem de boa reputação". Tal segregação jamais se viu nos Antigos Mistérios, nem na Escola Pitagórica, um dos mais brilhantes elos da Maçonaria, mas tão-só nas antigas religiões exotéricas, com exceção da China, Egito e em parte do Cristianismo, cujo Fundador inicia e termina Sua divina missão dialogando com as mulheres (*João,* caps. *4 e 20*). Buda manteve em Seu *Sangha* discípulos de ambos os sexos. O verdadeiro transformador da Maçonaria operativa em especulativa, o Rosa-Cruz Emílio Ashmole, jamais teria feito tão misógina discriminação, pois é bem sabido que os Rosa-Cruzes jamais obrigaram preconceitos de sexo. Cf. *Maçonaria Feminina; Rito de Heredon* ou *de Perfeição; York, Carta de.*)

ANDRÉ, ***Christian Karl.*** **Autor, no século XVIII, de uma obra importantíssima sobre a Franco-maçonaria e sociedades secretas.**

ANDRÉ, ***Loja de Santo.*** **Loja primordial estabelecida em Edimburgo, Escócia, a qual foi considerada o berço da Ordem dos Franco-maçons.**

ANDRÉ, ***Ordem dos Cavaleiros de Santo.*** **Ordem de franco-maçons escoceses que apoiaram o partido de James II (ou Jacques VI), diz-se, com o apoio dos jesuítas, por haver esse rei fugido da Inglaterra e se refugiado na Abadia de Clermont, em França, em 1688.**

ANDREAS, ***Johann Valentine (1586-1654).*** **Culto e viajado investigador alemão, muito interessado em sociedades secretas, adepto das doutrinas de *Paracelso* e autor de algumas obras sobre a Ordem Rosa-Cruz, publicadas na Europa. (Veja-se *Rito dos Irmãos da Ordem Rosa-Cruz.*)**

ANDROGINAS, ***Sociedades.*** **Denominação de umas organizações mais ou menos ao estilo da Maçonaria e com esta às vezes confundida, e com alguma razão, pois a Maçonaria, a *Arte Real,* por sua origem e substância, é assexual, como aliás, o é toda cultura humana.**

ANEL. *1* — Símbolo do ciclo de Vida Divina, eterna, infinita e onipresente, e do pacto da aliança da vontade humana com a divina. *2* — No 14.º grau do Rito Escocês Antigo e Aceito se outorga ao *Escocês* um anel em sinal de aliança, em cujo interior estão gravados, de um lado, o seu nome e a data de sua recepção, e do outro, a frase *A morte não*

pode separar o que a virtude une. 3 — É a jóia do grau 4.º da Maçonaria de Adoção, que traz gravada a palavra *Secreto.*

ANEL DE OURO. *1* — Título dado ao grau 28.º do denominado Capítulo Metropolitano. *2* — Prenda com que no Rito da Estrita Observância se brindava o recipiendário, que jamais poderia abandoná-la.

ANEL LUMINOSO. *1* — Título que se adicionava aos Sublimes Mestres do grau 12.º do Rito *Escocês Filosófico.* *2* — Alternado com os dos *Mistérios do Oriente,* é o título de um grau da chamada Maçonaria Pitagórica.

ÂNFORA. Nome simbólico que se usa nos banquetes das *Novícias Maçonas,* grau 1.º de eleição do *Rito do Sol,* do Capítulo Metropolitano das Damas Escocesas de Paris, colina de Monte Tabor.

ANGERS. Cidade francesa em que a Loja *Pai de Família* serviu de base para a instalação do Tribunal Sufragâneo do Regime Escocês Filosófico em fins do século XVIII. (Veja-se *Rito Escocês Filosófico.*)

ANGULO RETO. Simboliza a perfeição ou a reta conduta que todo maçom deve visar. Em ângulo reto deve ser o passo que o Candidato dá ao avançar para prestar o seu juramento de Ap.·., como o são muitos dos sinais, posições, cerimônias e símbolos maçônicos.

ANIMAIS. *1* — Os egípcios seguiram a remotíssima prática de encarar certos animais como refletindo vários aspectos do Divino, por causa de suas qualidades salientes. Assim, a inteligência da águia, a clara visão do falcão, a fôrça do boi, etc., eram por eles tidas como manifestações específicas de alguns dos múltiplos aspectos da Divindade. No começo essas criaturas foram tomadas como meros símbolos, porém, posteriormente exageraram tal conceito, tornando sagrados alguns dos animais. *2* — Conceitos análogos se encontram entre os judeus e cristãos (*Ezequiel* I: 9, 10 13, 15-18, e *Apocalipse* IV: 6-8; V: 6, 8, 12 e segs.). Os quatro evangelistas têm sido representados: São João, pela *Aguia,* como o penetrante olho do Vidente; São Lucas, pelo *Touro,* símbolo das águas da Vida e da fôrça cósmica; São Marcos, pelo *Leão,* a energia impetuosa, o intrépito valor, o fogo cósmico, e São Mateus pela cabeça humana ou o *Anjo,* síntese dos três anteriores, combinados no intelecto superior do homem e na espiritualidade cósmica. Todos estes símbolos têm procedência egípcia, caldéia e hindu. *3* — Tendo se originado dos mesmos remotíssimos mistérios, a Maçonaria também conserva figuras de certos animais para simbolizar profundas verdades e máximas instrutivas ou regeneradoras. (Cf. *Harmachis; Orlas.*)

ÂNIMO e RETIDÃO. Qualidades morais características do grau 14.º do Escocismo.

A NÍVEL ou *a prumo*. Significa, simbolicamente, que uma coisa está em seu lugar correspondente, e especialmente, que um irmão está com as suas obrigações em dia com a tesouraria e o tronco de beneficência da Loja.

ANIVERSÁRIO. Dia comemorativo de fatos importantes na história da Ordem ou nos trabalhos da Loja, o que é feito com cerimônias especiais. Os Capítulos Rosa-Cruz celebram solenemente a data do Equinócio aproximadamente coincidente com as comemorações da morte de Cristo. (Cf. ***Equinócio; S. João, Festas de; Solstícios.***)

ANJO. *1* — Palavra grega com a acepção de *enviado, mensageiro,* e correspondente ao *Deva* dos hindus, com o significado de ser brilhante. Consta das lentas, rituais e mitos de todas as religiões, com diferentes nomes, e figura nas cerimônias e símbolos maçônicos. Segundo os hindus, os Devas compreendem três vastas categorias, denominadas, em ordem hierárquica decrescente, *Arupadevas, Rupadevas* e *Kamadevas,* distribuídas em 33 amplos grupos e 7 grandes hierarquias, num total de 330 milhões de indivíduos. Na escritura *Zend* dos mazdeistas se atribui mau sentido a essa palavra (*Dev* para eles), provavelmente em conseqüência de querelas religiosas. Segundo os cristãos, os anjos estão divididos em três hierarquias, subdivididas por sua vez em nove ordens chamadas Coros. A primeira hierarquia se compõe dos Serafins, Querubins e Tronos; a segunda, das Dominações, Virtudes e Petestades, e a terceira, dos Principados, os Arcanjos e os Anjos. (Cf. *Éf.* 1:21; *Col.* 1:16; *Dan.* 10:21; *1 Reis* 22:19.) *2* — No grau 28.º do Rito Escocês Antigo e Aceito figuram os sete Anjos Querubins, presidentes dos sete planetas conhecidos dos antigos: *Miguel,* de Saturno; *Gabriel,* de Júpiter; *Uriel,* de Marte; *Z'rahhiel,* do Sol; *Hhamaliel,* de Vênus; *Rafael,* de Mercúrio, e *Tsafiel,* da Lua. *3* — No painel do templo do grau de Aprendiz do Rito de Cagliostro, há sete pontos e sete ângulos simbolizando os sete Anjos que circundam o trono da Divindade (cf. *Apoc.* 1:4 e 8:2).

ANJO EXTERMINADOR. No ritual da Maçonaria Egípcia, de Cagliostro, diz o Companheiro ao ser admitido nesse grau: *Que o gládio do anjo exterminador me puna, se eu faltar ao meu compromisso!* (Cf. ***Apoc.,*** Cap. 16.)

ANOCHIEL. Um dos sete anjos que governam os sete planetas que menciona o catecismo das Mestras Egípcias, grau 3.º, do Rito de Adoção de Cagliostro. Esse anjo governa Saturno, sendo sua letra inicial uma das que usam bordadas as referidas Mestras na orla de seu *talar*. (V. a letra *A*, 11.)

ANO MAÇÔNICO. Varia entre os Ritos: começa em 1.º de março e parte da época assinalada pela Bíblia para a criação do mundo, ou segue o calendário egípcio. (V. *Calendário; Era Maçônica.*)

ANQUISES. *1* — Na Bíblia, pai de Enéas. *2* — Na Ordem de Misraim, Grande Comendador no vale de Tróia, segundo a lenda deste Rito.

ANTE-DIEM, "um dia antes". Locução latina usada com freqüência nas convocações de membros de uma Loja ou suas comissões, quando feitas com um dia de antecipação. Por exemplo: Concovação *Ante-diem.* Veja-se *A.*

ANTEDILUVIANOS. Denominação dos sistemas maçônicos que explicam as origens maçônicas com base em fatos anteriores ao Noé bíblico.

ANTIGO MESTRE. *1* — Título dado no grau 4.º, do primeiro Templo Martinista ou de São Martim. *2* — Grau 3.º do Rito chamado da União Alemã. *3* — Grau 4.º do Escocismo reformado do barão Tschoudy. *4* — *Antigo Mestre, Sublime e Perfeito Maçom* se chama todo iniciado incluído entre os *Grandes Escoceses da Abóbada Sagrada de Jacó VI,* grau 14.º do Rito Escocês Antigo e Aceito.

ANTIGOS. Assim se denominam os maçons construtores ou os materiais de confrarias que serviram de base para a organização da atual Maçonaria.

ANTIGOS MAÇONS, *Rito dos*. Também conhecido como *Rito Inglês,* constitui um dos 52 Ritos da Maçonaria, muito espalhado pelos domínios da Grã-Bretanha, Estados Unidos e outros países.

ANTIGÜIDADE. *1* — Entre os maçons do mesmo grau, é a do mais antigo nesse grau. *2* — Entre os maçons de vários graus e em assuntos particulares da Loja a que pertencem, é a data de seu ingresso na mesma, e nos assuntos gerais da Ordem, é a data de seu ingresso nesta. *3* — Data da carta constitutiva de uma Loja. *4* — Atual denominação da antiga Loja São Paulo, de Londres, uma das quatro que fundaram a primeira Grande Loja.

ANTIMAÇÔNICOS. São todos os atos que se opõem à lei moral, base da Ordem Maçônica. A conduta antimaçônica é passível de acusação e julgamento pelas Lojas.

ANTIVICH. Palavra sagrada dos *Eleitos Soberanos,* grau 59.º da segunda classe da série denominada *Filosófica,* do Rito de Misraim.

ANTOLHOS. Espécie de óculos escuros que também se usam para vendar um profano introduzido numa Loja. (V. *Venda.*)

ANÚNCIO. É a proclamação, aviso ou comunicação que precede todo ato ou deliberação levados a efeito em Loja. É dado pelo Venerável e repetido pelos Vigilantes às suas colunas, para alertá-las ou informá-las. (Cf. *Proclamação.*)

A.·. O.·. Abreviatura do *Anno Ordinis* (Ano da Ordem).

AP.·. — Abreviatura de *Aprendiz.*

APAGAR A LÂMPADA (ou *Soprar a*). Expressão empregada com o significado de *beber,* nas reuniões de mesa ou banquetes da Maçonaria de Adoção. (Cf. *Fogo Sagrado, 2.*)

APARTAMENTO. Veja-se *Terceiro Apartamento,* e *Câmara do Meio.*

APELAÇÃO — Direito que têm os maçons de apelar das decisões de suas respectivas corporações a outras corporações superiores, obedecendo os trâmites e normas determinados pelos estatutos e jurisprudência respectivos.

APLAUSOS — Constam de certos atos e cerimônias maçônicos como expressão da alegria e satisfação. (V. *Bateria.*)

APOCALIPSE (gr. *Apokalipsis,* "revelação", "desvelar" — *1* — O último livro do Novo Testamento, atribuído a S. João Evangelista, durante o seu desterro da ilha de Pátmos, no ano 96 d. C., e cheio de significação para o maçom e cabalista. Como acertadamente diz H. P. Blavatsky em *Isis sin Velo,* IV, p. 10, ed. mexicana de 1954: "O *Apocalipse,* tanto quanto o *Livro de Jó,* é um alegórico relato dos Mistérios e da iniciação neles de um candidato, ali personificado no próprio S. João, como não poderá deixar de reconhecê-lo nenhum alto maçom bem versado nos diferentes graus. Os números *sete, doze* e tantos outros são todos luzes projetadas na obscuridade do livro. Há alguns séculos Paracelso foi da mesma opinião. A seguinte passagem (2:17) não deixa nenhuma dúvida a um Mestre Maçom: "Ao vencedor darei eu a comer do maná escondido, e lhe outorgarei uma pedra branca, e nesta pedra um novo nome escrito, que ninguém conhece senão aquele que o recebe."

Seu estilo "velado em símbolos e alegorias" o identifica com os antigos escritos iniciáticos, como o *Livro dos Mortos* dos antigos egípcios e os *Upanishads* dos hindus. Seu próprio autor justifica a sua linguagem enigmática: "Quando os sete trovões fizeram soar as suas vozes, eu ia escrever, mas ouvi uma voz do céu, dizendo: 'Sela as coisas que falaram os sete trovões, e não as escrevas' (*Apoc.* 10:4). Os Iniciados autênticos conhecem a sétupla chave da interpretação apocalíptica, e qualquer maçom sabe do antigo e severo sigilo imposto nos verdadeiros segredos e mistérios. Se essa obra tem constituído um quebra-cabeça para os intérpretes das escrituras cristãs, é devido a sua teimosia em dar-lhe um sentido unicamente histórico. No entanto, ela é prova concludente dos mistérios bíblico-cristãos, expostos, como era então usual, em alegorias, enigmas, símbolos e figuras, cuja fiel interpretação requer conhecimentos esotéricos mais profundos do que os exotéricos ministrados nas Escrituras. Tem sido considerado a chave interpretativa do mistério cristão, com as características de um compêndio de iniciação no segredo e mistérios das Escrituras. *2* — *Cavaleiros do Apocalipse*: Título do grau 17.º do Rito Escocês Antigo e Aceito. *3* — Nome de um grau maçônico dos chamados Graus Avulsos. (Cf. *Mistérios; Pedra Branca.*)

APPOLYON (gr.), *exterminans vel preditio, aut destruens. Apoc.* IX:11) — Palavra sagrada, usada, em vez de *Abaddon,* em alguns Conselhos de Cavaleiros do Oriente e Ocidente, grau 17.º do Rito Escocês Antigo e Aceito. (Cf. *Abaddon.*)

APORRETA ou APPORRHETA (gr.). Instruções secretas sobre assuntos místicos, dados durante os Mistérios gregos e egípcios. (Cf. *Logia.*)

APOSTILA — Adição geralmente feita no verso dos diplomas, para certificar que o maçom possui os graus intermediários que não exigem esses documentos.

A. ˙. P. ˙. P. ˙. — Iniciais que figuram no avental do grau 6.º do Rito Escocês, com o significado de Aliança, Promessa, Proteção.

APRENDIZ — *1* — Denominação do primeiro grau da Maçonaria simbólica, comum em todos os sistemas e ritos. Corresponde ao primeiro estágio preparatório para a Iniciação oriental, ali chamado *Provação;* ao de *Aspirante* de Tebas e de Elêusis, ao *Soldado* de Mitras, ao *Catecúmeno,* ou período "purgativo" da ascese cristã. *2* — Emprestada das antigas corporações obreiras de construtores, em que o aprendiz ocupava também o grau mais inferior, ou inicial, no simbolismo maçônico representa o homem em sua primeira infância humana e espiritual. Seus olhos são ainda demasiado fracos para contemplar diretamente a fulgurância do Sol, e por isso na Loja está sentado a nordeste ou Setentrião; veste o avental branco, debruado de azul no Rito Moderno ou Francês e de encarnado no Escocês Antigo e Aceito, cingido à sua cintura com a abaeta triangular levantada (significando que sua natureza superior, simbolizada pelo triângulo, não se apossou ainda da inferior, simbolizada pelo quadrilátero), e usa luvas brancas (símbolo de mãos limpas e puras). Neste grau se aplica ao desenvolvimento da Maçonaria, ao estudo de suas leis, seus mistérios, usos e costumes; por isso trabalha simbolicamente no desbaste da *pedra bruta*, do *meio-dia* à *meia-noite*, e recebe seus salários na coluna J. ∴ (no Rito Francês) ou na coluna B. ∴ (no Escocês).

APRENDIZA. Título do primeiro grau da Maçonaria de Adoção ou das Damas, nos diversos Ritos, com a mesma acepção do anterior.

APRENDIZADO. Juventude do maçom; é o lapso de tempo que decorre desde a sua admissão ao 1.º grau até sua elevação ao segundo.

APROVAÇÃO. *1* — Consentimento de uma Loja para a admissão de um profano e filiação de um maçom. É dada a pedido do Venerável, porém com prudência e unanimidade. *2* — Assentimento às propostas encaminhadas à Loja. (Cf. *Admissão; Iniciação; Voz de Boa Referência.*)

APROVAÇÃO, *Sinal de.* É o que se faz nas votações nominais. Segundo o costume, faz-se sentado e estendendo horizontalmente o braço direito, com a mão aberta e palma para baixo, dirigida para o trono ou o altar de juramentos. Também se faz de pé, pondo-se à ordem e estendendo-se na mesma forma o braço esquerdo. Essa é a simbólica, porém também poderá ser nominal ou por escrutínio secreto. (Cf. *Bolas.*)

A PRUMO. Veja-se *A Nível* e *A Coberto.*

APTIDÃO. *1* — Um dos requisitos morais e intelectuais, revelados nos graus inferiores, para o maçom poder ascender aos superiores. *2* — É uma condição antiqüíssima, de cuja rigorosa aplicação dependerão a estabilidade e progresso da Loja.

AR. Um dos quatro elementos naturais, por cuja prova passa o candidato a Aprendiz maçom, simbolizando a purificação e domínio desse elemento e a pura aspiração de sua inteligência pelas mais elevadas concepções da vida.

AR, *Sinal do.* Denominação do quinto sinal feito no grau 20.º do Rito Escocês. (V. *Prova do ar.*)

ARA. Na astronomia, uma constelação ao Sul; na Maçonario, um altar. (Cf. *Altar.*)

ARARAT. *1* — Célebre monte da Armênia, em cujo cume, segundo a Bíblia, se deteve a arca de Noé por ocasião do dilúvio (*Gênese,* 8:4). Em linguagem esotérica ou mística, a palavra *monte* alude a iniciação, e entre as damas maçônicas tem alto significado simbólico, pois quando dizem: "Repousei sobre o monte Ararat", querem figurar que se salvaram do dilúvio dos ataques das paixões. *2* — Palavra de passe das *Escocesas,* grau 6.º do Rito de Adoção, e das Damas da Pomba, grau 8.º, do mesmo Rito. *3* — No grau 3.º do Rito Egípcio ou de Cagliostro se diz ao novo Mestre "Esta segunda câmara se chamará *Ararat,* para fazer conhecer que a arca se deteve nesta montanha e que o perfeito repouso se destina aos eleitos de Deus." (Cf. *Abiegnus Mons.*)

ARBAS. Uma das palavras de passe, ou de reconhecimento, que pronunciam os *Soberanos dos Soberanos,* grau 60.º da segunda série chamada filosófica, do Rito de Misraim.

ARCA. *1* — É a arca de Noé, o sagrado *Argha* dos hindus, batel oblongo que os sacerdotes empregavam à maneira de cálice nos sacrifícios oferecidos a Ísis, Astarté e Vênus Afrodita, deusas das forças geradoras da matéria, coletivamente simbolizadas na arca que encerra os germes de todas as coisas viventes... Moisés estava familiarizado com a mitologia dos egípcios e conhecia a lenda que representa Hórus de pé sobre um esquife em forma de serpente, cuja cabeça atravessa com sua lança. (H. P. Blavatsky, *Ísis sem Véu,* IV. 112, 115). *2* — Nome usado na Maçonaria para designar certos ritos e graus.

ARCA DA ALIANÇA. *1* — Toda arca-altar, entre os egípcios, hindus, caldeus, e mesmo entre os antigos mexicanos, era um altar fálico, símbolo da matriz da Natureza. O *seket* dos egípcios, a arca ou caixa sagrada, estava colocado sobre a *ara,* seu pedestal. A arca de Osíris, com as sagradas relíquias, era "do mesmo tamanho da arca judaica", diz o egiptólogo S. Sharpe, e era conduzida por sacerdotes, com umas varas que transpassavam seus anéis, em sagrada procissão, tal qual a arca a cujo redor dançava David, rei de Israel. Os deuses mexicanos, e Diana, Ceres e outros deuses, também a tinham. A arca era uma barca, um veículo. Segundo alguns, tanto externa como internamente, algumas das arcas egípcias se assemelhavam com a Arca da Aliança. (Blavatsky, *Glossário Teosófico.*) *2* — No simbolismo do grau 18.º se recorda a Arca da Aliança como testemunho da segunda aliança do Senhor com a humanidade por meio de Moisés, e no grau 22.º do Rito Escocês se ensina que as árvores do Líbano cresceram para a construção da Arca da Aliança. *3* — Símbolo usado no grau 5.º do Rito Moderno ou Francês; no santuário dos *Chefes do Tabernáculo*, grau 23.º do Rito Escocês Antigo e Aceito; no simbolismo do grau 33.º do Rito de Misraim, designado com o título de Arca ou Tabernáculo. *4* — Vem bordada sobre a púrpura do primeiro estandarte T no Grande Acampamento dos Príncipes do Real Segredo, grau 32.º do Rito Escocês Antigo e Aceito, e constitui a jóia do Grande Machado, ou *Grande Arca*, grau 32.º do Rito de Misraim.

ARCA DE NOÉ. Símbolo dos que constituem o grau 2.º da Maçonaria de Adoção, pelo que se vê, no meio da Loja, a arca sobre uma montanha. (Cf. *Ararat; Arca.*)

ARCANO. Conhecimento secreto iniciático, cujo significado a Maçonaria representada por símbolos, que começam a ser desvendados desde o grau de Aprendiz.

ARCANUM MAGNUM (o "grande segredo"). Frase inscrita à direita da porta do templo egípcio, que figura no painel da Loja do Aprendiz no Rito de Cagliostro; e à esquerda está inscrita a frase *Gemma Secretorum* (*a essência dos segredos*).

ARCA REAL DA ANTIGUIDADE. Grau da Maçonaria Hermética com este nome, a qual se radica na mais remota antiguidade. O principal escopo desse grau é aperfeiçoar o homem até a sua unificação com Deus, e todos os seus ensinamentos, do mais alto teor moral, intelectual e espiritual, convergiam para esse objetivo. O Cavaleiro da Arca Real da Antigüidade usava em aspa o cordão de seu grau com uma placa de forma triangular. Numa face da placa estava gravado o nome de Deus, rodeado das palavras *Verdade, Sabedoria, Ciência* (qualidades extrínsecas), ou *Vontade, Amor, Inteligência* (qualidades intrínsecas do caráter); na outra face havia uma serpente formando círculo, e no centro, um leão. O triângulo é símbolo da Vida, una em essência e trina em manifestação; a serpente o é da Eternidade ou do eterno ciclo da vida evolucionante, e o leão figura a força, a audácia necessária para, por meio da vontade, amor e inteligência, conseguir a unificação com Deus. (Cf. *Arca.*)

ARCA SANTA. O mesmo que Arca de Noé.

ARCO. *1* — Junto com flechas e uma coroa de ouro, é o símbolo que se supõe guardado com o primeiro dos sete selos que constam do catecismo dos Cavaleiros do Oriente e Ocidente. *2* — *Arcos.* Título do grau 13.º do Rito Escocês.

ARCO-ÍRIS. *1* — Alguns Ritos comemoram o Arco-Íris como símbolo da aliança que, segundo a Bíblia, fez Deus com Noé. *2* — Figura nos graus 3.º e 4.º do Rito de Adoção; naquele passa por cima do altar, e neste tem suas extremidades apoiadas nos capitéis das colunas da Ordem.

ARDAREL. *1* — O Anjo do Fogo. Primeira palavra dos *Grandes Escoceses de Santo André da Escócia,* ou *Patriarca das Cruzadas,* e *Cavaleiro do Sol, Grão-Mestre da Luz,* grau 29.º do Rito Escocês Antigo e Aceito. *2* — Primeira palavra de passe dos *Escoceses de Santo André, grau* 21.º do Rito de Misraim.

ARDAS. *1* — Palavra de reconhecimento que se pronuncia ao dar o toque de *Eleito Soberano,* grau 59º da segunda série, chamada filosófica, do Rito de Misraim. *2* — Palavra sagrada do *Soberano dos Soberanos,* grau 60.º do mesmo Rito.

AREIA. Nos banquetes maçônicos, é o nome dado ao sal (*areia branca*) e à pimenta (*areia vermelha*).

AREOMANCIA. Um dos ramos da Maçonaria hermética ou cabalista.

AREOPAGITAS. *1* — Os doze primeiros discípulos de Adão Weisshaupt (1747-1830), fundador e chefe da seita dos Iluminados, de 10 graus, na Alemanha, que pelo menos de 1778 a 1783 esteve ligada à Franco-maçonaria. Em 1786 foi dissolvida pelo eleitor da Boêmia, e seu fundador, condenado à morte por um julgamento sumário, fugiu para Gotha, onde faleceu. Só os areopagitas podiam discutir com o seu chefe as máximas e a política atinentes à Ordem. *2* — Uma academia de Cavaleiros *Kadosh,* criada em Paris em 1861.

AREÓPAGO. *1* — Nome da colina de Ares, em Atenas, que deu seu nome ao tribunal supremo daquela cidade, composto de 31 membros, antigos arcontes, e incumbido de julgar as causas criminais mais importantes. Celebrizou-se pela sua alta eqüidade e sabedoria. *2* — No Rito Escocês Antigo e Aceito é a denominação genérica das Lojas Filosóficas dos graus 19.º ao 30.º, e do terceiro aposento ou apartamento que constitui a *Câmara do Exame* para a recepção dos Cavaleiros *Kadosh* (grau 30.º).

ARGENTINA. Data de 1795 a Maçonaria neste país. Nesse ano se fundou a Loja *Independência,* no Vale de Buenos Aires, a qual "instituiu na América os cimentos da instituição maçônica", que no início teve por finalidade precípua a emancipação política do país. Logo depois, em data não determinada, devido ao caráter absolutamente sigiloso das atividades político-maçônicas, se estabeceleu a Loja *S. João de Jerusalém da Felicidade desta parte da América.* É quase certo que já em 1804 existiam diversas Lojas maçônicas em Buenos Aires, e durante as invasões inglesas de 1806 e 1807, ao que parece, foram criadas diversas Lojas objetivando o congraçamento e união espirituais entre os homens da época, para explorar a possibilidade de independência do Vice-reinado do Rio da Prata. Por volta de 1812 o general San Martin, com a cooperação de Alvear, fundou a Loja *Lautaro* em Buenos Aires. O mesmo general fundou em Mendoza, em 1816, a Loja *Lautarina,* filial da anterior, e a esta se filiaram os principais chefes do exército e emigrados chilenos.

ARGONAUTAS, *Cavaleiros dos.* Grau 8.º do Rito Escocês Filosófico da Maçonaria hermética reformada de Boileau. (Cf. *Tosão de Ouro; Velocino de Ouro.*)

ARISTIDES. Na tradição de Misraim, célebre filósofo que foi Grande Conservador da Ordem nos Vales de Esmirna.

ARISTÓFANES. Célebre gramático da antiguidade, cerca de 120 anos antes de Cristo. Segundo a tradição de Misraim, iniciou-se nos Mistérios e foi Grande Comendador dessa Ordem, no Vale de Bizâncio.

ARITMÉTICA. *1* — É a arte ou ciência de contar, achando-se representada nas cerimônias e simbologia maçônicas, grau de Companheiro. *2* — Um dos predicados do bom maçom, que lhe ensina a multiplicar sua bondade e sabedoria em benefício de todos os seus irmãos, e a observar a ordem e proporção numérica em todas as coisas. *3* — Nome do quarto degrau do segundo lance da escada, constante das cerimônias dos Cavaleiros de *Kadosh.*

ARMAS. *1* — São as de todos os gêneros e épocas as que aparecem nas cerimônias de todos os Ritos maçônicos. Os candidatos militares e civis que as usem, são delas despojados para poder ser iniciados. *2* — Denominação dada aos vasos, taças ou copos usados nos banquetes maçônicos.

ARMIGER. *1* — Grau pertencente aos Arquitetos da África e correspondente à terceira classe do grau de Templário, o grau 6.º dos sistemas da Estrita Observância. *2* — Nono degrau da escada e primeiro dos três chamados graus superiores dos *Arquitetos da África.*

ARMINHO. Pele que aparece nas cerimônias de todos os Ritos maçônicos, como símbolo da pureza de seu espírito e da conduta que deve caracterizar seus membros. Faz parte da indumentária de muitos graus e do manto do *Três Vezes Poderoso Mestre,* grau 4.º do Rito Escocês.

ARQUIMAGIA. *1* — Parte da Alquimia que trata dos meios de fabricar ouro. *2* — Uma das ciências de que se ocupa a Maçonaria hermética; também a chamam *alquimista.*

ARQUIMAGO. Título dado ao chefe dos magos, ou ao chefe da religião mazdeísta entre os persas.

ARQUIPRIOR. Título que se dava ao Grão-Mestre dos Templários.

ARQUITETO. *1* — Título que se outorga a muitos graus dos ritos, sistemas e ordens da Maçonaria. *2* — Nome distintivo dos oficiais das Lojas, encarregados de mobiliar e decorar a Oficina, do exame e fechamento de sua contabilidade, bem como da boa ordem de todos os trabalhos afetos aos seus respectivos cargos. *3* — Oficial da Loja encarregado da conservação do mobiliário e dos locais.

ARQUITETO DO UNIVERSO, *O Grande* (ou O.·. G.·. A.·. D.·. U.·.). *1* — Nome pelo qual na Maçonaria se designa Deus, Allah, Logos, Osíris, Brahmâ, etc., dos diferentes povos, já que ali se considera o Universo como uma Loja ou Oficina em sua máxima perfeição. Cada Loja é simbolicamente um universo, e toda a Maçonaria figura um vasto sistema de universos. Para o maçom não é, porém, um Deus antropomorfo, mas, antes, o Princípio de Consciência e de Vida Universal, a "Coisa Única" da Tábua de Esmeralda hermética. É também a Atividade; "O Grande Arquiteto dos Deuses" do culto de Viswakarma dos hindus, onde Ele é o Forjador ou o Carpinteiro; o "Divino Obreiro" da mística cristã, e o Tubalcaim, o "pai daqueles que trabalharam os metais", da lenda maçônica.

ARQUITETO E EDIFICADOR (ou *Artífice Construtor*). Título que em *Hebreus* 11:10 dá S. Paulo a Deus. (Cf. *Mestre Construtor.*)

ARQUITETURA. *1* — A ciência da arquitetura sempre esteve ligada aos antigos Mistérios, e o ritual da Arte Maçônica, se convenientemente executado, visa construir nos planos internos do mundo um templo superfísico da ordem jônica da arquitetura, que foi a escolhida por ser o veículo do tipo especial de força que flui através da Maçonaria Simbólica. Nos graus superiores se constroem outras formas arquitetônicas, segundo as influências espirituais que se têm de irradiar através delas. Há uma ciência de construção espiritual, de que a arquitetura material é apenas o reflexo na matéria mais densa do mundo físico. A Maçonaria está especialmente associada às três ordens de arquitetura da antiga Grécia: a Jônica, a Dórica e a Coríntia, correspondentes respectivamente, ao Venerável, ao 1.º Vigilante a ao 2.º Vigilante. Alguns Ritos também acrescentam as ordens Toscana e Compósita, de origem italiana. *2* — Título aplicado a diversos graus maçônicos: a) — *Arquitetura,* grau 24.º do Rito de Misraim; b) — *Mestre na Perfeita Arquitetura,* grau avulso com muitas analogias com o de Rosa-Cruz de vários Ritos; c) — *Arquitetura dos Soberanos Comendadores do Templo* grau 44.º do Rito de Misraim. *3* — *Mestre na Perfeita Arquitetura,* grau 14.º do Rito Escocês primitivo, na denominada Loja Metropolitana de Edimburgo. *4* — No Rito Escocês Antigo e Aceito se toma a Arquitetura por tema da segunda viagem no grau 2.º, e se faz estudar as *Ordens Dórica, Jônica, Coríntia, Compósita* e *Toscana,* suas origens e seus significados morais ou esotéricos.

ARQUITRAVE. Lugar do decorado das Lojas, em que é costume pintar os doze signos do Zodíaco.

ARQUITRIUM. Palavra única dos Grandes Comendadores do Oriente, grau 43.º, da oitava classe, segunda série, do Rito de Misraim.

ARQUIVISTA. Oficial guardião dos arquivos da Loja.

ARQUIVO. Numa Oficina maçônica, é o lugar onde se depositam, classificam e guardam os títulos e demais documentos. No caso de dissolução permanente ou temporária da Oficina (Loja, Capítulo ou Conselho), seu arquivo deverá ser remetido ao corpo superior imediato, sob cuja jurisdição funcione.

ARRÁS. Cidade francesa onde teve início o sistema maçônico de Ramsay, ou dos altos graus, em 1747. Ali também se organizou um Conselho de Príncipes do Real Segredo.

ARROGÂNCIA. Segundo o catecismo do grau 21.º do Rito Escocês, é um dos significados da Torre de Babel.

ARSINE. No Rito de Mênfis, é o nome adotado pelo seu *Soberano Pontífice,* um dos cinco magos dignitários do santuário, cujo título hierárquico é do de *Soberano Patriarca dos Magos Arsine.*

ARSINES. Nome genérico dos cinco grandes dignitários componentes do santuário de Mênfis, sob cuja custódia se acha a veneranda arca das tradições. É o primeiro dos cinco Supremos Conselhos regentes da Ordem.

ARTAXERXES, "grande rei". *1* — Nome ou título de vários reis antigos da Pérsia. Em *Esdras,* Cap. 7, provavelmente Artaxexes Longaminus, filho e sucessor de Xerxes, entronizado em 466 e falecido em 427, a. C., após um reinado benigno de 39 anos. *2* — Título do Presidente das Lojas dos Veneráveis Grãos-Mestres de todas as Lojas, Soberanos Príncipes da Maçonaria ou Mestres *ad vitam,* grau 20.º do Rito Escocês Antigo e Aceito. Nos primórdios da introdução da Maçonaria na Europa, era vitalício o cargo de Venerável da Loja.

ARTE REAL. Uma das antigas definições da Franco-maçonaria, por se exercer ali a arte superior: a de conhecer e realizar o Eu. Uns têm remontado a origem dessa denominação ao fato de se basearem seus símbolos em atos do rei Salomão; outros a têm atribuído à circunstância de haver sido ela patrocinada por Carlos II, no século XVII, que dela se serviu para reconquistar o trono da Inglaterra, e outros ainda, à sua reorganização e proteção, no século XVIII por parte de Frederico II, rei da Prússia. No entanto, parece-nos mais acertada a justificação apresentada por Gédalge no *Dictionnaire Rhéa,* verb. "Art Royal": "A prática do processo iniciático tem sido sempre denominada *Arte Real,* sem dúvida porque essa Arte faz do Iniciado um Rei, um "Mestre" ("Senhor") de si e da Natureza. No *Bhagavad-Gitā* se encontra a "Yoga do Real Segredo", e o Escocismo dá ao seu grau 32.º o título de *Sublime Príncipe do Real Segredo.* Tal segredo não pode ser senão o da Evolução e Iniciação." Teoricamente, autêntico Mestre Maçom, grau 3.º, é aquele que possui e pratica todos os segredos da *Arte Real,* isto é, da Maçonaria Azul. Em 27 de dezembro de 1774 o Grande Oriente da França substituiu essa antiga denominação por "Ordem Maçônica".

ARTE RÉGIA. Denominação dada à Maçonaria pela Constituição do grau 12.º do Rito Escocês. (Cf. *Arte Real.*)

ARTES LIBERAIS. *1* — São as que se ensinam alegoricamente ao Companheiro, ou no grau 2.º do simbolismo, durante as segunda e terceira viagens de sua recepção. Na segunda se lhe apontam a arquitetura, a escultura, a pintura, a música e a poesia, todas elas formas de beleza, como uma indicação de que toda obra sincera produz o belo. Leva como instrumentos uma régua e um compasso, para lembrar-lhe a aplicação do princípio da geometria em seus sentimentos caóticos, de sorte a controlá-los e guiá-los com sua mente. Na terceira viagem se lhe indicam as ciências naturais: matemática, geometria, filosofia, biologia e sociologia, e tem por instrumentos a régua e o nível, como símbolos da Ordem, equilíbrio e senso comum, que são os requisitos mentais necessários nesta obra. *2* — Outros autores apresentam como artes liberais neste grau a gramática, a retórica, a lógica, a aritmética, a geometria, a astronomia e a música.

ARTESA (ou *Amassadeira*). É a que, feita de madeira e contendo farinha diluída em água, permanece na mesa do Venerável, no grau 2.º da Maçonaria de Adoção.

ARTESÕES DIONISIANOS — Veja-se *Dionisianos.*

ARTISTAS. São os Irmãos que uma Loja inclui no quadro de seus obreiros, com o objetivo de dar maior realce aos seus trabalhos. São os pintores, escultores, músicos, impressores, escritores, etc.

ARUNDALE, *Miss Francisca.* Notável teósofa e a primeira mulher inglesa a ingressar na Co-Maçonaria, por volta de 1893. Atraiu a Irmã Annie Besant para a ordem por volta de 1900, o que lhe deu grande impulso.

ARVORE. *1* — Figura no transparente dos emblemas do grau de Rosa-Cruz, com as raízes para cima e os ramos para baixo, como um símbolo do universo manifestado. Assim como a árvore brota e se alimenta de sua raiz, que permanece velada, assim também o universo nasce e se nutre de Deus invisível. (V. *Bhagvad Gitã,* XVI 1-3). *2* — *Árvore da ciência do bem e do mal* é a empregada simbolicamente na Maçonaria de Adoção. No Rito de Adoção de Cagliostro permanece no centro da Loja, tendo enroscada em seu tronco uma serpente com uma maçã entre os dentes. Figura também no grau

7.º departamento, que se prepara para as recepções dos Cavaleiros Rosa-Cruz de Kilwinning e de Heredom, grau 48.º da nona classe do Rito de Misraim.

ASHKENAZ (heb.). Primogênito de Gomer, filho de Jafet, Grande Conservador da Ordem de Misraim. Segundo a tradição desta, seus descendentes propagaram as sagradas doutrinas entre muitos povos da Ásia Menor e Europa.

ASES (esc.). São os criadores de Anões e Duendes, os Elementais, que estão abaixo dos homens nas lendas escandinavas.

ASGARD (esc.). Reino e residência dos ases e deuses escandinavos, o Olimpo escandinavo.

ASHMOLE, *Elias* (1617-1692). Célebre antiquário heráldico, alquimista e rosa-cruz, nascido em Litchfield, Inglaterra. Presenteou a Universidade de Oxford com uma coleção de raridades que recebera como legado e que constituíram os alicerces da fundação ali do museu que conserva o seu nome. Escreveu a *História da Ordem da Jarreteira* e *Theatrum Chemiçum;* esta, uma coletânea de textos da abstrusa ciência alquímica, é considerada a última sobrevivente dos alquimistas e rosa-cruzes, bem como a genitora da moderna Maçonaria especulativa. Em 1646, juntamente com o coronel Maimvarring, foi iniciado numa Loja não-operativa, em Warrington, a qual na época começou a receber ostensivamente pessoas completamente alheias à arte de construir. Em 1682 Ashmole foi especialmente convidado para assistir à reunião de uma Loja no Recinto dos Maçons em Londres, o que equivaleu, certamente, à sua Aceitação, e ali assistiu à iniciação de seis candidatos, dois dos quais não eram membros da Confraria de Maçons (pedreiros). Havendo constatado a progressiva decadência das confrarias operativas, procurou regenerá-las e reabilitá-las, introduzindo-lhes, ou melhor, restituindo-lhes a perdida tradição e representação dos antigos mistérios da iniciação da Índia, Egito, Caldéia, Jerusalém, Grécia e Roma, e mantendo-os sob o antigo véu da arquitetura. Com este fito empreendeu a notável tarefa de reestruturar e ampliar a nova organização, com base nos três graus simbólicos em que se fundamenta o seu sistema. E mais uma vez a lendária Fênix ressurgiu de suas próprias cinzas, encarnando o espírito de união, perfeição, ciência, filosofia, arte, progresso, liberdade, igualdade e fraternidade. Com esse espírito, redigiu os rituais de *Aprendiz,* o 1.º grau; *Companheiro,* o 2.º grau (em 1648), e *Mestre,* o 3.º grau (em 1649). No *primeiro grau* se mantiveram as características gerais da antiga iniciação; ali se ensina a moral, explicam-se alguns símbolos, indica-se o avanço da barbaria para a civilização e exorta-se à admiração e culto do Grande Arquiteto do Universo. Também se ministra o conhecimento dos princípios fundamentais da Maçonaria filosófica, suas leis e costumes, predispondo assim o neófito às práticas filantrópicas e ao estudo. Seus trabalhos eram abertos em hora que recordava as lições de Zoroastro (meio-dia). O *segundo grau* tem analogia com as doutrinas de Thales de Mileto e de Pitágoras. Aqui se prepara o neófito para o estudo das ciências naturais do globo, astronomia, filosofia, matemática e história. Induzi-lo a investigar e analisar as coisas e suas origens, a conhecer-se a si mesmo para conseguir dominar-se, a conceber tudo o que a felicidade humana pode obter da associação maçônica, mercê da verdade, ciência e trabalho honesto. O *terceiro grau* completa a analogia, harmonizando antigos mistérios iniciáticos com os atuais e ensinando a levantar o véu alegórico estendido sobre os mesmos. Admite os mais elevados princípios filosóficos e teosóficos, dá a chave dos mistérios místicos e religiosos do presente e do passado, e demonstra-lhes a sua identidade fundamental. No Egito este grau, ali conhecido como a *Porta da Morte,* correspondia ao culto de Osíris, cuja morte e ressurreição eram então rememoradas. Por causa do seu "assassinato" supostamente recente, seu ataúde estava manchado de sangue e se erguia no centro da sala dos mortos, onde se celebrava parte do cerimonial. Perguntava-se então ao aspirante se ele havia participado do assassinato de Osíris; após sua negativa e outras provas, dava-se-lhe com um machado um golpe simbólico na cabeça, com o que ele "caía" e era enfaixado como as múmias. Depois, ao seu redor se gemia e fazia brilhar alguns raios, e por fim o suposto defunto era rodeado de fogo e restituído à vida. Esse cerimonial é parodiado no terceiro grau, em que Osíris, o inventor das artes, ou o Sol, é substituído por Hiram, o arquiteto, nome que significa "exaltação da vida", "nobre", "elevado". Por isso, na interpretação do terceiro grau tem se inferido que Hiram, fundidor de metais alçado à categoria de herói da lenda maçônica, sob o título de "arquiteto", personifica o Osíris (Sol) da antiga iniciação egípcia; que Ísis, a viúva deste, é a Loja, emblema do mundo, e que Hórus, o filho de Osíris (ou da Luz) e da viúva, é o franco-maçom, o iniciado na Loja.

Tal foi o engenhoso plano concebido o esquematizado por Ashmole, que bem possivelmente lhe fora inspirado e estimulado pela antiga Ordem da Rosa-Cruz a que ele pertencia. Vinte e cinco anos depois de sua morte, seus rituais dos três graus foram adotados pelas quatro Lojas de Londres, que concluíram a sua reforma em 24 de junho de 1717. Abandonaram desde então o trabalho exclusivamente operativo e ingressaram num amplo ciclo filosófico de estudos e aperfeiçoamento moral e intelectual. Desligaram-se do centro autocrático de Iorque, proclamando a sua independência, e constituíram um governo democrático e universal de fraternidade maçônica, sob o título de Grande Loja de Londres. (Cf. *Graus; Hiram Abiff; Mistérios; Mistérios Judaicos; Rito da Academia dos Sábios; Rito dos Irmãos Rosa-Cruz; Três Graus; Wilson Guilherme.*)

ÁSIA. *1* — Segunda parte do globo onde foi introduzida a Maçonaria na primeira metade do século XVIII. A primeira Loja foi fundada em Calcutá no ano de 1728, e outras foram estabelecidas em 1750 e 1779 em Ceilão, Cantão, Pérsia, Pondichery, Ilha do Príncipe de Gales e em outras possessões inglesas asiáticas, onde a Maçonaria se acha em plena prosperidade. *2* — Corresponde ao Oriente nas Lojas do Rito de Adoção.

ÁSIA, *Rito dos Irmãos Iniciados da*. Ordem também denominada *Irmãos Asiáticos* ou *Cavaleiros e Irmãos de São João Evangelista da Ásia.* Foi fundada em Viena ou Berlim, em 1780, por um grupo dissidente da Sociedade alquimista, conhecida como *Irmãos da Rosa-Cruz.* Dentre eles se destaca o Barão Hans, Henri von Ecker e Eckehofem, fidalgo de câmara e conselheiro da coroa, que de comum acordo com o israelita Hirschmann, e participando da organização dos Rituais, neles introduziu os ensinamentos cabalísticos do Talmude. Seus membros professavam a teosofia evangélica, com base no misticismo cristão. Dedicavam-se sobretudo ao estudo das ciências naturais e às investigações mais profundas sobre o elixir da imortalidade. Esta Ordem contou com homens capazes e eruditos, e sua direção suprema, composta de 72 membros, se radicava no *Pequeno e Constante Sinderim da Europa.*

ASIÁTICA. Título de uma das 75 Maçonarias, segundo as classificação de Ragon em seu *Tuileur Général.*

ASISCULOS ou *Acisculos.* Picareta de pequenas dimensões, empregada pelos antigos maçons construtores.

ASPIRAÇÃO. *1* — Um dos sentimentos nas inscrições das três colunas que se erguem nas oficinas dos Príncipes Rosa-Cruz. *2* — Lema inscrito no fuste de uma das três colunas — a do Meio-Dia — no primeiro templo, onde se executam os trabalhos de recepção dos cavaleiros Rosa-Cruz do Rito de Mênfis.

ASPIRANTE. Assim se chama ao profano que, havendo passado pelas provas do grau de Aprendiz, não foi ainda iniciado nos mistérios inerentes ao mesmo.

ASSANITAS, *Ordem dos.* Título de uma das trinta e quatro Ordens maçônicas, que Ragon classifica com o nome de *Velho da Montanha.* (Cf. *Assassinos.*)

ASSASSINOS. *1* — Corrutela do árabe *hash-shashin,* "comedores de haxixe". Também chamados *Haschishinos,* são os partidários de uma seita mística muçulmana, fundada por Hassan Sabah, na Pérsia, no século XI, por ocasião das Cruzadas, contra as quais sustentaram lutas sanguinolentas, até que, em 1256, foi destruída pelas ordas mongólicas a mando de Mangu-Kran, que invadiram e dominaram então aquele país. Esta denominação também tem incluído os *Sufis,* místicos muçulmanos, os quais, como o demonstra o irmão Kenneth Mackenzie, "eram instrutores ou mestres das doutrinas do Islamismo; fomentaram a matemática e a filosofia, e compuseram obras de grande valor". O chefe da Ordem se chamava Sheik-el-Jebel, que tem sido traduzido por *Velho da Montanha;* como seu Grão-Mestre, tinha "poder sobre a vida e a morte". *2* — Qualificativo que na lenda maçônica também se aplica aos três *Vilões.* (V. este termo.)

ASSEMBLÉIA DOS GRANDES MISTÉRIOS. Constituem-na os graus 5.º, 6.º e 7.º do Capítulo de Perfeição do Rito conhecido por *Soberano Capítulo Metropolitano das Damas Escocesas* do Hospício de Paris, colina do monte Tabor.

ASSEMBLÉIA MAÇÔNICA. Reunião não ritualística de maçons, mormente os de altos graus.

ASSENTIMENTO. Aprovação manifestada em Loja, levantando-se a mão quando se vota a favor de alguma proposição. (Cf. *Aprovação.*)

ASSENTO. Lugar onde se colocam os membros das Lojas. Denominam-se *colunas* as fileiras de assentos que se estendem em cada lado da Loja.

ASSIM SEJA. Veja-se *Amen.*

ASSÍRIA. Nação asiática, que no passado foi teatro de desenvolvimento de grandes mistérios e na qual alguns autores colocam a origem da Maçonaria.

ASSISTENTE. No Rito Escocês Antigo e Aceito, é o título de um dos quatro únicos dignitários das Lojas do *Mestre Perfeito,* grau 5.º, e dos dois *Grandes Sacerdotes,* que nos santuários dos *Chefes do Tabernáculo,* grau 21.º, se põem ao lado do Presidente ou do *Soberano Grande Sacrificador.*

ASSOPRADOR. *1* — Alquimista em busca da pedra filosofal. *2* — Graus 3.º e 56.º do Rito de Misraim.

ASSOPRAR. Nos banquetes maçônicos significa *beber*.

ASSOPRAR A LÂMPADA. Nos banquetes da Maçonaria de Adoção, significa *brindar, beber*.

ASTRÉIA. *1* — Deusa da mitologia greco-romana, correspondente à constelação de Virgo, tomada na antigüidade como símbolo da Justiça. *2* — Título de um grande Oriente que se fundou na Rússia em 1803. (Cf. *Virgo*.)

ASTROLOGIA. Título de uma das 75 Maçonarias, que enumera Ragon em seu *Tuilier Général*.

ASTRONOMIA. Nome do primeiro degrau do segundo lance da escada simbólica dos Cavaleiros *Kadosh*, do Rito Escocês Antigo e Aceito.

ASTRÔNOMO ANTE A PORTA DOS DEUSES. Título do grau 6.º da Ordem Crata Repoa.

ASTROS. Denominação simbólica dada às luzes, nos banquetes das Mestras Egípcias, grau 3.º da Maçonaria de Adoção de Cagliostro. Idêntica aplicação se vê na Maçonaria Escandinava. (Cf. *Luminares*.)

ATA. Registro do ocorrido nas reuniões ou sessões das Oficinas, e mais freqüentemente chamada *Prancha*. Os pormenores a obedecer na confecção das atas são regulados em cada Rito; alguns chegam a suprimi-las, porém, neste caso, o Secretário mantém um livro para a anotação cronológica das deliberações tomadas ou atos praticados, apondo-se-lhe a sua assinatura e a do Presidente. (Cf. *Balaústre; Prancha*.)

ATAÚDE. Figura em algumas cerimônias da Maçonaria, mormente nos Rituais do 3.º grau simbólico e no Capítulo Rosa-Cruz. Representa geralmente a morte e sepultura do eu transitório, com seus vícios e limitações, para dar lugar à ressurreição do Ser Espiritual ou Homem Perfeito. É uma realização simbólica da lei expressa na apóstrofe de São Paulo: *Onde está, ó morte, o teu aguilhão? Onde está, ó inferno, a tua vitória?* (1 *Cor*. 15:55; cf. *Hiram Abiff, Urna*.)

ATASH BEHRAM, pers. — A chama sagrada dos parses, perpetuamente conservada em seus templos do fogo.

ATEHALA-BEHAHBA, heb., "princípio da resignação". Palavras com que os adeptos do Rito de Misraim, na ocasião de seu ingresso na Ordem, se comprometem a ser fiéis aos juramentos que prestam e perseverantes em seus deveres, a fim de poderem subir os 90 degraus (1/4 da circunferência) que constituem a escada misteriosa deste Rito.

ATENEU FILOSÓFICO DOS MAÇONS DO ORIENTE. Denominação de uma sociedade hermética fundada na Escócia em fins do século XII por vários filósofos herméticos Rosa-Cruz, que vieram do Oriente para propagar as ciências ocultas.

ATER, *Clausus*. Nome de um dos seis porteiros do Templo de Salomão, a que alude a instrução dos Príncipes de Jerusalém, grau 8.º do Escotismo Reformado.

ATHA CONANTHA GOLAM MEROSECH (heb.). Esta frase, que significa *Tu conheceste o mundo desde o princípio,* constante do Ritual dos judeus para a expiação, constitui a palavra de passe do Supremo Conselho Geral dos Soberanos Grandes Inspetores Intendentes, grau 77.º do Rito de Misraim.

ATHESATA. Nome que, no Capítulo Rosa-Cruz e especialmente no Rito de Mênfis, se dá ao Presidente.

ATHIR. Nome que no calendário egípcio, também adotado pela Ordem de Mênfis, designa o terceira mês, o qual corresponde ao nosso período de 20 de setembro a 19 de outubro.

ATIÇAR A LÂMPADA. Frase simbólica usada nos banquetes do Rito de Adoção, com o significado de *encher as taças.*

ATRIBUTOS. *1* — Os emblemas, alfaias, adornos, artefatos, fitas, jóias de graus, cargos e símbolos são *atributos* da Ordem, cada qual com um significado específico. (Cf. *Instrumentos de Trabalho.*) *2* — No grau 8.º do Rito Escocês Antigo e Aceito se ensina que os *atributos* de Deus são: Beleza, Sabedoria, Misericórdia infinita, Conhecimento ilimitado, Eternidade, Perfeição, Justiça, Ternura, e Criação, os quais, combinados com os números misteriosos, constituem o número 81 ($= 3^4$ ou 9^2), e correspondem às letras componentes das palavras iniciadas por I. ·. A. ·. I. ·. N. ·., cujo significado é transmitido só aos iniciados. (Cr. *Pedra Cúbica Piramidal, II; Nove*).

ATRIO. *1* — Designa, genericamente, os três grandes recintos do templo de Salomão. O primeiro era o *átrio dos gentios,* aonde se permitia entrar quem quer que fosse orar; o segundo era o *átrio de Israel,* aonde só os hebreus podiam penetrar, depois de se haverem purificado, e o terceiro era o *átrio dos Sacerdotes,* onde se erguia o altar dos holocaustos e os sacerdotes exerciam o seu ministério. *2* — Nas Lojas maçônicas se denomina assim ao espaço ou a sala que se acha à entrada ou diante da porta do templo. (Cf. *Adro; Parvis.*)

AUDIÊNCIA. Nome das Lojas do grau 6.º do Rito Escocês Antigo e Aceito, como uma alusão à sala de audiência dos Mestres no palácio de Salomão.

AUM (sânsc.), ou OM. Palavra sagrada entre os iogues hindus. (Cf. *Amen.*)

AUMENTO DE SALÁRIOS. É a promoção de grau concedida aos irmãos, por antigüidade, serviços ou talento. A jurisprudência comumente observada neste caso é a seguinte: As promoções do grau de Aprendiz ao de Companheiro e deste ao de Mestre, devem ser justificadas por: 1.º — Uma conduta irrepreensível, tanto no mundo maçônico como no profano; 2.º — Instrução completa do grau em que se acha; 3.º — Idade maçônica necessária; 4.º — Haver completado o tempo mínimo exigido no seu grau atual.

A.·. U.·. R.·. D.·. F.·. P.·. T.·. Iniciais que se vêem na base de uma das colunas que decoram a Loja do grau 17.º do Rito Escocês, e correspondem a *Amizade, União, Resignação, Discrição, Fidelidade, Prudência* e *Temperança.*

AURÉOLA. *1* — Coroa luminosa que se pinta ao redor da cabeça de grandes santos ou místicos, em seus retratos, como alusão à sua pureza e elevação. *2* — Emblema que figura sob o dossel da presidência nas Lojas dos Cavaleiros do Oriente ou da Espada. *3* — Gola guarnecida de chamas de ouro, imitando uma auréola, da túnica do Príncipe do Tabernáculo, grau 24.º do Rito Escocês Antigo e Aceito. (Cf. *Corpo Causal; Dossel.*)

AURORA. É a cor das cortinas que simbolizam o céu e que adornam as Oficinas do grau 16.º dos Ritos Escocês e Egípcio.

AURORA BOREAL. Nome simbólico que na Maçonaria escandinava se usa para a abóbada do Templo, nas reuniões de banquete.

AUSÊNCIA. Um irmão que necessite ausentar-se de sua Loja, tem que avisar o respectivo Venerável e pedir-lhe a autorização.

AUSTRÁLIA. Em 1834 se fundou a primeira Loja Maçônica neste país. Chegou a contar 112 Oficinas 32 anos depois, só na Nova Holanda, sob a jurisdição das Grandes Lojas da Inglaterra e Escócia.

ÁUSTRIA. Juntamente com a Lombárdia, este país constituiu a sétima província estabelecida pela Maçonaria da Estrita Observância, depois do Convento de Wilhemsbad.

AUTOCRACIA. A política administrativa da Maçonaria é basicamente democrática, com exceção do Rito de Misraim, chamado Egípcio, cuja tendência é autocrática.

AUTÓPSIA. Era o "magno complemento da iniciação, o coroamento do edifício, a chave da abóbada", nos antigos mistérios de Mênfis. Constituía a terceira divisão dos mistérios maiores, em que os *grandes iniciados* (título do grau 6.º e último) se consagravam ao estudo das ciências humanas e da doutrina sagrada.

AUTORIDADE. Na Maçonaria, a autoridade suprema é representada pelos Grandes Orientes, Supremos Conselhos e Grandes Lojas Independentes, os quais, por sua vez, a delegam aos graus inferiores para todos os atos de governo e administração em geral.

A.·. U.·. T.·. O.·. S.·. A.·. G.·. Timbre usado em documentos no século XIX e princípios do XX, significando *Ad Universi Terraruna Orbis Summi Architecti Gloriam.* (Cf. *A.·. G.·. D.·. G.·. A.·. D.·. U.·.*)

AUT VINCERE AUT MORI (ou *Vencer ou Morrer*). Lema dos franco-maçons do grau 9.º do Rito Escocês e de seus correspondentes nos Ritos de Mênfis e Francês.

AUVERNIA. Segunda província na distribuição feita pela Maçonaria de Estrita Observância.

AVENIDA. Palavra genericamente aplicada para designar todos os lugares que rodeiam e conduzem à Loja ou Templo maçônico.

AVENTAL. Uma das vestimentas simbólicas mais importantes na Maçonaria, cuja origem data pelo menos do antigo Egito. Distintivo indispensável do trabalho, é o único que dá ao maçom o direito de penetrar nos templos e de participar das reuniões, qualquer que seja o seu cargo na Loja. Todavia, nas reuniões de altos graus se dispensa o uso do Avental, porque, simbolicamente, para os que os atingiram terminou essa espécie de trabalho. Sua forma e cores variam nos diversos graus e Ritos, porém o seu significado místico é idêntico em todos eles. Dada a sua elevada importância, transcrevemos a seguir a bela interpretação do Irmão W. L. Wilmshurst:

"Lembrai-vos de que usais o Avental, primeiro com a abeta levantada, sendo assim uma insígnia de cinco ângulos, indicando os cinco sentidos, por meio dos quais entramos em relações com o mundo material que circunda nossos "cinco pontos de fidelidade" ou "perfeição", mas indicando também pela porção triangular em cima, em conjunção com a porção quadrangular embaixo, que a natureza do homem é uma dualidade de alma e corpo. O trilateral emblema no alto adicionado ao quadrilateral emblema formam ambos o sete, que é o número perfeito, pois está escrito numa antiga doutrina hebraica, à qual a Maçonaria está intimamente aliada: "Deus abençoou e amou o número sete mais do que todas as coisas sob o Seu trono", pelo que se significa que o homem, o sétuplo ser, é a mais dileta das obras do Criador. Daí também que a Loja, para ser perfeita, requeira sete irmãos como oficiais principais". E mais adiante, esta análise interpretativa do 1.º ao 3.º grau:

"1. O Avental é o símbolo da vestimenta corpórea e da condição da alma (mais de sua permanente corporidade invisível, que sobrevive a morte, do que do seu corpo físico temporal).

2. A alma fabrica o seu próprio corpo ou "avental", por meio de seus próprios desejos e pensamentos (cf. *Gên* III:7: "eles fizeram seus aventais), e segundo sejam estes puros ou impuros, assim será o corpo físico correspondentemente transparente e branco, ou denso e opaco.

3 A investidura do Candidato com o Avental em cada grau pelo Primeiro Vigilante, por delegação especial do Venerável, significa inculcar-lhe esta verdade. Pois o Primeiro Vigilante representa a alma que, de acordo com a sua própria espiritualidade, automaticamente se cobre com a vestidura feita com o material de seu próprio eu, e de maneira tal que marca o seu próprio progresso ou retrocesso.

4. O Avental branco e sem adornos do 1.º grau indica a pureza da alma, que se supõe tê-la atingido neste grau.

5. As rosetas de azul-pálido adicionadas ao Avental no 2.º grau, indicam o progresso que está sendo feito na ciência da regeneração, e que a espiritualidade do Candidato começa a brotar e a desabrochar plenamente. O azul-celeste está tradicionalmente associado com a dedicação a assuntos espirituais.

6. No 3.º grau, um progresso ainda maior figuram os adornos do Avental, suas borlas de prata e a serpente de prata usada para servir de fivela da cinta do Avental. Nos 1.º e 2.º graus não apareceu nenhum metal no Avental, pois o Candidato esteve teoricamente se despindo de todos os vis metais e transmutando-os em riquezas espirituais. Com o Mestrado ele obteve um fluxo dessas riquezas sob o emblema das borlas de prata, um precioso metal incolor sempre associado com a alma, tal qual o ouro, em razão de seu supremo valor e lúzida cor, está associado com o Espírito. A serpente de prata é o emblema da Sabedoria Divina, que tece e une a recém-feita vestimenta da alma.

7. O pálido azul e a prata do Avental do Mestre Maçom se tornaram o azul-escuro, e a ornamentação de ouro, usados pelos Oficiais da Grande Loja, que teoricamente evoluíram até a espiritualidade ainda mais profunda e se transmutaram de prata em ouro. "A filha do rei (a alma) está internamente toda gloriosa; sua roupa é feita de ouro", isto é, modelada por suas próprias energias espirituais." (*The Meaning of Masonry*, pp. 31-2 e 115-6). (Cf. *Adornos; Trajo; Vestidura.*)

AVERSÃO. Palavra sagrada do *Caos Primeiro Discreto,* grau 49.º do Rito de Misraim.

AVES. A Maçonaria as tem adotado em suas insígnias, e representam parte saliente na moral representada por seus símbolos e cerimônias.

AVIGNON ou AVINHÃO. Cidade da França, de que tirou o nome o Rito de Pernety ou Iluminados de Avinhão, fundado em 1766.

AVISA (ou *Adverti*). Fórmula usada no Rito dos *Escoceses Trinitários* ou *Príncipes da Mercê,* grau 26.º do Rito Escocês Antigo e Aceito, para designar as honras de trabalho. (Cf. *Aviso.*)

AVISO. *1* — Nenhum maçom pode deixar de assistir aos trababalhos de sua Oficina sem dar prévio aviso ao Venerável ou a um dos dignitários, assim como quando se ausenta do seu Oriente domiciliar. *2* — Pelo Regulamento Geral das Lojas, publicado em Londres no ano de 1721, nenhuma Loja poderá iniciar um indivíduo, nem admiti-lo em seu recinto, sem haver dado aviso a seus membros com a antecedência de um mês, a fim de que estes tenham tempo suficiente para investigar a natureza do caráter, reputação e capacidade do candidato. (Cf. *Admissão.*)

A.·. Y.·. M.·. Abreviatura que em inglês significa "Ancient York Masonry", ou seja, *Antiga Maçonaria de Iorque.*

AZARIAH ou GAZARIAH (heb.). "Ajuda de Deus".

AZEITE. *1* — Um dos ingredientes que se empregam nas grandas cerimônias da Maçonaria, como as da consagração e dedicação das Lojas, apadrinhamento de crianças, banquetes entre irmãos e certas iniciações. É o símbolo da dádiva da sabedoria, que, como os seus aliados o trigo, o vinho e o sal, remonta à mais recuada antigüidade. *2* — O catecismo no grau 5.º do Rito Moderno ou Francês ensina ao recipiendário que a trolha com que se tocou em sua fronte, lábios e coração, para simbolicamente substituir por bons os seus maus pensamentos, palavras e sentimentos, estava ungida com leite, *azeite,* vinho e farinha, tipificando a doçura, a *sabedoria,* a energia e a beleza, qualidades essenciais aos Grandes Eleitos.

AZUL. *1* — Cor da safira, que simboliza a piedade, o equilíbrio, a lealdade e a sabedoria. *2* — Cor da túnica e da faixa que constituem o traje dos Irmãos que professam o Rito de Mênfis. *3* — Cor das telas que decoram a Loja do Rito de Mênfis, nos trabalhos do grau 1.º. *4* — Figura nas indumentárias e decorações das cerimônias dos graus 4.º e 14.º do Rito Escocês. *5* — Como uma das três cores primitivas — azul, encarnado e amarelo — tem simbolizado com estas a trina manifestação de Deus. *6* — É a cor celeste que caracteriza as Lojas simbólicas e os maçons dos três primeiros graus. (Cf. *Cores.*)

B

B. *1* — Segunda letra do alfabeto maçônico, convencionalmente representada por um ângulo reto, centrado por um ponto, à p. 16. *2* — Figura numa das colunas que se erguem à entrada das Lojas, como inicial da palavra ***Booz,*** que significa *na força.* *3* — É a inicial da palavra ***Begogal-chol*** (*em abominação de todos*) no grau 9.º dos Ritos Escocês e de Mênfis; da palavra Badhanain (*mestre dos arquitetos*) no grau 14.º dos mesmos Ritos, e da palavra ***Beleza*** no grau 17.º ***Escocês.*** *4* — No Rito Moderno ou Francês, o Aprendiz ascende ao grau de Companheiro passando da coluna J. :. para a coluna B. :., onde *recebe o seu salário,* e no Rito Escocês opera-se de maneira contrária. *5* — Na jóia dos ***Mestres Arquitetos,*** grau 12.º do Rito Escocês Antigo e Aceito, é inicial de ***Banain,*** uma das palavras de passe deste grau. *6* — Numa das colunas do templo moderno Rosa-Cruz, ou seja, o ***filosófico,*** é inicial de Beneficência, e na jóia dos ***Veneráveis Grandes Mestres de todas as Lojas*** ou ***Mestres ad vitam,*** é inicial da ***Betsija,*** segunda parte da palavra sagrada deste grau. *7* — Gravada no cabo do machado, constitui a jóia dos ***Príncipes do Líbano,*** grau 22.º do Rito Escocês Antigo e Aceito, e é inicial de ***Beselel;*** na jóia dos grandes ***Escoceses de Santo André,*** grau 29.º do mesmo Rito, é inicial de ***Booz,*** uma das quatro palavras sagradas do grau. *8* — Os dois B. ·. B. ·. incrustados na cruz dos ***Filósofos Sublimes,*** grau 53.º do Rito de Misraim, são iniciais J. ·. Booz e de M. ·. Benac. *9* — No sistema ritualístico de Zinnendorf, é uma das sete iniciais, cujo nome tem dupla interpretação, que só se revelava aos ***Eleitos Perfeitos,*** grau químico e 7.º do mesmo Rito, e que, segundo sua interpretação, indicava um dos caminhos que conduziam ao conhecimento da Maçonaria hermética. *10* — Na escada misteriosa dos ***Juízes filosóficos*** e na dos ***Jesuítas,*** é a inicial de ***Booz*** e ***Beneplacitus,*** respectivamente.

B. ·., ***Cavaleiro de.*** Também de ***Hhanuka*** ou ***Hynaroth,*** pertencente ao grau 69.º da 11.ª classe do Rito de Misraim.

B.·. A.·. Iniciais de *Beithung-Abara* (*mansão de passagem*), no grau 4.º da Maçonaria de Adoção.

BAAL. *1* — Também se diz *Bel.* Deus principal dos antigos povos da Ásia Menor e terceira pessoa da Trindade caldéia: *Anu, Hea* e *Bel.* Em língua semítica significa Mestre, Senhor. Na Bíblia o seu plural, *baalins* (*Juízes,* II:11), significa divindades estrangeiras. *2* — No grau 3.º da Maçonaria de Adoção alude ao templo de Baal, construído em Babilônia e conhecido sob o nome de Torre de Babel. (Cf. *Babel; Birs Nimrud.*)

BAANA. Nome de um dos nove intendentes do Templo de Salomão, comemorado na lenda dos *Intendentes,* ou *Príncipes de Jerusalém,* do grau 8.º do Escocismo Reformado.

BABEL. *1* — Vocábulo hebraico que significa *confusão* e com o qual se denominou a torre que, segundo a Bíblia (*Gên.,* 11:2-9), se ergueu nas planícies de Shinar e foi depois desfeita. *2* — É uma alegoria. Os maçons noaquitas datam a origem de sua Ordem desde a destruição da Torre de Babel, conservando desse acontecimento muitas tradições no grau 21.º Escocês ou Patriarca Noaquita. *3* — Palavra de passe do grau 3.º do Rito de Adoção. (Cf. *Baal;* S. D., III, Sec. XX, p. 176, sobre o seu esoterismo; *Iniciação.*)

BABILÔNIA. *1* — Capital da Caldéia, situada à beira do rio Eufrates. Deuses: Bel, Nebo, Nergal, Marodac, Succot-benot. *2* — No grau 15.º do Escocismo representa a câmara do Conselho que o rei Ciro, da Pérsia, tinha nessa cidade.

BACHIS. Alegoria representada pela letra B.·. no alfabeto filosófico hermético; corresponde ali ao signo de Capricórnio e tem por cifra o número 22.

BACHOUR (ou *Bachur*). Traduz-se por *Electus juvenis.* Um dos grandes nomes atribuídos a Deus, na nomenclatura constante da instrução dos *Grandes Arquitetos de Heredom,* grau 6.º do Escocismo reformado.

BACLIM. Uma das quatro grandes palavras que se pronunciam ao examinar-se o reconhecimento dos *Grandes Inspetores* do Rito Inglês Primitivo.

BACON, *Francisco de Verulam* (1561-1626). Nascido em Londres, Inglaterra, foi um dos homens mais famosos de sua época, mas de sua vida se conhece pouco de verdadeiro e muito de falso. Escreveu algumas obras notáveis sobre filosofia, religião, moral e política, algumas das quais exerceram grande influência nos membros da Rosa-Cruz e lançaram alguns fundamentos da forma maçônica tal qual se conhece hoje. (Cf. *Rito da Academia dos Sábios.*)

BÁCULO. *1* — Título correspondente ao irmão que exerce as funções de Grão-Mestre de Cerimônias, no grau 14.º do Rito Escocês. *2* — *Báculo Alado* é a jóia relativa ao cargo de Grande Hospitalar, do mesmo grau e Rito.

BADBANAIN. Significa *mestre de arquitetos* e é a palavra de passe do 12.º grau dos Ritos Egípcio e Escocês.

BAGULKAL. Palavra de passe sem significado algum, que usam os maçons do grau 9.º do Rito Escocês Antigo e Aceito. Veja-se *Begogal-chol,* a carreta.

BAHABAH AHHALEK IM HEANI. *1* — No grau de *Kadosh* Templário, intitulado *Cavaleiro* do Templo e correspondente ao grau 34.º do Rito de Mênfis, significa *repartirei com o necessitado.* *2* — No exame de reconhecimento feito pelos Templários *Kadosh* do grau 10.º e último do Escocismo Reformado, pronunciam-se as seguintes palavras, chamadas dos *Cruzados*: *Bahabah Ahhalek im heani* (*Bahabah ahhalek him gim hegani*: *in dilectione dividam cum paupero*). Estas palavras são freqüentemente truncadas por *Banahamel jon amex,* que não têm significação.

B.·. A.·. J.·. Iniciais que aparecem num triângulo gravado na abeta do avental dos *Cavaleiros Intendentes dos Edifícios,* grau 8.º do Rito Escocês Antigo e Aceito, como representação das palavras *Ben-chorin, Achar* e *Jachinai.* (Cf. letra A, 6.)

BALAHATA. Título atribuído ao grau 5.º do *Crata Rapoa,* segundo a nomenclatura geral de Ragon.

BALANÇA. *1* — Simboliza a retidão no grau 7.º do Rito Escocês, e a justiça no grau 17.º do mesmo Rito. *2* — *A Balança,* título do grau 7.º do regime chamado *Zodíaco Maçônico.*

BALANCEAR-SE. No grau 8.º do Rito Escocês Antigo e Aceito, são flexões que se fazem três vezes sobre os joelhos, como sinal de dor.

BALANDRAU. *1* — Antigo vestuário de capuz e mangas largas, usado na cerimônia de exaltação ao 3.º grau em alguns Ritos maçônicos. *2* — Opa usada por membros de certas irmandades, durante solenidades religiosas.

BALAÚSTRE. Denominação de todos os documentos expedidos pelos Soberanos Grandes Inspetores Gerais, grau 33.º, do Rito Escocês, de um Conselho ou Consistório. (Cf. *Ata; Prancha.*)

BALDER ou *Baldur* (esc.). O "Dispensador de todo bem". É o radiante Deus escandinavo que é "o melhor e toda a humanidade glorifica em alta voz; tão belo e deslumbrador é em sua forma e semblante, que parece emanarem dele raios de luz" (*Edda*). Tal era o canto de natividade entoado em honra de Balder, que ressuscita com Walli, o sol primaveril. Balder tem recebido as denominações de "bem amado", "o Santo", "o único sem pecado". É o deus de bondade, que "nascerá outra vez quando um mundo novo e mais puro tiver surgido das cinzas do velho mundo carregado de pecados". (Cf. *Asgarad; Mistérios Escandinavos.*)

BALQUISSE. Nome com que os autores árabes designam a célebre rainha de Sabá, que, segundo a lenda, visitou Salomão após a inauguração do Templo e assim ficou ligada ao ritual maçônico. Todavia, há dúvidas sobre se ela foi uma pessoa real ou apenas uma personificação de Astarté, deusa fenícia, a quem Salomão edificou também um templo próximo ao de Jeová (*I Reis* 11:5; *II Reis* 23:13; cf. *Poderosa Rainha.*)

BALTAZAR. *1* — Filho de Nabucodonosor, esse personagem aparece com importante papel na lenda do grau 8.º do Escocismo Reformado. *2* — Na decoração da Loja dos Cavaleiros do Oriente (8.º) do Rito Francês, figura sobre o transparente que cobre o Oriente, carregado de cadeias junto a seu pai. *3* — Nome empregado por alguns rituais que usam este nome como palavra de passe dos Mestres *ad vitam* (20.º) do Rito Escocês Antigo e Aceito, em lugar da verdadeira palavra, que é *Stolkin.*

BAMAH (heb), "lugar alto". Entre os hebreus era um lugar alto junto aos altares de sacrifícios. Alguns rituais emprestam essa interpretação à palavra dos Cavaleiros *Kadosh,* grau 10.º e último do Escocismo Reformado. Pl.: *Bamoh.*

BAMEARAH. Veja-se *Bea Mache,* que é o correto.

BANACHAT. Nome de um dos doze mestres escolhidos por Salomão para zelar pelas doze tribos de Israel, tendo exercido sua jurisdição sobre a de Dan, conforme a lenda dos *Grandes Arquitetos de Heredom,* grau 6.º do Escocismo Reformado.

BANCO MAÇÔNICO. Acha-se instalado na cidade de Nova Iorque, onde foi fundado pelas Lojas dependentes daquele Oriente, com o fim de facilitar fundos para atender objetivos da Ordem.

BANDA. *1* — Faixa ou cinta com que se tapam os olhos dos profanos, durante as provas de sua iniciação. *2* — Faixa que decora o peito dos Mestres maçons, passando diagonalmente por um dos ombros, e variando sua cor nos diversos Ritos: azul-celeste com debruns encarnados, a do Mestre do Rito Escocês Antigo e Aceito; toda azul-celeste, a do Rito Moderno ou Francês, e verde com filetes encarnados na borda, a dos Mestres das Lojas do Grande Oriente da Itália. (Cf. *Faixa; Venda; Véus.*)

BANDEIRA. *1* — Pano com desenho variado, usado como distintivo por certas Oficinas e pela própria Ordem Maçônica. Cada potência maçônica pode adotar uma bandeira especial; geralmente se usa a conhecida pelo nome de maçônica, a qual consiste num retângulo azul orlado de branco, tendo no centro o esquadro e o compasso. *2* — Nas cerimônias de banquete, é nome simbolico dado à toalha de mesa ou ao guardanapo. (Cf. *Estandarte.*)

BANQUETE. Festividade maçônica realizada em *Loja* ou *Oficina de Banquete,* em grau de Aprendiz, para que dele possam participar todos os maçons. Consiste de uma refeição servida numa mesa em forma de cruz grega, ou de círculos concêntricos, ou de ferradura, com o fim de solenizar determinados acontecimentos relacionados com a vida da Ordem. Embora seja uma tradição muito antiga, as primeiras regras normativas dessa cerimônia datam de 1721 e referiam-se aos banquetes anuais realizados no dia de S. João Batista, por motivo da eleição do Grão-Mestre da Grande Loja de Inglaterra. No Rito Oriental, ou de Mênfis, é obrigatório o banquete anual; nele, como nos banquetes dos demais Ritos, têm lugar sete brindes: à suprema autoridade do país; ao Grão-Mestre ou ao Poder Supremo da Ordem; ao Venerável da Loja; aos dois Vigilantes; aos Visitantes; aos Oficiais da Loja, e a todos os maçons do mundo. Mas entre o sexto e sétimo brinde se acrescentam mais os que se julgarem necessários, como, por exemplo, aos novos iniciados, se os houver. São simbólicos os nomes ali aplicados aos talheres, vasos, bebidas, alimentos, móveis, etc., com algumas variações, segundo o Rito e as circunstâncias. (Cf. *Agape.*)

BANQUETE, *Utensílios do.* Os utensílios e ingredientes nos banquetes são designados por uma nomenclatura simbólica, que em geral é a seguinte, na segunda coluna:

Água	*Pólvora fraca*
Beber	*Atirar uma canhonaça*
Cadeiras	*Mochos*
Cerveja ou cidra	*Pólvora amarela*
Colher	*Trolha*
Comer	*Mastigar*
Comidas em geral	*Materiais*
Copo	*Canhão*
Faca	*Alfanje*

Garfo	*Espeque*
Garrafa	*Barrica*
Guardanapo	*Bandeira*
Licores	*Pó fulminante*
Luzes	*Estrelas*
Mesa	*Oficina*
Pão	*Pedra bruta*
Pimenta	*Cimento* ou *saibro*
Prato	*Telha*
Prato do centro	*Bandeja*
Sal	*Areia*
Tesouras de velas	*Tenazes*
Toalha	*Véu*
Trinchar	*Desbastar*
Vinho	*Pólvora forte, vermelha ou branca*

BANUKA, *Cavaleiro de*. Também chamado *Hinaroth Ignis,* grau 69.º do Rito de Misraim.

BAPHOMET (gr.). O andrógino Chibo-cabra de Mendes, uma das antigas divindades egípcias, de cabeça de carneiro, posteriormente representada por uma imagem de dupla cabeça, que os Templários foram acusados de adotar em homenagem a Maomé. Sob este pretexto sofreram a morte Jaques de Molay, Grão-Mestre dos Templários, e todos os seus irmãos maçons. Mas esotérica e filologicamente, essa palavra jamais significou "chibo", nem sequer um objeto concreto como um ídolo. Segundo Vom Hammer, é composta dos termos gragos *Bafe* e *metis,* e significa "batismo" ou *iniciação na sabedoria,* e a relação de *Baphometus,* "iniciado", com Pã (Deus). *Baphomet* não passava de um símbolo hermeto-cabalístico, sendo falsa toda a história inventada então pelo clero contra os Templários.

BARBA. O *Ilustre Eleito dos Quinze,* grau 10.º do Rito Escocês Antigo e Aceito, faz o *sinal,* levando o punhal abaixo da barba ou do queixo e fazendo-o descer ao longo do corpo, num gesto de abri-lo.

BARCO. Palavra que serve de título à Maçonaria andrógina americana: *Ordem do Barco.*

BAROAK, *Benedictus.* Um dos grandes nomes de Deus contidos na nomenclatura do Ritual dos Grandes Arquitetos de Heredom, grau 6.º do Escocismo Reformado.

BARREIRA. Na Maçonaria de Adoção, correspondente a *Porta.*

BARRICA. Nas reuniões de mesa, é o nome dado à garrafa.

BASTÃO. Nome também dado às *varas* dos Diáconos.

BASTIÃO. Na Maçonaria escandinava, é o nome dado à mesa, nas reuniões de banquete.

BATERIA. *1* — Certo número de golpes ou pancadas, simbólicos, que durante a abertura, desenvolvimento e encerramento dos trabalhos de uma Loja são dados pelo Venerável e os Vigilantes com a ajuda do Malhete e pelos Cobridores com suas espadas ou mãos. A Maçonaria anglo-saxônica parece ignorar as baterias manuais. O número de golpes depende do grau em que esteja funcionando a Loja, mas a sua distribuição varia entre alguns Ritos. A bateria no grau de Aprendiz é a de *três* golpes; no de Companheiro, *cinco* (ou um e mais dois), e no de Mestre, *nove* (ou dois e mais um). Quando acompanhada de aclamação, é dada batendo-se as palmas das mãos, ou estalando-se os dedos. *2* — *"Cobrir uma bateria"* é responder a uma bateria com outra bateria. (Cf. *Aplausos.*)

BATERIA DE ALEGRIA. Aplauso maçônico. Cada grau tem a sua própria, que difere em número, cadência e força dos golpes.

BATERIA DE LUTO. Ritmada como a ordinária, é surda, ou feita batendo-se o antebraço esquerdo, em memória de algum irmão partido para o Oriente Eterno, e acompanhada das palavras: *Gemamos, gemamos, gemamos, mas esperemos!* Esta bateria deve ser sempre seguida de outra que a "cobre".

BATISMO (do gr. *baptisma,* imersão). Rito de purificação celebrado durante a cerimônia da iniciação nos *tanques* sagrados da Índia e outros antigos países, e que João Batista, seus discípulos e sequazes adotaram posteriormente, antes dos cristãos. Segundo ele afirmava, há pelo menos três espécies de batismo: o da água, o do Espírito Santo e o do fogo (*Mat.* 3:11), mas os dois últimos só o divino Mestre poderia ministrar. A Maçonaria adota em cerimônias análogas a água como elemento purificador. (Cf. *Ablução.*)

BATISMO MAÇÔNICO. Cerimônia em que os membros de uma Loja acolhiam o filho de um deles e lhe prometiam amizade e proteção. Foi substituída pela *adoção de Lawtons.* (Cf. *Adoção.*)

BATISTA, *São João.* Um dos patronos da Maçonaria. Diz o Irmão C. W. Leadbeater (*Pequena História da Maçonaria,* p. 97): "Explica o Irmão Ward que os festivais dos dois santos patronos da Maçonaria — S. João o Batista no verão e S. João o Evangelista no inverno — são apenas perpetuação das festas do antigo culto à fertilidade nos solstícios do verão e do inverno; que ritos cultuais semelhantes se encontram em outros povos, teutônicos, célticos e gregos, e também sobreviveram entre os essênios, e que os Cavaleiros Templários trouxeram da Síria uma história muito semelhante à do grau 3.º." Esses festivais, anteriores ao Cristianismo, são por este comemorados, um em 24 de junho e o outro em 27 de dezembro, quando incidem, no hemisfério setentrional, os solstícios do verão e do inverno, respectivamente, embora com erro de alguns dias, devido aos desajustes do calendário juliano, que em 1582 o gregoriano procurou corrigir. (Cf. *Festas; São João; Festas de Solstícios.*)

BAZEQUIEL. Um dos intendentes escolhidos por Salomão para administrar os 81 mestres encarregados da conclusão das obras do Templo. Segundo o ritual do grau 5.º da Maçonaria Adonhiramita (*Mestre Perfeito*), é um dos *nove eleitos enviados pelo mesmo rei* à procura dos assassinos de Hiram Abiff.

B.·. D.·. S.·. P.·. H.·. G.·. F.·. Iniciais das palavras *Beleza, Divindade, Sabedoria, Poder, Honra, Glória, Força,* gravadas em cada um dos ângulos da jóia heptágona do grau 17.º dos Ritos Escocês Antigo e Aceito, e de Mênfis.

BEA MACHE ("Louvado seja Deus"). Pronuncia-se *Bea Mak.* Palavra de passe dos Grandes Escoceses da Abóbada Sagrada Jaques VI, grau 14.º do Rito Escocês Antigo e Aceito.

BEA MACHEH-BAMEARAH ("Louvado seja Deus; encontramos"). Variante da palavra anterior, que constitui a grande palavra de passe do grau 14.º do Rito de Mênfis.

BEBERAGEM DE AMARGURA. Bebida mais ou menos amarga, que às vezes se faz o profano beber no decorrer da sua iniciação na Maçonaria. É uma advertência alegórica ao candidato prestes a enfrentar duras provas internas (aqui simbólicas) que ele tem de suportar sozinho, se quiser continuar. (Cf. *Mat.* 27:31-46; *Cálice da Amargura.*)

BEGOGAL-CHOL ou BEGOAL-CHOL. *1* — Significado hebraico de *in aboninatione omnium,* "em abominação a todos". *2* — Palavra de passe dos *Cavaleiros Eleitos,* grau 9.º dos Ritos Escocês Antigo e Aceito e de Mênfis. (Em alguns manuais se escreve erroneamente Bagul-kal.)

BEIJO. V. *Ósculo.*

BEITHUNG-ABARA. Palavra de passe, com o significado de *mansão de passagem,* do grau 4.º da Maçonaria de Adoção. (Cf. *B.A.*)

BELBA. Anagrama da palavra *Babel* e palavra sagrada de um dos primeiros graus do Rito ou Maçonaria de Adoção.

BELEZA. Designativo de uma das três principais colunas da Maçonaria; as outras duas, análogas, são da *Força* e da *Sabedoria*. Está representada por uma coluna de ordem coríntia e pelo Segundo Vigilante, situada ao Sul e figurando a beleza que orna o Universo e de que é um rápido reflexo a passagem do Sol pelo meridiano.

BELGA REFORMADO. Título correspondente a uma das 75 Ordens maçônicas enumeradas por Ragon, e que foi estabelecido em 1819.

BÊNÇÃO. Ato realizado em várias cerimônias maçônicas, mormente durante os banquetes.

BEN-CHORIM. Palavra com a acepção de *Filho dos nobres,* que se pronuncia em duas ocasiões distintas, nas cerimônias do grau 8.º dos Ritos Escocês Antigo e Aceito, e de Mênfis. (Cf. *Surpresa, Sinal de.*)

BENEFICÊNCIA. Uma das bases e finalidades da Franco-Maçonaria em todos os seus Ritos. (Cf. *Sinal de Socorro; Socorro; Lançar o grito de.*)

BENEPLACITUS. Nome do terceiro grau dos jesuítas, que também atribuem a mesma interpretação à inicial B. ∴ (Booz) da escola misteriosa da Franco-maçonaria.

BEN-JAH, heb.. *1* — Com o significado de *filho de Deus,* é a palavra sagrada do grau 10.º do Rito de Mênfis. *2* — Segunda palavra sagrada dos *Ilustres Eleitos dos quinze,* grau 10.º do Rito Escocês Antigo e Aceito. *3* — Alguns rituais consignam *Ben-akar, Ben-dak, Bendia ou Ben-Jan.*

BERITH (pacto, aliança). Uma das palavras pronunciadas ao primeiro toque dos graus 11.º e 14.º dos Ritos Escocês e de Mênfis.

BESANT, *Annie* (1847-1933). Teósofa. Nascida em Londres, de pais irlandeses, desde a infância revelou acentuada tendência mística, e em 1867 matrimoniou-se com o reverendo Frank Besant, de quem se divorciou em 1878, convertendo-se em livre-pensadora. Durante uns dez anos pertenceu à *National Secular Society,* associando-se às campanhas de Charles Bradlaugh em prol do livre-pensamento, e ajudando-o a eleger-se para a Câmara dos Comuns. Depois passou para o Socialismo e pertenceu, com Bernard Shaw, à Sociedade fabiana até 1889, quando, através do famoso jornalista e escritor G. S. Stead, conheceu a teósofa Helena P. Blavatsky, de quem lera *A Doutrina Secreta,* ingressou na Sociedade

Teosófica (da qual foi presidente de 1907 a 1933), e transferiu-se para a Índia em 1893. Por volta de 1900, iniciou-se na Co-maçonaria, em Paris. Subseqüentemente foi criada Vice-Presidente Grão-Mestre do Supremo Conselho e Deputada para a Grã-Bretanha e seus Domínios, e deu um grande impulso a esse movimento na Inglaterra, Índia, Austrália, África do Sul e América.

BETH ou BET, heb., "casa". Palavra que se encontra em muitas passagens bíblicas e como radical de algumas palavras maçônicas de origem judaica. Na Bíblia, ora denota *habitação,* ora *lugar,* ora o *Templo.* No árabe moderno foi mudada para *Beit.*

BETHEBARA ou BETÁBARA, heb., "lugar do vau". *1* — Ficava no lado oriental do rio Jordão, onde João Batista batizava (*S. João* 1:28). Talvez seja o mesmo que *Beth-Bara* (*Juízes* 7:24), onde os efraimitas tomaram um vau para interceptar a fuga dos madianitas derrotados por Gedeão, e tenha analogia com o local do posterior extermínio dos efraimitas pelos galaaditas (*Juízes* 12:1-6). *2* — Palavra de passe das Mestras Perfeitas (4.º) da Maçonaria de Adoção. Também se usa *Ulete.* (Cf. *Shibboleth; Ulete.*)

BHAGAVAD-GITÂ (sânsc.), "Canto do Senhor". Poema hindu, filosófico e metafísico, que data de 3002 anos a. C. Faz parte do *Mahâbhârata,* "a grande história dos descendentes do rei Bharata", e que é uma vasta epopéia em torno das intensas guerras havidas entre dois ramos rivais, descendentes desse rei. O *Gitâ* é uma exposição doutrinária de Shri Krishna a seu dileto discípulo Arjuna, num dos campos de batalha, dos ensinamentos dos Iniciados, que representam o esoterismo e misticisco do Hinduísmo. É o maior e mais transcendente poema épico-filosófico do mundo, já traduzido em quase todas as línguas cultas, inclusive a portuguesa. Serve de *Volume do Conhecimento Sagrado* em muitas Lojas maçônicas indianas.

BÍBLIA (do grego *biblia,* coleção de escritos, pl. de *biblion,* "pequeno livro", dim. de *biblos*). *1* — Com o Antigo e o Novo Testamento, é o livro sagrado do Cristianismo, e apenas com o Antigo Testamento, é o livro sagrado dos judeus. *2* — Na grande maioria das Lojas maçônicas entre os povos cristãos, constitui o seu *Volume do Conhecimento Sagrado.* (Cf. *Decoração da Loja; Mobiliário.*)

BÍBLICA. Segundo Ragon, nome atribuído a uma das 75 Maçonarias.

BIBLIOGRAFIA. Quando especificamente maçônica, é o conjunto de obras e documentos relativos à origem, organização, espírito, estatística e desenvolvimento da Ordem.

BIBLIOTECA. Coleção de livros e outros documentos, mantida pela Loja, para consulta e instrução de maçons e às vezes de profanos. Não raro ocupa um ou mais cômodos.

BILSAAN ou BILSHAN (filho da língua ou *eloqüente*). Nome do Escocismo Reformado, como um dos nove Superintendentes que alguns rituais dos Princípios de Jerusalém dão ao grau 8.º do Templo de Jerusalém.

BIRS NIMRUD (cald.). Segundo os orientalistas, é o lugar onde se erigiu a Torre de Babel, nas cercanias de Babilônia. Sir H. Rawlinson e vários assiriólogos, examinando as escavações das ruínas, notaram que a torre constava de sete andares de obra de ladrilho, cada um dos quais de cor diferente, o que prova que o templo estava dedicado aos sete planetas. Embora os três andares superiores estejam em ruínas, a torre se eleva ainda hoje a 154 pés sobre o nível da planície. (V. *Borsippa; Iniciação.*)

B.·. J.·. M.·. N.·. Letras gravadas nas quatro extremidades da cruz de Santo André, a jóia dos *Grandes Escoceses de Santo André de Escócia* ou *Patriarcas das Cruzadas, Cavaleiros do Sol, Grão-Mestres da Luz,* grau 29.º do Rito Escocês Antigo e Aceito. São as iniciais das palavras *Booz, Jachin, Moabon, Nehamah.*

BINÁRIO. *1* — O que se refere ao número 2. *2* — Lei do binário, oposição, dualidade.

BLAVATSKY, *Helena Petrowna* (1831 91). Teósofa. Nascida em Ekaterinoslav (Rússia), de família nobre, contraiu matrimônio com o general N. V. Blavatsky, de quem se separou logo após. Ávida de conhecimentos desde a infância, passou a percorrer o mundo, tendo conseguido penetrar no Tibete, onde permaneceu sete anos, desde 1851. Ali foi instruída na "Sabedoria Antiga" pela "Grande Fraternidade Branca", formada de sábios Seres chamados "Iniciados", "Adeptos", "Mestres" ou "Mahatmas" (Grandes Almas). Achando-se em Nova Iorque, em investigações psíquicas, ali conheceu o coronel norte-americano Henry Steel Olcott, com quem fundou a Sociedade Teosófica em 17 de novembro de 1875, transferindo-a em 1878 para Adyar, Madras, Índia, onde ainda mantém a sua sede mundial. Em 1877 publicou a obra *Ísis Sem Véu* (4 vols.) e 1888 *A Doutrina Secreta* (6 vols), que são repositórios de vastos e profundos conhecimentos, entre os quais avultam os maçônicos, além de outras obras, como a monografia *Origens do Ritual na Igreja e na Maçonaria.*

Sobre a admissão de H. P. Blavatsky no Rito de Mênfis escreve o Irmão C. Jinarajadasa 33.º, em *The Theosophist* de dezembro de 1951, de Adyar, Madras 20, Índia:

"Vivia na Inglaterra um eruditíssimo Maçom, John Yarker, que tinha os graus P. Z. e P. M. naquele país. Em 1872 recebeu ele uma Carta-Patente do Rito nos Estados Unidos, para trabalhar na Inglaterra. Posteriormente foi formalmente declarado Grande Hierofante, e foi ele, como Grande Hierofante do Rito de Mênfis, que em 24 de novembro de 1877 expediu a H. P. Blavatsky o seu Diploma de *Cav. Kadosh.* Os vários graus mencionados em seu Diploma (com exceção dos três primeiros) se encontram no ritual do Rito de Mênfis e de Misraim, expedidos pelo mesmo John Yarker. Estes graus aparecem relacionados nos dois obeliscos do Diploma de Mme. Blavatsky. Teria ele criado novos graus especialmente para ela? Note-se que ela assina o seu Diploma no lugar usual, marcado "ne varietur".

B'NAI B'RITH. Maçonaria judaica, composta exclusivamente de israelitas.

BOA VIAGEM. Palavra sagrada dos Companheiros da Francocarbonaria (Maçonaria dos Bosques).

BOI. Animal figurado em muitas cerimônias da Franco-maçonaria, como símbolo de força e trabalho. (Cf. *Tauro.*)

BOLAS. São usadas nos escrutínios para expressar os votos dos Irmãos. As brancas aprovam, as pretas desaprovam, e as mistas denotam indecisão.

BOLSA. *1* — Atributo do Oficial Superior da Ordem Sofísio denominada Azathos. *2* — Nas oficinas ou Lojas de todos os Ritos, destina-se a recolher as esmolas e propostas dos Irmãos; no primeiro caso, recebe o nome de *Tronco de Beneficência* ou da *Viúva,* e no segundo, *Saco de Proposições.*

BOMBA. Durante os banquetes da Maçonaria, emprega-se esta palavra para significar atenção, ao propor algum irmão um brinde qualquer.

BONNE VIE. Palavra sagrada dos *Companheiros Lenhadores* e *Carvoeiros* da França.

BOOZ ou BOAZ. *1* — Bisavô de Davi (Ruth 1:13-22). Deriva-se de *B,* que significa "em", e *oaz,* "força", e portanto "na força", e era o nome simbólico da primeira coluna à esquerda do pórtico do templo de Salomão (*I Reis* 7:21 e *II Crôn.* 3:17), ao Sul e a par da coluna *Jachin* ao Norte. Ambas se erguem na entrada dos templos maçônicos. (Cf. *Jachin*). *2* — Palavra sagrada de dois distintos graus do simbolismo nos Ritos Moderno ou Francês, Escocês e de Mênfis, aparecendo sua inicial gravada numa das colunas dos três graus simbólicos. (Cf. *Luminares*.)

BORDA DENTADA. *1* — Borda marchetada que circunda o pavimento de mosaico e pertence aos *Ornamentos* da Loja maçônica. Diz-se que antigamente era formada de fios entrelaçados, porém atualmente é uma borda marchetada, disposta à maneira de dentes caninos. *2* — Cordão entrelaçado, que decora a parte superior de alguns templos como emblema do laço fraternal que une todos os maçons. *3* — Nos começos do século dezoito, os símbolos da Ordem eram desenhados a giz no chão, e em torno deste diagrama se colocava uma corda pesada, ornamentada de borlas e por isso era chamada "borla dentada", que posteriormente se corrompeu em "borda marchetada". Os franceses a denominam *la houpe dentelée,* e a descrevem como "uma corda formada de lindos nós amorosos, que circunda a prancha de traçar". *4* — O ritual comaçônico a considera um emblema da Muralha de Guardiães Protetores da humanidade, constituída pelos Adeptos ou Homens Perfeitos que galgaram o pináculo da perfeição evolutiva. (Cf. *Cordão de Amor; Ornamentos;* S.D. I, 117/8.)

BORRI, *Joseph Francis*. Eminente filósofo hermético, nascido em Milão no século XVII. Foi um adepto, alquimista e ardoroso ocultista. Demasiado sábio para a sua época, foi condenado à morte por heresia em janeiro de 1661, depois da morte do Papa Inocêncio X. Conseguindo escapar, viveu ainda muitos anos, até que, por fim, havendo sido reconhecido por um frade num povoado da Turquia, foi denunciado, reclamado pelo núncio do Papa, conduzido de novo a Roma e ali encarcerado no dia 10 de agosto de 1675. Todavia, os fatos indicam haver Borri evadido de novo, de maneira tal que não se soube explicar.

BORSIPPA (cald.). A Torre planetária, em que Bel era adorado nos dias em que os astrólatas eram os maiores astrônomos. Estava dedicada a Neb, deus da Sabedoria. (Cf. *Baal; Birs Ninrud.*)

BOSSINIUS. Nome do grau 7.º do segundo templo do Rito dos Arquitetos da África, também conhecido por *Filósofo Cristão.*

BRANCO. Uma das cores mais importantes nas cerimônias e atributos da Ordem. Simboliza a candura e a inocência. No *Rito da Estrela do Oriente* alude ao vestido de Esther e caracteriza o seu terceiro ponto ou grau.

BRASIL, *I — Período Colonial*. Permanecem algo nebulosos e caóticos os primórdios da Maçonaria no Brasil; todavia, não resta dúvida de que sua introdução neste país deve ter ocorrido no século dezoito, em consonância com o despertar da consciência nacional brasileira e o seu crescente desejo de independência, avolumados depois das derrotas que desde o começo dêsse século vinham os brasileiros infligindo aos seus colonizadores estrangeiros, mormente os holandeses, e não raro com a ajuda mínima de seus colonizadores lusos. Para agravar, estes se mostravam implacáveis e cruéis em estrangular qualquer sentimento nativista de emancipação política do jugo estrangeiro. Segundo insuspeitos historiadores (ver *A Maçonaria e a Grandeza do Brasil,* de A. T. Cavalcanti, uma obra bem documentada), não só Tiradentes, o protomártir de nossa Independência, como outros inconfidentes, eram todos maçons. O alferes Joaquim José Xavier (o Tiradentes) chegou mesmo a fundar uma Loja maçônica no Tijuco (hoje Diamantina), Minas Gerais. No Norte, os primeiros passos decisivos para a implantação da Maçonaria no país foram dados em Pernambuco e Bahia pelo Grande Oriente da França, com o Rito Moderno ou Francês, e no Sul, isto é, no Estado do Rio de Janeiro, pelo Grande Oriente de Portugal, com o Rito Adoniramita. Em 1801 e 1802 havia maçons dispersos em Olinda, Salvador, Rio de Janeiro, Campos, Niterói e Minas Gerais. Em 1801 se fundou em Salvador a Loja *Virtude e Razão,* que todavia teve curta duração, devido às perseguições do governo português, enquanto que em Pernambuco, beirando a mesma época, foram fundadas as Lojas *Guatimosim, Firme União, União Campista* e *Filantropia e Moral.* Alguns membros remanescentes da Loja *Virtude e Razão* fundaram em 30 de março de 1807 a Loja *Virtude e Razão Restaurada,* que passou a denominar-se Loja *Humanidade,* e a seguir surgiu a Loja *União.* Com essas Lojas se fundou o primeiro Grande Oriente Brasileiro, com sede na Bahia, porém teve vida efêmera, por ter desaparecido com as Lojas na voragem punitiva que se seguiu à fracassada revolução pernambucana de 1817. Ao passo que no Sul, em 1804, se fundou a primeira Loja no Rio de Janeiro, denominada *Reunião,* filiada ao Grande Oriente Lusitano e funcionando no Rito Adoniramita, atraindo os maçons até então dispersos. Nesse mesmo ano chegou ao Rio de Janeiro um delegado do Grande Oriente Lusitano, portador da Constituição e Regulamento dessa Ordem, com o fim de obrigar todos os maçons brasileiros a se filiarem àquele Grande Oriente. Frustrado em seu intento, esse delegado enviou um mensageiro a Lisboa, a expor ali os motivos da recusa dos brasileiros em aceitarem aquela Obediência. Ante a impossibilidade de um acordo com a Loja *Reunião,* o delegado português fundou no Rio de Janeiro as Lojas *Constância* e *Filantropia,* e *Emancipação,* também filiadas ao Grande Oriente Lusitano. Com o advento das cortes portuguesas para o Brasil, em 1808, surgiu depois a Loja *S. João de Bragança,* da qual fizeram parte muitos funcionários do Paço. Seguiu-se-lhe a *Distintiva* em 1812, a qual em seu selo tinha por emblema um índio de olhos vendados e em cadeias, qual um gênio prestes a libertar-se. Em 1815 se fundou a Loja *Comércio e Artes* que, após cair em letargia, foi reerguida em 1821, e ainda subsiste. Esta Loja chegou a contar 94 membros ativos em 1822, pelo que se decidiu criar duas Lojas suplementares: a *União e Tranqüilidade* e a *Esperança de Niterói.* A principal tarefa dessas Lojas consistiu então em promover a campanha da libertação política do Brasil. A 2 de agosto desse mesmo ano, o príncipe D. Pedro é iniciado ritualisticamente na Loja *Comércio e Artes,* sob o nome histórico de *Guatimosim,* e a 5 do mesmo mês é exaltado a Mestre maçom. Em 17 de junho de 1822 convocou-se uma Assembléia Geral, que criou e instalou o Grande Oriente do Brasil, com o fim de tornar completamente autônoma a Maçonaria no país. As primeiras potências maçônicas a reconhecê-lo foram a França, a Inglaterra e os Estados Unidos da América do Norte.

II — Período Monárquico. O Grande Oriente do Brasil foi fechado pelo seu Grão-Mestre, o imperador Pedro I, quatro meses após sua instalação. Mas em 1827 alguns irmãos iniciaram outro movimento para reacender a Maçonaria no país, e em 1828 criaram um corpo diretor denominado Grande Oriente Brasileiro, porém apenas simbólico e com uma Loja funcionando no Rito Escocês Antigo e Aceito. Em 1831, depois da abdicação de D. Pedro I, abriu-se nova pugna entre maçons brasileiros; pois, com a reinstalação, em 23 de novembro desse ano, do anterior Grande Oriente Brasileiro, passaram os dois Orientes a tratar-se como inimigos, não obstante trabalharem ambos no Rito Moderno ou Francês. O Grande Oriente do Brasil esteve quase sempre em luta com outras potências maçônicas, e em funcionamento irregular, a não ser nos breves períodos em que viveu à sombra do Supremo Conselho para os Estados Unidos do Brasil. Em 12 de novembro de 1832 o antigo embaixador brasileiro Montezuma, munido de plenos poderes do Supremo Conselho da Bélgica, fundou um Supremo Conselho do Rito Escocês Antigo e Aceito, no Rio de Janeiro, onde instalou uma Loja a que denominou *Educação e Moral*. Este ilustre irmão era filiado a uma Loja do Gr. ˙. Or. ˙. do Brasil e a uma outra do anterior Gr. ˙. Or. ˙. Brasileiro, e com o advento desta nova situação, passaram os dois Grandes Orientes a criar Capítulos e Consistórios, cada qual com um Supremo Conselho. Em 23 de fevereiro de 1834 foi celebrado em Paris o "Traité d'Union d'Alliance et Confédération Maçonnique" entre os Supremos Conselhos dos EE. UU. da América do Norte, França e Brasil, este último representado pelo Grande Lugar-tenente Comendador Machado E. Silva. Em 23 de outubro de 1835, alguns membros do Supremo Conselho do Brasil, reunidos irregularmente em Supremo Conselho, sem processo e em sua ausência, demitiram de suas funções o Soberano Grande Comendador Montezuma. Este reagiu contra ato tão irregular, acionando os rebeldes, e continuou a exercer suas funções até 18 de fevereiro de 1844, quando cessou de o ser por fôrça do tratado de Paris, em razão do afastamento de grande número de Irmãos, segundo o manifesto do Supremo Conselho da França. Por êsse tratado, o Supremo Conselho do Brasil, então mais conhecido como Supremo Conselho Montezuma, deixou de fazer parte da Federação de Paris. Do verdadeiro Supremo Conselho do Brasil, assim feito adormecer, surgiram três novos Supremos Conselhos, dois dos quais, de vida efêmera, se fundiram no Grande Oriente do Brasil. O outro grupo, emanado do Supremo Conselho de Montezuma desde 1842, reuniu-se ao anterior Grande Oriente Brasileiro, tomando o nome de Supremo Conselho do Rito Escocês Antigo e Aceito do Grande Oriente Brasileiro, o qual aboliu inteiramente o Rito Moderno ou Francês. Rompido o tratado de união de 1842, apareceu um Grande Oriente e Supremo Conselho sob a direção do Marquês de Caxias, que, porém, logo aconselhou sua extinção. Depois, surgiu um outro Supremo Conselho, presidido pelo Conde de Lages, com dezessete membros, mas também teve pouca duração. Reinando a anarquia em todas estas Ordens, cada multiplicação sua redundava em nôvo fracasso. Em 1843 foi fundada a Companhia Glória de Lavradio, com novo Grande Oriente, que também acabou se cindindo em dois grupos. Um dos grupos aclamou seu Grão-Mestre de Lavradio o barão de Cairu, ao passo que um dos dignitários do outro grupo, tendo monopolizado todos os poderes, provocou o afastamento de mais de 1 500 maçons, os quais, sob a direção do grande irmão Dr. Joaquim Saldanha Marinho, fundaram em 1863 o Grande Oriente e Supremo Conselho dos Beneditinos. Em 1865 os

Grandes Orientes da França e de Portugal resolveram reconhecer o Grande Oriente dos Beneditinos como o único legal, e renovaram o tratado de aliança de 16 de maio de 1865; e graças aos esforços de seu Grão-Mestre, o Grande Oriente e Supremo Conselho dos Beneditinos chegaram a contar 19 Lojas em 1869. O Grande Oriente do Vale do Lavradio promulgou em 20 de abril de 1865 a sua Constituição e Estatutos Gerais, e o do Vale dos Beneditinos promulgou a sua em 25 de setembro de 1866, ambas admitindo o Rito Escocês Antigo e Aceito, o Moderno ou Francês, e o Adoniramita, e mesmo "todos os Ritos que estejam em harmonia com os princípios maçônicos e disposições da presente Constituição". Em 1870 o visconde do Rio Branco foi eleito Grão-Mestre do Grande Oriente do Lavradio, ao passo que Saldanha Marinho sempre deteve esse cargo na Ordem dos Beneditinos. Em 1872, mercê dos esforços do Grande Oriente de Lisboa, estes dois Grandes Orientes foram reunidos sob a denominação de Grande Oriente Unido e Supremo Conselho do Brasil, e a sua Constituição provisória foi promulgada em 23 de setembro de 1872, no vale do Lavradio. Na ocasião da fusão havia 122 Lojas, das quais 68 Capitulares: 99 eram do Rito Escocês Antigo e Aceito, 11 do Rito Moderno ou Francês, 9 do Rito Adoniramita, 1 da Grande Loja de Hamburgo; 1 de Iorque e 1 de Adoção (mulheres). Delas, 51 provinham do Gr. ∴ Or. ∴ dos Beneditinos, 31 dos de Lavradio e 40 cujas colunas foram erguidas depois da constituição do Grande Oriente Unido e Superior Conselho do Brasil. A família maçônica brasileira estava de novo pacificada e a Ordem prosperou até a reeleição do Grão-Mestre, a qual decorreu acidentada, pois o candidato dos Beneditinos obteve grande maioria de votos sobre o do Grande Oriente do Brasil. Então o Grande Oriente de Lavradio declarou nula a unificação dos dois Grandes Orientes, feita em setembro de 1872. Este caso foi submetido às potências estrangeiras, as quais, por grande maioria, decidiram que o visconde do Rio Branco não se achava qualificado para anular uma fusão e deram ganho de causa a Saldanha Marinho. Como nenhum acordo fora obtido entre os dois ex-Grandes Orientes, Saldanha retornou aos Beneditinos, mas continuando a dirigir o Grande Oriente Unido e Supremo Conselho do Brasil, e desta vez com o reconhecimento de quase todas as potências mundiais. Saldanha Marinho deteve esse primeiro malhete até 1880, e o Visconde do Rio Branco permaneceu Grão-Mestre do G. ∴ Or. ∴ do Brasil até 1878, quando o sucedeu o Grão-Mestre Adjunto, Dr. F. J. C. Júnior.

III — Período Republicano. Daí em diante a Maçonaria no Brasil prosseguiu mais ou menos normalmente suas atividades, sem lances historicamente notáveis, a não ser algumas alterações em sua Constituição, tendentes a definir, restringir ou ampliar poderes, até que em junho de 1927 o Supremo Conselho, convocado pelo Grande Comendador Dr. Otávio Kelly, resolveu romper o Tratado de união com o Grande Oriente do Brasil, que havia sido firmado em 1864, para constituir-se uma potência maçônica mista. Este ato provocou a fundação de Grandes Lojas soberanas em vários Estados do Brasil, com jurisdição nas Lojas de seu território; Lojas de Perfeição, Capítulos, Conselho de Kadosh e Consistórios de Príncipes do Real Segredo, obedientes ao Supremo Conselho. Todas as Grandes Lojas fundadas trocaram representantes com as Grandes Lojas do Mundo, muitas das quais deixaram de reconhecer o Grande Oriente do Brasil como potência maçônica regular. Ao passo que o Supremo Conselho, funcionando no Grande Oriente do Brasil, fundado ao arrepio das Grandes Constituições e resoluções da Confederação dos Supremos Conselhos, é julgado espúrio e irregular pelos demais Supremos Conselhos, não tendo por isso sido recebido no Congresso dos Supremos Conselhos, realizado em Paris em 1928 e em Bruxelas em 1935. Por esses motivos, o Grande Oriente do Brasil tem sofrido contínuas fragmentações, pois muitas Lojas têm se retirado de sua jurisdição para fundar novas potências, umas regulares e outras não.

BREVE. Documento expressamente expedido a favor de um irmão do grau Rosa-Cruz. (Cf. *Diploma*.)

BRINDES. São sete os que se fazem durante os banquetes maçônicos. O primeiro, ao Governo da nação; o segundo, ao Grão-Mestre e grandes dignitários; o terceiro, ao Venerável da Loja; o quarto, aos Vigilantes; o quinto, aos visitantes da Loja; o sexto, aos Oficiais da Loja, e o sétimo, a todos os maçons do mundo. Os três primeiros e o último devem ser feitos de pé, e antes do último poderão ser intercalados os que forem considerados oportunos.

BRÔMIO. Título do grau 5.º da escala simbólica dos antigos mistérios dos Mitríades.

BROQUÉIS. Nome dado aos assentos, na linguagem simbólica empregada nos banquetes da Maçonaria Escandinava. Também os denominam *escudos*.

BUFETE. Nome dado às vezes à escrivaninha, mesa ou pedestal que se coloca diante dos Vigilantes, do Orador, do Secretário do Tesoureiro e do Hospitalar. No entanto, em muitas Lojas é substituído apenas por uma coluna, às vezes encimada por uma superfície circular ou triangular. (Cf. *Pedestal.*)

BURIL. *1* — Denominação que se dá às penas e lápis das Lojas simbólicas. *2* — Nome dado à pena, na linguagem simbólica dos *Kadosh,* no grau 5.º do Rito Moderno ou Francês.

BURILAR. *1* — Aperfeiçoar sua personalidade. *2* — Escrever.

BUSCADOR. Segundo Ragon, nome atribuído ao 1.º grau das provas dos iniciados da Ásia.

BZITIL. Palavra de reconhecimento entre os membros de uma agremiação secreta de índios, que se diz terem sido iniciados nos segredos da Maçonaria desde o princípio do século atual, por um general norte-americano, comandante do exército nas fronteiras anglo-saxônicas do Texas, no México.

C

C. *1* — Terceira letra do alfabeto maçônico, cuja grafia, à p. 16 varia em diversos Ritos e graus. *2* — Uma das letras misteriosas que figuram na caverna de recepção dos *Noviços,* grau 1.º da *Ordem dos Filósofos Desconhecidos.* *3* — No alfabeto filosófico hermético vem designada pelo número 14 e é inicial de *Crocodilo.* *4* — *As Comendadoras da Beneficência* (R. ∴ C. ∴ de Damas), grau 9.º da Maçonaria de Adoção em 10 graus, têm nas bordas, entre outras letras, sobre a faixa distintiva da Ordem, um C. ∴, inicial da *Caridade.* *5* — Sobre cada uma das faces da placa que constitui a jóia dos Grãos-Mestres Arquitetos, grau 12.º do Rito Escocês Antigo e Aceito, estão gravadas cinco colunas representativas das cinco Ordens Arquitetônicas, e sobre cada capitel se vêem as letras C. ∴ D. ∴ T. ∴ J. ∴ C. ∴ Segundo uns autores, essas cinco letras são as iniciais das cinco ordens arquitetônicas, e segundo outros, correspondem, respectivamente, aos seguintes termos hebraicos: *Cheved* (Grandeza), *Devek* (União), *Thokath* (Força), *Jophi* (Beleza) e *Chillah* (Perfeição), o que parece relacionar-se com as cinco pontas da Estrela Flamígera, símbolo do homem perfeito. *6* — Entre as letras gravadas no cabo do machado dos *Cavaleiros do Real Machado* (ou *Acha*), ou *Príncipes do Líbano,* grau 22.º do Rito Escocês Antigo e Aceito, se vê um C. ∴, como inicial de *Ciro* e *Cham.* *7* — Os *Cavaleiros Benéficos,* grau 67.º da terceira série chamada Mística, do Rito de Misraim, trazem um C. ∴ bordado na faixa característica desse grau, como inicial de *Caridade.* *8* — Na jóia e no hieróglifo dos *Cavaleiros do Arco Iris,* grau 68.º do Rito de Misraim, vêm geralmente as letras A. ∴ E. ∴ C. ∴, que são as iniciais das palavras *Arc en ciel.* *9* — Na faixa dos *Príncipes do Supremo Consistório,* grau 72.º desse mesmo Rito, o C. ∴ é inicial de Consistório. *10* — Na faixa dos *Soberanos Príncipes* dos graus 73.º, 74.º, 76.º, 77.º, 82.º, 84.º, 87.º, 88.º e 89.º, do referido Rito, o C. ∴ que figura entre outras letras, é inicial de *Conselho.* *11* — Gravada ou pintada num dos sete candelabros empregados nas cerimônias do grau 17.º do Rito Escocês Antigo e Aceito, representa a Calúnia, um dos vícios a combater nesse grau. *12* — Costuma também ser, indistintamente, inicial de *Companheiro, Cavaleiro* e *Câmara* e (entre os maçons ingleses e americanos) *Capelão.*

CABALA ou KABALA (heb. *Cabbalah,* "tradição" oral). *1* — A sabedoria oculta dos rabinos judeus da Idade Média. *2* — Sabedoria derivada de doutrinas secretas mais antigas, concernentes à cosmogonia e a coisas divinas, que se combinaram para constituir uma teologia depois da época do cativeiro dos judeus em Babilônia, baseada numa interpretação mística das Escrituras. Contém ainda fragmentos de conhecimentos simbólicos que outrora foram exclusividade de iniciados. *3* — Tão estreitas são as analogias entre certas doutrinas da Cabala e algumas dos primeiros graus da Maçonaria, que se tem atribuído aos estudantes cabalistas a responsabilidade pela introdução da Maçonaria especulativa na Ordem moderna. Mas, em suma, a literatura cabalista não passa de uma porção escrita de certos ensinamentos pertencentes aos judeus, herdados por uma linha independente e que, todavia, podem haver cruzado com a Ordem maçônica e tê-la influenciado posteriormente, em certa medida. Com efeito, essa literatura é uma amálgama multi-secular, desenvolvida sob a influência de muitos tipos de pensamento: judaico, gnóstico, neoplatônico, grego, árabe e persa, e nunca foi totalmente traduzida para qualquer língua européia. Compõem-na certos grandes textos escritos em hebraico e aramaico, e de uma massa de comentários sôbre eles, compilados por judeus de muitos países e séculos. Os textos mais importantes são o *Sepher Yetzirah,* o *Sepher ha Zohar,* ou *Livro do Esplendor.* Atribui-se a data de ambos ao segundo século a. C., mas em realidade foram escritos bem posteriormente, tendo o primeiro sido completado no século X, e o segundo aí pelo século XII. Tornaram-se mais conhecidos na Europa um pouco antes da emergência da Maçonaria especulativa (isto é, durante o século XVII), através de várias obras latinas do Barão Knorr von Rosenroth, Athanasius Kirscher, de Reuchlin, e uma tradução latina do *Yetzirah.* Diz o Irmão A. E. White, principal autoridade no assunto: "A tradição escrita judaica pressupõe uma tradição mais vasta, que não foi transcrita. Por exemplo, o *Zohar,* seu principal compêndio, refere-se a cada passo a um grande corpo de doutrinas como algo muito bem conhecido pelo círculo da iniciação, e que constitui o escopo exclusivo da obra." (*Secret Tradition in Freemasonry,* I, 64.) Os livros de Ezequiel, Daniel e Enoque e o *Apocalipse* de S. João são puramente cabalísticos.

O simbolismo maçônico nos sugere o esquema deste corpo de doutrinas, conquanto numa linha diferente. Na Cabala se pode achar uma chave para muita coisa ainda obscura nos modernos rituais maçônicos, e muitas de suas passagens projetam luz nas cerimônias e símbolos da Maçonaria. Ao maçom pesquisador pode, pois, ser muito útil e interessante um estudo da teosofia cabalista.

CABALISTAS ou CABALÍSTICOS. Denominação dada aos maçons, sistemas, ordens, ritos e obras dedicados à Cabala ou dela derivados.

CABALÍSTICA. *1* — Título atribuído à 4.ª das séries em que se divide o Rito de Misraim. Tal série se subdivide em três grupos ou classes, que são: 15.ª, 16.ª e 17.ª, e estas compreendem os graus superiores, ou sejam, os dos graus 78.º ao 90.º. *2* — A mesma denominação tem a 4.ª série dos noventa graus da Ordem dos Sofísios, que vai do grau 78.º ao 90.º.

CABINA DE REFLEXÕES. Veja-se *Câmara, 9.*

CABINES. V. *Mistérios Cabínicos.*

CADEIA DE UNIÃO. Círculo ou cadeia formada pelos Maçons no curso de uma cerimônia. (Cf. *Cordão de Amor; Dhijani--pâza; Laço Místico.*)

CADEIRA. Parte do corpo de que se faz o sinal de dor no grau 8.º do Rito Escocês Antigo e Aceito, e o sinal de reconhecimento no grau 12.º do mesmo Rito.

CADUCEU. *1* — Símbolo cósmico, sideral ou astronômico, cujo significado — metafísico, astronômico ou fisiológico — muda consoante a sua aplicação. *2* — Na Maçonaria se encontra entre os hieróglifos da caverna do grau de *Noviço* da Ordem dos Filósofos Desconhecidos, ocupando o quarto lugar no lado do Meio-Dia, precedido das letras *U* e *W,* com um duplo significado ou alegoria. A primeira lembra *Urna,* ou o tabernáculo, que encerra o destino dos homens e é emblema do coração dos iniciados; a segunda alude a *Wodan,* emblema do comércio, para ensinar que a prontidão na execução assegura quase sempre o êxito nas empresas. (Cf. *Nâdi,* fig. (d).)

CAGLIOSTRO, *Conde de* (1748-1795). Para os historiadores vulgares, mais simples repetidores mecânicos de relatos superficiais do que investigadores de fatos, Alessandro Cagliostro não passou de um aventureiro que, qual tênue palha foi tragada no vértice dos trágicos acontecimentos que no século XVIII em-

sombraram a França. Mas para os pesquisadores honestos ele foi mais um dos muitos Adeptos e Iniciados emissários dos antigos Mistérios, que periodicamente têm aparecido no mundo e tentado abrir novos horizontes culturais e espirituais para inaugurar dias mais felizes para a sempre aflita e ignorante humanidade, porém que pagaram com a sua liberdade e vida a audácia de seus altissonantes sonhos. Tal foi o "divino" Cagliostro, por um momento o ídolo de Paris, para depois ser lançado na sórdida lama das calúnias e confundido por seus inimigos com um tal José Bálsamo, marginal comum, nascido em Palermo, Sicília, e donde fugira por crimes cometidos contra a justiça local. Primeiro Cagliostro foi acusado de envolvido no roubo do *Colar da Rainha* e encerrado na Bastilha por seis meses, até que foi apurada a sua inocência. Por último foi jogado solitário num calabouço da Inquisição, condenado pelo Santo Ofício "por haver incorrido nas censuras e penas pronunciadas contra os heréticos formais, os dogmatizantes, os heresiarcas e os mestres e discípulos da magia supersticiosa". Todavia, a verdade meridiana, que os investigadores têm feito brilhar desse odioso drama, é que, incontestavelmente, o Conde de Cagliostro foi o homem mais caluniado na história moderna, por mais de um século, e também, infelizmente, por alguns maçons, que são os que melhor deviam tê-lo compreendido, pois se contam aos milhares os "filhos da Viúva" animados como ele das melhores intenções, porém que receberam as mesmas estigmas e martírios e foram liquidados com a mesma sentença que o jogou nas lúgubres masmorras inquisitoriais.

Segundo seus próprios informes, escritos durante o seu confinamento na Bastilha, ele nasceu em Malta de uma família cristã, nobre mas desconhecida. Órfão aos três meses, foi criado e educado na Arábia sob a tutela do ancião Alphotas ou Altotas, poliglota singularmente versado em diversos ramos de filosofia, ciências e artes transcendentes. Depois ambos foram para o Egito, onde o estudante visitou a grande pirâmide e privou com instrutores de várias escolas. Dali se dirigiram para a ilha de Rodes, donde em 1766 seguiram para a ilha de Malta, sendo ali recebidos e hospedados pelo Cavalheiro Grão-Mestre Pinto. Mas ali adoeceu muito gravemente o seu bem amado tutor, que antes de falecer se despediu do jovem com estas palavras: "Meu filho, conserva sempre diante de teus olhos o temor a Deus e o amor a teu próximo; breve te convencerás por experiência própria da verdade de tudo o que aprendeste de mim." Então, Cagliostro não quis mais permanecer em Malta, e partiu para a Europa, visitando vários países.

Em 1770, contando 22 anos de idade, conheceu a encantadora jovem Serafina Feliciana, com quem se casou e de quem declarou muitos anos depois, em suas *confissões*, que dezesseis anos de vida conjugal lhes serviram apenas para intensificar-lhes a mútua afeição e dedicação, e que seu único pesar era que sua infortunada esposa, não obstante suas virtudes e inocência, tivesse sofrido tão cruelmente com a imerecida perseguição que sobre ambos se precipitou como um raio. Segundo esses mesmos informes, ele foi iniciado na antiga Maçonaria Egípcia pelo Conde de Saint Germain.

Em 10 de maio de 1785, em Paris, a convite das Lojas maçônicas, Cagliostro proferiu uma conferência pública, que foi tão surpreendente por seus profundos conhecimentos como pelo seu tom profético, vaticinando tenebrosos dias que se avizinhavam rapidamente da França. Por seu conteúdo e pelo fascínio do conferencista, essa conferência abalou e excitou profundamente os poderosos setores clericais e políticos, e foi o estopim que inflamou a voraz chama de perseguições que desde então se seguiram.

Anteriormente, em Roma, fundara ou tentara fundar uma Loja Maçônica, o que, posteriormente, foi o "crime" de maior gravidade que o Santo Ofício lhe imputou. Em 1786 criou em Lyon, a pedido, o Rito Egípcio da Maçonaria andrógina, e ali fundou a Loja *Sabedoria Triunfante,* declarando que desde que as mulheres haviam sido admitidas nos antigos Mistérios, não havia nenhuma razão para excluí-las das ordens modernas. A princesa de Lamballe aceitou prazerosamente a dignidade de Mestre Honorária de sua sociedade secreta, tendo sua iniciação sido assistida por membros dos mais importantes da corte francesa. Em Maçonaria Cagliostro foi, pois, um inovador, ou melhor, um restaurador de seus antigos mistérios.

Em 27 de dezembro de 1789 foi citado perante a Inquisição pela congregação do Santo Ofício, e a 7 de abril de 1791 foi condenado à morte, tendo o Papa comutado a pena para prisão perpétua. Sua dedicada esposa foi forçada a recolher-se a um convento pelo resto de sua vida.

As notórias faculdades proféticas de Cagliostro foram habilmente descritas por Alexandre Dumas em *O Colar da Rainha.* Outros informes mais detalhados de sua vida se encontram em *Cagliostro, the Splendour and Misery of a Master of Magics,* de W. H. K. Trowbridge; *Confessions,* de Cagliostro; e na introdução do *Ritual da Maçonaria Egípcia* ideado por

Cagliostro, devida às penas do Dr. Marc Haven e Daniel Nazir (Ed. *Pensamento.*) (Cf. *Rito Egípcio de Adoção.*)

CAIFÁS. Um dos autores das três sentenças contra Jesus. Nos símbolos do grau de Rosa-Cruz estão as mesmas representadas biblicamente nos três golpes dos maus companheiros contra Hiram Abiff. (Cf. *Fúrias.*)

CAIM. Simbolicamente, na Maçonaria representa os males, as paixões, e de maneira geral, o gênio da perversão em pugna contra a virtude ou o gênio do bem, biblicamente representado por Abel.

CAIXA. Urna utilizada no ritual maçônico, ora para escrutínio de bolas ou cédulas, ora para receptáculo e administração de fundos beneficentes, ora para simbolizar uma idéia ou princípio moral, ou mesmo personagem, tomando-lhe geralmente o nome. (Cf. *Bolsa; Saco de Proposições; Urna.*)

CAIXA DE ÉBANO. No catecismo do grau 7.º Escocês, é a que encerra os planos da Construção do Templo de Jerusalém.

CAIXA DE PÂNDORA. Símbolo oriundo da mitologia dos antigos, que é aplicada na Maçonaria de Adoção, como símbolo dos prejuízos causados pela curiosidade e imprudência.

CALENDÁRIO. Sistema de calcular e registrar o tempo da ocorrência de certos acontecimentos desde a incidência de um fenômeno ou ciclo considerado fixo ou máximo, ou a coordenação dos dias, semanas e meses do ano com os ciclos em que se baseiam. Por exemplo, o calendário hebreu é calculado desde 3761 a. C., sua data tradicional da criação do mundo, e baseia-se no ciclo ou mês lunar a começar da primeira Lua Nova depois do Equinócio Vernal (21 de março), sendo *Abib* ou *Nisan* o primeiro mês do ano eclesiástico. A maioria dos Ritos maçônicos ainda se atêm ao calendário eclesiástico hebreu, mas datando seus atos desde o ano 4000 a. C., e o Rito Moderno ou Francês, para simplificar, calcula sempre seu ano desde o dia 1.º de março da era vulgar. Ao passo que o Rito de Mênfis e quase todos os Ritos orientais seguem o calendário egípcio, cujo início coincidia com a caníula (de 20 a 22 de julho, às 11 horas), e o primeiro mês era *Thot* ou *Thoth.* (Cf. *Ano Maçônico; Páscoa; Zodíaco.*)

CALENDÁRIO MAÇÔNICO. Quadro dos dias de reuniões.

CÁLICE. Vaso ou taça, usado como objeto sagrado ou simbólico entre os Rosa-Cruzes, e nos graus 1.º, 18.º e 30.º da Franco-maçonaria. Seu emprego remonta às mais antigas religiões e sociedades iniciáticas. É geralmente um símbolo da Alma aberta ao fluxo da vida anterior, como a flor à luz solar, para em seu interior verter-se o extasiante "Vinho" da espiritualidade. (Cf. *Mistérios Gregos* — 3.)

CÁLICE DA AMARGURA. O que se dava a beber aos profanos na iniciação, como símbolo dos dissabores que pacientemente terão de suportar na vida. (Cf. *Beberagem da amargura.*)

CALVÁRIO. *1* — Termo usado para traduzir o grego *kranion*, "crânio", empregado pelos evangelistas para traduzir o arâmico *gûlgûtha*, "gólgota", literalmente "crânio". *2* — Na Bíblia é o lugar perto de Jerusalém, onde teve lugar a crucificação de Jesus o Cristo (*Luc.* 23:33; *Mat.* 27:33). É interessante assinalar-se o sentido dêste episódio dramático com o emblema da morte tradicionalmente adotado na simbologia do 3.º grau maçônico, alusivo ao martírio de Hiram Abiff. (V. este nome.) (Cf. *Caveira; Esquife.*)

CAM ou CÃO. Um dos filhos de Noé (*Gên.* 9:22); figura nas lendas bíblicas da Maçonaria. Cam, Canaan e Misraim são tidos como os progenitores do povo copto.

CAMAIL. Murça com que se decoram os Grandes Escoceses, grau 29.º do Rito Escocês Antigo e Aceito, e alguns outros graus dos diferentes Ritos e sistemas maçônicos.

CÂMARA. *1* — Nome geralmente atribuído às Oficinas maçônicas ou seus departamentos, em seus graus filosóficos e administrativos, e nos diversos Ritos, e seguido de um complemento designativo de sua finalidade. *2* — *Câmara ardente* — Lugar onde se efetua uma das últimas cerimônias da iniciação no grau de Aprendiz. *3* — *Câmara de Conselho e Apelação* — É a que nos Grandes Orientes dita todos os assuntos atinentes às Lojas, e conhece em última instância as causas promovidas por elas e pelos irmãos filiados à sua Obediência. *4* — *Câmara de Correspondência e Fazenda* — A que nos Grandes Orientes se incumbem da parte administrativa e econômica da Ordem. *5* — *Câmara de Instrução* — Nome tomado por uma Loja quando se reúne para instruir seus membros sobre práticas maçônicas. (Cf. *Mistérios Egípcios,* II.) *6* — *Câmara do Meio* ou do *Centro* — Lugar em que, na Loja, os Mestres recebem o seu salário e exercem seus deveres. *7* — *Câmara do Oriente* — No grau 6.º do Rito Moderno ou Francês, é a do segundo departamento, onde se recebem os *Cavaleiros do Oriente* ou *da Espada.* Representa o Conselho de Ciro, rei da Babilônia, precedendo-a a *Câmara de Preparação* e seguindo-a a *Câmara do Ocidente. 8* — *Câmara de Perfeição* — O templo em que os RR.·. CC.·. *Filosóficos, Perfeitos Mestres* do grau 4.º do Rito Moderno ou Francês, celebram os seus trabalhos. *9* — *Câmara de Reflexões* — Lugar secreto e fúnebre, em que permanecem profanos candidatos, rodeados de objetos mortuários, para que ali meditem sobre a transitoriedade das coisas mundanas e materiais, e na gravidade da vida espiritual e das responsabilidades que almejam encetar na Maçonaria. Também se denomina *Quarto, Gabinete* ou *Cabina de Reflexões*. *10* — *Câmara Simbólica* — Denominação genérica dada em certas ocasiões às Lojas em que se praticam os primeiros graus simbólicos.

CÂMARAS. Nome dado às quatro grandes câmaras da *Potestade Suprema* que governa e administra as quatro séries do Rito de Misraim.

CAMPO. Veja-se *Acampamento*.

CAMPOS ELÍSIOS. *1* — É para os gregos o mesmo que o paraíso para os cristãos. *2* — Símbolo pintado entre flores e luzes nos funerais celebrados pelos Cavaleiros Rosa-Cruzes.

CAN.·. Abreviatura de *canela* (de perna), quando se trata de caveiras e decorações fúnebres das Lojas.

CANAPÉ. Móvel luxuoso que se coloca numa plataforma, em frente ao altar, nas cerimônias de adoção, impropriamente denominada *batismo*.

CANAPÉ CELESTE — Um ponto vertical do Zênite, também denominado *Abóbada Celeste*, onde se supõe situado um Supremo Conselho do grau 33.º, ou donde este expede os seus documentos. (Cf. *Zênite*.)

CÂNCER. Um dos doze signos zodiacais que figuram nas Lojas. (Cf. *Zodíaco*.)

CANDELABRO. Um dos objetos que entram em todas as cerimônias maçônicas, variando, em quase tôdas elas, sua forma e o número de suas luzes.

CANDIDATO, lat. *Candidatus* (segundo Cícero, "o que pretendia as dignidades vestido de branco"). *1* — Nesta acepção, candidato não é um aspirante qualquer; é, antes, aquele que satisfaz certos requisitos ou foi aprovado em determinadas provas (cf. *Apoc.* 3:5 e 18; 4:4; 6:11; 7:9, 13 e 14). *2* — Maçonicamente é o solicitante à admissão ou o aspirante ao aumento de salários, desde que em escrutínio secreto haja sido julgado "limpo e puro". No entanto, há autores que consignam esta ordem ascendente: Postulante, Candidato, Recipiendário ou Aspirante, o Neófito. (Cf. *Admissão; Profano*.)

CANHÃO. Nome com que se designa a taça ou copo nos banquetes maçônicos.

CÂNONE. Cota anual que as Lojas pagam à Potência Maçônica a que se acham filiadas.

CANTEIROS. Uma das agremiações que, na Alemanha, integravam a antiga Confraria dos Franco-maçons construtores.

CÂNTICOS. Peças de música vocal executadas durante as cerimônias maçônicas.

CÂNTICOS DOS APRENDIZES ou DE UNIÃO. Cântico do século XVIII, freqüentemente entoado no decurso dos banquetes.

CÃO. *1* — Na linguagem alegórica bíblica personifica o perseguidor ou profano. (Cf. *Sal.* 22:16; *Mat.* 7:6; *Apoc.* 22:15.) *2* — Na simbologia maçônica figura em alguns graus como emblema de fidelidade e zelo no cumprimento dos deveres.

CAOS (gr. e lat., *chaos*). *1* — O Abismo, a "Grande Profundidade", personificado no Antigo Egito pela deusa *Neith*, anterior a todos os deuses. Segundo os autores mais abalizados, é a Grande Mãe, a *Virgem Imaculada*, ou Deus feminino. *2* — Segundo a Bíblia, é o *nada* donde surgiu o mundo. *3* — Na Maçonaria, está simbolizado no primeiro grau do simbolismo. *4* — Esta palavra aparece como distintivo em alguns graus da segunda série chamada filosófica, e do Rito de Mênfis. (Cf. *Ordo ab chao; Sábio* — 2.)

CAPITAÇÃO. V. *Cânone*.

CAPITÃO. Títudo empregado pela Ordem para designar determinados cargos nas Oficinas.

CAPITEL. Parte superior de uma das colunas da Loja maçônica.

CAPÍTULO. Denominação de várias Oficinas de altos graus, e especialmente o grau 18.º do Rito Escocês Antigo e Aceito, ou o dos *Cavaleiros Rosa-Cruz*. O acesso a este Capítulo depende do mérito do candidato. A esta Oficina também pertencem os *Cavaleiros de Oriente e Ocidente, Cavaleiros de Oriente ou da Espada, Príncipes de Jerusalém* e outros. Independe por completo das Lojas e pertence à jurisdição de um Supremo Conselho.

CAPÍTULO DA ESCÓCIA JACOBITA. Capítulo maçônico, que se supõe haver sido fundado por Carlos Eduardo Stuart, em Arrás, França, sob a presidência do pai de Robespièrre.

CARÁTER. Nome de um dos sinais do grau de Príncipe de Misericórdia ou Escocês Trinitário.

CARACTERES MAÇÔNICOS. Letras convencionais dos maçons para sua mútua correspondência.

CARIDADE. *1* — Um dos deveres principais e mais antigos da Maçonaria, cujas instituições e obras beneficentes são numerosas. *2* — Uma das três colunas da Maçonaria hermética. *3* —

Palavra de reconhecimento dos Cavaleiros Adeptos da Ordem do Templo Moderno e dos *iniciados simples*, da mesma Ordem. *4* — Palavra sagrada dos Cavaleiros Benéficos, grau 6.º do Rito de Misraim. (Cf. *Ângulo reto; Esquadro, 2; Escada de Jacó.*)

CARPINTEIRO. Títudo dos membros constituintes do grau 5.º, grupo ou classe divisionária da Franco-maçonaria.

CARREGAR. Termo convencional usado nos banquetes maçônicos, para exprimir a ação de pôr água ou vinho nos vasos e copos.

CARTA SIMBÓLICA, CAPITULAR ou CONSTITUTIVA. Título outorgado às Oficinas pela autoridade que as constitui.

CARVÃO. Símbolo maçônico, apresentado em seu estado natural ou em combustão. No primeiro caso, figura a constância, e no segundo, o fervor e outras qualidades morais.

CATAFALCO. Decoração fúnebre simulando a forma de um esquife. (Cf. *Ataúde.*)

CATECISMO. Instrução elementar, privativa de cada grau. É uma denominação de pouco uso na Maçonaria.

CATECÚMENO, lat. *catechumenus;* gr. *katechoumenos,* "pessoa instruída". Alguémrecebendo instrução sobre os fundamentos de qualquer matéria, como no antigo Cristianismo, depois da conversão e antes da confirmação. Na Igreja primitiva, assim se denominavam os adultos, pagãos ou judeus que, havendo expresso o desejo de se cristianizarem, recebiam instrução religiosa. Então eram admitidos à primeira parte da missa (até hoje denominada "missa dos catecúmenos"), mas não à Eucaristia; correspondiam, pois, ao 1.º grau simbólico da Maçonaria. (Cf. *Mistérios cristãos.*)

CAVALARIA. *1* — O conjunto de Ordens e instituições de cavaleiros organizadas na Idade Média, para a defesa da pátria e da fé. *2* — Um grupo de gentis-homens que se distinguem por sua nobreza, coragem, integridade, cortesia, respeito às mulheres e proteção aos fracos e pobres, e têm por patronos São Miguel e São Jorge.

CAVALEIRO. Na Maçonaria, todo aquele que possui algum dos graus baseados na antiga Cavalaria. É um título ali aplicado muito extensamente, abrangendo já cerca de 318 graus maçônicos e distintivos semelhantes.

CAVALEIRO COMANDANTE LUGAR-TENENTE. Título do Presidente da Loja Capitular do grau 21.º do Rito Escocês Antigo e Aceito. Representa Frederico II, rei da Prússia.

CAVALEIRO DA ÁGUIA BRANCA E NEGRA. Título do grau 30.º do Rito Escocês Antigo e Aceito. (Cf. *Kadosh.*)

CAVALEIRO DA ESPADA. Título 15.º dos graus capitulares.

CAVALEIRO DA SERPENTE DE BRONZE. Título de grau 25.º do Rito Escocês Antigo e Aceito.

CAVALEIRO DE ELOQÜÊNCIA. O orador de um Areópago ou Capítulo.

CAVALEIRO DO ORIENTE ou DA ESPADA. Títudo do grau 15.º do Rito Escocês Antigo e Aceito.

CAVALEIRO DO SOL. Título do grau 28.º do Rito Escocês Antigo e Aceito. (Cf. *Príncipe Adepto.*)

CAVALEIRO PRUSSIANO. Outro nome dos noaquitas (grau 21.º do Rito Escocês Antigo e Aceito).

CAVALEIRO REAL-ARCO ou PRÍNCIPE DO LÍBANO. Título do grau 22.º do Rito Escocês Antigo e Aceito. (Também se diz *Cavaleiro Real-Acha.*)

CAVEIRA. Parte do esqueleto humano que aparece nos Ritos maçônicos. Vê-se na câmara de reflexões, onde se encerram os candidatos para meditar na transitoriedade da vida terrena e nas transformações operadas pela morte. (Cf. *Calvário.*)

C.·. D.·. T.·. J.:. C.·. Iniciais das palavras hebraicas *Cheved, Devek, Thokath, Jophi, Chillah,* que figuram na jóia do grau 21.º dos Ritos de Mênfis e Escocês Antigo e Aceito. Designam as cinco ordens da arquitetura e significam, respectivamente, *Grandeza, União, Força, Beleza* e *Perfeição.* (Cf. *C-5; Coluna.*)

CEIA MÍSTICA. Uma espécie de tertúlia noturna, e uma das mais simples e imponentes cerimônias da Franco-maçonaria.

CENÁCULO. Lugar próximo ao Capítulo Rosa-Cruz, destinado à celebração da Ceia Mística. (V. *Círculo; Ponto Dentro do Círculo.*)

CENTROS DINÂMICOS ou DE FORÇA. V. *Chakras.*

CEPO. Nome simbólico adotado pelos companheiros, lenhadores e carvoeiros da Franco-carvoaria, para designar a mesa.

CERIMÔNIA FÚNEBRE. Trabalhos em honra dos irmãos falecidos.

CERTIFICADO. Atestado do grau de um maçom, fornecido por uma Loja a um de seus membros.

CETRO. Símbolo de poder. Figura na Maçonaria como um dos atributos de Salomão e demais soberanos, que constam das tradições da Ordem.

CÉU ou ABÓBADA CELESTE. Forro de uma Loja, semeado de estrelas.

CÉU, *Terceiro*. *1* — Diz o Iniciado S. Paulo: "Conheço um homem em Cristo, que há catorze anos (se no corpo não sei; Deus o sabe) foi arrebatado até o terceiro céu" (*II. Cor.* 12.2). *2* — Título das Lojas dos *Escoceses Trinitários* ou *Príncipes de Misericórdia,* grau 26.º do Rito Escocês Antigo e Aceito.

CHABAL. Uma das palavras que se pronunciam ao fazer-se o sinal de Cavaleiro da Ordem do Templo Moderno.

CHAI, KATHI ou KI. "Êle se levanta" ou "levantai-vos" — Palavra freqüentemente vista sobre a tumba de Hiram, representada no quadro dos *Secretários Íntimos* ou *Mestre por curiosidade,* grau 6.º do Rito Escocês Antigo e Aceito.

CHAKRAS, sâns., "rodas", "centros", "plexos". "A anatomia e fisiologia hindus ensinam a existência de sete *chakras* principais (cada qual subdivisível em sete secundários): *mûladhâra, avâdhishthâna, nipûra* ou *nâbhipadma, anâhata* ou *hritpadma, vishuddha, ajna, sahasrara* ou *sahasradala,* colocados desde a base da coluna vertebral até o alto da cabeça. O iogue toma conhecimento deles em sua meditação e chega a situá-los exatamente, e são representados sob a forma de lótus, que se colora e anima à medida que ascende *kundalini* (o poder ígneo). Cada um destes *chakras* está em estreita correspondência com certas funções físicas, mentais, vitais ou espirituais." (*Glossaires de l'Hinduisme, Fascicule I,* Jean Herbert, Ed. Ophys, Gap. Paris.) Os antigos Gnósticos também os admitiam e ensinavam na iniciação dos candidatos (V. James M. Pryse, *The Apocalipse Unsealed,* caps. II e III, Ed. John M. Pryse, Los Angeles, EUA), bem como nos Mistérios do antigo Egito e Grécia. *2* — Na Maçonaria estão ligados às suas cerimônias e sinais mais solenes. Segundo as escolas induístas, gnósticas, teosóficas e autoridades maçônicas, os *chakras* estão localizados na matéria etérica do corpo físico, ligados a certos plexos ganglionares, e assim distribuídos: 1.º, o sacro, na base da coluna vertebral; 2.º, o esplênico, no baço; 3.º, o umbilical, no plexo solar; 4.º, o cardíaco, no coração; 5.º, o faríngeo, na garganta; 6.º, o cavernoso, no espaço interciliar; 7.º, o coronário, no alto da cabeça (V. Fig. à pág. 99). Quando não completamente desenvolvidos, parecem pequenos círculos de uns cinco milímetros de diâmetro. No homem comum luzem mortiçamente, mas quando despertos e vivificados, assumem o aspecto de brilhantes e coruscentes salseiras. A ordem de seu desenvolvimento varia com as escolas, sistemas de ioga

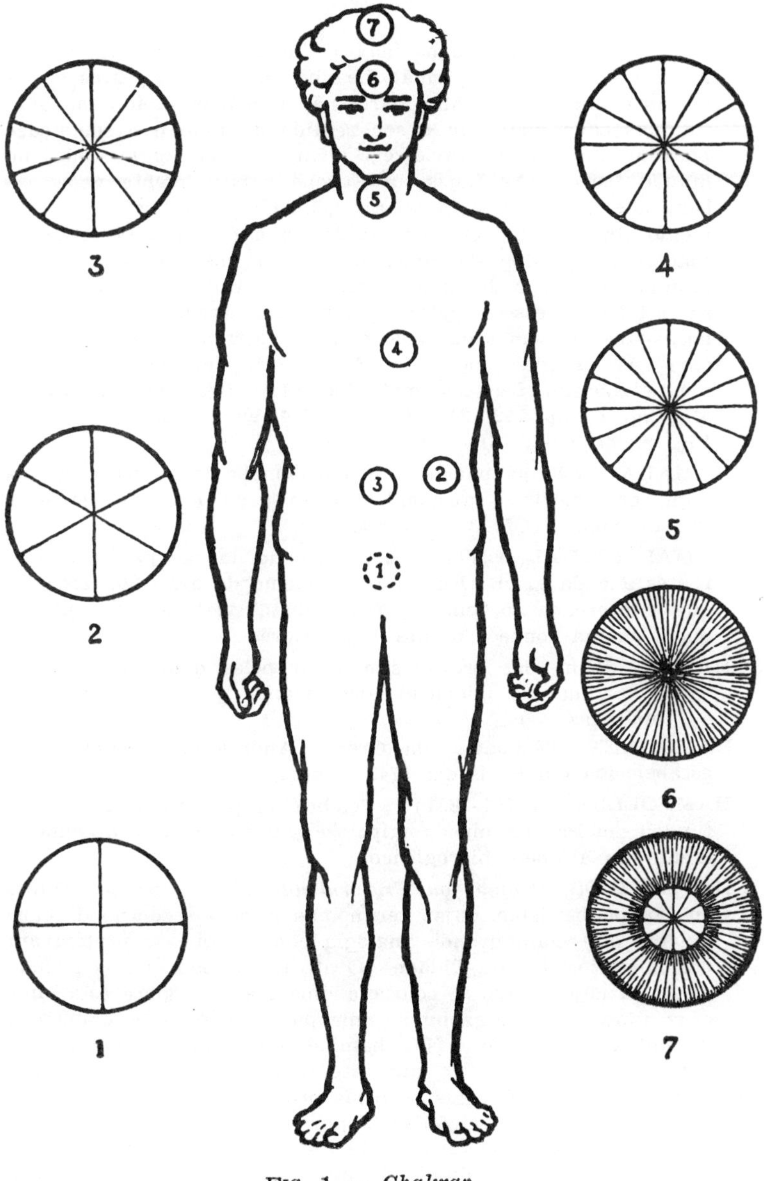

FIG. 1 — *Chakras*

e natureza do individuo, mas é idêntica a sua finalidade. A respeito comenta o irmão Leadbeater: "...os gestos e palavras enunciados na Maçonaria não foram escolhidos ao acaso, mas cada qual tem o seu sentido definido e o seu poder peculiar no mundo invisível, além do seu significado no mundo físico. As Lojas da Europa habitualmente nada sabem acerca disto; nos países coloniais talvez haja algumas melhor instruídas. Os centros de força ou *chakres* estão situados nos pontos de conexão onde a energia flui de um veículo ou corpo humano para outro veículo... Em plena atividade, esses centros giram rapidamente, e por suas bocas abertas, em sentido normal à superfície do corpo, entra uma das energias que o G. A. D. U. derrama constantemente sobre o Seu sistema" (solar). (V. *Vida Oculta na Maçonaria,* pp. 120-21 *et seq.;* 3.ª ed. *Pensamento.* Cf. Fig. p. 99; *Nâdi; Sinais.*)

CHAMADA. São as pancadas convencionais dadas na porta da Loja, geralmente correspondentes ao grau em que ela está trabalhando. (Cf. *Alarma; Bateria.*)

CHAMAR RITUALMENTE. É a ação de dar as pancadas inerentes a cada grau. Ensina o catecismo do grau 20.º Escocês que a diferença no "chamar ritualmente" visa demonstrar que quem chama conhece os graus anteriores.

CHAMAS. Uma das provas simbólicas pelas quais se faz passar o candidato à iniciação, alegorizando que o fogo purifica as impurezas.

CHAMBONET. Fundador da Ordem Andrógina da Felicidade, estabelecida em Paris em 1743, e da qual ele foi Grão-Mestre.

CHAMPOLLION (1791-1831). Célebre egiptólogo francês, que fundou em Paris o museu egípcio e a quem se deve o conhecimento do alfabeto hieroglífico.

CHAPELEIROS, *Grêmio ou Fraternidade dos.* Um dos ramos do Companheirismo, cujas cerimônias para a recepção de candidatos ofereciam grande analogia com as que se praticavam nos mistérios da antigüidade. O ato tinha lugar numa grande sala, em cujo centro se colocava uma mesa, e sobre esta, uma cruz, uma coroa de espinhos, uma palma e todos os emblemas da paixão de Cristo. Na chaminé desta sala se punha um cubo cheio de água. O candidato representava Jesus, e o faziam passar simbolicamente pelas provas por que este passara na terra, desde a traição de Judas até a sua sentença e suplício. Depois era conduzido até a chaminé, onde, de rosto inclinado até o solo, se lhe derramava sobre a cabeça a água contida no cubo, e a isto se chamava o *batismo da regeneração.*

Findas as provas, o neófito prestava o juramento de silêncio e era instruído nos sinais e palavras por meio dos quais se poderia dar a conhecer entre seus companheiros.

CHARLES SOTHERAN. Eminente e culto Maçom norte-americano no século XIX; grau 32.·., A. e P.R. 94.·. de Mênfis; C.:. R+; Cav.:. Kadosh. Por volta de 1875 foi secretário do Clube Liberal da Nova Iorque. Conferencista notável sobre arqueologia, filosofia mística e outras matérias. Foi iniciado na moderna Fraternidade inglesa de Rosa-Cruz e em outras sociedades secretas, além de redator do jornal maçônico de Nova Iorque, *O Defensor*. Muito lutou por uma Maçonaria viva, dinâmica, culta e liberta de preconceitos, inclusive de sexo.

CHARLESTON. Cidade norte-americana, onde em 1783 se estabeleceu uma Grande Loja de Perfeição para toda a Carolina do Sul; em 1788 se criou um Grande Conselho de Príncipes de Jerusalém, e em 1801 se inaugurou o Primeiro Supremo Conselho do grau 33.º para todos os Estados Unidos.

CHAVE. *1* — Símbolo muito em voga na Maçonaria, relacionado com a guarda de segredos, e portanto, de prudência e discrição. *2* — Título do grau 21.º do Rito Escocês de 25 graus. *3* — Insígnia do grau 7.º do Rito Escocês Antigo e Aceito.

CHAVE, *Mestre da*. Grau 21.º da série simbólica e 2.ª classe do Rito de Heredom ou Perfeição.

CHAVE DA ABÓBADA. Alegoria do grau de *Mestre de Marca* na Maçonaria do Real Arco, para ensinar ao neófito a necessidade de humildade e paciência.

CHAVE DA MAÇONARIA, *Cavaleiro da*. Título de um grau avulso do Regime do Martinismo.

CHAVE DE MARFIM. *1* — Distintivo dos Mestres Secretos, grau 4.º do Rito de Misraim. *2* — Emblema do Guarda-selos nas Lojas do grau 14.º do Rito Escocês Antigo e Aceito.

CHAVE DE OURO. *1* — Atributo do Tesoureiro nas Lojas do grau 13.º do Rito Escocês Antigo e Aceito. *2* — Distintivo do Grande Haram, ou seja, do Presidente do Supremo Tribunal dos Soberanos Príncipes Talmudins, grau 71.º do Rito de Misraim.

CHAVE DE OURO, *Cavaleiro da*. Grau 3.º da Academia dos Verdadeiros Maçons, constante de seis graus (Montpeller 1780), e do Rito de Pernety e Iluminados de Avinhão.

CHAVES, *As 55*. Título de um grau hermético da nomenclatura da Universidade.

CHAVES CRUZADAS. Jóia distintiva do Tesoureiro da Maçonaria em geral.

C.·. H.·. B.·. Iniciais da Ordem dos *Cavaleiros Benfeitores da Cidade Santa.*

CHEBOD, *Majestas*. Palavra sagrada do Supremo Grande Conselho dos Grandes Inspetores Regulares Gerais da Ordem de Misraim, grau 77.º.

CHEFE DA IRMANDADE UNIDA. Título que Adoniram deu a Johaben após a descoberta do nome sagrado, segundo o catecismo do grau 13.º do Rito Escocês Antigo e Aceito.

CHEFE DA MAÇONARIA. Segundo os *Regulamentos* de 1792, são-no, a título imprescritível, os Inspetores Gerais da Ordem e os Presidentes dos Sublimes Conselhos dos Príncipes da Alta Maçonaria.

CHEFE DAS DOZE TRIBOS. Títudo do grau 11.º do Rito Escocês, compreendendo 25 graus.

CHEFE DAS LOJAS ou PRÍNCIPE DE JERUSALÉM. Grau 16.º do Rito Escocês Antigo e Aceito.

CHEFE DE ESQUADRA. Títudo do grau 3.º da Ordem Andrógina da Felicidade, fundada em Paris em 1743.

CHEFE DO GRANDE CONSISTÓRIO. Um dos títulos do grau 23.º do Rito de Heredom.

CHEFE DO TABERNÁCULO. Grau 23.º do Rito Escocês Antigo e Aceito; graus 24.º e 28.º e, às vezes, 25.º (o de *Cavaleiro da Águia Vermelha*) do Rito de Mênfis.

CHEMIN DUPANTIS. Autor de uma notável *Enciclopédia Maçônica.* Também o chamam *Chemin du Pontis.*

CHEVED, "grandeza". Veja-se C.·. D.·. T.·. J.·. C.·.

CHIBOLET. Corrutela de *Schibboleth.*

CHILE. A Maçonaria alcançou grande desenvolvimento neste país. A primeira Loja maçônica foi ali instalada em 1840, sob os auspícios do Grande Oriente Francês. Em 1862 organizou-se a Grande Loja de Valparaíso, e em 1870 se constituiu o Supremo Conselho do Chile. Ali também existem Oficinas do Rito Escocês Antigo e Aceito.

CHILLAH, "perfeição". Veja-se C.·. D.·. T.·. J.·. C.·.

CHIVO (pron. *Civi*). "Inclinar", palavra que se traduz por "ajoelhar". (Cf. *Civi.*)

CHOCAC. Designativo do quarto mês do calendário egípcio usado no Rito de Mênfis.

CHOTSCHIM. Segundo o Ritual de Mestre, grau 3.º do Escocismo Reformado, é o nome lendário da montanha onde trabalhavam 80 000 canteiros que lavravam pedras para o Templo de Salomão.

CHOVER. Expressão alegórica, significando haver profanos próximos ou penetrando numa conversação maçônica. Ex. *Chove*: "está presente um profano". (Cf. *Nublado.*)

CIDADE MISTERIOSA, *Arquiteto da*. Denominação do grau 68.º da 6.ª classe do Rito de Mênfis.

CIMENTO. *1* — Pimenta, na linguagem convencional dos banquetes. *2* — Alegoriza o amor que, quando verdadeiro e puro, reúne e "cimenta" as almas antes dispersas.

CÍNGULO. Cordão ou cintura simbólica que adorna e distingue certos graus maçônicos, variando com os seus respectivos Ritos.

CINTURA. Nesta parte do corpo humano intervêm alguns sinais e toques de reconhecimento, em diversos graus e Ritos.

CINZA. Simboliza nas cerimônias a caducidade do terreno, e nas religiões judaica e católica, penitência. (Cf. *Sal.* 102:9; *Jó* 2:8; *Est.* 4:3; *Mat.* 11:21.)

CINZEL. Instrumento do grau de Aprendiz, que com o malho serve para desbastar simbolicamente a pedra bruta, emblema da personalidade não educada e polida. Representa o intelecto. (V. *Magic of Freemasonry, Powell,* p. 47.)

CINZELADOR, *Grande*. Títudo do Secretário das Lojas dos *Cavaleiros da Serpente de Bronze,* grau 25.º do Rito Escocês Antigo e Aceito.

CÍRCULO. *1* — Figura geométrica tomada na Franco-maçonaria como símbolo da criação e do universo. *2* — Aparece no fundo da decoração da Loja do grau 4.º ou *Mestre Secreto* do Rito Escocês Antigo e Aceito, tendo inscrito um triângulo em cujo centro se acha a Estrela Flamígera. *3* — Na Co-maçonaria aparece no lado oriental do altar, limitado ao norte e ao sul por duas linhas e tendo no centro um ponto, com a acepção de que não errará o maçom que orientar por êle a sua conduta. Neste caso, o centro simboliza o Eterno, a circunferência representa a conduta, e as duas linhas, as leis de Moisés e Salomão, ou a Lei e a Justiça, o *Dharma* e o *Karma* dos hindus. (Cf. *Ponto dentro do Círculo.*)

CÍRCULO FRATERNAL. *1* — Associação maçônica adida a uma Loja, mas não trabalhando ritualisticamente. *2* — Cerimônia que se faz em algumas Obediências ou Lojas maçônicas segundo o seu Ritual, para a transmissão de palavras de passe, mormente as semestrais.

CIRCUNVOLUÇÃO. Rito adotado nos antigos Mistérios egípcios e gregos, e ainda hoje perpetuado na Maçonaria e nas religiões, além das procissões ou em sua seqüência. Consiste em fazer uma solene volta em torno do Altar, com o que originariamente se aludia ao curso aparente do Sol, do Oriente para o Ocidente, e também à "dança" dos planetas (representados nas "colunas" maçônicas ou nos fiéis religiosos) em sua revolução orbital em torno do astro-rei, ali representado pelo Altar. Na Grécia de então os sacerdotes davam três voltas ao redor do Altar, durante os ritos sacrificiais, enquanto entoavam um hino sagrado, dividido em três partes, cantada cada uma em cada passagem ou circuito da procissão. Há, evidentemente, uma analogia entre esta cerimônia antiga e as recitações de hinos da Escritura durante as circunvoluções maçônicas. Determina o ritual que, durante a circulação, o ombro direito esteja voltado para o Altar, de sorte que a circunvolução se mova na Loja em sentido ocidente-norte-oriente-sul-ocidente, até tocar de novo o norte. Tanto os romanos como os druidas e industânicos empregaram este rito, pois em suas cerimônias tratavam de "imitar o exemplo do Sol, seguindo o seu curso benfeitor", naturalmente em relação aos povos setentrionais. (Cf. *Esquadrou a Loja; Viagens Simbólicas.*)

CIVI. Usado nas cerimônias do grau 7.º escocês, com a acepção de ajoelhar-se. (Cf. *Chivo.*)

C.˙. K.˙. H.˙. Iniciais ostentadas na faixa usada pelos maçons do grau 30.º dos Ritos de Mênfis e Escocês, com o significado de *Cavaleiro Kadosh.*

CLAVIS MAÇÔNICA. Grupo de quatro graus do Rito de Misraim. O primeiro corresponde ao grau 54.º, *Mineiro;* o segundo, ao 55.º, *Lavrador;* o terceiro, ao 56.º, *Soprador,* e o quarto, ao 57.º, *Fundidor.*

COBERTURA DO TEMPLO. Precauções para preservar a Loja da intrusão de profanos. (Cf. *Cobridor.*)

COBRIDOR. Cargo dos oficiais da Loja encarregados de vigiar por sua segurança externa e interna, durante os trabalhos. No vestíbulo do templo, o Cobridor Externo examina os visitantes que desejam penetrar, para certificar-se se são maçons, e na entrada o Cobridor Interno os recebe depois de autorizado pelo Venerável, todos mediante a troca dos toques, sinais convencionais e palavras de passe.

COBRIR O TEMPLO. *1* — Fechar o templo, retirar-se da Loja em plena sessão. *2* — Manterem-se todos os oficiais ativos e vigilantes em seus postos. *3* — Sair da Loja. *4* — Fazer um irmão cobrir o Templo: medida disciplinar.

COBRIR UMA BATERIA. Repeti-la com uma aclamação.

CÓDIGO MAÇÔNICO. Coletânea de preceitos que constituem o código moral da Maçonaria. (V. *Constituição; Livro da Lei; Mandamentos; Máximas; Preceitos.*)

COEN ou COHENS. Nome que na Maçonaria jesuítica significava *sacerdote*.

COLAÇÃO. *1* — Denominação de alguns ágapes maçônicos. *2* — Outorga de graus maçônicos.

COLAR. Um dos atributos do traje maçônico, em muitos graus capitulares e filosóficos.

COLÉGIO. *1* — Título das Lojas dos Maçons do Segredo, grau 7º do Escocismo Reformado. *2* — No Rito Escocês Antigo e Aceito é o título das Lojas reais, ou do Real Arco, grau 13.º; das Lojas dos *Grandes Escoceses da Abóbada Sagrada de Jaques VI,* grau 1.º; e do departamento de recepção dos *Cavaleiros da Real Acha* ou *Príncipes do Líbano,* grau 22.º. *3* — *O Colégio* ou o *Quatro vezes respeitável Mestre de Santo André de Escócia,* é o título de um grau avulso da nomenclatura de Ragon. *4* — *Colégio litúrgico*: o terceiro dos cinco Supremos Conselhos em que se divide o governo da Ordem de Mênfis. *5* — *Colégio dos sacerdotes*: constituído pelos sacerdotes nas antigas iniciações do Egito, ante os quais, reunidos, eram levados os aspirantes que haviam triunfado das provas físicas e morais, e submetidos a provas intelectuais.

COLÉGIOS. Instituições que existiram em Babilônia e em Roma, destinadas a ensinar os antigos mistérios greco-egípcios, embora algo alterados ou modificados. Os mais famosos foram os romanos, o primeiro dos quais foi fundado pelo ano 714 a. C. por Numa Pompílio, segundo rei de Roma, Iniciado e altamente culto. Ele enviou mensageiros ao Egito, Grécia, Caldéia, Palestina e outros países, para estudarem seus sistemas de Mistérios, de sorte que pudesse adotar em Roma os mais apropriados ao desenvolvimento de seu povo, baseando-se em grande parte das corporações dionisianas. Introduziu a linha de sucessão egípcia, e assim os hierofantes de seus Mistérios foram os V. Ms., à maneira dos sacerdotes do Egito e dos Maçons de hoje. Esta sucessão parece ter sido transmitida secretamente entre os Colégios de Arquitetos até a época em que o Cristianismo se tornou dominante em todo o mundo romano, no começo do terceiro século d. C. Com o tempo esses Colégios se tornaram grandes potências políticas; foram abolidos pelo Senado no ano 80 a. C. e restaurados mais tarde. Posteriormente os imperadores expediram de quando em quando éditos contra eles, e finalmente foram abolidos no ano 378 d. C. (Cf. *Dionisianos; Maçonaria Operativa; Sodales; Sodalitium.*)

COLMEIA. Símbolo de operosidade e solidariedade nas cerimônias maçônicas.

COLUNA (lat. *columna*). Pilar cilíndrico, que serve de ornato ou sustentáculo da abóbada, entablamento, estátua, etc., e que consta de base, fuste e capitel. Há cinco ordens muitc conhecidas: a *jônica,* a *dórica,* a *coríntia,* de origem grega, e as *compósita* e *toscana,* de origem italiana. A Maçonaria está mais relacionada com as três de origem grega: a *jônica* corresponde ao Venerável, a *dórica* ao Primeiro Vigilante, e a *coríntia* ao Segundo Vigilante, representando, respectivamente, a Sabedoria, a Força e a Beleza. (Cf. *Arquitetura; C.·. D.·. T.·. J.·. C.·.; Ordem.*)

COLUNA DE HARMONIA. Grupo de artistas que prestam seu concurso às cerimônias maçônicas.

COLUNA FUNERÁRIA. Aquela em que se escrevem os nomes dos irmãos falecidos.

COLUNAS. *1* — As duas efetivas (J.·. e B.·.), colocadas na entrada do Templo maçônico. *2* — Os dois grupos de irmãos colocados longitudinalmente à direita e à esquerda da entrada no Templo. À direita é a "Coluna do Sul", e à esquerda a "Coluna do Norte". Os Aprendizes se sentam à Coluna do Norte, os Companheiros, à Coluna do Sul, e os Mestres podem colocar-se indiferentemente numa ou outra das Colunas. Os dignitários da Ordem, os antigos Veneráveis e os Veneráveis visitantes se sentam ao Oriente, à direita e à esquerda do Venerável. Cf. *Booz; Colunas simbólicas; Jachim; Pilares; Pontos Cardeais.*)

COLUNAS SALOMÔNICAS. V. *Booz; Jachin.*

COLUNAS SIMBÓLICAS. São os sustentáculos ou adornos das Oficinas maçônicas, variando sua forma e significado entre os graus e os Ritos. Diz o ritual maçônico: "Nossas Lojas estão sustentadas por três grandes colunas: a *Sabedoria* (personificada no Venerável), para idear; a *Força* (representada no 1.º Vigilante), para suster; e a *Beleza* (figurada no 2.º Vigilante), para adornar. A Sabedoria nos guia em todas as nossas iniciativas, a Força nos sustém em todas as nossas dificuldades, e a Beleza adorna o homem interno. O Universo é o templo da Divindade a Quem servimos; a Sabedoria, a Força e a Beleza rodeiam o Seu trono como colunas de Suas obras, porque Sua Sabedoria é infinita, Sua Força é onipotente, e Sua Beleza resplandece na simetria e ordem de toda a criação." Considera-se cada maçom uma coluna de sua Loja, e esta, um símbolo do Universo: "Ao vencedor, o farei uma coluna do

Templo de meu Deus, e dêle nunca sairá" (*Apoc.* 3:12). (Cf. *Oficiais; Pilares; Solstícios.*)

COLUNAS SOLSTICIAIS. **São as mesmas Colunas Salomônicas, geralmente nos Graus superiores. Nas Lojas situadas no hemisfério norte, a coluna B representa o solstício de verão ao Sul, presidido por João Batista, e a coluna J indica o solstício de inverno ao Norte, presidido por João Evangelista, ambos considerados no Ocidente, tradicionalmente, os patronos da Ordem. Entretanto, na antiguidade essas duas colunas tiveram outros significados, mais filosóficos e instrutivos. Para mais detalhes, ver *A Vida Oculta na Maçonaria,* Cap. II, final, de C. W. L. (Cf. *Batista, São João; Elohim; Ponto Dentro do Círculo; Solstícios*).**

COMAÇONARIA ou **Ordem Maçônica Mista Internacional, "Le Droit Humain"* ("O Direito Humano"). Esta Ordem, de 33 graus, se distingue do resto do mundo maçônico pela admissão de mulheres à Maçonaria no mesmo nível de igualdade que os homens. Deriva sua sucessão dos Grandes Inspetores Gerais do grau 33.º de certos membros pertencentes ao Supremo Conselho da França, fundado pelo Conde de Grasse-Titty em 1804, do Rito Escocês Antigo e Aceito. Pelo ano de 1880 um grupo de Lojas Simbólicas sob sua jurisdição, deliberou fundar uma Grande Loja, que foi conhecida como *"La Grande Loge Symbolique Ecossais de France",* com o objetivo de governar apenas as Lojas Simbólicas, e independente do controle do Supremo Conselho. Imbuídas de ideais progressistas, entre os quais se sobressaía o de franquiar a Franco-maçonaria às mulheres, essas Lojas tomaram várias iniciativas nesse sentido. Em 1882 uma Loja, denominada *"Les Libres Penseurs",* iniciou uma mulher, a Srta. Maria Deraismes, e este ato conduziu à fundação da Ordem Comaçônica, depois de ter envolvido as Lojas em sérias dificuldades, devido à pressão externa da opinião maçonica. Essas Lojas e a sua Grande Loja ou corpo governante foram absorvidas em 1896 na *Grande Loge de France,* uma Obediência então recém-formada pelo resto das Lojas Simbólicas do mesmo Supremo Conselho do Rito Escocês, e ainda existente naquele país. Em 1893 a Srta. Maria Deraismes, assistida pelo Dr. George Martin e outros Maçons de altos graus, tomou medidas que resultaram na fundação de uma "Grande Loja da Maçonaria Simbólica Escocesa, *Le Droit Humain",* posteriormente ampliada num Supremo Conselho Internacional, com sede em Paris. Hoje está estabelecida em numerosos países, onde mantém Federações de Lojas com o governo próprio, porém sob a jurisdição do mesmo Su-**

premo Conselho Internacional. A primeira Loja na Inglaterra foi fundada em 1902, em Londres, sob a denominação de *Human Duty,* e a primeira no Brasil foi instalada em 1919, no Rio de Janeiro, com a denominação de *Isis.* Hoje conta neste país com uma Federação de Lojas, Capítulos e Areópagos nos diversos Estados, e apreciável número de adeptos de ambos os sexos. Eis a sua Declaração de Princípios:

Artigo 1 — A Ordem da Comaçonaria Internacional, "Le Droit Humain", afirma a igualdade essencial dos dois seres humanos, o Homem e a Mulher. Ao proclamar "Le Droit Humain" ("O Direito Humano"), a Ordem deseja que em todo o orbe venham eles a gozar de maneira igual a justiça social, numa Humanidade organizada em Sociedades livres e fraternais.

Artigo 2 — Composta de Franco-maçons de ambos os sexos, fraternalmente unidos, sem distinção de raças, de religiões, de filosofias, a Ordem prescreve, para atingir o seu objetivo, um método ritualístico e simbólico, por meio do qual seus membros edificam seu Templo à perfeição e à glória da Humanidade.

Artigo 3 — Seus membros, respeitando todas as crenças relativas à eternidade ou não-eternidade da vida espiritual, visam sobretudo realizar na terra e para todos os seres humanos, o máximo do desenvolvimento moral e intelectual, condição primária da felicidade que a todo indivíduo é possível atingir numa Humanidade fraternalmente organizada.

Artigo 4 — A Ordem da Comaçonaria Internacional, "Le Droit Humain", não professa nenhum dogma. Seu propósito é a busca da Verdade. Eis porque, em suas Lojas, as discussões ou debates atinentes a questões sociais ou religiosas não poderão, em nenhum caso, ter outra finalidade senão a de esclarecer os membros e lhes possibilitar cumprir, com melhor conhecimento de causa, seus deveres de Franco-maçons.

Artigo 5 — Os princípios e métodos de trabalho adotados pela Ordem da Comaçonaria Internacional, "Le Droit Humain", são os das Grandes Constituições Escocesas de 1786 E. ∴ V. ∴, revistas pela Convenção dos nove Supremos Conselhos de países diferentes do globo, que foram representados no Zênite de Lausana, Suíça, em 22 de setembro de 1875 E. ∴ V. ∴ A Constituição, rituais, telhador geral e regulamentos gerais do 1.º ao 33.º grau incluso, adotados pela Convenção Internacional de 9 a 15 de agosto de 1920 E. ∴ V. ∴, foram adaptados ao trabalho das Lojas mistas de todos os graus simbólicos e administrativos da Ordem.

Artigo 6 — Podem ser autorizadas pelo Supremo Conselho Lojas dos diversos graus praticados pelas Maçonarias nacionais, cujos rituais deverão ser adaptados ao trabalho das Lojas Comaçônicas.

Artigo 7 — As Lojas da Ordem da Comaçonaria Internacional, "Le Droit Humain", trabalham "À Perfeição da Humanidade", ou "À Glória do Grande Arquiteto do Universo". (Cf. *Maçonaria Feminina; Real Arco, Maçonaria do.*)

COMANDANTE. Título de certas funções ou de determinados graus maçônicos.

COMANDO. Denominação dada à suprema jurisdição ou alta direção das Oficinas do Rito Templário, mormente nos países de origem anglo-saxônica.

COMISSÃO. Deputação de irmãos encarregados pela Loja de cumprir determinada missão ou tarefa.

COMISSÃO DOS OFICIAIS DIGNITÁRIOS. Conselho de administração da Loja.

COMISSÁRIO. Aquele que exerce comissão.

COMPANHEIRO. *1* — Maçom do Segundo Grau, pertencente às Lojas simbólicas. No Cristianismo corresponde ao estágio *iluminativo,* que se segue ao *purgativo* (maçom aprendiz), e no Hinduísmo se relaciona com o estágio de *discípulo aceito.* Simbolicamente, ao Companheiro incumbe *polir a pedra bruta,* já desbastada por ele no grau anterior, e levá-la à perfeição. Por isso, o seu objetivo especial é o desenvolvimento de suas faculdades intelectuais, artísticas e psíquicas, que o aproximarão mais de Deus, ali representado pela letra G.·., segundo o demonstra todo o ritual de sua elevação a esse Grau. No Rito Escocês o Companheiro é recebido na Câmara respectiva, passando da coluna B.·. para a J.·., e no Rito Moderno ou Francês, ou Azul, se faz de maneira inversa. "Para o decidido estudante da disciplina mental inerente ao Segundo Grau, podem ali recomendar-se duas fontes muitíssimo instrutivas de informação e exemplos de experiência pessoal. Uma são os Diálogos de Platão e os escritos de Plotino e de outros neoplatonistas. A outra são os escritos dos contemplativos clássicos cristãos, como Eckhart ou Ruysbroeck, ou o *Castelo Interior* de Santa Teresa. O *Fedro* de Platão, em particular, é um importante registro, feito por um Iniciado dos antigos Mistérios, das experiências psicológicas referidas no

Grau de Companheiro" (W. L. Wilmshurst, *The Meaning of Masonry*).

COMPANHEIROS. Corporações obreiras denominadas em francês *Sociétes de Compagnonnage*, que são de origem muito antiga. Consistiam de três organizações em guerra perpétua entre si, cada qual com uma história tradicional interessante e reivindicando sua precedência. A mais antiga divisão era a dos Filhos de Salomão, originalmente constituída apenas de canteiros, e mais tarde também os marceneiros e serralheiros. A segunda era a dos Filhos do Mestre Jaques, que igualmente admitia membros destas três profissões e mais tarde de muitas outras, principalmente seleiros, sapateiros, alfaiates, cuteleiros e chapeleiros. A terceira divisão seguia o Mestre Soubise, e originalmente se compunha somente de carpinteiros, embora posteriormente admitisse também estucadores e telhadores. Geralmente se concebia que os Filhos de Salomão eram os mais antigos de todos. Fato digno de nota é que os pedreiros (para distingui-los cuidadosamente dos Canteiros) nunca eram admitidos. Estas três associações possuíam albergues nas cidades mais importantes da França, e quando em viagem, tinham direito a alojamento e assistência na procura de trabalho, nos albergues pertencentes à fraternidade. As três divisões conservavam lendas concernentes ao Rei Salomão e ao seu templo. Pouco se sabe da lenda corrente entre os Filhos de Salomão, porém há indicações de que conheciam a história da morte de Hiram, a qual, no entanto, não consta da Bíblia. Foram também conhecidos como *Maçons Operativos* para destacá-los dos *Maçons Especulativos.*

COMPANHEIROS PERJUROS. Os três supostos assassinos de Hiram Abiff.

COMPASSO. A primeira figura geométrica que se pode traçar com a ajuda do compasso, é o círculo centrado pelo ponto. Tomado por excelência como símbolo solar, ali se combina o círculo (o infinito) com o ponto (início de toda manifestação ou evolução). O relativo e o absoluto se acham, pois, representados pela ação do Compasso, o qual, por sua vez, figura a dualidade (hastes) e a união (sua junção). Por esta razão adota a Maçonaria o Compasso com um de seus grandes símbolos, e coloca-o sobre o Altar da Loja, enlaçado com o Esquadro para simbolizar a Macrocosmo, e a Bíblia (ou outro V. C. S.) para significar a sabedoria que ilumina e dirige tanto o Macrocosmo como o Microcosmo (neste particular o maçom). Os três são assim considerados *as grandes jóias* e *as grandes luzes* da Maçonaria. Como instrumento simbólico, é emblema de medida e justiça. (Cf. *Decoração da Loja; Esquadro; Mobiliário.*)

COMPASSO MAÇÔNICO. Maneira de calcular o ano maçônico.

COMPENSAÇÃO, *Lei da.* Nela se fundamentam os mitos, doutrinas e cerimônias maçônicas, que se podem assim resumir: o grau de *Aprendiz,* nascido na obscuridade, é compensado pela luz; o *Companheiro,* vivendo na ignorância, é compensado pela instrução, e o *Mestre* morrendo, é compensado com a vida. Visa a Ordem antepor à obscuridade, ignorância e morte, a *luz, instrução* e *vida.*

COMPETENTE, lat. *competens,* pp. de *competere* (*com,* junto + *potere,* buscar: procurar juntos) — Bem qualificado; capaz; apto. No Cristianismo primitivo era o estágio seguinte ao de Catecúmeno, onde se preparava para ser elevado ao estágio de *Illuminatus.* Correspondia ao atual 2.º grau simbólico maçônico (Companheiro). (Cf. *Mistérios cristãos.*)

COMPLEMENTAR. V. *Sinal Complementar.*

COMPÓSITA. Nome de uma das ordens arquitetônicas que se vê nas cerimônias maçônicas. (Cf. *Arquitetura; Coluna.*)

COMUNICAÇÃO. É a forma de conferir graus sem as formalidades litúrgicas que normalmente acompanham o ato nas Lojas maçônicas.

CONCLAVE. V. *Supremo* —, 2.

CONCURSOS. São os promovidos pela Maçonaria para conferir prêmios ou distinções ao saber e à virtude.

CONDECORAÇÕES. Insígnias maçônicas, concedidas em reconhecimento a méritos ou serviços extraordinários; acompanha-as o título de *Benfeitor, Honorário, Benemérito, Oficial de Honra,* etc., ora como jóia, ora como laço ou fita.

CONDUTOR. Veja-se *Introdutor.*

CONFIDENTE DE HIRAM ABIFF. Título de um grau avulso, constante de várias nomenclaturas.

CONGRESSO (ou CONVENÇÃO). Ampla reunião de maçons de diversos países ou oficinas, para decidir questões de organização, doutrina ou liturgia.

CONS.·. Abreviatura de Conselho.

CONSAGRAÇÃO. *1* — Ato de tornar sagrado. *2* — Cerimônia maçônica de investimentos de graus sob a invocação do Ser Supremo. *3* — Incensamento de uma Loja, de seus Oficiais de um Capítulo do Real Arco, ou de graus superiores. *4* —

Inauguração ritualística de um Templo, a fim de habilitá-lo ao exercício dos trabalhos maçônicos.

CONSELHO. Tomam essa denominação algumas Lojas nos graus capitulares, filosóficos e administrativos, bem como alguns corpos especiais.

CONSELHO DA MESA REDONDA. Denominação da segunda sala da Loja, no grau 22.º do Rito Escocês Antigo e Aceito.

CONSELHO DAS LUZES. Comissão diretora da Loja.

CONSELHO DE CAVALEIROS KADOSH. É o Conselho por excelência da Maçonaria, também denominado *Areópago de Kadosh.*

CONSELHO DE PRÍNCIPES DO REAL SEGREDO. É composto de irmãos do grau 32.º Escocês; o primeiro Conselho existiu em Bordéus em 1759.

CONSELHO DE RADIAÇÃO. Uma das corporações existentes na Ordem de Mênfis, com o fim de excluir da Ordem os que se revelarem indignos dela.

CONSELHOS DOS CAVALEIROS DO ORIENTE. No Rito Escocês Antigo e Aceito, grau 15.º, compõe-se do Soberano, do Grande Chanceler ou Guarda-Selos, dos Generais, do Grande Tesoureiro, do Orador ou Ministro de Estado e de todos os irmãos Cavaleiros admitidos.

CONSELHO DOS IMPERADORES DO ORIENTE E OCIDENTE. Capítulo criado em 1758, à base do Capítulo de Clermont.

CONSELHO DOS MUITO VALOROSOS E ILUSTRES PRÍNCIPES. Denominação da Loja dos Príncipes de Jerusalém, no grau 16.º do Rito Escocês Antigo e Aceito.

CONSELHO GERAL SOBERANO DOS SUBLIMES PRÍNCIPES DA FRANCO-MAÇONARIA. Título do quarto corpo superior do governo de Mênfis.

CONSISTÓRIO. *1* — Denominação que em todos os Ritos se dá geralmente a certos graus superiores. *2* — Assim se chama ao conjunto dos três capítulos que constituem o Rito dos Escoceses Fiéis (Cf. *Oficina*). *3* — Loja do 32.º grau do Rito Escocês Antigo e Aceito. (Cf. *Maçonaria Operativa,* 1; *Supremo,* 4.)

CONSTITUIÇÃO. No sentido geral, é a lei magna dos maçons; no sentido restrito, é uma lei básica de uma Potência Maçônica, que apenas obriga as Lojas e maçons sob sua jurisdição particular. Governando e regulando as leis maçônicas, a Constituição é uma das Grandes Luzes da Ordem.

CONSTITUIÇÃO DE YORQUE. V. *Yorque*, Carta ou Constituição de.

CONSTITUIÇÕES. *1* — Patentes que uma Obediência outorga a uma Loja que ela reconhece. *2* — *Constituição de 1762*. Estatutos fundamentais do Rito de Perfeição. *3* — *Grandes Constituições de 1785*: Estatutos fundamentais do Rito Escocês Antigo e Aceito.

CONSTRUÇÃO. Trabalho simbólico dos maçons.

CONTRIBUIÇÃO. Apelo de fundos quando as despesas excedem à receita.

CONVENÇÃO. V. *Congresso.*

CONVENTO. Congresso maçônico. Reunião geral e solene dos delegados das Lojas maçônicas, que se realiza cada ano na sede de certas Obediências, ou em determinadas épocas, ditadas pelas circunstâncias. (Cf. *Congresso.*)

CONVENTÍCULO. Pequena assembléia secreta, regular, de maçons.

COPO. V. *Cálice.*

COPTO, *Grão.* Título do patriarca dos coptos, adotado por Cagliostro para designá-lo como o Chefe da Maçonaria Egípcia.

CORAÇÃO. Um dos símbolos do amor altruísta nos vários graus maçônicos, e de Hiram Abiff na ordem de Salomão.

CORDA. Acessório simbólico. Geralmente é atada nos Recipiendários do 1.º e 2.º Graus maçônicos. No primeiro caso, ata-se-lhe ao pesc... e serve para conduzi-lo ao Templo, onde é recebido na "ponta de uma adaga ou espada"; no segundo, ata-se-lhe em duas voltas ao br... dir..., à altura do músculo, com uma de suas extremidades a arrastar pelo chão. Em ambos os casos simboliza a "Porta estreita" pela qual deve o candidato transpor o Templo ou os graus superiores; o laço que desde então o vinculará indissoluvelmente ao C. D. T. O. V. M.; e o "cordão de prata" (*Ecles* 12:6 e 7) ou magnético, que durante a vida ata o espírito ao corpo, o qual lhe cabe manter intacto e fortalecer. (Cf. *Adaga; Espada.*)

CORDÃO DE AMOR. Cordão de 12 nós ou mais, terminado por borlas e representando a cadeia de união que irmana os Maçons. Segundo alguns autores, os doze nós aludem aos doze signos zodiacais. Corresponde ao *Dhyani-pâza*, o anel "Não se passa" dos hindus, se bem que, ali, num sentido mais metafísico. (Cf. *Borda Dentada; Cadeia de União; Dhyâni-pâza; Laço Místico; S.D.I.*, pp. 118 e 129; *Zodíaco.*)

CORDEIRO. Símbolo de mansidão no grau 17.º do Rito Escocês Antigo e Aceito e em outros, com base no Novo Testamento. (Cf. *Agnus-dei.*)

CORDÕES. Faixas indicativas do grau maçônico ou da Dignidade de que um irmão está investido.

CORE ou KORE, gr. donzela, "a jovem filha". Sobrenome de Proserpina nos mistérios de Elêusis, por ser filha de Ceres

CoRES. As sete cores prismáticas (vermelha, alaranjada, amarela, verde, azul, anil e violeta) estiveram sempre associadas aos antigos mistérios, cada qual com seu significado e função, e a Bíblia também as refere em seu tradicional estilo mais ou menos alegórico (*Gên.* 9:13-14, e *Apoc.* 4:3 e 10:1). A Maçonaria as tem mantido em seus símbolos, graus e decorações, com significados aproximados aos antigos, mas também lhes adicionou outras cores e significados. A Franco-maçonaria as tem combinado em número de três, cinco, sete e nove cores, e os demais Ritos as têm dualizado e combinado de modos diversos. As três primeiras, consideradas primárias, são a *azul* (Rito simbólico inglês de Maçons Livres e Aceitos), a *vermelha* (Rito Escocês) e a *amarela* (Mênfis). As cinco se formam com as três citadas e mais a *verde* e a *violeta;* as sete, com a adição da *preta* e da *branca,* e as nove, com o acréscimo da *cor de pedra* e a *roxa.* São os seguintes os significados maçônicos das nove cores:

Azul — amizade, fidelidade, devoção.

Vermelha — zelo, fervor, paixão.

Amarela — inteligência, sabedoria, magnificência.

Verde — esperança, fraternidade.

Púrpura (ou *violeta*) — dignidade, majestade, de mando e jurisdição; símbolo de poder da Grande Deidade, segundo os Levitas, e da aliança entre Salomão e Hiram, rei de Tiro.

Preta — solidão, tristeza, circunspecção e morte.

Branca — candura, inocência, pureza, ou síntese de todas as virtudes.

Pétrea — firmeza, constância.

Roxa (de cravo) — afeição, caridade, filantropia.

CORIBANTES. Sacerdotes de Cibeles, deusa frígia, posteriormente identificada com Rhéa dos gregos.

CORÍNTIA. Uma das cinco ordens arquitetônicas que intervêm nas cerimônias maçônicas. Sua coluna simboliza a *Beleza,* que está representada pelo 2.º Vigilante. (Cf. *Arquitetura, C.·. D.·. T.·. J.·. C.·.; Coluna.*)

CORNIJA. Ornato que assenta sobre as colunas arquitetônicas e, às vezes, no alto das paredes de uma Loja.

CORNOS. *1* — Símbolos e vasos sagrados entre os egípcios e hebreus, significando força, defesa (*Deut.* 33:17); glória (*Salmos* 132:17); vitória (*Salmos* 132:17; e 44:5, e I *Samuel* 2:1), como também reinos e potências políticas (*Dan.* 8:3 e 6). *2* — Segundo Mackey, no altar maçônico devem existir quatro cornos um em cada canto (Cf. *Êxodo* 27:2), simbolizando aqui os Arcanjos governantes dos quatro elementos (terra, água, ar e fogo) a que estão associados os rituais maçônicos. (Cf. *Animais; Orlas.*)

CORNOS DOURADOS. Atributos bíblicos do ritual do grau 14.º do Rito Escocês.

COROA. Símbolo de majestade, poder, martírio, glória e triunfo, que figura nos Ritos maçônicos. "Não há coroa sem espinhos", isto é, não há glória sem sacrifícios pessoais.

COROA DE OURO. Emblema de rapidez, requerida para as ordens emanadas das Lojas do grau 17.º do Rito Escocês.

COROADO MAÇOM. Grau 13 da nomenclatura da Universidade.

CORPO CAUSAL. Para os teósofos e ocultistas, é o princípio mental superior do homem, o "Pensador que subsiste através das reencarnações sucessivas". Parece corresponder ao *Augocides* dos neoplatônicos, o Eu Divino no homem. Cf. *Auréola; Dossel.*)

CORRESPONDÊNCIA. Relações oficiais entre Lojas ou entre Obediências, que se reconhecem mutuamente.

CREDENCIAL. Documento expedido pelas Grandes Lojas ou Conclaves, ou pelos Grandes Orientes e Supremos Conselhos, a favor dos irmãos, outorgando-lhes poderes, plenos ou limitados, para determinados atos. (Cf. *Passaporte.*)

CRIPTA (gr. *krypto,* "esconder"). Local subterrâneo, onde se desenrola uma parte das cerimônias fúnebres, ou outras. num templo ou igreja.

CRISTÃOS. Termo designativo dos adeptos da religião cristã, e que foi pela primeira vez usado em Antioquia (*Atos* 11:26): antes eram chamados simplesmente *nazarenos.*

CRUZ. *1* — A cruz é um símbolo universal, pré-cristão e dos mais antigos. De significado cosmogônico e fisiológico, esteve associada às ciências iniciáticas e religiões antiquíssimas, como as do antigo Peru, Egito, Índia, China, Japão, Coréia, Tibete, Babilônia, Assíria, Caldéia, Pérsia, Fenícia. Armênia, Argélia, e entre os habitantes pré-históricos da

Bretanha, França, Germânia e América. Existe sob várias formas, sendo as principais: 1.ª — *astronômica, da* qual a "de Santo André", X, é uma variante; 2.ª — *esvástica*, de braços iguais e projetados em ângulos retos, assemelhando-se a dois ZZ maiúsculos entrelaçados 卐, simbolizando o movimento criador da energia cósmica, girando no sentido do Ocidente para o Oriente; 3.º — *gamada,* variante da anterior, porém assemelhando-se a quatro *gamas* (letra grega) reunidos 卍 e significando o movimento da energia destruidora girando em sentido contrário ao da esvástica; 4.ª — *grega,* também chamada de Salomão, com os braços iguais e entrelaçados +, simbolizando a vida do Espírito Santo; 5.º — *latina,* com os três braços superiores mais curtos que o quarto †, simboliza a vida do Filho (2.ª Pessoa da Trindade) e também se pode formar com sete quadrados de um cubo desdobrado; 6.ª — *maltense,* cujos braços iguais se alargam em forma de leque até suas extremidades ✠, simbolizando a irradiação crescente de forças. Mormente do século XII em diante tem sido a cruz identificada com o sofrimento, o martírio e o castigo, porém essa não foi sua idéia primitiva, e sim, a de *tornar sagrado* (*sacrificium* = *sacer,* sagrado + *facere, fazer*), a do *amor divino,* ou altruísta, que alegremente se dá aos demais. Por isso desde os tempos primitivos simbolizou a cruz o ato de Deus, o Absoluto, limitando-se para condicionar-se à relatividade do tempo e do espaço e engendrar um universo para o nascimento, crescimento e aperfeiçoamento de Seus filhos. Para destacar certas modalidades do Amor Divino, tem sido combinada com outros símbolos, como a estrela de cinco pontas (poder ou nascimento), a âncora (esperança), o cálice (caridade), a rosa (perfeição), o coração (compaixão), a escada (ascensão da alma), etc. É interessante assinalar-se ser ela também formada pelo cruzamento do fio de prumo com o nível, símbolo do equilíbrio da inteligência com o amor. Inclui o malhete, o cinzel e a alavanca, justapostos; quatro esquadros de lados adjacentes, figurando os quatro elementos (terra, água, ar e fogo); os quadrantes do mundo, e o compasso com o qual se pode traçar a circunferência do mundo, simbolizado pela Loja. Se for o triângulo ou o delta representado em três dimensões, lembrará a sepultura da morte que todo Maçom tem de experimentar e vencer para tornar-se imortal, o Mestre conhecedor da Acácia. **2** — No Rito Escocês Antigo e Aceito, a *cruz latina* ornamenta o grau 18.º; quatro cruzes vermelhas ornamentam o grau 27.º;

a de Santo André é uma das jóias do grau 29.º; e a de Malta ornamenta os graus 30.º, 31.º e 32.º. (Cf. *Cubo*; D.S. IV, 202-/3; *Harmachis;* I.N.R.I; *Tau; Thor.*)

CUBO. *1* — Um duplo cubo estendido no pavimento pode simbolizar a Loja. *2* — Um simples cubo (pedra cúbica) simboliza o homem perfeito, o Mestre maçom que vai juntar-se aos demais membros da Ordem para erigir um Templo de Amor que é Sabedoria, Força e Beleza, à glória do G.·. A.·. D.·. U.·. *3* — Desdobrado, formará a cruz sobre a qual se estenderá o neófito, como símbolo representativo do processo da Iniciação, pelo qual se aperfeiçoa o homem para em seguida se sacrificar à humanidade, ao dever, ao ideal. Por isso, essa cruz pode ser "inscrita" no túmulo do Mestre Hiram, tal qual no "Pastos", o rito final da iniciação nos Mistérios do Egito, Grécia e outras religiões antigas. (Cf. *Pedra bruta; — cúbica; — cúbica de ponta.*)

D

D. *1* — Quarta letra do alfabeto maçônico (p. 16), e inicial de diversos nomes, títulos e atributos em uso na Ordem. Corresponde ao *delta,* quarta letra do alfabeto grego, e ao *daleth* hebraico, que na cabala judaica significa *porta.* 2 — Nas insígnias do grau 16.º do Rito Escocês, expressa *Dario.* *3* — No Rito Escocês Antigo e Aceito aparece nos graus seguintes, com significados próprios: grau 12.º, *Dórico;* grau 15.º, no trigrama L. ·. D. ·. P. ·., *Liberdade de passar* ou *de pensar;* grau 17.º, no heptagrama B.·. D.·. S.·. P.·. H.·. G.·. F.·., com a acepção de *Divindade;* grau 22.º, *Dario.* *4* — No Rito de Misraim quer dizer *Daniel no grau* 54.º, no quadro dos hieróglifos, e *Ditador* no grau 68.º (*Cavaleiros do Arco-Íris*). *5* — No Rito de Adoção, grau 5.º (*Eleitos Escoceses*), alude à *Discrição.*

D.·. Abreviatura de *Diácono;* plural *DD.·.*

DAMA. Nome genérico das senhoras iniciadas na Maçonaria Andrógina e nos Ritos de Adoção, onde vem acompanhado de um complemento distintivo: *Dama da Pomba, Damas da Beneficência, Damas da Lua,* etc.

DAMAS — Um dos títulos aplicados à Maçonaria de Adoção: *Maçonaria das Damas.* Seus documentos e pranchas são traçados com um alfabeto hieroglífico especial.

DANIEL. Personagem figurado pelo Orador, nas Oficinas do grau 15.º, do Rito Escocês, em alusão ao profeta bíblico hebreu.

DÉCADA. Para os primitivos gnósticos, todo o Universo, tanto metafísico como material, estava contido nos algarismos da Década Pitagórica, e podia ser expresso e descrito por esses algarismos. No princípio se aplicava essa Década só ao Macrocosmo, mas depois desceu até o Microcosmo, o homem. A língua escrita das raças pré-históricas não era fonética, mas puramente pictórica e simbólica, que agora é considerada uma língua morta e conhecida de restrito número de pessoas. A maioria dos sábios gnósticos, sejam gregos ou judeus, a conhecia e empregava, embora de maneira algo diferente. A numerologia era uma parte importante dessa língua, como o demonstram alguns exemplos seguintes, tirados da *Década* e introduzidos na simbologia maçônica: *1* — No plano superior, o número não é número, mas um *zero,* um círculo; no plano inferior, o *zero* se converte em *um,* que é um número ímpar, outrora considerado sagrado. Nos antigos alfabetos, como o sânscrito, na interpretação das escrituras hindus, o hebraico no Antigo Testamento, e o grego no Novo Testamento e Mitologia grega, cada letra, como cada número, tinha sua significação filosófica e sua razão de ser. O número *um* significava, para os Iniciados de Alexandria, um *corpo direito,* o ser humano, cuja posição normal é a vertical, ao passo que a horizontal é a dos animais. *2* — Entre os antigos pitagóricos, a *Díada* era o estado imperfeito em que havia caído o primeiro ser manifestado; o ponto donde se bifurcavam as duas sendas do bem e do mal, que são os pólos positivo e negativo de toda a natureza. *3* — O *Ternário* é o primeiro dos números perfeitos, como o triângulo é a primeira figura geométrica perfeita; é o número misterioso por excelência. *4* — O primeiro sólido é o *Quaternário,* símbolo da imortalidade; é a Pirâmide, porque ela se apóia sobre uma base quadrangular e termina no alto por um ponto, e representa assim a Tríada, o Quaternário e o Quinário, ou o 3, o 4 e o 5. *5* — Para os pitagóricos, a Alma é simbolicamente um número que se move por si mesmo e contêm o número 4; os animais eram apenas *Ternários*; o homem virtuoso era um *Setenário,* ao passo que o mau era um *Quinário,* pois o número cinco se compunha de um *Binário* e um *Ternário,* e para eles o *Binário* trazia a desordem e a confusão a toda a forma perfeita. *O homem perfeito,* diziam, era um Quaternário e um Ternário, ou seja, quatro elementos materiais e três espirituais. *6* — Os números 3 e 4 formam o setenário da Natureza, e por isso desde remotas épocas, 3, 4 e 7 foram considerados os números sagrados da Luz, Vida e União. Os números 3 e 4 são, respectivamente, varão e fêmea, Espírito e Matéria, e sua união é o emblema da Vida Eterna no Espírito sempre ascendente, e na Matéria, como elemento que ressuscita sempre por procriação e reprodução. A linha masculina espiritual, é vertical; a linha da matéria diferenciada é horizontal, feminina, e ambas, unidas, formam a Cruz (+). O *3* (espiritual) é indivisível, mas o *4* (material) está sob o alcance da percepção objetiva, e por isso toda a matéria do Universo, quando analisada a fundo pela ciência, pode reduzir-se a quatro elementos fundamentais: carvão, oxigênio, azôto e hidrogênio. Diziam os antigos alquimistas: "Enquanto os homens cultos (cientistas) do Ocidente mantêm só os *Quatro,* ou a matéria, para se distraírem, os do Oriente, os grandes alquimistas do mundo inteiro, estudam todo o *Setenário.*" E ainda: "Quando o três e o quatro se abraçam, o *Quaternário,* unido o seu meio natural ao do triângulo, converte-se em *Cubo,* e só então nascem o veículo e o número da Vida, o Sete Pai-Mãe." *7* — Nos antigos Mistérios se considerava o número 6 um emblema da Natureza *física* perfeita, pois representa as seis dimensões ou direções de todos os corpos (ou Cubos): as quatro direções para os pontos cardeais e as duas em altura e espessura, correspondentes ao Zênite e ao Nadir. O octaedro, ou *oito,* simbolizava o eterno movimento em espiral dos séculos (8), e estava configurado, por sua vez, no Caduceu. Lembrava a respiração regular do Cosmo, o eterno fluxo e refluxo da vida universal. *8* — O número 9, um triplo ternário, era o que se reproduzia incessantemente em todas as multiplicações, sob todas as suas formas e aspectos. É também o signo de toda circunferência, pois a soma do valor absoluto dos algarismos do total de seus 360 graus é nove (3 + 6 + 0 = 9). Por ser sua posição a do 6 invertido, foi também tomado como símbolo da Terra animada por um espírito *mau* ou travêsso (estado caótico), enquanto que o *6* simbolizava nosso globo já preparado ou harmonizado (cúbico) materialmente para receber um Espírito *Divino.* *9* — O número *10,* ou a *Década,* sintetiza a unidade fundamental e final de todos esses números ou das verdades que isoladamente simbolizam. E assim terminava a Tábua de Pitágoras: "A figura de uma circunferência com seu diâmetro vertical, ou seja, a unidade inscrita no zero, ou a década, é o símbolo que expressa a totalidade da Divindade, do Universo e do Homem." Daí sua grandiosa verdade de que todas as coisas na Natureza são regeneradas através da década, ou 10. Essa verdade é sutilmente preservada na Franco-maçonaria por meio das agarras, efetuadas pela união de 10 dedos, isto é, cinco de cada mão de dois amigos que se unem em cumprimento e ajuda. (Cf. *Agarras do Leão; Números.*)

DECANO. O obreiro mais antigo na Ordem desde a sua iniciação, ou o de mais alto grau maçônico. Entre irmãos do mesmo grau, *Decano* é o mais antigo no grau, e no caso de antiguidade igual, caberá êsse título ao mais freqüente em comissões e cargos nas Oficinas, ou ainda ao mais idoso, em caso de igualdade das demais condições.

DECORAÇÃO DA LOJA. *1* — O Volume da Ciência Sagrada, o Esquadro e o Compasso, juntamente com a Carta Constitutiva, formam a decoração da Loja. *2* — Nas Lojas maçônicas cristãs o V. C. S. é formado pelos Antigos e Novo Testamentos, e nas Lojas judaicas, só pelo Antigo Testamento; nas maometanas, pelo Corão; na budistas, pelo Tripitaca; nas indostânicas, pelos Vedas. Varia segundo a Escritura Sagrada de cada povo. Os candidatos juram sôbre a Escritura Sagrada de sua religião, porque dali é que emana a luz de acordo com o qual ele tem de viver e conduzir-se. *3* — O Esquadro e o Compasso são os símbolos sobre os quais diz o Dr. Buck em *Mystic Masonry*, p. 242: "O Esquadro, com o seu único ângulo reto e sua escala de medidas, aplica-se às superfícies e aos sólidos, e relaciona-se com os estados aparentemente fixos da matéria. O Compasso com seu ângulo variável, que se coloca na Loja aberto nos sessenta graus, adapta-se ao círculo e à esfera, aos movimentos e revoluções. Em sentido geral o Esquadro é o símbolo da matéria e da terra; enquanto que o Compasso é o do Espírito e dos céus." A posição relativa do Esquadro e do Compasso indicam o progresso desde o grau de Aprendiz ao de Mestre Maçom. (Cf. *Bíblia; Mobiliário.*)

DECORADO, *Mestre*. Um dos graus da Maçonaria reformada, alusivo aos Mestres decorados com três pontos.

DECRETO. Decisão do alto corpo regulador.

DEGRAUS — Maçonicamente, os degraus da escada do conhecimento que o postulante tem de subir gradativamente, até atingir o trono da Sabedoria. (Cf. *Graus.*)

DELTA. *1* — Quarta letra do alfabeto grego ($\triangle$). É o emblema da Tri-unidade, chamada pelas diversas religiões Trimurti, Tríada, Trindade, etc. É o primeiro polígono. Tanto nas igrejas judaico-cristãs como nos templos franco-maçônicos está geralmente envolvida de um "glória", e centrada pelo tetragrama IEVE, escrita em caracteres hebraicos, ou pela letra G. É o símbolo da tripla Força indivisível e divina que se manifesta como Vontade, Amor e Inteligência cósmicos, ou ainda, os Pólos positivo e negativo, e o efeito de sua união. *2* — É, às vezes, figurado por três pontos (.·.), marcando os pontos de interseçao de suas três retas e o símbolo do tetragrama IEVE. Encontra-se também assim figurado nas santas escrituras da Pérsia, na iconografia cristã e na escrita maçônica. *3* — O *delta* aparece bordado no avental do Príncipe de Jerusalém, grau 16.º, e na mitra que traz na cabeça o *Grande Sacrificador,* grau 23.º, do Rito Escocês Antigo e Aceito. (Cf. *I.N.R.I.; Pedra Cúbica* — II.)

DEPUTAÇÃO. Delegação de irmãos nomeados por uma Loja para representá-la ou desempenhar uma incumbência em seu nome.

DEPUTADO. Irmão eleito por uma Loja para representá-la numa Grande Loja ou outra câmara superior.

DEPUTADO DE SALOMÃO. Título do segundo dignitário nas Lojas do grau 9.º do Rito Escocês.

DEPUTADO GRANDE INSPETOR GERAL (ou *Príncipe do Real Segredo.*). Grau 8.º da Ordem de Cristo.

DEPUTADO GRÃO-MESTRE. O grande dignitário credenciado para representar, nas cerimônias e documentos, a pessoa do Grão-Mestre ou Grande Comendador de uma Potência maçônica.

DESBASTAR. *1* — Nas reuniões de banquete, é o nome que se dá ao ato de trinchar os manjares. *2* — *Desbastar a pedra bruta*: a preparação, principalmente moral, do *Aprendiz* maçom antes de poder ascender ao grau de Companheiro.

DESCONHECIDO, *Escocês*. Grau 6.º da Maçonaria Adoniramita; 7.º do Escocismo Primitivo; 10.º do Rito de Misraim; 25.º da nomenclatura da Universidade.

DESCONHECIDO, *Filósofo*. Grau da 9.ª classe do Rito dos Filaletes, e 79.º do Capítulo Metropolitano.

DESENHO DE ARQUITETURA. Atas e demais escritos maçônicos.

DESPERTAR DA NATUREZA. Denominação dada à festa da Ordem, celebrada no solstício de inverno ou no eqüinócio da primavera.

DESPOJAR DE METAIS E VALORES. Cerimônia a que o profano se submete antes de passar pela iniciação na Ordem Maçônica.

DEUS. *1* — Ser supremo em que se alicerçam todas as religiões, e cuja denominação varia em cada povo, seita e instituição. A Maçonaria o designa sob o sugestivo título de *O Grande Arquiteto do Universo, O Grande Geômetra* e *O Altíssimo.* O imortal Pitágoras assim o definiu em linguagem bem maçônica: "Deus é a ordem e a harmonia, graças à qual existe e conserva-se o Universo. Deus é Uno; não está nunca, como pensam alguns, fora do mundo, senão no próprio mundo, e todo no mundo inteiro (Justino). Nele se formam todos os seres, imortais como Ele; suas obras são as Suas. Deus é a alma de tudo. Deus está no Universo; o Universo está em Deus. O mundo e Deus são apenas um. Se te perguntarem: "Qual é a natureza de Deus?" Responde: O Círculo, cujo centro está em todas as partes e a circunferência em nenhuma parte. Se te perguntarem ainda: "Que é Ele?" Repete: "Deus é a alma de todos os corpos e o espírito do Universo (segundo Cícero). Para representar Deus, o sábio escreve a Unidade." (*A Sabedoria Pitagórica*, p. 60, Frederico Macé). *2* — Lema dos maçons do grau 33.º, usado em seus documentos.

DEUS NEUMQUE JUS, "Deus e meu direito". Lema dos maçons do grau 33.º, usado em seus documentos.

DEUS VULT, lat. "Deus o quer". Lema do estandarte branco dos Cavaleiros *Kadosh*.

DEVEK (ou *Devech*), (heb., "*união*"). Palavra que consta do pentagrama do grau 12.º dos Ritos de Mênfis e Escocês Antigo e Aceito. (Cf. *C.·. D.·. T.·. J.·. C.·.*)

DEVERES. Obrigações ou encargos diversos.

D.·. G.·. M.·. Abreviatura de *Deputado do Grão-Mestre.*

DHYÂNI-PÂZA. V. *Corda de Amor.*

DIA. Em alguns Ritos Maçônicos, conta-se o dia do nascer ao pôr do Sol, e cada dia e noite são divididos em doze partes iguais. De sorte que durante o verão os dias são mais longos, e mais numerosas as horas e os minutos, do que durante o inverno.

DIACONIZA. Feminino de Diácono.

DIÁCONO (gr., *diakonos*, "servidor"). *1* — Nome que na igreja católica se dá à segunda ordem de oficiais ou clérigos. *2* — No Rito Escocês Antigo e Aceito é o cargo exercido pelos maçons, para a transmissão das ordens das Luzes aos demais irmãos e o cumprimento de determinadas cerimônias. Há o *Primeiro Diácono*, que na Loja se senta perto e à direita do *Venerável*, para pô-lo em comunicação com o *Primeiro Vigilante*, e o *Segundo Diácono*, que se coloca perto e à direita do *Primeiro Vigilante*, para transmitir suas ordens ao *Segundo Vigilante* e demais membros da Oficina. Na Comaçonaria os Diáconos têm, cada um, uma pomba como jóia, significando sua qualidade de mensageiros e indicando seus atributos de circunspeção e justiça, por ser seu dever zelar pela segurança da Loja e introdução de visitantes; mas em algumas outras Lojas usam um sol no centro para o *Primeiro Diácono*, e uma lua para o *Segundo*.

DIACTOROS. *1* — Os dois oficiais subalternos da *Ordem dos Sofísios*. *2* — Denominação dos dois oficiais da composição da Ordem de Mênfis.

DIEU-GARDE. Contração francesa de *Dieu vous garde* (Deus vos proteja). — Alude ao poder místico que o maçom recebe em sua iniciação através dos sinais secretos e o amplia em suas mercês pelo próximo. (Cf. *Due-Guard.*)

DIFERENÇAS PESSOAIS. Determina o regulamento maçônico que qualquer irmão que não se sinta perfeitamente harmonizado com outro, não deverá vestir seu avental enquanto não houver aplanado suas diferenças. Não se trata aqui de divergências mentais, que só podem enriquecer e fortalecer a Ordem, desde que subsistam os sentimentos de mútua harmonia, mas, sim, de discórdia ou desajustes emocionais entre irmãos. (Cf. *Mat.* 5:23-25.)

DIGNIDADES. Os cinco primeiros cargos da Loja: O Venerável, os dois Vigilantes, o Orador e o Secretário. As três primeiras dignidades se chamam *Luzes*. (Cf. *Hierarquia.*)

DIGNITÁRIOS. Os membros da Loja investidos de altas funções.

DIMENSÕES. Medidas simbólicas da Loja, relacionadas com a universalidade maçônica. Assim, diz-se alegoricamente que o comprimento de uma Loja vai do Oriente ao Ocidente, sua largura do Norte ao Sul, e sua altura do Zênite ao Nadir.

DIONISIANOS. Sacerdotes-arquitetos de Dionísio e Baco, ordenados por iniciação. Constituíram corporações de obreiros muito difundidos pelo Oriente por volta de 715 a. C. Elevaram a arte ao máximo da perfeição e sublimidade e gozaram de numerosos privilégios. Numa Pompílio baseou em grande parte neles os 31 Colégios ou Grêmios fundados em Roma, dos quais alguns autores tiram a origem da Franco-maçonaria. (Cf. *Colégios; Mistérios de Dionísio.*)

DIONÍSIO (do gr. *Dyonisos*). Nome do deus Baco. É o Demiurgo ou Artífice que, como Osíris, foi morto pelos Titãs e fragmentado em catorze pedaços. Era o Sol personificado. Dionísio nasceu em Nysa ou Nissi, nome dado pelos hebreus ao monte Sinai (*Êx.* 16:15), onde nasceu Osíris e Moisés "recebeu de Deus vários regulamentos para o seu povo." Isto, de certo modo, identifica esses dois deuses com Jeová Nissi. (V. *Ísis sem Véu,* vol. II, pp. 65, 526, ed. ingl. Blavatsky. Cf. *Baco.*)

DIPLOMA. Documento oficial, de que constam os nomes e qualidades maçônicas e profanas de um irmão. É expedido pela autoridade regular, firmado pelas primeiras dignidades da Loja, referendado e registrado pelos oficiais determinados, selado com a chancela da Loja e firmado com a rubrica do diplomado. (Cf. *Breve*).

DIREITO DO HOMEM. Lema da Franco-maçonaria, que advoga três princípios humanos fundamentais: *Liberdade, Igualdade* e *Fraternidade.*

DIREITO HUMANO. Lema da Comaçonaria ou Maçonaria Mista Universal, *"Le Dirit Humain"*, que não distingue sexo na outorga ou reconhecimento de direitos. (Cf. *Comaçonaria.*)

DIRETOR DE BANQUETES. Oficial encarregado de organizar reuniões de mesa, levadas a efeito pelas Oficinas.

DISCRETO, *Primeiro,* ou CAOS. Título do grau 49.º do Rito de Misraim.

DISPENSA. Poder outorgado a uma autoridade ou potência maçônica regular, para isentar um maçom ou grupo de maçons, de qualquer grau, do estrito cumprimento de determinados preceitos regulamentares ou de parciais cerimônias ritualísticas. Habilita-os tanto para o eficaz cumprimento de seus deveres como para o efetivo exercício de seus direitos e funções, ou para a simples validade de certas prerrogativas maçônicas. Tal é o caso, por exemplo, da eventual dispensa de comissões de sindicância para apurar os antecedentes e qualificações de determinados solicitantes de admissão à Ordem, por serem satisfatoriamente conhecidos de membros idôneos de uma Loja; da redução ou supressão dos períodos intersticiais entre determinados graus, requeridos para o aumento de salários, ou da eximissão da submissão integral de um ou mais candidatos a algum detalhe ou detalhes cerimoniais do ritual aplicável à sua iniciação, elevação ou exaltação. Via de regra, esta eximissão se justifica: 1.º — quando se trata da instalação de uma Loja com novos oficiais; 2.º — quando intervêm motivos manifestamente ponderáveis, enquadráveis e não incompatíveis com o espírito e letra da Constituição e Regulamentos então vigentes na Ordem ou Potência maçônica; 3.º — quando (se ritualisticamente permitida) da abreviação ou supressão eventual de certos trechos do cerimonial de abertura ou encerramento dos trabalhos de uma Oficina, devido à premência do tempo ou outros fatores de superior interesse.

DISPENSAÇÃO. *1* — Significa, estritamente, um "regime de exceção" e de vigência provisória, em que determinadas leis cessam temporariamente de vigorar e atuar. Então, excepcional e licitamente, podem ser feitas, por quem de direito, certas concessões, "graças" e, conseqüentemente, determinadas regalias, perfeitamente válidas em seus efeitos. *2* — No Cristianismo, interpreta-se como sendo uma gradual revelação, ao homem, do plano, desígnios ou mistérios de Deus. Assim, na Bíblia há a dispensação patriarcal, a mosaica e a cristã, cada qual marcando uma era, época e etapa sucessiva, superior à anterior. A dispensação do Antigo Testamento se caracterizou pela lei mosaica do "dente por dente, olho por olho", enquanto que a do Novo Testamento se expressa pela superior lei do Amor, sintetizada no imortal Sermão da Montanha, sem cuja realização ninguém poderá "entrar no Reino dos Céus". (*Mat.* 3:2 e 11; cap. 5). *3* — Na Maçonaria corresponde, historicamente, à sua democratização pela reforma de 24 de junho de 1717, quando da estreita esfera operativa passou para a esfera mais ampla e elevada da Maçonaria especulativa e filosófica, mercê do que dilatou seus horizontes humanitários e culturais e aprofundou suas realizações. *4* — Ao maçom individual, corresponde ao seu progressivo acesso a conhecimentos mais altos dos graus superiores, na medida em que se esforce por bem assimilar e viver os conhecimentos inerentes ao seu atual grau hierárquico.

DISPENSEIRO. Um dos oficiais dignitários da Loja.

DITADOR. Título tomado durante os trabalhos por todos os *Cavaleiros do Arco-Íris,* grau 68.º do Rito de Misraim. *Soberano Ditador* é o Presidente, e *Grandes Ditadores* são os Vigilantes.

D.·. M.·. J.·. Abreviatura do lema *Deus Meumque jus* (Deus e meu direito).

DOR. Assim se chamam as reuniões ou trabalhos promovidos pelas Lojas para homenagear ou comemorar irmãos falecidos, e as baterias soadas em sua memória. (Cf. *Exéquias.*)

DÓRICA. *1* — Uma das ordens clássicas de arquitetura com a qual são as Lojas decoradas, segundo o seu grau e Rito. *2* — Essa ordem é a predominante no templo dos Grandes Mestres Arquitetos do grau 12.º do Rito Escocês Antigo e Aceito, onde está representada pela inicial D.·., no capitel correspondente. (Cf. *C.·. D.·. T.·. I.·. C.·.; Coluna.*)

DOSSEL. *1* — O teto de uma Loja maçônica é geralmente considerado o dossel celeste de diversas cores, e bem simboliza o céu estrelado que tolda o verdadeiro templo da humanidade, quando se considera a Loja em seu significado universal. *2* — Verdadeiro dossel celeste é a aura multicor do homem real ou maçom ideal, cujo simbolismo se vê na túnica multicor de José, filho de Jacó (*Gên.* 37:3 e 32), na esplendente vestimenta do Iniciado, segundo diz o hino gnóstico, e no *augocides* dos filósofos gregos, ou o corpo glorioso de que a alma se reveste no mundo invisível. *3* — Lugar onde se coloca o Venerável, no oriente da Loja. (Cf. *Auréola; Corpo Causal.*)

DOUTOR DO FOGO SAGRADO. Grau 28.º do Rito de Mênfis.

DOUTOR DOS PLANISFÉRIOS. Título do grau 37.º do Rito de Mênfis.

DOUTOR DOS VEDAS SAGRADOS. Título do grau 79.º do Rito de Mênfis.

DOUTOR ORFÍSIO. Título do grau 71.º do Rito de Mênfis.

DRUÍDAS. V. *Mistérios Druídicos.*

DUE-GUARD. Corrutela inglesa do francês *Dieu-garde.* (Veja-se esta última palavra.)

D.·. V.·. Iniciais das palavras *Discrição* e *Verdade.*

E

E. *1* — Quinta letra do alfabeto maçônico, à p. 16, representada por ângulos e retas, variando nalguns Ritos. *2* — Inicial e abreviatura de palavras e símbolos maçônicos. *3* — Palavra de passe, com o significado de *Elias,* no grau 10º *Ilustre Eleitos dos Quinze,* do Rito Escocês Antigo e Aceito.

E.·. Com o significado de: *1* — *Esperança,* figura numa das colunas ou candelabros que ornam emblematicamente a segunda câmara de recepção dos RR.·. CC.·., e na liga ou jarreteira das Comendadoras de Beneficência (R.·. C.·. Damas). *2* — *Excelente,* aparece no estandarde, ficado no segundo ângulo do pentágono que constitui o corpo central do Grande Acampamento dos Príncipes do Real Segredo, grau 32.º do Rito Escocês Antigo e Aceito. *3* — Hebraico de *Eloha* ou *Elohim,* plural de *El,* Deus ou Ser, brilha no centro da estrela da Ordem de Misraim, que trazem ao peito os membros do Supremo Grande Conselho Geral dos grandes ministros da Ordem, *Soberanos Grandes Pontífices* (87.º). *4* — *Este,* um dos pontos cardeais das Lojas maçônicas. *5* — Abreviatura de *Esquadro* e *Espiga,* instrumentos de trabalho maçônico.

E.·. A.·. Entrelaçadas na jóia dos *Comendadores do Oriente* (42.º), do Rito de Misraim, significam *Ellah Allah,* palavra de reconhecimento ao dar-se o toque deste grau.

ECCE LIGNUM CRUCIS, "eis a madeira da cruz". Palavra de reconhecimento dos cavaleiros do Rito retificado do Templo moderno.

ECCLESIA, lat. Nome da Loja do 29.º grau do Rito Escocês Antigo e Aceito.

EDDA (isl.). Literalmente, "Bisavó" dos cantos escandinavos. O bispo Brynjüld Sveinsson os colecionou e publicou em 1643, porém são muito mais antigos, pois já no século XI haviam sido coligidos por um sacerdote islandês, e seu verdadeiro autor ou autores são desconhecidos. Segundo Vallancey (*Collectanea de rebus hibernicis*), a palavra *Edda* significa ciência ou sabedoria, e tem muita analogia com o vocábulo sânscrito *Veda* ("conhecimento divino"), e com outros nomes do hebreu, árabe, latim, etc., que expressam a mesma idéia. O qualificativo "bisavó" parece significar a tradição, pois todos os poemas de que se compõe a obra se haviam até então conservado pelo relato de pais a filhos. Há o *Edda* poético de Saemund, e o *Edda* em prosa de Sturleson, o qual vem a ser uma ampliação ou esclarecimento do anterior. O livro, considerado sagrado pelos escandinavos, contém as tradições épicas, heróicas e mitológicas dos povos nórdicos, e ministra interessantes detalhes sobre antigas iniciações praticadas entre os mesmos. (Cf. *Mistérios Escandinavos.*)

EDUL-PEN-CAGU, "Faze aos outros o que queres que te façam" Nos Ritos de Mênfis e Escocês Antigo e Aceito, é a palavra sublime do grau 26.º (cf. *Gabrit-Pena-Chegen; Perfeito.*)

EGÍPCIA. *1* — Nome pelo qual se tem designado, genericamente, a Maçonaria ou Rito de Adoção de Cagliostro. *2* — *Egípcia* (Companheira) do Grau 2.º, e *Egípcia* (Mestra) do Grau 3.º do mesmo Rito.

EGÍPCIO. *1* — Nome dado ao Rito organizado em 1786 por Cagliostro, de quem também leva o nome, ainda atribuido ao Rito de Misraim. *2* — Designação dada aos maçons *Aprendiz* (1.º), *Companheiro* (2.º) e *Mestre* (3.º) do Rito de Cagliostro. *3* — Título de um grau registrado nos arquivos da Loja Mater do Rito Escocês filosófico.

E.·. G.·. J.·.. Com o significado hebraico de *El*, "forte", ou Deus; *Gomel*, "completo", e *Jeová*, o "Eterno", ocupa cada letra destas um dos vértices do triângulo, geralmente de ouro, inscrito num círculo gravado na copa do chapéu encarnado, usado pelos *Grandes Arquitetos de Heredom, Victus no colégio ternário de Santo André.*

EHEIAH. V. *El Hanan*, e *Eliah*, que parecem os corretos.

E.·. J.·.. Como iniciais das palavras *Eqüidade* e *Justiça*, aparecem: *1* — sobre duas colunas simbólicas dos *Sublimes Mestres Perfeitos Adelfos e Filadelfos*, para indicar estar a Maçonaria estabelecida sobre estas duas bases, e ser ela imperecível e indestrutível, se unida à Força e à Sabedoria; *2* — sob o dossel da presidência. nos templos dos grandes Inspetores Comendadores, chefes da 1.ª série filosófica do grau 66.º do Rito de Misraim; *3* — no avental dos Soberanos *Príncipes* do grau 83.º do mesmo Rito.

EL (hed), "Deus", "forte", singular de Elohim. *1* — Nome primitivo de Deus entre os povos semitas, o *Allah* dos muçulmanos. 2 — Um dos grandes nomes hebraicos de Deus, gravado sobre a ágata, pedra preciosa que adorna o racional do Sumo Sacerdote, segundo o catecismo de instrução dos *Grandes Arquitetos de Heredom* (6.º) do Escocismo reformado. *3* — Primeira palavra sagrada dos *Grandes Arquitetos de Heredom, Victus do colégio ternário* de Santo André de Escócia (6.º), Oriente de Edimburgo.

EL-ADOM (*Dominus fortis*). Palavra sagrada dos Supremos Consistórios do grau 72.º do Rito de Misraim.

ELAI BENE EMETH (ou *Li Bene Emeth*: "a mim os filhos da Verdade"). Exclamação que acampanha o sinal de socorro dos *Príncipes de Misericórdia ou Escoceses Trinitários* (26.º do Rito Escocês Antigo e Aceito, (Cf. *Filho da Viúva.*)

ELCHANAM,

ELEANON. Veja-se o correto, que é *El-Hanam.*

ELEHAMAM.

ELEAZER (do hebraico *El,* Deus + *eazer,* ajuda, socorro; ou socorro de Deus). Nome de um personagem bíblico (*Êxodo* 6:25 e 28:1; *Num.* 3:4 e 32), o qual nos trabalhos do Santo Real Arco é pronunciado em resposta à palavra de passe, grau 4.º e último da Maçonaria do Reau Arco. (Cf. *Eliazar.*)

ELEIÇÃO. Sistema democrático adotado pela Maçonaria em geral e suas Lojas em particular, para a seleção de ocupantes de postos, cargos ou comissões.

ELEITO. *1* — É todo obreiro escolhido mediante eleição, enquanto não houver assumido sua função, pois desde então será designado por seu cargo. *2* — Grau 4.º da *Pequena Maçonaria* do Rito dos Filaletes ou amigos da verdade, e do regime reformado de Swedenborg. *3* — Grau 5.º do Escocismo Reformado de San Martin, e do primeiro templo do Martinismo. *4* — Grau 11.º do terceiro Colégio de Heredom e do Rito do Tschoudy do Soberano Capítulo dos Cavaleiros do Oriente. *5* — No Rito Escocês Primitivo: Graus 6.º (*Eleito dos Nove*), 7.º (*Eleito do desconhecido*); 8.º e 10.º (*Eleito Perfeito*). *6* — Na Maçonaria de Adoniramita: Graus 5º., 6.º (*Eleito de Perignão*), e 7º. (*Eleito dos Quinze*).

ELEITO DOS NOVE. Graus 5.º da Maçonaria Adorinamita, e 6.º do Rito Escocês Primitivo.

ELEITO DOS QUINZE. Grau 7.º do Rito Escocês Primitivo e grau 10.º do Rito Escocês Antigo e Aceito.

ELEITOS. Títudo genérico dos quatro graus templários que constituem o 2.º capítulo do Rito dos Escoceses Fiéis.

ELEMENTOS. Substâncias usadas nas provas simbólicas iniciatórias: terra, água, ar e fogo.

ELEVAÇÃO. Promoção de um maçom a um grau superior; se a elevação envolve uma espécie de glorificação, é geralmente denominada *exaltação.* Ex.: O Aprendiz é elevado ao grau de Companheiro, e êste é exaltado ao grau de Mestre maçom. Como na admissão, toda elevação ou exaltação depende da aprovação da Loja, por escrutínio secreto. (Cf. *Admissão.*)

EL HANAN (do hebraico *El,* Deus + *Hanan,* graça, dádiva, misericórdia). No Rito Escocês Antigo e Aceito: *1* — Nome de um dos primeiros Arquitetos, esculpido numa das nove arcadas que sustêm a abóbada dos *Cavaleiros do Real Arco,* grau 13.º. *2* — Segunda palavra de passe dos Grandes Escoceses da abóbada sagrada de Jacques VI, grau 14.º. *3* — Palavra de passe no grau 5.º do Rito Francês ou Moderno. (Cf. 2 *Samuel* 21:19; I *Crôn.* 11:26 e 20:5.)

ELIAH (*Deus excelsus*). Nome de um dos primeiros arquitetos, esculpido sôbre uma das nove arcadas que sustêm a abóbada dos templos dos *Cavaleiros do Real Arco,* grau 13.º do Rito Escocês Antigo e Aceito. É corrutela do Elijah bíblico, ou Elias.

ELIAL. Veja se *Ohoiiab.*

ELIAZAR (do hebraico *Eliezer,* ajuda a Deus) (*Gên.* 15:2; *Êxodo* 18:4). Personagem bíblico representado por um dos Vigilantes da Loja de Chefes do Tabernáculo, grau 23.º do Rito Escocês Antigo e Aceito. (Cf. *Eleazar.*)

ELIEL (do hebraico El, Deus + Iel, força; força de Deus (1. *Crôn.* 11:46). *1* — Palavra de passe dos Templários *Kadosh.* *2* — Também substituída por *Elohai,* é a primeira palavra de passe dos Cavaleiros da Águia Negra, grau 38.º da 7.ª classe da 2.ª série filosófica do Rito de Misraim.

ELIO. Título do grau 6.º dos Mitríades.

ELLAH ou ELAH (Juramento, imprecação em hebraico; *Gên.* 36:41; I *Reis* 16:8). Palavra de reconhecimento que se pronuncia ao dar-se o toque, entre os *Comendadores do Oriente,* grau 42.º da 8.ª classe e da 2.ª série, do Rito de Misraim.

ELOAH (fem. de *El,* pl. *Elohim*). *1* — Um dos grandes nomes femininos de Deus, gravado na quarta das pedras preciosas que adornam a vestimenta do sumo sacerdote, segundo instrução dos *Grandes Arquitetos de Heredom,* grau 6.º do Escocismo Reformado. *2* — Palavra de passe dos Supremos Conselhos dos Soberanos Príncipes do grau 82.º do Rito de Misraim. (Cf. *Elohim.*)

ELOHAI. Veja-se *Eliel* — 2.

ELOHIM, heb., pl. de *Eloah. Deuses* ou *Construtores. 1* — Plural de *El,* "Ser dos Sêres", Deus, ou do nome feminino Eloah, *ALH,* formado pela adição da desinência plural comum *im,* que é uma terminação masculina, e traduzido na Bíblia por *Deus* ou *Senhor Deus.* Os hebreus chegam a designar por este nome as fôrças criadoras do Cosmo, do qual o Deus inefável é o Chefe ou Centro. Correspondem aos Devas Prajâpatis e *Dhyan Choans* dos hindus. São os construtores ocultos do mundo, sob as ordens do Grande Arquiteto do Universo. *2* — Um dos Grandes nomes de Deus, gravado num dos emblemas de recepção dos *Escoceses* (5.º) do Rito Moderno ou Francês. (Cf. *Eloha; Elaum.*)

ELOHISTA ou ELOISTA. Designativo dado pelos críticos ao presumido autor ou autores da primeira parte do *Pentateuco,* em que Deus é designado pela palavra *Elohim,* para distingui-los dos *Jehovistas,* que dão a Deus o nome de *Jehovah.*

ELOUM (*Dii*); corrutela de *elohim.* Um dos grandes nomes de Deus, esculpido sobre uma das doze pedras preciosas que adornam a vestimenta sagrada do sumo sacerdote, segundo a instrução dos *Grandes Arquitetos de Heredom,* grau 6.º do Escocismo Reformado (Cf. *Peitoral, 2.*)

EMANUEL, "Deus seja convosco". Palavra de passe e de reconhecimento em muitos graus de vários Ritos e especialmente do grau de Rosa-Cruz.

EMBLEMAS ENCÍCLICOS. Circular que um Grande Oriente dirige às Lojas ou uma Loja a seus membros.

EMENOTH HUR CAN (em hebreu, *Verdade, Liberdade* e *Céu*). Trinômio inscrito nas tabuinhas que fecham a caixinha misteriosa que está sobre o altar da Verdade ou do Fogo, nas Lojas de Mestra Perfeita, grau 4.º do Rito de Adoção, a par da palavra grega *Eubolos* (Prudência).

EMETH VEEMOUNA ou VEERMOURA, heb., *Verdade e Firmeza.* Palavra de passe dos Supremos Conselhos Gerais dos Soberanos Príncipes *Grão-Haram,* grau 73.º do Rito de Misraim.

EMETZ (Fortaleza). Palavra de passe do Soberano Tribunal dos Príncipes do grau 79.º do Rito de Misraim.

ENAK ou *Anak*. *1* — Têrmo equivalente a *Enok* ou *Enoch*, o patriarca que, segundo a Bíblia (*Gên.* 5: 24, foi arrebatado ao céu, e segundo a Kabala e ritual maçônico, foi o primeiro possuidor do *Nome Inefável*. *2* — Na *Bíblia*, nome de uma raça de gigantes muito valorosos, descendentes de Arba, fundador da cidade de Hebron. (Cf. *Núm.* 13:33 e 34; *José* 21:21 e 22; 15:13 e 14.

ENOCH ou ENOQUE. Nome de um Rito também chamado do Irmão Enoch ou Henoch, fundado em 1773 e composto dos quatro graus seguintes:

1 — *Peão* ou Aprendiz.	Objetivo:	Amizade, Beneficência.
2 — *Obreiro.*	"	Fidelidade ao Soberano.
3 — *Mestre.*	"	Submissão ao Ser Supremo.
4 — *Arquiteto.*	"	Perfeição nas virtudes.

ENXADA. Uma das três ferramentas de que se serviram os Grandes Eleitos Perfeitos e Sublimes Maçons para, segundo a lenda, descobrir e levantar a pedra quadrangular que cobria a entrada das abóbadas de Enoque, a fim de abrir caminho que conduzisse à abóbada sagrada após a construção do templo, e dessobstruir o pedestal que se achava enterrado ali.

ENXADÃO. Nome convencional dado aos garfos, na linguagem usada nos banquetes dos três primeiros graus da Maçonaria Azul.

EPOPTA, gr. *Epoptes*, "vidente". Nos antigos Mistérios Eleusinos, da Grécia, era o Iniciado que havia passado pelo último grau de iniciação. (Cf. *Misto; Mistérios.*)

EPOPTEIA, gr. Nos antigos Mistérios, era a terceira e última etapa dos sagrados ritos: a revelação, recepção dos segredos. Em essência, significa o estado de *Samádhi* (contemplação, êxtase) dos hindus; aquele grau de clarividência divina em que a visão terrena cessa, paralisa-se, desaparecendo tudo quanto pertence à terra, e a alma se une livre e pura ao seu Espírito ou a Deus. Todavia, o real significado desta palavra é "superintendente, supervisor, inspetor, vigilante, mestre de obra (*I. Cor.* 3:10), equivalente ao sânscrito *evâpta* (Blavatsky, *Ísis sem Véu,* II, 90-91, ed. ingl.) Neste rol se incluem os grandes profetas bíblicos, como Elias, Isaías, Ezequiel e Daniel, e os apóstolos como S. João Evangelista e S. Paulo, como, também, outros iniciados Videntes não aceitos pela Igreja, como Jacó Boehme e Manuel Swedenborg.

Na Maçonaria simbólica o 3.º grau (Mestre) é um pálido e remoto reflexo dessa etapa do desenvolvimento interno individual. (Cf. *O Ôlho Que Tudo Vê.*)

EQUES. Nome do primeiro ponto do grau 9.º do Rito da Estrita Observância e do grau 11.º do Rito de Arquitetos da África.

EQUES PROFESSUS. Nome do grau 7.º do Rito da Estrita Observância, adicionado pelo Barão de Hund, de 1763 a 1770.

EQUINÓCIOS (do latim *aequinoctiu* = *aequus*, igual + *nox*, noite). Pontos da órbita da Terra ao redor do Sol, em que a inclinação polar forma ângulo reto com uma linha traçada entre a Terra e o Sol, resultando, nessa ocasião, ser igual a extensão do dia e da noite em todas as regiões terrestres. Isto ocorre em dois pontos da eclíptica terrestre, chamados, no hemisfério norte, respectivamente, Equinócio Vernal, quando o Sol entra no signo de Aries em 21 de março, e Equinócio Outonal, quando entra no signo de Libra em 22 de setembro. Também se diz, popularmente, que é a ocasião em que o Sol corta o equador, em sua marcha do hemisfério sul para o norte (Primavera), e em seu regresso do hemisfério norte para o sul (Outono). Esse período tem sido simbolicamente representado, desde a mais remota antigüidade, por mitos e lendas religiosas e maçônicas, cultuando-se então a morte e glorificação de deuses, heróis ou instrutores, entre os quais está Hiram Abiff. O nascimento deles era e é comemorado por ocasião do solstício do inverno: 25 de dezembro para o hemisfério norte. A data de sua morte não é fixa como a do seu nascimento, pois é celebrada segundo as posições relativas do Sol e da Lua no equinócio da primavera, as quais variam cada ano. A morte de todos os Heróis Solares era celebrada nesta época (25 de março ou próximo). Os capítulos Rosa-Cruz celebram solenemente a data do Equinócio Vernal em data mais ou menos coincidente com as comemorações da morte de Cristo. (Cf. *Sol; Solsticiais, Festas; Solstícios.*)

ERA MAÇÔNICA. Começa em março ou julho, acrescentando-se 4 000 anos ao ano vulgar. Baseia-se na concepção bíblico-judaica da idade da criação do mundo. (Cf. *Ano Maçônico; Calendário.*)

ERA VULGAR. Era cristã.

ESCADA. *1* — Tal qual a escala, é um símbolo relacionado ao mesmo tempo com a Evolução e a Iniciação. É também uma aplicação de elementos astrológicos (exotéricos), e como tal, contribui certamente na elaboração dos esquemas caldeus de templos com andares ou câmaras, onde cada degrauzinho, com seu colorido próprio, correspondia a um dos sete planetas da antigüidade. As três marchas simbólicas no Templo maçônico (em escala ascensional de 3, 5 e 7 passos) conduzem ao Oriente, ou ao assento do Venerável da Loja. (Cf. *Marcha*). *2* — Na *Maçonaria de Adoção* aparece como emblema das relações invisíveis e incessantes, existentes entre o céu e a terra. No grau de Mestre, possui dois lanços de cinco degraus cada um; os lanços representam o amor a Deus e ao próximo, e os degraus, as virtudes que aproximam o homem de Deus: *candura, clemência, franqueza, temperança* e *discrição. 3* — Entre os *Kadosh,* grau 30.º, é a *Escada Misteriosa,* com dois lanços ligados na parte superior, e de sete degraus cada um. O lanço da direita simboliza o *Amor a Deus,* a Quem se tem de subir pelos degraus das Virtudes, que são: *Justiça, Pureza, Doçura, Força, Trabalho, Paciência* e *Prudência.* O lanço à esquerda simboliza o *Amor ao próximo,* ao qual se tem de descer servindo pelos degraus da Ciência: *Astronomia, Música, Geometria, Aritmética, Lógica, Retórica* e *Gramática.* (Cf. *Escada de Jacó.*)

ESCADA DE CARACOL ou EM ESPIRAL. Lenda do 2.º grau simbólico maçônico, alegoricamente baseada no relato bíblico (I *Reis* 6:8) que diz: "A porta da câmara do meio estava à banda direita da casa, e por caracóis se subia à câmara do meio, e da do meio à terceira." Não obstante haver-se materializado bastante esta lenda, não é difícil atinar-se com o seu sentido esotérico, parabólico. Significa pura e simplesmente que a evolução em geral não se desenvolve numa progressão retilínea constante, matematicamente invariável, mas por etapas, em ciclos ascendentes ou em espiral cujas volutas vão se alargando cada vez mais até se confundirem com o infinito. Teoricamente, candidato é quem busca incessantemente mais e mais luz, e cada cerimônia iniciatória visa satisfazer-lhe essa aspiração, passo a passo, em sua escalada ascensional do grau inferior para o superior, simbólica de seu progressivo auto-aperfeiçoamento. Pode-se figurar esse fato, graficamente, por uma penosa e dramática marcha feita de avanços e recuos, de quedas e ascensões, de derrotas e triunfos, porém por um vitorioso coroamento final de seus esforços, através, alegoricamente, de uma "escada em caracol". que no caso do Companheiro (2.º), termina na Câmara do Meio, onde recebe "os seus salários". Sôbre este símbolo comenta o Dr. Mackey: "A formosa escada de caracol deve ser estudada unicamente como um símbolo, pois se tentarmos estudá-la como um fato histórico, depararemos que são tão absurdos os seus detalhes, que nela não poderia crer nenhum homem de bom senso. Seus autores não intentaram fazer-nos crer nesta loucura. Ao apresentar-nos esta lenda como um mito filosófico, não poderiam supor que nós iríamos passar por cima de seus sublimes ensinos morais, para aceitar a alegoria como uma simples narração histórica, sem significado algum e totalmente irreconciliável com os anais das Escrituras. Seria um absurdo pensarmos que, no estreito recinto do templo, se pudesse pagar semanalmente oitenta mil trabalhadores." (Cf. *The Symbolism of Freemasonry, Mackey,* p. 226); *Evolução; Marcha.*)

ESCADA DE JACÓ. "E Jacó sonhou: e eis que uma escada era posta na terra, porque o sol era posto; e eis que os anjos de Deus subiam e desciam por ela; e eis que o Senhor estava em cima dela" (*Gên.* 28:12, 13). A escada mística vista por Jacó simboliza singelamente o ciclo involutivo e evolutivo da vida, em seu perpétuo fluxo e refluxo, através de nascimentos e mortes, a desdobrar-se em hierarquias de seres, potestades, mundos, reinos de vida e raças. Segundo as tradições maçônicas, a escada com esse significado consta de catorze degraus; nos mistérios persas e indostâmicos ela tinha grande importância, e por isso em seus templos se erigia uma escada de sete degraus, correspondentes também às sete cavernas iniciatórias. Mas em realidade seus degraus são tantos quantas são as virtudes necessárias ao aperfeiçoamento individual, e das quais as três principais são a Fé, a Esperança e a Caridade, ali simbolizadas pela Cruz, a Âncora e o Cálice. Criam ainda os antigos iniciados que a evolução da Alma se operava numa série de sete globos, entre os quais se citavam Saturno, Mercúrio, Vênus, Júpiter, Marte, Lua e Sol. Assim, a chamada escada de Jacó tinha e tem múltiplas implicações e correspondências, e sua presença na Maçonaria nos recorda perpetuamente a universal lei da evolução e a existência de poderosas hierarquias cooperando maravilhosamente na sua execução através de milênios de milênios. (Cf. *Escada; Evolução; Marcha.*)

ESCADA MISTERIOSA. É como se denomina as escadas nas cerimônias dos *Kadosh* (30.º). (Cf. *Escada* — 3.)

ESCADA SUBLIME. Título do grau 52.º do Rito de Mênfis.

ESCLARECIDO E PERFEITO IRMÃO. Título dos Vigilantes do moderno R. ∴ C. ∴

ESCOCÊS. Denominação de Ritos da Maçonaria, que vulgarmente os maçons pouco instruídos confundem numa só denominação. São sete os Ritos chamados Escoceses, a saber:

1.º — *Rito Escocês Antigo e Aceito,* em 33 graus, adotado pela Grande Constituição de 1786, sob os auspícios, diz-se, do rei da Prússia, Frederico II.

2.º — *Rito Escocês Filosófico,* em 18 graus, também denominado *Loja Mãe* Escocesa de Marselha, onde foi fundado no ano de 1750.

3.º — *Rito Escocês Filosófico,* em 15 graus. Foi fundado em 1776 pelo irmão Boileau, na Loja *Contrato Social,* de Paris.

4.º — *Rito Escocês Primitivo,* em 25 graus. Foi fundado em Paris em 1758, pelo chamado Conselho dos Imperadores do Oriente e Ocidente.

5.º — *Rito Escocês Primitivo, em 10 graus.* Foi fundado em 1769 pela Loja *Filadelfus,* de Narbona, França. Sua organização dividia-se em três classes e os graus em vários pontos, sendo que os da terceira se denominavam *Capítulos.*

6.º — *Rito Escocês Primitivo,* em 33 graus. Foi fundado em 9 de fevereiro de 1770, pela Loja *Boa Amizade,* de Namur, Bélgica.

7.º — *Rito Escocês Reformado,* em 7 graus. Derivou-se do que fora fundado em 1743 pelo Marquês de S. Martin, sob a denominação de Rito Martinista, e espalhou-se muito pela Prússia e Alemanha.

ESCOCÊS DE HIRAM. Título do grau 17.º da nomenclatura da Universidade, também denominado *Mestre Vermelho.*

ESCOCÊS MAÇOM. *1* — Grau 5.º dos maçons livres da Inglaterra. *2* — Um dos graus da nomenclatura da Universidade.

ESCOCÊS TRINITÁRIO. Grau 14.º do Rito de Misraim, e 26.º do Rito Escocês Antigo e Aceito, que também se intitula *Príncipe da Mercê.*

ESCOCESA. Nome genérico dado à Maçonaria que adota o Escocismo ou os Ritos escoceses, bem como a muitas grandes Lojas e graus da Maçonaria das Damas e Rito de Adoção.

ESCOCESES. Título genérico aplicado aos maçons que adotam o Escocismo.

ESCOCISMO. *1* — Nome dado ao conjunto dos graus, ritos e sistemas originários da Escócia ou derivados de Ritos Escoceses. *2* — Sistema baseado no aperfeiçoamento maçônico pelos altos graus.

ESCOCISMO REFORMADO. Ordem de dez graus e dois templos atribuídos ao Barão de Tshoudy (1776). (Cf. *Tschoudy, N.*)

ESCREVER. Na linguagem simbólica da Maçonaria, corresponde a *traçar, gravar, burilar, desenhar,* etc.

ESCUDO. *1* — Uma das antigas armas defensivas, adotada pela Maçonaria como símbolo de Inviolabilidade e Prudência. *2* — Emblema da ciência heráldica ou do brasão, que aparece na Maçonaria para simbolizá-la entre as demais instituições humanas e à simples vista representar os diversos graus.

ESFERA. *1* — Emblema maçônico de regularidade e sabedoria. *2* — As duas esferas colocadas cada qual sobre uma das duas colunas que se erguem à entrada da Loja, representam as esferas terrestre e celeste, cujo conhecimento é ali franqueado aos iniciados. *3* — Entre os franco-maçons também alude à extensão universal da sua Sociedade e da caridade que lhes cabe praticar. *4* — No grau de Companheiro são as duas esferas tomadas como símbolos das ciências, em substituição às granadas entreabertas que adornam o capitel das duas colunas solsticiais dos templos de Aprendiz. *5* — Com igual significado figuram nos templos dos Mestres Perfeitos, ou 4.º do Rito Filosófico Francês, sobre o capitel das colunas que os adornam, e aparecem bordados no seu avental distintivo. (Cf. *Estudos.*)

ESFINGE. *1* — Em seu livro *Histoire de la Magie,* P. Christian apresenta a seguinte teoria, baseada em parte na imensa autoridade de Jâmblico, grande Iniciado neoplatônico dos séculos III e IV:

"A Esfinge de Gizeh, diz o autor do *Traité des Mystéries,* serviu de entrada às sagradas câmaras subterrâneas, em que o iniciado era submetido às provas. Esta entrada, obstruida atualmente pela areia e entulhos, pode ainda se traçar entre as pernas dianteiras do colosso agachado. Era primitivamente fechada por uma porta de bronze, cuja mola secreta poderia operar somente por meio de Magia. Guardada pelo respeito público, uma espécie de temor religioso mantinha sua inviolabilidade melhor do que o teria feito qualquer proteção armada. No interior da barriga da Esfinge havia galerias, que conduziam à parte subterrânea da Grande Pirâmide. As galerias estavam tão artísticamente desenhadas em linhas cruzadas ao longo de todo o seu curso para a Pirâmide que ao fazer a passagem sem um guia através desta rece, a gente segura e inevitavelmente retornava ao ponto de partida."

Infelizmente, a referida porta de bronze não pôde ser encontrada, nem há qualquer evidência de haver existido. Os séculos decorridos e mãos sacrilegas e ignaras causaram muitas transformações e depredações no colosso, e a abertura original pode ter sido fechada por numerosas inundações de água, areia e entulhos.

E H. P. Blavatsky a define: "Eis a imperecível testemunha da evolução da Raça Divina e principalmente da Andrógena: a Esfinge egípcia, esse enigma dos séculos!" (S. D. II, p. 131).

Em torno da Esfinge se têm criado muitas lendas, das quais muito conhecida é a inventada pelos gregos para exaltar a sabedoria de Édipo, e que se resume na seguinte: "Uma Esfinge, a meio caminho de Tebas, propunha enigmas aos viandantes e devorava os que não os adivinhassem, e propôs este a Édipo: *Qual é o animal que anda sobre quatro pés de manhã, sobre dois ao meio-dia, e sobre três à noite?* Édipo lhe respondeu: *É o homem, pois ele se engatinha quando criança, caminha erécto quando adulto e anda apoiado a um cajado quando velho.* E termina a lenda: "O monstro, furioso, precipitou-se no mar". Mas acontece que o "monstro" continua em realidade calmo, no mesmo lugar, e sem devorar ninguém! Temos, pois, de procurar uma outra resposta ao enigma, e encontramo-la recorrendo à filosofia pitagórica sobre o valor dos números. A soma de 4+2+3 são 9, que é o valor natural do homem e também dos mundos inferiores. O 4 representa o homem ignorante, dominado pelo Quartenário, a sua natureza inferior; o 2, o homem intelectual, ainda em luta com a dualidade de sua natureza, e o 3 o triângulo, o equilibrado homem espiritual. O primeiro representa o estado infantil da humanidade, cuja vida mais se aproxima à dos quadrúpedes, por ser escrava dos instintos, desejos e emoções; o segundo, a humanidade adulta, cuja mente, mais lógica e reflexiva, já controla e dirige as suas emoções e pensamentos, e orienta os seus passos; e o terceiro, a humanidade espiritual, intuitiva, cujo triplo poder da vontade, amor e inteligência atua livremente. Portanto, a quadriforme e androgéna Esfinge é o mistério da Natureza, a incorporação da doutrina secreta, a desafiar as faculdades latentes no homem; e todo aquele que não pode resolver o seu enigma, perece.

A Esfinge permanecia ali como vigilante Guardiã do portal do Templo, a Grande Pirâmide; o candidato transpunha o portal pisando no seu quadrilátero superposto pela porta triangular, e com seus passos regulares se aproximava da câmara interna ou santuário. Passar, pois, pela Esfinge é ingressar nos mistérios e atingir a imortalidade espiritual. 3 — Maçonicamente, o 4 significa o pisar candidato sobre o quadrilátero na porta do Templo (domínio de sua personalidade), enfrentar as quatro provas morais dos elementos terra, água, ar e fogo do Aprendiz; o 2 ou o Esq. (metade do Quad.) alude às provas intelectuais da Ciência e Artes, ou Religião e Filosofia do Companheiro, e o 3 ou o Comp. sobre o Esq., representa os superiores poderes espirituais do Mestre Construtor do seu próprio santuário. (Cf. *Harmachis; Pirâmides.*)

ESMOLER. Nome dado às vezes ao irmão hospitalar no Rito Escocês.

ESOTERISMO (Grego *esoterikos,* "interno"). Doutrina que se oculta à generalidade das pessoas e se revela apenas aos iniciados, em contraposição à *exotérica* (externa e pública). Transcendendo a formas e dogmas, pode, por sua universalidade essencial, conciliar os múltiplos e aparentemente divergentes aspectos da Verdade. É o conhecimento direto da Verdade, acessível aos moral e intelectualmente preparados, e adquirível por meio do estudo dos símbolos e alegorias, meditação no seu significado interno, intuição e realização das instruções recebidas. Tem se generalizado a aplicação desse termo aos estudos preparatórios para o esoterismo, porém este é o sentido mais profundo das coisas, que escapa à compreensão superficial dos não-iniciados. Como se vê pelas palavras de Cristo a seus discípulos, Seus ensinos também tinham uma parte oculta e outra pública: "... Porque a vós vos é dado conhecer os mistérios do reino dos céus, mas a eles não lhes é isso dado... Por isso lhes falo em parábolas, porque vendo, não vêem; e ouvindo, não ouvem, nem entendem." (*S. Mat.* 13:11 e 13.) (Cf. *Exoterismo; Mistérios; — Cristãos.*)

ESPADA. *1* — Acessório muito usado nas cerimônias maçônicas, geralmente como símbolo do poder e autoridade, e emblema dissipador das trevas da ignorância. *2* — Nas reuniões de banquetes, é a denominação que se dá à faca. (Cf. *Adaga.*)

ESPADA e TROLHA. V. Templo de Zerubabel; e *Trolha.*

ESPADA FLAMÍGERA. A que tem lâmina ondulada, qual língua de fogo serpentino. É usada pelo Venerável como símbolo do poder criador do G. ∴ A. ∴ D. ∴ U. ∴, ou da vida de C. D. T. O. V. M., que ele representa. Ao seu triplo tinir com os golpes do malhete (símbolo da autoridade de que o Venerável se acha investido pela Constituição maçônica), é o recipiendário iniciado e admitido nas fileiras da Ordem. Em alguns países latinos é também usada pelo Cobridor, que assim guarda o Templo qual querubim a "guardar o caminho da árvore da vida" (*Gên.* 3:24).

ESPAGIRIA. Designação antiga da Química ou da Alquimia. (Cf. *Maçonaria Espagirica.*)

ESPANHA. Os dados positivos da organização da Maçonaria na Espanha datam de 15 de fevereiro de 1728, quando o Duque Filipe de Wharton, maçom inglês, delegado do Grão-Mestre da Grande Loja da Inglaterra, achando-se em Madri, fundou ali a primeira Loja, denominada *Matritense.* Em 1738, à vista do animador e crescente progresso das Lojas no sul do país, Lorde Lovell, então Grão-Mestre da Inglaterra, nomeou Jacó Commorford Grão-Mestre Provincial da Andaluzia. Mas logo em 1740 o Rei Filipe V resolveu coadjuvar a bula de 28 de abril de 1738 do Papa Clemente XII contra os maçons, e publicou um édito contra a Ordem, de que resultou uma tenaz perseguição, encarceramento e tortura de maçons espanhóis. Esse passo infeliz, agravado pela presença e atividades do Santo Ofício, que teve em Espanha, durante séculos, um dos seus mais ferrenhos redutos, marcou o início de uma longa e interminável série de vicissitudes e de perseguições ou triunfos da Maçonaria naquele país. Em 1780 as Lojas então existentes, e sob a chefia do Conde de Aranda, separaram-se da obediência da Grande Loja da Inglaterra e constituíram-se em Grande Oriente Independente. Em 1789 Aranda foi sucedido pelo Conde de Montijo, considerado menos hábil que o seu antecessor, e a Maçonaria entrou numa fase de decadência, sendo envolvida numa nova onda de perseguições, com torturas e prisões de maçons, até que, em 1808, Napoleão I fechou a Inquisição na Espanha. Desde então e graças à nova constituição política inaugurada em 1812, a Maçonaria espanhola entrou num período de relativa tranqüilidade, até que em 1821 o general Dom Rafael del Rigo sucedeu ao Conde Montijo no Grão-Mestrado, que passou, em 1824, para o infante da Espanha, Dom Francisco de Paula Borbom. Daí em diante se interrompeu a sucessão de Grãos-Mestres, por haver-se desorganizado o Grande Oriente como corpo disciplinado, seguindo-se logo após um novo ciclo de perseguições ou triunfos, já que os valorosos Irmãos espanhóis não se esmoreceram em seus esforços e espírito de sacrifício, que a muitos lhes custaram a própria vida. Finalmente, o triunfo, em março de 1939, do general Francisco Franco sobre o novel governo republicano, e sua conseqüente ascensão a chefe da Espanha, cerraram as portas da Maçonaria naquele país.

ESPEQUES. Nos banquetes maçônicos, são os garfos.

ESPEVITADEIRAS. São as tesouras para aparar o morrão das velas nos banquetes maçônicos. (Cf. *Alicates e tesouras.*)

ESPIGA. *1* — Desde a mais remota antigüidade foi a espiga de trigo tomada como símbolo da universalidade da evolução espiritual e da indestrutibilidade da vida, e nos mistérios de Elêusis o era do supremo mistério. Provavelmente relacionado com esse fato é o emblema do 2.º grau da Estrela do Oriente, Maçonaria das Damas, e aparece freqüentemente esculpida na cadeira do Primeiro Vigilante das Lojas Franco-maçônicas, como seu emblema. "Se o grão de trigo, caindo na terra, não morrer, fica só; mas se morrer, dá muito fruto" (*João* 12:24; cf. *I Cor.* 15:36; *Marc.* 2:23; Gên. 41:5). *2* — É o significado literal do hebraico *Shibboleth* (*Jui,* 12:6), que serve de palavra de passe no grau 2.º dos Ritos Escocês Antigo e Aceito, e Moderno ou Francês; no grau 9.º da Maçonaria Adoniramita; no grau 14.º do Rito Escocês Antigo e Aceito, e no grau 15.º do Rito de Misraim. *3* — É também um implemento que gira sobre um pino, donde se tira uma linha para demarcar o terreno do edifício projetado, e que juntamente com o lápis e o compasso serve de instrumento simbólico de trabalho no grau 3.º da Comaçonaria. (Cf. *Virgo.*)

ESPÍRITO SANTO. *1* — Terceiro aspecto ou divindade da Trindade Divina cristã, cuja manifestação se comemora no dia de Pentecostes, e de que é um símbolo a cruz de quatro braços iguais. *2* — Título dos Cavaleiros de uma Ordem denominada do *Espírito Santo,* a que se filiam muitos maçons do Rito Inglês. (Cf. *Cruz.*)

ESQUADRAR A LOJA. Ao penetrar ou movimentar-se na Loja, nenhum maçom deve pisar no pavimento de mosaico em que se ergue o Altar, e sim, ladeá-lo ou circunvagá-lo sempre com o ombro direito voltado para o Altar, em respeito a este e às forças magnéticas ou secretas que se concentram e acumulam naquele local. Excetuam-se apenas: a) — o P. M. I., quando desce do dossel para abrir o V. C. S. ou alterar a posição do esquadro e compasso ao mudar-se o grau dos trabalhos; b) — o P. D., ao incensar o altar e quando durante a cerimônia de acender os candelabros vem ao Altar receber o fogo sagrado do P. M. I.; c) — o candidato, que no momento de receber a iniciação é ali trazido propositalmente para receber aquelas forças. (Cf. *Circunvolução; Viagens Simbólicas.*)

ESQUADRIA, *Estar em*. Equivale a dizer estar algo ou alguém harmonizado com os deveres impostos pelas normas maçônicas.

ESQUADRO. *1* — Um dos símbolos maçônicos mais usuais e que, junto ao compasso, representa o emblema mais conhecido dos maçons. Simboliza a Eqüidade, Justiça e Retidão, e constitui a jóia do cargo de Venerável, porque este deve ser o maçom mais reto e justo da Loja. *2* — Em conjugação com o *compasso,* que representa Deus, ou o Eu Superior, para o qual deve o iniciado dirigir constantemente suas aspirações, o *esquadro* substitui o *quadrado* para representar o mundo, ou o eu inferior com seus desejos e paixões subjugadas e dominadas, e recorda ao maçom que deve buscar unir-se à sua fonte de origem e desprender-se das ilusões terrenas. Por isto se diz que *o verdadeiro maçom se encontra sempre entre o esquadro e o compasso.* *3* — É uma das seis jóias ou alfaias da Loja, e uma das três chamadas jóias móveis. *4* — Nos três graus simbólicos é o símbolo da retidão e disciplina maçônica: o Aprendiz e o Companheiro o usam como sinal e marcham com os pés formando esquadro, e o Mestre o adota igualmente em sua marcha, além de o conhecer na lenda como o instrumento usado pelo segundo companheiro para abater o venerável Hiram Abiff. *5* — Na interpretação astronômica da mesa dos banquetes, o *esquadro* é formado quatro vezes no ponto de interseção dos diâmetros do círculo zodiacal, que se divide em quatro quadrantes ou estações. *6* — Finalmente, o símbolo do *esquadro* se distribui por todos os graus da Maçonaria, desde as épocas egipcias, como um de seus emblemas mais eloqüentes, oferecendo a todos os maçons sapientíssimas lições em matéria de reta conduta e exato cumprimento do dever. (Cf. *Decoração da Loja.*)

ESSÊNIOS (gr. *essenoi,* "os essênios", derivado, segundo uns, do heb. *asah,* "curador", e segundo outros, de *tsenu'im,* "os piedosos"). Ascetas e místicos de uma antiga e misteriosa seita judaica, viviam em pequenas comunidades e estiveram localizadas em Engadi, do lado ocidental do Mar Morto, e no Lago Maoris, Egito, onde eram conhecidos como os "terapeutas". As informações que deles temos as devemos a Filon, o Judeu; ao historiador judeu Josefo, e a Plínio, o Antigo, todos seus contemporâneos, e ultimamente ao Documento de Damasco, descoberto no começo do século XX numa *genizah,* no Cairo, publicado por Salomon Schechter em 1910 e apresentado à Universidade de Cambridge com o título de

"Fragments of a Zadokite Work", bem como a uns rolos descobertos em 1947 por alguns beduínos mercadores junto ao Mar Morto, dos quais o principal é o "Manual de Disciplina" (V. *Dead Sea Scrolls,* de A. Powell Davies). Ambos esses documentos remontam, pelo menos, ao 2.º século pré-cristão. Essas fontes divergem apenas em pequenos detalhes, e os apresentam como vivendo vida simples, meditativa e contemplativa; frugais, vegetarianos, castos, infensos a sacrifícios de animais e à escravatura, e mantendo seus bens em comum. Em seus cultos adotavam o Rito Mítrico, suas ordens angélicas e a sua cerimônia do pão, vinho e sal, que depois foi incorporada ao Cristianismo (Santa Eucaristia) e à Franco-maçonaria (Rosa-Cruz de Heredom). Foi uma seita *sui generis,* baseada em princípios e mistérios que são diversamente interpretados como budistas, cabalistas, pitagóricos, cristãos, maçônicos, além de judaicos. Seus membros mais eruditos expunham as Escrituras, mas especialmente por meio de "símbolos e parábolas", e foi entre eles que privou Jesus o Cristo. Ao mesmo tempo que estudavam o *Torah* e observavam os sábados segundo os fariseus, a filiação à seita não dependia da raça e sim da livre escolha do pretendente, o que denota não terem tido ligação com as sinagogas dos fariseus, e portanto, mais se filiaram à linha dos profetas do que à dos sacerdotes judaicos. Ensinavam também as doutrinas da preexistência e do renascimento. (Cf. *Mistérios Essênios; Terapeutas.*)

ESQUELETO. Figura nas alegorias maçônicas como símbolo da morte e aniquilamento do corpo físico com seus encantos, ambições, vaidades, orgulho e materialismo.

ESTANDARTE. *1* — Insígnia usada pelas Oficinas maçônicas, para figurar em suas sessões e servir-lhe de bandeira ao representar-se em algumas solenidades. É geralmente de forma quadrilátera, terminando em recortes triangulares, retangulares, cruciformes, etc., conforme a aparência. A sua cor corresponde sempre à da decoração das paredes da Oficina onde o Corpo trabalha com o cerimonial do seu grau mais elevado, ou à característica do Rito simbólico. Assim, é azul para as *Lojas simbólicas*; vermelha e azul para as de *Perfeição;* vermelha e branca para os *Capítulos de R.˙. C.˙.;* preta e branca para os *Conselhos de Kadosh,* e branca para os *Consistórios* e *Supremos Conselhos,* e todos trazem os símbolos relativos ao último grau da oficina. *2* — Guardanapo, na linguagem dos banquetes. (Cf. *Bandeira; Cores.*)

ESTAR A COBERTO. *1* — Manutenção dos segredos maçônicos e da pureza de seus princípios. *2* — Individualmente, deve estar o maçom precavido contra toda e qualquer indiscrição sua, que venha a revelar o sigilo maçônico ou poluir seus princípios. *3* — Coletivamente, para iniciar e terminar os trabalhos da Loja, ou mudá-los de grau durante o seu desenvolvimento, o primeiro dever dos Vigilantes é verificar e assegurar-se de que o templo se ache *coberto* e *em segurança,* tanto interna como externamente, isto é, bem guardado pelos Guardas Interno e Externo para evitar possível ingerência estranha; que todos os oficiais estejam em seus postos e todas as colunas ou irmãos estejam atentos à posição e sinais do novo grau. Uma vez preenchido este requisito preliminar e imprescindível segundo as prescrições do ritual, poderão os trabalhos começar, desenvolver-se ou terminar.

ESTAR A NÍVEL ou

ESTAR A PRUMO. O mesmo que *estar a coberto.*

ESTATUTOS. Denominação da lei maçônica geral, promulgada por uma Potência, para regular as atividades de todas as Lojas e obreiros que trabalham sob sua obediência. (Cf. *Constituição.*)

ESTE. *1* — Um dos quatro pontos cardeais, correspondente ao verdadeiro Oriente. *2* — Na Loja, é onde está o trono em que se senta o Venerável. *3* — Os Mestres se dirigem simbolicamente para o *Este,* quando em suas viagens vão em busca de uma Loja de Mestre. Veja-se *Oriente.*

ESTER. Nome dado ao 2.º ponto do Rito da *Estrela do Oriente.*

ESTRASBURGO. Antiquíssima cidade, outrora denominada *Argentoratum.* Foi um dos maiores estabelecimentos romanos nas Gálias e celebrizou-se nos fastos maçônicos dos antigos grêmios e *confrarias* dos construtores, por haver sido a sede do primeiro poder central fundado pelos Franco-maçons na Alemanha. O estabelecimento de corporações maçônicas em Estrasburgo data da época em que os romanos ocuparam aquela cidade. Os membros dos *colégios fabrorum* (colégios de arquitetos) que acompanhavam o exército romano, ali se fixavam com preferência e acabaram constituindo um centro importante, do qual irradiaram numerosas corporações que se estenderam por toda a Gália transalpina. Delas derivaram as célebres corporações francas, formadas depois de haverem os romanos abandonado aquelas províncias (ano 486). Embora durante muitos séculos prevalecessem Como e Colônia, a construção da majestosa catedral de Estrasburgo, de estilo gótico, deu-lhe a primazia sobre aquelas duas cidades, do século XIII em diante, mercê das obras projetadas e realizadas por Erwin de Steinbach. A acertada organização que este famoso arquiteto imprimiu aos trabalhos, a vida e movimento que infundiu na sua Loja, os importantes congressos que promoveu e os grandes privilégios que conseguiu dos Papas a favor das Confrarias, contribuíram todos para dar à Loja de Estrasburgo uma importância tal que a ela se subordinaram espontaneamente todas as demais Lojas e Grandes Lojas da Maçonaria, proclamando-a autoridade suprema da Congraria e confiando ao seu Grão-Mestre o o direito de resolver sem apelação, em última instância, todos os assuntos da Instituição. Entre os muitos congressos realizados pela Grande Loja de Estrasburgo, cumpre mencionar o efetuado em 1275 sob a presidência de Steinbach; o celebrado em 1459 em Ratisbona por Job Dotzinger, em que se sancionou a nova Constituição elaborada em Estrasburgo em 1452, baseada nas leis adotadas pelos ingleses e italianos, e conhecida sob o título de Estatutos e Regulamentos da Confraria dos Canteiros de Estrasburgo; o segundo Congresso de Ratisbona, em 1464, notável pelo importante acordo em que se definiram a respectiva jurisdição e os direitos recíprocos das cinco Grandes Lojas então existentes na Alemanha (as de Colônia, Estrasburgo, Berna, Viena e Magdburgo); o de Spira, convocado em 1469, em que se determinaram os direitos e as atribuições das Lojas; o de Basiléia, em 1563, em que se solucionaram as dificuldades e desentendimentos suscitados entre as 22 Lojas diretamente dependentes da autoridade da Grande Loja de Estrasburgo, e foram revistos e sancionados os Estatutos de 1459, e por último, o Congresso de 1564, realizado em Estrasbusgo, em que, para dirimir dúvidas, se decidiu que todos os assuntos concernentes à Confraria seriam submetidos em última instância à Grande Loja de Estrasburgo e decididos por ela sem apelação. Segundo J. F. Findel, maçom e historiador alemão, a Sociedade dos construtores da catedral de Estrasburgo foi a primeira a adotar o nome de "Franco-maçons"; ao passo que as sociedades dirigidas anteriormente pelos monges, usavam o de Confraria de tal ou qual santo, e mesmo os obreiros de Estrasburgo até 1440 se chamavam *Irmãos de São João.* Diversas causas históricas, umas estranhas à Maçonaria e outras inerentes ao desenvolvimento desta, determinaram a desorganização deste centro poderoso, que tanta influência exerceu por mais de cinco séculos, e que, profundamente debilitado em 1670, veio a extinguir-se em 1720. (Cf. *Steinbach, Erwin.*)

ESTRELA. Nas Lojas maçônicas aparecem diversas espécies de estrelas, cujo significado convém considerar, pois no Templo nada existe por mera ornamentação; ao contrário, cada coisa, mesmo a mais simples, tem ali um objetivo e um significado: I — *Estrela de cinco pontas,* ou *pentágono.* Colocada ao Oriente da Loja, na parede acima da cabeça do Venerável, chama-se Estrela do Oriente ou da Iniciação. Simboliza o homem perfeito, Deus manifestando-se plenamente no homem, o Iniciado (Cf. *Mat.* 2:2), o Microcosmo. O homem é um quíntuplo ser: físico, emocional, mental, intuicional e espiritual; quando todos esses elementos constitutivos de sua natureza estão perfeitamente desenvolvidos, tanto quanto o permite o estágio humano da existência, ele se torna o homem perfeito, que cumpriu integralmente o mandamento: "Sede perfeitos, como vosso Pai celestial é perfeito" (*Mat.* 5:48). *1* — Na Maçonaria de Adoção brilha sempre da colina da Ásia, uma grande estrela de cinco pontas, e no seu grau 6.º figura uma estrela de prata pendente de uma cinta verde, como jóia. *2* — No Rito Escocês Antigo e Aceito, no ornamento maçônico do grau 17.º, *Cavaleiro do Oriente e do Ocidente,* figura um pentágono embaixo de cada letra do heptograma B. ·. D. ·. S. ·. P. ·. H. ·. G. ·. F. ·., e no grau 18.º,*Soberano Príncipe Rosa-Cruz,* debaixo do dossel há um transparente brilhando-lhe no centro um pentágono com a letra J. ·., inicial de Jeová. II — *Estrela de seis pontas* ou *hexágono.* Também chamada *Estrela de Salomão,* simboliza a unidade do Espírito e Matéria cósmica, Deus manifestado em Seu Universo, o Macrocosmo. O hexagrama, que é a sua representação gráfica, corresponde a dois triângulos entrelaçados, dos quais o de vértice para cima simboliza, no Macrocosmo, o Espírito, e o de vértice para baixo, a Matéria. III — *Estrela de sete pontas* ou *heptágono. 1* — Seu heptágono tem sido tomado como representação do Mestre Maçom, que simbolicamente atingiu a perfeição humana. *2* — No painel do Templo se encontra a estrela de sete pontas no alto da escada conducente ao céu, indicando as sete principais direções em que se move lentamente toda a vida até sua completa união com a divina; os sete raios ou emanações com que Deus encheu o universo com a luz de Sua vida (sete períodos ou dias simbólicos); os sete Espíritos ou Ministros ante o trono do Senhor (*Apoc.* 1:4); as sete estrelas simbolizando os sete poderes misteriosos adquiridos pelo Homem Perfeito, o Senhor da vida e da morte (*Apoc.* 1:16).

ESTRELA DO ORIENTE. Ordem pseudomaçônica destinada a Damas, criação do irmão André Cassard, nos Estados Unidos, autor de algumas obras maçônicas populares, de profundidade e exatidão postas em dúvida por algumas autoridades. Essa associação se divide em cinco pontos, cuja denominação é tirada de mulheres célebres na Bíblia; ei-los: 1.º *A filha de Jephté;* 2.º *Ruth;* 3.º *Esther;* 4.º *Marta;* 5.º *Eleita.*

ESTRELA FLAMÍGERA. *1* — A *hexagonal,* ou de *seis pontas,* um dos *ornamentos* da Loja. Feita de vidro, fixa no meio da forro da Loja, é o símbolo da Divindade cósmica, e para tornar isso mais evidente, traz inscrita em seu centro a letra G, alusiva a Deus (ou Geômetra). Abaixo dela deve haver outra estrela, móvel, no solo. A antiga forma mosaica da Maçonaria apresentava inscrita no hexágono a palavra sagrada YHVH, referente a Jeová, ao invés da atual letra G. O Fogo Sagrado sob a Estrela, é reflexo desta e símbolo de nosso Espírito, "feito à imagem e semelhança do Criador". Também representa ela o sol, o dispensador de inúmeras bênçãos à humanidade e ao mundo em geral; mas como o astro-rei simboliza a Divindade, não subsiste diferença fundamental entre as duas interpretações. A forma própria de Estrela Flamígera, como símbolo cósmico, é a de seis pontas, porém muitas Lojas a adotam em forma de cinco pontas ou, *2* — A *pentagonal,* que antigamente tinha raios ou pontas ondulantes, tal qual ainda aparece em Obediências inglesas e norte-americanas. É o emblema individual do Companheirismo, 2.º, "o astro que ilumina a Loja dos Companheiros", onde figura ao Oriente, acima do Venerável, ou ao Ocidente, entre as duas colunas, ou ainda acima do pedestal do 2.º Vigilante (a Sudoeste, segundo o Rito Escocês). (Cf. *Estrela* — 1.)

ESTRELA FULMINANTE, *Grande Companheiro e Sublime Cavaleiro da.* Título de um dos altos graus do sistema de Adeptos Herméticos, em cuja nomenclatura ocupa o 9.º lugar.

ESTRELA POLAR. *1* — Antigo símbolo do "Olho espiritual que tudo vê, cuja visão jamais se apaga". Ora é representado pelo Ponto Dentro do Círculo, ora figura na abóbada dos templos simbólicos. Segundo a tradição, os antigos egípcios lhe davam grande atenção, e a inclinação verificada na principal passagem da Grande Pirâmide fora determinada pela posição da estrela polar naquela época, em relação ao equador. "Praticando a *Samyama* (concentração, meditação e contemplação) sobre a Estrela Polar (*Dhruva*), o yogue chega a conhecer os movimentos e posições dos astros" (*Aforismos de Yoga de Patânjali,* III:28). *2* — Um dos hieróglifos que se achavam na câmara subterrânea dos Juízes Filósofos Desconhecidos. Correspondia aos números 2 e 23, ou seja às letras I e J do seu alfabeto filosófico hermético. (Cf. *O Olho que tudo vê; Ponto Dentro do Círculo.*)

ESTRELAS. *1* — As luzes, nos banquetes da Maçonaria de Adoção. *2* — Denominação dos copos e taças nos banquetes do grau 4.º da *Mestra Perfeita.*

ESTRITA OBSERVANCIA. Rito fundado em 1760 na Alemanha, com seis graus, pelo irmão Carlos Castel, que lhe acrescentou mais um grau em 1763. Foi considerada uma inovação maçônica dos jesuítas, em conexão com os antigos Templários, e posteriormente se secionou em diversos outros, como *Alta Observância, Exata Observância, Lata Observância,* etc. Os seus graus foram: 1.º Aprendiz; 2.º, Companheiro, 3.º, Mestre; 4.º Mestre Escocês; 5.º Noviço; 6.º Templário em três classes: *Cavaleiro, Aliado e Porta-Espada; 7.º Cavaleiro Professo.*

ESTUDOS. Estão simbolizados pelas duas esferas que coroam as colunas solsticiais da Ordem, no grau de Companheiro (2.º) e outros. (Cf. *Esfera.*)

ETERNIDADE. É o que não teve princípio e nunca terá fim. Como símbolo da Eternidade, algumas Lojas comaçônicas adotam uma serpente encurvada, formando círculo e mordendo a própria cauda, em lugar da Estrela Flamígera hexagonal, porém com a cabeça da serpente alterada de maneira a formar a letra G. (Cf. *Estrela Flamígera; Imortalidade.*)

EVA (do hebraico *hawwah,* vida). Palavra de alguns graus dos Ritos de Adoção e de Mênfis.

EVANGELHO (do grego *euangelos,* "trazendo boas novas"; *eu,* bem + *angelos,* mensageiro). Veja-se *Volume da Ciência Sagrada. Evangelista, São João.* V. *Apocalipse, e Batista, São João.*

EVOLUÇÃO. A idéia da evolução supera, científica, filosófica e misticamente o dogma teológico da criação perfeita e definitiva desde a origem do universo. Significa, em síntese, que tanto o universo como o homem marcham sempre de um estado menos perfeito para outro mais perfeito. O universo é um vasto corpo dinâmico, e não estático, a evoluir de uma remota nebulosa caótica para um sol radiante e harmonioso e o homem espiritual nasce de um fragmento, Divino, que com o decorrer de milênios se tornará uma Chama (um Cristo, um Buda, etc.), no Eterno. Para compreender essa lei é mister ter em vista os seguintes princípios: 1.º — Todo ciclo progressista se segue a um ciclo de decadência, como todo verão representa a colheita das sementes apodrecidas no inverno, o que simboliza a corrente de evolução antepondo-se à da involução e explica a frase mística: *Não há glória sem sacrifício.* 2.° — A natureza procede por ciclos, *eons* ou períodos, isto é, o progresso não é uma retilínea constante, e sim, intermeado de aparentes fracassos e decadências, de sorte que graficamente se pode representá-lo melhor por uma espiral ascendente, pois a cada queda aparente sucede uma ascensão maior que a anterior. Por isso no templo maçônico do Companheiro é a evolução representada por uma escada em forma de caracol e não reta; a iniciação e elevação do recipiendário são feitas em círculos concêntricos crescentemente desiguais em raio e ambiente, e sua aproximação do Oriente (símbolo da Luz Eterna) se faz em passos gradativamente maiores mas matematicamente proporcionais entre si. 3.° — Os elementos vividos num ciclo são revividos e ampliados no ciclo seguinte. Assim, uma civilização floresce e desaparece, mas a seguinte retoma seus princípios e eleva-os a um nível mais alto que o da precedente, e no esquema espiralóide se traduz esta lei no fato de que a espiral seguinte percorre o mesmo caminho da precedente, mas não parte do mesmo ponto inicial. A Fênix mitológica ressurgindo de suas próprias cinzas é um dos símbolos destes reiterados ciclos evolutivos da vida universal e individual.

Empédocles, um dos grandes discípulos de Pitágoras, e crente na transmigração da Alma, enunciou a lei da evolução nestes simples termos: "Fui menina, e depois me tornei uma donzela; (fui) planta, pássaro, peixe, e no vasto oceano nadei" (Manly P. Hall, cit., *The Secret Teachings,* p. XVI). Uma máxima da Cabala judaica assim a define: "A pedra se torna uma planta, a planta um animal, o animal um homem, o homem um Judeu (Iniciado, Escolhido), e o Judeu um Deus"). Cristo, como sempre, é incisivo: "Sede, pois, perfeitos, como perfeito é o vosso Pai que está nos céus" (*Mat.* 5:48). E o abade Guibert, opinando favoravelmente sobre a questão, indaga: "Mas não ensinou S. Tomás de Aquino que cada indivíduo humano, antes de receber a forma humana, atravessa fases em que ele é um verdadeiro vegetal, depois um verdadeiro animal?" (*Contre Gentiles,* liv. 11, cap. 89). (Cf. *Escada de Caracol; de Jacó, Marcha.*)

EXALTAÇÃO. V. *Elevação.*

EXAME. Trabalho oral ou escrito para um aumento de salário.

EXATA OBSERVANCIA. Veja-se *Estrita Observância.*

EXCELENTE. Título com que nas cerimônias dos Cavaleiros do Oriente ou da Espada se designa o Vigilante.

EXCELENTE E PERFEITO IRMÃO, *Muito*. Título dos Vigilantes nos Capítulos dos Cavaleiros RR.·. CC.·., grau 7.º e último do Rito Moderno ou Francês.

EXCELENTE MAÇOM. *1* — Título do grau 2.º do Rito bíblico inglês, denominado *Real Arco*. Também recebe esse grau a denominação de *Past-Master* ou Mestre passado. *2* — Título do grau 3.º da Maçonaria do Real Arco. *3* — Grau 6.º dos maçons livres da Inglaterra.

EXCELENTE PRELADO. Título dos Vigilantes na Loja de Chefes de Tabernáculo.

EXCELENTÍSSIMO MAÇOM ou MESTRE. Título do grau 3.º da Maçonaria bíblica inglesa, mais conhecida como Rito do Real Arco. Também se intitula *Super-excelente Maçom*.

EXCELENTÍSSIMO PRÍNCIPE. Título do Venerável nas Lojas de Príncipe de Misericórdia ou Escocês Trinitário.

EXCLUSÃO — Radiação. Um irmão indigno, excluído e raiado de sua Loja, não pode mais ser admitido em nenhuma outra Loja regular.

EXÉQUIAS. Quando celebradas com as formalidades do Rito maçônico, as exéquias dos maçons são designadas com o nome de *Loja de Dor*, ou *Funerais da Ordem*, ou *Sessão Fúnebre*. (Cf. *Dor*.)

EXOTERISMO (grego *exoterikos*, externo). O que se acha exposto à vista de todos; o lado público de um ensinamento, em oposição ao seu lado oculto, esotérico, que só era ministrado aos moral e intelectualmente preparados. Todas as religiões e sociedades secretas antigas possuíram o duplo aspecto de seus ensinos: "A vós vos é dado conhecer os mistérios do reino de Deus, mas aos outros se lhes fala em parábolas, porque vendo, não vêem, e ouvindo, não entendem" (*S. Luc.* 8:10). O mesmo se faz na Maçonaria. (Cf. *Esoterismo*).

EXPERTOS. São dignitários de Lojas simbólicas e substitutos eventuais dos Vigilantes, seguindo-se ao 2.º Vigilante na ordem hierárquica estabelecida para presidir os trabalhos. Exercem funções especiais nos escrutínios e cerimônias iniciáticas, e têm competência para assegurar-se da qualidade maçônica dos visitantes e para ajudar os irmãos no estudo da Ordem. (Cf. *Diácono*.)

EZER (heb.). Tesouro, auxílio, socorro. (V. *Ghezer; Torre de Gezer*.)

F

F. *1* — Sexta letra do alfabeto maçônico, à p. 16. *2* — Uma das três letras bordadas na jarreteira das Comendadoras da Beneficência (F. ·. E. ·. C. ·. de Damas), grau 9.º da Maçonaria de Adoção, como inicial de *F.* (Cf. *F.·. E.·. C.·.*)

F.·. *1* — Nos documentos franceses e nos italianos corresponde a *Frére* e *Fratello.* *2* — Nas insígnias do grau 17.º do Rito Escocês Antigo e Aceito, significa ora *Força,* ora *Fidelidade.*

FAIXA. Insígnia usada pelos maçons, variando sua cor segundo o grau. (Cf. *Banda,* 2.)

FALCÃO. Hieróglifo egípcio como símbolo da alma. Seu significado varia com as posições da ave. Se está deitada como morta, significa a tradição, o estado de *larva* (a alma animal), ou seja, a passagem do estado de uma vida para outra. Se suas asas estão abertas, alude à ressurreição do defunto do *Amenti* (a morada do deus Amen, ou Ammon). Então se acha de novo em consciente posse da sua alma: a crisálida se converteu em mariposa. (Cf. *Animais; Harmachis.*)

FALANGE. Designação dada na Ordem Maçônica aos diversos corpos do Acampamento de Príncipes do Real Segredo.

FAMÍLIA, *Reunião em* ou *da.* Sessões administrativas ou domésticas de uma Oficina.

FAVORITAS. São as irmãs Inspetoras que exercem as funções de vigilantes nos Conselhos das Princesas da Coroa (Soberanas Maçonas), grau 10.º e último da Maçonaria de Adoção.

FAVORITO. Significado da primeira *palavra coberta* do Grande Escocês, da Abóbada Sagrada de Jaques VI, grau 14.º do Rito Escocês Antigo e Aceito.

FAVORITO DE SÃO JOÃO. *1* — São os maçons constituintes do primeiro grupo do grau 6.º do Rito de Zinnendorf. *2* — Grau 7.º do Rito de Swedenborg.

FAVORITO SEGUNDO ARQUITETO ou

FAVORITO SEGUNDO ESCOCÊS. Grau 9.º dos Eleitos da Verdade.

FAVORITOS. Título dos irmãos Inspetores nos Conselhos das Favoritas. (Cf. *Favoritas.*)

FAZER FOGO. Corresponde a *beber,* na linguagem maçônica dos banquetes.

F.·. DE P.·. Iniciais com que se exprime a fórmula sagrada de uma das frases secretas do grau 33.º do Rito Escocês Antigo e Aceito.

F.·. E.·. C.·. *1* — Iniciais das palavras *Fé, Esperança* e *Caridade.* Figuram ao redor das pontas dos raios da estrela flamígera pentagonal, com a letra G no centro, que o Mestre R.·. C.·. traz sobre o coração por ocasião de sua recepção. *2* — São as três magnas virtudes simbolizadas, respectivamente, pela cruz, âncora e cálice (que todavia comportam outros significados mais profundos), que no diagrama do Painel do Templo figuram sôbre a escada de muitos degraus, que se ergue até a estrela heptagonal. Por sua vez os degraus representam as virtudes pelas quais pode a alma ascender até atingir a alta perfeição simbolizada pela referida estrela. (Cf. *Escada de Jacó.*)

F.·. E.·. C.·. V.·. V.·. Iniciais das cinco pontas da estrêla que serve de jóia do Presidente Rosa-Cruz, e significam: Fé, Esperança, Caridade, Verdade, Virtude.

FÊNIX (do gr. *phoinix*). *1* — Na *Mitologia egípcia,* é um belo e solitário pássaro fabuloso, do tamanho da águia, que viveu no deserto árabe um período de mil anos, findo o qual se consumiu no fogo, ressurgindo posteriormente de suas próprias cinzas, renovado, para reiniciar outra vida igualmente dilatada. Os Rosa-Cruzes acrescentam-lhe a inscrição: *Hic mihi dulce mort.* Simboliza a ressurreição na Eternidade; a roda da vida a girar incessantemente numa perpétua alternação de atividade e repouso, tal qual a do dia e da noite, e alude aos ciclos periódicos de manifestação cósmica e da reencarnação ou renascimento da alma humana. (Cf. *Evolução; Zodíaco.*) "A vida posso ao fogo e ferro dar, e perdê-la em qualquer duro perigo, e nele, como *Fênix,* renovar." (*Luís de Camões,* Soneto 47, *in Lírica,* p. 128). Tem parentesco simbólico com o *simorgh persa,* meio fênix e meio leão; com a hamsa hindu, e a águia bicéfala dos heteneus e hindus. *2* — Acha-se representado em numerosos manuscritos antigos, sendo que na arqueologia cristã aparece circundado de raios solares, que o consomem, para ele renascer em seguida, como símbolo de Cristo morrendo mas ressuscitando. *3 — Cavaleiro da Fênix,* grau 15.º do Rito Escocês Filosófico, e grau 51.º da 5.ª classe da segunda série filosófica do Rito de Mênfis. *4* — Figura no painel da Loja Egípcia do Rito de Cagliostro, grau de Mestre, no meio de uma pira, significando que, como êsse pássaro, o maçom pode renascer à vontade de suas próprias cinzas.

FÉRIAS. Suspensão temporária dos trabalhos maçônicos. As férias das Lojas obedecem a condições particulares que sua autoridade estabelece nos regulamentos gerais. Nos países quentes têm comumente lugar na época de intenso calor, sem, todavia, cessarem por completo as atividades essenciais, como o despacho de correspondência e outros assuntos urgentes, que habitualmente ficam a cargo de uma comissão especial com poderes e representação da Loja dentro dos limites por esta fixados.

FESTA DA ORDEM. Cerimônia solsticial. A do verão é a festa do reconhecimento e a do inverno é a festa da esperança. (Cf. *Festas.*)

FESTA DOS ANTIGOS. Cerimônias em honra dos irmãos contando no mínimo 25 anos de atividade maçônica.

FESTA EQUINOCIAL. É a que se celebra na primavera ou no outono. (Cf. *Festas.*)

FESTAS. *1* — As principais da Maçonaria universal, por seu significado esotérico e de remota tradição adotadas em todos os seus Ritos, são as chamadas festas dos dois São João, os santos patronos da Ordem, celebradas anualmente, por ocasião dos solstícios de verão e de inverno, no hemisfério norte. *2* — Também há as festas da *Ordem,* de *Circunstâncias* e dos *Rituais,* algumas de caráter público, executadas dentro ou fora do Templo. Entre as principais, a Maçonaria Brasileira instituiu a festa da *Fraternidade Universal,* ideal máximo de todo maçom, para celebrar-se anualmente, no dia 18 de fevereiro. (Cf. *São João, Festas de; Solstícios.*)

FIAT. Grito de exclamação dos Soberanos Príncipes do grau 99.º e último do Rito de Misraim de Nápoles.

FIAT LUX (lat. "faça-se luz"). Palavras bíblicas (*Gên.* 1:3), que são simbólicas do grau 20.º do Rito Escocês Antigo e Aceito.

FIDE, MUND, LIBER. Divisa esculpida no frontispício do templo figurado na jóia dos *Grandes Cavaleiros da Águia Branca e Negra* (40.º) do Rito de Misraim.

FIDES (Fé). Palavra sagrada dos *Cavaleiros do Oriente Branco,* grau 40.º do Rito de Misraim.

FIDÚCIA, "confiança". Significação latina atribuída ao nome de *Chasan*, um dos seis porteiros do Templo de Salomão, no ritual do Príncipe de Jerusalém, grau 8.º do Escocismo Reformado.

FIÉIS ESCOCESES, *Rito dos*. Composto de 8 graus, este Rito foi estabelecido em Tolosa no ano de 1748.

FIÉIS VERDADEIROS IRMÃOS. Título genérico de todos os membros da Loja do grau 19.º, os *Grandes Pontífices* ou *Sublimes Escoceses*, do Rito Escocês Antigo e Aceito.

FILADELFO. No Rito Escocês Antigo e Aceito, é a palavra secreta dos Príncipes do Real Segredo (32.º). nas quintas-feiras de cada semana. Significa *o que ama excessivamente seus irmãos*.

FILALETE (do gr. *filo*, amigo + *alethes*, verdade = amigo da verdade). — Grau 36.º do Rito de Mênfis.

FILALETES. Denominação de um Rito dos chamados "Buscadores da Verdade", fundado em Paris em 1773, e composto de doze graus divididos em dois grupos.

FILÃO ou **FILON**, o Judeu (30 a. C. — 45 d. C.). Judeu helenizado de Alexandria, famoso historiador e escritor da antigüidade. Contemporâneo de Jesus Cristo, devia estar bem ciente do maior acontecimento do primeiro século de nossa era e dos fatos referentes ao Messias tão aguardado pelos judeus. No entanto, guarda absoluto silêncio sobre isso, tanto em sua cuidadosa enumeração das seitas e fraternidades então existentes na Palestina, como em seus relatos sobre a Jerusalém de seu tempo. Foi um grande místico, e suas obras ressumbram abundantes idéias nobres e metafísicas, ao passo que em conhecimentos esotéricos não teve rival durante vários séculos entre os mais doutos escritores. É muito notável o seu simbolismo da *Bíblia*. Segundo ele, os quadrúpedes, répteis, árvores e lugares ali mencionados, são todos "alegorias das condições da alma, de faculdades, tendências ou paixões; as plantas úteis eram alegorias das virtudes, e as nocivas o eram das afecções dos ignorantes, e assim sucessivamente em todo o reino mineral, no céu, na terra e nos astros; nas fontes e rios, nos campos e nas casas; nos metais, substâncias, armas, vestiduras, ornamentos, mobiliário, o corpo e suas partes, os sexos e nossa condição exterior." Tudo isso corroboraria a idéia de que Filão estava versado na antiga Cabala. (*Dic. de Biog. Crist., e Glossário Teosófico.*)

FILHO DA LIRA. Título do grau 50.º do Rito de Mênfis.

FILHO DA VIRGEM. Uma das designações que os povos cristãos aplicam a Jesus e que povos mais antigos também usaram para com seus grandes Instrutores e Iniciados, para destacar a sua alta linhagem espiritual e divina. (Cf. *Filho da Viúva.*)

FILHO DA VIÚVA. *1* — Alegoricamente, "membro ou irmão da Maçonaria". *2* — Denominação dada a todo maçom, mormente do 3.º grau, que é simbolicamente filho da Viúva, como o foi o arquiteto Hiram Abiff, da tribo de Neftali. (*I Reis* 7:14). *3* — Ísis, a "grande viúva" de Osíris, buscando os membros esparsos de seu espôso, é igualmente encarada como a mãe de todos os maçons, os quais, a seu exemplo, procuram o corpo de seu mestre Hiram Abiff, que, segundo a lenda, foi assassinado pelos três maus companheiros, que personificam os vícios capazes de aniquilar a alma: a *inércia,* a *sensualidade* e o *orgulho.* Também "*filhos* da viúva", segundo as lendas, foram Jerobatão (*I Reis* 11:28), Hórus, Moisés, etc., de sorte que aí se há de buscar um sentido místico, de caráter universal. *4* — Para alguns estudiosos, essa frase significa "Iniciado nos Mistérios Menores", ao passo que "Filho da Virgem" corresponde a "Iniciação nos Mistérios Maiores". (Cf. *Elai Bene Emeth; Filho da Virgem.*)

FILHOS DA VERDADE. Denominação dos *Escoceses Trinitários* ou *Príncipes das Mercês,* grau 26.º do Rito Escocês Antigo e Aceito.

FILHOS DE HIRAM. Uma denominação genérica de todos os maçons, especialmente dos Mestres.

FILIAÇÃO. É o ato de admitir, adotar ou incorporar um irmão numa Loja, por se achar desligado daquela onde foi iniciado, ou seja, de sua Loja *mater.* A rigor, o maçom só deve pertencer, como *ativo* e *efetivo,* à Loja simbólica onde recebeu a iniciação. Todavia, circunstâncias da vida podem determinar o seu afastamento ou mudança de residência, e assim, a coberto de abusos, permite-se a sua perfiliação por outra Loja. (Cf. *Admissão.*)

FILIAÇÃO LIVRE. Filiação isenta do pagamento das taxas devidas, total ou parcialmente, só permitida com o caráter de honorabilidade. Salvo exceções, tal filiação concede ao filiado apenas a faculdade de assistir às sessões, sem o direito de votar e ser votado, regalia esta privativa dos membros contribuintes.

FILIANDO. É o maçom que, havendo se desligado de sua Loja *mater,* adotou outra como tal. (Cf. *Filiação.*)

FILISIARCA. Um dos oficiais perpétuos das câmaras superiores do Rito dos Sofistas.

FILOCHORETAS ou AMANTES DO PRAZER, *Ordem dos Cavaleiros e Damas*. Ordem fundada na Espanha em 1808 por vários oficiais do exército francês, que então invadiu aquele país. Todas as suas fórmulas e cerimônias da recepção foram emprestadas das antigas cortes de amor e dos costumes cavalheirescos da Idade Média. Esta Ordem, também propagada em diversos outros países ocupados pelo exército francês, dissolveu-se com a extinção da ocupação.

FILOSOFIA DO CORAÇÃO, *Cavaleiros da*. Grau 4.º do Rito Persa Filosofal.

FILOSOFIA OCULTA. Aludida em vários graus maçônicos, principalmente dos Ritos Hermético, Egípcio de Cagliostro, Comaçônico e Franco-maçônico, onde também se cogita do estudo das ciências.

FILÓSOFO. Nome de um oficial do Colégio Litúrgico do Rito de Mênfis.

FILÓSOFOS DO FOGO. Nome dado aos filósofos herméticos e alquimistas da Idade Média, bem como aos Rosa-Cruzes. Êstes últimos, sucessores dos teurgos ou teurgistas, consideravam o fogo como símbolo da Divindade.

FIO A PRUMO (ou *Perpendicular*). *1* — É a terceira das *jóias móveis* das Lojas simbólicas da Franco-maçonaria. Figura como símbolo da pesquisa (em profundidade) da verdade, e parece mostrar o caminho que conduz à *câmara do meio*. Com auxílio do nível e do esquadro, permite a correta e simbólica construção das "muralhas do Templo". Está em relação com a coluna *Boaz* (mercurial). *2* — Orna a faixa do 2.º Vigilante e é tomado como emblema da retidão que deve caracterizar a conduta dos irmãos durante suas horas de lazer ou ausência das atividades da Loja, de sorte a levarem sempre uma vida de graça e beleza.

FIRMEZA E VERDADE. Veja-se *Emeth Veemouna* ou *Veernoura.*

FISCAL. Função exercida nas Lojas pelo Orador, mormente quanto à aplicação das leis, regulamentos e constituições maçônicas.

FLUVII TRANSITUS, lat., "passagem do rio" (Chebar). No Ara *Quattuor Coronatorum*, tomo III, parte 2.ª, 1890, que relata a atuação da Loja maçônica *Quattuor Coronati*, n.º 2076, se encontram cópias desta frase, atribuída a Cornélio Agrippa, assim como os curiosos caracteres antigos chamados *Melachim*, e o alfabeto celeste facilitado por W. Wyn Westcott, P. M. Esta Loja parece ser a única na Inglaterra que real e formalmente estuda "os mistérios ocultos da Natureza e da Ciência". (Cf. *Ezequiel* 1:1 e 10:15, sobre o rio *Chebar* ou *Quebar*.)

FOGO. *1* — O mais sutil, ativo e puro dos quatro elementos terráqueos (terra, água, ar e fogo); é o princípio animador, masculino (em oposição à água), e fonte de energia. É adorado por certos povos como símbolo da vida e da fôrça geratriz, e considerado pelos antigos Rosa-Cruzes e filósofos herméticos como simbolo da Divindade, correspondente ao verão, meio-dia ou meridiano. Por suas qualidades quente e sêca, representa a cor vermelha, a inteligência brilhante, etc. *2* — *Caminho do Fogo* — O da ascensão ou libertação espiritual pelo serviço à humanidade tipificado em Elias (*II Reis* 2:11). *3* — *Sinal do Fogo* — O segundo sinal no grau 14.º e o quarto grau 29.º, do Rito Escocês Antigo e Aceito.

FOGO PICANTE. Nos banquetes da Maçonaria escandinava, significa *Vinagre*.

FOGO SAGRADO. *1* — "Imaginemos um fogo que não queime, mas se ache em forma líquida, semelhante à água". Esse foi o que conheceram os adeptos do Primeiro Grande Zoroastro, pois em seus altares chegaram a ter o fogo que "não consumia combustível", um fogo sagrado com o qual simbolizavam a Vida Divina. (C. W. L. — H. L., v. I, pp. 143-4). O mesmo símbolo foi igualmente conservado, com todo o cuidado e perpetuamente, por outros antigos povos, orientais e ocidentais, em seus templos e lares, sob uma ou outra forma. *2* — Nas Lojas comaçônicas mantém-se aceso sob a Estrela Flamígera (Veja-se *Estrela Flamígera*, 7.) Nas mesmas, o Primeiro Diácono é o *Lucifer* que, qual círio da Igreja católica, leva a luz aos seus irmãos. O P. M. I. acende uma vela trazida dentro de um vaso pelo P. D., e este a leva ao Venerável, que lhe acende uma velinha, e com esta, o candelabro à sua direita, apagando depois a velinha com o extintor. O fogo sagrado jamais deverá ser soprado, para "não ser poluído por hálito humano", segundo a antiga tradição persa.

FOGOS, *Guardião dos Três*. Título do grau 72.º da sétima classe correspondente à terceira série cabalística de Mênfis.

FOGUEIRA LUMINOSA. Alegoria alusiva ao Supremo.

FORÇA. *1* — Uma das três colunas simbólicas, também representada em alguns templos maçônicos pela estátua de Hércules, bem como por um dos três ângulos do Triângulo Misterioso, ou Delta Sagrado. *2* — Título particular adicionado ao Primeiro Vigilante nos Soberanos Capítulos de Cavaleiro R.·. C.·. de Kilwinning ou da Torre. *3* — Idem no mesmo título de Heredom, grau 46.º do Rito de Misraim.

FORÇA DE DEUS. Veja-se *Eliel.*

FORMIDÁVEL. Significado da palavra *Nova,* um dos grandes nomes de Deus que se acha gravado no racional do sumo sacerdote, segundo ensinam alguns catecismos do Grande Arquiteto de Heredom, grau 6.º do Escocismo Reformado.

FORTE. Um dos significados de *Eliah.* (V. esta palavra.)

F. R.. Iniciais indicativas da denominação da Ordem *Francos Regeneradores,* criada em 1815, cujo lema se continha nas letras P. D. R. P., que significavam *Pro Deo, Rege, Patria.*

FRANÇA. ...

FRANCO-CARBONARIA. V. *Maçonaria dos Bosques.*

FRANCO-MAÇOM. *1* — Denominativo dos membros da Franco-maçonaria, também genericamente chamados *maçons.* *2* — Segundo Ragon, devia aplicar-se o denominativo *maçom* apenas aos obreiros construtores ou aos membros da corporações operativas de pedreiros ou de arquitetura material, e o de *franco-maçons,* aos construtores livres, emancipados moral e intelectualmente, que pela filosofia, ciência e moral, cooperam na obra da instrução e regeneração da humanidade.

FRANCO-MAÇONARIA. Sociedade cujos ensinamentos são simbólicos e iniciatórios. Foi fundada em 24 de junho de 1717, em Londres, por um grupo de Rosa-cruzes e de Maçons operativos, aos quais mais tarde parece haverem se unido os Templários. Seu objetivo mais profundo foi o de apresentar ao mundo profano uma perfeita *imagem simbólica* da Iniciação. (V. este termo.) A seus Ritos os seus fundadores confiaram os rudimentos de todas as *Artes Iniciáticas*: Hermetismo, Cabala, etc., em cujas obras se encontram preciosas tradições atinentes à simbologia das cores, números, astrologia, mitologia, etc. Existem vários sistemas maçônicos, dos quais os mais célebres são o Rito Escocês (subdividido em vários ramos; Grande Loja da França, Grande Loja da Suíça, a andrógina Comaçonaria), o Rito Moderno ou Francês (G.·. O.·. da F.·.). o Rito de Iorque, que mais que os outros se aproxima da Maçonaria *operativa.* Tendo por ideal a *Liberdade, Igualdade, Fraternidade,* o seu lema é o do Direito do Homem, com exceção da Comaçonaria, cujo lema é *O Direito Humano.*

Certos agrupamentos destas Ordens perderam de vista o seu objetivo primitivo (simbólico e iniciático) e tornaram-se simples clubes políticos fechados ao público, porém em todas estas Obediências se recomenda a tolerância, solidariedade, caridade, reto cumprimento do dever, conduta exemplar, estudo e sociabilidade. (Cf. *Maçonaria Filosófica; Maçonaria Operativa; Pedreiros Livres.*)

FRANJA ORLADA. Veja-se *Borda Dentada.*

FRATERNIDADE. Veja-se *Liberdade, Igualdade, Fraternidade.*

FRATERNIDADE BRANCA GRANDE. V. *Loja Branca.*

FR.·. M.·. Abreviatura de Franco-Maçom.

FULDENSES. *1* — Denominação dada a uns religiosos da Estrita Observância de S. Bernardo. *2* — *Cavaleiros e Damas Fuldenses*: Título de uma Ordem maçônica andrógina, fundada na Bretanha em meados do século dezoito. *3* — Título de um grau avulso mencionado na nomenclatura de Ragon. (Cf. *Phileides.*)

FULMINANTE. Veja-se *Estrela Fulminante.*

FUNDIDOR. Grau 4.º da Chave da Maçcnaria e grau 57.º da escala geral do Rito de Misraim, correspondente à sua décima classe da segunda série, chamada *Filosófica.*

FÚRIAS (do lat. *furiae,* plural de *fúria;* designativo romano das deidades gregas *Erinias*). *1* — Na mitologia greco-romana são três terríveis deidades femininas (Alecto, Magaera e Tisifone), negras e de cabelos de serpentes eriçadas, e que, armadas de archotes e açoites, tinham a missão de castigar os grandes pecadores impunes, perseguindo-os até no Tártaro ou Inferno. *2* — Misticamente são personificações dos remorsos, execrações, maldições e duras provações morais e espirituais. *3* — Esotericamente, representam: a) — no mundo astral, os habitantes naturais e artificiais de suas regiões mais ínfimas, as suas larvas, elementares e monstros, que ali assaltam todo candidato que procure ascender para as regiões superiores; b) — no mundo físico, as tentações, traições e perseguições que conspiram e se insurgem contra todo iniciado, discípulo ou idealista, e procuram aniquilá-lo. Acham-se tipificadas na história maçônica pelos três *vilões* (Hobbhon, Sterké e Austerfluth) que assassinaram o Mestre Hiram Abiff; no Evangelho cristão, pelas três duras tentações a que foi submetido Jesus Cristo após sofrer "quarenta dias e quarenta noites de jejum no deserto", antes de iniciar seu ministério, e depois, pelos seus três maiores algozes: Caifaz, Judas

Iscariotes e Pôncio Pilatos; e na Idade Média, pelas desumanas provas das ordálias, empregadas em nome da "Justiça de Deus". *4* — Na *cosmogonia,* correspondem aos três meses da estação invernal, que aniquilam ou fustigam toda a vida orgânica da natureza. *5* — No Rito da Maçonaria Egípcia ou de Cagliostro, figuram retirando-se do painel do Mestre-Maçom, significando assim, alegoricamente, o declínio ou extinção de seus sofrimentos ou mau Karma, sem o que não seria possível "conhecer a Acácia", emblema da Imortalidade.

FURLAC. Denominativo maçônico do "anjo do elemento Terra", usado como palavra de passe no grau 29.º dos Ritos de Mênfis e Escocês Antigo e Aceito.

FUSTE. Parte das colunas que figuras nas Lojas, na qual aparecem geralmente os emblemas, lemas ou iniciais correspondentes a cada grau na cerimônia. (Cf. *Coluna; Colunas.*)

G

G. — *1* Sétima letra do alfabeto maçônico, cuja grafia convencional se encontra na lâmina à página 16. *2* — Chama-se *gimel* em hebreu; é ali simbolizado por um comprido pescoço de camelo, ou antes, por uma serpente erguida, e está associada com o terceiro nome sagrado divino, *Ghadol* ou Magno. Seu equivalente numérico é quatro, o Tetragrammaton e a sagrada Tetraktys de Pitágoras. *3* — Entre os gregos é a letra *gamma* e o símbolo de *Gaia* ou da Terra. *4* — Segundo Rama Prassad, é o símbolo de uns vasos que partem do coração. *5* — Como o nome de Deus começa com essa letra em numerosas línguas (*Gad,* na siríaca; *Gada,* na persa; *Gud,* na sueca; *Gott,* na alemã; *God,* na inglesa, etc.), essa é uma das razões por que tem sido e é tomada como símbolo sagrado da Divindade. *6* — Colocada entre as duas hastes de um compasso, entrelaçadas com as de um esquadro, constitui com esses instrumentos o emblema comum dos maçons. *7* — No Rito Escocês Antigo e Aceito aparece no ritual do 2.º grau (Companheiro), e inscrita no 5.º grau, no meio da Estrela Flamígera, como símbolo de Deus, o "divino Geômetra". *8* — Com esse mesmo significado nas Lojas comaçônicas serve de cabeça da serpente mordendo a própria cauda, e servindo de emblema da Eternidade.

G.·. *1* — Em geral, significa *Geometria, Geração, Glória, Grande, Grão.* *2* — No grau de Companheiro, é o emblema misterioso que lhe conduz os passos e naturalmente alude a *Geômetra* (Deus). *3* — No *Rito Escocês Antigo e Aceito,* figura com o significado de *Glória*: a) — no grau 17.º, esculpida num dos ângulos do heptágono e num dos sete selos do livro, que lhe servem de jóia; *b*) — no grau 32.º, dos Príncipes do Real Segredo do Grande Acampamento, designa uma das cinco tendas constituintes do pentágono e é o distintivo de seu respectivo estandarte, significando Garamont, nome de seu portador. *4* — No *Rito de Misraim,* aparece no centro da Estrela Flamígera, a jóia dos Sublimes Escoceses de Heredom, grau 30.º, como símbolo de *Gamel* (O Grande Todo), e no centro do triplo triângulo sob o dossel nos Supremos Tribunais dos Soberanos Príncipes Talmudin, como símbolo do grande Nome de Deus.

G.·. A.·. Abreviatura de *Grande Arquiteto.*

G.·. A.·. D.·. U.·. Abreviatura de *Grande Arquiteto do Universo.*

GABAON ou *Gibeon, "colina". 1* — Cidade real dos Heveus (*Jos.* 9:3), situada a 13 quilômetros de Jerusalém. Foi entre os gabaonitas que ficou depositada a Arca da Aliança, enquanto se aguardava a edificação do Templo de Salomão. *2* — No *Rito Francês* ou *Moderno,* é o designativo genérico do Mestre maçom. Significa que lhe cabe velar pela conservação da Ordem e da Disciplina Maçônica com a mesma fidelidade com que os *Gabaonitas* ou *Gibeonitas* velaram pela Arca da Aliança até a construção do Templo de Salomão, durante a permanência da mesma em Ghilgal, Schilé e Nob, sucessivamente, *3* — Palavra vulgar no grau 26.º dos Ritos de Mênfis e Escocês Antigo e Aceito. *4* — No *Rito de Misraim, Palavra Sagrada do Escocês Mestre,* no grau 16.º; Palavra de Escocês no grau 17.º; Palavra Coberta do Escocês, no grau 20.º, e Palavra de Passe do Pequeno Arquiteto, no grau 22.º. *5* — Terceira Palavra Sagrada, no grau 6.º do Escocismo Reformado, em 10 Ritos. *6* — Palavra de Passe no grau 8.º da Maçonaria de Adoniramita, em 13 graus.

GABAONA. Na Ordem Maçônica, é a Viúva de todo maçom, para distingui-la das viúvas dos profanos. (Cf. *Gabaon.*)

GABAONITAS. Habitantes da cidade de Gabaon, que foram destinados a servir de criados no Templo de Salomão.

GABAON-NOTEL. Aparece freqüentemente como *Gabaon-Notade,* que se traduz por "Gabao, amigo perfeito, amigo eleito". Alguns o substituem por *Machobim.* Os Mestres escoceses da abóbada sagrada de Jacques VI silabavam esta palavra ao comunicar-se entre si o toque de reconhecimento deste grau.

GABARIN (*Transitus*), heb.. Sublime Palavra Sagrada dos Sublimes Cavaleiros de primeira classe e chefes da primeira série simbólica, grau 33.º do Rito de Misraim. Traduz-se por *Abarim* (V.).

GABINETE DE REFLEXÕES. Veja-se *Câmara de Reflexões.*

GABIT-PEN-CHEGEN. Palavra caldéia com a mesma acepção de *Edul-Pen-Cagu.*

GABRIEL. "Homem de Deus, mensageiro", ou "Deus é a minha força" (*Dan.* 8:16; 9:21). Um dos sete querubins (o segundo, correspondente ao planeta Júpiter) que formam o Conselho de Cavaleiros do Sol (28.º) do Rito Escocês Antigo e Aceito, bem como um dos sete que presidem a semana dos Cavaleiros do Oriente e Ocidente (17.º) do mesmo Rito.

GADOL (*Magnus*). Um dos grandes nomes de Deus, usado no grau 6.º do Escotismo Reformado de Tschoudy.

GARRA DE LEÃO ou DE MESTRE. V. *Agarra do Mestre Maçom.*

GARRAFA. Sinônimo de cântaro, na linguagem maçônica dos banquetes.

G.·. C.·. *1* — Na Maçonaria bíblica inglesa significa *Grão-Capelão.* 2 — No Ritual Egípcio é o *Grão-Copto,* título de seu fundador, Cagliostro.

GEDAL HAGHEDOLIM. No Rito de Misraim é a palavra única de reconhecimento no Supreso Conselho Geral dos Grandes Ministros Constituintes da Ordem, Soberanos Grandes Príncipes, grau 87.º, e significa: *Magnus inter magnum,* "grande entre os grandes".

G.·. E.·. J.·. Anagrama de E.·. G.·. J.·., com a mesma aplicação e significado.

GELION BAGELIONIM. No Rito de Misraim é a palavra de introdução dos Supremos Conselhos do grau 90.º e último, com o significado de *Sublime entre os sublimes.*

GENERAL. *1* — Um dos cargos na Loja de Cavaleiros do Oriente no Capítulo Rosa-Cruz. *2* — Nome do chefe da Companhia de Jesus, representado pela letra G que aparece em muitos graus dos Ritos jesuíticos. *3* — Título do Presidente das Lojas dos Cavaleiros da Palestina.

GENERAL GRÃO-MESTRE DA CAVALARIA. Título dos Ilustres Primeiros Vigilantes nos Conselhos dos Cavaleiros do Oriente ou da Espada, grau 6.º do Rito Moderno ou Francês.

GEOGRAFIA. Uma das ciências representadas nas cerimônias maçônicas, mormente no grau de Companheiro (2.º) onde se acha simbolizada por uma *esfera.* (Cf. *Esfera; Estudos.*)

GEOMETRIA. É a arte ou a ciência de medir. Acha-se representada nas cerimônias e simbologia maçônicas, principalmente no grau de Companheiro (2.º). (Cf. *Esfera; Estudos.*)

G.·. E.·. P.·. S.·. M.·. Abreviatura de *Grande Eleito, Perfeito e Sublime Maçom.*

GERAL, *Grande Inspetor*. Grau 33.º e último do Rito Escocês Antigo e Aceito.

GERAL, *Sinal*. *1* — Denominação universal do sinal gutural do *Aprendiz*, por ser básico do reconhecimento entre todos os maçons do mundo, qualquer que seja seu Rito ou grau hierarquico na Ordem. *2* — Entre os *Grandes Eleitos de Santo André*, fazem-no cruzando as mãos de molde a formar a cruz de Santo André. (Cf. *Gutural*.)

GEZAC. Em diversos catecismos maçônicos é a Palavra Sagrada do Aprendiz Perfeito Arquiteto, grau 25.º do Rito de Misraim. Segundo alguns autores, é uma corrutela de *Ghezer* (V.).

G.·. H.·. No Rito de Misraim, grau 72.º, aparecem bordadas na faixa dos Grandes Mestres do Supremo Consistório, e significam *Grande Haram*. (Cf. *Haram*.)

GHETE. No Rito de Misraim, grau 63.º, é a Palavra Sagrada dos Cavaleiros da Palestina.

GHEZER, heb., "lugar talhado; precipício". *1* — Uma cidade real dos cananitas (*Jos.* 10:33); indicava os limites entre Israel e os filisteus (*II Sam.* 5:25) *2* — Palavra sagrada do Aprendiz Arquiteto (25.º) do Rito de Misraim, a qual aparece substituída em muitos rituais pela palavra *Gezac*, de significação desconhecida. (Cf. *Gezac; Torre de Ghezer*.)

GIBLAS. Na maioria dos Catecismos do Escocismo, *Giblas*, *Giblos* e *Giblum* são os nomes dos três assassinos de Hiram Abiff. Outros Rituais do mesmo sistema registram *Jubela*, *Jubelum* e *Jubelo*. (Cf. *Assassinos; Fúrias; Vilões*.)

GHIBLIM. *1* — No hebraico significa *termo, fim*, e entre os maçons, um *bom maçom*, alusivo aos Gibelinos. *2* — Palavra de passe dos Mestres (3.º) do Rito Moderno ou Francês. *3* — No *Rito Escocês Antigo e Aceito*, uma das Palavras Vulgares do grau 26.º — *4* — No *Rito de Misraim*, é uma das três palavras sagradas do Escocês Mestre, grau 16.º, e a palavra que acompanha o toque de reconhecimento do Escocês de Santo André, grau 21.º.

GHIBLIM e GABAON. Palavras Vulgares do grau 26.º do Rito Escocês Antigo e Aceito.

GIBELINOS. Os habitantes da colina de Ghiblim, que foram arregimentados por Salomão para cortar pedras destinadas à construção do seu Templo.

GIBEON. V. *Gabaon*.

GIBEONITAS. Os habitantes da cidade Gibeon, ou *Gabaon*. (Cf. *Gabaon*.)

GIBLOS. Veja-se *Giblas.*

GIBLUM. Veja-se *Giblas.*

GIBULUM. Palavra de passe do Maçom *Mark,* grau 2.º do Real Arco ou Maçonaria Inglesa.

GIDEÃO. V. *Tosão de Ouro, Ordem do.*

GIELAS. Segundo grande parte dos catecismos do Escocismo, *Gieblas, Giblos* e *Giblum* são os nomes dos três assassinos de Hiram Abiff. Outros catecismos do mesmo rito consignam *Jubela, Jubelum* e *Jubeloé Hobbhon, Sterké* e *Austerflut.* (Cf. *Vilões.*)

G.·. L.·. Abreviatura de *Grande Loja,* que também se escreve G.·. L.·.

GLÁDIO. Veja-se *Espada.*

GLOBO. Veja-se *Esfera.*

GLÓRIA. *1* — Palavra freqüentemente representada pela letra G, seguida de um ou três pontos (. ·.) e geralmente aplicada ao Supremo: *À Glória do Grande Arquiteto do Universo.* V. letra *G.*) *2* — *Glória a Deus e ao Soberano!* Grito de aclamação dos Cavaleiros do Oriente ou da Espada, grau 6.º do Rito Moderno ou Francês. *3* — *Glória ao Sublime Arquiteto dos Mundos!* Grito de aclamação do 1.º grau do Rito de Mênfis. *4* — *Gloria in excelsis!* Exclamação das Damas da Pomba do grau 8.º do Rito de Adoção em 10 graus. *5* — *Não há glória sem espinhos*: frase mística significando que sem o autosacrifício ninguém conseguirá sua salvação ou libertação. (Cf. *Evolução.*)

G.·. O.·. Abreviatura de *Grande Oriente.*

GOD MALEC ou MALECH. Palavra Sagrada das Comendadoras da Pomba, grau 8.º da Maçonaria de Adoção, em 10 graus, sussurrada ao ouvido silabicamente.

GÓLGOTA (do gr. *golgotha;* arâm. *gülgütha;* heb. *gulggoleth*: crânio) — Lugar de um crânio; cemitério. V. *Calvário.*

GOLPES. São os da bateria, determinados pêlos Rito e o Grau respectivos. (Cf. *Bateria.*)

GOMEL, prov. derivado de *Gomer.* *1* — Com a acepção de *recompensado,* figura em alguns Ritos maçônicos como um dos grandes atributos de Deus. *2* — No Escocismo Reformado de Tschoudy, é uma palavra esculpida no topázio, a segunda pedra na ordem estabelecida pela instrução dos Grandes Arquitetos de Heredom (6.º). *3* — Na Maçonaria Adoniramita, é a palavra sagrada dos Pequenos Arquitetos ou Aprendizes Escoceses (8.º). *4* — No Rito de Misraim, é a palavra sagrada do grau 14.º, onde a acompanha também o *toque*, bem como dos graus 16.º, 22.º, 25.º e 30.º, neste último acompanhada do *toque*. *5* — No Rito Escocês Antigo e Aceito, é a palavra sagrada dos Escoceses Trinitários ou Príncipes da Mercê 26.º). (Cf. *Gomer; Gomez.*)

GOMER, heb., "completo", "perfeito". *1* — Primogênito de Jafet (*Gên.* 10:2, 3), e nome da mulher de Hoséas (*Hos.* 1:3) *2* — Medida de capacidade dos hebreus (*Êx.* 16:16-36), equivalente a 2 3/4 litros, também designada *homer*. *3* — Uma das palavras sagradas do Eleito dos Nove (9.º) do Rito de Misraim. (Cf. *Gomel; Gomez.*)

GOMEZ, corrutela de *Gomel*. Segunda palavra sagrada dos Grandes Arquitetos de Heredon (6.º) do Escocismo Reformado de Tschoudy. É uma das interpretações que têm sido dadas à letra G.·. que brilha no centro da Estrela Flamígera. (Cf. *G* — 7; *Gomel; Gomer.*)

GR.·. Abreviatura de *Grande* ou grau.

GRAL ou GRAAL, *Santo*. *1* — Correm várias versões sobre a origem do Santo Gral, que, segundo o Ir.·. Jules Bucher (*La Symbolique Maçonique*, p. 53), é uma corrutela do termo egípcio *gardal*, depois *gradal* e finalmente *graal*. E explica: "O Cibório, bem como o *Graal* e as crateras sagradas de todas as religiões... corresponde ao vaso cosmogônico de Platão, ao copo de Hermes e de Salomão, à urna dos antigos mistérios. O *Gardal* dos egípcios é, pois, a Chave do *Graal*. É, em suma, a mesma palavra." A versão mais completa e elucidativa da origem e significado do Graal a dá o Ir.·. Leadbeater em sua *Pequena História da Maçonaria*, pp. 158-9, ed. *Pensamento*): "Como parte da herança indireta dos Mistérios Gregos, veio o bem conhecido símbolo do *Krater* ou Copo, que, entrelaçando-se com o primitivo Cristianismo britânico, foi identificado como o *Sangraal*, o Cálice usado por nosso Senhor na última Ceia, para a instituição da Santa Eucaristia. O Rei Artur, freqüentemente tido como um herói imaginário, foi um governante muito real, amantíssimo e sagaz, de quem pode a Inglaterra orgulhar-se bastante. Sua Távola Redonda é também um fato e não uma ficção, e seus Cavaleiros usavam um rito dos Mistérios Cristãos, que girava em torno da bela lenda da busca do Santo Graal. Alguns houve que interpretaram a lenda literalmente, e empreenderam infindáveis peregrinações pelo mundo, em busca de um copo terreno; outros sabiam que o significado místico de Santo Graal é a união entre o Eu Superior e o eu inferior, união essa que é um dos requisitos para a iniciação nos verdadeiros Mistérios da Loja Branca, pois o Cálice representa simbolicamente o corpo causal em que se verte o "sangue" do Mistério. Os Mistérios do Santo Graal foram celebrados simultaneamente em vários centros, tanto na Inglaterra como no continente europeu, onde indubitavelmente se misturou com outras linhas de tradição. Neles encontramos evidentes traços das escolas sagradas em que resplandeceu a chama da sabedoria oculta durante o começo da Idade Média.

A tradição do Graal e de sua Cavalaria espiritual entrou para a literatura pelas mãos de Chrétien de Troyes, Wolfram von Eschenbach e outros escritores. Daí deriva, de um lado, a *Morte d'Arthur* de Sir Thomas Malory, de que Tennyson extraiu os materiais para o seu *Idylle of the King*, e do outro lado, a gloriosa música de *Parsifal,* em que Wagner reconstruiu tão magnificamente a tradição germânica da Fraternidade do Graal." *2* — Aparece sob a forma de Copo ou Cálice nos graus 1.º, 18.º e 30.º da Franco-Maçonaria. (Cf. *Cálice; Cruz; Escada de Jacó.*)

GRANDE ARQUITETO. Título do grau 9.º do Rito de Adoniramita; do grau 8.º dos Eleitos de Coens; do grau 12.º do Rito Escocês Primitivo em 33 graus; do grau 6.º do Rito Martinista, e do grau 23.º do Rito de Misraim.

GRANDE ARQUITETO APRENDIZ. Um grau da Universidade.

GRANDE ARQUITETO CAVALEIRO COMENDADOR. Grau 7.º do Rito reformado de Swedenborg.

GRANDE ARQUITETO COMPANHEIRO. Grau Templário.

GRANDE ARQUITETO DA CIDADE MISTERIOSA. Grau 68.º do Rito de Mênfis, correspondente à sexta classe da segunda série filosófica.

GRANDE ARQUITETO DO UNIVERSO. Título dado à Divindade Suprema em todos os Ritos e Sistemas maçônicos.

GRANDE ARQUITETO ESCOCÊS. Grau 10.º do Rito dos Eleitos da Verdade.

GRANDE ARQUITETO MESTRE. Grau Templário.

GRANDES ARTE. A Maçonaria. (V. *Arte Real.*)

GRANDE CAPITÃO DE GUARDAS. Um dos grandes oficiais componentes do Consistório dos Sublimes Príncipes do Real Segredo, grau 32.º do Rito Escocês Antigo e Aceito.

GRANDE CAPÍTULO. *1* — Nome da Loja em que se reúnem os representantes de determinado número de Oficinas capitulares de uma potência ou jurisdição territorial, consoante os estatutos e a organização legal de cada país. *2* — Nome da Loja dos Noaquitas ou Cavaleiros Prussianos. *3* — Título das Lojas dos Sublimes Cavaleiros Escolhidos, grau 11.º do Rito Escocês Antigo e Aceito. (Cf. *Loja.*)

GRANDE CAVALEIRO DA ÁGUIA BRANCA E NEGRA. Grau 64.º da segunda série filosófica e décima classe do Rito de Misraim.

GRANDE CAVALEIRO DA ESTRÊLA FULMINANTE. Grau 9.º dos Adeptos Herméticos.

GRANDE CAVALEIRO DO TEMPLO. Grau 11.º do Rito Escocês Antigo e Aceito.

GRANDE CHANCELER. Secretário de determinados altos Corpos, Supremos Conselhos, etc.

GRANDE CHANCELER HERMÉTICO. Título de um grau da nomenclatura da Universidade.

GRANDE CINZELADOR. Título dado ao Secretário na *Corte* Bronze (25.º) do Rito Escocês Antigo e Aceito.

GRANDE COBRIDOR. Título do irmão Cobridor das Grandes Lojas.

GRANDE COMANDANTE ou

GRANDE COMENDADOR. No *Rito Escocês Antigo e Aceito,* é: a) — o título de Presidente, Soberano Grande Mestre e Chefe da Ordem dos *Kadosh;* b) — um dos títulos do Venerável Grão-Mestre, representante de Frederico II, Rei da Prússia, na recepção dos Cavaleiros *Kadosh,* grau 30.º; c) — um dos títulos do Cavaleiro *Kadosh,* grau 31.º.

GRANDE COMENDADOR DO ORIENTE. Grau 43.º da segunda série filosófica e oitava classe do Rito de Misraim.

GRANDE COMENDADOR DO TEMPLO. *1* — Título do grau 27.º, que é também variado com o de *Soberano Comendador do Templo de Jerusalém,* no Rito Escocês Antigo e Aceito. *2* — Título do grau 35.º da terceira classe da primeira série filosófica do Rito de Mênfis. *3* — Idem, do grau 37.º do Escocismo.

GRANDE CONSELHO. *1* — Denominação geral dada a algumas câmaras de altos graus. *2* — Também se aplica às Oficinas dos Cavaleiros do Oriente e Ocidente, grau 17.º do Rito Escocês Antigo e Aceito.

GRANDE CONSISTÓRIO. No Rito Escocês é o corpo constituído pelos Grandes Inspetores da Ordem, Presidentes dos Conselhos de Sublimes Príncipes e de vinte e cinco dos Sublimes Príncipes mais idosos no grau.

GRANDE CONSISTÓRIO GERAL DOS SUBLIMES PRÍNCIPES DA MAÇONARIA. Um dos cinco Supremos Conselhos, que regem e governam a Ordem de Mênfis.

GRANDE CRUZ. Título aplicado aos irmãos nas reuniões do grau 29.º do Rito Escocês Antigo e Aceito.

GRANDE DEFENSOR DA ORDEM. Título do grau 85.º da terceira série cabalística e sétima classe do Rito de Mênfis.

GRANDE DIÁCONO. Título dos Diáconos das Grandes Lojas.

GRANDE DIGNITÁRIO. Oficial dignitário de um Grande Oriente, de uma Grande Loja ou de certos altos graus.

GRANDE ELEITO. *1* — Grau 4.º da primeira série do Rito dos Eleitos de Coens ou Sacerdotes, também denominado Martine Pascalis. *2* — Um título do grau 5.º do Rito Moderno ou Francês.

GRANDE ELEITO, *Antigo.* Título do grau 14.º do Rito Escocês Filosófico, de 25 graus.

GRANDE ELEITO, ANTIGO MESTRE PERFEITO. *1* — Grau 1.º dos Eleitos Coens. *2* — Grau 14.º do Rito Escocês Antigo e Aceito. *3* — Grau 14.º do Rito de Heredom ou Perfeição. *4* — Grau 14.º do Rito de Tschoudy, no Soberano Capítulo dos Cavaleiros do Oriente.

GRANDE ELEITO CAVALEIRO KADOSH. Um dos títulos do grau 30.º do Rito Escocês Antigo e Aceito.

GRANDE ELEITO DA VERDADE Grau 29.º do Rito Escocês Primitivo.

GRANDE ELEITO DO ORIENTE. Título de um grau da nomenclatura da Universidade.

GRANDE ELEITO DOS SETENTA E CINCO. Um dos graus da nomenclatura anterior.

GRANDE ELEITO EM TRÊS PONTOS. Grau 3.º dos Noaquitas franceses.

GRANDE ESCOCÊS. *1* — Um dos títulos do grau 5.º do Rito Moderno ou Francês. *2* — Idem, do grau 11.º do Rito Escocês Filosófico. *3* — Título do grau 6.º dos antigos Capítulos da Holanda e de outro da nomenclatura da Universidade.

GRANDE ESCOCÊS DA ABÓBADA SAGRADA DE JAQUES ou JAIME VI. Um dos títulos do grau 14.º do Rito Escocês Antigo e Aceito.

GRANDE ESCOCÊS DE SANTO ANDRÉ. *1* — Título do *grau* 25.º do Rito Escocês Primitivo, em 33 graus. *2* — Um dos títulos do grau 20.º do Rito Escocês Antigo e Aceito.

GRANDE ESCOCÊS INGLÊS, MUITO EXCELENTE MAÇOM E GRANDE PATRIARCA. Um grau da nomenclatura da Universidade.

GRANDE ESCOCÊS INICIADO. Grau 11.º do Rito Escocês filosófico.

GRANDE ESCOCÊS TRINITÁRIO ou PODEROSO GRANDE MESTRE DA ORDEM DA SANTÍSSIMA TRINDADE. Grau da Loja-Mater do Rito Escocês filosófico.

GRANDE ESMOLER. Oficial que desempenha as funções de Esmoler nas Grandes Lojas e Conselhos Superiores da Ordem.

GRANDE ESTRELA DE SÍRIO. Uma das três grandes condecorações do Rito de Mênfis. (Cf. *Sírio.*)

GRANDE EXPERTO. É o Experto das Grandes Lojas e dos Conselhos Superiores do Rito de Mênfis.

GRANDE HARAM. Denominação dos membros do grau 74.º do Rito de Misraim.

GRANDE HASIDE. Denominação dos membros constituintes do grau 76.º do Rito de Misraim. Pl. *Hasidim* (*Virtuosos*).

GRANDE IMPERADOR DO ORIENTE. Título de um grau da nomenclatura da Universidade.

GRANDE INQUISIDOR COMENDADOR. No *Rito de Mênfis,* é o grau 32.º da primeira série simbólica e terceira classe, e o grau 66.º da segunda série filosófica e décima classe.

GRANDE INSPETOR. *1* — No *Rito Escocês Antigo e Aceito,* título que substitui o de primeiro Vigilante nas Lojas dos Sublimes Eleitos, grau 11.º. *2* — Título correspondente a Primeiro Vigilante no grau 4.º do Rito Moderno ou Francês.

GRANDE INSPETOR DA ORDEM. Grau 84.º da terceira série cabalística e sétima classe do Rito de Mênfis.

GRANDE INSPETOR ELEITO CAVALEIRO *KADOSH*. *1* — Grau 65.º do Rito de Misraim. *2* — Grau 10.º e último do Escocismo reformado de Tschoudy.

GRANDE INSPETOR, GRANDE ESCOCÊS. Denominação do grau 11.º do Rito Escocês filosófico.

GRANDE INSPETOR, INQUISIDOR, COMENDADOR. *1* — Ttíulo do grau 31.º do Rito Escocês Antigo e Aceito. Também se diz *Grande Inquisidor Comendador.* *2* — Título do grau 66.º do Rito de Misraim.

GRANDE INSPETOR GERAL, INTENDENTE REGULADOR DA ORDEM. No Rito de Misraim, grau 77.º da terceira série mística e décima terceira classe.

GRANDE INSPETOR PERFEITO INICIADO. Título do grau 10.º do Rito Escocês filosófico.

GRANDE JEOVÁ, *Cavaleiro*. Título de um grau da nomenclatura da Universidade.

GRANDE *KADOSH*. Grau 31.º da primeira série simbólica e terceira classe do Rito de Mênfis.

GRANDE LOJA. *1* — Grandes centros de obreiros ou maçons livres, que antigamente executavam as obras arquitetônicas, organizavam as corporações de construtores e coordenavam suas mútuas relações. Depois da reforma de 1717, em Londres, que tornou a Maçonaria filosófico-social, as *Grandes Lojas* se transformaram num corpo superior, independente e soberano, que em alguns países encarna o supremo poder da Ordem. Nos países onde existe *Grande Oriente,* às vezes funciona como um dos seus ramos ou seções. *2* — Uma federação de Lojas trabalhando no mesmo Rito.

GRANDE MACHADO. Título do grau 32.º da segunda série simbólica do Rito de Misraim.

GRANDE MESTRA. Título da irmã presidente de uma Oficina no Rito de Adoção, equivalente ao de Venerável numa Loja de irmãos.

GRANDE ORADOR. Título do Orador das Grandes Lojas.

GRANDE ORIENTE. *1* — Estado-Maior ou Corporação Superior do governo maçônico circunscrito a um só país ou Rito, ou abrangendo vários países ou Ritos. *2* — Uma federação agrupando diversos Ritos.

GRANDE PATRIARCA NOAQUITA. Título do grau 20.º do Rito de Heredom ou Perfeição.

GRANDE PRATO. Nome atribuído à mesa, nos banquetes maçônicos.

GRANDE PORTA-ESPADA. O Porta-Espada da Grande Loja.

GRANDE PRECEPTOR. No grau 29.º do Rito Escocês Antigo e Aceito, é o título do Primeiro Diácono da Loja.

GRANDE PRELADO. É o Título do Primeiro Vigilante no grau 29.º do Rito Escocês Antigo e Aceito.

GRANDE REFERENDÁRIO. Título do Orador nos Supremos Conselhos do grau 88.º do Rito de Misraim.

GRANDE REGULADOR GERAL DA ORDEM. Grau 87.º da terceira série cabalística e sétima classe do Rito de Mênfis.

GRANDE ROSA MAGNÉTICA. Título de um grau avulso e do 105.º da nomenclatura da Universidade.

GRANDE SACRIFICADOR ou MESTRE ESCOCÊS. Grau 3.º do Escocismo de Clermont, e grau 19.º da nomenclatura da Universidade.

GRANDE SECRETÁRIO. Um dos dignitários das Grandes Lojas, Grandes Orientes e outros altos corpos maçônicos, onde exercem funções idênticas às dos Secretários das Lojas simbólicas. Este cargo foi criado em 1772 pelo Duque de Warthon, Grão-Mestre da Grande Loja da Inglaterra, e durante muito tempo seu ocupante foi de livre nomeação dos Grãos-Mestres. (Cf. *Grande Secretário, Ilustre Secretário do Grande Império.*)

GRANDE SENESCAL. Título do Segundo Vigilante das Lojas do grau 29.º do Rito Escocês.

GRANDE SOBERANO SACRIFICADOR. Título do Presidente do Tabernáculo, no grau 23.º do Rito Escocês Antigo e Aceito.

GRANDE TESOUREIRO. É o Tesoureiro da Grande Loja.

GRANDE-TODO. O Todo-Poderoso.

GRANDE TRIBUNAL DOS GRANDES DEFENSORES DA ORDEM. É o quinto dos Supremos Conselhos que regem o Rito de Mênfis.

GRANDE VIGILANTE. Nas Grandes Lojas, é o título de seus Vigilantes.

GRANDES HONRAS. Ritual de acolhida reservado aos representantes oficiais dos Altos Corpos maçônicos.

GRANDES SACERDOTES. Título dos dois Vigilantes no grau 23.º do Rito Escocês Antigo e Aceito.

GRANDES SACRIFICADORES ou LEVITAS. Título dos ministros que constituem as *hierarquias* ou *coros* (Lojas) dos chefes do Tabernáculo, grau 23.º do Rito Escocês Antigo e Aceito.

GRÃO-COPTO. No Rito da Maçonaria Egípcia é o título designativo de Cagliostro, seu fundador.

GRÃO-MARECHAL. Título do Segundo Diácono nas Lojas do grau 29.º do Rito Escocês.

GRÃO-MESTRE. *1* — A maior autoridade que preside a Grande Loja e constitui o seu Poder Executivo. *2* — Título dos Presidentes das Lojas dos graus de Mestre *ad Vitam* (20.º) e de Cavaleiro de *Kadosh* (30.º), quarta sala ou *Senado,* do Rito Escocês Antigo e Aceito. *3* — Presidentes e Grandes Vigilantes dos Supremos Consistórios do grau 72.º e dos membros do Supremo Conselho Geral do Grau 90.º, do Rito de Misraim.

GRÃO-MESTRE ARQUITETO. Título do Presidente do grau 12.º do Rito Escocês Antigo e Aceito.

GRÃO-MESTRE DA CHANCELARIA. Título do Guarda-Selos e timbres da Grande Loja.

GRÃO-MESTRE DA CHAVE DA MAÇONARIA. Grau 21.º do sexto colégio do Rito Escocês de Heredon ou Perfeição, de 25 graus.

GRÃO-MESTRE DE CAVALARIA. Título do Presidente Vigilante nas Lojas do grau 15.º do Rito Escocês Antigo e Aceito.

GRÃO-MESTRE DE CERIMÔNIAS. É o Mestre de Cerimônias nas Grandes Lojas.

GRÃO-MESTRE DO PALÁCIO. É o título do Orador nos Conselhos de Cavaleiro do Oriente ou da Espada, grau 6.º do Rito Moderno ou Francês.

GRÃO-MESTRE DO TESOURO ou DAS FINANÇAS. É o título do Tesoureiro Orador nos Conselhos dos Cavaleiros do Oriente ou da Espada, grau 6.º do Rito Moderno ou Francês.

GRÃO-MESTRE DOS DESPACHOS. Título do Secretário dos Conselhos dos Cavaleiros do Oriente ou da Espada, grau 6.º do Rito Moderno ou Francês.

GRÃO-MESTRE, SOBERANO GRANDE COMENDADOR. Título do Presidente do Supremo Conselho e Chefe da Ordem. É o primeiro dignitário da Grande Loja, o qual preside suas reuniões e trabalhos, nas assembléias gerais dos Solstícios ou dos dois São João. (Cf. *Festas.*)

GRÃO-MESTRE VENERÁVEL. Grau do Capítulo dos Imperadores do Oriente e Ocidente.

GRÃO-MORDOMO. Um dos oficiais das Lojas, do grau 29.º do Rito Escocês.

GRÃO-NOTÁRIO. É o Secretário nas Lojas, do grau 29.º do Rito Escocês.

GRÃO-PONTÍFICE. *1* — Um dos títulos do grau 19.º do Rito Escocês Antigo e Aceito. *2* — Idem, do grau 19.º do Rito de Heredom.

GRÃO-SACERDOTE. Um dos graus de cavaleiros dos maçons ingleses.

GRAUS. Das várias definições que se fazem da Maçonaria, uma das mais autênticas, conquanto ainda incompleta, é a de que se trata de "um sistema de ética velado em símbolos e alegorias", que visa o aperfeiçoamento do ser humano. Esse aperfeiçoamento e as instruções que ele implica não se obtêm num jato, mas, sim, em escala progressiva, ascendente, por meio de iniciações próprias, como progressiva e não aos saltos é a marcha evolutiva da Natureza. Daí a distribuição dos ensinos e práticas maçônicos em graus ascendentes, *pari passu* ao aperfeiçoamento individual, e a classificação desses graus segundo o tipo de ensinos que incorporam. Assim, há os três primeiros graus *simbólicos,* também chamados da Loja Azul, que são reconhecidos e praticados em todos os Ritos conhecidos, salvo ligeiras diferenças. Com base no Rito Escocês Antigo e Aceito, que é um dos mais em voga, os demais graus, chamados superiores, se classificam em:

Graus Inefáveis: do 4.º ao 14.º graus;
Graus Capitulares: do 15.º ao 18.º graus;
Graus Filosóficos: do 19.º ao 30.º graus;
Graus Administrativos: do 31.º ao 33.º graus.

Sobre essa distribuição comenta o Ir.·. Leadbeater: "O plano maçônico visa, evidentemente, desenvolver os princípios do homem em ordem regular. O trabalho da Loja Azul concerne primariamente à personalidade transitória, o instrumento temporário da Alma. Se ouvimos "a língua de boa reputação" a favor de um homem, podemos presumir que ele mantém o seu veículo físico sob controle satisfatório. Mas no grau de Aprendiz é ele instruído a trazê-lo completamente sujeito, a suavizar e polir a "pedra bruta", e ao mesmo tempo a manter sua natureza emocional dentro dos devidos limites, reprimindo-lhe os aspectos inferiores e desenvolvendo-lhe os superiores. Como Companheiro, ele aprede a dominar de maneira absoluta essas emoções, ao passo que trabalha no desenvolvimento gradual dos poderes de seu corpo mental, e no despertamento e educação de suas faculdades intelectuais. Como Mestre maçom, ensina-se-lhe a corresponder a esse sublime título pela obtenção de completo domínio sobre a personalidade, tanto da mente como das emoções; e a desenvolver uma magnífica atitude de fraternidade e altruísmo, que o impele sempre a tomar o ponto de vista do Ego (seu Eu Superior), de sorte que nunca mais consinta ao Esquadro obscurecer o Compasso, mas o conduza pelo Vale da Sombra da Morte para o limiar daquele mundo celeste onde mora o Eu imortal. Pois a morte e ascensão místicas também relatam não só a continuidade da existência da personalidade no mundo astral depois da morte do corpo físico, mas num sentido superior, simbolizam a morte a todo o impermanente, e o atingimento de uma Realidade eterna além dos véus do espaço e tempo." E sobre os graus superiores: "Os graus superiores não prosseguem apenas o mesmo processo de desenvolvimento iniciado nos graus inferiores, pois se pode dizer que em certo sentido o repete num nível superior." (*A Vida Oculta na Maçonaria*, pp. 216 e 230, 3.ª ed. *Pensamento*). (Cf. *Lojas; Maçonaria Azul; — Branca; — Filosófica; — Negra; — Vermelha.*)

GRAUS ADMINISTRATIVOS. São os graus 31.º, 32.º e 33.º, os últimos do Rito Escocês Antigo e Aceito, dando direito de pertencer aos Corpos que legislam soberanamente como Grandes Lojas, Conselhos, Supremos Conselhos, etc. Nesse Rito, além de tal direito, o grau 33 inclui o de exercer as atribuições de juízes ou administradores soberanos em determinadas regiões

GRAUS SIMBÓLICOS. Na Maçonaria, é a série ascendente de iniciações simbólicas, que marca a assimilação e realização da doutrina e finalidade da Ordem. A maioria dos maçons sustenta que a Ordem compreende apenas três graus simbólicos: *Aprendiz, Companheiro* e *Mestre.* A Maçonaria inglesa admite mais o *Grau Mark* e o *Santo Real Arco,* principalmente como extensões dos Segundo e Terceiro Graus, respectivamente, e ainda adota uma cerimônia de Instalação para o Mestre (Venerável) de uma Loja, o que, praticamente, corresponde a um Grau adicional, embora sem essa denominação. No 1.º Grau (Aprendiz), o objetivo principal é o desenvolvimento de qualidades morais; no 2.º (*Companheiro*), acrescenta-se a aquisição de conhecimentos, e ao 3.º (*Mestre*), adiciona-se a auto-realização de virtudes espirituais. Neste particular, mais uma vez a organização maçônica se assemelha à de antigas religiões e escolas filosóficas, que classificavam seus adeptos e fiéis em três ordens ou graus principais. Na religião hinduista eram *Karma, Jnana e Bhakti Margas,* ou Caminhos da Ação, do Conhecimento e da Devoção, e na sua filosofia, eram Audição, Percepção e Visão; no Budismo, são as câmaras da Ignorância ou Dor, Instrução e Sabedoria; entre os egípcios, Mortais, Inteligências e Criadores de Luz; ou Iniciação, Iluminação e Perfeição; nos mistérios gregos, Lustração (Purificação), Mistérios (Misticismo), e Epopteia (Iniciação); na escola pitagórica: Ouvintes, Matemáticos e Físicos; entre os essênios: Neófitos, Irmãos e Perfeitos; entre os druídas: Eubates, Bardos e Druídas; na primitiva Igreja cristã: Catecúmenos, Competentes e Iluminados; entre os cristãos: Purificação, Iluminação e Perfeição; entre os maniqueus: Ouvintes, Eleitos e Perfeitos. (Cf. *Hierarquia; Rito; Três Graus de Iniciação, Os.*)

GRAUS SUPERIORES ou SUPERMAÇÔNICOS. Denominação dada a todos os graus superiores ao terceiro simbólico. O Rito Escocês Antigo e Aceito e a Comaçonaria trabalham com 33 graus, e outros corpos maçônicos menores adotam alguns deles. Classificam-se esses graus em *inefáveis* ou de *perfeição* (do 4.º ao 14.º), *capitulares* (do 15.º ao 18.º), *filosóficos* (do 19.º ao 30.º) e *administrativos* (do 31.º ao 33.º). Os Ritos de Mênfis e Misraim usavam uma escala de 97 graus, porém os têm também reduzido a 33. Conquanto muitos maçons não os admitam, os graus superiores já se incorporaram definitivamente ao grande esquema da Franco-maçonaria, constituindo como que marcos erguidos na escalada ascendente do maçom, em sua busca de conhecimentos e unificação consciente com Deus. Como diz Leadbeater em seu livro *A Vida Oculta da Maçonaria,* "ao homem comum bastam os graus da Maçonaria simbólica; quando, porém, aprendeu as lições correspondentes a esses graus, ele não é mais um homem comum, mas ultrapassou a linha média. Se ele puder completá-los com o conhecimento transmitido pelo Grau *Mark* e Santo Real Arco, terá uma norma de vida e uma filosofia que muito o ajudarão na vida".

GRAVAR UMA COLUNA. Escrever uma carta.

GUARDA-SELOS e TIMBRES. O oficial das Lojas, Grandes Lojas e Grandes Orientes, incumbido de custodiar os selos e timbres e de imprimí-los nos documentos devidos, cuja referência e assunto anotará num registro especial. Nas Lojas se costuma atribuir estas funções ao Mestre mais antigo, e nas Grandes Lojas e Grandes Orientes, ao decano em idade. (Cf. *Sêlo.*)

GUARDA-TEMPLO. É o encarregado de zelar pela segurança do templo e dos irmãos durante os trabalhos . Há o *Guarda Externo,* também chamado *Cobridor,* e o *Guarda Interno.*

GUARDIÃO DO NOME INCOMUNICÁVEL. Título do grau 73.º do Rito de Mênfis.

GUILDAS. *1* — Associações formadas na Idade Média entre as corporações de operários, negociantes ou artistas com finalidades de auxílio mútuo. *2* — Para fugir às perseguições dessa época, os maçons formaram Lojas com essas denominações, nas quais preservaram os restos dos antigos Mistérios, após o desaparecimento dos Colégios Romanos. (Cf. *Maçonaria Operativa.*)

GUTURAL. Um dos sinais de reconhecimento do grau de *Aprendiz*. Exotericamente, significa que o maçom prefere "ter a garganta cortada e a língua arrancada pela raiz" a faltar ao seu juramento; *esotericamente,* alude à qualidade do silêncio e sigilo, a primeira obrigação de todo iniciado, e por isso, simbolicamente, ele "não sabe ainda falar, mas apenas soletrar" (ouvir). (Cf. *Geral, Sinal.*)

H

H. Oitava letra do alfabeto maçônico, cuja grafia convencionada se encontra na lâmina à página 16.

H.·. *1* — Inicial de *Honra*, gravada num dos ângulos da medalha heptagonal adotada como jóia dos cavaleiros do Oriente e Ocidente, grau 17.º do Rito Escocês Antigo e Areito; *2* — de *Hiram* na jóia do *Past Master* do *Real Arco*, no grau *Mark* Maçom, e entre as letras esculpidas no frontispício dos Templos dos Eleitos simbólicos, grau 5.º do Escocismo Reformado; *3* — de *Hoben*, no grau 7.º da Maçonaria Adoniramita; *4* — no Rito de Misraim, inicial de *Henoch*, no grau 57.º; de *Haram*, nos graus 71.º, 72.º e 73.º, e de *Hasid*, nos graus 74.º, 75.º, 76.º e 77.º.

H.·. A.·. Abreviatura de *Hiram Abiff*.

H.·. T.·. S.·. T.·. K.·. S.·. Iniciais Misteriosas gravadas em volta da medalha de ouro dos *Past Masters* ou Mestres Passados, no Rito de Iorque ou Maçonaria de Real Arco. (Cf. *Past Master*.)

HABACUC, "abraço contínuo". Palavra de ordem correspondente à terça-feira, em resposta a *Xerxes*, no grau 32.º do Rito Escocês Antigo e Aceito.

HABAKKUK. Um dos doze profetas menores hebreus. O mesmo que *Habacuc*.

HABRANAH, "Santuário Elevado". Palavra sagrada do *Kadosh* templário.

HÁBITO TALAR. Veste usada pelos oficiais de alguns Ritos maçônicos. Significa *corpo glorioso* ou *astral purificado*.

HACHIRAB. Palavra sagrada consignada por alguns catecismos da Mestra Perfeita para o grau 4.º do Rito de Adoção. Veja-se *Achirab* e *Achitob*, esta tida como a correta.

HACOUG, "*Cauteloso*" — Nome de um dos três chefes incumbidos de zelar pelos seis portais do Templo de Salomão, segundo a instrução dos Príncipes de Jerusalém, do grau 8.º segundo o Escocismo Reformado.

HAGHEDOLIM-GHEDOL (*Magnus inter magnus*). Título dos Supremos Conselhos Gerais dos Grandes Ministros constituintes da Ordem, Soberanos Príncipes do grau 78.º do Rito de Misraim.

HAKAN. Um dos três assassinos da *Beleza,* na instrução da Rosa-Cruz de Kilwinning e também no grau 6.º ou *Eleito de Perignan* da Maçonaria de Adoniramita.

HALUABETH. Palavra sagrada das Eleitas, grau 5.º da Maçonaria de Adoção.

HANANIAH (*Ananias*), heb., "graça ou dádiva do Senhor". Intendente de Neheminas, que trabalhou na reconstrução do templo de Jerusalém; é citado na instrução dos Príncipes de Jerusalém, grau 8.º do Escocismo Reformado.

HANUCA, heb., "dedicação". *1* — Festa judaica de Dedicação observada 8 dias desde a véspera de 25 de Kislev, correspondente ao mês de dezembro. O rito principal consiste em acender o candelabro de oito braços: no 1.º dia se acende uma vela na sinagoga, duas no 2.º, 3 no 3.º, e assim sucessivamente até o 8.º, cantando-se hinos e proferindo-se bênçãos. O festival comemora a purificação e reedificação do Templo de Jerusalém por Judas Macabeu em 165 a. C., depois de sua profanação por Antioco Epifânio. *2* — Alguns também celebram nesta época a façanha da Judith hebréia contra o general inimigo Holofernes, para salvar do sítio a cidade de Btúlia, segundo o Antigo Testamento, e que se menciona na Maçonaria de Adoção. (Cf. *Kislev.*)

HAPHTZIEL, heb., "Vontade de Deus". Palavra de passe no grau 23.º do Rito Escocês Antigo e Aceito, em substituição a *Uriel,* tida como a mais autorizada.

HARAM, heb., "grande", "consagrado". No Rito de Misraim: *1* — título do Presidente do Supremo Tribunal dos Soberanos Príncipes Talmudein, grau 71.º, e palavra sagrada deste grau *2* — Título dos grandes Vigilantes dos Supremos Conselhos Gerais dos Soberanos Príncipes do grau 73.º, e *3* — título dos membros do Supremo Conselho do grau 74.º

HARAMANATH. Palavra de passe dos Muito Sábios Israelitas Príncipes, grau 70.º do Rito de Misraim. Veja-se *Harumaph.*

HARMACHIS, do eg. *Her-em-chu,* "Horus (o Sol) no horizonte". *1* — É a antiquíssima Esfinge egípcia uma forma simbólica de *Ra,* o Deus-Sol fazendo despertar o Novo Dia. *2* — No *Livro dos Mortos* egípcio se encontram numerosos e exultantes hinos de louvor e gratidão a *Harmachis* ou *Heru-khuti,* o "divino filho-do-homem, herdeiro da eternidade, auto-engendrado e auto-nascido, rei da terra, príncipe dos Céus, governador das regiões (os quatro pontos cardeais) de *Aukert*" (o submundo). O templo de *Harmachis* foi descoberta pelo egitólogo francês Augusto Eduardo Mariett, junto à Esfinge e a pouca distância da Grande Pirâmide de Gizeh. Todos os egitólogos são unânimes em declarar que essa Esfinge e o seu templo são "os mais antigos monumentos religiosos do mundo", pelo menos no Egito. Escreve James Fergusson em sua *History of Architecture*: "A câmara principal — *em forma de cruz* — está sustentada por colunas, simples prismas de granito sienito, sem base nem capitel... Nas paredes do templo não existem esculturas nem inscrições de qualquer espécie, nem tampouco se encontra no santuário qualquer ornamento, símbolo ou imagem". Isto prova a enorme antiguidade tanto da Esfinge como do templo. Também Renan recorda que "houve tempo em que, segundo se diz, os egípcios não tinham imagens esculpidas em seus templos". Mas não somente os egípcios, senão também todas as demais nações tinham no princípio seus templos desprovidos de imagens e de símbolos. Só posteriormente, quando se extinguiu por completo a recordação das grandes verdades abstratas e da Sabedoria primordial ensinada à humanidade pelas dinastias de reis divinos, é que os homens tiveram que recorrer a memoriais e simbologia. A propósito, relata Josefina Maynadé em seu *El Horoscopo del Mundo,* pp. 40/1: "Segundo remota tradição, o monumento comemorativo da fundação da primeira colônia atlante no Delta egípcio, foi a Esfinge *Harmachis,* ou "Sol Nascente". Em verdade, essa Esfinge significa o símbolo dos dois signos (zodiacais) de fim e começo — Leo-Câncer — representados numa cabeça ou busto de mulher de tipo andrógino: *Câncer,* e um corpo de Leão: *Leo.* Essa enorme, monstruosa figura simbólica foi levantada no mesmo lugar onde nossos pais atlantes fundaram o primeiro *nomo,* ou povoado, dentro dos cânones da civilização atlante. No seio da Esfinge houve o primeiro Templo rupestre ou subterrâneo, já que estava escavado na rocha calcárea de um promontório que em suas origens se elevava à margem do Mar da Líbia. A face da Esfinge e a entrada de seu Templo-cripta se achavam orientadas para o Sol nascente, no ponto dos equinócios, quando são iguais os dias e as noites. O enorme monumento exaltava não só a fundação do Egito há uns onze mil anos, senão que era uma glorificação do Sol e da Lua que presidiriam a vida e a religião dos egípcios, o seu herdado ritual, a sua moral e seus costumes. Isso justifica o assombroso progresso científico, filosófico e material dos antigos habitantes do país do Nilo, a que faz referência Paul Schliemann". *3* — Os quatro animais que integram a Esfinge — um leão, um boi, uma águia e o rosto de homem — aludem aos antigos Animais Sagrados, símbolos universais das poderosas quatro Divindades cardeais presentes nos cultos de numerosos povos, inclusive dos cristãos. Entre os hindus representam o Brahmâ de quádrupla Face; no *Livro dos Mortos* egípcio, p. ex., cap. XXXII, e p. 25, são as quatro Divindades cardeais, porém ali simbolizadas pelas cabeças de macaco, chacal, falcão e humana; estão no *Livro de Ezequiel,* I: 9, 10, 12, 15-18; no *Apocalipse* de S. João, IV: 6-8; nos Evangelhos editados pela Igreja grega aparecem associados aos quatro Evangelistas — a Águia, S. João; Touro, S. Lucas; Leão, S. Marcos; Cabeça humana ou Anjo, S. Mateus, que também compõem o Pentaclo Pitagórico. São os mesmos Devarajas da Índia, os Regentes dos elementos terra, água, ar e fogo, e os quatro Agentes Cármicos do mundo. Na Astrologia estão representados pela conjunção dos quatro Signos capitais de Leo, Taurus, Escórpio (ou Águia), e Aquarius, que formam a cruz zodiacal, que periodicamente, em sua marcha precessional, reaparecem como marco inicial e indicativo de um novo ciclo evolutivo racial, planetário ou cósmico, o nascimento de uma "Nova Jerusalém" para a humanidade. *4* — Na Maçonaria são os quatro Anjos ou Espíritos planetários, que ritualisticamente são invocados para a consagração de uma Loja. A tradição dêstes poderosos Quatro se transmitiu aos Obreiros operativos medievais e misturou-se com a dos quatro Mártires Coroados, os Santos Patronos da Ordem. *5* — Nas Escrituras hinduístas estão personificados nos quatro *Mahârâjas* ou *Devarâjas* que presidem os quatro pontos cardeais, agentes ou regentes das fôrças cósmicas do N., S., E. e O., e que nas Escrituras judaicas e cristã correspondem, respectivamente, aos Arcanjos Gabriel, Miguel, Rafael e Ariel, e no Islamismo são Gabriel, Miguel, Asrael e Israfil. Mudam os nomes com as épocas e os povos e as tradições, porém as Divindades são sempre as mesmas. (Cf. *Esfinge; Pirâmides.*)

HARMONIA. Música. Entre os gregos se consideravam a harmonia e alma como similares na natureza, porque tôdas as almas são harmônicas.

HARUMAPH, heb., "destruição", "anátema". Nome do pai de Jedaiah, um dos que trabalharam na restauração do muro estreito de Jerusalém. Segundo alguns autores, esta seria a verdadeira palavra de passe a dar-se no grau dos Israelitas Príncipes (70.º) do Rito de Misraim, em vez de *Haramanath*, como vem nos catecismos.

HASIDE (do hebreu *hasid*, "grande virtuoso"). No Rito de Misraim, *1* — título do Príncipe presidente do Supremo Conselho Geral dos Príncipes Grande Haram, grau 74.º; *2* — título dos membros do grau 75.º (Soberano Tribunal), e *3* — título dos membros do grau 76.º (Supremo Conselho). (Cf. *Grande Haside*).

HAVOTH-JAIR (do hebreu *Hhayth-Lair*, "deslumbrante luz da verdade me abriu os olhos"). Palavra sagrada das Mestras grau 3.º do Rito de Adoção.

HAXIXE. Folhas secas de cânhamo índico, que se usam no Oriente Próximo para fumar ou mastigar; poção narcótica composta desse vegetal e que produz uma sonolência embalada de deliciosas ilusões e estranhas visões. (Cf. *Assassinos*.)

HAZARIAH, heb. ("Auxílio do Senhor", *Azarias*). Um dos subintendentes do Templo de Salomão, mencionado na instrução dos Príncipes de Jerusalém, grau 8.º do Escocismo Reformado.

HAZAZ, heb., "forte". Um dos grandes nomes de Deus, constante da instrução dos grandes arquitetos, grau 6.º do Escocismo Reformado.

H.·. D.·. M.·. Abreviatura de *Heredom*.

HELAMAM. Exclamação de alegria proferida pelos grandes escoceses ao descobrirem a palavra inarticulável, gravada no Delta sagrado. É corrutela do hebraico *El-hanan* ou *Hananel*, "Deus compassivo".

HELIOS. *1* — Denominação grega do Sol e que nos Mistérios de Mithra se dava aos iniciados do 6.º grau. *2* — Palavra de passe adicional de muitas Lojas dos *Cavaleiros do Sol*, grau 28.º do Rito Escocês Antigo e Aceito. *3* — Uma das três palavras sagradas alusivas à Divindade Suprema, que se dão a conhecer no grau 2.º do Rito Egípcio de Cagliostro. As outras duas são *Melion* e *Tetragrammaton*.

HEPTÁGONO. Figura geométrica usada em muitos símbolos maçônicos e também para representar o acampamento dos Príncipes do Real Segredo, grau 32.º do Rito Escocês Antigo e Aceito. Veja-se *Estrela* — III.

HEREDOM. *1* — Na Escócia, os Ministérios secretos do Oriente e Ocidente foram transmitidos de geração em geração em vários centros, dos quais o principal foi a ilha sagrada de Jônia, denominada Heredom pelos iniciados nos ritos dos monges Caldeus. Na tradição maçônica se diz ser Heredom uma montanha mística, o que é alegoricamente certo, pois o monte tem sido tomado na antigüidadade como símbolo de Iniciação. Outro centro secreto na Idade Média foi a Abadia de Kilwinning, originando-se daí serem os ritos desses centros derivados parcialmente dos Caldeus, mas sempre denominados de Kilwinning e de Heredom, e também de Perfeição. O Rito de Heredom consta de 25 graus, que foram incorporados ao Rito Escocês Antigo e Aceito pelo Conselho dos Imperadores do Oriente e Ocidente, em 1758. *2* — Entra no título dos membros do grau 46.º do Rito de Misraim (*Soberanos Príncipes Rosa-Cruz de Kilwinning e de Heredom*).

HEREDOM DA TORRE. Título comum dos três primeiros graus do Rito Escocês Filosófico, em 15 graus, que se seguem aos três simbólicos.

HERMES. Nome grego de Mercúrio, correspondente ao *Toth* egípcio, também denominado Hermes Trismegisto ou "três vezes grande". Alude à fonte de toda a ciência e toda a iniciação, da qual provém a doutrina esotérica chamada Hermetismo, a que estão ligados os alquimistas e quase todos os ocultistas ocidentais, bem como a própria Cabala.

HERMÉTICO. Termo designativo de diversos graus e em diversos Ritos.

HERMORUS. O Terceiro dos seis oficiais inferiores da Ordem Sagrada dos Sofísios, que empunham a espada nua no interior das grandes pirâmides.

HEXAGRAMA. V. *Selo de Salomão.*

HEZER, heb., "socorro". Denominação da torre em que foram encerrados os assassinos de Hiram, segundo se instrui no grau 5.º, Eleito Simbólico, do Escocismo Reformado.

HHAI, heb., "vivente". Exclamação significando dor, entre os sinais do grau 8.º dos Ritos de Mênfis e Escocês Antigo e Aceito.

HHAMALIEL,, heb., "indulgência de Deus". Um dos sete querubins que compõem o Conselho de Cavaleiros do Sol, grau 28.º do Rito Escocês Antigo e Aceito, e governante simbólico de Vênus.

HIDRANOS, "sacrificador". *1* — É o Mestre de Cerimônias nos Grandes Capitulos do Real Arco da Antigüidade. *2*

— Idem, nos areópagos dos Sábios das Pirâmides do Rito de Mênfis.

HIERARQUIA. *1* — Ordem e subordinação dos dignitários e oficiais das Lojas, assim classificados:

Dignitários e Luzes Superiores

Venerável.
Primeiro Vigilante.
Segundo Vigilante.

Dignitários e Oficiais de Primeira Classe

Orador.
Secretário.
Tesoureiro.

Oficiais de Segunda Classe

Peritos (por sua ordem se houver mais de um).
Arquivista Guarda-Selos.
Mestre de Cerimônias (por sua ordem se houver mais de um).

Oficiais de Terceira Classe

Arquiteto Decorador.
Esmoler Hospitalar.
Diretor de Banquetes.
Diáconos (por sua ordem).
Porta-Estandarte.
Porta-Espada.
Guarda Interno do Templo.
Guarda Externo do Templo.
Mordomo.

2 — Título tomado pela Loja durante a celebração dos trabalhos dos Chefes do Tabernáculo (23.º) e Príncipes do Tabernáculo (24.º), do Rito Escocês Antigo e Aceito. *3* — Série crescente dos graus maçônicos. (Veja-se *Graus; Graus Superiores.*)

HIEROFANTE (do grego, *hierophantes,* "o que explica coisas sagradas"). O iniciador nos antigos Mistérios.

HIERÓGLIFO. Cifra ou caráter maçônico e emblemático.

HINAROTH IGNIS. São os cavaleiros de *Bamuk,* grau 69.º do Rito de Misraim.

HIRAM (do hebraico *hhi* ou *hhai,* vida + *ram,* elevado). *1* — Rei de Tiro, que manteve amizade e aliança com Davi e depois com o sábio rei Salomão (*II Sam.* 5:11; *I Crôn.* 14:1;

I *Reis* 5:1, 10, 11 e 12; 7:13 e 40; 9:12 e 27: 10:11 e 22). Ajudou este a edificar o seu Templo em Jerusalém, enviando-lhe materiais, operários e o hábil artífice Hiram Abiff. *2* — No Escocismo Reformado, é o nome dado a um dos chefes das Lojas de Eleitos simbólicos (5.º), e a grande palavra dos Prebostes e do Juiz ou Mestre Irlandês (7.º). *3* — No Rito Escocês Antigo e Aceito, é o nome de um dos chefes das Lojas dos Secretários íntimos ou Mestres por Curiosidade (6.º), e o grande oficial que se senta nos Colégios dos Grandes Escoceses da abóbada sagrada de Jaques VI (6.º), ao lado do Presidente. *4* — No Rito de Misraim, é uma das palavras de reconhecimento dos Soberanos Príncipes Cavaleiros Rosa-Cruz de Kilwinning e de Heredom (46.º), e palavra de passe dos Supremos Comendadores dos Astros (52.º). (Cf. I.·. H.·. S.·.)

HIRAM ABIFF. Também chamado *Hiram-Abi* ou *Huram-Abi* (*II. Crôn.* 2: 13-14), é o filho de uma viúva da tribo de Neftali (*I, Reis* 7:14) do arraial de Dan. Hábil decorador e metalúrgico, o rei de Tiro, seu homônimo, o enviou ao sábio rei Salomão para trabalhar os querubins, colunas e adornos do suntuoso templo que o segundo mandou edificar em Jerusalém, a fim de perpetuar em moldes judaicos o culto que o Iniciado Moisés trouxera do Egito e que vigorara até a época de seu pai Davi. A Bíblia descreve essa obra em *I Reis*, cap. VII. Tornou-se Hiram Abiff o herói central do drama iniciático franco-maçônico, no terceiro grau, porque, segundo a lenda, preferiu sacrificar sua vida à sanha assassina dos "três maus companheiros", a revelar-lhes a "Palavra do Mestre" e o "Segredo" correspondente, para que não caíssem em "mãos não preparadas". O relato bíblico nada menciona sobre o assassinato de Hiram Abiff, ao passo que descreve com minúcias pormenores de menor importância, o que nos autoriza a deduzir que só posteriormente foi criada a lenda de seu martírio. Todavia, este belo e singelo mito iniciático vincula a Franco-maçonaria aos sistemas congêneres da Fenícia e Judéia e aos antigos cultos egípcios, assírios, hindus, gregos particularmente da Samotrácia e cristãos, onde se comemora a morte e ressurreição de Osíris, Tammuz, Krishna, Adônis e Cristo, considerados como "Encarnações Divinas" entre seus respectivos povos, em épocas diferentes. Astronomicamente, esses altos e divinos Heróis-Mártires personificam o Astro-Rei, o Sol, tomado na antiguidade como o mais majestoso símbolo da Divindade, eternamente se sacrificando para alentar, iluminar e libertar a humanidade das trevas. Anualmente o Astro-Rei "morre" ou eclipsa-se ao penetrar aparentemente nos signos inferiores do Zodíaco, e fica "sepultado" durante o solstício de inverno (em relação ao hemisfério norte), para depois "ressuscitar" estuante e esplendente de poder e glória no equinócio da primavera. Por isso era então o Sol tradicionalmente homenageado como uma bela e alegórica representação natural dos heróis, semideuses e salvadores nacionais ou regionais, e daí as antigas festividades solsticiais e equinociais, anda rememoradas no Cristianismo e na Maçonaria. Segundo diversas passagens bíblicas, os hebreus também tributavam honras semelhantes a outros deuses, a ponto de os profetas os censurarem (*Ezeq.* 8:14), e o próprio rei Salomão não era monoteísta ortodoxo (*I Reis* 11:5-7), quiçá por seu respeito às crenças dos países seus vizinhos e às várias tribos que ele governava. Demonstrou esse mesmo espírito universalista e conciliador na construção de seu templo místico de Jerusalém, onde os três principais arquitetos do Templo representam três linhas de tradição diferentes: *Salomão,* herdeiro da linha de sucessão derivada de Moisés, iniciado nos mistérios egípcios; *Hiram,* rei de Tiro, conservando a descendência caldéia, e *Hiram Abiff,* descendente de uma linha independente dessas duas, porém de origem e costumes mais tribais, primitivos e sanguinários. Hoje, em escala mais ampla, essa universalidade continua a ser a característica da Maçonaria, que sempre visou e visa erguer e fortalecer em todos os quadrantes do mundo as três colunas emblemáticas dos superiores atributos representados por esses três personagens, e de cuja estabilidade e progresso depende o bem-estar das nações: a *Sabedoria* de Salomão, a *Força* do rei Hiram, e a *Beleza* do íntegro artífice Hiram Abiff. Sendo a Maçonaria "um sistema de moral exposto em símbolos e alegorias", nessa como em outras de suas lendas o maçom deve buscar sobretudo o sentido místico e moral, que é mais importante do que os fatos simplesmente históricos. (Cf. *Ashmole,* Elias; *Taúde; Equinócios; Lenda; Mistérios Cabirinicos da Samotrácia; Osíris; Rito do Féretro* ou *Pastos; Salomão; Solstícios; templo de Salomão.*)

HIRAMITAS e ADONIRAMITAS. Os primeiros são os franco-maçons que crêem representarem a linha de Hiram Abiff, ao passo que os segundos são os que se dizem continuadores da linha de Adoniram, sucessor do primeiro.

HOBED-HEDOM, heb., "servo do Senhor". Nome de um dos seis porteiros principais do Templo de Salomão, constante da instrução dos Príncipes de Jerusalém (8.º) do Escocismo Reformado.

HOCHMACH, "sapiência"; pronuncia-se *kokmak*. Palavra de passe dos membros do Supremo Conselho dos Soberanos Príncipes (80.º), do Rito de Misraim.

HOLY ROYAL ARCH, ingl. ("santo Real Arco"). Grau 4.º da Maçonaria Inglesa ou Rito de Iorque. Este grau recorda os sofrimentos do povo judeu durante seu cativeiro em Babilônia, durante setenta anos (606-536 a. C.), sob o reinado de Nabucodonosor; seu retorno a Jerusalém, permitido por Ciro, e a construção do segundo Templo, mercê dos esforços de Zorobabel, príncipe de Judah, e de Jeshua, sumo sacerdote (*Esdras* 3:2). (Cf. *Santo Real Arco.*)

HOMEM. Título distintivo de vários graus maçônicos em diferentes Ritos.

HOMEM SANTO. Grau 10.º do Escocismo Reformado, também chamado *Cavaleiro Kee, Cavaleiro da Aguia Branca e Negra,* ou *Cavaleiro Kadosh.*

HOMER. Veja-se *Gomel.*

HONORÁRIO. Membro de uma Loja, isento de contribuições.

HONRAS. São tributadas a um irmão, num Templo maçônico, conforme o seu grau ou missão e segundo o determina o Regulamento ou Constituição de sua respectiva Potência.

HOPA. Espécie de vestimenta ao modo de túnica ou sotaina fechada.

HORA. É o tempo indicado simbolicamente para marcar o início e a terminação dos trabalhos maçônicos, em todos os Ritos e em cada um dos graus de iniciação. Cada catecismo de grau consigna um significado emblemático ou místico às *horas de trabalho.*

HORROR. Denominação de um dos sinais dos iniciados no grau de Mestre-Maçom, para mútuo reconhecimento e saudação. Só pode ser revelado nos trabalhos correspondentes, no recinto de uma Loja regular, justa e perfeita, e aos maçons do 3.º grau.

HORUS. Deus egípcio, da Trindade Osíris, Ísis e Horus.

HOSPITALAR. É o oficial encarregado de recolher os donativos e visitar, cuidar e socorrer os enfermos, membros da Loja, ou profanos aos cuidados da mesma.

H.·. T.·. S.·. T.·. K.·. S.·. Iniciais que na Maçonaria de Real Arco, do Rito de Iorque, figuram na jóia do *Past-Master,* uma medalha de ouro tendo no fundo as colunas J. ·. e B. ·., e entre estas, uma estrela radiante com a letra *Iod* no centro, rodeada dessas seis iniciais.

HUR. Palavra usada na Maçonaria, significando *Liberdade.*

HURRA!. Veja-se *Viva!*

HUTZ, *Rei pastor dos.* Título do grau 45.º da quarta classe da primeira série simbólica do Rito de Mênfis.

HUZE. Grito de aclamação do maçom escocês.

HUZZA. Denominação árabe da Acácia, porém com o mesmo significado desta.

I

I. Nona letra do alfabeto maçônico, cuja grafia convencionada se encontra na lâmina à página 16. I — No *Rito Escocês Antigo e Aceito*: *1* — no grau 8.º, gravada no avental do Intendente dos Edifícios, como inicial de *Iah* ou *Jah* (Deus); *2* — no grau 12.º, gravada na jóia do *Grão-Mestre Arquiteto*, como designativo de *Jophi* ou *Joppa* (*Beleza*) (Cf. II *Crôn.* 2:16), ou de *Jônica*, uma das cinco ordens arquitetônicas; *3* no grau 32.º, designando a tenda chamada *Esdras*, dentre as nove que compõem o eneágono do Acampamento. II — No Rito *Moderno* ou *Francês* (4.º), é uma letra misteriosa gravada numa das colunas dos templos Rosa-Cruzes *Filosóficos* ou *perfeitos*, designando *Ísis* (do egípcio *Issa*, *Natureza*), e também como inicial de *Índia* e *Ignorância*, cujas primeiras letras lhe servem de palavra sagrada. III — Entre os *Cavaleiros do Templo Moderno*: *1* — é um dos meios de reconhecimento, empregando-se como resposta de significado secreto. *2* — No simbolismo dos Cavaleiros Rosa-Cruz de Kilwinning de Heredom (46.º), de Misraim, aparece em substituição ao *G*, com o significado do *Iod*. IV — No *Rito dos Noaquitas Franceses* ou *Maçonaria Napoleônica*, é inicial de *Iab*. V — No grau de *Cavaleiro Rosa-Cruz* de todos os Ritos em geral, entra na composição das quatro iniciais I.·. N.·. R.·. I.·., cujo significado cabe ao respectivo decorado indagar.

I.·. A.·. N.·. I.·. Iniciais que constam dos atributos divinos ensinados no grau 8.º do Rito Escocês Antigo e Aceito, e cujo significado se explica ali aos iniciados.

IAB. Palavra sagrada do primeiro grau do Rito dos Noaquitas Franceses ou Maçonaria Napoleônica.

IAO, ***Ilhao*** **ou** ***Yhao,*** **gr.** O Deus supremo dos fenícios e caldeus. Para os primeiros, era "a luz só concebível pelo intelecto"; "o princípio físico e espiritual de todas as coisas"; "a Essência masculina da Sabedoria". É a luz solar ideal.

É um "nome de mistério", Para os segundos, *Iao* era a Divindade suprema entronizada sobre os sete céus, representando o Espiritual Princípio da Luz. Etimologicamente, *Iao* significa "Alento de Vida". (V. Blavatsky, *Isis sem Véu,* II, 296-301, e *Doctrina Secreta,* I, 483-4; II, 482-4, 565-71.) (Cf. *Jao, Luz.*)

IDÂ, sâns. V. Nadi.

IDADE. Em geral, o grau a que pertence o maçom. Divide-se em duas: *idade da Ordem* e *idade simbólica;* a primeira se conta desde a data da iniciação de Aprendiz, e a segunda é a do seu grau atual.

IDENTIFICAÇÃO DE UM IRMÃO MAÇOM. Faz-se pela telhadura, pelo diploma ou pela carteira de identidade, porém esta última não é usada em tôdas as Obediências maçônicas.

IECTIFLE. *1* — Anagrama francês de *félicité* (felicidade). *2* — Palavra sagrada das *Eleitas,* grau 6.º da Maçonaria de Adoção.

IEVE. O inominável grande nome de Deus, cuja verdadeira pronúncia não é conhecida. Por ser um dos mistérios do interior do Templo de Israel, era privativa do sumo sacerdote a permissão para pronunciá-lo, e só uma vez por ano, no *Dia da Expiação,* o 10.º da lua de *Hhishri,* o primeiro mês do calendário judaico. (Cf. *Delta; I.N.R.I.; Iod; Nome Inefável.*)

IGUALDADE. V. *Liberdade, Igualdade, Fraternidade.*

I.·. H.·. S.·. Iniciais das palavras *Izrach-la, Hiram, Stolkin,* que reunidas constituem a chamada *Grande Palavra* do grau 7.º de um dos Ritos do Escocismo.

ILUMINADOS. Denominação que tem sido usada para designar vários graus e ritos maçônicos.

ILLUMINATTI, lat., pl. de *illuminatus,* "iluminado". *1* — Os que têm ou professam ter uma iluminação especial, seja intelectual ou espiritual. *2* — Primitivamente, cristãos batizados. Durante o batismo se lhes passava um círio aceso para simbolizar a sua iluminação espiritual. Correspondia ao atual 3.º grau simbólico maçônico. (Cf. *Batismo; Mistérios cristãos.*)

ILUSTRE. *1* — Tratamento dado aos maçons revestidos de grau e dignidade elevados, e título de alguns oficiais de certas Oficinas superiores às simbólicas. *2* — Denominação do grau 13.º da primeira série simbólica do Rito de Misraim.

ILUSTRE CAPITÃO DA GUARDA. Título de um dos grandes oficiais do Supremo Conselho do grau 33.º do Rito Escocês Antigo e Aceito.

ILUSTRE CAVALEIRO DO TEMPLO. Título do primeiro dos três pontos em que se dividia o verdadeiro *Kadosh* do Escocismo Reformado.

ILUSTRE CAVALEIRO GRANDE COMENDADOR DA ÁGUIA BRANCA E NEGRA. Grau 24.º da sétima classe do Rito de Heredom ou de Perfeição. Denomina-se também *Grande Eleito Kadosh.*

ILUSTRE ELEITA ou SOBERANA ILUSTRE ESCOCESA. Grau 5.º Capitular, da Maçonaria de Adoção.

ILUSTRE ELEITO, CHEFE DAS DOZE TRIBOS. Grau 11.º do terceiro Colégio de Heredom ou de Perfeição.

ILUSTRE ELEITO DOS QUINZE. Denominação do grau 10.º do Rito Escocês Antigo e Aceito.

ILUSTRE ESCLARECIDO, *Grande*. Título do Presidente dos Supremos Conselhos do grau 80.º do Rito de Misraim.

ILUSTRE GRANDE MESTRE. *1* — Título do Presidente dos Supremos Consistórios do grau 72.º do Rito de Misraim. *2* — Idem, do grau 82.º do Rito de Mênfis.

ILUSTRE GRANDE PRESIDENTE. Título do Presidente dos Supremos Conselhos dos graus 82.º e 83.º do Rito de Misraim.

ILUSTRE GRANDE PRÍNCIPE. Título do Presidente do Supremo Conselho dos Soberanos Príncipes do grau 81.º do Rito de Misraim.

ILUSTRE GRANDE SECRETÁRIO DO SANTO IMPÉRIO. Um dos grandes oficiais dos Supremos Conselhos do grau 33.º do Rito Escocês Antigo e Aceito.

ILUSTRE HASIDE. Título do Grão-Mestre do Supremo Conselho dos Soberanos Príncipes Haram, grau 74.º do Rito de Misraim.

ILUSTRÍSSIMO MESTRE. Título do Presidente da Terceira Câmara, no grau 6.º do Rito Moderno ou Francês.

ILUSTRÍSSIMO SOBERANO PRÍNCIPE DA MAÇONARIA. Grau 25.º e último do sétimo Colégio do Rito de Heredom ou de Perfeição. Também se denomina *Grande Cavaleiro, Sublime Comendador do Real Segredo.*

IMORTALIDADE. *1* — Condição do que não morre ou não tem fim. Tal é o princípio espiritual no homem. (Cf. *Eternidade.*) *2* — No Grau de Mestre (3.º) é a imortalidade simbolizada por um ramo de *acácia*. (Cf. *Acácia.*)

IMPOSTOR. Profano fazendo-se passar por maçom.

INAUGURAÇÃO. Cerimônia que consagra os Templos maçônicos. (Cf. *Consagração.*)

INCENSO, lat. *incensus,* pp. de *incendere,* acender, inflamar. 1. Qualquer substância produzindo odor agradável quando queimada, que é utilizada em algumas cerimônias religiosas ou ritualísticas desde remota antiguidade, para purificar e perfumar o ambiente onde se realizam. Tanto o Antigo como o Novo Testamento o recomendam com essa finalidade (*Êxodo* XXX: 1 a 10; *Heb.* IX 3; *Apo.* VIII: 3, 4, etc.), porém o Cristianismo só começou a adotá-lo liturgicamente lá pelo século IV, talvez porque antes o visse utilizado pelo culto "pagão". Mas ainda hoje a maioria das Igrejas protestantes não o aceita para não imitar a Igreja Católica, e a quase totalidade dos Ritos maçônicos não o inclui em sua prática e instruções. Por outro lado, tem se propagado uma infinidade de centros de baixa magia, psiquismo e até feitiçaria, que em suas práticas adotam as "defumações" ou incensos de composição duvidosa, que não se recomendam por seus efeitos e odor desagradáveis, senão nocivos. Mas é que em tais centros impera a ignorância, ao passo que entre os fundadores das antigas religiões, verdadeiros Iniciados, imperava o conhecimento das leis superiores da vida, e da natureza, às quais procuraram adaptar os princípios e normas de suas religiões. A respeito do incenso, bem judiciosas são as palavras do Ir. : . Jules Boucher (*La Symbolique Maçonnique,* p. 121, ed. *Dervy,* Paris):

"O incenso e sua fumaça possuem uma ação antisséptica certa, e esta ação física é acompanhada de uma ação psíquica; ele procura um estado de alma particular, propício à elevação espiritual. É por isso que deveria ser utilizado na Maçonaria, sobretudo durante as cerimônias de iniciação. O incenso da igreja não é uma resina pura. É uma mistura de diversas resinas, na qual às vezes não entra nenhum grão de incenso puro ou olíbano... Gomas-resinas outras que o incenso podem servir para as fumegações. Citaremos entre outras: a Mirra, o Benjoim, a madeira de Sândalo, o Estoraque. Para as fumegações na Maçonaria preconizamos uma mistura de Olíbano, Mirra e Benjoim, nas proporções seguintes:

Olíbano .... 3 partes.
Mirra .... 2 partes.
Benjoim .... 1 parte.

Esta mistura, que produz um odor muito agradável, simboliza, em nosso conceito, os três mundos: divino, humano e material".

Também tem de se empregar o incensário e o carvão vegetal, que se adquirem facilmente nas lojas do ramo.

O Ir∴ Leadbeater é da mesma opinião, e em seu livro *A Vida Oculta na Maçonaria*, pp. 95-99, ed. *Pensamento,* explica a *Cerimônia da Incensação* de uma Loja maçônica, e desenvolve outras idéias decorrentes. (Cf. *Purificação.*)

INFORMAÇÕES. V. *Profano.*

INICIAÇÃO. Derivado da mesma raiz latina *initia,* na acepção de adquirir os primeiros rudimentos de uma ciência; maçonicamente, admissão ritualística aos mistérios da Franco-maçonaria ou de um grau maçônico; p. ext., início de uma nova vida religiosa, filosófica, social ou ética. A cerimônia da iniciação nos sagrados Mistérios, outrora ensinados pelos Hierofantes, como também em todas as religiões nacionais, é uma das mais antigas, tanto no culto exotérico ou público, como no esotérico ou oculto. No culto público foi abolido na Europa desde a extinção do último templo "pagão", e no oculto, perpetua-se nos Ritos maçônicos. Na Maçonaria atual não existem propriamente segredos a revelar ou esconder, a não ser simbólicos. Mas segundo os maiores filósofos gregos e romanos, nos florescentes dias da antiguidade os Mistérios constituiam as mais sagradas das solenidades, e eram tidos no máximo respeito e reverência por todos os cidadãos, desde o mais humilde ao máximo potentado. Pálidos reflexos de sua magnitude e significado se podem obter ainda nos *Livros dos Mortos* dos egípcios, no *Livro dos Mortos* Tibetano, no *Zohar* dos hebreus, no Evangelho de Cristo e no *Apocalipse* de S. João, e ver em seus monumentos perpétuos que são os antiquíssimos *Signos Zodiacais,* a *Grande Pirâmide* do Egito e outras da Ásia e da América, o *Labirinto de Creta* e outros, a tão mal interpretada *Torre de Babel,* e o *Oráculo de Delfos,* para citar só os mais conhecidos na atualidade. Os Mistérios ensinavam ou representavam a peregrinação do ser humano da vida mortal para imortal e as experiências póstumas da Alma ou Espírito nos mundos subjetivos, como também as leis do aperfeiçoamento da consciência pelo desenvolvimento progressivo de seus poderes internos, espirituais. Em nossos dias, porém, o candidato passa apenas por diversas cerimônias simbólicas, sem sentido para a maioria, e maçonicamente fica iniciado na alegoria solar de Hiram Abiff, o "filho da Viuva". Todavia, a verdadeira Iniciação não se perdeu; ainda existe, mas tão-só para os poucos devidamente preparados e dispostos a "trilhar o caminho estreito como o fio de uma navalha". Ainda vigora em sua plenitude a lei de que "muitos são os chamados e poucos os escolhidos". (Cf. *Mistérios,* nos seus diversos verbetes.)

I.·. N.·. O.·. N.·. X.·. I.·. L.·. A.·. S.·. Iniciais inversamente correspondentes às nove tendas situadas nos ângulos do eneágono do Grande Acampamento dos Sublimes Príncipes do Real Segrêdo, grau 32.º do Rito Escocês Antigo e Aceito, das quais a primeira corresponde à letra S.·. Lidas invertidamente, formam as duas primeiras palavras sagradas.

INQUISIDOR COMENDADOR, *Grande Inspetor.* *1* — Grau 31.º do Rito Escocês Antigo e Aceito. *2* — Grau 66.º do Rito de Misraim.

I.·. N.·. R.·. I.·. Tetragrama misterioso que encerra o significado secreto da palavra sagrada do *Cavaleiro Rosa-Cruz.* Não se pronuncia tal palavra sagrada; é solicitada por meio de um interrogatório especial, em que o verdadeiro R.·. C.·. sabe encontrar duas vezes a palavra sagrada requerida. Alguns rituais atribuem a essas quatro letras o significado *Iesus Nazarenus, Rex Iudeorum,* "Jesus de Nazaré, Rei dos Judeus", mas o fato é que seu uso precede a era cristã e que entre os hebreus foram as iniciais dos nomes atribuídos aos quatro elementos primitivos da antiga física, também conhecidos dos antigos filósofos e por cuja prova ainda passam os iniciados de alguns Ritos maçônicos. (Cf. *Abóbada Subterrânea; Alquimistas; Cruz; Harmachis; Nome Inefável.*)

INSÍGNIAS. São as alfaias e atributos que servem para identificar os maçons de diversos graus e ritos, bem como distinguir os vários dignitários das Oficinas. (Veja-se *Jóias.*)

INSPETOR. No Rito Escocês Antigo e Aceito, é o título do único Vigilante das Lojas do Mestre Perfeito (4.º); dos Capítulos dos Mestres Eleitos dos Nove (9.º), e do primeiro Vigilante dos Capítulos dos Ilustres Eleitos dos Quinze (10.º). Nesse mesmo Rito se intitulam Grandes Inspetores Gerais os condecorados com o grau 33.º. e Soberanos Grandes Inspetores Gerais os membros efetivos do Soberano Supremo Conselho, bem como o *Grande Inspetor Litúrgico.* Nos Estados onde existem têm eles foros de um Grande Mestre de Maçons e são a mais alta autoridade das Oficinas de Altos Graus do Rito.

INSPETORA. Título da irmã Primeira Vigilante no grau 1.º da Maçonaria de Adoção.

INSPETOR-GERAL. Grau 77.º da Terceira série mística e classe décima terceira do Rito de Misraim. (Cf. *Inspetor.*)

INSPETOR GRANDE INICIADO ESCOCÊS. Título do grau 11.º do Rito Escocês Filosófico.

INSPETOR SEVERO. **Título do Segundo Vigilante dos Conselhos de Eleitos, grau 4.º do Rito Moderno ou Francês.**

INSTALAÇÃO. **Cerimônia de fundação ou inauguração de uma nova Oficina, devidamente autorizada e com a respectiva administração regularmente constituída, ou de posse de um novo Venerável em alguns Ritos anglo-saxônicos.**

INSTANCIA. **Funcionamento de uma Loja desde a sua instalação até o recebimento de sua carta constitutiva, solicitada à sua Potência respectiva.**

INSTRUÇÃO. **Nome que designa as reuniões que têm por escopo principal o estudo da doutrina e liturgia maçônicas. Cada grau tem a sua. O sentido ali é sempre simbólico e velado.**

INSTRUTOR. **Irmão encarregado de ministrar ensinamentos maçônicos.**

INSTRUMENTOS DE TRABALHO. São determinados instrumentos profissionais, a maioria tirada da antiga arte arquitetônica, que a Maçonaria simbólica usa como emblema de virtudes e ensinamentos. A tradição maçônica comum remonta sua origem à construção do Templo de Salomão, e aos Antigos Mistérios Egípcios, porém alguns de seus historiadores a fixam na Idade Média, em que mais violenta e tenaz foi a perseguição movida por autoridades governamentais e eclesiásticas romanas contra as sociedades secretas. Então estas passaram a adotar esses instrumentos como símbolos envoltos de lendas e alegorias bíblicas, não só para ocultarem sob esse véu os seus ensinamentos, como também para poderem elas próprias sobreviver, sob denominações profissionais. São os seguintes os principais instrumentos e seus respectivos significados morais: *Alavanca*: força de vontade; *Cinzel*: discernimento na investigação; *Compasso*: medida inteligente na pesquisa ou conduta; *Cordão de nós*: indissolúvel fraternidade; *Espada*: enérgica vigilância; *Esquadro*: retidão na ação; *Malhete*: decisão na aplicação; *Nível*: equilíbrio entre os extremos; *Prancha; Prumo*: profundeza na conservação; *Régua de 24 polegadas*: precisão e exatidão na execução durante as 24 horas de cada dia; *Trolha*: benevolência para com todos. Miniaturas destes e de outros instrumentos são usadas como Jóias distintivas de graus de irmãos e funções dos oficiais da Loja. (V. *Jóias* e esses nomes em seus verbetes próprios). (Cf. *Mistérios na Europa, Desaparecimento dos.*)

INTELIGENTE ORDENADOR. Título do Presidente das *Cavernas* ou das Lojas dos *Fundidores,* grau 4.º da Clavis-Maçônica, ou seja, o grau 75.º do Rito de Misraim.

INTENDENTE DECORADOR. Título de um dos oficiais da Loja, encarregado da conservação, reparação e adorno das oficinas.

INTENDENTE DOS EDIFÍCIOS. *1* — Nome do grau 8.º do Rito Escocês Antigo e Aceito. *2* — Grau 7.º do segundo colégio do Rito de Heredom ou de Perfeição. *3* — Grau 8.º da primeira classe da série simbólica do Rito de Mênfis.

INTÉRPRETE DOS HIERÓGLIFOS. Grau 70.º da terceira série e classe sexta do Rito de Mênfis.

INTERROGATÓRIO. Em alguns Ritos, uma das severas provas da iniciação maçônica.

INTRODUTOR (ou *Condutor*). No *Rito Escocês Antigo e* Aceito: *1* — Grau 5.º representando Zerbal; *2* — título do Segundo Vigilante nos Capítulos dos Ilustres Eleitos dos Quinze, grau 10.º; *3* — título do terceiro Oficial chamado de Ofício nos Capítulos dos Noaquitas ou Cavaleiros Prussianos, grau 21.º.

INVENI VERBUM IN ORE LEONIS. Frase correspondente às iniciais I.·. V.·. I.·. O.·. L.·., bordadas ou pintadas no listrão que leva ao pescoço o Grande Tesoureiro do Real Arco (13.º) do Rito Escocês Antigo e Aceito.

INVOCAÇÃO. Oração ou hino que muitas Lojas maçônicas costumam dirigir ao Grande Arquiteto do Universo, durante seus trabalhos.

IOD. *1* — Letra cabalística que significa *Deus* ou *Princípio*. *2* — Palavra sagrada do Mestre Secreto, grau 4.º do Rito Escocês Antigo e Aceito. *3* — Inicial do nome de Deus, que resplandece sobre a Estrela Flamígera nos templos dos Soberanos Capítulos de Cavaleiros Rosa-Cruz. *4* — No Rito de Misraim, figura também no centro do triplo triângulo que encima a porta dos Supremos Conselhos dos Soberanos Príncipes, Grande Hiram (73.º); é a jóia dos Soberanos Príncipes do grau 81.º, e está bordada na aberta do avental do irmão do grau 87.º. (Cf. *Ieve; Tod.*)

IRAM (do hebraico *Hiram*). Palavra dos Chefes do Tabernáculo (23.º) do Rito Escocês Antigo e Aceito.

ÍRIS. Veja-se *Arco-Íris.*

IRLANDÊS. Nome de muitos graus supermaçônicos irlandeses.

IRMÃ. Título das mulheres que fazem parte da Maçonaria de Adoção ou do Direito Humano. (Cf. *Comaçonaria.*)

IRMÃO. Título fraternal que caracteriza e distingue as relações entre os membros da Maçonaria.

IRMÃO TERRÍVEL. Antiga denominação dada ao Experto que acompanha o recipiendário durante as provas de iniciação. Tem caído em desuso. *Terrível* é também o significado de *Bhîshma* e *Bhîma*, príncipes e chefes guerreiros das hostes dos *Kurius* e *Pândavas*, respectivamente, segundo o grande e imortal poema épico-filosófico hindu, *Bhagavad Gitâ*, Cap. 1.

IRREGULAR. Maçom iniciado numa Loja não reconhecida ou irregular.

ISHI (heb., "salvação"). Palavra sagrada dos Grandes Inspetores Intendentes Reguladores Gerais da Ordem, grau 77.º, do Rito de Misraim.

ISÍADAS. Eram os iniciados nos grandes Mistérios da Antigüidade, relacionadas com a deusa *Ísis*.

ISIARCA. Grande dignitário da Ordem no Rito Oriental.

ÍSIS (em egípcio, *Issa*). A deusa Virgem-mãe do antigo Egito, a natureza personificada. Tipo feminino de todas as divindades mitológicas.

ISMAELITAS. Árabes tidos como descendentes de Ismael, filho de Abrão e da egípcia Hagar (*Gên.* 25.12-18).

ISRAEL. *1* — Palavra sagrada dos *Muito Sábios Príncipes Israelitas*, grau 70.º do Rito de Misraim. *2* — Palavra de reconhecimento da Grande Arca ou Grande Acha, grau 40.º do mesmo Rito.

ISRAEL, *Mestre de*. Título do grau 7.º do Rito Escocês Antigo e Aceito.

ISRAELITA, *Sábio Príncipe*. Grau 70.º do Rito de Misraim.

ITE, MISSA EST, lat., "Ide, a missa terminou". Fórmula litúrgica católica, que precede na missa à bênção final dada pelo celebrante. Na Maçonaria, corresponde à bateria de encerramento dos trabalhos da Loja.

IT IS OVER, ing. Palavra de passe do Maçom-Mark dos graus 2.º e 3.º da Maçonaria do Real Arco.

IVAH ou HIVA. Terceira palavra sagrada dos Mestres Secretos, grau 4.º do Rito Escocês Antigo e Aceito. Também se usam, em alguns Ritos, *Jaho, Jah, Adonai*. (Cf. *Ieve.*)

I.·. V.·. I.·. O.·. L.:. Veja-se *Inveni verbum in ore leonis.*

IZED. Um dos doze dignitários dos Areópagos dos sábios das pirâmides do Rito de Mênfis.

IZRACH-LAH. Nome do arquiteto, que faz parte da grande palavra do grau 7.º do Rito Escocês Antigo e Aceito.

J

J. *1* — Décima letra do alfabeto maçônico, cuja grafia convencionada se encontra na lâmina à página 16. *2* — Inicial da palavra *Jachin* numa das colunas da entrada do templo maçônico, bem como em emblemas e jóias de diferentes graus. *3* — Inicial de *Jeová* na jóia do grau 4.º da Maçonaria do Real Arco ou Iorque; no avental dos *Mestres Perfeitos* (5.º) do Rito Escocês Antigo e Aceito, e na jóia que orna o chapéu dos grandes Arquitetos de Heredom (8.º) do Escocismo Reformado.

J.·. A.·. Iniciais de *Jaim* e *Adonai* na jóia dos *Perfeitos Arquitetos* (30.º) do Rito de Misraim.

JAABOROU-HAMMAIM, heb. "as águas passaram". Palavra sagrada dos Cavaleiros da Espada ou do Oriente nos Ritos Escocês e de Mênfis. (Cf. *Ya Varoum Hamen.*)

JABAMIAH. Palavra especial dos *Cavaleiros Kadosh* (30.º) do Escocismo Reformado. Variante de *Habbamah* e considerada incorreta por alguns autores.

JABULON. Palavra coberta do Escocês da Abóbada Sagrada de Jacó ou Jaques VI, grau 20.º do Rito de Misraim. (Cf. *Zabulon.*)

JABULUM. *1* — Tido em alguns Ritos como nome de um dos assassinos de Hiram Abiff, serve, todavia, de palavra misteriosa de vários graus dos Ritos Escocês e de Mênfis. (Cf. *Vilões.*) *2* — Aparece como palavra de passe nos graus 13.º e 17.º, como Tesoureiro no grau 14.º, do Rito Escocês Antigo e Aceito. *3* — Palavra de passe do *Past Master* da Maçonaria do Santo Real Arco. É uma variante de *Jabulon.* (Cf. *Fúrias; Jubelas; Vilões; Zabulon.*)

JACHIN (pron. *Jakin*). *1* — Nome hebraico derivado de *Jah,* abreviatura de Jeová (*Sal.* 68:4), e de *achin,* "estabelecer". Era a segunda coluna do Templo de Salomão, onde se erguia do lado direito, isto é, ao Sul, no pórtico ou à entrada (1 *Reis* 7:21) e se ergue num dos lados da entrada dos templos maçônicos, a par da coluna *Boaz* "na força", do lado esquerdo da entrada do Templo, ou ao Norte. Portanto, as duas combinadas significam "Deus se estabelecerá em força" ou "como uma fortaleza" (Cf. *Boaz*). *2* — No *Rito de Misraim,* uma das três palavras sagradas do Escocês Trinitário (14.º); palavra de exame dos Cavaleiros do Oriente (15.º); um dos três nomes de iniciais *J* do grau 19.º, denominado dos 3 J.·.; palavra de passe do Aprendiz Perfeito Arquiteto (25.º); palavra sagrada do Companheiro Perfeito Arquiteto (26.º); uma das três palavras de passe dos Sublimes Escoceses (30.º). *3* — No *Rito Escocês Antigo e Aceito,* segunda palavra de passe dos Escoceses Trinitários Príncipes da Mercê (26.º), e palavra que se pronuncia ao terceiro toque do Grande Escocês de Santo André da Escócia (29.º). (Cf. *Jah.*)

JACINIK. *1* — Derivação da palavra *Jachin. 2* — No *Rito de Misraim,* uma das duas palavras sagradas do Companheiro Perfeito Arquiteto (26.º), e uma das três palavras de passe dos Sublimes Escoceses de Heredom (30.º).

JACOB. Palavra de reconhecimento da Grande Acha (32.º) do Rito de Misraim.

JACOBITAS. Nome dado na Inglaterra, depois da revolução de 1688, aos partidários de Jaime II (em latim, *Jacobus*) e da casa dos Stuarts.

JAFET. *1* — Nome de um dos filhos de Noé (*Gên.* 9:18), incorporado às tradições e rituais maçônicos. *2* — No *Rito Escocês Antigo e Aceito* é palavra de reconhecimento do Noaquita ou Cavaleiro Prussiano (21.º), e primeira palavra de passe dos Cavaleiros da Real Acha ou Príncipe do Líbano (22.º). *3* — Na *Maçonaria Inglesa* ou *Real Arco,* é uma das três palavras integrantes da segunda palavra de passe no seu 4.º grau.

JAH. *1* — Um dos nomes de Deus, abreviatura de Jeová (*Sal.* 68:4); ocorre 49 vezes no Antigo Testamento. *2* — No Rito *Escocês Antigo e Aceito,* é uma das palavras expressivas de dor dos Intendentes dos Edifícios ou Mestres de Israel (8.º), e nome de um dos primeiros nove Arquitetos, inscrito na terceira das nove arcadas das Lojas de Real Arco (13.º). *3* — No *Escocismo Reformado* (6.º), um dos nomes de Deus constantes de sua instrução. (Cf. *Jachim.*)

JAHEB. *1* — Provavelmente uma corrutela do hebraico *Jah-Eve* ou *Ja-Eva,* "o ser hermafrodita", ou seja, o original Adão terrestre: "E criou Deus o homem à Sua imagem; criou-o à imagem de Deus, macho e fêmea o criou." (*Gén.* 1:27). *2* — No Rito Escocês Antigo e Aceito é vulgarmente traduzido por "Condescendente" e figura como um dos grandes nomes de Deus entre os Cavaleiros do Real Arco (13.º), e de um dos primeiros nove arquitetos na sexta das nove arcadas das Lojas desse grau.

JAIM. Palavra misteriosa alusiva a uma divindade, que ao dar o toque de reconhecimento pronuncia o Perfeito Arquiteto (28.º) do Rito de Misraim. Muitos rituais a substituem por *Jamin*, "dextro", nome do segundo filho de Simeão (*Gên.* 46:10.)

JAKIN. Veja-se *Jachin.* (Cf. *Jakinai.*)

JAKINAI (pl. de *Jakin*). *1* — No Rito Escocês Antigo e Aceito, Palavra sagrada do Preboste e Juiz, ou Mestre Irlandês (7.º); palavra pronunciada ao dar-se o toque de Intendente dos Edifícios ou Mestre de Israel (8.º), e palavra de passe nesse mesmo grau; uma das palavras sagradas dos Escoceses Trinitários ou Príncipes da Mercê (26.º). *2* — No *Rito de Misraim,* uma das palavras sagradas do Mestre Inglês (8.º) e do Escocês (17º); palavra de passe do Aprendiz Perfeito Arquiteto (25.º) e do Companheiro (26.º) da mesma denominação; palavra sagrada deste último grau e uma das de passe dos Sublimes Escoceses de Heredom (30.º).

JÂMBLICO (*Iamblichus,* gr.). Nascido em Calcis, Síria, foi um grande teurgo, místico e filósofo neoplatônico e escritor dos séculos III e IV de nossa éra. Nunca se encontraram biografias corretas suas, mas apenas fragmentos esparsos em obras de antigos escritores imparciais e independentes, todos concordes em apresentá-lo como um personagem de vasto saber e ilibado caráter. Foi virtualmente o introdutor da magia teúrgica entre os neoplatônicos e o restaurador dos mistérios práticos fora do templo ou santuário. Escreveu numerosas obras, porém poucas são as que se tornaram conhecidas; entre estas se contam *De Mysteriis Aegyptorum, Daemons* (gênios, anjos), e uma biografia de Pitágoras. Há muita teosofia em seus ensinamentos. Diz-se também que certa vez ele se elevou a uma altura de cerca de 3,5 m sobre o solo, tal qual se conta de certos santos cristãos e iogues hindus.

JAMMIN. Palavra de passe do sumo sacerdote sacrificador do grau 62.º do Rito de Misraim.

JANABORANE. Palavra menos autorizada que alguns adotam em lugar de *Stolkin.*

JAO. Um dos grandes nomes de Deus, esculpido sobre a ametista, uma das doze pedras preciosas que adornavam o peitoral do sumo sacerdote dos hebreus, segundo a instrução dos grandes Arquitetos de Heredom, grau 6.º do Rito Escocês Antigo e Aceito. O mesmo que *Jah, Jaho,* talvez abreviatura de *Jah-Hovah* (Gên. IV, 26), equivalente a *Jehovah.* (Cf. *Iao.*)

JARDIM. Nome com que às vezes se designam os Templos da Maçonaria de Adoção. Também se alterna com *Éden,* ou paraíso terrestre.

JARRETEIRA. Fita distintiva de grau, adotada pela Maçonaria de Adoção (4.º) e pelo Rito de Misraim (46.º).

J.·. E.·. Significado de *Justiça* e *Eqüidade,* estas iniciais brilham nos templos dos grandes Inquisidores Comendadores (66.º) do Rito de Misraim.

JEA. Veja-se *Jah,* a verdadeira.

JEHOVAH. *1* — O nome judeu da Divindade criadora, inscrita no Delta sob a forma de um tetragrama. Segundo J. Ralston Skinner, de Cinccinati, E. U. A., autoridade cabalista, "compõe-se de *Jah* (*y, i,* ou *j, Yod,* a décima letra do alfabeto hebreu, e *Hovah,* ou *Evah*) e *Jah-Eva;* tem a mesma significação de existência ou ser como "varão-fêmea". Os judeus consideravam-no demasiado sagrado para ser pronunciado, e que se tinha perdida a sua pronunciação correta. A sua forma real é J H V H. *2* — Figura como emblema da Divindade e Sabedoria e palavra de reconhecimento nos diversos Ritos da Maçonaria. *3* — No *Rito Escocês Antigo e Aceito,* aparece nos graus 5.º, 13.º, 14.º, 20.º, 23.º 24.º, 25.º, 26.º e 27.º. *4* — No *Rito de Misraim* ou *Judaico* se encontra nos graus 3.º, 4.º, 8.º, 17.º, 42.º, 46.º, 58.º, 62.º, 67.º, 68.º 74.º e 89º. *5* — No *Escocismo Reformado,* vê-se nos graus 4.º, 6.º e 10.º. *6* — Na *Maçonaria Adoniramita,* palavra sagrada do Mestre Perfeito ou Antigo Mestre (4.º). (Cf. *Aum; Jod; Nome Inefável; Palavra Perdida; Yod.*)

JEHOVISTA. *1* Qualificativo geralmente dado ao suposto escritor das partes do *Pentateuco,* nas quais se designa Deus sob o nome de Jeová (*Yahweh*), para distingui-lo do *Eloista.* (V. este nome). *2* — Designativo do partidário da opinião de que *Jeová* é a transliteração correta do nome hebraico e sagrado de Deus (JHVH).

JEKSAN. Palavra de passe dos Veneráveis Mestres de todas as Lojas do grau 20.º, no Rito Escocês Antigo e Aceito.

JELCON. Uma das três palavras sagradas dos Filósofos Sublimes (53.º) do Rito de Misraim.

JELOUM. Outra das três palavras sagradas aludidas em *Jelson*.

JERUSALÉM. *1* — Situada a 33 milhas do Mediterrâneo, foi a capital do reino de Judá, após a separação das dez tribos israelitas com a morte do rei Salomão, e hoje o é da Palestina. Ali, sôbre o monte Moriah, edificou Salomão o seu famoso templo, do qual a Franco-maçonaria derivou a lenda que informa o seu 3.º grau simbólico, em que Hiram Abiff é a figura central. Também chamada Zion no Judaísmo e Cristianismo, atualmente é a cidade santa de três fés religiosas: a judaica, a cristã e a islamita, cuja grande mesquita de Omar, a "Cúpula de Rocha", se ergue no antigo local do templo de Salomão. *2* — Palavra de passe dos Cavaleiros do Arco-Íris (68.º) do Rito de Misraim. *3* — Grau 8.º do Rito do Martinismo; grau 16.º do Rito de Heredom ou de Perfeição; grau 16.º do Rito Escocês Antigo e Aceito; grau 18.º do Escocismo Primitivo.

JERUSALÉM CELESTE. Grau 19.º do Rito Escocês Antigo e Aceito, também denominado Grande Pontífice ou Sublime Escocês.

JERUSALÉM, *Soberano Comendador de*. Grau 27.º do Rito Escocês Antigo e Aceito.

J.·. J.·. Iniciais de *Jelcon* e *Jeloum*, entre as letras bordadas na jóia dos Filósofos Sublimes (53.º) do Rito de Misraim.

J.·. M.·. Iniciais de Jacques de Molay, no triângulo de ouro usado ao peito dos Cavaleiros Kadosh (10.º) do Escocismo Reformado. (Cf. *Tschoudy*, IV.)

J.·. M.·. Iniciais de Jaques de Molay, no triângulo de ouro emblemas dos Eleitos Simbólicos (5.º) do Escocismo Reformado.

J.·. N.·. R.·. J.·. Iniciais gravadas em caracteres hebraicos no centro de ouro que constitui a jóia dos Soberanos Comendadores do Templo de Jerusalém (27.º), do Rito Escocês Antigo e Aceito. (Cf. *I.·. N.·. R.·. I.·.*)

JOABERT. *1* — Rezam alguns rituais dos Sublimes Cavaleiros Eleitos (11.º) do Rito Escocês Antigo e Aceito ser o nome de um dos escolhidos por Salomão para descobrir os assassinos de Hiram Abiff. *2* — No grau do Real-Arco (13.º) do mesmo Rito, é o Grande Secretário, que está no Ocidente. *3* — Palavra de passe dos Eleitos Simbólicos (5.º) do Escocismo Reformado.

JOBABERT. Veja-se *Joabert*.

JOBEL. Nome dado à nona arcada na Loja dos Cavaleiros do Real Arco (13.º) do Rito Escocês Antigo e Aceito, e que ali se atribui a Deus e a um dos primeiros arquitetos. É uma corrutela de *Jubal*, "jubilante", filho de Lameque, tido biblicamente como o inventor da música, da harpa e do órgão (*Gên.* 4:21).

·JOD, *Principium*. Nome de um dos primeiros grandes arquitetos esculpido na primeira arcada da Loja dos Cavaleiros do Arco Real (13.º) do Rito Escocês Antigo e Aceito. (Cf. *Iod; Jehovah.*)

JOHABEN (do hebraico *Jhaoben*, "Filho de Deus"). No Rito Escocês Antigo e Aceito: *1* — nome dado ao Secretário Íntimo ou Mestre por curiosidade (6.º); *2* — ao recipiendário nos trabalhos dos Intendentes dos Edifícios (8.º); *3* — ao Grande Secretário nos Capítulos dos Cavaleiros Real Arco 13.º); *4* — e indicado pela primeira letra *J*, pavilhão e oriflama n.º 4, no Grande Acampamento dos Soberanos Príncipes do Real Segredo (32.º).

JOHAN, também chamado *Joyan* ou *Cavaleiro do Sol*. *1* — É o título do grau 29.º da 3.ª classe correspondente à da 1.ª série do Rito Oriental ou de Mênfis. *2* — Título do grau 18º e último da Loja-Mãe escocesa de Marselha.

JOHANISMO. Título do terceiro grau da doutrina secreta dos egípcios. Era um culto dirigido ao Deus único e transcendente da vida material.

JOHANNES RALP. Fundador e superior de uma sociedade religiosa cavaleiresca, denominada os *Cavaleiros da Serpente de Bronze*, com fins caritativos, durante as Cruzadas, e cujo nome passou a ser a *Palavra coberta* do grau 25.º do Rito Escocês Antigo e Aceito.

JÓIA. Segundo uma tradição maçônica, a *jóia* de um antigo Grão-Mestre do Templo compunha-se do esquadro, compasso e letra G no meio, que Hiram Abiff trazia sempre consigo, e com ela foi encontrado depois de morto. Atualmente se designam por esse nome todos os objetos que na Maçonaria constituem as insígnias e distintivos da Loja, grau e cargo. (Cf. *Jóias.*)

JOIADA, do heb. *Jehoiada*, "o Senhor sabe". *1* — Entre os hebreus, foi o pai de Benaiah (*2. Sam.* 8:18), e o sumo sacerdote no templo de Athalia (*2. Reis* 11:4). *2* — No Rito Escocês Antigo e Aceito é a denominação da 6.ª tenda dos *Prebostes* e *Juízes*, no Grande Acampamento dos Príncipes do Real Segredo (32.º), designada pela letra N.

JÓIAS. Além das insígnias próprias do seu grau, os dignitários e oficiais da Loja trazem a jóia característica do cargo que estejam exercendo, pendente de uma fita larga, cuja cor varia com o Rito. Em geral é azul nas Lojas simbólicas e, não raro, nas Lojas escocesas que adotam a chamada Maçonaria Azul. São as seguintes as jóias distintivas de cargos:

Venerável Mestre	Esquadro, ou a forma escocesa do Esquadro e o Compasso, o segmento do círculo e o Sol com "o ôlho que tudo vê".
Último ex-Venerável Mestre	O postulado 47 de Euclides, gravada numa lâmina de prata suspensa dentro de um esquadro.
Primeiro Vigilante	Nível.
Segundo Vigilante	Prumo ou Perpendicular.
Orador	Livro aberto.
Secretário	Duas penas cruzadas.
Tesoureiro	Uma chave, ou duas chaves cruzadas.
Primeiro Experto	Uma espada, punhal ou régua.
Mestre de Cerimônias	Dois bastões cruzados, ou um bastão com uma espada cruzada.
Primeiro Diácono	Uma pomba, ou um Sol dentro do Compasso.
Segundo Diácono	Uma pomba, ou uma Lua dentro do Compasso.
Organista	Uma lira.
Hospitaleiro	Uma bolsa.
Cobridor Interno	Duas espadas cruzadas.
Cobridor Externo	Uma espada ou alfange.
Arquiteto Decorador	Duas réguas cruzadas.
Porta-Estandarte	Um estandarte.
Mestre de Banquetes	Uma Cornucópia.

(Cf. ***Mobiliário.***)

JÓIAS IMÓVEIS. São o *Quadro de Traçar,* a ***Pedra Bruta*** e a ***Pedra Cúbica,*** que integram o equipamento necessário à execução dos trabalhos de uma Loja maçônica. Como do "abismo" ou da Mente Divina Deus delineou, "criou e geometrizou" o seu Universo para o nascimento e aperfeiçoamento de Seus filhos, assim, simbolicamente, no Quadro de Traçar o Venerável projeta a Oficina que tem de transformar a Pedra Bruta (a tosca mente ou natureza humana, o *Aprendiz*) na Pedra Cúbica (o perfeito tipo civilizado, o *Mestre Maçom*), capaz de edificar um mundo melhor. São jóias "imóveis", porque se acham sempre expostas e presentes na Loja, para refletir a divina natureza e servir de temas permanentes para as ilações morais . dos maçons. Há cerca de dois séculos o "Quadro de Traçar" era delineado a giz no assoalho da Loja, pelo Venerável, antes de cada sessão, e se considerava apto Venerável quem o traçasse rapidamente e perfeito, sem necessidade de um modelo. (Cf. *Ordo ab Chaos.*)

JÓIAS MÓVEIS. São o *Esquadro,* o *Nível* e o *Prumo,* distintivos dos cargos de Venerável, do Primeiro e do Segundo vigilantes, respectivamente, e que fazem parte do equipamento da Loja. Chamam-se *móveis* porque são transmitidas aos sucessores dos atuais ocupantes desses cargos. O Esquadro representa a moralidade, o Nível a igualdade, e o Prumo a retidão e- justiça.

JONAS, heb., *pomba*. O quinto dos profetas menores de Isreal (*2. Reis* 14:25); viveu provavelmente entre 783 e 747 a. C. Lançado ao mar do navio em que fugia de Jopé para Tarsis, foi tragado por uma espécie de baleia, que o vomitou na praia depois de o haver retido durante três dias e três noites (*Jonas* 1:17; 2:1, 10). Sua lenda muito se assemelha à de Musarus Oannes, de tradição caldéia,, que surgiu do Mar Eritreu e aportou entre os primitivos babilônios durante o reinado do antediluviano Ammenon; à morte e ressurreição de Jesus Cristo (*Mat.* 12:39-41), e à lenda maçônica sobre a morte e exumação de Hiram Abiff. Segundo o Irmão J. S. M. Ward, sobre um púlpito em Ravelo, Itália, num de seus edifícios do século treze, se vê Jonas saindo da boca da baleia e fazendo o "sinal do socorro", bem conhecido dos maçons.

JÔNICA. Ver *Coluna; Colunas Simbólicas.*

JOPHI, heb., "beleza". Interpretação comumente dada à inicial I. ·., que designa a coluna jônica no grau 12.º do Rito Escocês Antigo e Aceito. (Cf. *Jopé* em *2. Cr.* 2:16; *Atos* 9:36, 42, 43 e outros.)

JUBELAS, JUBELOS, JUBELUM. Outros nomes dos três maus companheiros que eliminaram Hiram Abiff. (Cf. *Lenda, Jabulum; Vilões; Zalelum.*)

JUDÁ. *1* — Uma das palavras de reconhecimento e palavra sagrada entre os Cavaleiros do Oriente ou da Espada (6.º) do Rito Moderno ou Francês. *2* — Palavra de reconhecimento entre os Intendentes dos Edifícios ou Mestres de Israel (8.º), também esculpida na sua jóia, e de reconhecimento entre os Cavaleiros do Oriente ou da Espada (15.º), do Rito Escocês Antigo e Aceito. *3* — Palavra sagrada dos Príncipes de Jerusalém (8.º) do Escocismo Reformado. *4* — Uma das palavras sagradas do Mestre Perfeito Arquiteto ou Cavaleiro da Águia (27.º e 37.º) do Rito de Misraim.

JUDAICO, *Rito*. Também chamado Egípcio. Ver *Misraim.*

JUIZ ou PREBOSTE. Título do grau 7.º do Rito Escocês Antigo e Aceito; do grau 8.º do Rito de Heredom ou Perfeição, e do grau 7.º da primeira classe da série simbólica do Rito de Mênfis.

JUÍZES. Nome dos membros componentes do Grande Tribunal dos Ilustres Soberanos Príncipes do grau 83.º do Rito de Misraim.

JUÍZES FILÓSOFOS DESCONHECIDOS, *Ordem dos*. Regime composto de dois graus, pertencente ao sistema judaico templário.

JÚNIOR. V. *Senior.*

JURAMENTO. Solene compromisso que presta o candidato ao ser admitido a Aprendiz maçom, e a cada grau sucessivo a que depois ascender no quadro maçônico. (Cf. *Sodálico, Juramento.*)

JUSTA, PERFEITA e REGULAR. Diz-se de uma Loja legalmente constituída e instalada. É *justa* se o Volume da Ciência Sagrada está aberto nela; é *perfeita* se contém sete Mestres Maçons ou mais, e é *regular* se tem a Carta Constitutiva expedida por um Supremo Conselho, Grande Loja ou outra suprema corporação que conserve intacta a linha de sucessão da autoridade maçônica. (Cf. *Loja; Loja justa perfeita e segular; Regularidade.*)

JUSTIÇA. *1* — Através de seu ritual e símbolos, incute a Maçonaria o conceito de que uma perfeita Justiça Universal, Divina, rege a vida de todas as coisas e seres dentro da harmonia cósmica. Desde a antiguidade tem sido essa Justiça simbolizada por uma balança, cujo equilíbrio cabe a todos manter. É a lei de retribuição; segundo ela, "cada um colhe o que semeia" (*Gálatas* VI:7), e pode o maçom "receber seus salários sem escrúpulos nem desconfianças", já que sua conduta tem sido sempre "retificada pelo esquadro", que é um dos emblemas da exata aplicação da justiça. *2* — O grau de Grande Inquisidor Comendador (31º) do Rito Escocês Antigo e Aceito figura o Departamento da Justiça Universal, cujo funcionamento ninguém pode ignorar.

JUSTINIANO I (483-565). Imperador bizantino de 521 a 565. Sob o seu governo e por motivos políticos, foram os Mistérios suprimidos como instituições e proibido o ensino de doutrina e filosofia secretas, com o fim de inaugurar uma religião oficial e uniforme para todo o seu Império. Conseqüentemente, daí em diante a tradição e ensinamentos secretos passaram a ser transmitidos sob várias denominações, e a essa continuação deve a sua atual existência o sistema maçônico. De outro lado, com a gradativa decadência e fragmentação do Império Romano, foi a Igreja Católica Romana emergindo como uma potência temporal e política, que se arvorou em autoridade única e suprema em matéria de religião e filosofia, porém cujo privilégio foi solapado e finalmente aniquilado pelos movimentos da Renascença e Reforma nos séculos XV e XVI. (Cf. *Mistérios na Europa, Desaparecimento dos*).

JVAH. Forma sincopada de Jehovah, empregada como palavra sagrada entre os Secretários Íntimos (6.º) do Rito Escocês Antigo e Aceito.

JVAN. Palavra sagrada do grau 6.º dos Ritos de Mênfis e Escocês.

JZRACH-IAH, "Senhor do Oriente". Veja-se *Izrach-iah*.

K

K. *1* — Undécima letra do alfabeto maçônico, cuja grafia convencionada se encontra à página 16. *2* — No triângulo C. ∴ K. ∴ H. ∴ inscrito na faixa dos *Perfeitos Iniciados* (30.º), é inicial de *Kadosh*. *3* — No tapete carmesim que cobre os altares dos Grandes Vigilantes dos Consistórios dos *Soberanos Príncipes do Real Segredo* (32.º) do Rito Escocês Antigo e Aceito, entra no tetragrama N. ∴ E. ∴ M. ∴ K. ∴, representativo da palavra sagrada deste grau. *4* — Com interpretação igual à anterior, está bordada na faixa dos *Grandes Comendadores do Oriente* (43.º) do Rito de Misraim.

KAABA (do árabe *Ka'bah*, "cubo" ou "casa quadrada"). Nome do famoso templo ou "santo dos santos" maometano de Meca. É o santuário erguido no centro da Grande Mesquita, ao qual todo muçulmano se volta quando ora e que espera visitar ao menos uma vez em vida. O edifício mede cerca de 24 x 24 côvados de largura e comprimento por 27 de altura, com uma só abertura no lado este para receber a luz. No ângulo nordeste se acha a "Pedra Negra" de Kaaba, que, segundo a lenda, foi baixada diretamente do céu e era branca como a neve, mas com o tempo se tornou negra por causa dos pecados da humanidade. A "pedra branca", segundo a fama, é o túmulo de Ismael, e está situado ao Norte, ao passo que o lugar de Abraão se acha a Este. No entanto, muitos séculos antes de Maomé esse já era um lugar sagrado dos árabes, pois que admitiam que o edifício original havia sido construído por Adão e fora reconstruído por Abraão e Ismael depois do dilúvio. (Cf. *Pedra Branca; — Cúbica.*)

KABALA. Veja-se *Cabala*.

KADESH, heb., "santo", "consagrado". Um dos grandes nomes de Deus, da Instrução dos *Grandes Arquitetos de Heredom* (6.º) do Escocismo Reformado. (Cf. *Dent.* 1:19; *Jos.* 15:23, e *Kadosh.*)

KADMON, heb.. Segundo a Cabala hebraica, é a imagem de Deus, o homem arquetípico ou celeste; daí o Adão Kadmon.

KADOSH ou KADOSCH, heb., "consagrado". *1* — Também se escreve *Kadesh*: consagrado, santo; alguma coisa reservada para o culto do Templo. *2* — Na Maçonaria designa ora um grau ora um sistema e implica ou deveria implicar conhecimento de profundos e misteriosos ensinos maçônicos. *3* — *Grande Eleito* — Nome do grau 24.º do Rito de Heredom. *4* — *Cavaleiro Eleito* — Título do grau 30.º do Rito Escocês Antigo e Aceito. *5* — Palavra incomunicável dos *Mestres Perfeitos Arquitetos* (27.º) do Rito de Misraim. *6* — Grau 28.º do Rito Escocês Primitivo. *7* — Grau 31.º da terceira classe da série simbólica do Rito de Mênfis.

KADOSH ADONAI, "consagrado ao Senhor". Palavras inscritas na faixa amarela que atravessa a tiara usada pelas Mestras Presidentes das Lojas de *Eleita Sublime Escocesa* (5.º) da Maçonaria de Adoção.

KADOSH GRANDE INSPETOR, GRANDE ELEITO. Grau 65.º da décima classe, correspondente à segunda série filosófica do Rito de Misraim, e equivalente ao 30.º grau do Rito Escocês Antigo e Aceito.

KANUKA ou BANUK, *Cavaleiro da*. Grau 69.º da terceira série mística e classe 11.ª, do Rito de Mênfis, também chamado *Inarot Ignia.*

KEREMOS. Um dos doze Mestres indicados por Salomão para velar pelas doze tribos de Israel, e que, segundo a instrução dos *Grandes Arquitetos de Heredom* (6.º) do Escocismo Reformado, corresponde ao da tribo de Zabulon.

KIRIE ou KIRIES (*Kypie,* de *Kupos,* "Senhor"). *1* — Palavra que acompanha o toque de reconhecimento dos *Templários Kadesh* (10.º) do Escocismo Reformado. *2* — Idem, entre os *Cavaleiros da Águia Negra* (38.º) do Rito de Misraim.

KISLEV. Nome de um dos meses do calendário hebraico, também chamado maçônico por alguns. (Cf. *Hanuca.*)

KNEF. Também se escreve *Kneph, Cnef* e *Nef*. *1* — Entre os egípcios, é um dos deuses de força criadora, e por isso se acha relacionado com o Ovo do Mundo. *2* — *Sublime Cavaleiro do Knef* é o título do grau 90.º, correspondente à sétima classe da Série Cabalística do Rito de Mênfis. (Cf. *Ovo.*)

L

L. *1* — **Duodécima letra do alfabeto maçônico, cuja grafia convencionada se encontra à lâmina da página 16.** *2* — **Uma das iniciais inscritas na faixa das** ***Mestras Perfeitas*** **(4.º) da Maçonaria de Adoção (D.·. C.·. U.·. P.·. L.·. E.·.).** *3* — **Idem, na faixa dos** ***Cavaleiros do Oriente*** **(6.º) do Rito Moderno ou Francês (L.·. D.·. P.·.).** *4* — **Idem, no distintivo do Grande Tesoureiro das Lojas do Real Arco (13.º) do Rito Escocês Antigo e Aceito (I.·. V.·. I.·. O.·. L.·.).** *5* — **Uma das letras gravadas no cabo da acha dos Cavaleiros da Real Acha (22.º) do Rito Escocês, como inicial de** ***Líbano.*** *6* — **No Rito de Misraim aparece esculpida no anel distintivo de diversos graus; no grau 54.º é inicial de** ***Leo,*** **e nos graus 55.º, 56.º e 57.º integra o trigrama U.·. I.·. L.·. No mesmo Rito, encontra-se comumente inscrita em muitas de suas jóias, condecorações, insígnias, emblemas e abreviaturas de títulos de graus ou de palavras sagradas.**

L.·. Abreviatura de ***Loja*** **(maçônica).**

LÁBARO. V. ***Thor, 2.***

LABIRINTO *1* — Antiga estrutura composta de galerias ou passagens intrinsecamente sinuosas e ziguezagueantes; as duas mais notáveis ou conhecidas foram a do Egito e a de Creta. O labirinto egípcio, ao oriente do Lago Moeris e em frente à antiga Crocodilópolis, a atual cidade de Fayum, consistia em numerosas câmaras ou criptas escuras, ligadas por uma vasta e complexa rede de passagens subterrâneas e tinha 200 metros de comprimento por 170 de largura, em forma quadrada. Heródoto o visitou e o descreveu com entusiasmo, considerando-o superior à Grande Pirâmide, e os antigos egípcios o tinham por uma réplica terrestre do "Labirinto Celeste", onde se introduziam as almas dos defuntos. O cretense, situado perto da cidade de Cnosso, era uma pobre imitação daquele, e a mitologia grega menciona-o como tendo sido construído pelo hábil arquiteto Dédalo para o rei Minos ali encerrar o monstro Minotauro, porém no qual acabou encerrando o próprio construtor. Como nem Homero nem Hesíodo mencionam o labirinto de Creta, atribui-se haver sido construído muito depois. Plínio alude a outros dois labirintos, situados na Etrúria e na ilha de Lemnos. Outros escritores mencionam outro labirinto egípcio, chamado o dos *Doze Senhores*, situado a sudeste do mesmo lago de Moeris e construído ali pelo ano 600 a. C. Tinha doze palácios, cada um com doze portas. Continham mais de 3.000 câmaras, e em seus sachãos se achavam os sepulcros reais. Como as pirâmides, sem dúvida os labirintos são de mui remota origem e existiram também na Índia, Pérsia e entre os índios americanos. No começo foram criptas de iniciações, depois transformados em sepulcros reais, e finalmente em templos de cultos religiosos, e há evidências de que os labirintos de Creta e do Egito estiveram vinculados aos cultos do poderoso deus Serápis, que exerceram muita influência nos cristãos primitivos, segundo o relata o imperador romano Adriano (76-138), que o constatou ao percorrer o Egito. Filosòficamente simbolizam a espiral da evolução da vida ao longo do caminho sinuoso das ilusões que envolvem, atormentam e desorientam a alma peregrina, enquanto ela for meio animal meio humana, como o Minotauro da lenda (fig. à pág. 217). *2* — *Labirinto, Sábio do* — Título do 53.º da série filosófica do Rio de Mênfis. (Cf. *Evolução; Iniciação.*)

LAÇO MÍSTICO. Vínculo sagrado e indissolúvel que se estabelece entre o maçom admitido e os demais membros da Ordem, o C.·. D.·. T.·. O.·. V.·. MM.·. e o G.·. A.·. D.·. U.·. (Cf. *Cordão do Amor; Dhyâni-pâza.*)

LÁGRIMAS. Símbolo maçônico das tristezas e tribulações do mundo, quando não figuras como simples emblemas decorativos dos templos.

LAMA-SABACTANI. Palavra de passe das *Companheiras* (2.º) da Maçonaria de Adoção. (Cf. *Mat.* 27:46.)

LÂMPADA. *1* — Símbolo maçônico da Luz eterna. *2* — Nos banquetes maçônicos é o nome alegórico dos copos para bebidas.

LANÇA. *1* — Símbolo maçônico de fortaleza. *2* — Em algumas Lojas maçônicas, distintivo que os Diáconos usam em vez de bastão ou vara.

LANDMARKS (balisas, limites, termos). Diz Oswald Wirth: "Os *Landmarks* são invenção moderna e seus partidários nunca puderam chegar a um acordo quanto à sua fixação. Isto não impede aos anglo-saxões proclamaram sagrados estes limites essencialmente flutuantes, que eles decretam ao sabor de seu parti-

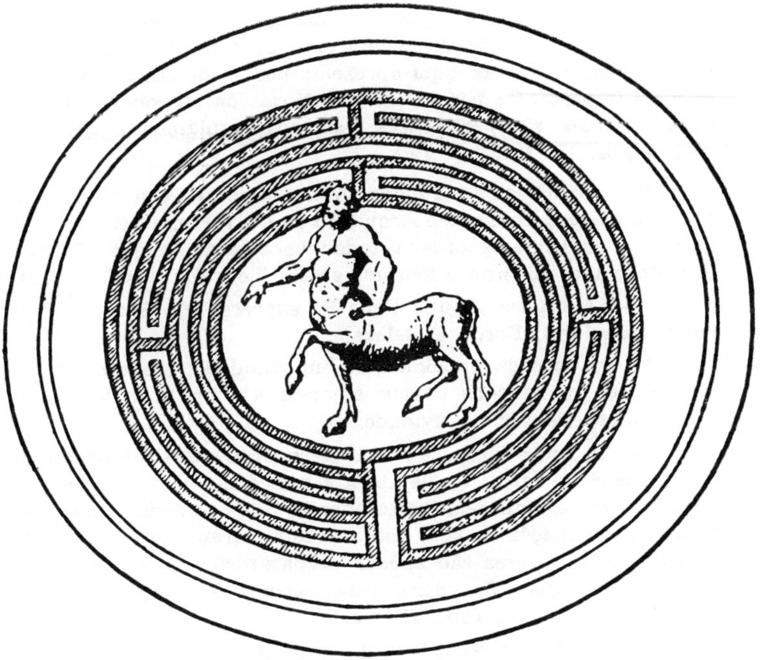

Labirinto de Creta

cularismo. Cada Grande Loja os fixa segundo a sua maneira de compreender a Maçonaria, e sendo esta mui diversamente compreendida, resultam daí definições contraditórias, destrutivas da unidade no seio de uma instituição que busca a concórdia universal." (*Qui est Regulier?*, 1938, p. 64, citado em *La Symbolique Maçonnique* p. 198, de Jules Boucher.) Talvez por isso mesmo é que os *Landmarks* nunca foram *oficialmente* definidos, e desde Mackey têm sido matéria de especulação para muitos, tanto assim que varia até trinta o seu número, e alguns versam matéria que é mais pertinente ao Regulamento Geral ou ao Regime Interno da Loja. Segundo algumas autoridades, a denominação de *Landmarks* foi tirada do Antigo Testamento (*Provébios* 22:28, e 23:10; *Deuterenômio* 19:14, e 27:17, e *Jó* 24:2) pelo Dr. James Anderson, ministro presbiteriano e autor das *Constituições* maçônicas de 1721. Como disse um dos críticos, a "frase *Antigos Landmarks* provavelmente significa (na Bíblia e em toda a parte) "não alterar os princípios básicos da iniciação (isto é, dos três graus), que são comuns a todos os sistemas de Mistérios, embora diferentemente expressos em cada um deles". Feitas essas ressalvas, aqui apresentamos 14 desses *Landmarks,* os mais importantes por serem estruturais da Maçonaria; quanto aos demais, são pertinentes mais aos regulamentos gerais e regimentos. Ei-los:

1.º — O primeiro e fundamental *Landmark* é a crença em Deus como sendo o Grande Arquiteto do Universo, o Ser que "poderosa e suavemente ordena todas as coisas", e que, de Seu elevado plano, governa o Seu universo e lhe infunde a Sua Vida.

2.º — A crença de que Deus Se expressa em Seu universo como Sabedoria, Força e Beleza.

3.º — A crença maçônica na imortalidade, e a compreensão de que os Maçons devem alçar-se a uma nova vida e a outra esfera de ser e atividade.

4.º — A lenda expressa no Terceiro Grau constitui um *Landmark.* Podem variar os detalhes segundo a época, o país e a raça, porém permanecem inalterados os fatos básicos. Não existe atividade maçônica sem este Terceiro Grau, ante o qual os dois Graus anteriores são apenas preparatórios e os chamados Graus Superiores são meramente decorativos, expressões da simbologia maçônica especulativa.

5.º — Os três Graus da Loja Azul também constituem um importantíssimo *Landmark,* pois indicam as três etapas do desenvolvimento da consciência do homem, bem como as triplicidades de que são testemunha a Maçonaria e as grandes religiões do mundo.

6.º — Todos os vários modos de reconhecimento entre Maçons são um *Landmark.* Assim, os s....los, os s....dos, os ins....os, t....s e p... as são imutáveis, por servirem de meio de reconhecimento entre os Irmãos e por seu significado esotérico ou misterioso.

7.º — Igualmente um *Landmark* são as Três G...s L...s que devem estar sobre o Altar, e que são o V. da C. S., o Es... e o C...so. O V. da C. S., o Livro da Lei, é representado pela Escritura Sagrada adotada pela Loja local.

8.º — É um *Landmark* o fato de que todos os seres humanos são fundamentalmente iguais, e portanto, suas diferenças externas são meramente circunstanciais.

9.º — Que sete Maçons constituem uma Loja é igualmente um *Landmark.*

10.º — Importante *Landmark* é a cuidadosa preservação dos segredos da Maçonaria. É um *Landmark* básico, pois a inculcação do sigilo é uma característica de todas as escolas de iniciação, e por isso os antigos Mistérios sempre foram desvendados sob a proteção do silêncio e segredo. Essa é também a tradição maçônica.

11.º — Um *Landmark* é a condição de que toda Loja deve ter um Cobridor e estar "coberta". O Cobridor guarda a porta externa do Templo.

12.º — Outro *Landmark* é o governo da Fraternidade Maçônica por um Grão-Mestre, e o da Loja por um Venerável Mestre.

13.º — *Landmark* de máxima importância é a necessidade de os Maçons trabalharem em equipes, chamadas Lojas.

14.º — O *Landmark* final é que nenhum destes *Landmarks* pode ser modificado. Permanecerão inalteravelmente os mesmos, e pelos sinais e *Landmarks* imutáveis se saberá se os Maçons estão efetivamente a prumo no santo pavimento universal da Maçonaria.

LAPIS. *1* — Um dos instrumentos de trabalho do Mestre Maçom na Comaçonaria. *2* — Em linguagem maçônica, é a pena e, às vezes, a função de secretariar os trabalhos de uma Loja.

LATA OBSERVÂNCIA. Um dos sistemas maçônicos derivados da doutrina de Zinnendorf, em 1767, em Viena, provocando um cisma no Rito da Estrita Observância e constituindo um Rito de dez graus: Aprendiz, Companheiro, Mestre, Irmão Africano, Cavaleiro de Santo André, Cavaleiro da Águia ou Mestre Eleito, Mestre Escocês, Soberano Maior, Mestre Provincial da Cruz Vermelha, e Mago ou Cavaleiro da Claridade e da Luz. (Cf. *Alta; Estrita, e Exata Observância.*)

LAUS DEO, lat., "Louvado seja Deus". Divisa inscrita na Arca da Aliança que adorna o estandarte T do pentágono correspondente aos *Cinco Príncipes do Real Segredo* do Acampamento (32.º) do Rito Escocês Antigo e Aceito.

LAVADOR. Segundo Grupo, o da Chave Maçônica, correspondente ao grau 55.º da segunda série filosófica e décima classe do Rito de Misraim.

L.·. D.·. P.·. *1* — Significam, entre os maçons escoceses, *Liberdade de Pensar* ou *de Passagem,* o que combina com a natureza da figura simbólica em que se acham esculpidas (uma ponte) e com as correspondentes letras hebraicas, que se traduzem por: *Ele recebeu permissão de passagem.* Mas entre os maçons do Rito Moderno ou Francês e de outros Ritos filosóficos se interpretam como *Liberdade de Pensar*, o que também se coaduna com o seu espírito especulativo. *2* — Acham-se bordadas ou gravadas na ponta pintada na faixa ornamental dos *Cavaleiros do Oriente* ou *da Espada* dos seguintes Ritos: Escocês Antigo e Aceito (15.º), Mênfis (15.º), Escocês Primitivo (15.º) de 25 graus, Escocês Primitivo (17.º) de Namur, e Moderno ou Francês (6.º), onde também se vêem esculpidas sobre os arcos da ponte simbólica da sua terceira câmara ou *Sala do Ocidente*. *3* — Aparecem na espada bordada na faixa ornamental do *Cavaleiro da Águia* (37.º) do Rito de Misraim. (Cf. *Páscoa; Shibboletk.*)

LEADBEATER, *Charles Webster* (1847-1934). Nascido na Inglaterra, em 1883 era um clérigo da Igreja Anglicana, exercendo as funções de cura na Paróquia de Bramshott, Hapshire. Não obstante, durante muitos anos esteve interessado nos fenômenos psíquicos, quando, nesse ano, por intermédio de um amigo, travou conhecimento com a Sra. H. P. Blavatsky e ingressou na Sociedade Teosófica. Em 1884 renunciou às suas ordens eclesiásticas e acompanhou aquela ilustre dama à Índia, onde fixou residência, mas de quando em quando visitava países da Ásia, Europa e América, fazendo conferências. Mais tarde mudou-se para Sidnei, Austrália, onde desenvolveu grande atividade nos campos educativo, religioso e maçônico. Durante cinqüenta anos escreveu muitas obras sobre Teosofia, Ocultismo, Budismo, Cristianismo, Maçonaria, cumprindo destacar suas obras *O Lado oculto das Coisas, A Ciência dos Sacramentos, A Vida Oculta na Maçonaria, Pequena História da Maçonaria, Os Mestres e a Senda, A Vida Interna,* etc. Galgou o posto de Bispo da Igreja Católica Liberal e de grau 33.º na Franco-maçonaria. Foi um pesquisador notável pela magnanimidade de seu espírito, seu vasto saber e rigor científico que imprimia em suas investigações.

LEÃO, *Agarra de.* Veja-se *Agarra do Mestre Maçom.*

LEGIÃO DO SADAH TEMÍVEL. Nome da terceira grande insígnia dos dignitários do Rito de Mênfis.

LEGIÃO DOS CAVALEIROS DE ELÊUSIS. Nome da segunda grande insígnia dos dignitários do Rito de Mênfis.

LEGOLAM. Palavra de passe entre os *Soberanos Grandes Príncipes Hasides,* grau 76.º da terceira série mística e décima quarta classe do Rito de Mênfis.

LEGOLAM SHECH ADAM. Palavras inscritas na porta do templo dos *Grandes Inspetores, Intendentes e Reguladores Gerais* (77.º) do Rito de Mênfis, e que também são empregadas no exame de reconhecimento dos *Soberanos Príncipes* (86.º) do mesmo Rito.

LEITE. Símbolo de doçura, adotado em muitas cerimônias maçônicas.

LENDAS. Relatos simbólicos ou alegóricos de certas verdades, leis ou fatos da natureza, porém que no geral requerem uma chave para sua exata interpretação. Quando identificadas com relatos históricos, as lendas mais confundem do que esclarecem, apesar de toda a sua veracidade. Podem ter sentido cósmico ou planetário, místico ou individual, filosófico ou religioso, cada qual com sua chave interpretativa, e dificilmente combinam com a história, que lhes é posterior. É uma tradição transmitida desde a mais longínqua antigüidade, e adotada por Sábios e Iniciados, Religiões e também pela Maçonaria. As principais lendas maçônicas são a da construção do Templo Maçônico pelos Aprendizes, Companheiros e Mestres sob a égide e direção do Grande Arquiteto, e a da criação do Obreiro perfeito, o Mestre-Maçom, como uma alegoria da perpétua Obra Divina da construção do Universo por uma hierarquia de servidores e do aperfeiçoamento do ser humano. (Cf. *Equinócio; Hiram Abiff; Mito.*)

L.·. E.·. T.·. Triagrama correspondente a *Lux et tenebris*, lema dos *Cavaleiros Rosa-Cruz.*

LEVANTAR COLUNAS. Diz-se de uma Loja que voltou a funcionar depois de haver permanecido inativa por certo tempo, ou de ter *abatido suas colunas.*

LEVITA. *1* — Certos oficiais das Lojas do Rito de Mênfis. *2* — Quarta divisão do grau 10.º da Estrita Observância, intitulado *Cavaleiro da Luz* ou *Mago.*

LEVITA SACRIFICADOR. Título de um grau da Loja Mater do Rito Escocês Filosófico.

LEVITAS ou GRANDES SACRIFICADORES. *1* — São os *Sublimes Cavaleiros Escolhidos* (33.º) do Rito de Misraim, quando reunidos na *Arca* ou *Tabernáculo* para celebrar seus trabalhos. *2* — Título dos ministros que constituem as Hierarquias ou Coros (Lojas) dos Chefes dos Tabernáculos (23.º) do Rito Escocês Antigo e Aceito.

LEVÍTICA. Denominação dada à Maçonaria cujos graus se baseiam na história ou atos dos Levitas hebreus.

LÍBANO, *Cavaleiro Príncipe do*. Título do 22.º grau dos Ritos de Heredom e Escocês Antigo e Aceito.

LI BENI EMETH. Veja-se *Elai Beni Emeth.*

LIBERDADE. *1* — Palavra de passe dos *Príncipes de Jerusalém* (8.º) do Rito de Adoção. *2* — Lema de uma das colunas da Ordem, insculpido nos templos dos *Sublimes Mestres Perfeitos, Adelfos e Filadelfos.*

LIBERDADE, IGUALDADE e FRATERNIDADE. Moto da revolução francesa de 1789, que a Maçonaria adota como lema emancipador e regenerador das classes sociais. Só os homens e mulheres livres e de bons costumes, em igualdade de oportunidades, podem conviver fraternalmente numa sociedade organizada. Maçônicamente, talvez fosse mais natural a inversão desse trinômio: Fraternidade, Igualdade, Liberdade, pois numa sociedade antes de tudo *fraternal,* todos os seus membros serão *livres* e *iguais* perante a lei. Acresce haver uma feliz correspondência do trinômio maçônico com as três Grandes Luzes que adornam o Altar de uma Loja regular das obediências anglo-saxônicas: o Compasso, o Esquadro e o Volume da Ciência Sagrada, respectivamente. (Cf. *Aclamação.*)

LIBERTAS, lat.. Palavra de passe dos *Cavaleiros da Espada,* ou *Cavaleiros do Oriente* (11.º), ou *Cavaleiros da Águia* (37.º), do Rito de Misraim.

LICENÇA. Permissão para ausentar-se de sua Loja por motivo de deveres superiores ou de moléstia grave. Pode ser limitada ou ilimitada. Isenta de contribuições durante a sua vigêngia e suprime toda convocação. (Cf. *Ausência.*)

LIGA UNIVERSAL DE FRANCO-MAÇONS. Uma associação fraternal, fundada na Suíça em 1905 por Franco-maçons regulares, pertencentes a Lojas e Grandes Lojas regulares. A adesão à Liga é feita em caráter individual e sem qualquer distinção de jurisdição ou rituais. A Liga respeita a posição mantida pelas várias jurisdições nacionais e não interfere em seus assuntos domésticos. Não tem Ritual, mas dedica-se exclusivamente a problemas educacionais e culturais. Favorece e promove contatos pessoais entre maçons regulares além das fronteiras dos vários países e dos Sete Mares, com a finalidade de cultivar e aprofundar o amor fraternal. Também se esforça no sentido de realizar no mundo profano as várias idéias humanitárias, fruto de ideal maçônico. Sua sede é à Avenue Luserna, 10 (Geneva, Genebra), Suíça, e publica uma bem elaborada e apresentada revista, "La Herold", sob a direção de seu Presidente, que em 1969 era o Dr. Théo Marti.

LIMITES. Denominam-se *Limites* ou *Preceitos* as antigas leis escritas ou não, na Maçonaria. (Cf. *Landmarks*.)

LIMMUND (*Doctus*). Um dos grandes nomes de Deus invocados durante os trabalhos dos *Grandes Arquitetos de Heredom* (6.º) do Escocismo Reformado.

LIRA. Jóia do Mestre da Harmonia da Loja e símbolo da Música universal.

LIRA, *Filho da*. Título do grau 50.º, correspondente à quinta classe da série filosófica do Rito de Mênfis.

LÍRIO, *Estrela do*. Uma das três condecorações lendárias do Rito de Mênfis.

LITURGIA (do gr. *Leitorgia* = *leos*, povo + *ergon*, trabalho, ou serviço público) — São as formas ou o ritual prescritos para o culto religioso e o processamento dos trabalhos maçônicos nos diversos Ritos. Em sentido mais restrito, entre os cristãos é, especialmente, o Serviço Eucarístico, denominado *Liturgia Divina* na Igreja Ortodoxa Oriental e *Missa* na Igreja Católica. É igualmente o livro que prescreve o cerimonial, o texto, a música, a ordem e o regime privativos de cada ritual.

LITÚRGICO, *Colégio*. Nome dos Cinco Supremos Conselhos que regem e governam a Ordem de Mênfis.

LIVRE. Diz-se de um cidadão em pleno gozo de seus direitos civis, um dos objetivos colimados pela Maçonaria. Mas para ingressar em suas fileiras ele precisa ser também subjetivamente *livre* (de preconceitos, superstições, maledicências e qualquer escravidão) *e de bons costumes*.

LIVRO DA LEI. A Bíblia colocada sobre o Altar, às vezes substituída por um livro das Constituições (de Anderson), os estatutos gerais da Ordem, o regimento interno da Oficina, ou os preceitos num livro branco. O emprego da Bíblia não exclui a presença de outros textos conformes com as crenças de certos irmãos. (Cf. *Bíblia; Decoração da Loja*.)

LIVRO DE ARQUITETURA. Registro dos processos verbais de uma Loja. Livro de atas.

LIVRO DE PRESENÇA. Registro no qual os membros de uma Loja e os visitantes apõem a sua assinatura em cada reunião.

LIVRO DO CONHECIMENTO SAGRADO. Ver *Bíblia*.

LIVRO DOS MORTOS. Antigo livro egípcio, ritualístico, de 190 capítulos, atribuído a Thot Hermes. É uma coletânea de vários hinos, orações e invocações que os egípcios inscreviam nas paredes de túmulos, esquifes e estelas, papiros e amuletos funerais, com o fito de assegurar o bem-estar de seus mortos no mundo do além, e daí o seu título atual, pois que o anterior era "Fórmulas para o Despontar do Dia". Nele há muito sentido alegórico, místico e filosófico nos ensinamentos destinados a encaminhar a Alma tanto na sua vida póstuma como em sua preparação e ascensão espiritual através de iniciações. Suas instruções faziam parte dos antigos Mistérios Menores, e encontravam-se gravadas nas pirâmides, esquifes, santuários e papiros, donde as compilaram os autores do Livro dos Mortos. Várias delas são perpetuadas em algumas das cerimônias maçônicas atualmente usadas nos três primeiros graus da Maçonaria simbólica, e têm pontos comuns com algumas passagens dos Antigo e Novo Testamentos, e particularmente no *Livro de Ezequiel, no Apocalipse* de S. João e na Cabala Judaica. (V. *Book of the Dead,* de Sir E. A. Wallis, M. A., Litt. D., D Lit., em 3 Vols.; ed. Routledge & Kegan Paul Ltd., Broadway House, 68-74, Carter Lane, E. C., Londres, Inglaterra.) (Cf. *Iniciação*).

LIVRO NEGRO. Aquele em que se registram os nomes e sentenças dos irmãos expulsos da Ordem, e dos profanos recusados à admissão na mesma.

LIVRO VERMELHO. É o que contém as acusações, faltas e penalidades contra irmãos. Também se chama *Livro de Disciplina.*

LOGIA, gr., "palavras". *1* — Lições secretas de Jesus contidas no original hebraico do Evangelho de S. Mateus (mas não no grego), e conservadas pelos ebionitas e nazarenos na biblioteca colecionada por Pânfilo, em Cesaréia, Palestina. Este "Evangelho", chamado por muitos "o verdadeiro Evangelho de S. Mateus", estava em uso, segundo S. Jerônimo, entre os nazarenos e ebionitas de Bereia, em sua época (séc. IV). Como os *Aporreta* ou discursos secretos dos Mistérios, estes *Logia* só podiam ser compreendidos com o auxílio de uma chave, e muitos fragmentos seus se podem ainda encontrar nos atuais Evangelhos de S. Mateus e S. Lucas. *2* — Termo aplicado também a certos ensinamentos de Jesus, achados em 1897 em Oxyrhynchus, Egito, num papiro do II ou III século. (Cf. *Mistérios cristãos.*)

LOJA. Etimologicamente, este vocábulo deriva do sânscrito *loka, mundo,* e efetivamente uma Loja maçônica simboliza o mundo ou o universo. É o lugar ou a reunião em que se congregam os maçons para um trabalho específico, durante o qual a Loja permanece absolutamente fechada ou "coberta". Além da forma, extensão e orientação próprias, ela deve conter os *ornamentos* (pavimento de mosaico, estrela flamígera, borda dentilada), o *Mobiliário* (Volume da Ciência Sagrada, Esquadro e Compasso), e as *Jóias* (que são: a) — as *imóveis*: a p. de t., a pedra bruta e a lavrada, e b) — as *móveis*: o esquadro, o nível e o prumo). A claridade penetra ali por três janelas, colocadas ao Oriente, Sul e Oeste, e a iluminam três velas acesas (além da luz natural), colocadas nesses pontos cardeais, rodeando o Altar, ou ao lado dos tronos do Venerável e dos dois Vigilantes. Essas janelas e velas simbolizam os três aspectos da Divindade (Pai, Filho e Espírito Santo), perpetuamente ativos em Seu universo. Geralmente, uma Loja completa compreende dez Oficiais: o Venerável, o 1.º e o 2.º Vigilantes, o Orador, o Secretário, o Mestre de Cerimônias, o Tesoureiro, o Hospitalar, o Guarda Interno e o Guarda Externo. Os cinco primeiros são chamados *Luzes,* e são necessários, no mínimo, sete Oficiais para se proceder à abertura dos trabalhos da Loja. Dizem os antigos rituais que três Maçons formam uma Loja *simples;* cinco, uma Loja *justa,* e sete, uma Loja *perfeita.* Neste caso, os três da Loja *simples* são o Venerável e os dois Vigilantes; os cinco da Loja *justa* são os três precedentes e mais dois Mestres, e afinal uma Loja *perfeita* compreende mais um Companheiro e um Aprendiz. So pode trabalhar a Loja que é "justa, perfeita e regular". É justa se tem o *Mobiliário* devidamente colocado sôbre o Altar; *perfeita,* se estão presentes sete ou mais membros, e *regular,* se possui a Carta Constitutiva outorgada por uma Potência regularmente investida de autoridade maçônica. (V. *Justa, Perfeita* e *Regular; Regularidade.*)

As Oficinas são caracterizadas por uma cor, correspondente à do cordão usado pelos Maçons que a compõem.

I. *Oficinas azuis* (ou simbólicas) são as Lojas que agrupam os Maçons do 1.º ao 3.º grau.

II. *Oficinas vermelhas* (ou *Capitulares*) são os *Capítulos,* que agrupam os Maçons do 4.º ao 18.º grau.

III. *Oficinas negras* (ou *filosóficas*) são os *Areópagos* ou *Concílios,* que agrupam os Maçons do 19.º ao 30.º grau.

IV. *Oficinas brancas* são os *Supremos Tribunais* para o 31.º grau, os *Consistórios* para o 32.º grau, e o *Supremo Conselho* para o 33.º grau. (Cf. *Graus; Oficina; Mobiliário.*)

LOJA AZUL. Loja simbólica, completa em três graus.

LOJA BRANCA. Segundo abalizados autores, é uma poderosa Fraternidade ou Hierarquia de Adeptos, cujas colunas mestras são o *Amor* e a *Sabedoria,* e de que uma Loja maçônica é uma miniatura simbólica. Acrescentam eles que, por vontade do G. ∴ A. ∴ D. ∴ U. ∴, essa Fraternidade vela pela humanidade e através dos séculos vem guiando sua evolução e governando internamente os negócios de nosso globo. O C. ∴ D. ∴ T. ∴ O. ∴ V. ∴ M. ∴ é um de seus augustos Membros, bem como os grandes Instrutores que de tempo em tempo têm aparecido neste mundo para ministrar ao povo ensinos espirituais, éticos ou filosóficos adequados à necessidade da época. (Cf. Leadbeater 33.º, *A Vida Oculta na Maçonaria*, caps. III e VIII; os *Mestres e a Senda,* caps IX e X.)

LOJA DE ADOÇÃO. Loja maçônica feminina. (V. *Maçonaria de Adoção.*)

LOJA DE ESCLARECIMENTO. Lojas conhecidas na Alemanha no século XVIII, e que não tinham símbolos, graus, nem cerimônias. Não se uniram aos Iluminados de Baviera, nem adotaram o título do Franco-maçom senão para se assegurarem de uma proteção.

LOJA DE SANTO ANDRÉ. Loja do Rito Antigo ou Escocês, sob o patronato de Santo André. Constitui também um Rito especial.

LOJA DE SÃO JOÃO. Todas as Lojas Simbólicas usavam outrora este título geral precedendo sua divisa ou denominação.

LOJA IRREGULAR. Reunião não autorizada de maçons regulares ou declarados irregulares e com os quais não se pode reunir. (Cf. *Regularidade.*)

LOJA JUSTA. Loja contando cinco membros, a qual não tem o direito de iniciar ou conceder aumento de salários. Na Bélgica se chama "Atelier d'agregé" e permanece na dependência de uma Loja de Obediência. (Cf. *Loja.*)

LOJA JUSTA E PERFEITA. É a constituída pelo menos por 7 Mestres e reunindo nos trabalhos o mínimo de 7 irmãos. (Cf. *Justa, perfeita e regular; Loja; Regularidade.*)

LOJA-MÃE ou *Mater*. Loja onde um maçom recebeu sua iniciação.

LOJA SIMBÓLICA. Oficina dos três graus iniciais ou *Loja Azul.*

LOJA SIMPLES, ou *Triângulo*. Loja de estudos formada pela reunião de três maçons.

LOJAS-IRMÃS. Lojas de uma mesma Obediência ou que fazem troca de tratados de amizade.

LOUSA. Figura nos templos simbólicos, muito especialmente no grau de Mestre, como emblema da memória e sob a denominação de *prancha de traçar.*

LOWTON. É o filho do maçom, adotado por alguma Loja de acordo com um ritual próprio. Também se chama *Lawton*, *Lewis, Louveton, Luston, Sobrinhos,* vindo essa denominação dos antigos mistérios egípcios. O *Lowton* pode ser iniciado aos dezoito anos, mediante o consentimento do pai ou tutor, porém só poderá receber o grau de Mestre depois de completados vinte e um anos de idade. Quando tenham de pagar emolumentos, é costume só pagarem a metade dos mesmos até o terceiro grau. (Cf. *Adoção.*)

L.·. S.·. Iniciais de *Líbano* e *Salomão* nas insígnias do grau 22.º do Rito Escocês Antigo e Aceito.

LUA. Planeta passivo, sob cujo signo em algumas Lojas estão colocados o Secretário e a coluna dos Aprendizes.

LUMINARES. São o Sol e a Lua, que iluminam a "abóbada celeste" da Loja. Acham-se ali colocados no Oriente segundo suas posições no Solstício de Inverno. Como as duas colunas J e B do Templo, representam os pólos ativo e passivo, o dia e a noite, e os aspectos masculino e feminino da Divindade, manifestados no universo. (Cf. *Maçonaria Feminina.*)

LUVAS BRANCAS. Têm sido usadas entre os maçons como marca de distinção e pureza, porém têm caido em desuso, pelo menos na maioria das Lojas. Depois da sua recepção, o Aprendiz recebia dois pares de luvas brancas, dos quais um se destinava a ele e o outro "à dama que mais ele amasse". A respeito comenta Wirth: "As luvas brancas, recebidas no dia de sua iniciação, evoca ao maçom a recordação de seus compromissos. A dama que lhes mostrará as luvas se estiver a ponto de fracassar, lhe aparecerá como sua consciência viva, como a guardião de sua honra. Que missão mais elevada poderia ele confiar à dama que mais ele ama?" E assinala que Goethe, iniciado em Weimar em 23 de junho de 1780, homenageou Madame Von Stein com luvas simbólicas, e fê-la sentir que se o mimo era de aparência ínfima, apresentava contudo a singularidade de não poder ser oferecido por um franco-maçom senão uma única vez em sua vida. Também se emprestava às luvas brancas do maçom o sentido de que suas mãos estavam limpas, por não haverem participado do assassínio de Hiram Abiff.

LUZ. "E disse Deus: Haja Luz. E houve luz. E viu Deus que era boa a luz e fez separação entre a Luz e as trevas" (*Gên-* 1:3.4). Por isso em todas as Escrituras é a luz considerada uma manifestação da Divindade e de Sua Vida, que "é a luz dos homens; e a luz resplandece nas trevas" (*João* 1:4.5). A luz é a mansão de Ormuzd, segundo os persas; para apagar uma luz, estes jamais a assopram para que seu hálito não a contamine, mas abanam-na com a mão ou uma ventarola (*Zend-Avesta,* II, p. 567), tal qual ainda hoje se faz na Maçonaria e nas Igrejas. A Maçonaria tem também a luz por símbolo da Divindade, e emblema do conhecimento, em suas várias nuances. Assim, há ali a Estrela Flamígera, as três luzes emblemáticas maiores (o V. C. S., o E. e o C.) e as três luzes menores ao sul, ocidente e oriente da Loja, representando o Sol, a Lua e o Venerável Mestre. Sol e Lua são, respectivamente, os mais antigos símbolos do duplo aspecto da natureza: positivo *masculino,* o espírito engendrador de vida, e o passivo *feminino,* a matriz de novas formas de vida. (Cf. *Lua Sol.*)

LUZES. Os cinco primeiros Oficiais dignitários: Venerável, os dois Vigilantes, o Orador e o Secretário.

LUZES ASTRAIS. O Sol, a Lua, a Estrêla Flamígera, e a abóbada celeste.

LUZES, *As Três Grandes.* São o Volume da Ciência Sagrada, o Esquadro e o Compasso sobre o altar. Jamais são separados e figuram em toda Loja regular das Obediências anglo-saxônicas. (Cf. *Decoração da Loja; Luzes Simbólicas.*)

LUZES MÍSTICAS. São as três Luzes Menores, as velas geralmente colocadas ao Oriente, ao Sul e ao Ocidente, à direita do Venerável, do Segundo e do Primeiro Vigilantes, respectivamente, para representar os três aspectos (*Pai, Filho* e *Espírito Santo*) da Divindade.

LUZES SIMBÓLICAS. São o Volume da Ciência Sagrada, o Esquadro e o Compasso, sem os quais não pode uma Loja legìtimamente funcionar. (Cf. *Loja; Mobiliário.*)

LUZES LITÚRGICAS. São as que iluminam o Altar e os pedestais; seu número varia com os diversos Ritos e graus. Para esse fim se usam de preferência velas. (Cf. *Velas.*)

M

M. *1* — Décima quarta letra do alfabeto maçônico, cuja grafia convencionada se encontra na lâmina à página 16. *2* — Abreviatura das palavras *Mestre, Maçom e Maçonaria,* e repetida (M. ·. M. ·.), significa *Mestre Maçom.* *3* — Entrelaçado com R. ·. sobre a cruz de ouro que constitui a jóia dos *Grandes Mestres Arquitetos* (12.º) do Rito Escocês Antigo e Aceito, corresponde à palavra sagrada *Rabanim* ou *Rab-banain* ("Mestre de edifícios"). *4* — Gravada no cabo da acha dos *Cavaleiros Real Acha* ou *Príncipe do Líbano* (22.º) do mesmo Rito, é inicial de Moisés. *5* — Esculpida nos braços da cruz usada como distintivo pelos *Grandes Escoceses de Santo André* (29.º) do citado Rito, significa *Mac-Benac* ou *Mak-Benah* ("Filho da putrefação"). *6* — Sobre a cruz teutônica dos *Cavaleiros Kadosh* (30.º) do Rito Escocês Antigo e Aceito, significa *Menahem* (*Consolador*) no sistema filosófico, e *Molay* entre os *Templários.* *7* — Bordada no tetragrama N. ·. K. ·. M. ·. L. ·. do pano que cobre o trono dos *Grandes Vigilantes* dos Consistórios dos Príncipes do Real Segredo (30.º) do Rito Escocês Antigo e Aceito, corresponde a *Macchah* ou *Magchac* (*Oprimido*), uma de suas palavras de passe. *8* — Pintada entre emblemas dos RR. ·. CC. ·. de Heredom e de Kilwinning (46.º), de *Filósofo Sublime* (53.º) e de *Fundidor* (57.º), todos os Rito de Misraim, é inicial de *Moabon* ("a carne deixa os ossos"). *9* — No quadro da Loja do mesmo grau 57.º que dizer *Missac* (*sábio*).

MABEIGNAC. Nome adotado pelos Templários que sobreviveram à destruição de sua Ordem, ao escaparem para a ilha escocesa de Mull, segundo reza a tradição da Maçonaria da Estrita Observância.

MAÇÃ. Fruta simbólica, segura entre os dentes da serpente que se acha enroscada na árvore da vida ou da ciência do bem e do mal, erguida no centro do Jardim de Éden nos templos de 1.º e 2.º da Maçonaria de Adoção.

MAC-BENAH. *1* — Termo hebraico que também se escreve *Mach-Benach;* significa *Filho da putrefação* e ainda: *A carne se desprende dos ossos.* *2* — Palavra sagrada no grau 3.º do Rito Moderno ou Francês. *3* — Simboliza o reino animal, um dos três lados do *Delta* ou triângulo misterioso, constante da instrução do Mestre maçom. (Cf. *Masben.*:.; *Moabon;* D.S., IV, 187; I *Crôn.* 2:49.)

MACCHAH-NEKAM, ou *Nakam-Maccha,* "Para a Vingança". Uma das três palavras de passe dos *Sublimes Príncipes do Real Segredo* (32.º) do Rito Escocês Antigo e Aceito.

MACHADO. *1* — Também conhecido como *acha* e usado na antigüidade com duplo corte, foi então um símbolo de poder divino e humano, e depois empregado como arma de guerra. (Cf. *Isaías* 10:15). Dele derivou o malhete maçônico, tido como símbolo de poder, vontade e autoridade. *2* — Jóia do *Cavaleiro Real Machado* (22.º) do Rito Escocês Antigo e Aceito. *3* — Título do grau 23.º da segunda classe do Rito de Mênfis. *4* — Título do grau 32.º da sexta classe da primeira série simbólica do Rio de Misraim. (Cf.*Acha; Malhete; Malho; Sagarida.*)

MACHAT. Corrutela de *Miach,* segundo alguns autores. V. *Miach-Nemach.*)

MACHETA. Denominação alegórica das facas, também chamadas espadas, nos banquetes da Maçonaria de Adoção.

MACHINERA. Veja-se *Mahschim'ca,* que é o correto.

MACHOBIM, "dores". *1* — Palavra interpretada por: *Ei-lo; está morto!* Mas em alguns rituais se lê *Moabim,* ou *Mokabin* (silêncio, respeito), tida por outros como errônea. *2* — Segunda palavra velada dos *Grandes Escoceses da Abóbada Sagrada de Jaques VI* (14.º) do Rito Escocês Antigo e Aceito. *3* — Segunda palavra do segundo toque do grau 14.º dos Ritos Escocês e de Mênfis. Alguns a substituem por *Gabaon.* (Cf. *Masben.*·.; *Moaban.*)

MAKOBIM. Veja-se *Machobim.*

MACKEY, *Alberto Galletin* (1807-1881). Ilustre maçom norte-americano, nascido em Charleston em 12 de março. Iniciado na Loja St. Andrew em 1841, terminou como Grande Secretário da Grande Loja em 1867. Deixou-nos a famosa *Encyclopedia of Freemansory.*

MAÇOM. *1* — Etimologicamente, este termo provém do baixo latim *machio, matio, macio* que também se diz provir do alemão *metz* (cortador de pedra) e do francônio *mattjo,* cognato do sânscrito *matya* (clube), e do inglês *mason* e do francês *maçon*, "pedreiro". *2* — Um membro da Maçonaria operativa ou especulativa. (Cf. *Franco-maçom.*)

MAÇOM, *Cavaleiro*. O mesmo que *Grande Escocês.*

MAÇOM DA PIRAMIDE. Grau 126.º da nomenclatura da Universidade.

MAÇOM DE HAMBURGO, *Perfeito*. Grau 11.º da nomenclatura da Universidade.

MAÇOM DO TEMPLO (ou *Grande Eleito Depositário*). Grau 19.º da nomenclatura da Universidade.

MAÇOM LIVRE E CAVALEIRO. Título que se dão mutuamente os cavaleiros do Oriente e Ocidente, nos trabalhos do grau 17.º do Rito Escocês Antigo e Aceito.

MAÇOM PERFEITO. Título distintivo dos Grandes Escoceses da Abóbada Sagrada de Jacques VI, grau 14.º do Rito Escocês Antigo e Aceito.

MACMAHA. Palavra de passe do 20.º grau do Rito de Misraim. Também se consigna *Macmaha Rababack.* Veja-se *Bea-Machen Bamearch,* tida como a correta por diversos autores.

MAÇOM PRÁTICO. Franco-maçom operativo ou antigo. Operário em construção; pedreiro.

MAÇOM TEÓRICO. Franco-maçom especulativo ou aceito.

MAÇOM, *Verdadeiro*. *1* — Grau 9.º do Rito Escocês Filosófico, em 18 graus, também conhecido por Loja-Mãe Escocesa de Marselha (1750). *2* — Grau 7.º do Rito Escocês Filosófico em 15 graus, modificado em 1776 por Boileau. *3* — Grau 1.º da Academia dos Verdadeiros Maçons de Montpeller, em 6 graus (1787).

MAÇONARIA. "É um sistema sacramental que, como todo sacramento, tem um aspecto externo visível, consistente em seu cerimonial, doutrinas e símbolos, e outro aspecto interno, mental e espiritual, oculto sob as cerimônias, doutrinas e símbolos, e acessível só ao maçom que haja aprendido a usar sua imaginação espiritual e seja capaz de apreciar a realidade velada pelo símbolo externo." (Wilmshurst, *The Meaning of Masonry,* p. 21.) "É a continuação ou renovação dos Antigos Mistérios" (Rogan).

MAÇONARIA ADONIRAMITA. Sistema organizado pelo escritor francês Barão de *Tschoudy* (1730-1769), composto de treze graus bíblico-salomônicos e templários, em que às lendas do assassínio do Mestre Hiram ou Adoniram e da construção do templo se interpolaram as dos Templários e da morte de seu Grão-Mestre Jacques de Molay. Os graus são: *Aprendiz, Companheiro, Mestre, Mestre Antigo, Eleito dos Nove, Eleito de Perignan, Eleito dos Quinze, Pequeno Arquiteto, Grande Arquiteto, Mestre Escocês, Cavaleiro do Oriente, Rosa-Cruz, Noaquita,* ou *Cavaleiro Prussiano.* (Cf. *Hiramitas* e *Adoniramitas.*)

MAÇONARIA ANDRÓGINA. Veja-se *Maçonaria de Adoção.*

MAÇONARIA, *antiguidade da.* coincide com a das pirâmides. (V. *Esfinge; Harmachis; Pirâmides*).

MAÇONARIA AZUL. *1* — No Rito Escocês Antigo e Aceito, são as Lojas simbólicas do 1.º, 2.º e 3.º graus. *2* — Denominação também dada no Rito Moderno ou Francês. (Cf. *Loja.*)

MAÇONARIA BRANCA. No Rito Escocês Antigo e Aceito compreende os graus 31.º, 32.º e 33.º. Neste elevado estágio, os irmãos do 33.º devem ter superado a vaga concepção de uma Justiça Divina e adquirido um conhecimento seguro dessa Justiça e da plenitude da "Glória Divina na Luz Oculta".

MAÇONARIA DE ADOÇÃO. Rito para senhoras, fundada em 1774 pela G.·. O.·. da França, e cuja Oficina funciona subordinada a uma Loja simbólica masculina. Seus graus são: 1 — No *Sistema Francês e Escocês,* cinco: *Aprendiz, Companheira, Mestra, Mestra Perfeita* e *Soberana Ilustre Escocesa.* 2 — No *Sistema de Mênfis,* cinco: *Aprendiz, Velada, Mestra, Mestra Perfeita* e *Sublime Eleita.* 3. Na *Maçonaria Egípcia* de Cagliostro, três: *Aprendiz, Companheira* e *Mestra Egípcia.* 4 — Na Comaçonaria, cujo lema é "O Direito Humano", são as mulheres admitidas em perfeita igualdade com os homens, tanto nos graus como nas funções, tal qual o foram nos Antigos Mistérios do Egito e da grécia. (Cf. *Adoção; Comaçonaria* e *Maçonaria Egípcia.*)

MAÇONARIA DOS ALTOS GRAUS. Adição à Maçonaria simbólica. Divide-se em graus capitulares e graus filosóficos.

MAÇONARIA DOS BOSQUES ou FLORESTAL. Antiquíssima instituição, que tem por objetivo facilitar aos irmãos o mútuo reconhecimento e auxílio quando se encontrem a sós nos montes e selvas. Compreende cinco categorias: *Lenhador* ou *Carvoeiro, O Pródigo Convertido, Mais Negro Que o Diabo, Serrador e Carpinteiro.*

MAÇONARIA EGÍPCIA. Ordem organizada pelo conde de Cagliostro, "para conhecer, professar e propagar a Maçonaria em sua pureza e forma primitivas", sob o signo da *Glória, Beneficência, União, Sabedoria e Prosperidade.* A Loja-Mater, sob a denominação de *Sabedoria Triunfante,* foi fundada em Lyon, França, no dia 27 de julho de 1786. Seu Rito, destinado a homens e mulheres, compreende três graus: *Aprendiz, Companheiro* e *Mestre* (V. *Rito Egipcio de Adoção*).

MAÇONARIA ESPAGÍRICA, "metalúrgica". Ramo importante da chamada Maçonaria Hermética e Cabalística, cujo principal objetivo era a análise dos metais e a pesquisa da pedra filosofal. (Cf. *Rito da Ordem da Rosa-Cruz.*)

MAÇONARIA EVANGÉLICA. É a que tem por escopo propagar o Evangelho cristão por meio da simbologia maçônica, ou inversamente, as verdades maçônicas revestidas das alegorias evangélicas.

MAÇONARIA FEMININA. Em sã consciência, na Maçonaria e em seus Rituais nada existe de que a mulher não possa participar, e em sua antiga tradição nada há que justifique a recusa e afastamento do elemento feminino das cerimônias e iniciações maçônicas. E a julgar pelo que se observa em todas as religiões e igrejas, a admissão da cara-metade do homem nos templos maçônicos, hoje tão vazios em toda a parte, só lhes poderia dar maior colorido e vitalidade, e enriquecer sua cultura, sua moral e sua utilidade social. Tornaria a Loja maçônica mais completa em seu significado filosófico-espiritual e mais autêntica em seu conteúdo simbólico, a ser verdadeira (como o é)a lenda maçônica de que uma Loja é o símbolo do universo, ou o universo em miniatura. Ora, no universo de Deus não há nenhuma distinção entre os sexos; não existem ali leis masculinas e leis femininas; as leis são iguais para todos, homens e mulheres, anjos e humanos, vivos e mortos. Se esse é o exemplo que nos dá o Grande Arquiteto do Universo, por que fazerem os homens coisa diferente no mundo, e especialmente na Loja maçônica, reflexo desse Universo? Portanto, sob o critério filosófico, a Maçonaria se destina tanto ao homem como à mulher, complementos que são um do outro e destinados como estão a constituir a família como base celular de uma sociedade bem organizada. Examinando este assunto à luz da tradição maçônica, se remontamos sua origem aos antigos Mistérios do Egito, Grécia e Roma, sem esquecer a escola de Pitágoras, fundada em Crotana, em 529 a.C., calcada nesses mistérios, e depois difundida pela Grécia, ali encontramos iniciados homens e mulheres, passando todos igualmente pelas mesmas provas e cerimônias. Se, ao contrário, preferimos encurtar a idade da Maçonaria e situar sua origem nas Corporações Operativas da Idade Média, se então nada descobrimos expresso claramente a favor dessa tese, também nada deparamos contra. Essa foi uma época tenebrosa para a Maçonaria, em que ela foi forçada a trabalhar em completa clandestinidade, devido às perseguições da Igreja Católica e dos governos ditatoriais. Some-se a isso a sua característica de sociedade secreta, que nada deixava escrito, e a do trabalho profissional de seus membros, que era de natureza masculina, e tem-se a completa explicação. No entanto, o exame dos mais antigos documentos maçônicos existentes na Inglaterra, que são minuciosos em pormenores e em proibições, não nos mostra nenhuma proibição contra as mulheres, e há mesmo indicações de que elas por ali andaram. O primeiro Escrito com o nome de *Freemason* que aparece, é um ato do Parlamento do ano de 1350, 25.º do reinado de Eduardo I, regulamentando a profissão de pedreiro; é minucioso, mas omisso em relação à mulher. Depois vem o chamado "Manuscrito Régio" ou "Manuscrito de Halliwell", descoberto por um antiquário não-maçom e aparentemente sacerdote católico, no Museu Britânico de Dnodez, escrito em 1390 e publicado no *Magazine Free-mason* de junho de 1815, porém que, segundo alguns autores, era cópia de um escrito mais antigo. Trata-se de um pequeno livro em papel de vitela, redigido em poema, com 794 versos em inglês antigo; as linhas 1 a 86 tratam da antiga tradição da corporação, e em seguida, divididos em duas partes, os 15 pontos da lei, aumentados de 15 pontos amplificativos denominados *Plures Constitutiones*. Dos versos 97 ao 794, que são de estrito teor legal maçônico, não se encontra nenhuma consignação de ser a Maçonaria privativa tão-só do homem. Bem ao contrário, deparam-se ali provas de que a Maçonaria Operativa daquela época tinha, no mínimo, a colaboração feminina. Com efeito, em seu artigo 10.º, versos 203 e 204, se lê: *que nenhum Mestre suplante outro, senão que procedam entre si como irmão e irmã.* No ponto 9.º versos 351 e 352 se diz: *amavelmente servindo-nos a todos, como se fôssemos irmã e irmão.* Em todo esse histórico documento, básico para uma autêntica enumeração dos "Antigos Limites", ou *Landmarks,* existe só uma proibição: a de admitir como Aprendizes os *servos* (verso 129) e os *inválidos* (verso 154). Também a Constituição de Iorque (cf. YORK, *Carta ou Constituição*), de 926, em seu artigo 11.º assinala a condição obrigatória de o candidato à Iniciação *não ser servo, inválido ou de maus costumes* porém nada expressa contra a iniciação da mulher. Igualmente nada se encontra em outros documentos antigos, como o "Manuscrito de Watson", datado de 1440, o qual coincide bastante com o "Manuscrito Régio" e com o "Manuscrito de Rawlison", levando o nome de quem o descobriu na Biblioteca Bodleina de Oxford.

Afinal, no regulamento elaborado em Londres, em 27 de dezembro de 1663, numa assembléia geral, em que Henry Jermin, Conde de Santo Albano, foi eleito Grão-Mestre, consta em seu artigo 2.º que "ninguém seria admitido na confraria que não fosse são de corpo, de nascimento honrado, de boa reputação e submissão às leis do país". Ainda uma vez nenhuma referência à mulher. Mais recentes ainda são as Constituições da Grande Loja de Hamburgo e os Estatutos da Grande Loja e da Dieta Alemã. Essas Constituições foram aceitas e aprovadas em 10 de março de 1782, sendo Frederico Guilherme da Prússia o Grão-Mestre e Protetor da Ordem. Elas reproduzem com esmerada exatidão os "Antigos Limites", sob a denominação mais moderna de "Charges Landmarks", e nenhuma alusão fazem à mulher ou contra a sua admissão na Maçonaria.

A primeira vez que tal proibição aparece, na longa história da Maçonaria, é no "Livro das Constituições", compilado e publicado em 1723, por James Anderson, presbítero anglicano e Gr.·. Vig.·. da Gr.·. Loja de Londres, em seu artigo 3.º, que diz, no final: "As pessoas admitidas a fazer parte de uma Loja devem ser boas, sinceras, livres, de idade madura; não são admitidos escravos, mulheres, pessoas imorais e escandalosas, mas exclusivamente as que gozem boa reputação." Esta proibição foi repetida posteriormente no 18.º *Landmark* compilado por Mackey em sua Enciclopédia.

Donde teria James tirado tal proibição para enxertá-la em sua Constituição? É difícil saber-se agora. Tê-la-ia inspirado o Antigo Testamento, em que a lei mosaica era tão dura e cruel com a mulher (*João* 8:4, 5) e tão liberal com o homem (*I Reis* 11:3), ao cometerem o mesmo pecado? Ou teve de jungir-se a algum preconceito inglês daquela época, talvez mesmo apoiado em lei, já que, mesmo no século XIX foi tão difícil e dolorosa a emancipação política da mulher naquele país, como bem o atesta a luta desesperada das sufragistas? Ramsay, contemporâneo dos reformadores, é desta opinião (V. RAMSAY, *Miguel André,* 5.º). A não ser assim, é inexplicável como se veio a admitir e criar esse óbice à mulher justamente na ocasião em que se ampliaram os horizontes da Maçonaria, transformando-a de operativa em especulativa, e pelas mesmas mãos que codificaram suas leis e princípios! O fato é que a Maçonaria continental jamais se conformou com tratamento tão esdrúxulo. Conseqüentemente, em 1730 esboçou-se na França a Maçonaria de Adoção, para as mulheres, em quatro graus. Outras Ordens surgiram depois, como a de Moisés em 1738, fundada por alemães, e a dos Lenhadores em 1747, derivada dos Carbonários na Itália. Mais associações similares vieram depois, como a Ordem do Machado e a Ordem da Felicidade, na França, cujo Grande Oriente acabou criando um novo Rito em 1774, chamado de Adoção, com seus regulamentos e sob o patrocínio de uma Loja regular. Em 27 de julho de 1786, o conde Cagliostro funda em Lyon, França, a Loja-Mater *Sabedoria Triunfante,* do Rito da Maçonaria Egípcia, adaptado a homens e mulheres. E finalmente as Lojas de Adoção se espalharam por toda a Europa e depois pela América do Norte, e o movimento culminou na fundação em 4 de abril de 1893, pelo Dr. Georges Martim e sua esposa, da *Ordem Maçônica Mista Internacional "O Direito Humano",* também conhecida por *Comaçonaria Internacional,* que outorga iguais direitos a homens e mulheres "livres e de bons costumes" e os admite ao mesmo nível de igualdade. (Cf. *Anderson, Reverendo James; Comaçonaria; Landmarks; Luminares; Mistérios; — Cretenses; — Míticos,* 2 e as suas outras divisões; *Rito Egípcio de Adoção,* de Cagliostro; *York, Carta ou Constituição de.)*

MAÇONARIA FILOSÓFICA. É a que baseia seus ritos e a conduta de seus membros em universais princípios filosóficos. Sua atual representante principal são a Franco-maçonaria ou o Rito Escocês Antigo e Aceito (graus 4.º e 29.º) e os maçons do Santo Real Arco. Tem por escopo *o Direito do Homem* e por fundamentos a Liberdade, Igualdade e Fraternidade. (Cf. *Franco-maçonaria; Maçonaria Operativa; Vermelha, Maçonaria.*)

MAÇONARIA FLORESTAL. V. *Maçonaria dos Bosques.*

MAÇONARIA JUDAICA. Rito de Misraim e B'nai B"rith.

MAÇONARIA IÁTRICA (do grego *iatrikos*, "Arte de curar"). Também chamada Maçonaria Magnética, é a denominação dada a uma Fraternidade de terapeutas, muito freqüentada pelos "Irmãos da Luz", segundo Kenneth Mackenzie em *Royal Masonic Cyclopoedia.* Conforme Ragon, teria existido uma tradição em certas obras secretas maçônicas, referente ao fato de que havia um grau maçônico intitulado *Oráculo de Cos,* "instituído no século XVIII antes de Cristo, por ter sido Cos o lugar de nascimento de Hipócrates". *Iatriké* era uma qualidade que distinguia os sacerdotes incumbidos de tratar dos enfermos nas antigas *Asclapias,* templos onde o deus Asclepios (Esculápio) curava pacientes e feridos. (Cf. *Atibium, 2.*)

MAÇONARIA MAGNÉTICA. Ramo filosófico da Maçonaria Oculta. V. *Maçonaria Iátrica.*

MAÇONARIA MISTA INTERNACIONAL, "LE DROIT HUMAIN". Veja-se *Comaçonaria.*

MAÇONARIA NEGRA. Compreende o grupo dos graus 19.º e 30.º do Rito Escocês Antigo e Aceito, em que se objetiva entender o significado do mal e do sofrimento, a lei de ação e reação ou retribuição, a Justiça Divina. Por isso, aos olhos do vulgo é negra e terrível. Tal é a essência mais profunda da vingança dos elementos inerentes ao *Cavaleiro K. H.,* pois como disse S. Paulo: "Não vos enganeis; de Deus não se zomba; aquilo que o homem semear, isso colherá" (*Gál.* 6:7). (Cf. *Loja; Maçonaria Azul; — Vermelha.*)

MAÇONARIA OCULTA. É a Maçonaria filosófica derivada dos Antigos Mistérios Egípcios. Nela se incluem a antiga Escola de Pitágoras, a Filosofia Secreta de Henrique Cornélio Agrippa, a Filosofia de Paracelso, a Rosa-Cruz de Christian Rosenkreutz, a Maçonaria Egípia de Cagliostro e a atual Comaçonaria ou Maçonaria Mista Internacional "O Direito Humano". (Cf. *Maçonaria, Origem da,* IV.)

MAÇONARIA OPERATIVA. Os Colégios criados por Numa Pompílio para perpetuar os antigos Mistérios, convertidos posteriormente em Colégios de Arquitetos, para resguardar esses ensinamentos das perseguições sofridas, acabaram sendo abolidos pelo Senado Romano em 80 a. C., para serem restaurados vinte anos depois. Finalmente foram abolidos definitivamente ano 378 d. C., quando o Cristianismo passou a dominar Roma. Suas tradições secretas passaram a ser transmitidas à Europa pelas seguintes corporações profissionais: *a*) — os *Comacini,* descendentes diretos dos Colégios, que se instalaram na Ilha Comacina, no Lago de Como, ao norte da Itália. Ao seu gênio criador se devem a arquitetura romanesca e muito do renascimento posterior das Lojas da Europa. Apresentam marcante analogia com o moderno sistema maçônico, pois estavam organizados em Mestres e Discípulos sob o governo de um Gastaldo ou Grão-Mestre. Tinham Mestres e Guardiães, sinais, toques, palavras de passe e juramentos de sigilo e fidelidade. Os Quatro Mártires Coroados eram seus Santos Patronos; usavam aventais e luvas brancos, e entre seus símbolos incluíam o Leão de Judá, o nó de Salomão, o esquadro, o compasso, o nível, o fio de prumo e a rosa. Os Mestres *Camocini* são mencionados no código do rei lombardo Rothares (643), e no *Memoratório* do rei Luitprand (713), outorgando-lhes privilégio de homens livres do Estado da Lombárdia. *b*) — *Corps d'Etat,* que na França herdaram as mesmas artes operativas e mistérios internos e foram influenciados pelos mestres italianos dessa especialidade. *c*) — O *Compagnonnage,* uma espécie de renascimento, também na França, das guildas simbólicas medievais, porém mais conhecido como uma associação de operários jornaleiros franceses para auxílio mútuo durante suas viagens. Consistia de três organizações em perpétua guerra entre si e cada qual com uma interessante história e chefes tradicionais. A mais antiga divisão era a dos *Filhos de Salomão,* originariamente consistente apenas de pedreiros, e mais tarde também de soldadores e ourives; a segunda era a dos *Filhos do Mestre Jaques,* que igualmente admitia membros das três citadas profissões, e posteriormente, muitos outros notavelmente seleiros, sapateiros, alfaiates, cuteleiros e chapeleiros; ao passo que a terceira divisão seguia o Mestre Subise, e era primitivamente formada apenas de carpinteiros, e mais tarde também os escultores e telhadores. As três divisões adotavam a lenda concernente a Salomão e seu Templo. *d*) — Os *Canteiros,* pedreiros alemães, derivados provavelmente do século XII dos pedreiros dos mosteiros amalgamados com os construtores profissionais das cidades, e denominados *Steinmetzen* na Alemanha. Veneravam os Quatro Mártires Coroados como seus Santos Patronos. Segundo o *Brother-Book* de 1563, usavam um cumprimento e um sinal que não podiam ser escritos, e bem assim adotavam uma cerimônia de admissão desconhecida aos demais. Tanto é o paralelismo entre essa organização e a Moderna Maçonaria especulativa, que muitos escritores alemães têm reputado a primeira como originária da segunda; mas é fora de dúvida que a Moderna Maçonaria simbólica alemã teve sua origem na Inglaterra. *e*) — As *Guildas* inglesas, que derivam de três linhas de tradição: a dos *celtas,* que mais tarde se misturou com correntes de outras origens; a dos *Colégios Romanos,* trazidos ali pelas legiões romanas invasoras, e finalmente a dos *construtores,* oriundos do continente europeu e iniciados na época de Santo Agostinho (596-613), porém muito aumentados depois da conquista normanda. *f*) — Os *Grêmios mercantis* surgidos no século XIV com indústrias organizadas em conseqüência da efervescência do espírito de Renascença e do desenvolvimento da consciência nacional em todos os países, porém facilmente dispersivas. Foi nesta época que apareceram pela primeira vez as *Antigas Ordenanças* ou *Constituições* dos antigos irmãos operativos, para manter a sua unidade de espírito. Mas não faziam nenhuma referência à lenda de Hiram Abiff, que era então secreta e não podia ser revelada. A Maçonaria Operativa atingiu o seu apogeu nos séculos XII e XIII, com o aparecimento e desenvolvimento da arquitetura gótica. (Cf. *Colégios; Franco-maçonaria; Maçonaria Filosófica.*)

MAÇONARIA, *Origem da.* Sobre esta importantíssima matéria muito se tem falado e escrito, porém de maneira mais sectária que eclética, e portanto, não condizente com o espírito cosmopolita da Maçonaria, que por ser dinâmico e não estático, transcende as limitações da história e da geografia, o que vale dizer, do tempo e do espaço. De tudo quanto se tem apresentado nesse particular, o melhor que encontramos é o erudito estudo feito pelo preclaro irmão C. W. Leadbeater 33.º, em seu livro *Pequena História da Maçonaria,* Cap. I, sobre "Escolas do Pensamento Maçônico" de que nos apraz de dar o resumo seguinte:

"As origens reais da Maçonaria se perdem nas brumas da antigüidade. Os escritores maçônicos do século dezoito especularam sua história sem o espírito crítico, baseando seus conceitos numa crença literal na história e cronologia do Antigo Testamento, e nas lendas curiosas da Ordem, oriundas dos tempos operativos das Antigas Observâncias ou Constituições. Assim é que com toda a seriedade foi formulado pelo Dr. Anderson em seu *Livro das Constituições* que "Adão, nosso primeiro pai, criado à imagem de Deus, o grande *Arquiteto do Universo,* deve ter tido as Ciências Liberais, e particularmente a *Geometria,* escritas em seu coração", enquanto que outros, menos fantásticos, atribuem sua origem a Abraão, Moisés ou Salomão. E o Dr. Oliver, mais recente, pois data da primeira parte do século dezenove, chegou a escrever que a Maçonaria, tal qual a temos hoje, é a única verdadeira relíquia da religião dos patriarcas antes do Dilúvio, ao passo que os antigos Mistérios do Egito e de outros países, que tão estreitamente se assemelhavam a ela, foram apenas corrupções humanas da única e pura tradição.

À medida que os conhecimentos científicos e históricos progrediram em outros campos de pesquisas, e especialmente na análise crítica das Escrituras, os métodos científicos foram gradativamente sendo aplicados ao estudo da Maçonaria, de sorte que atualmente existe um vasto acervo de informações positivamente exatas e das mais interessantes sobre a história de nossa Ordem. Em conseqüência disto e de outras linhas da investigação, já existem quatro principais escolas ou tendências do pensamento maçônico, ainda não necessariamente definidas ou organizadas como escolas, porém agrupadas, segundo suas relações, a quatro importantes departamentos de conhecimento, primitivamente não incluídos no campo maçônico. Cada um desses grupos tem características próprias, afins com a Maçonaria; cada um deles tem seus próprios cânones de interpretação dos símbolos e cerimônias maçônicos, conquanto seja claro que muitos dos modernos escritores maçônicos são influenciados por mais de uma escola.

I. *A Escola Autêntica.* Consideremos primeiro o que se convencionou chamar a Escola Autêntica, que surgiu na segunda metade do século dezenove, em resposta ao desenvolvimento do conhecimento crítico em outros campos. As antigas tradições da Ordem foram minuciosamente examinadas à luz de documentos autênticos ao alcance do historiador. Empreendeu-se uma enorme soma de pesquisas nas atas das Lojas em documentos de todas as espécies tratando do passado e do presente da Maçonaria, em arquivos de municipalidades e povoações, em decretos e sentenças judiciais. Com efeito, consultaram-se e classificaram-se todos os arquivos acessíveis. Neste setor os Maçons muito devem a R. F. Gould, o grande historiador maçônico; a W. J. Hughan, G. W. Speth, David Murray-Lyon, o historiador da Maçonaria Escocesa; ao Dr. Chetwod Crawley, cujo tratado sobre a primitiva ordem Irlandesa se tornou clássico; e a outros do Círculo Interno da famosa Loja *Quattour Coronati,* n.º 2076, cujos Anais fascinantes são uma mina de preciosos ensinamentos históricos e arqueológicos. Na Alemanha, dois grandes nomes são J. F. Findelo, historiador; e Dr. Wolhelm Begemann, que fez as mais minuciosas e esmeradas pesquisas nas *Antigas Constituições* da Ordem. Uma vasta soma de material de permanente utilidade para os estudiosos de nossa Ordem tornou-se assim acessível graças ao labor dos cultores da Escola Autêntica.

Todavia, esta escola tem suas limitações, resultantes do seu próprio método de investigação. Numa sociedade secreta como o é a Maçonaria, há de haver muita coisa que jamais foi escrita, mas apenas transmitida oralmente nas Lojas, e assim os documentos e registros têm apenas um valor parcial. Os registros da Maçonaria especulativa pouco antecedem sua reformulação em 1717, ao passo que as atas mais primitivas e raras pertencem ao ano de 1598, segundo D. Murray-Lyon (*History of the Lodge of Edinburgh,* p. 9). A tendência desta escola é, portanto, muito naturalmente, de fazer a Maçonaria derivar das Lojas e Guildas operativas da Idade Média, e fazer supor que os elementos especulativos foram enxertados no tronco operativo — hipótese esta não contraditada pelos arquivos existentes. Afirma o Irmão R.

F. Gould que se pudermos admitir que o simbolismo (ou cerimental) da Maçonaria é anterior a 1717, não haverá, praticamente, limites na computação de sua idade (*Concise History of Freemansory*, p. 55). Mas muitos outros escritores não vão além dos construtores medievais, na procura da origem de nossos Mistérios.

Entre os adeptos desta escola há a tendência, também muito natural quando se sustenta tal teoria de origem, de negar a validade dos graus superiores e de declarar, de acordo com o Ato Solene de União entre as duas Grandes Lojas Maçônicas da Inglaterra, em 1813, que a "pura Maçonaria Antiga consiste de três graus e não mais, i. é., os de Aprendiz, Companheiro e Mestre Maçom, inclusa a Ordem Suprema do Santo Real Arco" (*Book of Constitutions*, 1884, p. 16). Todos os demais graus e ritos são encarados pelos mais rígidos adeptos desta escola como sendo inovações continentais e são, conseqüentemente, rejeitados como sendo Maçonaria "espúria".

No tocante à interpretação, os autênticos pouco mais avançaram do que uma moralização dos símbolos e cerimônias da Maçonaria, como acessória do Cristianismo Anglicano.

II. *A Escola Antropológica*. Uma segunda escola, ainda em processo de desenvolvimento, aplica as descobertas da antropologia aos estudos da história maçônica, com notáveis resultados. Os antropologistas têm reunido um vasto cabedal de informações sobre os costumes religiosos e iniciatórios de muitos povos, antigos e modernos; e os Maçons estudiosos neste campo têm encontrado muitos de nossos símbolos, tanto da Ordem como de graus superiores, nas pinturas murais, gravuras, escultura e edifícios das principais raças do mundo. Portanto, a Escola Antropológica concede à Maçonaria uma antigüidade muito maior do que a tida pela Autêntica, e assinala surpreendentes analogias com os antigos Mistérios de muitas nações, os quais possuíram claramente nossos símbolos e sinais, com toda a probabilidade, cerimônias análogas às executadas atualmente nas Lojas Maçônicas.

Os antropologistas não confinam seus estudos apenas ao passado, mas têm investigado os ritos iniciatórios de numerosas tribos selvagens existentes tanto na África como na Austrália, e os têm encontrado possuírem gestos e sinais ainda em uso entre os Maçons. Entre os habitantes da Índia e da Síria têm sido encontradas impressionantes analogias com nossos ritos maçônicos, entremeados com suas filosofias religiosas, de tal maneira que torna inteiramente impossível a idéia de que tivessem sido copiados de fontes européias. Os Maçons estudiosos de modo algum esgotaram os fatos que ainda se podem descobrir neste interessantíssimo campo de pesquisas, porém mesmo com nossos atuais conhecimentos é evidente que ritos análogos aos que chamamos maçônicos existem entre os mais antigos do globo, e podem ser encontrados sob uma forma ou outra em quase todas as partes do mundo. Nossos sinais existem no Egito e México, na China e Índia, na Grécia e Roma, nos templos de Burma e nas catedrais da Europa medieval. Além de que no sul da Índia existem santuários onde são ensinados os mesmos segredos sob compromissos de juramento tal como nos são comunicados na Ordem e nos graus superiores da Europa e América modernas.

Entre os pioneiros neste campo devemos mencionar o Irmão Albert Chuchward, autor de interessantes livros sobre a origem egípcia da Maçonaria, conquanto pareça nem sempre ser ele suficientemente crítico; o Irmão J. S. M. Ward, autor de *Freemasonry and the Ancient Gods*, *Who was Hiram Abiff?*, e numerosas outras obras, encara a Síria como sendo o berço da Maçonaria, embora haja compilado uma massa de valiosas informações de outros países; e o Sr. Bernard H. Springett, autor de *Secret Sects of Syria and Lebanon*, o qual coligiu muito material sobre ritos maçônicos entre os árabes.

À obra da Escola Antropológica se deve uma clara revelação da imensa antigüidade e difusão daquilo que atualmente chamamos simbolismo maçônico. No entanto, essa escola tende a situar a origem dos antigos Mistérios nos costumes iniciatórios de tribos selvagens, os quais, embora admissivelmente de incalculável antigüidade, freqüentemente não são nem dignificantes nem espirituais. Outra importante obra lograda por seus esforços, é a justificação de muitos dos graus superiores serem considerados "pura Maçonaria antiga"; pois, a despeito do pronunciamento da Grande Loja da Inglaterra, acima citado, há precisamente provas cabais da extrema antigüidade dos sinais da Rosa-Cruz, da Ordem e do Real Arco, tanto quanto também de muitos outros graus. Das pesquisas dos antropologistas resulta perfeitamente claro que, quaisquer que sejam os exatos elos na cadeia da descendência, na Maçonaria somos os herdeiros de uma tradição antiqüíssima, que durante incontáveis idades tem estado associada com os mais sagrados mistérios do culto religioso.

III. *A Escola Mística*. Uma terceira escola do pensamento maçônico, que podemos chamar mística, encara os mistérios da Ordem de um outro ponto de vista, vendo neles um plano para o despertar espiritual do homem e seu desenvolvimento interno. Nos anais de suas experiências espirituais, os adeptos desta escola declaram que os graus da Ordem são simbólicos de certos estados de consciência, que devem ser despertados no iniciado individual, se ele aspira ganhar os tesouros do espírito. Eles dão testemunho de uma outra e muito superior natureza da validade de nossos ritos maçônicos; um testemunho que pertence mais à religião do que à ciência. A meta do místico é a união consciente com Deus, e para um maçom desta escola a Ordem objetiva representar a Senda para essa meta, oferecer um mapa, por assim dizer, para guiar os passos do buscador de Deus.

Comumente estes estudiosos estão mais interessados em interpretações do que em pesquisas históricas. Sua preocupação principal não consiste em perquirir uma exata linha de descendência proveniente do passado, mas, antes, em viver a vida indicada pelos símbolos da Ordem, com o fim de atingir a realidade espiritual de que estes símbolos são apenas pálidos reflexos. Todavia, eles sustentam que a Maçonaria tem pelo menos parentesco com os antigos Mistérios, que visavam precisamente a mesma finalidade: a de oferecer ao homem uma via pela qual possa encontrar Deus. E eles deploram o fato de que a maioria de nossos Irmãos modernos tenha de tal modo se esquecido da glória de sua herança maçônica, que deixou os antigos ritos tornar-se pouco mais que formas vazias. Um bem conhecido representante desta escola é o Irmão A. E. White, um dos mais requintados e cultos maçons da atualidade, e uma autoridade em história dos graus superiores. Outro também é o Irmão W. L. Wilmshurts, que tem produzido algumas formosas e profundamente espirituais interpretações do simbolismo maçônico. Muito tem feito esta escola para espiritualizar a chamada Maçonaria masculina, e sem dúvida uma das marcas de sua influência é a mais profunda e cada vez mais destacada reverência por nossos Mistérios.

IV. *A Escola Oculta*. A quarta escola de pensamento está representada por uma corporação sempre crescente de estudiosos na Ordem Comaçônica (ou Ordem Maçônica Mista Internacional *Le Droit Humain*), que está progressivamente atraindo também aderentes da Maçonaria masculina. Como um de seus principais e característicos postulados é a eficácia sacramental do cerimonial maçônico, quando devida e fielmente executada, talvez nos seja lícito chamá-la a Escola Sacramental ou Oculta. O termo ocultismo tem sido muito mal interpretado, por ser definido como o estudo e conhecimento do lado interno da natureza por meio dos poderes existentes em todos os homens, porém ainda não despertos na maioria deles. Esses poderes podem ser acordados e treinados no estudante ocultista, por meio de uma longa e cuidadosa disciplina e meditação.

O objetivo do ocultista, não menos que o do místico, é a união consciente com Deus, porém diferem seus métodos de busca. O ocultista visa atingir essa união por meio do conhecimento e da vontade, preparar toda a sua natureza física, emocional e mental, até torná-la uma perfeita expressão do espírito divino em seu interior. Ele pode ser empregado como um instrumento eficiente no grande plano de Deus para a evolução da humanidade, plano esse tipificado na Maçonaria pela construção do Santo Templo. O místico, por outro lado, aspira antes a união extática com o nível da consciência divina que seu estágio evolutivo lhe permite atingir.

O método ocultista se desenvolve através de uma série de etapas gradativas, de uma Senda de Iniciações conferindo sucessivas expansões de consciência e graus do poder sacramental. O místico é freqüentemente mais de caráter individual, um "vôo do solitário para o Solitário", segundo uma formosa expressão de Plotino. Para o ocultista é de suma importância e exata observância de uma forma, e por meio do emprego da magia cerimonial ele cria um veículo através do qual se pode atrair a luz divina e espalhá-la em benefício do mundo, invocando em sua ajuda a assistência dos Anjos, espíritos da natureza e outros habitantes dos mundos invisíveis. Ao passo que o método do místico é pela prece e oração. Ambos estes caminhos conduzem a Deus; a alguns de nós o do ocultista atrairá irresistivelmente, e a outros, o do místico. O primeiro, mais extrovertido, está voltado para o serviço e sacrifício, e o segundo, mais introvertido, mergulha-se na contemplação e amor." (Cf. *Mistérios,* em seus diversos verbetes.)

MAÇONARIA PALÁDICA. Ordem criada no século VIII por vários maçons filósofos, sob a denominação de *Ordem dos Sete Sábios ou de Minerva.* (Cf. *Paládio.*)

MAÇONARIA SIMBÓLICA. Compreende os três primeiros graus maçônicos em todos os ritos: *Aprendiz, Companheiro* e *Mestre.* (Cf. *Maçonaria Azul.*)

MAÇONARIA VERMELHA. *1* — Nome por que se designa a Maçonaria Filosófica, que compreende os graus 4.º e 18.º do Rito Escocês Antigo e Aceito, bem como os maçons do Santo Real Arco. Seu ponto culminante é o grau 18.º, ou Rosa-Cruz, e sua principal característica é a do amor; daí serem as suas comunicações expedidas dos *Vales,* isto é, dos férteis vales ao sopé das montanhas, que alimentam as áridas planícies da diária vida humana. (Cf. *Maçonaria Filosófica.*) *2* — Segundo grupo constituído pelos graus 4.º e 5.º no sistema de Zinnerdorf. (Cf. *Loja; Maçonaria Filosófica;* — *Negra; Vermelha; Mestre Provincial da Cruz. 3* — Grau 16.º da Rito da Estrita Observância.)

MADE ("preparado" ou "constituído"). Denominação dada nos Estados Unidos à cerimônia de iniciação ou repeção de um Aprendiz.

MADEIRA DA ARCA. Denominação alegórica dada ao *pão* nos banquetes das *Mestras Perfeitas* (4.º), na Maçonaria de Adoção.

MÃE ou MATER, *Loja.* Tradicionalmente, é a Loja em que o Maçom recebeu o seu primeiro grau simbólico (Aprendiz).

MAGACHAM ou MAACHAH, "oprimido ou deprimido". Rei ou Príncipe do país de Geth ou Gath (Cf. *Josué* 11:22), tributário de Salomão onde, segundo a lenda dos *Sublimes Cavaleiros Eleitos* (11.º) do Rito Escocês Antigo e Aceito, se refugiaram os assassinos de Hiram Abiff.

MAGIA. Etimologicamente, *Ciência dos Magos,* os Iniciados persas. É o conhecimento das leis ocultas e das forças secretas da natureza e a sua utilização para a consecução de determinados fins. A Magia é branca, negra ou cinzenta, segundo o fim seja desinteressado, egoísta ou semidesinteressado. E' contra a prática da magia negra (feitiçaria) que se voltam muitas passagens bíblicas e todas as religiões.

MAGO. *1* — No Rito de Mênfis, são os dignitários de certa categoria no santuário que governa a Ordem; dividem-se em Magos Arsine, Magos Hori e Magos Sothis. *2* — Título outrora honorífico, atribuído ao profundo conhecedor das ciências ocultas ou astrológicas e ainda usado para designar graus em alguns sistemas maçônicos. (Cf. *Mat.* 2:1-12).

MAHABEN ou MAHABIN. Veja-se *Machobim,* que é o correto.

MAHSCHIM'CA, "Qual é o teu nome?". Palavra que acompanha o toque do *Príncipe Talmudin* (71.º) da série filosófica do Rito de Misraim.

MAHUSEN, em hebraico, *Mahh'schim,* "hesitantes". Denominação de um dos cinco porta-estandartes do Grande Acampamento dos Príncipes do Real Segrêdo, 32.º do Rito Escocês Antigo e Aceito.

MAKAH. Veja-se *Makkah-Nekan* ou *Nekan-Maccha.*

MAKA MAHANA BEHA JEHOVAH BERITH NEDER SCHELEMOTH. Grande palavra dos *Verdadeiros Mestres da Abóbada Sagrada de Jacques VI* (14.º) do Rito Escocês Antigo e Aceito, e uma das variantes usadas nesse grau.

MAKBANAI, "humildade do filho". Palavra de reconhecimento do *Grande Machado* ou *Grande Arca* (32.º), da série simbólica do Rito de Misraim.

MAKAKMAI. Palavra consignada pelos rituais em vez da anterior.

MAKKAH-NEKAM, "vingança, ó vingador assassino". Variante de *Nekeam-Makkam.*

MALAQUIAS, heb., "anjo do Senhor". *1* — Último profeta do Antigo Testamento. *2* — Segunda palavra de ordem, ou de resposta, correspondente ao sábado entre os *Príncipes do Real Segredo,* grau 32.º do Rito Escocês Antigo e Aceito. *3* — Denominação da tenda assinalada com um *S,* no grande Acampamento deste grau, e ocupada pelos Príncipes Rosa-Cruzes, pelos Cavaleiros do Oriente e Ocidente e pelos Príncipes de Jerusalém.

MALEK-EL-MALEK (*Rex, fortis*). Uma das grandes palavras dos *Soberanos Príncipes Constituintes do Soberano Conselho Geral* (85.º) do Rito de Misraim.

MALEK-GOD-MALEK (*Deus Fortis*). Palavra sagrada das *Comendadoras da Pomba* (8.º) da Maçonaria de Adoção, dada auricularmente e em três sílabas.

MALEK-SALOMO (do hebreu *Malek-Sch'lomh, rex pacificus*). Palavra sagrada dos Cavaleiros do Arco-Íris (68.º) do Rito de Misraim.

MALHETE. Pequeno martelo de madeira, símbolo de autoridade colocado sôbre a mesa ou o trono do Venerável e dos 1.º e 2.º Vigilantes, para, por meio de golpes, dirigirem os trabalhos das colunas ou irmãos. (Cf. *Machado; Malho; Thor,* 2.)

MALHO. Com o cinzel, é o *instrumento de trabalho* do Aprendiz, para alegoricamente "desbastar a pedra", ou educar a agreste e inculta personalidade para uma vida ou obra superior. O malho simboliza a vontade, energia, decisão, o aspecto *ativo* da consciência, necessário para vencer e superar os obstáculos; ao passo que o cinzel corresponde à penetração, discernimento e receptividade intelectuais, ou o aspecto *passivo* da consciência, indispensável para descobrir as protuberâncias ou falhas da personalidade. Alguns Ritos lhes acrescenta a régua de vinte e quatro polegadas, como símbolo de precisão e exatidão na ação e de que as vinte e quatro horas do dia devem ser aplicadas nesse esfôrço, inclusive oito horas de repouso. (Cf. *Cinzel.*)

MANDAMENTOS. São os seguintes preceitos que a Franco-maçonaria herdou de antigos sábios e muitas de suas Lojas mandam ler aos profanos antes de receberem a *Luz*:

I — Deus, Todo-Poderoso, é Sabedoria Eterna e Imutável e a Inteligência Suprema. Honrá-lo-ás com a prática das virtudes.

II — Tua religião será a de fazeres o bem tão-só pelo prazer de fazê-lo e não por obrigação.

III — Tua alma é imortal; nada farás, pois, que a degrade.

IV — Sê amigo do sábio e conserva seus preceitos. Combate o vício sem descanso. Não faças aos outros aquilo que não queres que te façam. Conforma-te com tua sorte conservando a luz do sábio.

V — Ama tua esposa, teus filhos e tua Pátria, cujas leis obedecerás.

VI — Honra teus parentes. Respeita os velhos. Instrui os jovens. Protege a infância.

VII — Considera teu amigo como se fora outra parte de ti mesmo, e jamais te afastes dele em seu infortúnio. Por sua morte, porta-te com ele como se ainda vivesse. Mas foge das falsas amizades, para resguardar e justificar tua boa reputação.

VIII — Não te deixes dominar pela paixão e sê indulgente para com o erro alheio.

IX — Escuta mais, fala menos e age bem.

X — Esquece as injúrias. Ao mal responde com o bem. Não abuses de tua força nem de tua superioridade.

XI — Aprende a conhecer melhor os homens, para te conheceres melhor a ti mesmo, e respeita suas crenças políticas e religiosas.

XII — Busca a Verdade, sê justo e evita a ociosidade.

Além desses, a Constituição Moral da Ordem Franco-maçônica e o Catecismo do primeiro grau inserem mais os seguintes preceitos:

I — Sê justo, porque a justiça é o sustentáculo do gênero humano.

II — Sê bom, porque a bondade enlaça e encadeia todos os corações.

III — Sê indulgente, porque és fraco e vives entre seres fracos como tu.

IV — Sê agradecido, porque o reconhecimento alimenta e sustenta a bondade.

V — Sê modesto, porque o orgulho subleva os seres cheios de si mesmos.

VI — Perdoa as injúrias, porque a vingança perpetua os ódios.

VII — Faze o bem a quem te ultraja, para te mostrares maior do que ele e o converteres em teu amigo.

VIII — Sê moderado, temperante e continente, porque a voluptuosidade, a intemperança e os excessos destroem teu ser e te fazem desprezado.

IX — Sê bom cidadão, porque a Pátria é necessária à tua segurança, teus gozos e teu bem-estar.

X — Sê fiel e submisso à autoridade legal.

XI — Defende teu país, porque é o que te faz ditoso e porque ele encerra todos os laços e todos os seres queridos a teu coração. Jamais, porém, te esqueças de que a Humanidade tem seus direitos.

XII — Jamais permitas que tua Pátria, que é a mãe comum tua e de teus concidadãos, seja injustamente oprimida, senão nela viverás em torturas. Se ali te negam o bem-estar, se te oprimem, afasta-te em silêncio e jamais a desorganizes e perturbes; suporta resignado a adversidade. (Cf. *Preceitos.*)

MANEMAHARABAK. Segunda palavra velada do *Escocês da Abóbada Sagrada de Jacques* (ou *Jaime*) *VI* (20.º) de Misraim. É corrutela da frase *Bea Maccheb Bemeararah.* Uns rituais a substituem por *Moabon,* e outros, por *Machobim.*

MANIOBA. Título do 1.º grau do Rito chamado Irmão Enoque, que tinha por escopo a Amizade e a Beneficência.

MANIQUEUS. Uma seita do século III, que cria em dois eternos princípios do Bem e do Mal. Esta seita foi fundada pelo persa Mane, místico semicristão, o qual foi sacrificado por mando dos fanáticos sacerdotes do rei Bahram I, de sua pátria, ao passo que seus discípulos foram perseguidos pelos imperadores cristãos de Constantinopla e pela Igreja de Roma. Muitos séculos mais tarde, isto é, no século dezoito, depois de extinta a seita, apareceu na Europa uma Fraternidade com esse título, com caráter maçônico e vários graus de iniciação. (Cf. *Rito dos Irmãos Maniqueus.*)

MANJARES. Alimentos, viandas. Na linguagem simbólica usada nos banquetes, recebem o nome de *Materiais.*

MÃOS ENTRELAÇADAS. Símbolo pitagórico para representar o sagrado número dez (10), considerado o número perfeito, de significação cósmica. Posteriormente, o símbolo das mãos entrelaçadas passou a ser de amizade perfeita e de união da mente com o coração, a qual produz o equilíbrio e harmonia interiores. (Cf. *Dácada.*)

MARCHA. *1* — Técnica maçônica adotada nos três graus simbólicos para o candidato à *perfeição* avançar do Ocidente para o Oriente, isto é, das trevas para a Luz, do mundo objetivo dos sentidos para o mundo subjetivo do espírito. Em cada passo e cada grau se opera um avanço maior do que o precedente, e sempre se inicia a marcha com o pé esquerdo, o mais próximo do coração, como a indicar que toda atividade e progresso do Maçom devem inspirar-se e basear-se na lei do Amor, a mais poderosa força do Universo. *2* — *Marcha de Aprendiz*: compreende três passos de longitude desigual, proporcional a 9-12-15 (a mesma razão de 3-4-5 do teorema de Pitágoras) polegadas, e a cada passo juntando os pés em ângulo reto. Simbolizam as três qualidades morais que têm de caracterizar a conduta do Aprendiz: retidão, decisão e discernimento, e cujo desenvolvimento lhe aumenta gradativamente as capacidades. *3* — *Marcha do Companheiro* desenvolve-se em cinco passos figurando uma escada em forma de caracol, que o conduz à *Câmara do Meio*; simboliza a evolução individual (mais intelectual neste grau) que, por ser tão acidentada, traça graficamente mais uma aspiral ascendente do que uma reta. *4* — *Marcha do Mestre* faz-se em sete passos (alguns rituais citam oito), dos quais três em esquadro, por sobre um simulacro da ataúde, e quatro normais para simbolizar que, no plano superior aonde o conduziu a escada anterior, o candidato triunfou da morte e prossegue sem mais vacilação pela senda da perfeição. Alguns rituais também instruem que a marcha do Mestre é a do Companheiro e mais três passos, e a deste inclui a do Aprendiz e mais dois passos; porém esse pormenor não lhe altera a essência do significado, pois nos passos seguintes já estão implícitos os passos anteriores da mesma forma que no Pentágono (símbolo do Companheiro) está implícito o Triângulo (símbolo do Aprendiz) e no Heptágono (símbolo do Mestre Maçom) vem implícito o Pentágono. (Cf. *Escada; Estância de Dzyan,* V, 2. *Viagens Simbólicas; A Doutrina Secreta.*)

MARDOCHEU (ou *Mardoqueu*). *1* — Nome hebreu derivado de Mordecai (cf. *Livro de Esther*), que salvou os judeus da destruição planejada por Haman. *2* — Um dos nove subintendentes do Templo de Jerusalém, mencionados nas instruções dos Príncipes de Jerusalém, 8.º grau do Escocismo Reformado.

MARHKESCHVAN, MARCHESVAN ou BUL. Oitavo mês do calendário hebraico, correspondente a outubro, aceito pelos maçons do Rito Escocês Antigo e Aceito.

MARK-MESTRE, "Mestre distinto". Título de um grau da nomenclatura da Universidade.

MARK-MESTRE ou EXCELENTE MAÇOM. Grau 2.º ou 5.º da Maçonaria inglesa do *Real Arco,* também chamado Rito de Iorque. (Cf. *Mestre de Marca.*)

MARTA. Nome designativo do quarto ponto da *Estrela do Oriente,* para as Damas. (Cf. *Estrela do Oriente.*)

MARTELO. Veja-se *Malhete.*

MARTINISMO. Veja-se *Rito do Martinismo.*

MASBEN.·., cald.. Termo maçônico que significa: "o Sol em putrefação". Tem uma relação direta (quiçá olvidada pelos maçons) com a sua "Palavra em voz baixa". (*Glossário Teosófico,* de H. P. B.) (Cf. *Moabon; Macholim,* D.S., IV, 187; *Gên.* 19:36-7.)

MATERIAIS. Denominação alegórica dos manjares, nas reuniões de mesa e nos banquetes da Maçonaria de Adoção.

MATHEK ou MATHOK, "doce". Denominação do terceiro degrau da escada misteriosa dos Cavaleiros *Kadosh* (30.º), do Rito Escocês Antigo e Aceito. Segundo a instrução dos Juízes Filósofos Desconhecidos, interpreta-se como: *A adversidade deve ser suportada com resignação.*

MÁXIMAS. Regras da Moral ensinada nos templos maçônicos, que em muitas Lojas bem organizadas se usa ler também aos profanos antes de dar-lhes a luz e iniciá-los. V. *Mandamentos.*

M.·. B.·. Abreviatura de *Moabon.*

M.·. B.·. N.·. Abreviatura de um dos lemas do grau de Rosa-Cruz, cuja tradução significa: *O filho da viúva morreu.* (Cf. *Moabon.*)

M.·. C.·. Abreviatura de *Mestre de Cerimônias.*

MEDALHA. Insignia honorifica maçônica para graus ou Lojas.

MEDALHA CUNHADA. Dinheiro em papel ou moeda.

MEHARAH. Uma das vozes que compõem a grande palavra *ses* da Abóbada Sagrada de Jacques (ou *Jaime*) VI, uma variante do *Grande Escocês* do grau 14.º do Rito Escocês Antigo e Aceito.

MEIA-NOITE. Momento em que o Sol passa por um meridiano diametralmente oposto ao do meio-dia, simbolicamente, os Aprendizes, Companheiros e Mestres, e muitos outros graus maçônicos, encerram seus trabalhos à meia-noite em ponto. (Cf. *Meio-Dia*)

MEIO-DIA. *1* — Hora em que o Sol se encontra no ápice de sua elevação horizontal. Simbolicamente, é aquela em que os Aprendizes, Companheiros e Mestres e muitos outros graus maçônicos costumam iniciar seus trabalhos. *2* — Lado direito da Loja de entrada, também chamado Coluna do Sul, onde se colocam os Companheiros. (Cf. *Meia-Noite.*)

MEKATON (*Inteligência que preside os metais*). Palavra de passe do *Verdadeiro Maçom Adepto,* grau 58.º da série filosófica do Rito de Misraim.

MELION. Veja-se *Helion.*

MEMBRO ATIVO. Irmão que, estando quite com a tesouraria da Loja, tem voz deliberativa, é elegível para todas as funções quando Mestre, e goza de suas prerrogativas maçônicas. (Cf. *Adormecido; Esquadria, Estar em.*)

MEMBRO CORRESPONDENTE. *1* — Membro ativo que se acha ausente do Oriente. *2* — *Maçom* correspondente de outra Obediência.

MEMBRO EM LETARGIA ou ADORMECIDO. Em inatividade.

MEMBRO HONORÁRIO. Título honorífico que uma Loja confere a um Irmão eminente, ou àquele que tenha prestado serviços importantes.

MENACHEM. Grande palavra de passe, usada como resposta na entrada dos Cavaleiros *Kadosh,* grau 10.º e último do Escocismo Reformado. (Cf. *Menahem,* a correta.)

MENAHEM (*Consolador*). Palavra de passe dos Cavaleiros *Kadosh* (30.º) do Rito Escocês Antigo e Aceito. (Cf. *2 Reis* 15:14-22.)

MENCHEM ou MANCHEM. Palavra usada em lugar de *Menachem,* no mesmo grau e com o mesmo sentido.

MENE. *1* — Lua em grego. *2* — Palavra de passe adicional de muitas Lojas dos *Cavaleiros do Sol,* grau 28.º do Rito Escocês Antigo e Aceito.

MÊNFIS. *1* — Velha cidade do Egito, na desembocadura do rio Nilo; primitivamente sua Capital e sede de seus Antigos Mistérios. *2* — Rito, também chamado Oriental, fundado pelos Irmãos Marconis e Moutet em 1839, introduzido em Paris, Marselha e Bruxelas, e baseado em muitos dos graus do Rito de Misraim e na tradição caldéia. Divide-se em 92 graus, distribuídos por três séries: *Simbólica* (do 1.º ao 35.º); *Filosófica* (do 36.º ao 68.º), e *Mística* (do 69.º ao 92.º).

MERCÊS, *Príncipe das. 1* — Grau 26.º, também denominado *Escocês Trinitário* do Rito Escocês Antigo e Aceito. *2* — Grau 27.º da série simbólica do Rito de Mênfis.

MESA ou GRANDE PRATO. Possui várias denominações alegóricas: *Plataforma* nos três primeiros graus; *Oficina* nos banquetes da Maçonaria de Adoção, e *Mostrador, Tacho,* etc., na Franco-carvoaria.

MESA DO BANQUETE DOS SETE SÁBIOS. Título de um grau da Loja Mater do Rito Escocês Primitivo.

MESA REDONDA, *Cavaleiros da.* Título de um grau inglês, do Rito Primitivo.

MESCLA. Alimento simbólico dos *Escoceses da Abóbada Sagrada* (14.º) do Rito Escocês Antigo e Aceito, composto de leite, azeite, vinho e farinha.

MESES. Nos Templos maçônicos, os meses do ano se acham simbolizados por doze colunas chamadas zodiacais, e entre os emblemas, por uma palmeira. (Cf. *Calendário* Zodíaco).

MESPHARAT (*Mispherat, numerans*). Nome de um dos nove subintendentes do Templo de Salomão, mencionado na lenda dos *Príncipes de Jerusalém* (8.º) do Escocismo Reformado.

MESTRA ADONAITA. Título do grau 1.º de Perfeição do Capítulo Metropolitano das Damas Escocesas da França.

MESTRA MORALISTA. Grau 2.º dos Grandes Mistérios e grau 6.º do Soberano Capítulo Metropolitano das Damas Escocesas de Paris.

MESTRA PERFEITA. Grau 4.º da Maçonaria de Adoção.

MESTRE. Na Maçonaria, é o título recebido pelo Companheiro após sua passagem por sôbre o "ataúde" e sua "assimilação ao mestre Hiram". Corresponde ao 3.º grau da Maçonaria Azul ou Simbólica, e é análogo ao período "unitivo" da ascese cristã e ao estado de "Filho" da tradição hindu. Só depois deste grau é que todo membro de um Rito maçônico é considerado um real Maçom (um "construtor"). Nas antigas corporações de maçons operativos era preciso produzir uma "obra-prima" para passar a Mestre; na Maçonaria especulativa se ensina ao iniciado (simbólico) que a obra-prima a produzir-se para atingir a verdadeira e vivente Iniciação, será o próprio indivíduo *tornar-se um autêntico Iniciado,* por perseverantes e desinteressados esforços. Esse título tem sido aplicado tanto a homens como a mulheres. (Cf. *Gabaon* — 1.)

MESTRE AD VITAM. Um dos títulos do 20.º grau do Rito Escocês Antigo e Aceito.

MESTRE *ad Vitam* ou GRANDE PONTÍFICE. Grau 19.º do Soberano Conselho dos Imperadores do Oriente e Ocidente, no Rito de Heredom.

MESTRE ANTIGO. *1* — 14.º grau do Rito Escocês Antigo e Aceito. *2* — 4.º grau do Escocismo Reformado, da Maçonaria Adoniramita e do Martinismo. *3* — 6.º grau da primeira série do Rito de Mênfis.

MESTRE APROVADO. V. *Mestre Passado.*

MESTRE ARQUITETO. *1* — Título do grau 12.º do Rito Escocês Primitivo, e da quarta classe do Soberano Conselho de Imperadores do Oriente e Ocidente do Rito de Heredom. *2* — Grau 40.º da nomenclatura da Universidade. *3* — Grau 5.º do Rito de Mênfis.

MESTRE CAVALEIRO DO SOL. Grau 20.º do Rito Escocês e do Rito Escocês Antigo e Aceito.

MESTRE CAVALEIRO DO TEMPLO DA SABEDORIA. Grau 28.º da série simbólica do Rito de Mênfis.

MESTRE COEN. *1* — Grau 6.º do Sistema de Swedenborg. *2* — Grau 7.º do Rito Filosófico composto por Martinez Pascalis em 1754.

MESTRE DA CHAVE DA MAÇONARIA, *Grão*. Grau 21.º do Rito de Heredom e da série simbólica do Rito de Mênfis.

MESTRE DA GRANDE OBRA. Grau 7.º dos Grandes Mistérios e grau 90.º do Rito de Mênfis.

MESTRE DA LUZ, *Grão*. Título do 29.º grau do Rito Escocês Antigo e Aceito, também denominado *Cavaleiro do Sol* ou *Patriarca das Cruzadas.*

MESTRE DA SABEDORIA. Título designativo dos Adeptos da Grande Loja Branca e particularmente do Chefe de Todos os Verdadeiros Maçons do Mundo, também Membro daquela augusta Loja. (Cf. *Loja Branca.*)

MESTRE DA SABEDORIA DAS LOJAS SIMBÓLICAS. Grau 61.º da segunda série filosófica do Rito de Misraim.

MESTRE DA SABEDORIA DOS DESPACHOS. É o Secretário dos Soberanos Capítulos dos Cavaleiros Rosa-Cruz.

MESTRE DA SABEDORIA, *Grande.* Grau 74.º do Rito de Mênfis.

MESTRE DE BANQUETES. Veja-se *Diretor de Banquetes.*

MESTRE DE CERIMÔNIAS. Oficial da Loja encarregado de dirigir e orientar os cerimoniais em geral.

MESTRE DE COMO. Denominação genérica dos membros das antigas corporações livres de arquitetos e construtores, oriundos da antiga cidade romana de Como. (Cf. *Maçonaria Operativa.*)

MESTRE DECORADOR. Oficial da Loja encarregado da ornamentação e embelezamento do Templo e demais dependências do edifício.

MESTRE DE INFANTARIA. Título atribuído ao Segundo Vigilante nas Lojas do 15.º grau do Rito Escocês Antigo e Aceito.

MESTRE DE MARCA. Tradução de *Mark-Master,* título dado pelos ingleses, na Maçonaria de Iorque, ao grau imediato ao 3.º do simbolismo, ou seja, ao 4.º grau de toda a escala. A primeira menção exotérica deste grau apareceu em 1769, no livro de Atas de um Capítulo do Real Arco de Portsmouth, Inglaterra.

MESTRE DE MARCA ou DE NOTA. Título correspondente ao inglês *Mark Mason,* designativo do 2.º grau da Maçonaria do Real Arco praticada nos Estados Unidos da América.

MESTRE DE NOTA. Título dado ao 1.º grau da Maçonaria do Real Arco criada em Londres em 1777, e do qual, provavelmente, se formou posteriormente o de *Mark-Mason* ou *Mestre de Marca,* atualmente o 2.º grau da Maçonaria dos Estados Unidos da América.

MESTRE DE PALÁCIO, *Grão.* Título do Orador nos Conselhos dos Cavaleiros do Oriente ou da Espada, 6.º grau do Rito Moderno ou Francês. Representa Daniel.

MESTRE DE PARACELSO DE STOKA. Grau 77.º da terceira série filosófica do Rito de Mênfis.

MESTRE DE PARACELSO DE TÔDAS AS LOJAS, *Grande Venerável.* Veja-se *Mestre ad Vitam.*

MESTRE DE PARACELSO DO TEMPLO DA SABEDORIA, *Grande Cavaleiro.* Grau 28.º, da série simbólica do Rito de Mênfis.

MESTRE DE PARACELSO DO TEMPLO DA SABEDORIA, *Cavaleiro.* Grau 20.º, da série simbólica do Rito de Mênfis.

MESTRE DE PARACELSO DO TESOURO ou DOS IMPOSTOS, *Grão.* Título de Tesoureiro dos Conselhos dos Cavaleiros do Oriente ou da Espada (6.º) do Rito Moderno ou Francês. Representa Mitrídates, filho de Gazabar.

MESTRE DE PARACELSO, *Sublime.* Grau 86.º da série filosófica do Rito de Mênfis.

MESTRE DISCRETO. Título do 4.º grau do Rito de Mênfis.

MESTRE DO TEMPLO DA SABEDORIA, *Grão.* Grau 28.º da série simbólica do Rito de Mênfis.

MESTRE DOS MESTRES. Título com que nos "Colégios" se designam os Grandes Arquitetos de Heredom, 6.º grau do Escocismo Reformado.

MESTRE DOS MESTRES DOS MISTÉRIOS, *Grande Soberano.* Grau 76.º da sétima classe da série filosófica do Rito de Mênfis.

MESTRE EGÍPCIO. Título de um grau registrado nos aquivos da Loja-Mater do Rito Escocês Filosófico, segundo Ragon.

MESTRE ELEITO. Título do 1.º grau do Rito do Capítulo de Clermont e do grau 6.º da Estrita Observância.

MESTRE ELEITO DOS NOVE. Grau 9.º do Rito Escocês Antigo e Aceito.

MESTRE ELEITO DOS QUINZE. Grau 10.º do Rito Escocês Antigo e Aceito e do Rito de Misraim.

MESTRE E SÁBIO. 4.º grau da Ordem dos Irmãos Iniciados da Ásia na Europa (Viena, 1780).

MESTRE E SÁBIO, *Grande Sacrificador.* Grau 19.º da nomenclatura da Universidade.

MESTRE EM CÁTEDRA. Título dado pelos alemães ao Venerável de uma Loja, ou pelos ingleses ao Veneravel instalado. (Cf. Instalação.)

MESTRE EM ISRAEL. Grau 8.º do Rito Escocês Antigo e Aceito, e mais conhecido como Intendente dos Edifícios .

MESTRE ESCOCÊS. *1* — Segundo Ragon, título de um grau registrado nos arquivos da Loja-Mater do Rito Escocês Primitivo. *2* — 10.º grau do Rito Adoniramita. *3* — Graus

4.º e 7.º do Rito da Estrita Observância. *4* — Grau 5.º da nomenclatura da Universidade.

MESTRE ESCOCÊS, ELEITO PERFEITO. Título de um grau registrado nos arquivos da Loja-Mater do Rito Escocês Filosófico, segundo Ragon.

MESTRE ESCOCÊS, *Grande*. Graus 16.º e 18.º da quarta classe da série simbólica do Rito de Misraim.

MESTRE ESCOCÊS, *Pequeno*. Um grau irlandês, segundo Ragon.

MESTRE ESCOCÊS DEPUTADO DOS TEMPLÁRIOS, *Muito Ilustre*. Grau 110.º da nomenclatura da Universidade.

MESTRE ESCOCÊS DEPUTADO DOS TEMPLÁRIOS, *Muito Ilustre Grão*. Grau 112.º da nomenclatura da Universidade.

MESTRE ESCOCÊS DEPUTADO, *Eleito Perfeito*. Título de grau registrado nos arquivos da Loja-Mater do Rito Escocês Filosófico.

MESTRE FILOSÓFICO HERMÉTICO. Grau 133.º da nomenclatura da Universidade.

MESTRE FILÓSOFO PERFEITO. Grau 139.º da nomenclatura da Universidade.

MESTRE GERAL DA CAVALARIA, *Grande General da Milícia*. Título dado ao Ilustre Segundo Vigilante nos Conselhos dos Cavaleiros do Oriente ou da Espada, grau 6.º do Rito Moderno ou Francês. Representa *Nabuzardan,* generalíssimo de Nabucodonosor (Cf. *2 Reis* 25:8).

MESTRE GERAL DA CAVALARIA, *Grão*. Título dado ao Ilustre Primeiro Vigilante nos conselhos dos Cavaleiros do Oriente ou da Espada, grau 6.º do Rito Moderno ou Francês. Representa Sinna, um importante personagem da corte de Ciro, rei da Babilônia.

MESTRE GERAL DA CAVALARIA, *Inamovível*. Título dos antigos Veneráveis, investidos de Constituições pessoais.

MESTRE INGLÊS. *1* — Grau 5.º da Maçonaria Adoniramita. *2* — Grau 7.º dos Colégios Irlandeses. *3* — Grau 8.º da série simbólica do Rito de Misraim.

MESTRE IRLANDÊS. *1* — Grau 7.º do Rito Escocês Antigo e Aceito. (Cf. *Preboste* e *Juiz*.) *2* — Grau 6.º dos Colégios Irlandeses.

MESTRE IRLANDÊS, *Perfeito*. Grau 7.º da primeira série simbólica do Rito de Misraim.

MESTRE IRLANDÊS, *Poderoso*. Grau 8.º da nomenclatura da Universidade.

MESTRE-MAÇOM. V. *Mestre.*

MESTRE MÍSTICO. Grau 2.º da nomenclatura da Universidade.

MESTRE MORALISTA. Grau 7.º e último da Ordem Andrógina dos Cavaleiros e Damas Escoceses, na França.

MESTRE NA PERFEITA ARQUITETURA. Título do 14.º grau do Rito Escocês Primitivo de Namur (1770).

MESTRE ORDENADOR DE BANQUETES. Um dos dezessete oficiais da Loja.

MESTRE PASSADO. *1* — Correspondente ao *Past-Master,* ou Excelente Maçom, do 1.º ou 4.º grau da Maçonaria inglesa de Iorque. *2* — Denominação dada no Rito Escocês Antigo e Aceito ao último ou últimos Veneráveis na Loja. *3* — Grau 1.º da Maçonaria do Real Arco. (Cf. *Past-Master.*)

MESTRE PERFEITO. *1* — 5.º grau do Rito Escocês Antigo e Aceito. *2* — 4.º grau do Martinismo de 1743. *3* — 3.º e 4.º graus do Rito de Heredom. *4* — 4.º grau do Rito Escocês Primitivo de Namur e do Rito Escocês Reformado. *5* — 5.º grau da série simbólica do Rito de Misraim. *6* — 5.º grau da série simbólica do Rito de Mênfis.

MESTRE PERFEITO (*Antigo*) e SUBLIME MAÇOM. Um dos títulos do 14.º grau do Rito Escocês Antigo e Aceito.

MESTRE PERFEITO PITAGÓRICO. *1* — 3.º grau da Maçonaria denominada *Pitagórica.* *2* — 5.º grau dos Ritos Escocês e Escocês Antigo e Aceito. *3* — 5.º grau do Rito de Heredom e do Martinismo.

MESTRE POR CURIOSIDADE. Veja-se *Secretário Íntimo.*

MESTRE REAL. Um dos graus do Rito do Real Arco.

MESTRE SECRETO. *1* — 4.º grau do Rito Escocês Antigo e Aceito. *2* — 4.º grau do Escocismo Reformado. *3* — 4.º grau da série simbólica de Misraim. *4* — 4.º grau do Rito de Heredom.

MESTRE SIMBÓLICO, *Ilustre.* Grau 12.º da nomenclatura da Universidade.

MESTRE SOBERANO. Título do Presidente do Conselho dos Cavaleiros do Oriente e Ocidente (17.º) do Rito Escocês Antigo e Aceito.

MESTRE SUPREMO ELEITO. Veja-se *Mestre Eleito.*

MESTRE TEÓSOFO. *1* — Grau 3.º do Sistema de Fessler, em 9 graus, de 1796. *2* — 3.º grau dos Iluminados Teósofos. *3* — 3.º grau do Rito de Benedito Chastanier.

MESTRE VERMELHO. Veja-se *Escocês de Hiram.*

MESTRES, *Grandes*. Título genérico dos Grandes Vigilantes do Conselho dos Soberanos Príncipes do grau 86.º do Rito de Misraim.

MESTRES, *Grandes, Absolutos*. Título dos membros do grau 90.º do Rito de Misraim, que constituem a quarta câmara denominada *Supremo Conselho Geral da Ordem e Potência Suprema.*

MESTRES CONSTITUINTES DA ORDEM, *Grandes*. Título dos irmãos do grau 87.º do Rito de Misraim.

MESTRES, *Grandes Sublimes*. Título dos Escoceses, 5.º grau do Rito Moderno ou Francês.

MIACH-NEMACH (*Noumah Machats, Percusit dormitatio*). Palavras de passe dos Antigos Cavaleiros *Kadosh,* segundo a instrução deste grau no Escocismo Reformado. (Cf. *Noumah Machats.*)

MI-CHAMICHAH BEALIM (Pron. *mi-camicá*). Palavra sagrada ou grande palavra de passe dos Soberanos Inspetores Gerais, 33.º dos Ritos Escocês Antigo e Aceito e de Mênfis.

MIGUEL ou MICHAEL, "Quem é semelhante a Deus?" (*Núm.* 13:13; 1, *Crôn.* 5:13 e 14). *1* — Príncipe ou Guia de Israel (*Dan.* 10:13 e 21; *Apoc.* 12:7). *2* — Segundo a alegoria primitiva arcaica, Miguel luta contra Satanás, o Dragão, e o vence e a seus anjos. *S. D.* II, 503; III, 388, etc.). *3* — É um dos sete querubins (governantes de Saturno) que compõem o Conselho dos Cavaleiros do Sol (28.º) do Rito Escocês Antigo e Aceito.

MIHINO. Palavra de passe do *Soberano dos Soberanos* (60.º) do Rito de Misraim.

MINEIRO. Grau 1.º da "Clavis Maçônica", o grau 54.º do Rito de Misraim.

MINERVA. Deusa mitológica grega e romana, que personificava a sabedoria e outros atributos superiores, e como tal figura no painel da *Câmara de Reflexões* do Companheiro na Maçonaria Egípcia de Cagliostro.

MINERVA, *Ordem de*. Veja-se *Sábio.*

MINISTRO. *1* — Título dos *Cavaleiros* 1.º e 2.º Vigilantes da "Corte do Monte Sinai", ou das Lojas dos *Cavaleiros da Serpente de Bronze* (25.º) do Rito Escocês Antigo e Aceito. *2* — Título dos Membros constituintes do Grande Conselho Geral do grau 89.º do Rito de Misraim.

MINISTRO DE ESTADO. O Orador de um Consistório.

MINOS (gr.). Célebre legislador do rei de Creta, de tradição mitológica. Homero e Hesíodo conhecem apenas um Minos, rei de Cnosso, filho e amigo de Júpiter, e contam dêle sucessos que os autores posteriores atribuem a cada um dos dois Minos, dos quais se destaca o segundo. Reza a lenda que, depois de morto, Minos foi nomeado juiz dos mortos. Virgílio o descreve agitando com suas mãos a urna fatal em que se resolve a sorte de cada um dos mortais, e lendo ante o tribunal os nomes tirados e examinando-lhes detalhadamente as vidas. (Cf. *Mistérios Cretenses.*)

MISCHTAR, *Ministério*. Palavra especial dos Templários *Kadosh,* com que respondem quando se lhes pergunta: "Quais são os seus direitos?". No ritual do Escocismo Reformado se diz *Dominiu aut ministreium,* que se traduz por "o poder soberano por excelência".

MISRAIM, "Terra defendida" ou "terra roxa". Filho de Cão (Cf. *Gên.* 10:6 e 13), e nome hebreu do Egito. (Cf. *Rito de Misraim.*)

MISSAC (heb.), Sábio. (V. letra *M*, 9).

MISTAGOGIA. Doutrina e interpretações dos sagrados Mistérios.

MISTAGOGO (do gr. *Mystagogos*). *1* — Chefe dos iniciados; sacerdote que iniciava os neófitos nos mistérios. *2* — Nos grandes Capítulos do Real Arco, é a denominação dada aos dois oficiais correspondentes aos 1.º e 2.º Vigilantes.

MISTÉRIOS. Termo genericamente aplicado a antigas religiões e escolas ocultas pré-cristãs, dos egípcios, persas, gregos, judeus, romanos, celtas e escandinavos. Homens e mulheres de qualquer posição e cultura podiam solicitar sua iniciação nos diversos mistérios, que se dividiam em *Menores* (exotéricos) e *Maiores* (esotéricos). I. *Mistérios Menores.* De maneira geral, nestes *Mistérios* a Iniciação compreendia quatro estágios; 1.º — Purificação preliminar (banho no mar ou rio, aspersão ritualística com água do mar, abstinência de determinados alimentos e bebidas); 2.º — Comunicação do conhecimento místico pelo hierofante, mistagogo ou sacerdote; 3.º — A seguir, vinha a parte central do Rito, em que aos fiéis, reunidos numa escura sala ou cripta e presos de um reverente temor, se fazia a revelação de objetos sagrados, de antigas imagens, profundamente veneradas, dos deuses ou deusas, ou ainda de um símbolo simples, como, por exemplo, uma espiga de trigo. Depois se exibia uma espécie de drama sacro: cantos e danças em meio de vozes misteriosas e portas que se abriam e fechavam, de cortinas que se agitavam e luzes oscilantes e pirilâmpicas; 4.º — Findo o drama, os iniciados se reuniam num ágape ou banquete sacramental, uma espécie de comunhão física para experimentar e demonstrar seu novo sentimento de união e solidariedade com seus semelhantes e com a Divindade, participando de certo alimento (ambrosias) e bebida (*soma,* nectar ou licor extraído de uma rara planta). II. *Mistérios Maiores.* Os mais famosos da antiguidade foram, na Grécia, os de Elêusis e Samotrácia, e no Egito, os de Osíris. Nos Mistérios egípcios se iniciaram personagens como Moisés, Pitágoras, Platão, Jesus, e sem dúvida se inspiraram Zarathustra, Orfeu, Salomão, Numa Pompílio, Jesus, na fundação dos Mistérios mitríacos, órficos, judaicos, romanos, cristãos, respectivamente. "Eleusinos, órficos, báquicos, qualquer que seja o seu apelativo, eram todos Mistérios nos quais se iniciavam certas pessoas. Tem-se dito que nos primeiros tempos todos os que eram os mais puros e nobres participavam desses Mistérios, os quais destruiam todo temor à morte e incutiam no homem a certeza da imortalidade. Os que neles penetravam, adquiriam uma sabedoria que outros não possuiam, distinguindo-se não só pelo desenvolvimento de sua inteligência, como pela nobreza e pureza de suas vidas." (Annie Besant, *O Aperfeiçoamento do Homem,* pág. 87, Ed. *Pensamento*). A *morte filosófica* e a *ressurreição filosófica* constituem os Mistérios Menores e Maiores, respectivamente. (Cf. *Iniciação; Segredo.*)

MISTÉRIOS CABÍRICOS ou dos KABIRIS da SAMOTRÁCIA. De remotíssima origem, foram muito famosos e respeitados entre os antigos. Pouco se sabe sobre os rituais cabíricos, muito ligados ao elemento ígneo, pois foram mantidos em profundo segredo. Suas divindades, em número de sete, "os sete espíritos diante de Júpiter", foram objeto da máxima veneração em Tebas, Lemnos, Frígia, Macedônia e especialmente na Samotrácia, tanto que a nenhum profano era permitido falar deles ou nomeá-los. Abaixo dos sete havia um vasto número de divindades associadas com os Mistérios, cujos rituais giravam em torno de quatro irmãos, dos quais três perseguem e assassinam o quarto. Mais uma vez se vê aqui uma repetição da lenda de Osíris, Baco, Adônis, Balder e Hiram Abiff. Os mistérios dividiam-se em três graus. No primeiro se celebrava a morte de Cashmala nas mãos de seus três irmãos Aschieros, Achiochersus e Achiochersa; no segundo, a descoberta do seu corpo mutilado, cujos membros haviam sido encontrados e reunidos após penoso labor, e no terceiro, acompanhada de intenso regozijo e felicidade, a sua ressurreição e conseqüente salvação do mundo. As crianças eram iniciadas no culto com a mesma dignidade dos adultos, e os criminosos que atingissem o santuário estavam livres de perseguição. Os ritos da Samotrácia estiveram especialmente ligados à navegação, e neles os Dióscuros, sobrenome de Castor e Polux, os deuses da navegação, eram os membros cultuados. Segundo uma lenda, a expedição dos argonautas, acatando o conselho de Orfeu, deteve-se na ilha da Samotrácia a fim de seus membros serem iniciados nos ritos cabíricos.

Diz Voltaire: "Pergunto quem eram esses Hierofantes, esses sagrados Franco-maçons, que celebravam seus Antigos Mistérios, e donde vieram eles e seus deuses Cabires?" (V. Mackey, *Encyclopedia of Freemasonry*). Clemente de Alexandria fala dos Mistérios dos Cabires como "o sagrado mistério de um irmão assassinado por seus irmãos", e que a "morte cabírica" era um dos símbolos da antiguidade. O testemunho universal é que a alegoria do Eu assassinado pelo não-eu é perpetuada através do misticismo religioso e filosófico de todos os povos. (Cf. *Iniciação; Mistérios.*)

MISTÉRIOS CRETENSES. Já não resta dúvida que a civilização e especialmente os Mistérios de Creta exerceram influência marcante na civilização romana, além da grega, e transmitiram seus símbolos à Maçonaria e ao Cristianismo, o que mais uma vez atesta a unidade originária de todos os Mistérios. Sobre o particular, comenta Frederico Sainz de Robles, na introdução ao seu erudito *Dicionário Mitológico Universal* p. XLVIII: "Virgílio chamou a Creta berço do povo romano. Parece, com efeito, que pelo ano 1200 a. C., gentes de Creta houvessem sido as primeiras a levar para a Itália a sua cultura e religião. Uma lenda leva Dédalo, o construtor do labirinto de Cnosso, a Sicília e Cumas. A ciência moderna encontrou analogias evidentes entre os cultos de Creta, Arcádia e Roma. A crítica repele hoje a lenda do troiano Enéias chegando a Lavinium e fundando Alba; mas não assim as de Evandro, o *Arcário,* e Diomenedes, o Etiolo, que os relatos gregos empurram até as costas da Itália." As escavações de Tróia, Micenas, Melos e Creta, levadas a efeito de 1870 a 1900, projetaram muita luz sobre as idéias religiosas que dominaram naquela região grega pelo menos 2500 antes de Homero. Pode-se avaliar a importância dessas descobertas pelo fato de que até então, e não há muito tempo, os compêndios da história atribuíam o início da civilização grega ao III século antes de Cristo. É certo que circulavam tradições sobre uma civilização mais antiga que essa, com um centro em Creta, que o rei Minos governou de seu palácio de Cnosso, e outro centro no continente da Grécia, onde nas cidades micenianas Agamémnon e seus heróis haviam preparado uma expedição contra Tróia. Todavia, esses relatos eram tidos como simplesmente lendários, até que a arrojada perseverança de Henrique Schliemann (1822-1890), arqueólogo e helenista alemão, empreendeu as suas célebres escavações na antiga Tróia e ali descobriu túmulos de reis micenianos. Daí os historiadores se viram compelidos a admitir que, neste caso, as lendas haviam sido mais exatas do que a história. Mais surpreendentes ainda foram as escavações efetuadas em Creta por Sir Arthur Evans e descritas em sua notável obra *The Palace of Minos in Knossos.* Estas são de sumo interesse para o setor maçônico, pois ali vieram à tona muitos símbolos e formas da Maçonaria, bem semelhantes aos encontrados no antigo Egito. Em seu precioso livro *Pequena História da Maçonaria,* (pp. 74-7 e 81-8), comentando a obra de Evans, o falecido e sempre lembrado irmão C. W. Leadbeater, 33.º, reproduzindo em fotocópia uma abundância de pormenores, diz: "Não me proponho fazer uma descrição detalhada desta civilização, que em muitos aspectos igualou, se não excedeu, à de nossa época. O que aqui nos interessa de preferência são os costumes religiosos e ritualísticos desse antiqüíssimo povo, em cujos detalhes se evidenciam notáveis semelhanças com os da moderna Franco-maçonaria. Como não se conseguiu ainda decifrar a escrita minoana, só parcialmente podemos atinar com as concepções e crenças então em voga; todavia, tanto os objetos encontrados como os monumentos escavados nos autorizam a tirar conclusões positivas sobre este particular. ... Paralelamente ao culto religioso público na antiga Creta, havia Mistérios de iniciação destinados a uns poucos, e é nesses Mistérios que deparamos com os principais elementos de similaridade com os maçônicos. Tanto no palácio de Minos em Cnosso como no de Festo — outra localidade na ilha de Creta — encontramos criptas e câmaras com pilares sagrados (estes nada suportando em cima e alguns deles com pombas sobre os capitéis), as quais indubitavelmente tiveram finalidade iniciatória. O compartimento mais importante é o chamado Salão do Trono, no palácio de Minos, denominação essa sugerida pelo magnífico e esculpido trono, descoberto intacto na escavação. ... Nos santuários minoanos havia um assento de Hierofante ou Mestre num lado, bancos para os irmãos ao longo das paredes, três colunas sagradas, o mobiliário principal do templo e um pavimento de mosaico formado de quadrículas alternadamente pretas e brancas, e estendido no centro do santuário. Em alguns santuários e na cripta do palácio de Minos se erguiam dois pilares paralelos, numa das alas. Nos repositórios do templo e na câmara de iniciações também se acharam objetos de altar em uso no ritual maçônico: a cruz de braços equiláteros, ou grega; a cruz latina, de mármore, e a cruz esvática. As figuras humanas colocadas nas bandas do altar de cada lado da cruz têm aventais nítidamente ritualísticos. Dos símbolos ora adotados na Maçonaria, no repositório se encontrou uma relíquia de osso sob a forma alternada de flores e botões, sugerindo as romãs nos capitéis das atuais colunas maçônicas. Numa placa votiva de bronze na gruta de Psicro e num anel de Micenas, estavam gravados os símbolos do Sol e da Lua. Também se observaram em Creta estatuetas e figuras em atitudes indubitavelmente maçônicas." Em suas iniciações os antigos cretenses, como os seus irmãos egípcios e gregos, admitiam indistintamente homens e mulheres. A exclusão do elemento feminino da tradição iniciática da Maçonaria ocorreu posteriormente, sem dúvida por influência dos Mistérios judaicos-mitríacos-romanos, eminentemente masculinizados; das agremiações operativas da Idade Média, e da perigosa clandestinidade em que se viu obrigada a funcionar a Ordem, para poder sobreviver às perseguições eclesiásticas e políticas que caracterizaram esse período tormentoso para as consciências livres.

MISTÉRIOS CRISTÃOS. Tanto quanto as antigas religiões, o Cristianismo primitivo, pelo menos até o terceiro século, compreendia duas espécies de ensinamentos: 1.º — os *litúrgicos,* exotéricos, de caráter geral e preparatório, destinados às massas populares, às quais ministravam sobretudo preceitos morais por meio de representações alegóricas, parábolas ilustrativas e cultos públicos, e tinham por ideal a realização do Sermão da Montanha (*Mat.,* Caps. 5-7), sintetizado no mandamento "amai ao próximo como a vós mesmos" (*Lev.* 19:18), porém um amor tal que fosse até ao auto-sacrifício; 2.º — os *teúrgicos,* esotéricos, de caráter mais específico e subjetivo, destinados a uns poucos já preparados, selecionados por sua vivência dos ensinamentos anteriores, e que se propunham realizar o apelo de Cristo "Amai-vos uns aos outros assim como eu vos amei" (*João* 15:12);

fazer "o Cristo nascer em si próprio" (*Gál.* 2:20; 4:19) e aperfeiçoar-se na santidade até chegar a ser "um varão perfeito, na medida da estatura completa de Cristo" (*Éf.* 4:13). Já antes disso João Batista, o Precursor, anunciava três espécies de batismos, cada qual assinalando um passo adiante na vida espiritual: o da água, o do fogo e o do Espírito Santo: "Em verdade, eu vos batizo com a água (os mistérios menores), para o arrependimento; mas Aquele que vem após mim é mais poderoso do que eu, e suas alparcas não sou digno de levar. Ele vos batizará com o Espírito Santo e o fogo" (os mistérios maiores do reino de Deus e de Pentecostes, ou Iniciações). Instituído o Cristianismo, seus historiadores primitivos nos apresentam seus adeptos divididos em duas grandes categorias: a) — a *externa,* que compreendia três etapas ou ordens: Catecúmenos, Competentes e *Illuminati;* b) — a *interna,* que abrangia a Purificação, a Iluminação e a Perfeição. Destas, a primeira conduz à santificação, a segunda ao conhecimento interno, e a terceira à unificação com Deus, ou seja, à realização integral de Cristo em si próprio. Segundo a Igreja atual, os mistérios cristãos se resumem na Santa Missa, mas segundo o apóstolo S. Marcos, muito mais profundos eram em seu tempo os mistérios do reino de Deus: "Quem tem ouvidos para ouvir, ouça. E quando Jesus se achou só, os que estavam junto dele com os doze o interrogaram acerca da parábola. E Êle lhes disse: A vós é dado saber os mistérios do reino de Deus, mas aos que estão de fora todas estas coisas se dizem por parábolas, para que, vendo, vejam, e não percebam; e ouvindo, ouçam, e não entendam... E com mais parábolas tais lhes dirigia a palavra, segundo o que podiam compreender. Sem parábolas nunca lhes falava; porém tudo declarava em particular aos seus discípulos. (*Mar.* 4:9-12; 33-34). Essa norma era uma aplicação do Sermão da Montanha: "Não deis aos cães as coisas santas, nem deiteis aos porcos as vossas pérolas; não aconteça que as pisem e, voltando-se contra vós, vos despedacem." (*Mat.* 7:6; *I. Cor.* 2:14-16.) A palavra "porcos" era então alegórica dentro de determinados círculos, sinônima dos atuais "vulgos", "leigos", "profanos", em voga entre nós. Os termos "Reino", "Reino de Deus" ou dos "Céus", "Porta Estreita", "Caminho Estreito", "Salvos", "Condenados", são expressões técnicas relacionadas com a Iniciação e os Mistérios. (Para os maçons atuais, significado similar tem a porta que transpõem no Grau do Real arco.) Por fim, na véspera do dia de Sua morte disse Jesus a Seus discípulos: "Ainda tenho muitas coisas para vos dizer, mas não as podeis suportar agora" (*João* 16:12). É de crer que algumas dessas "muitas coisas" lhes tenham sido depois reveladas no dia de Pentecostes, através dos Mistérios Maiores, tal como anteriormente haviam sido revelados a Moisés no Monte Sinai (*Ex*. 20:1-20), e a Elias nos montes Carmelo e Horeb e no rio Jordão (I. *Reis*, caps. 17-19, e II. *Reis*, caps. 1 e 2).

Quanto aos Apóstolos, em suas epístolas se encontram freqüentes referências aos mistérios, como, "Cristo entre nós", "falar sabedoria entre os perfeitos", "reino de Deus", "ressurreição final das almas", etc. Entre eles o mais insistente e claro foi o Iniciado São Paulo, que chegou a declarar: "Lancei o fundamento como sábio mestre construtor" (*I Cor.* 3:10), expressão muito familiar em alguns dos antigos Mistérios greco-romanos e na atual terminologia maçônica, e cujo sentido místico melhor se evidencia à luz de sua primeira epístola aos Coríntios, caps. 2, 3 e 4; aos Efésios, 3; aos Colossenses, 1; aos Filipenses, 3; a Timóteo, caps. 1 e 4 na primeira, e caps. 1, 2, 3, 4 e 6 na segunda. Depois vieram os primitivos Padres do Cristianismo, que sustentaram e defenderam os mistérios de sua religião. Ei-los: Clemente de Alexandria (*Stromata*, Livro I, caps. 1 e 12; Livro V, caps. 4, 9 e 10; Livro VI, cap. 7); seu brilhante e culto discípulo Orígines (*Orígines contra Celso*, Liv. I, cap. 8; Liv. III, caps. 21, 56, 59, 60, 61 e 62); Arquilao, bispo de Cesárea, cidade da Mesopotâmia (*Padres Antinicenos*, Vol. VI, p. 235), todos citados na erudita obra do Rev. Carlos H. Vall, *Los Mistérios Antiguos y la Masoneria Moderna*, caps. 4 e 5.

Nas *Constituições dos Santos Apóstolos*, atribuídas a Clemente, Bispo de Roma, encontra-se a seguinte, entre as instruções ministradas aos catecúmenos e sua iniciação: "Nos conselhos anteriores, vimos como deveriam viver os que eram iniciados em Cristo...; mas é conveniente que ajudeis mesmo os que ainda não foram iniciados... E quando os catecúmenos não hajam sido batizados, ensinai-lhes em que consiste a renúncia do demônio e a união com Cristo. Assim eles se absterão antes das coisas contrárias e poderão ser admitidos nos Mistérios. Acima de tudo, devem purificar seus corações de toda má disposição, de toda mácula e defeito, e depois, participar das coisas santas... de sorte que o candidato ao batismo possa libertar-se de toda impiedade, quando o unjam, e torne-se digno da iniciação" (Livro VII, seção II). Os Gnósticos do Cristianismo, que nele se mantiveram até a metade do século III, foram também detentores desses Mistérios, porém a intolerância e fanatismo eclesiásticos daquela época os expulsaram de seu meio, e daí em diante o Cristianismo ficou privado de tão sublimes e profundos ensinamentos místicos. Todavia, sua perda não foi total para o mundo ocidental. Seus traços se podem encontrar nas escolas gnósticas da Síria e Egito, nos maniqueus, paulinos, albigenses, catarianos, templários, cavaleiros de Malta, trovadores, rosa-cruzes, alquimistas, mestres herméticos e muitas outras ordens místico-filosóficas. A Maçonaria é a sua irmã mais velha, pois sua origem remonta a eras pré-cristãs, embora com denominações diferentes, e, por mercê do Grande Arquiteto do Universo, permanece ainda um testemunho vivo, imortal desses mesmos e sublimes conhecimentos ocultos, reservados somente aos dignos, e por isso "velados em símbolos e alegorias". (Cf. *Segredo.*)

MISTÉRIOS DE DIONÍSIO. Sobre estes, diz o Irmão C. W. Leadbeater: "Uma outra linha de tradição é a dos Mistérios de Dionísio (ou Baco, segundo os romanos), os quais se aproximavam muito mais do esquema egípcio de iniciação do que os ritos eleusinos. Foram celebrados em toda Grécia e Ásia Menor, porém principalmente em Atenas; e transplantados para Roma, constituíram depois um elo da cadeia da descendência maçônica. Sua lenda trata do assassínio de Dionísio pelos Titãs, e de sua subseqüente ressurreição... Entre os seguidores desta forma básica dos Mistérios se achavam os célebres Artífices Dionisianos, uma sociedade secreta, comprometidos pelos mais rígidos juramentos a não revelar os seus s... s e p... s de p..., e adotando emblemas emprestados do ofício de construtores. Estes grupos nômades de operários edificaram templos em tôda a Síria e Ásia Meno, tal como os grupos de maçons construíram depois igrejas na Europa. Sobre eles escreveu o Irmão Ward: "Parece haverem atingido a Ásia Menor procedentes do sudeste, e segundo Estrabão, poderiam descobrir-se vestígios seus em toda a Síria e Fenícia, via Pérsia e Índia. Aparentemente chegaram à Fenícia uns cinqüenta anos antes da construção do templo do R. S. e só a sua presença pode explicar a maneira como se construiu aquele templo. Com efeito, a própria Bíblia torna indiscutìvelmente claro que o templo não foi construído por judeus, que naquela época eram um povo agrícola, totalmente incapazes de compreender a tarefa de construir um edifício tão bem elaborado. Da mesma fonte aprendemos que os principais arquitetos e homens vieram da Fenícia, e nas fundações admitidas como as do primeiro templo foram encontradas letras fenícias... Da Fenícia se espalharam templos pela Ásia Menor, e depois, pela Grécia, donde, no decurso do tempo, sem dúvida colonizadores gregos levaram membros da corporação para a Magna Grécia, antiga denominação do sul da Itália". Diz-se que este culto de Dionísio sobreviveu na Trácia até 1908, numa forma ligeiramente modificada em Viza, e talvez ainda exista". (*Pequena História da Maçonaria,* pp. 133-4, ed. *Pensamento.*) (Cf. *Colégios; Dionisianos.*)

MISTÉRIOS DOS CORIBANTES. Celebravam-se na Frígia, em honra a Atis, o jovem mancebo de Cibeles. As cerimônias eram muito corretas dentro do templo, porém muito buliçosas e trágicas em público. Começavam com uma lamentação pública pela morte de Atis, e concluíam com um tremendo alvoroço por motivo de sua ressurreição. A estátua ou imagem da vítima dos ciúmes de Júpiter estava colocada durante a cerimônia num *pastos,* féretro ou ataúde, e os sacerdotes cantavam os tormentos do infortunado mancebo. Tanto como Vizvakarma na Índia, Atis era uma figura da Iniciação e do Adeptado. Segundo se diz, Atis restabeleceu os ritos e o culto de Cibeles na Lídia. (V. *Pausan,* VII, cap. 17.) (Cf. *Rito do Féretro.*)

MISTÉRIOS DRUÍDICOS. Os druídas constituíram uma ordem sacerdotal de homens e mulheres instruídos, sob a direção de um "Arquidruída", entre os antigos povos celtas na Bretanha, Irlanda e Gália Transalpina (França). Tornaram-se mais conhecidos por ocasião das conquistas romanas, e Júlio César lhes dedica três capítulos de seus *Comentários.* Seus deuses tinham diferentes nomes, porém eram publicamente identificáveis com Mercúrio, Apolo, Marte, Júpiter e Minerva da Mitologia grega. Por seus conhecimentos de artes e ciências da época, os sacerdotes eram ministros de religião e justiça, e instruíam a juventude de toda a coletividade, exercendo mesmo autoridade absoluta sobre seus governados. Provavelmente foram introduzidos na Irlanda e Bretanha pela lendária raça *Tuatha De Danaan,* que até ali veio da Grécia através da Escandinávia e na Gália Transalpina através da antiga Itália e ilhas mediterrâneas. Assim, sua origem pode traçar-se até Orfeu, o divino Cantor da remota Hélade. A lira de Apolo se tornou a harpa de Angos (o deus do Amor), e o culto a Deus se traduzia na divina Beleza manifestando-se através da música, que assim se introduziu entre os bretões e gauleses. Esses Mistérios influíram também nos ritos romano e normando importados na Bretanha, e foram comparados por Estrabão e Artemido aos ritos de Samotrácia, enquanto que Dionísio de Halicarnasso (8 a. C.) os equiparam aos de Baco, e Messéias aos seus Cabiros. Por Diógenes Laércio e Júlio César sabemos que o método druídico de instrução era por símbolos, enigmas e alegorias, mas só oralmente, sendo proibida sua comunicação por escrito. Também se diz que suas cerimônias de iniciação admitiam homens e mulheres, e exigiam muita purificação física e preparo mental. A iniciação se dividia em períodos trimestrais, celebrava-se durante os equinócios e solstícios, e compreendia três graus: *Eubates, Bardos* e *Druídas,* sempre dependendo do prévio preparo moral e mental do candidato. Os principais mandamentos impostos eram: "Obediência às leis divinas, interessar-se pelo bem-estar da humanidade, e suportar com fortaleza todos os males da vida." Terminado o seu período probatório, vestiam o candidato com uma túnica de estrias brancas, azuis e verdes, emblemas da verdade, devoção e simpatia; encerravam-no numa espécie de tumba durante três dias, permanecendo em jejum, e restituíam-no depois à vida para receber a Iniciação. O candidato se punha então às ordens de um Iniciado, que o fazia dar nove voltas no santuário, com um passo comedido no começo, mas aumentando-o até terminar numa carreira rápida. Enquanto fazia estas circunvagações, ouviam-se instrumentos musicais e recitações em louvor daqueles que foram heróicos na guerra, corteses na paz e amigos na religião. Terminada esta cerimônia, o neófito jurava guardar segredo, e passava por diversos atos nos quais ele representava diversos personagens, exclamando, entre outras coisas: "Eu morri" e "Eu ressuscitei", em alusão à sua morte e ressurreição místicas. A respeito comenta o Dr. Oliver em sua *History of Initiation,* p. 146: "Nisto consistiam a morte e sepultamento celebrados nos Mistérios druídicos. Ao terminar os nove meses, dizia-se que o aspirante havia nascido de novo do ventre da deusa Ceridwen, e declarava-se que, por isso, era agora uma pessoa regenerada, purificada de suas antigas impurezas." Tanto nas Gálias como na Bretanha, os druídas foram tratados com o máximo rigor pelos invasores romanos, depois de uma heróica e tenaz resistência, devido ao seu poder político e influência sobre o povo, como o relatam Tácito e outros. Mas no norte da Inglaterra subsistiram ainda até 717, quando seus monges de Iona foram expulsos da Escócia pelo rei picto Nechtan, e seu lugar foi em grande parte ocupado pelos culdeus da Irlanda, que parece terem seguido a mesma tradição até o século XIV, quando desapareceram dos anais históricos, depois de haverem fundido com o misticismo cristão estes ritos pré-cristãos, ligando-se assim à moderna Maçonaria. (Cf. *Mistérios na Europa, Desaparecimento dos.*)

MISTÉRIOS EGÍPCIOS. Os mais famosos em todo o antigo mundo ocidental, estes Mistérios não eram sociedades secretas, mas, sim, grandes instituições públicas, mantidas pelo Estado; eram centros de vida nacional e religiosa, aos quais afluíam aos milhares multidões das melhores classes sociais. Obedeciam a uma primorosa execução; os que passavam por todos os seus graus — o que levava muitos anos — tornavam-se o que agora consideramos homens ou mulheres altamente cultos, pois aliavam os conhecimentos deste mundo a uma vívida compreensão do seu futuro após a morte e das leis que regem uma vivência superior. Os ensinamentos e treinamentos dos graus internos e superiores permaneciam certamente velados para a grande massa popular, ainda não suficientemente preparada para aprendê-los. Todavia, praticamente toda a população egípcia sabia destes Mistérios, de tudo que se relacionava com a vida depois da morte e de como preparar-se para enfrentá-la corajosamente. Os pormenores dos ensinamentos eram ministrados apenas aos iniciados nos Mistérios, ali admitidos sob solenes juramentos de guardar absoluto segredo. O esboço essencial da instrução estava incorporado aos rituais da Iniciação, Morte e Ressurreição. Uma pequena parcela desses rituais chegou até nossos dias através das cerimônias da Maçonaria Simbólica, e ainda hoje permanece resguardada sob antiqüíssimas formas de juramento. A Grande Pirâmide, no antigo Egito, chamada *Khut,* "A Luz", e construída segundo os mais exatos cálculos matemáticos e astronômicos, oferecia uma verdadeira chave pétrea para decifrar os enigmas do universo. Os iniciados nestes estavam simbolicamente empenhados na construção da pirâmide, tanto quanto na atual Maçonaria se acham os irmãos atarefados na ereção do simbólico Templo do Rei Salomão, e ambos esses edifícios são emblemáticos dos processos construtivos da Natureza. Nas criptas embaixo da Pirâmide, que são as câmaras mencionadas por Heródoto (Her., *Livro* II, 124) como existentes numa ilha, por sua vez alimentada por um canal provindo do rio Nilo, é que se efetuavam certas cerimônias iniciatórias. De maneira geral, estas e outras criptas continuam sendo desconhecidas pelo explorador, mas podem ainda ser abertas "pelos passos apropriados", que permitem abrir o complicado sistema de portas secretas que se fecham. Além disso, as cerimônias dos Mistérios visavam representar a evolução superior do homem, seu retorno à Fonte Divina donde ele veio, através do desenvolvimento de sua natureza superior. Isto se consegue não só pela prática da meditação e cerimonial, porém muito mais pela vivência dos preceitos éticos que ali se ensinavam e dos quais são um pálido reflexo os que presentemente conhecemos. Todo o esquema da Iniciação oferecia um quadro completo da evolução espiritual do homem, a quem competia diligenciar por praticar e reviver em sua consciência aquilo que o ritual representava e simbolizava. Eis as principais divisões dos Mistérios:

I — *Mistérios Menores.* Eram os de Ísis e correspondiam ao que agora se conhece como o 1.º Grau da Maçonaria Simbólica. Ao passo que os Mistérios Maiores eram análogos aos seus 2.º e 3.º graus. Além destes havia uma cerimônia correspondente ao grau de M. I., em que a sucessão de poderes é conservada e transmitida de época em época em toda a sua autenticidade. E sob maior reserva ainda havia também os poderes espirituais superiores, presentemente indicados e de algum modo ministrados nos graus superiores do Rito Escocês Antigo e Aceito. Ao iniciado nos Mistérios Menores se ensinava o que o aguardava depois da morte, e toda a cerimônia iniciatória constituía um quadro simbólico do mundo póstumo, o *Amenti,* correspondente ao *Kamaloka* dos hindus, ao *Hades* dos gregos, ao Purgatório dos católicos romanos e ao Mundo Astral dos teósofos. Relatava-se, durante a cerimônia, que Ísis dissera: *Eu sou a Natureza, a Mãe de todas as coisas, a Soberana dos elementos, a Matriz do tempo.* Aqui passava o candidato pelas Provas Preliminares, das quais pouco se sabe, tal era o sigilo em que eram mantidas; depois aprendia a linguagem do Mistério, em que se instruía no que agora conhecemos como artes e ciências liberais: Gramática, Lógica, Retórica, Aritmética, Geometria, Música e Astronomia. A Gramática compreendia a sagrada escrita hieroglífica dos sacerdotes, uma espécie de linguagem secreta no estilo que ainda hoje se vê no *Livro dos Mortos,* a qual se podia usar mesmo em meio de uma multidão, sem que esta a compreendesse, e da qual a terminologia maçônica tadicional é uma reminiscência. Os Mistérios Menores comuns estavam praticamente abertos a todos os que buscassem admissão provando ter uma boa conduta e ser razoavelmente inteligentes, ou, em termos maçônicos, desde que a seu favor houvesse falado "a linguagem da d... b... r...". Seguindo o currículo, passava depois para os Mistérios Maiores (simbolizados nos 2.º e 3.º graus da Maçonaria); mas em cada um dos graus havia também Mistérios internos, ministrados em círculos de estudantes cuidadosamente selecionados pelos sacerdotes e cuja existência era desconhecida, mesmo de outros iniciados. A seleção era feita através de severas provas físicas, psíquicas, morais e mentais; após sete anos, se aprovado, o candidato ingressava num curso de instrução mais especializada e individualizada.

II — *Mistérios Maiores: de Serápis e Osíris. a) — de Serápis.* Os Mistérios de Serápis correspondiam ao atual 2.º grau maçônico (Companheiro). Ali a instrução aprofundava os conhecimentos de ciência e filosofia, e o estudante empreendia um curso mais adiantado, que se poderia definir como uma pesquisa dos "meandros mais ocultos da Natureza e da Ciência", e o estudo sobre o Além se estendia até o mundo-céu, o *Nout* ou *Kerneter* dos egípcios; o Devachan ou Sukhâvati dos hindus; os Campos Elísios dos gregos; o Céu dos cristãos; o Mundo Mental dos teósofos; a Câmara do Meio (*I. Reis* 6:8; *Ezequiel* 61:7) dos maçons, onde todos devem receber seus "salários" por seus bons atos praticados na Terra. Nos Mistérios Maiores empregavam-se a representação e o drama para incutir no candidato os conhecimentos relativos ao Céu, tal como nos Mistérios Menores (1.º grau) para ensinar o mundo astral ou purgatorial. Os Mistérios de Serápis ensinavam ao iniciado o domínio da mente e o seu treinamento como instrumento da Alma; os poderes sacramentais invocados pelo cerimonial visavam o desenvolvimento mental. Como no grau anterior, atrás dos Mistérios externos também havia aqui círculos secretos, totalmente ignorados pelos que ainda não haviam terminado a obra interna daquele grau. Nesses círculos se especializavam e individualizavam as instruções para o estudante desenvolver suas faculdades internas e capacitar-se para comprovar pór si próprio as instruções recebidas dos sacerdotes. *b) — de Osíris.* Correspondem ao atual 3.º grau de Mestre do moderno sistema maçônico. Lúcio Apoleio, do século II, descreve Osíris como "o mais poderoso dos grandes Deuses, o maior entre os maiores, o máximo dos máximos, e o soberano dos máximos" (Ap. *Met.* Livro XI, 30). No ritual egípcio, muito mais completo e impressivo do que a história tradicional preservada na Maçonaria moderna, o candidato tinha de passar pelas representações simbólicas do sofrimento, morte e ascensão de Osíris, o que incluía suas experiências entre a morte e a ressurreição, quando ele subia ao *Amenti* e se tornava o juiz dos mortos, que a cada Alma sentenciava a sua medida de felicidade ou o seu retorno a uma nova encarnação terrena para um ulterior autodesenvolvimento. A lenda da morte e ressurreição de Osíris era conhecida de todo o povo egípcio, e celebravam-se imponentes cerimônias públicas, correspondentes às atuais da Sexta-Feira Santa e Dia de Páscoa no mundo católico romano. Aqui havia também um círculo interno. A instrução prática conduzia o iniciado à região superior do mundo mental, ao *Nout,* o terceiro céu de S. Paulo (II. *Cor.* 12:2). Destarte, o iniciado formado nos Mistérios de Osíris adquiria plena consciência com o Ego ou Alma, liberto das ilusões e limitações de uma única vida pessoal, que é tudo quanto conhece a maioria das pessoas.

III — *Os Graus Superiores dos Mistérios.* Além do 3.º grau (de Osíris), abriam-se outras linhas de progresso nos Mistérios. Assim, havia o treinamento prático no exercício de cargos nos centros ou Lojas, o qual durava doze anos e dava esplêndida habilitação ao oficial, que se exercitava em todas as funções e concluía no que hoje se conhece como o M. I. na Maçonaria. Além desse, havia os Graus Superiores dos Mistérios, classificados em três graus, em que os hierofantes instruíam e guiavam individualmente os aspirantes a um progresso superior. De maneira geral, esses três graus superiores correspondiam ao que hoje se conhece na Franco-maçonaria como Maçonaria Vermelha, Maçonaria Negra e Maçonaria Branca, feitas as devidas adaptções. Comenta muito acertadamente Ragon em *Das Iniciações,* p. 24: "Os sacerdotes egípcios conheciam tudo quanto acerca da Natureza conheceram os hindus, persas, sírios, egípcios, caldeus e babilônios. A filosofia hindu, isenta de mistérios, penetrou na Caldéia e Pérsia, dando origem aos Mistérios egípcios." (S.D. de H.P.B., V. 3, p. 265).

IV — *Os Quatro Principais Centros de Ensinamentos Egípcios,* de maior fama na antiguidade, foram:

1.º — *Sais.* Cabe-lhe a honra da maravilhosa legislação e arte de governar povos, comunicadas por seus sacerdotes a Licurgo e a Sólon, cujos códigos haveriam de maravilhar as futuras gerações.

2.º — *Mênfis.* Foi onde Orfeu popularizou sua filosofia hindu demasiadamente abstrusa, para acomodá-la ao nível mental da Magna Grécia. Ali se instruíram também Pitágoras, Thales e, mais tarde, Demócrito.

3.º — *Tebas* (santuário). Onde Pitágoras, ao regressar da Índia, estudou a ciência dos números.

4.º — *Heliópolis* (santuário). Aqui foram iniciados Platão e Eudóxio, que depois assombraram o mundo, o primeiro com a sua ética, e o segundo, com seus profundos conhecimentos matemáticos.

MISTÉRIOS ESCANDINAVOS ou NÓRDICOS. *1 — Origens* — São os predominantes nas nações nórdicas. Atribui-se sua origem aos rèmotos citas, um povo que se estendia do sudeste da Europa até a Ásia, e ao qual parece haverem se referido alguns profetas hebreus e o Apóstolo Paulo (*Jer.* 4:5-7, 46; *Col.* 3:11). Compreendiam três grandes festividades anuais: a primeira, a mais importante, era celebrada no solstício de inverno, dedicado a *Thor* (o Júpiter romano e Zeus grego), filho de Odin e de Friga; a segunda principiava na segunda lua cheia do ano novo e era dedicada à deusa Freya ou Friga (a Mãe Dispensadora de Graças), e a terceira, tributada a Odin (o Hermes grego e Mercúrio romano). Também havia outras festividades de menor importância. *2 — A lenda.* Rezava o mito o seguinte em torno do personagem central dos Mistérios: Balder ou Baldur (o Apolo greco-romano), o "Dispensador de todo bem", "o imaculado Deus de bondade", irmão de Thor, revelou à mãe de Friga certos temores pela vida de Balder. Friga fez que todos os seres e coisas do universo lhe jurassem que jamais molestariam Balder, mas esqueceu-se do agárico, a tenra planta. Loki, o gênio do mal, descobrindo a omissão, fez um dardo da haste dessa planta e colocou-o na mão do cego e vigoroso Hoder, o deus da guerra e da destruição, e incitou-o a lançá-lo contra Balder, o que ele fez com certeiro golpe no coração. A vítima, ferida de morte, tombou por terra, e seu cadáver foi colocado num barco, que lançaram na água, enquanto os deuses pranteavam sua morte. Mas sua ressurreição se dará fatalmente, e Balder entrará triunfante em Asgard (o Olimpo escandinavo). A lenda sobre o assassínio de Balder por Loki e as lamentações que o sucederam, identificam-na com a lenda de Osíris e Tifão, Baco e os Titãs, Tammuz e Izdubar, Krishna e Kansa, Cristo e Caiphaz, Hiram Abiff e os três Vilões, denotando sua origem comum. *3 — O cerimonial iniciatório.* O candidato, previamente preparado por meio de jejuns, rituais sacrificiais e procissões, era conduzido descalço à câmara sagrada, e dali, por empinado e sinuoso caminho, povoado de fantasmas e feras, e ouvindo lamentações pela morte de Balder, era levado à tumba da profetisa Volva, onde se celebrava o rito da invocação. Então o encerravam nos Pastos ou esquife, sob a vigilância de Heimdal, o guardião dos deuses. Depois de liberto, instruíam-no a que procurasse o cadáver de Balder e o erguesse dentre os mortos. Mas antes de empreender esta perigosa expedição, encomendava-se o candidato aos deuses, e logo após ele se deixava conduzir pelo guia, ao longo de nove passadiços subterrâneos, onde se submetia a provas terroríficas. Ao terminar a viagem, entrava no *sacellum,* onde deparava com Balder sentado num trono elevado, e era acolhido com antífonas de alegria por haver ressuscitado o seu deus interno, fazendo então um solene juramento sob uma espada desembainhada, símbolo da Vontade Suprema. Em todas as cerimônias o candidato encarnava o papel de Balder, cujas experiências ele revivia simbolicamente. (Cf. *Edda;* D.S. III, 423-4; *Labirinto.*)

MISTÉRIOS ELEUSINOS. V. *Mistérios Gregos.*

MISTÉRIOS ESSÊNICOS. Não existem informes precisos acerca dos cultos exotéricos e hábitos e costumes externos dos essênios, que evidentemente tinham também os seus Mistérios, conhecidos e partilhados tão-só pelos seus íntimos, os Iniciados, entre os quais esteve o próprio Jesus Cristo. Prova-o a divisão dos essênios em *Neófitos, Irmãos* e *Perfeitos,* qualificativos esses depois incorporados na terminologia evangélica e no Cristianismo primitivo, bem como em algumas seitas místicas, como as dos albigenses, e que maçonicamente correspondem a *Aprendizes, Companheiros* e *Mestres.* O fim dos essênios permanece tão misterioso quanto a sua origem. Uma seita tão espalhada, como disse Josefo, e tão organizada como afirmaram todas as fontes, não poderia ter desaparecido logo no primeiro século do Cristianismo, com as lutas que depois sobrevieram contra os judeus e especialmente contra Jerusalém. O mais provável é que tenha sido absorvida ou transformada nas escolas místicas e filosóficas que depois sobrevieram até o século terceiro da era cristã, como os Gnósticos, Neoplatônicos, etc., e que acabaram sendo duramente perseguidos e aniquilados pela rancorosa intolerância dos cristãos de então. Sobre o particular, são elucidativas as palavras de H. P. Blavatsky: "Os Gnósticos celebravam muitas idéias essênicas. Os essênios tinham os seus Mistérios Maiores e Menores, pelo menos dois séculos antes de nossa éra. Eram eles os *Isarim* (Iniciados), os descendentes dos hierofantes egípcios, em cujo país estiveram estabelecidos durante vários séculos antes de serem convertidos ao Monasticismo budista pelos missionários do rei Asoka, e amalgamados mais tarde com os cristãos primitivos. E existiram provavelmente antes dos antigos templos egípcios terem sido profanados e arruinados nas invasões dos persas, gregos e outras hordas conquistadoras." (*The Secret Doctrine*, ed. 1897, vol. III, p. 273, nota.) Alguns autores também os identificaram com os *Kenitas* e *Nazaritas,* ao passo que no *Documento de Damasco,* embora a seita que o escreveu falasse das regras de uma Ordem essênica, ela se proclamava como sendo os verdadeiros *Zadokitas,* isto é, descendentes de Zadoc, um dos sumos sacerdotes dos reis Davi e Salomão, e que foi o primeiro que este nomeou para o seu templo (I *Crôn.* 29:22.) (Cf. *Essênios.*)

MISTÉRIOS GREGOS. *1 — Origens* — Atribui-se sua origem a Orfeu, que se calcula haver vivido uns sete mil anos antes de Cristo. Os mais importantes e conhecidos deles foram os Eleusinos, cuja influência e excelência foram sempre proclamadas não só por seus iniciados como pelos maiores homens da era clássica, como Píndaro, Sófocles, Isócrates, Plutarco, Heródoto, Platão, Cícero e muitos outros. Todavia, muito escasso é o conhecimento do mundo moderno sobre seus sistemas, métodos e doutrinas, pois sempre foram mantidos sob rigoroso e juramentado sigilo, a ponto de a opinião pública, que os respeitava e reverenciava, infligir terríveis penalidades a quem os violasse. Reduzidas são, pois, as informações obtidas diretamente das fontes chamadas pagãs; a sua maioria nos chegou através de antigos escritores cristãos, como Hipólito, Clemente de Alexandria, Orígines, Arnóbio e outros. Mas estes estavam mais empenhados em destruir tanto quanto possível a religião pagã, e por isso suas descrições dos Mistérios são via de regra depreciativas e às vezes até aviltantes. Com efeito, na época da decadência de Roma os então chamados Mistérios não passavam de cerimônias degeneradas, relacionadas com aspectos deturpados de Baco, porém, essas jamais tiveram qualquer conexão com os Mistérios Eleusinos. Além do mais, tudo quanto a seu respeito se conhece hoje, restringe-se a cerimônias e provas externas então aplicadas aos candidatos, e às instruções administradas ao público através de vários mitos, parábolas e alegorias. E quando os profanos de então insistiam por informações que os oficiais não desejavam adiantar, só lhes prestavam as estritamente permitidas e necessárias. De maneira geral, os Mistérios Eleusinos se dividiam em dois grupos: os *menores* e os *maiores,* e cada grupo se subdividia em duas partes: uma *exotérica*, destinada ao grande público, e outra *esotérica*, reservada a uns poucos, porque dependia do desenvolvimento moral e intelectual do candidato. 2 — *Mistérios Menores*. Estes eram celebrados no Templo de Demeter e Coré ou *Kore* (Virgem), em Agra, perto de Atenas, no mês de março, pelo equinócio da primavera. Os ensinamentos que ali se davam, giravam em torno da vida póstuma no mundo intermediário ou astral, o *Hades*, e neste sentido se pode equiparar estes Mistérios ao 1.º grau maçônico, conquanto difiram as respectivas cerimônias. O cerimonial iniciatório era dirigido pelo hierofante de Elêusis, o Mistagogo, auxiliado por vários acólitos, e o iniciado recebia título de *Mistae*. Principiava-se com uma purificação preliminar, com o batismo nas águas do rio Illiso, acompanhado da recitação de determinadas fórmulas ritualísticas. Depois se seguiam cerimônias secretas no interior do templo, onde ao candidato se faziam representações dramáticas e se davam as interpretações correspondentes, ilustrativas dos resultados póstumos determinados pela conduta diária do indivíduo no mundo físico, bem como sobre cosmogonia e aperfeiçoamento do homem. Ali também se ensinava a significação dos mitos religiosos exotéricos, como, por exemplo, os de Tântalo, Sísifo, Títio, etc. Certos provérbios definiam o aprendizado neste grau: "A morte é vida, e a vida é morte; quem busca valores reais nesta vida, busca-los-á após a morte; quem busca valores ilusórios nesta vida, busca-los-á após a morte." Em essência, a interpretação era que a vida aqui e no Além é imortal e a mesma, e que, por isso, após a morte o indivíduo seria o que fora e desejara em vida. A lei moral constituía a tônica dos ensinamentos neste grau. Aqui existia uma escola interna (esotérica), de preparação para os Mistérios Maiores de candidatos cuidadosamente selecionados, quando eram então capacitados para constatar objetivamente tudo quanto haviam aprendido de seus instrutores. Tão oculta se mantinha esta escola, que geralmente só vinham a saber de sua existência os iniciados nela admitidos. A vestimenta simbólica do *Mistae* era a pele de corço malhado (*Nebris*), emblema das emoções descontroladas, que deveriam ser dominadas e disciplinadas neste grau. Correspondia à vestimenta de pele de leopardo dos sacerdotes egípcios e à do tigre ou antílope de muitos iogues hindus. 3 — *Mistérios Maiores*. Celebravam-se estes no mês de setembro (*Boedromion*), pelo equinócio do outono, tendo por centro a cidade de Elêusis, distante de Atenas cerca de 20 quilômetros. Nessa época toda a Grécia entrava em férias, e realizavam-se pomposas procissões públicas, com a participação dos iniciados e de todas as classes sociais. Estas procissões foram detalhadamente descritas por escritores seus contemporâneos, mas afora estas descrições exotéricas, nada se sabe dos Mistérios Maiores no mundo externo, a não ser através de poucas e obscuras insinuações. Tais procissões duravam toda uma semana, partindo de Elêusis dia 13 de setembro até o *Eleusinion,* no sopé da Acrópole, cidadela cercada de altos muros, como a matriz de Elêusis, e aonde só os iniciados podiam entrar. No dia 19, completadas todas as cerimônias, a procissão retornava a Elêusis, sempre com grande imponência. Os Mistérios Maiores, cujas instruções sobre a vida depois da morte abrangiam o mundo-céu, os Campos Elísios, correspondiam, de certo modo, ao atual 2.º grau maçônico. Seus iniciados eram chamados *Epoptes* (videntes); suas vestes passavam a ser o velo de ouro, e daí, evidentemente, a lenda de Jasão e seus companheiros argonautas. Esse velo é o emblema da inteligência desenvolvida e da capacidade de governá-la até no trato das coisas celestes. Como nos Mistérios Menores, este grau se dividia em dois grupos: o *exotérico* e o *esotérico,* sendo que o segundo só era conhecido aos iniciados ali admitidos. Nos Mistérios Menores se aprendia o exato resultado, no mundo intermediário (o *Hades*), após a morte, das ações e comportamento do mundo físico, mas nos Mistérios Maiores se vinha a saber como atuavam no mundo-céu (Campos Elísios) as causas engendradas na Terra. Nos primeiros se punha em evidência a necessidade e o método de se dominarem os desejos, paixões e emoções; nos segundos, a mesma coisa se ensinava em relação ao domínio da mente. Aqui também se prosseguiam os estudos de cosmogênese e antropogênese, bem como da origem das raças e sua evolução, porém com uma terminologia diferente da nossa atual. Igualmente se elucidavam a interpretação das lendas de Proserpina (Coré), de Narciso, Minotauro, Teseu, Ariadno, e da morte de Baco pelos Titãs. Culminava o cerimonial dos Mistérios Maiores a exposição de uma espiga de trigo, como símbolo da eterna criação e evolução através de novas formas para alimentar outras formas de vida. É uma alusão alegórica à eterna lei de auto-sacrifício a que referiu S. João por outro símile: "Se o grão de trigo cair na terra, não morrer, fica só; mas se morrer, dará muito fruto" (*João* 12:24), e que a liturgia cristã das igrejas do Oriente e do Ocidente rememora e perpetua na Santa Eucaristia, e os Rosa-Cruzes na cerimônia do pão e do vinho, todos como símbolos de auto-sacrifício e fraternidade.

4 — ***Mistérios Ocultos.*** À parte dos Mistérios Menores e Maio-

res, também houve na Grécia o Supermistério da Senda da Santidade, das grandes Iniciações, totalmente esotérico e desconhecido do público e mesmo dos iniciados nos Mistérios Maiores, que só vinham a saber dos Mistérios Ocultos por informação direta, quando julgados preparados para neles ingressar. Eram ocultos porque eram mais individuais, subjetivos, e implicavam no desenvolvimento de certas faculdades superiores no Iniciado, como resultado de uma vida nobre e altruísta. Por isso só eram ministrados aos "poucos escolhidos".

Assim, os Mistérios gregos correspondiam estreitamente com os do Egito, embora diferissem em detalhes. Ambos os sistemas conduziam seus iniciados, quando devidamente preparados, àquela Sabedoria de Deus existente "antes do começo do mundo". A Maçonaria não herdou diretamente a sucessão eleusina, porém algo de sua inspiração e influência foi transmitido às escolas místicas da Idade Média. Todavia, seus ritos visam a mesma finalidade, relacionam-se com os mesmos mundos invisíveis e prepararam Almas para a mesma augusta realidade oculta por trás de todos os verdadeiros sistemas de Mistérios.

MISTÉRIOS JUDAICOS. *1 — Origem egípcia e influência judaica.* Os ritos e símbolos maçônicos atuais tiveram origem egípcia, porém a maioria deles nos chegou através dos judeus. Por isso a tradição dos Mistérios judaicos e os segredos egípcios sob forma judaica são os que predominam nas cerimônias maçônicas. Conquanto parte das tradições preservadas no Antigo Testamento se baseie em fatos, é inegável que muitas de suas descrições foram exageradas pelo colorido nacionalista judaico. Além disso, as escrituras judaicas de nosso conhecimento foram inteiramente reescritas por sacerdotes judeus depois do seu retôrno do cativeiro de 70 anos em Babilônia, e esses escritores aureolaram suas descrições de uma moldura toda romântica. *2 — A emigração hebraica.* Durante seus 430 anos de permanência no Egito (*Gen.* 15:13), certos hebreus foram iniciados em alguns Mistérios daquela nação. Entre esses estavam Moisés, de quem se disse mais tarde: "Foi instruído em toda a sabedoria dos egípcios, e era poderoso em palavras e obras" (*Atos* 7:22). Parece ter sido o legislador hebreu o real fundador dos Mistérios Judaicos, pois, segundo a tradição, êle introduziu ali a sucessão dos MM. II. que recebera dos sacerdotes egípcios. Durante sua peregrinação ao abandonar o Egito, os hebreus usavam uma tenda para a celebração de seus Mistérios, conservada na tradição hebraica como o tabernáculo (*Êxo.*, Caps. 26 e 36). Em essência trabalhavam ali com os rituais egípcios, e continuaram a usar o tabernáculo para a prática de seu culto até a edificação do templo sobre o monte Moriah, em Jerusalém, por Salomão, que também se casara com uma filha do faraó do Egito (I. *Reis* 3:1). Os utensílios empregados no serviço divino do templo foram os mesmos até então usados no tabernáculo, e as lendas e fatos egípcios foram perpetuados, porém sob denominações e costumes judaicos. *3 — Os profetas e suas escolas.* Bem instruído e iniciado nos Mistérios Egípcios (*Êxo.* 7:8-12; cf. *Êxo.* 4:1-5, 17, 20, 28-30), sem dúvida Moisés transmitiu algo dessa tradição aos seus sucessores. Posteriormente foram fundadas escolas de profetas, para estudo e prática dos mistérios e instrução mais profunda, velados nos antigos ritos. A Bíblia menciona uma dessas escolas em Naioth (*I. Sam.* 19:18), e mais tarde outras em Gilgal, Bethel e Jericó (II. *Reis* 2:2, 5). Na *Concordance* de Cruden, sob a epígrafe "School", há a seguinte e interessante nota: "As Escolas ou Colégios dos profetas são as primeiras de que nos dão notícia as Escrituras. Ali os filhos dos profetas levavam uma vida reclusa e austera, de estudo e meditação, instruindo-se na lei de Deus... A estas Escolas ou Sociedades dos profetas sucederam as Sinagogas." A um desenvolvimento posterior dessas escolas pertenceram, provavelmente, muitos dos maiores profetas judeus, como Isaías, Jeremias, Ezequiel e outros. Nos dias de Cristo havia na Palestina as escolas dos essênios, nazarenos, saduceus (que também se diziam (zadoquistas), fariseus, às quais pertenceram, respectivamente, Jesus, João Batista, Caifás, São Paulo. Os samaritanos, por seu culto politeísta, costumes raciais promíscuos e tradição exclusivamente mosaica, constituíam uma escola à parte. Essas escolas desapareceram durante os dois primeiros séculos da era cristã, absorvidas, umas pelo vórtice de lutas internas e invasões estrangeiras que então se sucederam, e outras pela corrente mais poderosa do Cristianismo, onde tomaram outras denominações, embora geralmente mantendo o mesmo espírito e os mesmos princípios fundamentais. Em sua *Pequena História da Maçonaria*, p. 106, o Irmão Leadbeater, com a competência que todos lhe reconhecem, resumiu muito bem este ponto: "A tradição dos Mistérios Judaicos foi levada a Roma, e dali passou através dos Colégios para as guildas medievais, para finalmente emergir no século dezoito nos rituais especulativos dos graus simbólicos, no Santo

Real Arco e no grau *Mark* do Mestre Maçom, e nos demais emblemas e cerimônias que foram incorporados a certos graus subsidiários pertencentes, em sua época simbólica, ao antigo pacto. (Cf. *Gên.* 9:12, 15; *Exo.* 19:20; I *Reis* 2; *Esd.* 3). Os Mistérios Judaicos são a fonte de nossa presente tradição; os três graus simbólicos são, e sempre foram, a base de todo o sistema da iniciação maçônica, pois encerram as relíquias dos Mistérios Menores e Maiores do Egito, que em sua forma original podem ser denominados graus." *4 — A Construção do Templo de Salomão.* "No ano 480, depois que os filhos de Israel saíram do Egito, e no quarto ano de Salomão sobre Israel, no mês de *Ziv,* que é o segundo mês, começou-se a edificar a casa do Senhor" (*I. Reis* 6:1). Durou a construção sete anos (de 1012 a 1005 a. C.). Foram seus construtores o rei Salomão, que recebera instruções de seu pai Davi; seu aliado Hiram, rei de Tiro, na Fenícia, o qual forneceu os materiais para a construção e lhe emprestou muitos hábeis artífices para ajudar a obra, dado que os fenícios eram mais peritos em construções do que os judeus, um povo essencialmente pastoril, e Hiram Abiff, filho de uma viúva da tribo de Neftali, e de um homem de Tiro, que também fora metalúrgico (Cf. *I. Reis* 7:14; *II. Crôn.* 2:14). *5 — Refundição dos rituais.* Levantado o Templo, Salomão sentiu que sua obra só estaria completa depois de haver dado forma judaica aos Mistérios que constituíam o âmago da religião de seu povo. O cerimonial herdado na época de Moisés era ainda egípcio, e os iniciados nos Mistérios estavam ainda, simbolicamente, empenhados na construção da grande pirâmide, a Casa da Luz, e na celebração da morte e ressurreição de Osíris. Embora seu Templo não tivesse as câmaras correspondentes de iniciação, Salomão desejava que o mesmo tomasse o lugar da Casa da Luz dos egípcios e se tornasse o centro espiritual dos Mistérios Judaicos. O rei Hiram de Tiro aplaudiu a idéia, tendo ele próprio herdado os ritos iniciatórios que haviam derivado dos Mistérios da Caldéia, cujas principais câmaras de iniciação eram em Babilônia. Pesou também em sua aquiescência o fato de que o centro lhe ficaria mais próximo e em mãos eminentemente amigas. E por isso passou o rei Hiram a cooperar no plano de judaizar os antigos ritos e centralizá-los no Templo de Jerusalém. Aliás, a prática de se nacionalizarem e atualizarem nomes e formas ritualísticas também se observa nos Mistérios de outros povos e nações, como a Grécia, Roma, Escandinávia, Gália e Bretanha. E também a têm seguido todas as grandes religiões, que apenas trocam os personagens, então míticas, por outras mais atualizadas, porém geralmente conservando as mesmas cerimônias, datas e épocas e os fatos dramatizados. (Cf. *Mt.* 5:17). 6 — *Mistura de tradições.* Na refundição dos Mistérios também se fez uma mistéria ou fusão de três linhas de tradição, representadas nos personagens construtores do Templo: a tradição egípcio-mosaica através de Salomão; a caldaica ou babilônica através de Hiram, o rei de Tiro, e a tribal através de Hiram Abiff. E ao dedicar o Templo, Salomão o franqueou tanto ao povo de Israel como aos estrangeiros (I. *Reis* 8:38-43), demonstrando com isso o seu caráter universalista, tal qual também sempre tem sido e ainda o é o da Maçonaria. (Cf. *Cabala; Hiram Abiff; Salomão.*)

MISTÉRIOS MITRÍACOS. *1* — **Um dos cultos mais antigos do mundo e mais extensamente difundidos outrora pela Ásia, África e toda a Europa, exerceram sua influência nos cultos judaicos, particularmente os essênios, nos gregos, cristãos, muçulmanos e maçônicos. Dominava-os um acentuado estilo militar e demandavam de seus fiéis uma pureza quase ascética, sendo Mitra o "Capitão das hostes de Deus e o Salvador da humanidade". No primeiro século da era cristã o Mitraísmo começou a despertar seriamente a atenção de Roma, onde então se espalhou rapidamente no exército, classes mercantis e escravas, em grande parte compostas de asiáticos. Medrou especialmente nas camadas militares e nos entrepostos comerciais, cujos elementos foram construindo seus templos em grande quantidade. Ainda restam algumas dezenas de antigos templos de Mitra, que se destacam por algumas de suas semelhanças com as atuais Lojas maçônicas, pela sua forma retangular, a plataforma erguida em sua extremidade oriental e freqüentemente em forma absidal, os bancos contínuos ao longo de ambas as suas paredes laterais, para acomodar os irmãos, e o seu forro simbolizando o firmamento. O sistema compunha-se de sete graus que, segundo Jerônimo (*Epíst.* CVII), se denominavam *Corax,* o Corvo, porque esta ave só pode imitar a voz alheia, mas não criar idéias próprias; *Cryphius,* o Oculto, talvez porque o místico, ao tomá-lo, se velava dos demais no santuário através de um imponente cerimonial; *Miles,* o Soldado, significando o engajado na santa guerra contra o mal e a serviço de Deus; *Leo,* o Leão, símbolo do elemento do fogo, o Sol, que desempenha papel tão importante na religião persa; *Perses,* o Persa, vestido em caráter asiático, uma reminiscência remota da origem da religião; *Heliodromus,* o Mensageiro do Sol, com o qual se identificava Mitra; *Peter* (Pedro), o Pai, em que o místico ascendia**

ao grau de mantenedor e guardião do culto durante o resto de sua vida. Resguardadas as diferenças entre os dois sistemas, podem-se vislumbrar as correspondências dêsses sete graus com os maçônicos. *Corax* corresponde ao Aprendiz, e *Cryphius* e *Miles* se emparelham ao Companheiro, sendo que o último se distingue do anterior por seu conhecimento adicional, que razoavelmente se pode equiparar ao do grau *Mark*. Os três graus de *Leo, Perses* e *Heliodromus* podem ser considerados como subdivisões do grau de Mestre Maçom: o primeiro dava acesso à plena integração na fraternidade mitríaca; o segundo o submete a uma impressiva cerimônia durante a qual ele era simbolicamente morto e ressuscitado à vida, em honra a Mitra, e o terceiro o colocava de posse de conhecimentos adicionais equivalentes aos que se supõe se ministram ao maçom no Santo Real Arco. Com efeito, só depois de conhecer o nome e as qualidades da Divindade é que ele estava em condições de partir como um mensageiro do Sol para espalhar ao mundo a sua força e vida. *Peter* correspondia ao M. I., o único que legitimamente pode conferir os vários graus maçônicos e transmitir a sucessão à posteridade. De fato, a linha de sucessão transmitida por esses Mistérios diferia da linha dos três graus da Maçonaria Azul; no entanto, alguns dos traços mais importantes do seu ritual parecem haver sido incorporados ao grau maçônico 18.º. *2 — Ritos Mitríacos.* Fundamentalmente, seu culto constituía uma religião de soldados, uma autêntica fraternidade de armas. As mulheres nunca eram admitidas em seu rito de iniciação (tal qual hoje ocorre na Maçonaria, salvo na Maçonaria Mista Internacional "Le Droit Humain", onde as mulheres são admitidas no mesmo pé de igualdade com os homens), conquanto pareça provável que primitivamente tenha havido graus separados para elas. O rito impregnava os candidatos de intensa coragem, alta pureza e profundo sentimento fraternal; juravam lutar pelo justo e permanecer ombro a ombro contra todos os inimigos. O sacramento mítrico consistia em pão, vinho e sal, elementos esses consagrados numa cerimônia solene. Essa mesma Eucaristia se encontra ainda hoje no grau Rosa-Cruz (18.º) de Heredom, com a diferença de que a Fraternidade visada aqui não é a das armas, e sim, a do Amor, mas com o mesmo espírito de coragem, que neste particular a filia à linha de tradição egípcia. São igualmente muito estreitas as analogias entre o Mitraísmo e o Cristianismo, tanto em suas lendas como em suas cerimônias e doutrinas. Manés no século III e Maniqueus posteriormente procuraram reviver esse culto, porém foram atrozmente perseguidos e martirizados pelos persas de um lado e o clero católico romano do outro. (Cf. *Maniqueus; Mitra.*)

MISTÉRIOS NA EUROPA, *Desaparecimento dos* — São de H. P. Blavatsky (*Doctrina Secreta,* Seção XXXIII) os seguintes comentários: "Segundo predisse o grande Hermes em seu diálogo com Esculápio, havia chegado o tempo em que ímpios estrangeiros acusariam o Egito de adorar monstros, e em que unicamente perdurariam as inscrições gravadas nas pedras de seus monumentos (enigmas ininteligíveis para a posteridade), dispersando-se seus escribas e hierofantes. Os que ficaram no Egito para evitar a profanação dos sagrados mistérios, refugiaram-se em desertos e montanhas, onde estabeleceram sociedades e congregações secretas, como a dos essênios. Os que emigraram para a Índia e mesmo para o continente agora chamado Novo Mundo, comprometeram-se com solenes juramentos a guardar silêncio e a manter secreta a sua sabedoria, que deste modo ficou, como nunca, oculta para a vista do povo. Na Ásia Central e nas fronteiras setentrionais da Índia, a vitoriosa espada do discípulo de Aristóteles (Alexandre Magno) varreu do caminho de suas conquistas todo vestígio da religião primitiva, cujos adeptos tiveram que se ocultar nos recônditos rincões da terra. Terminado o ciclo de ***, aos golpes do conquistador macedônio, soou no relógio das raças a primeira pancada das horas da desaparição dos mistérios. As últimas pancadas começaram a soar no ano 47 a. C.; Alésia, a Tebas dos celtas, tão famosa por seus ritos de iniciação e seus mistérios, foi, segundo descreve Ragon, 'a antiga metrópole, túmulo da iniciação druídica e da liberdade das Gálias'. No primeiro século da nossa era soou, pois, a hora dos mistérios. A história nos mostra as Gálias centrais sublevadas contra o jugo de Roma. O país ficou sujeito a César, e foi esmagada a revolta, cujo resultado foi a degola e extermínio dos habitantes da Alésia, inclusive o colégio sacerdotal dos druídas com todos os seus neófitos, depois que toda a cidade foi saqueada. Alguns anos depois pereceu a não menos famosa cidade gaulesa de Bibracte, cujo fim assim descreve Ragon: 'Bibracte, mãe das ciências, êmula de Tebas, Mênfis e Roma, alma das primitivas nações da Europa, era cidade famosa por seu colégio sagrado de druídas, sua cultura e suas escolas, onde 40.000 alunos aprendiam filosofia, literatura, gramática, jurisprudência, medicina, astrologia, arquitetura e ciências ocultas. Tinha um anfiteatro circundado de colossais estátuas, com capacidade para cem mil espectadores, um capitólio, templos de Jano, Plutão, Proserpina, Júpiter, Apolo, Minerva, Cíbeles e Anúbis. No centro da cidade estava a naumaquia com seu grande tanque de construção incrível, apropriado para simulacros navais. Também possuía um *Campo de Marte,* aqueduto, fontes, banhos públicos e muralhas levantadas nos tempos heróicos". Tal era a cidade da Gália, onde morreram para a Europa os segredos das iniciações nos grandes mistérios da Natureza e nas suas esquecidas verdades. César também queimou preciosos documentos em Alésia e Bebracte, bem como os volumes da famosa biblioteca de Alexandria, no qual foi posteriormente secundado pelo general árabe Amrus. O caudilho gaulês Sacrovir se sublevou contra o despotismo de Roma no reinado de Tibério, mas, completamente vencido por Sílio no ano 21 de nossa era, foi queimado vivo com seus principais partidários diante das portas de Bibracte, que os vencedores entregaram depois às chamas, sem perdoar os tesouros de literatura e de ciências ocultas. Desta majestosa e antiga cidade, hoje denominada Autum, restam alguns monumentos, como os templos de Jano e Cíbeles.

Prossegue Ragon, em sua obra *Ortodoxia Maçônica,* a descrever estes vandalismos: "Arlés, fundada 2000 anos antes de Cristo, foi saqueada em 270. Esta cidade das Gálias, reconstruída 40 anos depois por Constantino, conservou como restos de seu antigo esplendor, o anfiteatro, o capitólio, um obelisco de granito de 17 metros de altura, um arco de triunfo e as catacumbas. Assim terminou a civilização celto-gália. César, como bárbaro digno de Roma, havia já cumprido a destruição dos antigos mistérios com o saqueio dos templos e colégios de iniciação e a matança dos iniciados e druidas. Subsistiu-os Roma, mas só teve os mistérios menores, sombras das ciências ocultas. Havia-se extinto a grande iniciação".

Foi sobre estes escombros que se estendeu depois a era do Cristianismo. Os primeiros cristãos, sem excluir os seus Apóstolos, foram envolvidos de roldão na mesma onda de avassaladoras perseguições e martírios aos chamados pagãos. Não obstante, o Cristianismo, que desfraldava uma suave bandeira de amor e tolerância, logrou infiltrar-se nas humildes massas humanas e tornar-se assim numa fôrça politica nas mãos dos imperadores romanos, dentre os quais se destaca Constantino I, que em 313 promulgou um édito de tolerância que em realidade propiciou ao Cristianismo uma situação privilegiada. Mas prosseguiram implacáveis as perseguições contra as demais instituições, primeiro com o apoio oficial do Estado e da Igreja, e depois definitivamente legalizadas pelo imperador Teodósio I no seguinte édito de 391, contra os eloqüentes protestos do filósofo grego Libânio: "Ficam abolidos de hoje em diante quaisquer privilégios que tenham sido concedidos por antigas leis aos sacerdotes, ministros, prefeitos, hierofantes de coisas sagradas ou de qualquer outra denominação. Que não sejam eles considerados protegidos por qualquer privilégio outorgado onde quer que se saiba haver sido sua confissão religiosa condenada por esta lei".

Daí se iniciou, de parte dos zelosos monges, uma corrida demolidora contra "hereges", "pagãos", edifícios, templos, monumentos, bibliotecas, escolas filosóficas, sem tréguas nem piedade. Sob o imperador Teodósio II, por diabólica conspiração de Teófilo, bispo de Alexandria, e de seu sobrinho Cirilo, a jovem e culta Hipatia, chefe da Escola Neoplatônica naquela cidade, foi vilmente assassinada e descarnada no ano 415 pela populaça e com ela liquidada a famosa Escola, celeiro de culturas tão brilhantes. Finalmente, o édito de 423 dêsse mesmo imperador agravou ainda mais as penalidades contra os recalcitrantes nas antigas crenças: "Conquanto devam os pagãos restantes estar sujeitos à pena capital se em qualquer tempo forem descobertos praticando os abomináveis sacrifícios dos demônios, que o exílio e a confiscação de seus bens sejam a sua punição". (Codex Theodosianus XVI, 10, 14, 23, citado em *A Source Book for Ancient Church History*, Ayer, p. 371.) O mundo estava assim preparado para sobre ele cair tranqüilamente a negra, longa e sinistra noite da Idade Média! Todavia, nem esse vendaval de intolerância e perseguições, nem as destruições e extermínio contumazes das antigas fontes de conhecimentos, nem a abolição de tôda livre manifestação de pensamento trouxeram os almejados dias tranqüilos para a Igreja de Roma. Apesar disso e por isso mesmo, ela se viu sempre a braços com uma longa e interminável série de heresias, cismas e conseqüentes fragmentações, a ponto de ser hoje o Cristianismo a religião mais fragmentada do mundo. Por outro lado, se as formas externas das antigas e perseguidas instituições pereceram, o seu conteúdo sagrado sempre se manteve milagrosamente intacto, pois alimentava-o e sedimentava-o a inextinguível chama do Espírito imortal, que transcende o tempo e o espaço. E assim, qual uma cintilante estrêla no fundo de uma noite de densa escuridão, quanto mais pesada foi a escuridão dos séculos, tanto mais se intensificou o brilho dessa chama. E foi assim que a Maçonaria, como a Fênix da lenda, logrou conduzir sua tocha acesa ao longo desses séculos tormentosos. Envolta no crepe da clandestinidade, trocando de denominação e roupagem convencionais, prosseguiu fiel à sua milenar tradição, até que, ao despontar do século dezoito, isto é, em 24 de junho de 1717, na cidade de Londres, pôde começar a desfraldar a sua bandeira de liberdade, igualdade, fraternidade e cultura, e que continuará a desfraldar cada vez mais em todo o mundo. Tal foi a façanha da Maçonaria, da qual disse Ragon, "o maior dos filhos da Viúva", em *As Iniciações Antigas e Modernas*: "Seu templo tem por duração o tempo, e por espaço o Universo." ... "Dividamos para dominar", disse a astúcia. "Unamo-nos para resistir", disseram os primeiros maçons." (Cf. *Justiniano I.*)

MISTO — Na Grécia antiga, era o iniciado nos mistérios menores, ao passo que *Epopta* o era nos maiores. (Cf. *Mistérios.*)

MITO (do grego *Mythos,* fábula). Lenda destinada a representar objetivamente uma verdade de natureza espiritual, que era adotada nos antigos Mistérios egípcio e grego. A Maçonaria segue este método tradicional de instrução. Seu cânone de instrução nos graus simbólicos contém dois mitos: um é o da construção do Templo do Rei Salomão, e o outro é o da morte e sepultamento de Hiram Abiff, narrado na sua história tradicional. Ao passo que o Real Arco contém um terceiro mito na lenda da volta dos judeus de seu cativeiro em Babilônia, no começo da construção do segundo Templo, e finalmente do descobrimento do sagrado Delta, o Nome Inefável.

MITRA (persa). *1* — Antiga divindade iraniana, um Deus-Sol, como o demonstra o fato de ter cabeça de leão. Este nome também existia na Índia, significando uma forma de sol. O Mitra persa, que expulsou Ahriman do céu, é uma espécie de Messias que, segundo se espera, voltará um dia como juiz dos homens, e é um Deus que "carrega os pecados e expia as iniqüidades da humanidade". Trata-se de uma divindade mediadora, colocada entre o bem e o mal, entre Ormuzd e Ahriman, dispensadora de benefícios, mantenedora da harmonia no mundo e protetora de todas as criaturas. Sem ser o sol, é invocada com este por ser a sua representação. É a força imanente do Sol, e como tal concebida como a reguladora do tempo, a iluminadora do mundo e o agente da vida. (Cf. *Mistérios Mitríacos.*) *2* — Grau 62.º do Rito de Mênfis.

M.·. M.·. Abreviatura de Mestre Maçom. (Pl. MM.·. MM.·.).

MOABIM. V. *Machobim,* o correto.

MOABITA. *1* — Descendente de Moab. (Cf. *Gên.* 19:37). *2* — Palavra de passe dos Cavaleiros da *Aguia Vermelha* (39.º) do Rito de Misraim.

MOABON (ou *Mohamon,* "a carne deixa os ossos", uma exclamação dos hebreus). *1* — Palavra sagrada dos Mestres (3.º) do Rito Escocês Antigo e Aceito. *2* — Uma das palavras sagradas dos Cavaleiros Rosa-Cruzes de Kilwinning *3* — Idem, dos Escoceses da Abóbada Sagrada de Jaques VI (14.º) do Rito Escocês Antigo e Aceito. *4* — Grau 9º. da Maçonaria Adoniramita. *5* — No Rito de Misraim, título do 10.º grau, palavra de passe dos graus 15.º e 18.º, e a palavra velada do grau 20.º. (Cf. *Machobim; Masben; Mohabin.*)

MOBILIÁRIO — Parte do equipamento necessário ao funcionamento "justo" de uma Loja maçônica; os outros dois são as *jóias* e os *ornamentos.* Entende-se por mobiliário o *Volume da Ciência Sagrada,* o *Esquadro* e o *Compasso,* que deverão estar sobre o Altar. O primeiro pode ser a Bíblia dos cristãos ou outro qualquer livro sagrado das religiões a que pertençam os membros da Loja; é o repositório das leis e normas de conduta de cada um. Em 1938 os Conventos das Grandes Lojas da França e do Grande Oriente da França decidiram, de comum acordo, que as *Constituições* de Anderson, de 1723 — texto original e tradução francesa — figurassem sobre o Altar das Lojas. A propósito comenta Jules Boucher (*La Symbolique Maçonnique,* pp. 127-8): "Adotou-se uma solução que, por lógica que pareça, é falsa. O *Livre des Constitutions* deve figurar na tribuna do Orador, juntamente com *Regulamentos gerais* da sua Obediência, pois é ele o guardião da Lei maçônica, mas o Altar não é o lugar desses livros. As *Constituições* e os *Regulamentos* são de ordem administrativa, ao passo que o Altar é "sagrado" e de "ordem iniciática". Esta maneira de agir se assemelharia à de um padre que, em lugar do Missal, colocasse o *Ordo* sobre o Altar." (Cf. *Decoração; Jóias; Loja; Landmarks.*)

MODIM (ou *Madim, "Mensurae"*). Palavra de passe dos Supremos Conselhos dos Soberanos Príncipes Haram (74.º), do Rito de Misraim.

MOEDA. Veja-se *Medalha.*

MOHABIN. Veja-se *Machobim,* o correto.

MOISÉS. *1* — No Rito Escocês Antigo e Aceito figura a inicial desse nome num dos lados do cabo do machado dos Cavaleiros da Serpente de Bronze (25.º). *2* — Como legislador dos Hebreus, (V. *Mistérios Judaicos.*)

MONTE ARARAT. Veja-se *Ararat.*

MONTE LIBANO. Palavra de passe do Mestre Perfeito, ou Antigo (4.º), da Maçonaria de Adoniramita.

MORDEKAYAI, "Mirra puríssima". Nome de um dos nove subintendentes do Templo de Salomão, mencionado nas instruções dos Príncipes de Jerusalém (8.º), do Escocismo Reformado.

MORIAH ("Visível ao Senhor"). *1* — Monte de Jerusalém, onde Abraão ofereceu em holocausto seu filho Isac (*Gên.* 22:2), e onde Jeová aparecera a Davi (*I Crôn.* 21:18) e Salomão edificou o Templo (*II Crôn.* 3:1). *2* — Palavra sagrada dos Grandes Cavaleiros da Águia Branca e Negra (64.º), do Rito de Misraim.

MOSAICO. Veja-se *Pavimento de Mosaico.*

MUITO ALTO E PODEROSO GRANDE SACERDOTE SACRIFICADOR. Grau 62.º do Rito de Misraim.

MUITO EQUITATIVO PRÍNCIPE. Título que toma o Venerável na segunda sala do grau 16.º do Rito Escocês.

MUITO EXCELENTE (ou EXCELENTÍSSIMO) MESTRE. *1* — Ttíulo dos *Mestres de Marca* ou *Nota do Real Arco.* *2* — Título dos Vigilantes do grau 18.º do Rito Escocês Antigo e Aceito.

MUITO EXCELENTES E PERFEITOS MESTRES. Título dos Vigilantes Rosa-Cruz (18.º) do Rito Escocês Antigo e Aceito.

MUITO ILUSTRE. Título dos membros do *Soberano Tribunal* do grau 31.º do Rito Escocês Antigo e Aceito.

MUITO ILUSTRE MESTRE. Título do Presidente da *Terceira Câmara* ou da *Câmara do Ocidente,* nas recepções dos *Cavaleiros do Oriente* ou da *Espada,* no grau 6.º do Rito Moderno ou Francês, e dos respectivos Vigilantes, nos seus trabalhos comuns.

MUITO ILUSTRE E MUITO VALOROSO. Título do Presidente da Câmara, do grau 27.º do Rito Escocês Antigo e Aceito.

MUITO ILUSTRE SOBERANO PRÍNCIPE DA MAÇONARIA. Título do grau 25.º do Rito de Heredom. Também se intitula *Grande Cavaleiro Sublime Comendador do Real Segredo.*

MUITO PERFEITO ou PERFEITÍSSIMO. Título do Presidente dos Grandes Conselhos ou Soberanos Tribunais dos Grandes Inquisitores Comendadores (66.º) do Rito de Misraim.

MUITO PERFEITO (ou PERFEITÍSSIMO) PRESIDENTE. Denominação do Chefe do *Soberano Tribunal* do 31.º grau do Rito Escocês Antigo e Aceito.

MUITO PODEROSO ou PODEROSÍSSIMO. Dá-se este título: — *1* — ao Presidente do Grande Conselho de Cavaleiros do Grande Ocidente (17.º), aos Oficiais dos Capítulos de Soberano Príncipe Rosa-Cruz (18.º), ao Presidente das Hierarquias ou Lojas dos Príncipes do Tabernáculo (24.º), do Rito Escocês Antigo e Aceito; *2* — ao Presidente das Lojas de Mestre Secreto (4.º), do Rito de Misraim; *3* — ao Chefe do Conselho dos Eleitos dos Nove ou Pequenos Eleitos (5.º), a um dos Chefes do Conselho dos Eleitos Simbólicos e ao Chefe do Areópago dos Cavaleiros *Kadosh* (10.º), do Escocismo Reformado; *4* — ao Venerável das Lojas de Mestre Perfeito (5.º), ao Venerável das Lojas de Mestre Escocês (10.º) e aos Vigilantes das Lojas de Cavaleiros da Espada (11.º), da Maçonaria Adoniramita.

MUITO PODEROSO (ou PODEROSÍSSIMO) GRÃO-MESTRE. Título do Presidente dos *Cavaleiros da Serpente de Bronze* (25.º) do Rito Escocês Antigo e Aceito.

MUITO PODEROSO SOBERANO, GRANDE COMENDADOR. Título do Presidente do *Supremo Conselho* do grau 33.º do Rito Escocês Antigo e Aceito.

MUITO PODEROSOS E PERFEITOS MESTRES. Título dos *Cavaleiros Rosa-Cruz* (18.º) do Rito Escocês Antigo e Aceito.

MUITO RESPEITÁVEL (ou RESPEITABILÍSSIMO) MESTRE. Título do Presidente do 3.º grau do Rito Escocês Antigo e Aceito, que também se intitula Muito Venerável Mestre.

MUITO SÁBIO REI. Título do Grão-Mestre dos Conselhos dos Príncipes da Coroa, ou das Soberanas e Sublimes Maçonas (10.º), da Maçonaria de Adoção. A Grã-Mestra toma o título de *Muito Sábia Rainha.*

MUITO SOBERANOS (ou SOBERANÍSSIMOS) COMENDADORES — Título dos Vigilantes da *Corte,* do grau 27.º do Rito Escocês Antigo e Aceito.

MUITO VENERÁVEIS MESTRES. Título dos Vigilantes de uma Loja de Mestres (3.º) do Rito Escocês Antigo e Aceito.

N

N. *1* — Décima quinta letra do alfabeto maçônico, cuja grafia se acha na lâmina à página 16. *2* — Segunda inicial do tetragrama I. ˙. N. ˙. R. ˙. I. ˙., que é Palavra Sagrada nos graus 18.º e 27.º e a palavra de passe no grau 25.º do Rito Escocês Antigo e Aceito. *3* — No mesmo Rito, figura no trigrama N. ˙. K. ˙. M. ˙. e tetragrama de B. ˙. J. ˙. M. ˙. N. ˙., na acepção de *Nekam*, no grau 29.º; no digrama N. ˙. A. ˙., com a mesma acepção anterior; no grau 30.º, e no grau 32.º é a primeira inicial do trigrama N. ˙. K. ˙. M. ˙., que significa *Nekaman*, e compõe as suas Palavras Sagradas, formadas pelas letras que assinalam o Campo dos Príncipes e estão acima dos cinco estandartes. *4* — No Rito de Misraim, significa *Nekam* no grau 43.º e *Nazareth* no grau 46.º.

NABUCODONOSOR II. *1* — Grande rei de Nínive e Babilônia durante os anos 604 a 561 a. C. (Cf. *Dan.* 1 e segs.) *2* — No grau 6.º do Escocismo Reformado é o *Cavaleiro da Palestina*, e no mesmo grau do Rito Moderno ou Francês se faz alusão a esse rei.

NABUZARADAN. *1* — "Capitão de Nebo", general de Nabucodonosor II (2, *Reis* 25:8). *2* — No 5.º grau do Rito Moderno ou Francês, o segundo Vigilante representa este general. *3* — Em alguns rituais do grau 20.º do Rito Escocês Antigo e Aceito, este nome substitui a palavra de passe *Stolkin*, que é a exata. *4* — Este personagem é também citado na lenda e instrução do grau 8.º do Escocismo Reformado e no grau 11.º da Maçonaria Adoniramita.

NAC-MORAH (*Rebellum persuassit*) — Palavra sagrada do grau 13.º do Rito de Misraim.

NÂDI, sânsc. *1* — Conduto, tubo, vaso (veia ou artéria), nervo, órgão condutor de corrente vital, nervosa ou de outra força do corpo humano. Designa indistintamente os vasos sangüíneos e os nervos. *2* — Por extensão, designa também os plexos, gânglios, nodos e todos os centros de força vital ou nervosa do corpo. Seis deles são conhecidos da Ciência, porém resta-lhe conhecer o sétimo, situado perto da vértebra servical atlas. Para os hindus são sagrados três desses *Nâdis*: *Ida, Pingala* e *Sushumna*; e sobre eles escreve a Senhora Blavatsky: "*Ida* e *Pingala* atuam ao longo da parede curva da medula espinhal em que está *Sushumna*. São semimateriais, positivo e negativo, sol e lua, e põem em ação a livre e espiritual corrente de *Sushumna*. Cada um deles tem a sua senda particular, pois do contrário irradiariam todos sobre o corpo." (S.D., III, 547). *3* — Comenta a respeito o Irmão Leadbeater: "Faz parte do plano da Maçonaria estimular a atividade destas forças no corpo huma-

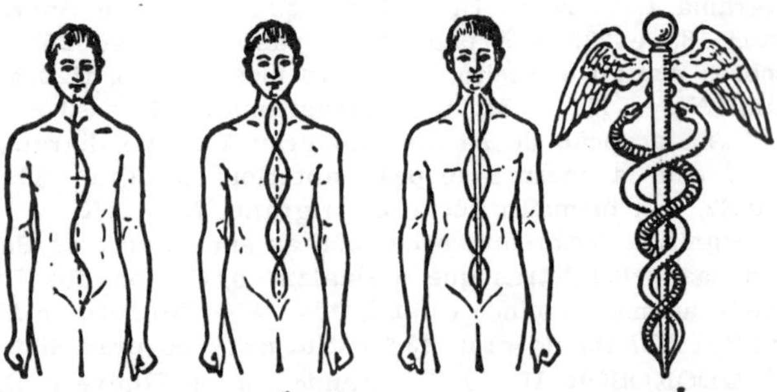

(a) (b) (c) (d)

FIG. 2

no, a fim de apressar a evolução. Aplica-se este estímulo no momento em que o Venerável *cria, recebe* e *constitui* o candidato. No 1.º Grau afeta *Ida* ou o aspecto feminino da força, com o que facilita ao candidato o domínio das paixões e emoções. No 2.º Grau afeta o *Pingala* ou o aspecto masculino, e o fortalece a fim de facilitar o domínio da mente. No 3.º Grau desperta a energia central, o *Sushumna*, e abre caminho para as influências superiores do espírito. É subindo por este canal de *Sushumna* que o iogue deixa o seu corpo físico à vontade, de sorte que ele pode reter plena consciência nos planos superiores e trazer para o seu cérebro físico clara memória de suas experiências. As figuras acima indicam toscamente o modo como as forças etéricas fluem através do corpo humano. *Ida* sai da base da espinha dorsal, à esquerda de *Sushumna*, e *Pingala* à direita (do *corpo humano* e não do observador). Na mulher estão invertidas estas posições. As linhas terminam na medula ablongada. A Figura 2(a), representa *Ida* estimulado depois da iniciação no 1.º Grau, e a linha é carmesim. Ao passar para o 2.º Grau acrescenta-se a linha amarela de *Pingala*, como o representa a Fig. 2(b). Quando da exaltação ao 3.º Grau, completa-se a série com a linha azul intenso do *Sushumna*, representado na Fig. 2(c). O estímulo destes nervos e das forças que por eles fluem, é apenas uma pequena parte do benefício outorgado pelo Venerável quando esgrime a espada no momento da admissão. Na Índia chamam Bramananda, ou Bastão de Brama, à espinha dorsal; e o desenho representado na Fig. 2(d) demonstra que também é o original do caduceu de Mercúrio, com as duas serpentes que simbolizam *Kundalini*, ou a serpente ígnea, movendo-se ao longo do canal medular, enquanto que as asas representam o poder, conferido pelo fogo, de elevação aos planos superiores". (*A Vida Oculta na Maçonaria*, pp. 202-3, 3.ª ed., *Pensamento*.) Os antigos Gnósticos davam aos três *Nadis* esta mesma interpretação, e de maneira semelhante ensinavam o seu desenvolvimento e aplicação (James M. Payse, *The Apocalipse Unsealed*, caps. II e III; Ed. John M. Payse, Los Angeles, E.U.A.). (Cf. *Chakras; Sinais*.)

NAGEMI ou NOHEMI, heb., "formosa" — Palavra sagrada dos Cavaleiros da Águia, grau 39.º do Rito de Misraim.

NAHAMANI ou NACHAMANI, heb., "consolador" — Um dos nove subintendentes do Templo de Salomão, segundo a instrução dos Príncipes de Jerusalém, grau 8.º do Escocismo Reformado.

NAROS I.H.S. (Cf. *Arca*.)

NAVE. É um símbolo da Igreja cristã, antigamente representada por uma nave de que os Apóstolos são os pescadores e pilotos que a guiam. (V. *Arca* e verbetes seguintes, alusivos.)

NAZARETH, heb. "diadema, consagração; verde". Uma das povoações alegóricas pelas quais passam os *Cavaleiros Rosa-Cruzes*, quando são interrogados, para procurar a Palavra Sagrada. Com os seus vales secando, é a cidade onde viveu e atuou Jesus durante vários anos.

NAZIREU, heb., "separado". *1* — Alguém separado ou consagrado a Deus (*Núm.* 6:2). *2* — Uma categoria de teurgistas caldeus, ou iniciados (*S. D. III*, 124).

NECAM-ADONAI-NECAM. Grande palavra dos Grandes Inspetores ingleses primitivos. Veja-se *Nekam*.

NECAR (NIKAR *perforavit*). Uma das Palavras Sagradas dos *Eleitos* (5.º) da Maçonaria Adoniramita.

NECHAH (pron.: *Neka*). Palavra Sagrada no 4.º grau do Rito Moderno ou Francês. O correto seria *Hichah*, "êle bate", mas o uso consagrou a primeira forma. (Cf. *Nahah; Nekam.*)

NECHAMIAH (*Solatio* Dei). Uma das palavras sagradas dos Cavaleiros *Kadosh*, (10.º) do Escocismo Reformado.

NECUM. Uma das palavras sagradas do grau 5.º da Maçonaria Adoniramita. (Cf. *Nekam.*)

NEDER, heb., "voto", "promessa". *1* — No Rito Escocês Antigo e Aceito, é palavra de reconhecimento nos graus 6.º, 11.º e 14.º. *2* — Palavra de reconhecimento do grau 5.º do Rito Moderno ou Francês. *3* — Palavra de reconhecimento no grau 7.º do Escocismo Reformado.

NEGROS, *Irmãos*. Ordem fundada na Alemanha pouco tempo após a instituição dos Iluminados. Adotaram para os seus trabalhos as formas misteriosas do grau dos Cavaleiros *Kadosh*. Outros sistemas maçônicos adotaram também essa denominação.

NEHEMIAS., "confôrto do Senhor". *1* — Filho de Hacaliah, governador de Jerusalém e reedificador de seu muro em 445 a. C. (Cf. *Nehemias* 1 e segs.) *2* — No Rito Escocês Antigo e Aceito, título do Chanceler, grau 15.º; resposta dada de passe no grau 30.º, e nome da tenda dos *Grandes Eleitos*, pavilhão 3, no grau 32.º. *3* — Resposta à palavra de passe dos Templários *Kadosh*. *4* — Na instrução do grau 8.º do Escocismo Reformado, é referido como um dos três intendentes dos maçons de Jerusalém.

NEKAH. Palavra de reconhecimento no grau 9.º do Rito Escocês Antigo e Aceito. (Cf. *Nechah.*)

NEKAM, heb., "vingança". *1* — No Rito Escocês Antigo e Aceito, palavra sagrada no grau 9.º e palavra de passe e sagrada no grau 30.º. *2* — Palavra sagrada no grau 30.º de todos os Ritos. *3* — No Escocismo, palavra de passe do grau 32.º e palavra sagrada no grau 33.º. *4* — Palavra de reconhecimento no grau 4.º do Escocismo Reformado. (Cf. *Nechah* e *Nekah.*)

NEKAM-ADONAI, heb., "vingança, Senhor". Palavra sagrada do *Kadosh* do Escocismo Reformado e de outros sistemas.

NEKAMAH, heb. (*Ultio*). Palavra sagrada e de reconhecimento no grau 29.º do Rito Escocês Antigo e Aceito.

NEKAMAH-BEALIM, heb., "vingança contra os traidores". *1* — No Rito Escocês Antigo e Aceito, palavra pronunciada pelo Cavaleiro *Kadosh* do grau 30.º ao dar o toque respectivo.

Em alguns rituais, em vez deste toque e destas palavras, acham-se o toque e as palavras dos *Eleitos dos Nove* (9.º). *2* — Grande palavra do *Kadosh* do Escocismo Reformado.

NEKAMEN BEALIM ADONAI, heb., "vingança contra os traidores, Senhor". Grande palavra de passe ou palavra sagrada do Soberano Grande Inspetor Geral (33.º) do Rito Escocês Antigo e Aceito. (Cf. *Mi-Chamichah Belaim,* consideradas as corretas por alguns autores.)

NEKAM-MAECHAH ou NEKAM-MAQQHAH, heb., "para vingança". Palavra de passe no grau 32.º do Rito Escocês Antigo e Aceito.

NEKAM-MAKKAH — Com a acepção de "vingança do assassino", é uma das palavras de passe dos Templários *Kadosh.*

NEKAR (corrutela de *Nekam*) — *1* — Palavra sagrada do grau 4.º do Rito Escocês Antigo e Aceito. *2* — Grito de aclamação que acompanha as baterias em todos os graus de Eleito.

NEKUM — Veja-se *Nekam; Necum.*

NEMAEK MIAH (*Nouman Machats*: *Percusit dormitatio*). Papalavra de passe dos antigos *Kadosh.* (Cf. *Noumah Machats*).

NEMEAHANIACH (*Nechemiah*: *solatio Dei*). Uma das palavras de passe dos Cavaleiros *Kadosh* (10.º) do Escocismo Reformado.

NEOCORIS. Título do grau 2.º da Crata Repoa.

NEÓFITO, gr., *neophitos,* "plantado" ou "nascido de novo". Noviço admitido nos Mistérios, ou recém-iniciado. Havia vários métodos de iniciação. Os neófitos tinham que passar pelas provas dos quatro elementos da natureza — terra, água, ar, fogo — para o quinto, o éter, e sair como iniciado triunfante e glorificado. Então era marcado com um sinal sagrado, um *tat* ou *tau,* a cruz egípcia em forma de T. Hoje se aplica este termo para designar o recém-convertido a uma religião.

NESCHERITAS. Nome com que se designavam os candidatos nos Mistérios Menores de Ísis, no Egito antigo, quando passavam a realizar as viagens e a estudar os símbolos que deveriam conduzi-los à travessia das portas para obter a iniciação.

NE-VARIETUR, lat., "para que nada seja mudado". Denominação da assinatura que os irmãos são obrigados a apor em todos os diplomas e demais documentos comprobatórios de seus graus, que credenciam sua personalidade maçônica.

NIL NISI CLAVIS DEEST, lat. "Nada se quer senão a chave". Frase inscrita no pergaminho que envolve a *Chave* na Jóia no grau do Santo Real Arco, na Maçonaria desse nome. Significa que, sem o conhecimento interno, os símbolos não têm vida, e que, por grandioso que seja o ensinamento que tenhamos, ainda há mais para aprender, se nos encaminharmos erétos pela senda do progresso maçônico.

NIKA-MAKA-BACLIM-ADONAI (heb.). Palavra dos Grandes Inspetores ingleses primitivos, grau sublime, equivalente ao grau 33.º do Rito Escocês Antigo e Aceito.

NIKAR (*Perforavit,* perfurar, atravessar). Palavra sagrada interrogatória dos *Eleitos dos Nove* (5.º) da Maçonaria Adoniramita.

NIMAKIMIAH. Palavra sagrada dos Sublimes Filósofos (48.º) do Rito de Misraim.

NINFEU. Antiga denominação de um promontório do Egito, no mar Jônico, onde havia o célebre oráculo de Apolo, que se diz respondia a todas as perguntas, menos as sobre matrimônio ou morte.

NÍNIVE. Metrópole da antiga Assíria, situada no Rio Tigre. Deuses: Baal e Astoret, Astart ou Ishtar.

NINO (Mannon) GRACO. *1* — Segundo uma lenda de antigos maçons, descoberta por Haliwell, foi um dos inteligentes Mestres que, depois de terminada a construção do Templo de Salomão, se espalharam por todos os países, para se instruírem e ensinar. Este personagem se encaminhou para a França e ali teria estabelecido a Franco-maçonaria antes de sua introdução na Inglaterra. *2* — O seu anagrama *Noni* é uma das palavras sagradas do grau 32.º do Rito Escocês Antigo e Aceito. (Cf. Pitagoras.)

NISTOKIN. Nome dado a um dos *Nove Eleitos,* e que foi o do primeiro que descobriu o corpo de Hiram Abiff. (Cf. *Stolkin.*)

NÍVEL. É a "jóia móvel" usada pelo Primeiro Vigilante das Lojas Maçônicas simbólicas ou *azuis.* Representa a igualdade e está em relação com o enxôfre e a coluna *Jachin.* (Cf. *Jóias.*)

NIVELADORES. Designação dada aos membros de uma sociedade secreta, formada na Inglaterra no século XVIII e incluída por alguns no número das sociedades maçônicas.

NOAQUITA ou NOACHITA. *1* — Membro dos descendentes de Noé, que observavam unicamente os Preceitos que Deus dera a esse patriarca ao sair da Arca, e alguns dos quais viviam entre os israelitas. *2* — Um dos títulos dos graus 4.º e 21.º do Rito Escocês Antigo e Aceito; 22.º e 35.º do Rito de Misraim; 16.º do Rito Escocês Primitivo de Namur, e 13.º da Maçonaria Adoniramita.

NOAQUITA ESCOCÊS. Grau 5.º da Estrita Observância e do Iluminismo de Weishaupt.

NOAQUITA FRANCÊS (Maçonaria de Napoleão) — Ordem fundada em Paris em 1816, por alguns amigos fiéis e adeptos de Napoleão I; "antigos companheiros de suas glórias, que haviam combatido com ele em todas as partes e para os quais as ilhas de Elba e de Santa Helena eram o mesmo que a Meca para o "osmanli". Compunha-se de três graus: *Cavaleiro, Comendador* e *Grande Eleito* em três pontos: 1) *Juiz Secreto,* 2) *Perfeito Iniciado,* 3) *Cavaleiro da Coroa de Azinheiro.* Esta Ordem atuou com muita discrição e durou apenas dois anos.

NOAQUITA SOBERANO — Grau 120.º da nomenclatura da Universidade.

NOÉ. *1* — Uma das palavras sagradas no 22.º grau do Rito Escocês Antigo e Aceito. *2* — Figura com sua família no painel da Lojas da Eleitas (6.º) da Maçonaria de Adoção. *3* — Em muitos graus chamados maçônicos se faz alusão a este patriarca, mesmo em ritos que não sustentam nenhuma tradição ligada a ele.

NOEMAN. Uma das três palavras constitutivas da sagrada do *Eleito* (9.º) do Rito de Misraim.

NOEMI, heb., "agradável", "doçura". *1* — *Sogra de Rute* (Cf. *Rute* 1:2). *2* — Palavra sagrada do grau 39.º do Rito de Misraim.

NOFFODEY. Nome de um dos três assassinos de Hiram Abiff (e de Jacques de Molay nos graus templários), personificado no grau de Escocês pelo candidato, quando é apresentado ao templo com uma corda ao pescoço.

NOKEM (*Deus Sanctus* ou *Sacratus*) — Exclamação proferida pelos Cavaleiros *Kadosh,* ao submergirem o *punhal* (por três vêzes) na *urna,* nos brindes obrigatórios de seus *Agapes.*

NOMARCA. *1* — Título do governador de um *nomo* ou prefeitura no Egito. *2* — Título de um dos sete oficiais superiores da Ordem Sagrada dos Sofísios, o qual exercia as funções de porta-estandarte do Tribunal. Quando este se apresentava nos trabalhos das Pirâmides, os iniciados e os membros dos grandes mistérios o recebiam de pé, com a mão esquerda à ordem sobre o coração, e a direita sobre o punho da espada.

NOME. Um nome, ao ser pronunciado, não só determina um ser, como também o coloca, em virtude da emissão da palavra, sob a influência de uma ou mais potências ocultas. Os nomes e as palavras são benéficos ou maléficos, prejudiciais ou saudáveis, segundo as influências ocultas que a Suprema Sabedoria assinalou aos seus elementos constitutivos: suas *letras* e os *números* correlativos às mesmas. Desde a remota antigüidade é bem conhecido o grande poder dos nomes.

NOME INEFÁVEL. *1* — É o nome de Deus. *2* — Entre os judeus, era o substituto do "nome de mistério" da deidade de sua tribo *Eh-yeh,* "Eu sou", ou *Jeová.* Como a lei mosaica proibia usar este último nome "em vão", os hebreus o substituíram pelo de *Adonai,* ou "meu Senhor". Imaginavam este Nome como uma palavra de quatro letras, J. H. V. H., que geralmente lêem Jeová. Modernamente se forma usando as consoantes JHVH e intercalando-lhes as vogais da palavra *Adonai.* Os cristãos substituíram essas iniciais por *I. N. R. I., Ieve.* *3* — "Conhecer o *nome Inefável"* também pode significar "ser um Iniciado".

NOME SIMBÓLICO. Seguindo uma antiga tradição, os maçons recebem, no ato de sua *consagração,* um nome simbólico, que pode ser de personagens alegóricos ou históricos e pelo qual é maçônicamente designado. Em alguns países se segue rigorosamente esta prática, tanto nos graus simbólicos como nos superiores. (Cf. *Pedra Branca.*)

NONI (anagrama de Nino). Palavra sagrada, de resposta, usada no grau 32.º do Rito Escocês Antigo e Aceito. (Cf. *Nino; Salix-Noni-Tengu.*)

NORTE. Lado esquerdo da entrada da Loja, também chamada Coluna do Norte, alegoricamente a menos iluminada, a cujo nordeste se colocam os Aprendizes, e a noroeste, os Mestres. Fica à direita do Venerável sentado ao Oriente. (Cf. *Pontos Cardeais.*)

NOTA (*Mestre de Nota* ou *Marca*). Título do grau 4.º da Maçonaria do Real Arco.

NOTARIO, *Grande.* Um dos dignitários do Grande Capítulo da Maçonaria do Real Arco dos Estados Unidos da América.

NOUMAH MACHATS (*Percusit dormitatio*). Palavra de passe do *Kadosh* antigo, depois de substituída por *Nemaek Miah.* (Cf. *Nemaek Miah.*)

NOVE. A "Cabala das Nove Câmaras" é uma forma de escrita secreta em cifras, que teve sua origem entre os rabinos e hebreus e tem sido utilizada por diversas sociedades com o fim de conservar secreto o sentido do escrito. Especialmente alguns graus da Maçonaria têm adotado essa forma de escrita. Traça-se uma figura composta de duas linhas paralelas horizontais e de outras duas verticais que cruzam as primeiras, e com isso se formam nove câmaras, das quais a central é um simples quadrado, e as restantes são figuras de dois ou três lados, destinadas a representar as diversas letras em qualquer ordem que se tenha convencionado. Há também uma aplicação cabalística dos dez *Sephiroth* a estas nove câmaras, mas não foi tornada pública (W. W. W.). No simbolismo maçônico esse número desempenha papel variado e importante: *nove* luzes iluminam a câmara do *Mestre; nove* foram os Mestres escolhidos por Salomão para procurar os assassinos de Hiram Abiff; *nove* semanas transcorreram antes de punido; *nove* semanas sobre sete anos era a idade desses *Escolhidos,* etc. (Cf. *Abecedário; Década.*)

NOVE, *Eleitos dos*. *1* — Título do grau 4.º do Rito dos Eleitos da Verdade; do 5.º da Maçonaria Adoniramita; do 6.º do Rito Escocês Primitivo. *2* — Grau 9.º do Rito de Heredom, do Rito de Misraim, do Rito de Mênfis e do Rito Escocês Antigo e Aceito.

NOVIÇA MAÇONA. Grau 4.º do Rito do Soberano Capítulo Metropolitano das Damas Escocesas de Paris, da colina do Monte Tabor.

NOVIÇO DO INTERIOR. Grau 30.º do Rito Escocês Primitivo.

NOVIÇO DO TERCEIRO ANO. No Rito da Lata Observância é o *Novício* da primeira subdivisão do *Cavaleiro-Novício,* ao qual se seguem os *Novícios* do quinto e do sétimo ano, que formam, respectivamente, a primeira e a segunda subdivisão.

N.·. S.·. C.·. J.·. M.·. B.·. O.·. Iniciais das insígnias do grau 22.º do Rito Escocês Antigo e Aceito; representam os nomes de Noé, Sem, Cam, Jafet, Moisés, Beseleel e Oliab.

NUBLADO. Alegoricamente, a expressão "Está nublado" ou "Chove", significa que naquele momento ou local não se pode tratar de assuntos maçônicos sem temer indiscretos ou profanos. (Cf. *Chover.*)

NUMA POMPÍLIUS (714-671 a.C.); do gr. *Nonos,* "lei". Segundo rei de Roma, foi um alto Iniciado que, segundo Plutarco, fundou os primeiros Colégios romanos, que tanto influência exer-

ceram na civilização romana e na primitiva Maçonaria. Assim como Rômulo determinara a diretriz militar romana, Numa, fundando os Colégios, fixou o padrão da cultura política e mesmo jurídica romana, que posteriormente se disseminou pelos países ocidentais. Assim o definiu Plutarco: "A natureza o dotara de uma alma raramente equilibrada e predisposta à virtude, que ele ainda mais poliu pela disciplina, vida austera e estudo de filosofias... Baniu de seu lar toda luxúria e languidez, e enquanto seus cidadãos e os estrangeiros encontravam nele um juiz e conselheiro incorrutível, na vida privada ele não se entregava a divertimentos ou ganhos, mas ao culto dos Deuses imortais e à racional contemplação de Seus divinos poderes e natureza" (Plutarch's *Life of Numa,* A. H. Clough, Vol. I, p. 152). (V. também *Colégios*).

NÚMEROS. "Existe uma sagrada ciência dos números, conhecida por diversos nomes, que se ensinava nos templos do Egito, Ásia, Grécia. Aplica-se a chave numérica à Bíblia e a todas as Escrituras Sagradas em geral", diz H. P. B. No dizer de Mackey, "Não é singular que os velhos Maçons chamassem a Pitágoras seu antigo amigo e irmão?" "O número é grande, perfeito e onipotente, e o princípio e guia da vida divina e humana", disse Filolau, e essa sentença expressa a tônica do sistema pitagórico. O número é ordem e limitação, e só ele torna o cosmos possível. A natureza se move por números e compreender os números é dominar a natureza. Daí porque Pitágoras procurava compreender a natureza dos números e investigar sua operação no universo, tanto nos vastos movimentos ordenados nos céus como nas disposições da terra. Daí sua dedicação à matemática, uma das ciências que, no tocante à Europa, se pode quase dizer ter sido criada pelo sábio filósofo, tanto a ampliou e sistematizou. Encontrou-a apenas como um número de fatos esparsos e desconexos, e deixou-a como uma ciência. Sua escola se baseava em três graus: os *akoustikoi,* "ouvintes"; os *mathematikoi,* "matemáticos", que compreendiam a aritmética, álgebra, geometria e música, e finalmente os *physikoi* ou os estudantes da verdadeira vida interna. A êsse insigne filósofo se atribui a descoberta do 47.º postulado de Euclides (também conhecido como teorema de Pitágoras), que atualmente, na Inglaterra, é a jóia do I. P. M., gravada numa lâmina de prata suspensa dentro de um quadrado. Quase tôda a estrutura e simbologia maçônicas se baseiam na ciência dos números ou matemáticas. (Cf. *Década; Pitágoras; Triângulo retângulo;* Nove.)

O

O. *1* — Décima sexta letra do alfabeto maçônico, cuja grafia se acha na lâmina à página 16. *2* — No Rito Escocês Antigo e Aceito, é inicial de *Ooliab* na jóia do grau 22.º e na sétima tenda do grau 32.º, e de *ore* entre as letras I. ∴ V. ∴ I. ∴ O. ∴ L. ∴ bordadas no listrão do Grande Tesoureiro do grau 13.º. *3* — Na Maçonaria Adoniramita, grau 7.º, é inicial de *Oberfuth,* nome de um dos assassinos de Hiram Abiff. *4* — No Rito de Misraim, grau 53.º, é inicial de *Ooliab.* 5 — É também abreviatura de Ordem.

O. ∴ A. ∴ C. ∴ Abreviatura da divisa do grau *Ordo ab chao* (q.v).

OBBED. Um dos três assassinos de Hiram Abiff.

OBEDIÊNCIA. É uma potência maçônica formada no mínimo de três Lojas federadas. A primeira Obediência data de 1717, quando quatro Lojas de Londres se reuniram para constituir uma Obediência; no entanto, não é aconselhável a multiplicidade de Obediências. (Cf. *Potência.*)

OBREIRO. Nome figurado de um Franco-maçom.

OBREIROS LIVRES. Os antigos maçons construtores. (Cf. *Pedreiros Livres.*)

OBERVADORES, *Grandes*. Título dos vigilantes no grau 84.º do Rito de Misraim.

OBSERVÂNCIA, *Ordem dos Clérigos Franco-maçons da*. Um dos ramos derivados do sistema da Estrita Observância, constituído de cabalistas, alquimistas, etc., que se dedicavam ao estudo da *cabala* e da *pedra filosofal,* pois "estes conhecimentos constituíam o objetivo dos antigos mistérios, cuja continuação a Maçonaria prossegue". Deste sistema formaram os Clérigos, posteriormente, a Ordem dos *Cavaleiros da Cidade Santa de Jerusalém,* e mais tarde, a *Estrita Observância* e a *Lata Observância,* cada qual com seus graus simbólicos e altos graus. (Cf. *Alta —; Estrita —; Exata —; Lata.*)

OC.·. Abreviatura de *Ocidente.*

OCIDENTE. *1* — Lado pelo qual se entra no tempo maçônico, e a cuja entrada se erguem as duas colunas solsticiais, à imitação dos templos do antigo Egito. *2* — Nos templos da Maçonaria de Adoção, o *Ocidente* recebe o nome de clima ou região da Europa. (Cf. *Pontos Cardeais.*)

OCIDENTE, *Cavaleiros do*. Graus 47.º de Misraim; 17.º do Rito de Mênfis, e 17.º do Rito Egípcio Antigo e Aceito.

OCIDENTE, *Príncipe do*. Grau 19.º do Rito de Mênfis.

OCULTISMO. Em geral, é a ciência do que está oculto, e conseqüentemente, o estudo de todos os problemas da natureza ainda não resolvidos pela ciência oficial. Em particular, é o estudo dos mundos superiores ao físico: o astral, o mental e outros, e o conjunto de métodos ou disciplinas de educação individual. A Maçonaria possui também seu lado oculto, que uns sistemas e ritos realçam mais que outros, porém todos têm o mesmo objetivo de aperfeiçoamento moral, intelectual e espiritual do homem, do que lhe decorrem deveres e direitos inalienáveis.

OFICIAIS. São os membros da Loja, eleitos em escrutínio livre e secreto, para exercer determinadas funções simbólicas e administrativas durante certo período, comumente um ano. Sete é o número mínimo de oficiais exigidos para que uma Loja seja *perfeita,* porém esse número é aumentado segundo o Rito e a complexidade das atividades da Loja. Sobre a realidade e importância de sua função simbólica, diz Leadbeater (*Vida Oculta na Maçonaria,* pp. 55 e 119): "Cada oficial de uma Loja maçônica, além de seus deveres no plano físico, tem a missão de representar um dos cinco planos (do universo) e de servir de foco as suas energias peculiares. Os fundadores da Maçonaria dispuseram as coisas de modo que a enumeração dos oficiais e a declaração de seus lugares (feitas segundo o ritual) servissem de invocação aos Devas e Anjos pertencentes aos respectivos planos e neles operantes." E a seguir apresenta o seguinte esquema elucidativo:

PRINCÍPIOS DO HOMEM	PLANO DO UNIVERSO	OFICIAIS	
1. Vontade espiritual	Espiritual ou Nirvânico	Venerável	Principais
2. Amor intuicional	Intuicional ou búdico	1.º Vigilante	
3. Inteligência superior	Mental superior	2.º Vigilante	
4. Inteligência inferior	Mental inferior	1.º Diácono	Subalternos
5. Emoções inferiores	Astral	2.º Diácono	
6. Duplo etérico	Físico superior (Estado etérico)	Guarda interno	
7. Corpo físico denso	Físico inferior (Estado denso)	Guarda externo	

(Cf. *Hierarquia; Loja; Planos; Oficiais.*)

OFICINA. Denominação genérica das corporações, simbólicas ou de altos graus, que se dividem em *Lojas, Colégios, Cortes, Capítulos, Grandes Lojas, Conselhos Soberanos, Tribunais, Consistórios, Areópagos* e *Soberanos Conselhos,* assim distribuídos no Rito Escocês Antigo e Aceito, o mais difundido entre nós:

1. *Loja,* para os graus simbólicos 1.º a 3.º.
2. *Capítulo de Mestres Eleitos dos Nove,* graus 4.º a 9.º.
3. *Colégio do Real Arco,* graus 10.º a 13.º.
4. *Colégio de Grandes Escoceses,* grau 14.º.
5. *Conselho de Cavaleiros do Oriente,* grau 15.º.
6. *Conselho de Príncipes de Jerusalém,* grau 16.º.
7. *Conselho de Cavaleiros do Oriente e Ocidente,* grau 17.º.
8. *Capítulo de Soberanos Príncipes Rosa-Cruz,* grau 18.º.
9. *Capítulo de Cavaleiros Noaquitas ou Prussianos,* graus 19.º a 21.º.
10. *Corte de Grandes Comendadores do Templo,* graus 22.º a 27.º.
11. *Grande Loja de Grandes Escoceses de Santo André,* graus 28.º e 29.º.
12. *Areópago, Conselho de Cavaleiros Kadosh,* grau 30.º.
13. *Soberano Tribunal de Grandes Inspetores, Inquisidores, Comendadores,* grau 31.º.

14. *Consistório de Príncipes do Real Segredo,* grau 32.º.
15. *Supremo Conselho de Soberanos Grandes Inspetores Gerais,* grau 33.º.

No entanto, administrativamente não são necessárias todas essas *Oficinas.* As mais têm a faculdade de conferir seus próprios graus e os inferiores, desde que estes não possuam *Oficina própria.* Comumente só são fundadas as Oficinas relacionadas nos números 1, 4, 8, 10, 11, 13 e 14, tomando o *Colégio de Grandes Escoceses* a denominação de *Loja de Perfeição.*

A mais alta *Oficina* de uma região do país toma o nome especial de *Corpo, Obediência* ou *Potência,* que superintende na qualidade da mais alta autoridade litúrgica dessa zona. (Cf. *Graus; Lojas.*)

OFÍCIO. Função efetiva ou interina que um irmão exerce na Loja.

OFÍCIO, *Cavaleiros de.* Denominação dos seis *Cavaleiros* que exercem o cargo de *oficiais* no grau 21.º do Rito Escocês Antigo e Aceito.

OH! DEUS (ou *Oh! Senhor meu Deus*). Exclamação de surpresa que acompanha o sinal de admiração em alguns graus, especialmente no de Mestre (3.º).

OHEB ELOHAM, "Amor a Deus". Denominação do primeiro lanço da escada misteriosa no grau 30.º do Rito Escocês Antigo e Aceito. (Cf. *Oheb Kerobo.*)

OHEB *KEROBO,* "Amor ao próximo". Nome do segundo lanço da escada misteriosa no grau 30.º do Rito Escocês Antigo e Aceito. (Cf. *Oheb Eloham.*)

OHEL, heb. "tabernáculo" (*Crôn.* 3:20). Palavra de passe do grau 31.º do Rito de Misraim.

OHOLIAB, heb., "o tabernáculo do pai". *1* — Filho da tribo de Dan. Com Bezalel, filho da tribo de Judah, foi, segundo *Êxodo* 31:2-7, o convocado por Jeová para trabalhar como artífice no tabernáculo erguido por Moisés. *2* — No Rito Escocês Antigo e Aceito é palavra de passe no grau 22.º e denominação da sétima tenda no grau 32.º. São errôneos *Eliab* e *Elial* consignados em alguns rituais.

OLCOTT, *Coronel Henry Steel* (1832-1907). Nascido em Orange, New Jersey, E. U. A., e falecido em Adyar, Madras, India, em 17 de fevereiro de 1907, Olcott foi um dos mais notáveis cidadãos e maçons norte-americanos de seu tempo. Logo aos 23 anos de idade se destacou como agrônomo, fundando uma fazenda modelo e escrevendo obras especializadas, que lhe valeram convites do governo da Grécia e do seu próprio país para importantes cargos governamentais, como de importantíssimas propriedades agrícolas, que ele sempre recusou. Fundou também a Escola Agrícola de Westchester, próximo de Nova Iorque, escola essa que é tida como pioneira no atual sistema de educação agrícola norte-americana. Esta fase terminou com a eclosão da guerra civil de secessão, em que sua paixão pela liberdade o levou a alistar-se no exército abolicionista do norte, fazendo toda a campanha sob o comando do general Burnside, mas caiu gravemente doente. Então já era maçom, iniciado em 1861 na Loja Hugenot n.º 448, de que chegou a ser 1.º V., e membro do Capítulo Corinthian n.º 159 do Real Arco, em Nova Iorque. Esta circunstância lhe valeu escapar de morte certa, pois durante a campanha havia penetrado inadvertidamente nas fileiras inimigas, onde foi preso como espião e assistiu ao enforcamento do jornalista John Brown do *New York Tribune*, mas em sua aflição lembrou-se de fazer o sinal de socorro maçônico que, reconhecido pelos inimigos, estes lhe relaxaram logo a prisão, pois sabiam que um maçom não podia ser um simples espião. Restabelecida a sua saúde, preparava-se para retornar à frente da guerra, quando o governo o convocou e incumbiu de importante missão junto ao exército, onde estava havendo desvios de petrechos bélicos. De tal modo se desincumbiu da tarefa que o governo lhe outorgou o posto de coronel e o nomeou Comissário Especial do Departamento de Guerra, depois de elogiá-lo em termos os mais calorosos. Dois anos após, o Secretário da Marinha solicitou seus serviços e o nomeou Comissário Especial do Departamento da Marinha, onde ele se portou com o mesmo zelo e coragem que sempre o caracterizaram, mas resolveu deixar a Marinha por ter sido admitido como um dos membros do Tribunal de Justiça, ocasião em que recebeu de novo do governo um dos documentos mais elogiosos a que pode aspirar um homem público. Passou mais tarde a interessar-se, quase casualmente, por fenômenos psíquicos que estavam se desenvolvendo na propriedade da família Eddy, perto de Nova Iorque, onde veio a conhecer Helena P. Blavtsky, uma dama da nobreza russa recém-chegada de Paris e também interessada na mesma matéria. Ambos passaram a fazer reportagens para os importantes jornais *New York Sun* e *New York Graphic*, despertando tanto interesse no público que os jornais chegaram a ser comprados a um dolar o exemplar. Ante a extraordinária repercussão nacional e estrangeira, Olcott, Blavatsky e outros resolveram fundar uma sociedade com o fim de investigar esses e outros assuntos congêneres, com bases mais científicas, filosóficas e filantrópicas. E assim, em 17 de novembro de 1875 fundaram em Nova Iorque a Sociedade Teosófica sob o lema *Não há religião superior a Verdade,* e com três objetivos principais: *1.º — Formar na humanidade um núcleo de fraternidade universal, sem distinção de raça, crença, sexo, casta e cor; 2.º — Estimular o estudo comparativo das religiões, filosofias e ciências. 3.º — Investigar as leis ainda não explicadas da Natureza e os poderes latentes no homem.* Nesses objetivos entram o renascimento e estudo dos antigos mistérios, porém em bases nitidamente democráticas e com os critérios científicos e filosóficos modernos, ao invés do rígido hermetismo e exclusivismo dos antigos métodos, e nessas bases já se desenvolveu uma vasta literatura no genero. Em fins de 1878 os dois fundadores transferiram a sede dessa Sociedade para a Índia, onde ainda permanece hoje, em Adyar, Madras, e com seções ou sociedades nacionais em 47 países. Naquele e daquele país, Olcott desenvolveu uma tremenda atividade, viajando todos os anos pela Ásia, inclusive o Ceilão e o Japão, pela Europa e ambas as Américas, realizando conferências e contatos publicos. Na Índia criou escolas gratuitas para os filhos de párias e outros, que depois se diversificaram e multiplicaram tanto que em 1908, após a sua morte, se contavam 3 colégios universitários e 205 escolas diversas. Em 1880 iniciou na Índia, Ceilão e Japão o renascimento do Budismo e promoveu a unificação das duas Igrejas do Sul e do Norte, que há muitos séculos estavam separadas. Essa obra monumental lhe custou vários anos de esforços; em reconhecimento o Ceilão lhe levantou uma grande estátua e lhe consagra um dia especial em seu calendário. Suas obras literárias principais são o *Catecismo Budista,* um dos livros mais reeditados na Ásia, e *Old Diary Leaves* ("Folhas de um Velho Diário"), em 4 volumes extraordinariamente fascinantes, traduzidos para o francês e espanhol com o título, naquelas línguas, de "História Autêntica da Sociedade Teosófica", da qual fora eleito presidente vitalício. (Cf. *Blavastky, Helena Petrowna; Teósofo*).

ÓLEO. Substância que, com o sal, o trigo (ou pão) e o vinho, simbolizam os quatro elementos da natureza (respectivamente, o fogo, o ar, a terra e a água), é usada tanto nos sacramentos, principalmente cristãos, como nas cerimonias maçônicas, especialmente da Ordem Comaçônica), durante a admissão do Companheiro e na instalação de uma Loja. (Cf. *Elementos; Essênios.*)

OLD CHARGES. Denominação inglêsa das *Constituições Antigas.*

O OLHO QUE TUDO VÊ. Nos Mistérios antigos simbolizava a visão que anula o tempo e o espaço. É, teoricamente, o emblema da clarividência mais elevada, que o Mestre perfeito sempre possuía. Na Índia o chamam Olho de Shiva. Os egípcios representavam Osíris com o símbolo de um olho aberto, e desenhavam este hieróglifo em todos os seus templos. Na Loja maçônica representa a onisciência do Grande Arquiteto do Universo (Deus): o Olho que jamais dorme. Igualmente pode simbolizar a visão superior, como nos Mistérios antigos. (Cf. *Apoc.* de S. João; *Bhagavad Gitâ,* cap. XI;*Epopteia; Estrela Polar.*)

OLÍBANO (*Oleum Libani*) Óleo do Líbano, procedente do *Boswelis,* cujas várias espécies dão resinas de diferentes qualidades. Um dos ingredientes que entram ou deveriam entrar no incenso usado nas Igrejas e na Maçonaria. (Cf. *Incenso.*)

OLIVEIRA. *1* — Árvore da família das Oleáceas, cujo fruto é a azeitona. Na Bíblia aparece como prenúncio de vida (*Gên.* 8:11), prosperidade (*Deut.* 8:8) e símbolo das igrejas dos judeus (*Jer.* 11:16), e é de significação análoga ao relato evangélico de que tinha esse nome o monte ao oriente de Jerusalém, aparentemente preferido por Jesus Cristo para fazer suas orações, instruir seus discípulos e transmitir suas mensagens ao mundo. (Cf. *S. Mat.* 21:1-10; 24:3 e segs.; e 26:30-35.) *2* — No Rito Escocês Antigo e Aceito (4.º), o Venerável usa um malhete e uma coroa de oliveira e de louro para as admissão do *Mestre Secreto.*

OMNIRITA, *Arquiteto.* Título usado no Rito Persa Filosófico para o grau 4.º, também chamado *Cavaleiro da Filosofia do Coração.*

ONDINAS. Ninfas e espíritos das águas. Uma das quatro principais classes de espíritos elementais, que são os *Salamandras* (do fogo), *Silfos* (do ar), *Ondinas* (da água) e *Gnomos* (da (terra) ritualisticamente invocados durante a cerimônia iniciatória do candidato. (Cf. *Elementos.*)

ORDEM PRIMITIVA. Alguns dividem a história maçônica em três grandes épocas: 1.ª a da *Ordem Primitiva;* 2.ª a dos *Templários;* e 3.ª a dos *Franco-maçons.*

OOLIAB. Veja-se *Oholiab.*

OPERADORA, *Mestra.* Na Maçonaria Egípcia de Cagliostro, era a substituta do Grão-Copto por ocasião da elevação de uma Companheira ao grau de Mestra, e representava a rainha de Sabá.

OR.·. Abreviatura de *Oriente* e também de *Orador*. O sentido distingue facilmente um caso do outro.

ORA ATQUE LABORA, lat.. Lema dos *Príncipes do Real Segredo* (32.º) do Rito Escocês Antigo e Aceito.

ORADOR. Oficial dignitário da Loja, incumbido de zelar pela observância da Constituição e dos Regulamentos.

ORAL. Instrução transmitida em viva voz de Mestre para discípulos, ou pela tradição não escrita entre membros de instituições místicas, filosóficas ou religiosas de caráter secreto, entre as quais está a Maçonaria. (Cf. *S. Marcos* IV: 10, 11, 33 e 34; *São Mateus* III: 11, 34 e 36; *São Lucas* VII: 10, e *Mito*.) "Todos os pitagóricos — diz Jâmblico, — observavam um mutismo profundo sobre os dogmas de sua escola; não os revelavam aos exotéricos, e os transmitiam, *sem ajuda de escrita*, como mistérios divinos, à *memória* dos seus sucessores." Plutarco, em *Vie de Numa*: "Os pitagóricos jamais escreviam seus preceitos; limitavam-se a ensiná-los de viva voz aos que reputavam dignos. Não consideravam elegante nem legítimo transmitir Mistérios tão santos por meio de caracteres (letras mortas)." E essa famosa escola foi apenas um brilhante elo da cadeia de Mistérios anteriores, desde a antiga Índia.

ORDÁLIO. *1* — Antigo método de provas, em que o acusado era submetido a perigos físicos, supostamente inofensivos se estivesse inocente. *2* — Na Idade Média se denominavam assim as diversas provas do fogo, ferro candente, água fervente ou gélida, do duelo ou outras, a que se recorria para provar a veracidade de algo ou a inocência de uma pessoa. Tais provas eram comumente conhecidas como "Juízos de Deus". *3* — Misticamente, é o *Caminho da Cruz*, em que a Alma padece e supera todos os sofrimentos morais, mentais e espirituais, aniquilando sua vida pessoal para viver a Vida eterna. (Cf. *S. João* 12:25, e *S. Marc.* 10:45.)

ORDEM. *1* — Agrupamentos de pessoas ligadas por interesses ou ideais comuns, como a Instituição maçônica em geral. *2* — Maçonicamente, é uma das cinco ordens arquitetônicas, a posição e sinal dos símbolos, a disciplina e comportamento pessoais dentro do Templo, e a seqüência dos trabalhos da Oficina. (Cf *Arquitetura; C.·. D.·. T.·. J.·. C.·.*)

ORDEM DO DIA. A pauta organizada para orientar os trabalhos de um dia da Loja, na ordem sucessiva do seu desenvolvimento, e que o Venerável lê previamente para conhecimento dos presentes.

ORDEM DO SUPREMO SANTO REAL ARCO. Título primitivo do Rito inglês, ora denominado *Santo Real Arco.* Pelo convênio estabelecido em 1771, ratificado em 1813, 1815 e 1818 pelas Grandes Lojas de Londres, Irlanda e Escócia, apenas os três graus simbólicos constituíam essa Ordem: *Aprendiz, Companheiro* e *Mestre.*

ORDEM DOS TEMPLÁRIOS. Também chamada *dos Pobres Cavaleiros de Cristo* e *do Templo de Salomão,* esta Ordem foi fundada em 1118 em Jerusalém por Hugo de Payen, Cavaleiro de Burgúndia, e Godofredo de Saint Omer, com o fim de proteger os peregrinos que afluíam à Terra Santa depois da Primeira Cruzada (1096-1099). Balduíno II, rei de Jerusalém, alojou ambos e a mais seis aderentes seus, perto do Templo de Salomão, originando-se daí a denominação de *Templários.* Nove anos depois, Hugo de Payen visitou a Europa, visando obter a ordem e o reconhecimento e um Estatuto do Papa, e assim estabelecê-la em bases mais seguras. Recebeu entusiástico apoio de S. Bernardo, célebre abade de Clairvaux, o qual em 1128 redigiu o Estatuto, que foi aprovado pelo Conselho de Troyes. Mas a carta constitutiva da Ordem, que a estabeleceu definitivamente, só lhe foi outorgada em 1163 pelo Papa Alexandre III. Em seu período áureo, foi constituída de vários graus. A sua seção mais importante foi a dos Cavaleiros (*fratres milites*), por sua feição militar. Em sua recepção, juravam observar os três preceitos de pobreza, castidade e obediência, tal qual os membros das demais Ordens da Igreja. Em geral descendentes de alta estirpe, os Cavaleiros tinham direito a três cavalos, a um escudeiro e duas tendas. Aceitavam-se também homens casados, mas sob a condição de legarem à Ordem metade de suas propriedades, e não se admitiam mulheres. Depois vinha um corpo de Clérigos (*fratres capellani*), incluindo Bispos, Padres e Diáconos, sujeitos aos mesmos votos dos Cavaleiros, e que por especial dispensação não rendiam obediência a nenhum superior eclesiástico ou civil, a não ser o Grão-Mestre do Templo e ao Papa. Instituiu-se que as confissões dos irmãos da Ordem deviam ser ouvidas somente por clérigos especiais, e assim permaneciam invioláveis os seus segredos. Também havia duas classes de Irmãos Servidores (*fratres servientes armigeri*), e os criados e artífices (*fratres servientes famuli* e *offici*). A hierarquia administrativa da Ordem era formada pelo Grão-Mestre, o Senescal do Templo, o Marechal, como autoridade suprema em assuntos militares, e os Comendadores sob cuja direção estavam as Províncias. A influência dos Templários cresceu rapidamente. Combateram valentemente em várias Cruzadas, e mercê dos bens apresados de seus inimigos vencidos, ou doados à Ordem, chegaram a ser grandes financeiros e banqueiros internacionais, cujas riquezas tiveram o seu apogeu em meados do século treze. O Templo de Paris era o centro do mercado monetário do mundo, e grande foi a sua influência e riqueza na Inglaterra. Seu papel preponderante na Igreja se pode avaliar pelo fato de os membros da Ordem serem convocados para participar dos Grandes Concílios da Igreja, tal como o de Latrão em 1215 e o de Lyon em 1274. Os Templários trouxeram para o Ocidente uma série de símbolos e cerimônias pertencentes à tradição maçônica, e possuíram certos conhecimentos que atualmente são ministrados apenas em certos graus do Rito Escocês Antigo e Aceito. Assim, não há dúvida que essa Ordem foi um dos repositórios da Sabedoria Oculta na Europa, durante os séculos doze e treze, porém seus segredos eram transmitidos tão-só a alguns de seus membros selecionados. Em sua seção religiosa, as cerimônias de recepção eram executadas sob estrito sigilo, e daí, naturalmente, a razão de lhe haverem os leigos atribuído as mais horríveis práticas e histórias infundadas. Depois da tomada de Jerusalém pelos sarracenos, em 1291, adveio a queda do Reino Latino; o quartel-general da Ordem foi transferido da Cidade Santa para Chipre, e Paris passou à categoria de seu principal centro na Europa. Por certo que esta derrota das Cruzadas, em que o túmulo de Cristo caiu nas mãos dos "infiéis", abalou a posição dos Templários, como das demais ordens militares, mas ninguém poderia prever o seu fim brusco e trágico. Conservando-se ainda poderosamente rica, credora do Papa e da corte da França, suas posses passaram a ser avidamente cobiçadas. Filipe IV, o *Belo,* necessitava prementemente de dinheiro e depois de haver confiscado os haveres dos banqueiros lombardos e judeus e tê-los expulso do país, volveu suas gulosas vistas para os Templários. Como o Papa Clemente V devia sua posição em Avinhão às intrigas do rei, foi fácil a sua aquiescência. Essa macabra tarefa foi muito ajudada pelo ex-cavaleiro Esquieu de Floyran, o qual, pessoalmente interessado na desmoralização da Ordem, contra ela levantou as mais vis e inverídicas acusações de blasfêmia, imoralidade, idolatria e cultos diabólicos. Este traidor é ainda execrado em alguns rituais maçônicos, juntamente com um tal Noffo Dei, de Florença, que, todavia, nada teve com essa dolorosa questão. Essas acusações foram sôfregamente aceitas por Filipe IV, que, numa sexta-feira, 13 de outubro de 1307, mandou prender todos os Templários da França e o seu Grão-Mestre, Jacques de Molay, os quais, submetidos à Inquisição, foram por esta acusados de hereges. Por meio de inomináveis torturas físicas, infligidas a ferro e fogo, foram arrancadas desses infelizes as mais torpes, contraditórias e mentirosas confissões. O Papa, desejoso de aniquilar a Ordem, convocou um concílio em Viena, em 1311, com esse fim, mas os Bispos se recusaram a condená-la à revelia; conseqüentemente, o Papa convocou um consistório privado em 22 de novembro de 1312 (5312 A. L., uma data ainda comemorada de modo impressionante em alguns rituais de altos graus), e aboliu a Ordem, conquanto admitindo a falta de provas das acusações. As riquezas da Ordem foram confiscadas em benefício da Ordem de São João, mas é certo que a grossa parcela francesa foi adjudicada aos cofres do rei da França, Filipe, o *Belo*. A tragédia atingiu seu ponto culminante em 14 de março de 1314, quando o Venerável Grão-Mestre do Templo, Jacques de Molay, e Gofredo de Charney, preceptor da Normandia, foram publicamente queimados no pelourinho diante da catedral de Notre Dame, ante a turba, como hereges impenitentes. Diz-se que o Grão-Mestre, ao ser envolto e devorado pela pira, levantou os olhos para o céu e imprecou: *"Nakan, Adonai! Intimo o Rei e o Papa a comparecerem perante Deus no prazo de um ano!"*, e inclinando a cabeça sobre o ombro esquerdo, expirou. E de fato, antes de decorridos doze meses, ambos os intimados estavam mortos. Na Alemanha e Inglaterra também foram confiscados os bens da Ordem, mas sem os suplícios impostos na França. No entanto, a destruição da Ordem não acarretou a supressão completa de seus ensinamentos mais profundos. Certos Cavaleiros Templários franceses se refugiaram entre seus irmãos do Templo na Escócia, onde suas tradições vieram misturar-se em certa medida com os ritos celtas de Heredom, formando assim uma das fontes de que mais tarde se desenvolveu o Rito Escocês. As tradições de vingança contra o rei, o Papa e o traidor execrável perpetuaram-se através dos séculos e acabaram fundindo-se com a tradição egípcia correspondente à atual Maçonaria Negra, que culminou no grau 30.º do Rito Escocês Antigo e Aceito. (Cf. *Repoa* (*Crata*); *Templário.*)

ORDEM DOS TRABALHOS. Geralmente é a seguinte, regulamentada para as Lojas:

1.º — Abertura dos trabalhos segundo o respectivo ritual.

2.º — Leitura e aprovação da prancha dos trabalhos da última reunião, e justificação da ausência de irmãos.

3.º — Introdução dos visitantes, depois de verificados os seus documentos e de assinado o livro de presença.
4.º — Expediente.
5.º — Circulação do saco de propostas e observações.
6.º — Ordem do Dia.
7.º — Escrutínio secreto para admissão de novos membros.
8.º — Iniciações, filiações, regularizações ou instruções.
9.º — Circulação do Tronco de Beneficência ou da Viúva.
10.º — Palavra a bem da Ordem em geral e da Loja em particular.
11.º — Encerramento.
12.º — Cadeia de União. (Cf. *Precetos; Visitante.*)

ORDEM MAÇÔNICA. Título que, em 27 de dezembro de 1774, o Grande Oriente da França deu à Maçonaria, em substituição ao de *Arte Real.* (V. esta palavra.)

ORDEM REAL DE HEREDOM DE KILWINNING. Segundo a tradição, foi fundada em 1150, em Kilwinning, Escócia ocidental. Ali, "Jaime, Mordomo-Mor da Escócia, foi Grão-Mestre de uma Loja, em 1286, pouco depois da morte de Alexandre III, Rei da Escócia, e um ano antes de John Bail ascender ao trono", conforme Ramsay. Trabalhava só com os três graus simbólicos. (Cf. *Heredom; Kilwinning.*)

ORDEM SIMBÓLICA. São os três primeiros graus simbólicos, comuns e fundamentais em todos os ritos e sistemas maçônicos: *Aprendiz, Companheiro* e *Mestre.*

ORDEM TEUTÔNICA. Uma organização religiosa e militar de *Cavaleiros Teutônicos,* originalmente fundada em 1191 para servir na "Terra Santa" e proteger ali os alemães abandonados. Posteriormente se revelou ativa nas conquistas militares da Alemanha medieval sobre terras bálticas e eslavas.

ORDO, lat., "ordem". Na Igreja Católica Romana, um calendário anual que dá as indicações para a Missa e Ofício de cada dia.

ORDO AB CHAO, lat., "a ordem saída do caos". Lema maçônico, usado em documentos e no grau 33.º. Significa que, assim como "Deus geometriza", fazendo nascer universos de nebulosas informes, assim a Arte maçônica transforma o caos da matéria-prima em cosmo harmonioso, colocando a ordem onde reinava a confusão e acendendo a luz onde imperavam as trevas. Se as pedras brutas arrancadas de rochas disformes são talhadas e polidas para a ereção de um edifício, também os homens comuns, os profanos, oriundos da amorfa massa humana, constituída de todas as raças, nacionalidades e crenças, são escolhidos pela Maçonaria e por ela preparados, instruídos e transfigurados em Iniciados, aptos para construir, fortalecer, embelezar e aperfeiçoar o edifício social.

ORFEU. Nascido cerca de 7000 a.C., foi o fundador original dos Mistérios gregos, cuja tônica foi a Verdade, o Bem e a Beleza nos hábitos externos para a expressão do Eu Interno. Viveu preferentemente nas florestas, rodeado de seus discípulos. Foi um cantor e bardo errante, amante da natureza, da luz solar, das clareiras dos bosques e dos retiros sombreados, e ensinou pelo canto e música. Tocando um instrumento pentacórdio, provavelmente originado da lira de Apolo, e usando uma escala pentatônica, ao "seu redor afluíam os próprios Anjos". Foi de hábitos puríssimos, e abstinha-se de elementos cárneos. Releva notar que nos primitivos monumentos cristãos se encontra, às vezes, em meio dos profetas bíblicos e dos assuntos da nova lei, a figura de Orfeu rodeada de animais ferozes e domésticos, atraídos pelo som de sua lira. Isto denota que nos primeiros séculos cristãos o insigne cantor da Grécia era objeto de singular devoção e mesmo de culto pelos próprios santos padres da Igreja. (Martigny: *Dict. des Antiq. Chrét.*; Cf. *Mistérios Órficos*.)

ORFEU CELESTE. Na Grécia, o intérprete dos Mistérios fundados por Orfeu.

ÓRFICO, *Doutor*. Título do grau 71.º do Rito de Mênfis.

ORIENTAÇÃO. *1* — Posição em relação aos quatro pontos cardeais; planejar a arquitetura de um templo que coloque o Altar no lado oriental. *2* — O ritual maçônico expõe três razões por que são as Lojas instaladas do Oriente para o Ocidente: I — O Sol se ergue no Oriente, e na Maçonaria se toma o Astro-Rei como símbolo da Divindade; II — Todas as nações ocidentais reconhecem no Oriente o manancial de sua sabedoria; III — Os maçons seguem o precedente do Templo do Rei Salomão, colocado do Oriente para o Ocidente, numa imitação do Tabernáculo conduzido pelos israelitas enquanto peregrinavam pelo deserto, e que o assentavam sempre do Oriente para o Ocidente. As antigas *Constituições Católicas* também prescreviam a construção das igrejas com a porta voltada para o Ocidente e o abside com a sua convexidade para o Oriente. Mas é sobretudo magnética a razão para se orientar cuidadosamente a Loja. Entre o equador a cada um dos polos terrestres flui uma corrente de forças em ambas as direções, e há também outra corrente perpendicular a essa, circulando ao redor da Terra e no mesmo sentido de sua rotação. Ambas estas correntes, ignoradas pelos leigos, são utilizadas nos trabalhos cerimoniais da Loja. (Cf. *Pontos Cardeais.*)

ORIENTE. *1* — Lugar onde o Sol aparentemente nasce e inicia as atividades do dia. *2* — Na Loja, lugar do Venerável e símbolo da Luz e da Divindade, e no Templo de Salomão, o lugar onde se achava o *Santuário*. *3* — Com este nome se designa o lugar onde se situa uma Loja Maçônica. (Cf. *Grande Oriente; Orientação; Pontos Cardeais.*)

ORIENTE, *Câmara do*. Veja-se *Câmara*.

ORIENTE, *Cavaleiro do*. Grau 11.º da Maçonaria Adoniramita; 17.º grau do Escocismo Primitivo; 41.º grau do Rito de Misraim, e 15.º grau do Rito Escocês Antigo e Aceito.

ORIENTE ou DA ESPADA, *Cavaleiro do*. Graus 6.º do Rito Moderno ou Francês; 15.º do Rito de Heredom ou Perfeição, e 15.º do Rito de Misraim.

ORIENTE, *Comendador do*. Grau 42.º do Rito de Misraim.

ORIENTE, *Grande Comendador do*. Graus 43.º do Rito de Misraim, e 54.º do Capítulo Metropolitano.

ORIENTE BRANCO. Grau 40.º do Rito de Misraim.

ORIENTE e OCIDENTE, *Cavaleiro do*. Grau 17.º do Rito Escocês Antigo e Aceito.

ORIENTE ETERNO. O Maçom falecido passa para o Oriente Eterno, isto é, o Lugar da Luz Eterna.

ORIGENS DA MAÇONARIA. Veja-se *Maçonaria, Origens da*.

ORLA DENTADA. Veja-se *Borda Dentada*.

ORLAS. *1* — Quatro orlas ou festões que aparecem em cada ângulo da Borda Dentada. *2* — Na Maçonaria masculina, são símbolos éticos da *temperança, fortaleza, prudência* e *justiça*. *3* — Na Comaçonaria, correspondem as quatro grandes ordens de anjos relacionados com os elementos terra, água, ar e fogo, e com os quatro agentes da lei, que sempre equilibram e ajustam as relações humanas, de maneira a preservar a justiça, sendo invocados na iniciação de seus candidatos. Entre os budistas do norte da Índia, correspondem aos quatro Mahârâjas, as grandes Divindades cármicas, situadas nos quatro pontos cardeais para vigiar a humanidade. (Cf. *Cornos; Harmachis.*)

ORNAMENTOS. *1* — Um têrço do equipamento necessário ao funcionamento de uma Loja, e que compreende o *pavimento de mosaico* (símbolo do espírito e matéria de que se constitui o universo); a *borda dentada* (que figura a invisível "Muralha Protetora" da humanidade, constituída e cimentada pelos perpétuos Guardiães Divinos dos seres mortais), e a *Estrela Flamígera,* cuja luz nos recorda a permanente presença do Grande Arquiteto em Seu Universo, de que a Loja é um símbolo. Também se incluem entre os ornamentos as faixas, aventais e outras jóias usadas em Loja. *2* — Os outros dois terços do equipamento são o *Mobiliário* e *Jóias.* (V. estes nomes. Cf. *Loja.*)

ÓSCULO. Antigo costume no Oriente para exprimir acatamento, reverência e afeto (Cf. *Gên.* 29:13; *Ruth* 1:14; *Cant.* 1:2; *Atos* 20:37), e ainda conservado por alguns maçons, que o trocam em determinadas cerimônias como prova de seus sentimentos fraternais. (cf. *Acolada.*)

OSÍRIS. *1* — O Deus principal da antiga Trindade egípcia (Osiris, Ísis e Hórus), cujo mito de morte e ressurreição a alegoria maçônica do 3.º grau revive na figura de Hiram Abiff, que se diz haver sido ali introduzido por Rehoboam, filho e sucessor de Salomão. *2* — No Rito de *Misraim,* o personagem desse grau é Jubal, sob o nome de Harrio-Jubal Abi, filho de Lameque, e cuja lenda relata haver sido assassinado pelos três traidores: Hagava, Hakina e Herenda (Enciclopédia de Mackey, verb. *Misraim*). (Cf. *Hiram Abiff.*)

OTERFUD ou OTERFURT. Suposto nome de um dos três companheiros perjuros que na Maçonaria Adoniramita figuram no 3.º grau.

OURO. *1* — Nos antigos Mistérios Menores gregos, os iniciados (*epoptes*), a que corresponde maçonicamente o atual 3.º grau simbólico, tinham por vestimenta cerimonial um *velocino de ouro,* cuja cor amarela brilhante corresponde misticamente à da ativa inteligência superior; daí, naturalmente, o mito de Jason e seus companheiros argonautas em busca desse velocino. *2* — *Capítulo dos Cavaleiros Velocino de Ouro,* constituído em 1785 por diversos dissidentes da Academia dos Verdadeiros Maçons. *3* — *Cavaleiro do Tosão de Ouro,* título de diversos graus em diferentes sistemas maçônicos. (Cf. *Tosão de Ouro; Velocino de Ouro.*)

OUVINTE. O primeiro passo em todos os antigos sistemas de desenvolvimento místico, oculto ou filosófico, e correspondente ao de *Aprendiz* maçom. Entre os budistas é o *Shrávaka;* nos Mistérios de Mitra, o *Corvo* (o que só podia repetir o que ouvira, à maneira de corvos ou papagaios); na escola pitagórica, os *Akoustikoi,* e entre os cristãos, o *Catecúmeno.* Nessa etapa não é permitido ao noviço fazer perguntas, mas deve apenas estar atento aos ensinos orais do Mestre, à aquisição de qualidades morais e ao domínio dos princípios fundamentais de sua doutrina. Só depois de se revelar habilitado nessa etapa é que pode ser elevado à seguinte. O sinal maçônico desse grau alude simbolicamente à observância dessa qualidade, isto é, o silêncio. (Cf. *Romanos* II:13; *S. Tiago* I:22 e 25.)

OVO. Símbolo de regeneração e renovação, mantido pelos egípcios, fenícios e outros povos para recordar e explicar a origem do Universo, e incorporado à Maçonaria. Daí provavelmente, a origem do ovo de páscoa, alusivo ao nascimento de um novo ciclo na Terra. (Cf. *Ovo Alado.*)

OVO ALADO. Fisiologicamente, o ovo é uma célula reprodutora original, resultante da fusão numa só das células masculina e feminina. É o óvulo fecundado. Simbolicamente, o ovo representa o *futuro,* o ponto de partida; é um mundo embrionário ou o início de um novo ciclo de vida. Em quase todos os povos antigos foi sempre tomado e respeitado como símbolo da origem da vida e do universo, e por isso figurou em muitos cultos religiosos, entre os japoneses, chineses, hindus, assírios, fenícios, egípcios, gregos, e as tribos norte e sul-americanas. Pela mesma razão, os ovos coloridos estiveram em uso todos os anos, durante a primavera, em quase todos os países. No Egito eram trocados nessa mesma época como símbolos sagrados, alusivos à deusa Ísis, pois essa estação sempre foi e ainda é um emblema de nascimento e renascimento cósmico e humano, celeste e terrestre. Eram vistos pendentes dos templos egípcios, como ainda hoje o são das mesquitas maometanas. Tal é a tradição do Ovo da Páscoa e o sentido renovador de um dos antigos símbolos maçônicos, o *Ovo Alado.*

OZIMÂNDIAS. Antigo rei do Egito, tido por alguns como o primeiro *Conservador* da Ordem de Misraim. Este nome parece referir-se mais particularmente a seu país, pois, segundo a lenda, tal monarca procurou elevá-lo ao seu prístino passado de pátria dos deuses; mandou cingir seu túmulo com um círculo de ouro incrustado de pedras preciosas traçando o curso do Sol, e fez insculpir em sua colossal estátua em opala de ouro, a sentença: *Eu sou mais que outro, o maior e mais rei; quem quiser desmentir-me, faça mais que eu.* (Cf. *Mistérios; Ordem de Misraim.*)

OZOROTH. Antigo rei egípcio. Deu a seu filho Sethos o sobrenome de Losis (*Conservador*), porque ao legar-lhe a coroa, condicionou-o à obrigação de respeitar as instituições de Misraim e de desempenhar as funções de Grande Conservador da Ordem, no santuário das Pirâmides.

P

P. *1* — Décima sétima letra do alfabeto maçônico, cuja grafia varia nos diversos sistemas e se acha na lâmina à página 16. *2* — Na jóia do 2.º grau da Franco-carbonaria indica o filho *Pródigo*. *3* — No Rito de Misraim significa *Phalamas,* uma das suas palavras sagradas nos graus 58.º e 67.º; e *Príncipe,* nos graus 74.º, 75.º, 76.º, 77.º e 79.º. *4* — No alfabeto filosófico hermético é designada pelo número 8; tem por hieróglifo o carneiro e é inicial de *Puteal, que,* segundo a instrução dos noviços da Ordem dos Juízes Filósofos Desconhecidos, é o pedestal sagrado que guarda as cinzas das vítimas inocentes (os Templários) e sobre o qual devem ser imolados os tiranos (os vícios e as paixões). Vejam-se também: *B. ·. D. ·. S. ·. P. ·. H. ·. G. ·. F. ·.; L. ·. D. ·. P. ·.*

PÁ. Veja-se *Trolha.*

PADRINHO. *1* — O Irmão que apresenta um profano à Iniciação. *2* — Maçom que adota um Lowton.

PAGA. Veja-se *Salários.*

PAGÃO, lat. *paganus,* "camponês". *1* — "No princípio, esta palavra não tinha nenhum significado depreciativo; equivalia simplesmente a habitante do campo ou dos bosques, ou seja, aquele que vivia à grande distância dos templos da cidade, e desconhecia, portanto, a religião do Estado e seus ritos. A palavra *gentio* (*Dan.* 2:34, 35, 44); *Luc.* 21:24; *Apoc.* 19-12, 21) (*heathen,* em inglês) tem um significado semelhante, e designa o que vive nos matagais (*heaths,* em inglês) e no campo. Mas, por contrafação, ambos esses termos vieram a significar *idólatras.*" (*Glosário Teosófico,* H. P. B.)

Não se há de confundir "ímpio" com "pagão". O primeiro *não* tem religião, enquanto que o segundo pratica um culto; mas como ele não reconhece o "único verdadeiro Deus" da religião católica, ela o chama "pagão", que este seja um sincero muçulmano, budista, jainista, hinduísta, ou um filósofo eclético, cada qual com a sua concepção própria da Divindade Una, que paira acima de todas as diferenças e sectarismos.

O cristão que despreza o "pagão", ignora ou esquece-se que dentre os pagãos (os gentios) lhe veio em socorro o grande Saulo, que depois se tornou o Apóstolo Paulo, e que, quando os primitivos cristãos eram rudemente perseguidos, foi o "pagão" Athenágoras, filósofo neoplatônico de Atenas, que em 177 escreveu uma apologia grega a favor deles, dirigida ao imperador Marco Aurélio, para provar a falsidade das acusações lançadas contra os cristãos, de que eram incestuosos e matavam as crianças para comê-las. Mas esse e outros atos de cavalheirismo não impediram que "cristãos" como Teófilo, bispo de Alexandria, e seu sobrinho Cirilo excitassem e atiçassem a turba fanática contra a jovem e brilhante neoplatônica Hipatia, que em 415 foi vilmente assassinada e descarnada por eles. 2 — Cabe aqui reproduzir as palavras do Irmão Foster Bailey (*The Spirit of Masonry*, p. 117): "Deve-se lembrar que a Maçonaria não é especificamente cristã. Nas primitivas Lojas havia muitos livres-pensadores, e foi somente em 1760 que a Bíblia se tornou uma Grande Luz e principiou a cristianização da Maçonaria. Um esforço para contrabalançar esta tendência se vê na proclamação da Grande Loja da Inglaterra, 1842, em que sustenta não ser a Maçonaria uma propriedade de qualquer religião, e que a filiação a ela deve ser franqueada a todos. É interessante assinalar-se também que os judeus foram admitidos 150 anos depois, os maometanos em 1836, e os hindus em 1865. Portanto, mantenhamo-nos nesta ampla e generosa plataforma e recusemo-nos a limitar o ideal original pela estreiteza de nossos conceitos e pequenez de nossa visão."

A Maçonaria é universal, sem fronteiras geográficas nem psicológicas, e para a ereção do Templo da Fraternidade Humana ela necessita da colaboração de todos os filhos de Deus, qualquer que seja a sua raça, crença ou sexo. Este amplo espírito da Maçonaria o mostra uma carta em que, segundo o autor acima citado, no mesmo livro, (p. 116), um Grão-Mestre Deputado Distrital escreveu a George William Speth: "Acabo de iniciar Moung Dan Ahm, um birmanês, que a tal ponto modificou suas crenças religiosas sobre um Deus pessoal. O Venerável Mestre era um persa, um Vigilante, hindu, ou brâmane, e o outro, inglês cristão, ao passo que o Diácono era um maometano." (Cf. *Descrição da Loja; Deuses Pagãos; Mistérios na Europa, Desaparecimento dos.*)

PAGÃOS, *Deuses*. Tem-se interpretado erroneamente este termo no sentido de ídolos. A idéia filosófica relacionada com tais deuses não foi nunca a de algo objetivo ou antropomórfico, senão que em cada caso se tratava de uma potência abstrata, uma virtude ou uma qualidade da Natureza. Deuses há que são divinos Espíritos planetários (*Dhyân Chohans*) ou *Devas*, entre os quais também se acham os nossos Egos imortais. Com exceção disto, e especialmente sempre que estão representados por um ídolo ou uma forma antropomórfica, tais deuses, nos panteões hindu, egípcio e caldeu, representam simbolicamente Potências espirituais e sem forma, pertencentes ao Cosmos *invisível*. (*Glosário Teosófico*, H.P.B.; Cf. *Pagão.*)

PAGAR. Na linguagem maçônica alegórica, uma das missões dos Vigilantes é *pagar os obreiros* de sua respectiva coluna, e despedi-los contentes e satisfeitos. Nesta acepção significa, pois, ensinar, assistir, comprazer, fazer justiça.

PAI-MESTRE. *1* — Título do chefe do "Obreiro", ou das Lojas da Franco-carbonaria. *2* — Denominação do Presidente da Sociedade andrógina e conhecida como *Lenhadores e Lenhadoras do Canteiro do Globo e da Glória*, fundada em Paris em 1747 por Beauchene.

PAINEL. Quadro mantido por muitos templos ou Lojas em seu vestíbulo ou câmara de reflexões, e em que se acham pintados certas cenas, símbolos, alegorias, caracteres e frases maçônicas.

PAI NOEL. Título do Venerável Mestre nos trabalhos das *Damas das Pombas* (2.º) da Maçonaria de Adoção.

PAI DA MERCÊ. Título que se dava aos chefes da *Ordem dos Cavaleiros* e *Irmãos Iniciados* da Ásia na Europa, fundada em Berlim, em 1780.

PAÍSES. Denominação dada às quatro partes em que se divide a Loja nas reuniões de banquete da Maçonaria de Adoção. O Oriente se chama *Ásia;* o Ocidente, *Europa;* o Sul, *África,* e o Norte, *América.*

PAJEM. Primeiro dos três graus da *Antiga Cavalaria* ou *Távola Redonda,* sendo os outros três o de *Escudeiro,* o de *Companheiro* e o de *Cavaleiro.*

PALA. Nas reuniões de banquetes, nas Maçonarias Escandinavas, é o nome alegórico da *colher.*

PALÁDIO (do grego, *palladion,* estátua ou imagem sagrada, derivado de *Pallas*). *1* — Na Grécia e Roma Antiga, qualquer estátua da deusa grega Palas Atenéia; especialmente, da estátua de Tróia, de cuja preservação se supunha dependia a segurança da cidade. Daí, por generalização: a) qualquer proteção tutelar de uma cidade ou instituição; ou b) um objeto ou princípio de que dependa a segurança de algo. *2* — Nome dos Círculos ou Lojas da Ordem dos Sete Sábios ou de Minerva, cujos trabalhos se abrem formando uma circunferência, sob a presidência de cada *Sábio* por turno. *3* — *Guarda do Paládio*: Título de um dos templos do grau 26.º do Rito Escocês Antigo e Aceito. *4* — *Ordem do Paládio* ou *Soberano Conselho da Sabedoria*: seu criador faz remontar a origem desta *Ordem,* comumente denominada *Maçonaria Paládica,* à escola de Pitágoras. Seu Ritual contém dois graus: *Adelfo* (1.º) e *Companheiro de Ulisses* (2.º).

PALÁDIO DAS MULHERES. Instituição fundada na França, também conhecida por Companheiras de Penélope, um dos ramos da *Maçonaria Andrógina.*

PALAVRA. Desde tempos imemoriais, a *palavra* é um dos meios de os Iniciados se reconhecerem entre si ou revelarem seus graus respectivos. Vai quase sempre acompanhada de sinais e toques especiais para cada grau, e é inteligível só para o legitimamente iniciado. As *palavras* recebem significação segundo o caso de sua aplicação.

PALAVRA COBERTA. É a possuída por muitos graus, além das *sagradas* e *de passe,* mormente quando as sagradas são incomunicáveis, tal qual sucede no grau dos *Grandes Eleitos,* no *Cavaleiro da Serpente de Bronze,* no Escocismo e em outros diferentes Ritos.

PALAVRA DE CIRCUNSTÂNCIA. Veja-se *Palavra de Ordem.*

PALAVRA DE HONRA. A Maçonaria reconhece na *palavra de honra* força suficiente para obrigar quem a presta, e que, logicamente, o homem desonrado por culpa própria não pode garantir a sua palavra.

PALAVRA DE ORDEM. *1* — Nos banquetes e outras solenidades, em que na formação da cadeia de união participam os irmãos de distintos Ritos e Obediência, o Venerável Mestre ou Presidente costuma fazer circular, ao dar o abraço e o ósculo fraternal, uma palavra alusiva a essa circunstância, como *União, Concórdia, Amor, Perseverança, Caridade, Veracidade,* etc. Se os irmãos participantes da cadeia de união são todos membros ativos e dependentes da mesma autoridade, em vez desta palavra, circula a *Semestral.* *2* — Em alguns altos graus também tem essa denominação a palavra própria e característica de cada dia da semana. (Cf. *Palavras Semestrais.*)

PALAVRA DE PASSE. É a que se pronuncia ao dar os *toques* e *sinais* de reconhecimento em todos os graus, e a única que autoriza a penetrar nos templos maçônicos. Além disso, para poder tomar parte nos trabalhos é necessário estar o irmão autorizado para dar a *Palavra Sagrada.* No 1.º grau do Rito Escocês Antigo e Aceito, não existe *Palavra de Passe.*

PALAVRA DE RECONHECIMENTO. Corresponde a uma segunda Palavra de Passe, baseada em alguns símbolos ou alegorias do grau, e é acompanhada de um sinal especial.

PALAVRA GERAL. Em todos os Ritos, é a palavra do 1.º grau por excelência. Também assim se denominam certas palavras comuns a determinado grau, como, por exemplo, a palavra chamada dos *Escoceses,* a qual, com ligeiras variantes, se encontra em todos os graus baseados numa mesma lenda.

PALAVRA INCOMUNICÁVEL. A que, tanto quanto a *misteriosa,* não se pode comunicar, mas tem que ser deduzida do exame da instrução ou interrogatório peculiar do grau.

PALAVRA MESTRA. Categoria de palavras que atualmente só se empregam em alguns graus dos Ritos de Misraim e de Mênfis, e às quais se atribui um sentido cabalístico.

PALAVRA PARTICULAR. A que se acrescenta a certos graus, como fazendo parte integrante do seu simbolismo.

PALAVRA PERDIDA. *1* — O símbolo da Palavra Perdida e a lenda de sua busca encarnam todo o ideal da Maçonaria, cujo objetivo primário é a busca e o encontro da Verdade, que é o Verbo Divino. A Palavra é um símbolo desse Verbo, o Logos, e essa Verdade é a chave da "Ciência da Alma". Mestre verdadeiro é quem conhece a Ciência Divina; é o "Moisés" que conduz o neófito pelo deserto da experiência, desde o Ocidente (isto é, o seu eu ignorante) até o Oriente (o conhecimento de seu Eu real), ou a união com Deus. *2* — Alusão alegórica aos "segredos perdidos" que são: o *Nome Inefável* de Deus esquecido ou "tomado m vão"; a perda, pelo homem, do conhecimento e consciência de sua interna natureza divina, imortal, ao identificar-se e confundir-se com sua natureza humana e mortal; e o abandono da lei divina e unificadora do amor e compreensão nas relações humanas e sub-humanas, e sua substituição pela força desintegradora do ódio e rivalidades. O *Past-Master,* 1.º grau do Rito do Real Arco, ou Rito de Iorque, anda em busca dessa "Palavra", porém jamais a poderá encontrar entre os espiritualmente "mortos", apegados à "letra que mata e não ao espírito que vivifica" (II. *Cor.* 3:6). (Cf. *Nome Inefável; Pedra de Fundação.*)

PALAVRA SAGRADA. A que é peculiar a cada grau; é necessário dá-la acompanhada do *toque,* para poder participar dos trabalhos desse grau. Esta palavra é indispensável tanto quanto a de passe, pois não pode penetrar no Templo quem não satisfaça plenamente o interrogatório formulado pelo irmão Experto ou Cobridor, e não dê, com os sinais e toques, as *Palavras de Passe* e *Sagradas* inerentes a cada grau.

PALAVRA SUBLIME. É a palavra misteriosa ou particular de alguns graus.

PALAVRA VULGAR. É a palavra avulsa, não acompanhada de sinal nem de toque, de alguns graus filosóficos.

PALAVRAS ANUAIS. Palavras de passe de determinada Obediência, que mudam todos os anos.

PALAVRAS MISTERIOSAS. Denominação genérica de todas as palavras que servem para os Ritos e reconhecimentos secretos na Maçonaria.

PALAVRAS SEMESTRAIS. Palavras que certas Obediências enviam semestralmente a cada uma de suas Lojas e que servem para reforçar a segurança da cobertura.

PALESTINA, *Cavaleiros da.* *1* — Denominação que tiveram os primitivos Templários, também conhecidos sob o título de *Irmãos Rosa-Cruz do Oriente,* constituindo um Rito com este nome. *2* — Também exibem este título o primeiro, segundo e terceiro graus que se necessita cursar antes de obter o grau de *Príncipe do Oriente,* isto é, o de Rosa-Cruz, 8.º do Escocês Primitivo em 33 graus; o 63.º grau do Rito de Misraim, e o 90.º grau do *Escocismo Reformado* em 1776 do Barão de Tschoudy.

PALMA. Símbolo de virgindade entre os emblemas da Maçonaria de Adoção, e de *vitória, triunfo* ou *alegria,* nos estandartes dos Cavaleiros Escandinavos e em outros graus.

PALMEIRA. Como símbolo dos doze meses do ano, figura entre os emblemas maçônicos de alguns graus.

PANCADAS. Veja-se *Bateria,* e *Chamada.*

PANTEÍSMO. Doutrina que afirma a universalidade do princípio divino, a imanência de Deus em todos os seres e em todas as coisas, mas transcendendo a todos eles.

PANTEÍSTAS, *Os* — ou *Loja SOCRÁTICA.* Sociedade fundada na Alemanha no princípio do século VIII, baseada na doutrina panteísta.

PÃO. *1* — Pela pureza e riqueza de sua substância (o trigo), na antigüidade o *pão,* aliado à *água* ou ao *vinho,* ou a ambos, foi sempre tomado como símbolo de pureza, união, fraternidade, sabedoria, conhecimento: a água purificava, o pão unia e fortalecia, e o vinho vitalizava. Posteriormente foram introduzidos no Cristianismo, com propósitos semelhantes, e por isso figura em sua Eucaristia e em outros sacramentos. (Cf. *Mat.* 26:26-29 e *João* 6:32-35.) Tão evidente é esta transplantação que Justino Martir chegou a dizer: "À imitação do qual, o diabo fez o mesmo nos Mistérios de Mitra, pois sabeis ou podeis saber que *eles tomam também pão e uma taça de água* nos sacrifícios dos que são iniciados, e *pronunciam certas palavras sobre isso"!* Mas o fato é que muito antes dos iranianos ou persas antigos, já os usavam os egípcios. *2* — Ornando as paredes da *câmara de reflexão,* depara o candidato com um *pão* e uma bilha de *água,* para adverti-lo solenemente que é pela pureza de intenções que ele receberá as forças necessárias para triunfar das provas e alcançar seus elevados objetivos. *3* — Nos banquetes maçônicos se denomina ao pão: *pedra,* nos três primeiros graus da Maçonaria Escandinava; *pedra tosca* ou *bruta* na Maçonaria Azul ou simbólica; *maná* ou *pedra branca* na Maçonaria de Adoção, e *madeira de arca,* em seu grau 4.º; e *musgo,* na Franco-carbonaria.

PARACELSO, *Philippus Aureolus Bombastus de Hohenhein* (1490-1541). Filho natural de um nobre e uma enfermeira de um hospital ambulante, nasceu num vilarejo suíço, e já aos oito anos começou a praticar medicina, provavelmente com seu pai. Na juventude estudou metalurgia, química e alquimia, e acabou diplomando-se médico na Universidade de Viena, após o que se estabeleceu na Itália. Viajou muito pela Europa e Oriente Médio, e realizou numerosas conferências a enormes auditórios, principalmente em Basiléia, Suíça, e na Alemanha, sob o pseudônimo de Paracelso ("acima de Celso"), expondo suas teorias experimentais e derruindo as tradições das escolas de medicina de então, o que lhe granjeou muita inveja e perseguição.

A história registra-o mais como médico e farmacêutico. Usava enumerar os requisitos de um bom médico: "Um bom médico deve reconhecer sempre que o médico é a natureza e não o homem; deve sentir-se casado com sua arte, amando-a com dedicação maior de que a que dedica o homem à mulher; jamais deve considerar as vantagens pecuniárias a usufruir de sua profissão. Um bom médico deve ser um bom dietético, e sobretudo, compreender que o domínio de sua arte emana da experiência e não dos livros." E acrescentava serem a Filosofia, Astronomia, Alquimia e Virtude as quatro colunas mestras da medicina. Por astronomia se entendia não só a compreensão do sistema solar, mas de toda a estrutura do mundo do pensamento e da constituição mental, e por alquimia, o estudo da natureza interna das substâncias químicas e da correspondente reação do homem, e mais o que hoje se conhece por farmacologia. É também freqüentemente apresentado como um filósofo hermético, cujos conceitos derivou de Hermes Trismegisto, o formulador do princípio tão simples quão profundo: *Como em cima, assim embaixo; portanto,* o homem, um microcosmo, é um reflexo do macrocosmo. A Maçonaria hermética dedicou vários graus ao estudo da medicina deste notável personagem, como os de *Companheiro, Confidente* e *Teósofo.*

PARAGUAI. A Maçonaria penetrou nesta República sul-americana em 1869, com a entrada das forças aliadas da Argentina, Brasil e Uruguai, quando se fundou em Assunção a primeira Loja, intitulada *Fé,* sob os auspícios do Supremo Conselho do Brasil, tendo sido Venerável o Dr. Juan Adriano Chaves. Hoje ali existe o Grande Oriente do Paraguai.

PARAÍSO. Maçonicamente se entendem por este nome os templos de Adoção, conquanto comumente recebam a denominação de *Éden* ou *Jardim.* (Cf. *Campos Elíseos.*)

PARALELAS. *1* — Chamam-se *linhas paralelas* as vidas e virtudes de São João Evangelista e São João Batista, ambos considerados luminares e patronos da Maçonaria. Entre essas paralelas simbólicas se acha misticamente inscrito o círculo invariável e imensurável da verdade no universo. *2* — Nas reuniões de banquete, todos os objetos em cima da mesa são colocados sobre quatro linhas *paralelas,* marcadas por meio de fitas azuis e encarnadas estendidas ao longo da mesa, o que dá a impressão de ordem e harmonia.

PARALELOGRAMO. Quadrilátero de lados opostos iguais e paralelos. A forma clássica do recinto de uma Loja é a de um paralelogramo de, no mínimo, uma terça parte maior do Oriente ao Ocidente do que do Norte ao Sul. (Cf. *Loja.*)

PARALIPÔMENOS. *1* — São os dois livros *Crônicas* que completam os dois *Livros dos Reis,* os quais são um histórico dos reinados judaicos depois de Davi. *2* — Constituem a base dos graus bíblico-salomônicos do Rito Escocês e da Maçonaria do Real Arco.

PARCIALIDADE. Preferência arbitrária oriunda do apaixonamento, e, portanto, condenada pela Maçonaria, por conduzir à injustiça e fanatismo.

PARVIS. Palavra francesa que significa *átrio, pavimento,* não raro empregada para designar o comportamento que precede o templo nos edifícios maçônicos. (Cf. *Passos Perdidos, Sala dos.*)

PASCALIS ou PASCUALIS, *Martinez*. Homem muito instruído, místico e cabalista. Nascido em Portugal em 1715, viajou muito, adquirindo seus vastos conhecimentos no Oriente, Turquia, Palestina, Arábia e Ásia central, e faleceu em S. Domingo em 1779. Foi instrutor e iniciador do Marquês de Saint Martin, fundador do Martinismo. Fundou uma escola de cabalista, e em 1754 criou o Rito filosófico (também tido como clerical e jesuítico) dos *Eleitos Coens,* palavra hebraica com a acepção de *sacerdotes* ou *sacrificadores*. Este Rito se estendeu por diversas cidades da França e da Alemanha, e seus ensinamentos místicos são ministrados numa série composta de nove graus: *1* — Aprendiz; *2* — Companheiro; *3* — Mestre; *4* — Grande Eleito; *5* — Aprendiz *Coen; 6* — Mestre *Coen; 7* — Arquiteto; *8* — *Grande Arquiteto; 9* — Cavaleiro Comendador. Diz-se haver também aceito as idéias místicas de Swedenborg.

PÁSCOA, do heb. *pesah,* "passagem". *1* — Antigo festival assinalando o começo da Primavera, celebrado por muitos povos, sob vários nomes e com diversas finalidades. Nessa ocasião os cristãos comemoram a ressurreição de Jesus Cristo, e os judeus, a libertação dos antigos hebreus de sua escravidão no Egito. (Cf. *Expdo* 12.) Estes o fazem no 14.º dia do mês lunar iniciado no equinócio vernal, ou logo após, e aqueles, no primeiro domingo depois da lua cheia incidente nesse equinócio (em 21 de março ou pouco depois), ou até 28 dias após essa data. *2* — Uma das chamadas palavras de ordem dos Cavaleiros do Templo Moderno; correspondia ao domingo e recebia como resposta a palavra *Paganis*. *3* — A Congregação dos Ritos decretou, em 19 de maio de 1607, que se mantivesse aceso o círio durante os três dias solenes de Páscoa, sábado *in albis* e todos os demais domingos até a ressurreição. (Cf. *Equinócios;* L.D.P.; *Ovo.*)

PASSAGEM, *Sinal da*. É o sinal especial que em alguns graus maçônicos se exige para permitir a entrada no templo durante a realização dos trabalhos. Equivale ao *Sinal de Passe.*

PASSAPORTE. Títudo dado por algumas potências maçônicas aos certificados ou licenças por elas expedidos aos Companheiros e Aprendizes, para lhes servirem de documentos de identificação maçônica durante suas viagens. Pelos Estatutos do Supremo Conselho da França, ao Companheiro ou Aprendiz obrigado a ausentar-se de seu Oriente com a competente autorização de sua Oficina, se lhes outorgará um *passaporte maçônico,* que certifique sua iniciação e declare acharem-se em dia nas suas obrigações para com a Tesouraria. Nesse documento também se consignará a proibição de poderem eles filiar-se ou solicitar aumento de grau em outra Loja, sem prévia autorização da sua respectiva Loja. Em seu regresso deverão dar conta de sua viagem maçônica e restituir aos arquivos da Oficina o *passaporte* recebido.

PASSE. Veja-se *Palavra de Passe.*

PASSOS EM ESQUADRO. Alegorizam que o maçom deve andar sempre retamente, em busca da virtude e da perfeição, do *Ocidente,* "lugar das trevas", para o *Oriente,* berço da luz, da civilização e da moral mais elevada, pura e regeneradora. (Cf. *Marcha.*)

PASSOS MISTERIOSOS. São mais particularmente os *Passos do Mestre.* Veja-se *Marcha, 3.*

PASSOS PERDIDOS, *Sala dos.* É a sala de espera, onde costumam reunir-se todos os maçons para vestir suas insígnias, darem-se a conhecer aos *Expertos,* assinar o livro de presença... Enfim, é o lugar onde se preparam e esperam até o momento em que se lhes franquia a entrada no templo. Precede imediatamente o átrio. (Cf. *Parvis.*)

PASSOS RETRÓGRADOS. É a *quinta viagem* dada no sentido inverso pelo Companheiro (2.º), com as mãos livres de instrumentos, como uma alusão de que se deve libertar de toda ajuda externa para confiar em suas próprias forças, desenvolver a introspecção e guiar-se pela faculdade superior de sua intuição.

PAST-MASTER. *1* — Denominação inglesa, muito generalizada entre irmãos de nosso idioma, correspondente a *Mestre Aprovado* ou *Examinado,* ou a *Excelente Maçom. 2* — Grau 1.º da Maçonaria do Arco ou Rito de Iorque. Seu distintivo é uma medalha de ouro, em cujo fundo se vêem as colunas B. : . e J. ·., e entre estas, uma estrela brilhante com o *Jod* no centro e rodeada das letras H. · . T. · . S. · . T. · . K. · . S. · ., iniciais de *Hiram, Tiro, Saúde, Thot* (Deus), *King* (Rei) e *Salomão.* (Cf. *Mestre Passado.*)

PASTOFÓRIO. Câmara ou cela que, nos templos, tinham os sumos sacerdotes dos antigos Mistérios gregos.

PASTÓFOROS (gr., *pastophori*). *1* — Uma categoria de candidatos a iniciação; os que nas procissões públicas e também nos templos levavam o sagrado féretro ou leito funerário dos deuses-sóis, mortos ou ressuscitados, de Osíris, Tamuz (ou Adônis), Átis e outros. Os cristãos adotaram seu sepulcro dos pagãos da antigüidade. (Cf. *Rito do Féretro* ou *Pastos.*) *2* — Sacerdotes de categoria inferior entre os antigos egípcios. *3* — Na Ordem dos Sofísios, denominação dos quatro oficiais subalternos, encarregados de levar a arca de que são guardiães.

PASTOR DOS HUTZ, *Rei*. Grau 45.º do Rito de Mênfis.

PASTOR, *Mestre Bom*. Grau 6.º do Rito filosófico persa, fundado pelo príncipe Frederico de Nassau em 1819.

PASTOS. Veja-se *Rito do Féretro* ou *Pastos.*

PATENTE. *1* — Título justificativo da qualidade maçônica de um *Cavaleiro Kadosh* ou de um *Príncipe do Real Segredo.* *2* — *Grande Patente.* Título dos *Soberanos Grandes Inspetores* (33.º). *3* — *Patente Constitucional.* Título constitutivo de um Conselho do grau 30.º, ou de um Consistório do 32.º. Nenhum outro documento pode substituir a *Patente,* que deverá ser assinada pelos membros do Supremo Conselho, selada e timbrada com os grandes selos da Ordem, e devidamente registrada pelo Secretário do Santo Império. *4* — *Carta Patente.* Denominação freqüentemente dada à carta constitutiva outorgada por uma Grande Loja a uma Oficina maçônica, para habilitá-la a trabalhar regularmente. (Cf. *Poder.*)

PÁTERAS. *1* — Vasos baixos e de boca larga, comumente de ouro, que outrora se usavam nos sacrifícios e libações religiosas. *2* — Na terminologia simbólica da Maçonaria de Adoção, são as cadeiras ou assentos.

PATERNIDADE. Existe especialmente nas cerimônias de Maçonaria de Adoção.

PÁTRIA, A. Grau 8.º do sistema filosófico de Fessler.

PATRIARCA. *1* — No Rito de Misraim, assim se intitulam os seus Grandes Conservadores e Chefes Supremos. *2* — *Grande Patriarca.* Título dos membros do grau 20.º de Heredom, de Presidente dos Conselhos dos Cavaleiros do Real Machado ou Príncipe do Líbano (22.º) e do Presidente das Grandes Lojas de Grande Escocês de Santo André da Escócia (29.º) do Rito Escocês Antigo e Aceito. *3* — *Grande Patriarca Noaquita.* Grau 20.º do Rito de Heredom. *4* — *Patriarca das Cruzadas.* Outro nome do grau 29.º do Rito Escocês Antigo e Aceito.

PATRONO. *1* — Pelos fins do século XV, deixaram as oficinas de obreiros maçônicos muitas pessoas que haviam sido ali admitidas na qualidade de membros honorários e *patronos* ou protetores, e passaram a formar sociedades secretas à parte. Aí abandonaram os instrumentos materiais das primitivas associações e dedicaram-se ao desenvolvimento das doutrinas místicas. Em 1515 constituíram em Viena uma sociedade denominada a *Companhia Trolha,* composta de pessoas de destaque social de grande saber, que adotaram por símbolos as ferramentas dos construtores e escolheram Santo André para seu patrono. Durante muito tempo imperou entre os obreiros construtores o costume de eleger certo número de *patronos* ou *protetores,* dentre personagens poderosos e particularmente membros do clero, a quem se atribui a origem do caráter místico daquelas corporações. *2* — Título do grau 2.º da Ordem Andrógina da Felicidade, fundada em Paris em 1742.

PAULKAL PHARAT KADOS. Significa *separados pela santidade de seus costumes.* A instrução dos Cavaleiros da Palestina (8.º) do Escocismo Reformado chama assim ao sacerdote a serviço do Tabernáculo. São palavras de reconhecimento entre os Cavaleiros deste grau, e devem escrever-se: *Phohal* (opus), *Phered* (seperavit), *Kadosh* (sanctum).

PAVIMENTO DE MOSAICO (do latim medieval *musaicum* e antigo *musivum,* derivado do grego *mouseios,* pertencente às *Musas,* "artísticos") — Um dos ornamentos no centro da Loja, composto de ladrilhos ou quadrículos alternadamente brancos e pretos. Simbolizam seres animados e inanimados que decoram e ornamentam a criação, bem como o enlace do espírito e matéria, da vida e forma por toda a parte, a união todos os maçons do globo, apesar de suas diferentes cores, climas e opiniões particulares. Reflete a polaridade positiva e negativa da natureza, e a dualidade do bem e do mal, por cujo labirinto deve o iniciado encaminhar-se oscilante ou decidido, mas sempre perigosamente, para a perfeição. No antigo Egito se respeitava ao máximo a santidade do pavimento de mosaico; ninguém o pisava a não ser o candidato ao consumar-se a sua iniciação, e o P. M. I., o Segundo Diácono e o Turiferário, no estrito desempenho de deveres litúrgicos. Sua medida ideal é a de um duplo quadrado, isto é, a de um paralelogramo cujo comprimento seja o dobro de sua largura. (Cf. *Esquadrar a Loja.*)

PAX PROFUNDIS ou PAX VOBIS. Frases que são pronunciadas indistintamente, em resposta à primeira que acompanha o toque dos Príncipes Rosa-Cruz (7.º) do Rito Moderno ou Francês, e à sua Palavra de Passe.

PAX TECUM. Palavra de reconhecimento que pronunciam simultaneamente os Cavaleiros do Templo Moderno.

PAX VOBIS. A Paz seja convosco. Veja-se *Pax Profundis.*

PAYEN DE MONTDIDIER, *Hugo*. Nobre francês e um dos nove fundadores da Ordem dos Templários.

PEÇA DE ARQUITETURA. são os discursos e trabalhos literários sobre assuntos maçônicos.

PEDESTAL QUADRANGULAR. *1* — Em alguns graus do Rito Escocês e do Moderno ou Francês, este pedestal substitui o altar triangular dos graus simbólicos. *2* — Feito de mármore vermelho, adornado de ouro, figura na Abóbada Sagrada dos Escoceses, grau 5.º. Nas superfícies laterais do pedestal se acham esculpidos um sol brilhante, a Estrela Flamígera com a letra G.·. no centro, e um compasso aberto sobre um quarto de círculo, entre cujas pontas se acham os algarismos 3, 5, 7 e 9, e sobre o compasso se coloca e pedra cúbica. *3* — No Supremo Conselho do grau 33.º do Rito Escocês Antigo e Aceito, está no centro da sala, coberto por um tapete carmesim, sobre o qual está uma Bíblia aberta, tendo em cima, cruzando-a, uma espada desembainhada. *4* — Encontra-se entre os hieróglifos que adornam o lado do Oriente da Caverna Misteriosa dos Juízes Filósofos Desconhecidos. Este hieróglifo corresponde à letra P.·., inicial de *Puteal.* (Cf. *P.·., 4.*)

PEDESTAL, *Sinal do*. Denominação de um dos seis sinais de reconhecimento dos Cavaleiros Rosa-Cruz do Rito de Kilwinning.

PEDESTRE, *Sinal*. Denominação dada à marcha especial que tem cada grau para penetrar nos templos, pela colocação dos pés em determinada forma, o que constitui entre os maçons um sinal de reconhecimento. (Cf. *Marcha; Passos Misteriosos.*)

PEDRA. Como a arquitetura constitui uma das bases principais dos símbolos maçônicos, a *pedra* assume neles muitas representações. Em geral simboliza todas as obras morais e todos os materiais da inteligência empregados com fins maçônicos e sob diversas denominações. (Cf. *Pão, 3.*)

PEDRA ANGULAR. É a base fundamental dos edifícios, tomada como denominação dos princípios em que repousa a Maçonaria. Também, no sentido figurado se diz que o Venerável é a *pedra angular* da Loja.

PEDRA BRANCA. *1* — Sinal de iniciação mencionado no *Apocalipse* de S. João. Tinha gravada esta pedra a palavra *prêmio,* e era o simbolo da palavra dada ao neófito que, em sua iniciacão. havia passado vitoriosamente por todas as provas dos Mistérios. Era a poderosa cornalina branca dos Rosa-Cruzes medievais, que a adotaram dos gnósticos. Um iniciado melhor entenderá esta promessa no *Apocalipse* 2:17: "Ao Vencedor darei do maná escondido e também uma *pedra branca,* e nesta pedra um novo nome escrito, o qual ninguém sabe senão quem o recebe." *2* — Nos banquetes da Maçonaria de Adoção se dá ao pão o nome alegórico de *pedra branca* e também de *maná.* (Cf. *Nome Simbólico.*)

PEDRA BRUTA ou TOSCA. *1* — A *pedra bruta* dos maçons corresponde à *matéria-prima* dos hermetistas. Simboliza a personalidade rude do Aprendiz, cujas arestas ele aplana, e que lhe cabe disciplinar, educar e subordinar à sua vontade. É a imagem alegórica do profano antes de ser instruído nos mistérios maçônicos, e como tal, figura em terceiro lugar entre os objetos emblemáticos que devem estar sempre representados no quadro ou painel do 1.º grau. Nos templos simbólicos se coloca perto e à esquerda da coluna B. ∴, junto com um cinzel e malho tosco, e no Rito Francês, junto à coluna J. ∴ . A tarefa do Aprendiz consiste em trabalhar e estudar para adquirir o conhecimento do simbolismo do seu grau e da respectiva interpretação filosófica. Designa-se este trabalho como *desbastar a pedra bruta* até torná-la um cubo, ainda que imperfeito. Assim, tão logo haja o candidato recebido a primeira luz e o Orador completado a sua instrução, o Venerável dispõe que o neófito entre em cheio em atividade, começando pela verificação do seu *primeiro trabalho.* Acompanha-o então o irmão Experto, ou o Mestre de Cerimônias, até a *pedra bruta,* e entregando-lhe um malho, ensina-o a dar os três golpes misteriosos com os quais deverá chamar no futuro nas portas dos templos, e cujo significado lhe vai explicando: "Pedi e dar-se-vos-á; buscai, e achareis; batei, e abrir-se-vos-á" (*Mat.* 7:7). Mas também, se o neófito claudicar em seus esforços ou sinceridade, terá o inverso: "Pedis, e não recebereis, porque pedis mal, para o gastardes em vossos deleites" (*Tiago* 4:3). *2* — Nas reuniões da mesa da Maçonaria Azul, ao pão se denomina *pedra bruta* ou *tosca.*

PEDRA CÚBICA. *1* — Se a tarefa do Aprendiz foi "desbastar" a pedra bruta com o malho e o cinzel e ajuda da régua, a tarefa do Companheiro será "poli-la" com o auxílio do esquadro, nível e prumo, para torná-la cúbica, pois desde tempos imemoriais o cubo perfeito simbolizou os seres angelicais, a alma de configuração emotiva harmoniosa. O Aprendiz disciplinou o descontrolado corpo físico com a energia de sua vontade; o Companheiro disciplinará as suas emoções, o veículo emocional, através do conhecimento bem medido, equilibrado e correto, aprendendo a "geometrizar", a imprimir curvas e nuances delicados e suaves em seu "psique", em sua natureza emocional. Assim fará de seu eu um "cubo perfeito", apto a ser empregado na ereção do templo constituído por uma humanidade o mais possível perfeita. *2* — Entre os emblemas representados no painel, nos templos se acha colocada: a) no Rito Escocês Antigo e Aceito, à direita e junto da coluna J. ·. e debaixo da Abóbada Sagrada do grau 14.º; b) no Rito Moderno Francês, à direita e junto da coluna B.·.. *3* — Entre os Eleitos dos Nove, no Rito Escocês Antigo e Aceito, representa a parte da ágata quadrangular, em que Salomão mandou esculpir as palavras da *Arte Real.* (Cf. *Cubo; Pedra Cúbica Piramidal.*)

PEDRA CÚBICA PIRAMIDAL ou PONTIAGUDA. É um cubo com uma pirâmide superposta, cujo simbolismo se acrescenta ao primeiro. Com outras novas superfícies, reúne em si a perfeição do cubo e a ascensão harmônica da pirâmide de base quadrangular. Abrindo o cubo e a pirâmide, estendendo seus braços e superpondo os da segunda aos do primeiro, obtém-se a união das duas cruzes com duplo símbolo da matéria e força, forma e vida, Natureza e Divindade; a primeira formada pelos cinco quadrados ou superfícies inferiores do cubo, e a segunda, pelos quatro triângulos da pirâmide. A cruz engendrada do cubo, de braços quadriláteros, é a da natureza física, que comumente se admite como decomponível em cinco elementos: *terra, ar, fogo* e *éter*; e a derivada da pirâmide, de braços triangulares ou ternários emanando de um ponto central (o vértice da pirâmide), é a cruz filosófica ou espiritual (a cruz de Malta), expressão tetrágona da Trina Divindade "crucificada" na matéria, para, por Seu "sacrifício", dominá-la, espiritualizá-la e convertê-la num perfeito veículo da Vida Divina, o Espírito.

Por ser um dos emblemas mais sugestivos e fundamentais da Maçonaria, convém fazer aqui uma descrição sucinta dessa pedra e seu simbolismo.

I. Uma de suas faces laterais, a esquerda, se acha dividida em 100 casinhas que contêm os hieróglifos e as letras alfabéticas que os representam e lhes correspondem. Em sua parte superior se encontram os níveis para significar que é a instrução o que iguala os homens, e não a sua posição social.

PEDRA CÚBICA

Face direita

Face posterior

PEDRA CÚBICA

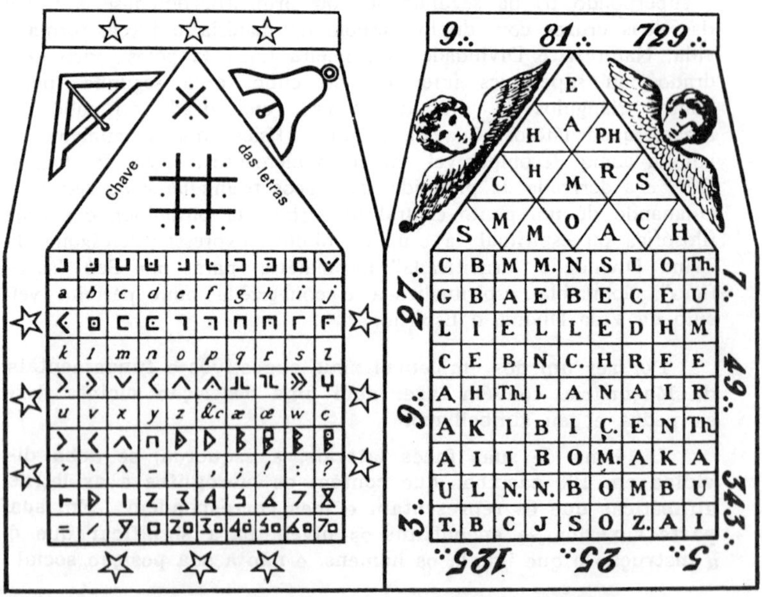

Face esquerda

Face anterior

Os lados ou faces da Pedra Cúbica

TAMPA DA PEDRA CÚBICA

V — *Face superior*

II. A segunda face, a anterior ou fachada, contém 81 casinhas ou quadrado de 9. Nelas estão as letras componentes das palavras misterioras dos graus simbólicos, do 1.º ao 15.º grau do Sistema Escocês professado pelo Grande Oriente da França. As 16 casinhas triangulares na face triangular superior ocupam um grande triângulo, o *Delta,* emblema da Divindade, representado no Oriente da Loja sob o dossel que cobre o trono do Venerável, com os caracteres hebraicos do inefável nome do G.·. A.·. D.·. U.·., e o *Tetragramaton* I H V H que Salomão esculpiu no precioso *Delta* consagrado à Sabedoria. Os dois querubins que figuram nos lados do triângulo são os referidos no Antigo Testamento como os guardiães da glória e sabedoria divinas. (*Êxodo* 25:20.)

III. A terceira face, a direita, contém os sinais numéridos dos antigos, contidos na chave egípcia composta de um quadrado perfeito dividido em oito partes triangulares por duas linhas perpendiculares entre si e duas diagonais de ângulo a ângulo. Contém ainda quatro círculos concêntricos e os quatro quadrados representando as quatro regiões conhecidas na Antigüidade (a terra, o mundo astral, o céu inferior e o céu superior); os quatro pontos cardeais e as quatro estações do ano. Em cima está o Triângulo, símbolo do Supremo Arquiteto do Universo, decorado com os instrumentos primitivos empregados no estudo das matemáticas.

IV. A quarta face, a posterior, contém um grande círculo dividido em 360 graus, que o sol percorre cada vinte e quatro horas. Inscritos nesse círculo estão três triângulos formando 27 casinhas contendo todos os princípios conhecidos. No triângulo ao alto se vêem os símbolos astrológicos dos sete planetas da antigüidade: *Sol, Lua, Marte, Mercúrio, Júpiter, Vênus* e *Saturno*; sobre os dois lados desse triângulo se notam os instrumentos dos antigos cultos ou sacrifícios, e na sua base estão os dois semicírculos representando a dualidade básica do universo: a *Divindade* e a *Natureza*.

V. Na quinta face, a superior, brilha a Estrela Flamígera, o símbolo máximo da Divindade, exposto nos três primeiros graus. Ocupa a parte mais elevada da pedra cúbica, porque é das alturas do zênite da glória que o Supremo Arquiteto governa e ilumina os Seus Universos. (Cf. *Cruz; Cubo; Querubins.*)

PEDRA DE FUNDAÇÃO. É o símbolo mais importante do grau do Real Arco, e que se não deve confundir com outros símbolos de pedra, como, por exemplo, a pedra angular e a chave do arco ou aduela. Antes de tudo, este símbolo deve ser aceito como puramente alegórico, pois sua interpretação literal daria lugar a "absurdos e puerilidades". Como diz o Dr. Mackey, isto "não ocorreria se se tomasse a Pedra de Fundação tal qual ela o é realmente: um mito filosófico que encerra um belo e profundo simbolismo. Lida desta maneira — como se devem ler todas as lendas maçônicas — a história mística da Pedra de Fundação se nos revela como um dos mais importantes e sugestivos dos símbolos da Maçonaria". (Wilmshurst, *The Symbolism of Freemasonry*, p. 283.) Referem as lendas talmúdicas haver Enoque construído no monte Moriah um templo subterrâneo, que constava de nove abóbadas ou subterrâneos, colocados uns abaixo dos outros, os quais se intercomunicavam por aberturas deixadas em cada abóbada. Na abóbada inferior depositou uma pedra cúbica, chamada depois Pedra de Fundação, sobre a qual se havia inscrito o inefável Nome de Deus. Depois construiu uma porta de pedra, com um anel de ferro, e colocou-a sobre a abertura do primeiro arco, cobrindo-a de modo que não se pudesse descobri-la. Com o dilúvio universal, os homens esqueceram o lugar onde se achava o templo subterrâneo, mas quando Davi mandou escavar para assentar os cimentos do Templo, descobriu no mais profundo da escavação a pedra em que estava gravado o nome de Deus, e logo colocou essa pedra no Santuário. Era uma concepção favorita entre os talmudistas que Davi assentara os cimentos sobre os quais Salomão edificou seu templo. A tradição maçônica é idêntica à talmúdica, exceto que afirma haver sido Salomão e não Davi o descobridor da pedra. Uma interpretação filosófica dessa lenda é que o templo subterrâneo simboliza nossa personalidade mortal, limitada por camadas (abóbadas) de imperfeições, porém transponíveis ou vencíveis pela vontade humana. A pedra cúbica depositada em seu interior é a Alma, o Ego, relicário das potencialidades divinas (Nome Inefável ou Verbo, a Palavra Perdida), e por um esforço introspectivo pode o homem mergulhar até o fundo de seu interior, reencontrar o seu Eu divino, e depois, por um esforço extrovertido, retornar ao mundo, pois descobriu a Palavra Perdida, a mais divina de seu próprio Ser, do qual jamais se separará, e "passeará" entre os homens iluminando-os. (Cf. *Abóbada Subterrânea; Nove; Pedra cúbica; Pedra cúbica piramidal; Real Arco, Maçonaria de.*)

PEDRA DOS AUSPÍCIOS. Pedra consagrada, que se colocava nos alicerces dos templos erigidos em Roma, costume esse ainda adotado na edificação dos seus templos.

PEDRA FILOSOFAL. *1* — Também denominado "pó de projeção", é o *Magnum Opus* (Obra-Prima) dos alquimistas, objetivo que devem alcançar a todo custo; uma substância que, segundo eles, tem a virtude de transmutar em ouro puro os mais vis metais. *2* — Misticamente, simboliza a transmutação da natureza animal e inferior do homem na natureza divina e mais elevada.

PEDREIROS LIVRES. É no século VIII que os Pedreiros Livres aparecem pela primeira vez na história. Viajavam de país em país a fim de construir os templos no estilo gótico, erguidos na Idade Média. Da Lombárdia, o primeiro local onde trabalharam, se trasladaram para as Gálias e a Alemanha no tempo de Carlos Magno, e uma parte se internou na Inglaterra. As corporações de Pedreiros Livres haviam obtido privilégio exclusivo para a execução de certas arquiteturas, cujo processo guardavam em segredo. Todavia, com o advento progressista da ciência e das artes, a sociedade acabou por perder seu caráter primitivo e exclusivista, e passou a aceitar como seus membros pessoas estranhas ao seu ofício. Em 1717, com a morte de Sir Christopher Wren, último Grão-Mestre dos Pedreiros, as Oficinas se compunham principalmente de intelectuais. Então estes convieram em abandonar por completo a arquitetura, substituindo a corporação por uma associação puramente moral e filosófica, que no entanto conservaria algumas denominações e instrumentos de arquitetura como simples recordação da arte e seus segredos. E foi assim que no dia 24 de junho de 1717 as quatro Lojas de Londres se reuniram e criaram a Grande Loja da Inglaterra, e daí nasceu a Franco-maçonaria moderna. (Cf. *Franco-maçonaria; Maçonaria Operativa.*)

PEITORAL. *1* — Entre os antigos egípcios, um adorno de múmia em forma de edícula, que contém um escaravelho, emblema da transformação ou evolução, adornado pelas deusas Ísis e Neftis. Segundo alguns, este amuleto era também colocado sobre o peito do defunto. *2* — Entre os judeus, um quadrado de tela com doze pedras preciosas, integrando a vestimenta do sumo sacerdote, e nos quais se achavam esculpidos os nomes das doze tribos de Israel, (Cf. *Êxodo* 25:7, e 28:15-30). *3* — *Sinal peitoral* — Um dos cinco sinais da Maçonaria, que geralmente designa o grau a que se pertence ou em que se está trabalhando (cf. *Elaum*).

PELEG, "divisão" — *1* — Filho de Eber, o progenitor dos hebreus (*Gên.* 10:21). *2* — Palavra de Passe dos Noaquitas ou Cavaleiros Prussianos (21.º), e nome de uma das tendas do grande acampamento dos Príncipes do Real Segredo (32.º), do Rito Escocês Antigo e Aceito. *3* — Na Ordem dos Noaquitas franceses, criado por alguns partidários de Napoleão I, figura o arquiteto construtor de uma gigantesca torre (a de Babel), de oito andares chamados Adão, Eva, Noé, Lamech, Naamah, Phaleg, Oubal e Oriente, cujas iniciais formam a palavra misteriosa desta Ordem: *Napoléon.*

PELICANO. *1* — Ave aquática que flutua sobre as águas, e que entre os antigos egípcios foi tomada como símbolo do Espírito movendo-se sobre as águas, e posteriormente de autosacrifício da Divindade. Entre os hindus corresponde a Naiayana, Vishnu e Brahmâ; entre os cristãos, ao Espírito Santo, e na simbologia maçônica, ao G.A.D.U., que perpetuamente se sacrifica pela manutenção do mundo a fim de que Seus filhos se aperfeiçoem. É figurado por essa ave abrindo com o bico o próprio peito para com o seu sangue alimentar seus sete filhinhos (os 7 Espíritos ante o trono do Senhor (*Apo.* 1:4) com a inscrição: *Ut vitam habeant.* *2* — Nesta acepção entra como um dos principais símbolos rosa-cruzes (18.º) do Escocismo. *3* — *Cavaleiro da Aguia do* — Um dos títulos dos Cavaleiros Rosa-Cruz (49.º) do Rito de Misraim. *4* — *Adepto do* — Grau 6.º do Rito do Templo. *5* — *Sábio do* — Grau 54.º do Rito de Mênfis. (*V. S. D., I, 47; 108/9; Pomba.*)

PENALIDADE. A jurisdição maçônica consigna penalidades administrativas para os delitos e faltas cometidos por seus membros. Pode ir da simples advertência à irradiação (exclusão). (Cf. *Repreensão.*)

PENAS EM ASPA. Duas penas em forma de X, que servem de emblema do Secretário.

PENTÁGONO. Figura geométrica plana, de forma estelar, de cinco lados ou ângulos, adotada pela Maçonaria entre seus principais emblemas. (V. *Pentagrama.*)

PENTAGRAMA. *1* — É a estrela de cinco pontas, traçada num só impulso. De vértice voltado para cima, simboliza a Vida em evolução; de vértice para baixo, é a Vida em revolução, lembrando a forma de cabeça do bode, tomado então como emblema diabólico. *2* — Em sua posição normal, aplica-se particularmente ao homem, indicando a predominância da cabeça sobre os quatro membros (o triângulo sobre o quadrado). (Cf. *Estrela Flamígera; Pedra Cúbica Piramidal.*)

PENTALFA. *1* — Figura geométrica, composta de cinco triângulos, atribuída a Pitágoras, que o tomava como emblema da perfeição e supremo saber. Nas Lojas maçônicas simboliza a quinta-essência da paz, amor e fraternidade personificados em suas cinco luzes. *2* — Segundo alguns autores, é o pentângulo, ou selo de Salomão, gravado na *Pedra de Fundação* (V.).

PENTATEUCO. Nome dado pelos gregos aos cinco livros bíblicos atribuídos a Moisés: *Gênese, Êxodo, Levítico, Números* e *Deuteronômio.* (Cf. *Esdras.*)

PEQUENA MAÇONARIA. Denominação dada ao grupo formado pelas seis principais classes que compunham o Rito dos Filaletes ou Buscadores da Verdade, a saber: *Aprendiz, Companheiro, Mestre, Eleito, Escocês* e *Cavaleiro do Oriente.*

PEQUENO ARQUITETO. *1* — Grau 11.º do Rito Escocês Primitivo, em 53 graus; 2.º grau do Rito de Misraim, e 30.º grau do Rito de Mênfis. *2* — Título de um grau da nomenclatura da Universidade, e do grau 7.º do Rito dos Eleitos da Verdade, em 14 graus, e do 8.º grau da Maçonaria de Adoniramita.

PEQUENO ELEITO. *1* — Grau 5.º da Maçonaria de Adoniramita. *2* — Título de um grau da Loja-Mater do Rito Escocês Primitivo, e de outro grau da nomenclatura da Universidade. *3* — Título de um grau criado em Lyon, França, em 1734, que, pelo seu sentido vingativo, foi condenado pelo Soberano Conselho da Sublime Loja-Mater Escocesa do Grande Globo Francês.

PEQUENOS MISTÉRIOS. Título que os *Iluminados* da Baviera davam à segunda classe, composta dos graus Epopto ou Sacerdote Iluminado, e de Regente ou Príncipe Iluminado.

PERFEIÇÃO. *1* — Maior grau de excelência ou bondade de algo. A Maçonaria tem por escopo o maior grau de perfeição possível de seus membros, e a tem alegorizado de várias maneiras. Muito especialmente a tem simbolizado pelo compasso, por um círculo e por uma coluna da Ordem Compósita, como se vê na instrução dos Grandes Arquitetos (12.º) do Rito Escocês Antigo e Aceito. *2* — Recebiam esse título os graus 9.º e último do sistema de Fessler, que não tinha ritual, porque seu autor o deixara incompleto.

PERFEIÇÃO, *Câmara de*. *1* — Título genérico atribuído às Lojas ou Oficinas capitulares, entre os simbólicos e administrativos. *2* — Denominação do Templo em que os Cavaleiros da Rosa-Cruz realizam suas assembléias. *3* — No grau de Mestre Decorado, é o nome da segunda Câmara de Recepção, onde o Mestre Simples e o Mestre Secreto recebem o terceiro grau, e penetram fazendo uso da chave do Tabernáculo dos Mistérios da Maçonaria.

PERFEIÇÃO, *Capítulo de*. Denominação que se dava à câmara em que se celebravam os grandes mistérios do Rito das Damas Escocesas da França do Hospício de Paris, colina do Monte Tabor.

PERFEIÇÃO, *Grande Escocês da*. *1* — Um dos títulos do grau 14.º do Rito Escocês Antigo e Aceito, comumente conhecido sob o nome de Grande Escocês da Abóbada Sagrada de Jaques VI, bem como do Grande Eleito, Antigo Mestre e Sublime Maçom. *2* — Grau 39.º do Capítulo Metropolitano.

PERFEIÇÃO, *Os Cinco Pontos de*. É um dos sinais principais do grau de Mestre, com as seguintes execução e interpretação, que, porém, variam nos diversos sistemas maçônicos: *1* — *União dos pés*: "Devemos estar sempre dispostos a correr em socorro de nossos irmãos." *2* — *Inflexão dos joelhos*: "Adoremos o Grande Arquiteto do Universo." *3* — *União das mãos*: "Aos irmãos necessitados devemos socorro e assistência." *4* — *A mão sobre o ombro*: "Sábios conselhos aos irmãos." *5* — *Ósculo Fraternal*: Símbolo da harmonia reinante entre todos os maçons. Esse toque simbólico provém dos antigos egípcios, como o prova um baixo-relevo existente no templo de Khunumu, na ilha de Elefantina, diante de Assuão, mostrando duas figuras — uma do Faraó e a outra de um Sacerdote usando o toucado de íbio de Thoth — numa dessas atitudes e de maneira fortemente sugestiva (C.W.L., *A Vida Oculta na Maçonaria*, p. 21, ed. *Pensamento*). (Cf. *Toque do Mestre*.)

PERFEIÇÃO, *Rito de*. Rito criado em 1758 com os restos do Capítulo de Clermont, então recém-dissolvido, e baseado num ecletismo bíblico, cristão e templário. (Cf. *Rito de Heredom*.)

PERFEITA, *Loja*. É a que conta no mínimo com *sete* membros, dos quais pelo menos cinco com grau de *Mestre* e um com grau superior. (Cf. *Loja*.)

PERFEITA ARQUITETURA, *Mestre na*. Título de um grau avulso, espécie de Rosa-Cruz, correspondente ao grau 14.º do Rito Escocês Primitivo de Namur, introduzido pela Loja Metropolitana de Edimburgo.

PERFEITA CIÊNCIA. Assim se denominava a que objetivava o estudo da pedra *filosofal*.

PERFEITA INTELIGÊNCIA. Título de uma Loja da Bélgica, fundada em Liège em 1770, cujo Venerável era o Arcebispo daquela cidade; os demais cargos eram desempenhados por dignitários da Igreja, e só os membros do cabido podiam filiar-se a ela.

PERFEITA UNIÃO. *1* — Título de uma antiga Loja de Rennes, França, em que se criou o *Rito dos Eleitos da Verdade*, do qual se excluíram os graus templários e tudo quanto se relacionasse com a alquimia e a cabala. Foi seu Venerável o irmão Mangourit, que mais tarde fundou o Rito de Adoção para as Damas. *2* — Título da primeira Loja fundada em Mons, Bélgica, em 1721, pela Grande Loja da Inglaterra. Posteriormente foi elevada a Grande Loja Provincial inglesa para todos os Países Baixos. *3* — Título da Loja fundada em Lausanne, Suíça, em 1739, por diversos ingleses ali residentes, sob os auspícios da Grande Loja da Inglaterra. Dela surgiram muitas Oficinas que se estabeleceram em Berna e outras povoações daquela região. *4* — Título de uma Loja fundada em 1771 em São Petersburgo, Rússia, sob os auspícios da Grande Loja da Inglaterra, por iniciativa da imperatriz Catarina II, depois de ter sido inimiga da Maçonaria.

PERFEITO. *1* — Terceiro e último grau na comunidade dos essênios, cuja escala hierárquica se dividia em *Neófitos, Irmãos* e *Perfeitos.* Para atingir o terceiro grau, o candidato havia de satisfazer os requisitos prévios de obediência e pobreza. Daí a resposta de Jesus (que convivera com os essênios) ao mancebo rico, quando este lhe indagou o que teria de fazer para entrar na Vida Eterna: "Guarda os mandamentos." E quando o jovem lhe obtemperou que já os vinha guardando desde a meninice, o Mestre lhe acrescentou: "Se queres ser "perfeito", vai, vende tudo o que tens e dá-o aos pobres, e terás um tesouro no céu; e vem, e segue-me." E o evangelista continua: "E o mancebo, ouvindo esta palavra, retirou-se triste, porque possuía muitas propriedades. Disse então Jesus a seus discípulos: "Em verdade vos digo que é difícil entrar um rico no reino dos céus" (*Mat.* 19:17; 20:23). Obediência, pobreza e castidade eram os votos na escola dos essênios, e outros que faziam os candidatos à iniciação nos Mistérios Maiores, "o reino dos céus", e Jesus aqui externou apenas um preceito então universal. Também São Paulo, um Iniciado nos Mistérios Maiores, diz aos coríntios: "Todavia, falamos sabedoria entre os "perfeitos"; não, porém, a sabedoria deste mundo, nem a dos príncipes deste mundo, que se aniquilam; mas falamos a sabedoria de Deus oculta em mistério (I, *Cor.* 2:6). (Cf. *Arquiteto; Essênios; São Paulo.*) *2* — Na Maçonaria, título distintivo dos Cavaleiros Rosa-Cruz (18.º), porém que é omitido durante a primeira parte de sua recepção, consoante o prescreve seu Ritual. (Cf. *Edul-Pen-Cagu.*)

PERFEITO ADEPTO DO PELICANO. Grau 6.º do Rito Escocês ou Ordem do Templo em oito graus, correspondente ao de Rosa-Cruz do Rito Escocês.

PERFEITO ANTIGO MESTRE. Grau 14.º do Rito Primitivo de Heredom.

PERFEITO ARQUITETO. *1* — Grau 28.º do Rito de Misraim e 46.º do Rito de Mênfis. *2* — Grau 14.º, também chamado *Mestre,* do Rito Escocês Primitivo de Namur.

PERFEITO ARQUITETO APRENDIZ. Grau 25.º do Rito de Misraim.

PERFEITO ARQUITETO COMPANHEIRO. Grau 26.º do Rito de Misraim.

PERFEITO ARQUITETO MESTRE. *1* — Grau 27.º do Rito de Misraim. *2* — Título que o Apóstolo S. Paulo se atribui em *I Coríntios* 3:10, revelando assim, velada e alegoricamente, que ele era um Iniciado. (Cf. *Epoptéia.*)

PERFEITO CAVALEIRO INGLÊS. Título de um grau dos antigos Capítulos da Inglaterra.

PERFEITO E ALTO MESTRE. Grau 7.º do Rito de Mênfis.

PERFEITO ELEITO. *1* — Grau 10.º do Rito Escocês Primitivo de Namur. *2* — Grau 7.º e último do sistema de Zinnendorf, criado em 1770. Tem por jóia distintiva, além de uma cruz de Malta que se deve usar sobre o peito nu, outra envolvendo o punho e sobre o qual se bordam outras três cruzes em memória das feridas abertas em Jesus pelos cravos com que foi crucificado. *3* — Grau 12.º, salomônico e avulso, do Rito de Misraim.

PERFEITO ELEITO, *Cavaleiro*. Título de um grau avulso, composto de três graus ou divisões, que Ragon cita em sua Nomenclatura, bem como de outro de quatro graus (5.º, 6.º, 7.º e 8.º) do Rito da Velha Nora.

PERFEITO E GRANDE ELEITO e ANTIGO MESTRE. Título do grau 14.º do Rito de Heredom.

PERFEITO INGLÊS. Título de um grau da nomenclatura da Universidade.

PERFEITO INICIADO. *1* — Último grau filosófico (5.º) do Rito Moderno ou Francês. *2* — Grau 10.º do Rito Escocês Filosófico, em 12 graus. *3* — Segundo ponto do Grande Eleito (3.º) da ordem napoleônica ou dos Noaquitas franceses.

PERFEITO IRLANDÊS. *1* — Título de um grau da nomenclatura da Universidade. *2* — Idem de um dos três graus criados em 1747 pelos favoritos do pretendente ao trono da Inglaterra, Carlos Stuart, e de um grau dos antigos colégios da Irlanda.

PERFEITO MESTRE. Grau 4.º do Rito Moderno ou Francês. (Cf. *Mestre.*)

PERFEITO MESTRE IRLANDÊS. Um dos graus concebidos em 1747 pelos partidários do pretendente ao trono da Inglaterra, Carlos Stuart.

PERFEITO ou PERFEITÍSSIMO PRESIDENTE. Título dos Presidentes do Soberano Tribunal do grau 31.º do Rito Escocês Antigo e Aceito.

PERFEITO INICIADO DO EGITO. Título de um Rito de Lyon, França, composto de sete graus.

PERFEITOS INICIADOS DA ÁSIA. Uma das 34 Ordens maçônicas, constante de sete graus.

PERFUMADOR. Vaso empregado nas cerimônias maçônicas para queimar perfumes. (Cf. *Incenso.*)

PERFUMES. *1* — O Ritual maçônico prescreve o uso de perfumes ou incensos, indispensáveis em muitos graus e especialmente nos atos solenes de consagração de novos templos, nas festas solsticiais, nas adoções de "lowtons", nas cerimônias fúnebres, etc., seguindo neste particular a tradição das religiões que os empregam em seus cultos. *2* — Nome convencional usualmente dado aos ágapes ou banquetes na Maçonaria. *3* — *Altar dos* — Emblema da pureza. *4* — *Cavaleiro dos* — Grau 8.º do Rito do Oriente. (Cf. *Incenso.*)

PERGUNTAS. São as que se fazem ao profano que se acha na câmara de reflexões, bem como ao candidato durante o cerimonial de sua iniciação ou elevação, de acordo com o Ritual.

PERIGNAN ou DESCONHECIDO. *1* — Título que se acrescenta aos graus de Eleito em alguns dos sistemas jesuítico-templários. *2* — Idem do grau 6.º da Maçonaria Adoniramita; grau 7.º do Escocismo Primitivo; 10.º do Rito de Misraim, e 25.º da nomenclatura da Universidade.

PERÍODO. Alguns autores têm dividido a história da Maçonaria em três grandes períodos ou épocas: o *primeiro* estende-se desde o ano de 715 a. C., ou seja, desde a fundação dos colégios de construtores em Roma, por Numa Pompílio, até o ano de 1000 d. C., em que se efetuou a reconstituição das corporações maçônicas no Congresso de Iorque; o *segundo,* desde 1000 a 1717, época da transformação da Confraternidade maçônica operativa em Instituição filosófica, e o *terceiro,* daí em diante.

PERITO ou PRÁTICO. Denominação dada na Escócia e nos Estados Unidos da América do Norte a oficiais da Loja, que desempenham funções semelhantes às dos Mestres de Cerimônias e tem por distintivo uma varinha branca.

PERNETY, *Antônio José* (francês, 1716-1801). Beneditino, escritor, alquimista, viajante, levou-o a interessar-se pelos mistérios maçônicos a obra de Swedenborg, *A Jerusalém Reformada* ou *O Mundo Espiritual.* Admitiu ter-se originado a Maçonaria dos egípcios, persas, judeus e gregos, e com esta base filosófica e a cooperação do conde de Grabianca, criou em 1766 um sistema maçônico teosófico-hermético, intitulado *Os Iluminados de Avinhão,* bem como o grau Cavaleiro do Sol, depois desdobrado, e que corresponde aos atuais graus 27.º e 28.º do Rito Escocês Antigo e Aceito. Este Rito recebeu posteriores modificações, introduzidas pelo seu próprio autor e seu citado companheiro.

PERPENDICULAR, s. f.. Veja-se *Fio a Prumo*.

PERSEVERANÇA. *1* — Uma das virtudes maçônicas. *2* — *Ordem dos Cavaleiros e Damas da*. Ordem andrógina criada em Paris cerca de 1777, ou em Versalhes, pouco após a fundação do Rito de Adoção. Os Cavaleiros recebem o título de *Dignos Irmãos*, e as damas, de *Irmãs*. Chamam-se *centros* os locais de sua reunião.

PERSPICAZ. *1* — Virtude que tem de possuir todo maçom desejoso de compreender as finalidades da Ordem e cumprir seus deveres. *2* — Título do Muito Ilustre e Muito Grande Presidente do grau 80.º do Rito de Misraim. Os Vigilantes deste grau se intitulam *Grandes Perspicazes*, e os irmãos, *Perspicazes*.

PERSUASÃO. Uma das armas mais eficazes da Maçonaria e de seus membros para a consecução de seus objetivos.

PÉS. Na marcha dos diferentes graus, tem importância máxima a posição relativa de ambos os pés, não só pelo simbolismo místico que encerra como também para os visitantes de uma Loja darem a conhecer aos demais irmãos o grau de sua instrução maçônica. O simbolismo de cada posição é explicado nas recepções dos respectivos graus. (Cf. *Marcha; Passos Misteriosos.*)

PESCOÇADA. Uma das cerimônias usadas na Idade Média para *armar cavaleiro*, ainda conservada tradicionalmente por alguns Ritos maçônicos. Consiste em o padrinho dar ao aspirante um golpe brando no pescoço ou na cabeça.

PÉS DESCALÇOS. Tradição maçônica, no cerimonial de iniciação, elevação e exaltação nos três primeiros graus simbólicos. Consiste em ter o candidato um de seus pés descalço durante sua iniciação e elevação, e ambos os pés descalços durante sua exaltação, em testemunho não só da seriedade de seus propósitos e compromissos e reverência ao santo recinto onde penetra, como também para expor essa parte de seu corpo à direta influência das benéficas correntes magnéticas e espirituais que ali percorrem e a circundam. A origem dessa tradição remonta aos antigos egípcios, cujos papiros e hieróglifos mostram seus sacerdotes, iniciados e devotos descalços durante as cerimônias iniciáticas e religiosas. Deles adotaram a prática os israelitas, que não raro lhes acrescentavam a lavagem dos pés (*Êxodo* 3:5; 30:19-21; *Josué* 5:15; *Ruth* 4:7, 8). É geral entre os muçulmanos em relação às suas mesquitas, os cristãos da Etiópia ao entrarem em suas igrejas, e os hindus e brâmanes, e muitos outros, ao penetrarem em seus pagodes e templos. "Deus continuou: "Não te chegues para cá; tira as sandálias dos pés, porque o lugar onde estás é terra santa". (Ex. 3:5). Cf. *Seminudez.*)

PHAAL-KOL ou PHAAL-CHAD (*Omni explicatum est*: "tudo está explicado"). *1* — Palavra de Passe que dão na saída dos Conselhos os Cavaleiros *Kadosh* (10.º) do Escocismo Reformado e (30.º) do Rito Escocês Antigo e Aceito. *2* — Palavra de Passe nos Consistórios dos Príncipes do Real Segredo (32.º) do Rito Escocês Antigo e Aceito, onde se traduz por *separados.* (Cf. *Pharasch-Chol.*)

PHAGAL-CHOL. Veja-se *Phaal-Kol.*

PHALAMAS. Palavra de Reconhecimento pronunciada pelos Eleitos Soberanos (59.º) e Soberanos dos Soberanos (60.º) do Rito de Misraim.

PHALEGH. Palavra usada freqüentemente em lugar de *Peleg.* (Cf. *Peleg.*)

PHARASCH-CHOL ou PHARASCH-KOL (*Omni explicatum est*: "tudo está explicado". *1* — Palavra sagrada de reconhecimento, pronunciada ao dar-se o toque de Cavaleiro *Kadosh* (30.º) do Rito Escocês Antigo e Aceito. Todavia, alguns Rituais a substituem por *Begoalchol,* tirada do *Eleito dos Nove* (9.º). *2* — Palavra de Passe no grau 32.º do mesmo Rito, com o significado de *reunidos.* *3* — Palavra misteriosa no grau 10.º do Escocismo Reformado. (Cf. *Phaal-Kol.*)

PHERED, "Separados". Uma das Palavras de Passe dos Cavaleiros da Palestina (8.º) do Escocismo Reformado.

PHETHRUSIM. Um dos sete filhos de Misraim, considerado no Rito desse nome como um dos primeiros conservadores da Ordem nos vales por ele civilizados e denominados Pathiris, e posteriormente chamados da Tebaida.

PHI-BETA-KAPPA. Sociedade americana, presumivelmente derivada da Ordem dos Iluminados da Baviera.

PHILEIDES ou DESFOLHADORES. Maçonaria conhecida como Ordem dos Cavaleiros e Damas (Veja-se *Fuldenses.*)

PHILOCHOREITAS, *Ordem dos.* Veja-se *Filochoreitas.*

PHOAL (*OPUS*). Uma das três Palavras de Passe dos Cavaleiros da Palestina (8.º) do Escocismo Reformado, em 10 graus.

PHORLACH. Segundo alguns Rituais, uma das Palavras de Passe dos Ritos de Mênfis e Escocês (29.º). Equivale a *Anjo da terra.*

PHUT ou PUT. Um dos filhos de Cão (*Gên.* 10:6) e a terra habitada por seus descendentes na Líbia e Mauritânia na África. Aparece no Rito de Misraim como um dos primeiros Grandes Conservadores da Ordem.

PICANTE, *Fogo*. Denominação convencional do vinagre nas reuniões de banquete da Maçonaria Escandinava.

PILARES. *1* — Diz um ritual maçônico: "Nossas Lojas são sustentadas por três grandes pilares: Sabedoria, Força e Beleza. A sabedoria para idear, a força para suster e a beleza para ornamentar. A sabedoria nos guia em todas as nossas empresas, a força nos sustém em todas as nossas dificuldades e a beleza adorna o homem interno. O universo é o Templo da Divindade a quem servimos. A Sabedoria, a Força e a Beleza estão junto ao Seu trono como pilares de Suas obras, porque Sua Sabedoria é infinita, Sua Força é onipotente e Sua Beleza resplandece na simetria e ordem de toda a criação. Deus estendeu os céus como pavilhão e estabeleceu a terra como Seu pedestal. Coroou Seu Templo com um diadema de estrelas, e de Suas mãos fluem todo o poder e a glória. Os três grandes pilares que sustentam uma Loja maçônica são emblemas dêstes atributos divinos." *2* — Figuradamente, as cinco primeiras Luzes de uma Loja — o Venerável, os dois Vigilantes, o Orador e o Secretário — são considerados os pilares de uma Oficina. *3* — Em Tiro, os pilares substituíram as pirâmides egípcias (S.D., I, 37, nota). (Cf. *Colunas Simbólicas.*)

PILATOS ("armado com um dardo"). *1* — Pôncio Pilatos foi o quinto procurador romano na Judéia, no reinado de Tibério. Aparece nos Evangelhos como tendo entregue Jesus à crucificação, sob pressão do povo, depois de haver tentado salvá-lo, lavando, porém, as mãos para testemunhar sua inocência. *2* — Alguns Rituais do grau Rosa-Cruz aludem a este personagem, e no Rosa-Cruz francês, o Maçon Coroado e outros graus, Judas, Caifás e Pilatos, autores da morte de Jesus, substituem os três maus Companheiros que assassinaram Hiram Abiff.

PIMENTA. Nos banquetes da Maçonaria simbólica, este ingrediente recebe o nome de *cimento,* ou *areia amarela* ou *escura.*

PINÇAS ou ALICATES. Denominação dada às espevitadeiras nos banquetes da Maçonaria de Adoção.

PINCEL. Um dos nomes dados à pena de escrever nas Lojas.

PINGALA, sâns.. V. *Nâdi.*

PIPAS. Nomes convencionais das garrafas nos banquetes da Maçonaria de Adoção.

PIRÂMIDES. Estruturas quadrilateras de pedra ou tijolo, geralmente assentadas sobre bases quadradas e adelgaçando-se para o alto com superfícies laterais triangulares, são encontradas em diferentes partes do mundo, mas principalmente no Egito, onde as mais famosas são as três de *Gizé,* a oeste de Cairo — a Grande Pirâmide de Queóps, a de Quefren e a de Micerino — tendo esta a metade da altura das outras duas, mas excedendo-as em beleza de acabamento. São sepulcros monumentais de primitivos reis egípcios, porém estudos mais apurados demonstram que originalmente foram templos votivos, relacionados com o culto solar e as iniciações aos antigos Mistérios. Suas quatro faces estão orientadas no sentido dos quatro pontos cardeais, visando alguma finalidade astronômi-

ca. Na construção da Grande Pirâmide de Queóps, calculada pelo sistema decimal (cabalìsticamente o número 10, ou seja, a combinação dos princípios masculino e feminino), nota-se um sistema de *ciência exata,* geométrica, numérica e astronômica, baseada na razão integral *pi* do diâmetro para com a circunferência do círculo. Suas medidas coincidem com as do alegórico Templo de Salomão, emblema do ciclo da Iniciação, como, também, com as da Arca de Noé e da Arca da Aliança. (*Doutrina Secreta* de H. P. Blàvatsky, I, 333-34, e II, 487.) Além disso, as pirâmides simbolizavam outros misteriosos princípios criadores cósmicos e da natureza interna do indivíduo (triângulo sobre o quadrilátero). No Rito de Misraim se instruía que as pirâmides foram o verdadeiro lugar da Maçonaria, e ali se exibe um de seus emblemas em alguns graus. Em sua obra *The Great Pyramid,* p. 95, Davidson e Alesmith, depois de copiosos informes sôbre o assunto, comentam: "As externas características, dimensões e unidades da grande pirâmide metòdicamente estudadas, dão precisa e exatamente todos os valores essenciais da órbita e movimento da Terra, inclusive os valores dos anos solar e sideral, a distância média do Sol, o diâmetro do Sol e os valores máximo e mínimo da excentricidade da órbita da Terra."

Em apoio à crença de que a Grande Pirâmide era a Casa Sagrada dos Mistérios, citamos palavras de eminente autoridade sobre simbolismo maçônico, Arbert Chuward: "Sustentamos que a Grande Pirâmide de Gizé foi construída no Egito como um monumento e permanente recordação desta religião primitiva (os Mistérios), com base em verdadeiras leis científicas, por divina inspiração e conhecimento das leis do universo. Com efeito, podemos interpretar a Grande Pirâmide como o primeiro templo maçônico do mundo, superando todos outros até então construídos". (Cit. em *The Phoenix,* Mainy P. Hall, p. 164). E prossegue o erudito escritor: "Este pensamento abre um vasto campo de especulações. Foi a Grande Pirâmide a verdadeira Casa de SOL-OM-ON? Foi o arquiteto dessa Casa o imortal Hiram Abiff, cujo nome significa "Nosso Pai Chiram", o "fogo criador"? Foram as pedras da Grande Pirâmide cortadas com serrote de bronze, com dentes feitos de diamantes, ou o foram por meio do fogo cósmico, ou da *schamir,* com que Moisés cortou as jóias do racional do Sumo Sacerdote? O que foi *schamir,* a pedra sagrada que desintegrava tudo quanto ela tocasse? Foi o Grande Agente Mágico do universo focalizado num ponto preparado segundo os segredos dos Mistérios? Acolhemos a idéia de que a Grande Pirâmide foi o real Templo de Salomão. De fato a alegoria tem sido lamentavelmente distorcida, mas, se ao Maçon moderno parecer incrível que a Grande Pirâmide haja sido o berço de sua Real Arte, nós lhe pediríamos respondesse a duas perguntas: Que construção maior que a Pirâmide foi em algum tempo executada por qualquer arquiteto ou artífice na face da Terra? Para a ministração dos três graus da Loja Maçônica Azul, que estrutura mais adequada que a da Grande Pirâmide se poderia encontrar, com suas três apropriadas câmaras e um sarcófago pronto e ao alcance na Câmara do Rei para outorgar o grau de Mestre Maçom?" (Cf. *Esfinge; Harmachis; Labirinto.*)

PISCES. Duodécimo signo do Zodíaco e sexto dos astrais, que nos templos simbólicos figura sobre a respectiva coluna zodiacal ou simplesmente a substitui. (Cf. *Zodíaco.*)

PITÁGORAS (580-500? a.C.). Célebre filósofo grego, nascido na ilha de Samos e fundador da escola pitagórica, depois de haver estado no Egito, onde foi iniciado no santuário de Tebas, e na Caldéia e Índia, onde estudou a astronomia, astrologia e ciências matemáticas, esotéricas, etc. No último destes países ainda é conhecido com o nome de Yavanâchârya ("o Mestre Jônio"). A sua escola afluíam as melhores inteligências dos centros civilizados, e seus discípulos se tornaram lendários por seus conhecimentos sobre conduta social, fidelidade a seus princípios, e exemplar espírito de solidariedade e fraternidade. Foi o primeiro a ensinar o sistema heliocêntrico, sendo considerado o maior matemático, geômetra, astrônomo e metafísico da antigüidade histórica, e professou a doutrina da reencarnação ou metempsicose, mas sem as distorções que alguns lhe adicionam. Uma conjuração política suscitada em Crotona, encabeçada por Cylon, cuja admissão fora recusada na Ordem por ter sido julgado ambicioso e cruel, voltou-se também contra essa Escola, destruiu-a e massacrou muitos de seus membros. Pitágoras desapareceu então misteriosamente e nunca se encontrou o seu corpo. De sua doutrina restam os *Versos Áureos de Pitágoras,* que ainda percorrem o mundo, e muitos irmãos consideram ser a Ordem Maçônica uma sua continuadora. Segundo uma lenda, ele chegou a ir às Gálias para iniciar-se ali também nos Mistérios Druídicos. (Cf. *Números; Rito da Academia dos Sublimes Mestres do Anel Luminoso.*)

PITÁGORAS, *A Escola de.* Pitágoras, "um dos pais da Maçonaria", fundou cerca de 529 a.C., em Crotona, ao Sul da antiga Itália, Magna Grécia, uma escola destinada a discípulos de ambos os sexos, que se tornou famosa e sobre a qual escreve G. R. S. Mead (*Orpheus,* pp. 265-6):

"Os mais refinados caracteres femininos que a Grécia nos apresenta foram formados na Escola de Pitágoras, e o mesmo é verdadeiro em relação aos caracteres masculinos. Os escritores da antiguidade eram concordes em que esta disciplina havia sido bem sucedida em produzir os mais elevados padrões, não somente da mais pura castidade e sentimento, mas também de simplicidade de maneiras, delicadeza e gosto por pesquisas sérias, que foram sem paralelo".

Os ensinamentos do grande filósofo eram ministrados em quatro Graus, chamados *Preparação, Purificação, Perfeição* e *Epifania* ou *Iluminação Interior.* A essência de sua doutrina foi condensada por sua filha e discípula Lysis no formoso poema *Versos Áureos de Pitágoras,* altamente inspiradores. Tão profundo, versátil, eminente e grandioso foi Pitágoras que ainda hoje astrônomos, matemáticos, músicos, filósofos, instrutores, Iniciados, Maçons e Teósofos disputam a glória de tê-lo em sua companhia, como seu sábio Mestre.

PITÁGORAS, *Teorema de* — Das medidas básicas da grande pirâmide deriva o famoso postulado 47 do Livro I de Euclides, enunciando o teorema de Pitágoras de que "o quadrado da hipotenusa é igual à soma dos quadrados dos catetos", o qual é praticamente aplicado por todos os edificadores ao levantarem as paredes formando ângulo reto entre si. Representa êsse teorema um triângulo retângulo cujos catetos e hipotenusas estão na proporção aritmética de 3 : 4 : 5, respectivamente, números estes muito aplicados na simbologia maçônica. Segundo Plutarco, os antigos sacerdotes egípcios empregavam um triângulo destas proporções como símbolo da Trindade Divina, em que Osíris e Ísis eram representados pelos catetos, e Hórus, o seu produto, pela hipotenusa. Evidentemente, originaram-se daí as jóias atualmente usadas pelo Venerável (um Esquadro) e pelo seu P. M. I. (proposição 47 de Euclides); simbolicamente, o primeiro executa a construção e o segundo fiscaliza ou afere a sua exatidão de acordo com o "plano". Investigações recentes de Thurreau-Dangin e de Neugebauer provaram que os babilônios conheciam o teorema de Pitágoras 1500 anos antes do grande filósofo (cit. por J. A. Lopiz, *O Enigma das Pirâmides,* p. 114, ed. *Emus*), de quem, aliás, dizem os seus biógrafos: "Pitágoras foi levado cativo pelos soldados de Cambises a Babilônia, onde existiam por este tempo três diferentes religiões no alto sacerdócio, e ali adquiriu muitos conhecimentos." Por sua vez, os babilônios herdaram muitos de seus conhecimentos dos egípcios e de civilizações anteriores a estes. (Cf. *Lojas; Números; Pirâmides.*)

PLATAFORMA. Alegoricamente, é a mesa dos banquetes na Maçonaria simbólica, e os pratos na Maçonaria Escandinava.

PLATÃO. Famoso filósofo grego, que viveu em 427-348 a.C. Nascido em Atenas, aos vinte anos de idade se fez discípulo de Sócrates, privando com ele durante oito anos e imortalizando-o em seus escritos. Após a morte de seu insigne Mestre, passou a residir, aos 30 anos de idade, em Megara, donde visitou o Egito, Cirene, Itália e Sicília. Iniciou-se nos Mistérios egípcios, no santuário de Heliópolis, e fundou posteriormente uma escola filosófica, a *Academia,* denominação tirada do parque próximo de Atenas, onde costumava reunir-se com seus discípulos, entre os quais se contava Aristóteles. Sua filosofia, idealística, mística e de elevada moral, a expôs pelo sistema dedutivo numa série de diálogos, dos quais os principais são *República, Fedon, Fedros, Simpósio* e *Timeu.* Tão vivo foi e continua a ser o seu pensamento, que os antigos o cognominaram "o divino Platão", e modernos pensadores ocidentais ainda o consideram "o pai da filosofia". Nos ensinos ministrados no grau de Companheiro (2.º) da Maçonaria simbólica se reflete muito da filosofia platônica.

PLATÔNICA, *Academia.* Denominação da antiga escola platônica, que várias associações maçônicas e pseudomaçônicas adotaram posteriormente, baseadas ou não em ensinamentos platônicos.

PLUMA. *1* — Duas plumas cruzadas constituem a jóia distintiva do Secretário da Loja, sendo, pois, uma das alfaias da mesma. *2* — Na linguagem simbólica, a pluma é também denominada *pincel, lápis* ou *buril.*

P.·. M.·. Abreviatura de *Past Master*: "Mestre aprovado" ou "examinado".

P.·. M.·. I.·. Abreviatura de *Past Master Imediato,* geralmente o antecessor do atual Venerável.

POD.·. Abreviatura de *Poderoso.*

PODER. *1* — Ato, instrumento ou documento oficial expedido por uma potência maçônica ou uma Loja, a favor de um irmão, para representá-la ante as demais potências e corpos superiores, ou para desempenhar uma comissão especial. *2* — Prerrogativas atribuídas a um funcionário ou corpo maçônico em determinada jurisdição. *3* — Poder Supremo da hierarquia maçônica. O único que possui os símbolos e arcanos desconhecidos da maioria dos iniciados. É o governo que rege as Oficinas sob sua dependência, e que legisla sobre todos os assuntos das Lojas, Capítulos, Areópagos e Conselhos, e os dirige em seus trabalhos. Depositário da autêntica doutrina maçônica, sua função é a de desenvolver a parte normativa, moral, filosófica e científica da Maçonaria, para instrução das Oficinas, e edificação dos obreiros, e manter em toda sua integridade e esplendor as leis e Ritos maçônicos, visando sempre o desenvolvimento e engrandecimento da Ordem. Segundo os termos da jurisprudência comum, o Poder é legislativo, executivo e judicial, e reside nos diferentes corpos e dignitários, segundo os respectivos Ritos e Constituições. Em geral as Lojas, à semelhança dos corpos superiores, exercem diretamente o poder legislativo nos assuntos de sua alçada, delegando o executivo às cinco primeiras *Luzes* e o judicial à Comissão de Justiça. (Cf. *Patente.*)

PODEROSA RAINHA. Nas recepções de Princesa da Coroa (10.º) da Maçonaria de Adoção, dá-se êste título à recipiendária, que representa a rainha de Sabá visitando o rei Salomão. (I *Reis* 10:1-13). (Cf. *Balquisse.*)

PODEROSÍSSIMO. Título que se dá ao Presidente da Loja nos graus 24.º e 27.º do Rito Escocês Antigo e Aceito. Neste último grau algumas Lojas (ou *Cortes*) lhe dão o título de *Ilustríssimo* ou *Valorosíssimo.* (Cf. *Muito Poderoso.*)

PODEROSO CINCO VÊZES. Título dos Presidentes das Lojas e Mestre Inglês (8.º) do Rito de Misraim.

PODEROSO ou PODEROSÍSSIMO GRANDE COMENDADOR, *Três Vezes.* Título do Grão-Mestre do Supremo Conselho dos Soberanos Grandes Inspetores Gerais (33.º) do Rito Escocês Antigo e Aceito.

PODEROSO ou PODEROSÍSSIMO GRÃO-MESTRE, *Três Vezes.* Título dos membros das Lojas Reais ou Colégios dos Cavaleidos Real Arco (13.º), dos Grandes Escoceses da Abóbada de Jaques VI (14.º) e dos Chefes do Senado e do Areópago dos Cavaleiros *Kadosh* (30.º), do Rito Escocês Antigo e Aceito.

PODEROSO E PERFEITO MESTRE. Título dos Cavaleiros Rosa-Cruz (18.º) do Rito Escocês Antigo e Aceito.

PODEROSO TRÊS VEZES. Título dos Veneráveis das Lojas dos graus 4.º, 8.º e 11.º do Rito Escocês Antigo e Aceito.

PODEROSOS. Título dado aos dois Vigilantes, colocados cada um ao sul e norte da *Hierarquia* (Loja), no grau 24.º do Rito Escocês Antigo e Aceito.

PÓLVORA. Nas reuniões de banquetes maçônicos, é a denominação das bebidas fermentadas e mesmo da água.

PÓLVORA DO LÍBANO. Denominação simbólica do tabaco.

PÓLVORA NEGRA. O café nos banquetes maçônicos.

PÓLVORA VERMELHA. O vinho generoso, nos banquetes maçônicos.

POMBA. *1* — Entre os judeus e cristãos esta ave simboliza a pureza (*Lev.* 12:6, 8), e o Espírito Santo (*Mat.* 3:16; 10:16), e por isso os russos se abstêm de comê-la. *2* — Segundo a instrução dos Cavaleiros do Sol (28.º) do Rito Escocês Antigo e Aceito e a acepção que lhe emprestam os demais graus em que intervém, representa o fecundante e universal espírito da Natureza. *3* — Na Maçonaria de Adoção é emblema da virgindade no 1.º grau; traz um ramo no bico nos 2.º e 3.º graus, ao passo que no 8.º grau aparecem uma pomba transparente no dossel da Loja, outra de prata com um ramo no bico servindo de jóia deste grau, e uma dessas aves viva na Loja. *4* — No Rito Egípcio de Cagliostro, recebe este nome uma menina especialmente consagrada pelo Venerável para, na recepção do 3.º grau, servir de "intermediária entre o anjo do Senhor e o eleito, fazer conhecer-lhe a vontade divina e convencê-lo da existência do grande poder de Deus." *5* — A antiguidade dessa ave como símbolo sagrado foi revelada pelas descobertas arqueológicas feitas na ilha de Creta do ano 1900 em diante e divulgadas por Sir Arthur Evans em seu livro *The Palace of Minos at Knossos,* em que entre outros símbolos maçônicos se encontrou a pomba pairando sobre os santuários, os quais remontam à era do rei Mino, há cerca de 5.000 anos. (Cf. *Fênix; Mistérios Cretenses; Pelicano.*)

POMBA, *Dama da.* Grau 8.º da Maçonaria de Adoção.

POMPÉIA, *Conselho de.* Nome dado ao primeiro Supremo Conselho do grau 33.º, criado em Paris em 1761 pelo Conde de Grasse-Tilly e realizado na *Galeria de Pompéia.*

PONTÍFICE (do latim *pons,* ponte, e *facio,* fazer). *1* — Nome antigamente dado aos construtores de pontes, e adotado no século XVIII pela Maçonaria para título de uma série de graus. *2* — Título do Orador da Corte do Monte Sinai, ou seja, das Lojas de Cavaleiro da Serpente de Bronze (25.º) do Rito Escocês Antigo e Aceito. *3* — Idem do Presidente do Santuário do Santo Real Arco (4.º) da Maçonaria com este nome. Durante os trabalhos, seu título é o de *Muito Excelente* ou *Excelentíssimo Grão-Pontífice.*

PONTÍFICE DE ÍSIS, *Sublime*. No Rito de Mênfis, é o título do grau 44.º; ao passo que os graus 56.º, 59.º e 62.º se intitulam, respectivamente, *Pontífice da Cadmea, Pontífice da Ogygia* e *Pontífice de Mitra*.

PONTÍFICE, *Grande*, ou SUBLIME ESCOCÊS DA JERUSALÉM CELESTE. Grau filosófico e o 19.º do Rito Escocês Antigo e Aceito. É alegoricamente consagrado ao pontificado da religião universal, da "Nova Jerusalem" ou da *Maçonaria Regenerada*.

PONTO DENTRO DO CÍRCULO. Esotericamente, por seu significado transcendente, é a mais importante figura geométrica na emblemática metafísica, cuja explicação é feita muito sumariamente no Quadro do 1.º Grau de uma Loja maçônica, e na explanação do 3.º Grau. Graficamente, é um emblema formado por um ponto dentro de um círculo, delimitado por duas linhas retas e perpendiculares, que é exposto em toda Loja bem constituida, onde o exibem em três lugares:

1. Na face do Altar de Dedicação, onde o candidato se ajoelha ao assumir suas Obrigações, estando com o corpo ereto entre essas paralelas e o seu centro alinhado com o oni-abarcante Centro dentro do Círculo.
2. No Quadro de Traçar.
3. No assoalho da Loja.

Este emblema é raramente visto no assoalho, exceto nas Lojas que perpetuam a antiga tradição segundo a concepção original da Maçonaria. O assoalho da Loja é indubitavelmente o lugar mais adequado para a sua exposição, quer debaixo do centro "G", quer em frente do 1.º Vig. Quando colocado diante do 1.º Vig., é utilizado como base donde os entrantes e os candidados dão os sinais apropriados. É digno de nota que em algumas antigas Lojas se usava o interessante cerimonial de se esquadrar o Círculo quando se entra ou sai do Centro.

O Ponto dentro do Círculo é um antiquíssimo símbolo, outrora venerado em Babilônia, Índia e México. Corresponde ao *Parâmartha* dos hindus, o "Desconhecido"; ao Absoluto ou Altíssimo dos cristãos; à oni-abarcante Divindade da qual todos procedemos e à qual todos finalmente retornamos, como aparentemente ao fim do dia os esparsos raios solares retornam ao seu foco, o Astro-Rei, e os "múltiplos se tornam UM". É no interior deste Centro que se encontra todo o conhecimento, inclusive os "segredos perdidos" de um M.M.

As duas linhas paralelas são também descritas como representando os dois S. João, patronos da Ordem, entre os cristãos, e as duas leis coordenadoras da evolução, o *Dharma* e o *Karma,* entre os hindus. (Cf. *Círculo; Equinócios; Solstícios*).

PONTOS CARDEAIS. São os quatro pontos cardeais da circunferência: Oriente, Ocidente, Sul e Norte. Na Loja maçônica são figurados pelos seus quatro lados, sendo os três primeiros ocupados pelas suas três Luzes, que são os seus três oficiais principais: o lugar ocupado pelo Venerável é o Oriente; à sua frente, no Ocidente, está o Primeiro Vigilante, e no meio da ala do Sul, à sua esquerda se acha o Segundo Vigilante. No lado N. E., onde se crê nascer o Sol, se colocam os Aprendizes; no lado S. E., também chamado *Meio-Dia,* se sentam os Companheiros, e nos lados S.O. e N.O. se distribuem simetricamente os Mestres Maçons. Os demais irmãos do quadro da Loja e os visitantes ficarão ao Norte, Oriente ou Ocidente, segundo seus graus e funções e conforme o prescreva o respectivo Ritual. (cf. *Harmachis*)

PONTOS SOLSTICIAIS. V. *Colunas Solsticiais.*

PORTA. *1* — No estilo bíblico significa freqüentemente *domínio, poder*: "Ela possuirá as portas de seus inimigos" (*Gên.* 22:17); "as portas do Hades não prevalecerão contra as da Igreja" (*Mat.* 16:18). *2* — Na Maçonaria figuram, no grau de Aprendiz (1.º), três portas com suas correspondentes janelas, no Oriente, Ocidente e Sul, como emblemas dos três pontos do firmamento onde se mostra o Sol, cuja luz penetra por elas para iluminar o templo. Na Maçonaria de Adoção tem a denominação de *Barreira.* *3* — *Cavaleiro da.* Título do grau 4.º do Rito do Oriente.

PORTA-AURIFLAMA. Título de um dos oficiais das Lojas de Aprendiz do Escocismo Reformado de Tschoudy.

PORTA-ESPADA. *1* — Um dos oficiais das Lojas e Capítulos do Rito Escocês, encarregado de conduzir a *espada,* emblema do poder, em todas as solenidades e cerimônias da Ordem. *2* — Um dos grandes oficiais dos Consistórios de Príncipes do Real Segredo e dos Supremos Conselhos de Soberanos Grandes Inspetores Gerais.

PORTA-ESTANDARTE. Título de um dos Grandes Oficiais dos Supremos Conselhos, Consistórios e Conselhos, ou dos Capítulos e Lojas, encarregado de conduzir o Estandarte da Ordem ou a bandeira de uma Loja em solenidades tais como as de instalação de uma Loja, inauguração de um templo, ou de recepção dos altos corpos em reunião ou do Soberano Grande Comendador Grão-Mestre, quando assistem aos trabalhos de corpos inferiores ou das Lojas. Na falta de número de Mestres suficientes para completar o quadro de oficiais determinado pelo Rito, o Cobridor poderá desempenhar essas funções.

PORTA, *Giambattista Della*. Célebre físico italiano que viveu de 1540 a 1615. Fundou a Academia dos Segredos, à qual só admitia os que houvessem feito alguma descoberta no campo da medicina ou das ciências naturais. Dedicou-se também ao estudo da magia, astrologia, alquimia, psiquismo, etc. De sua Academia nasceram muitos Capítulos de alquimistas, dos quais se originou o importante ramo conhecido como Maçonaria Filosófica, donde derivaram os Ritos de Coens, ou Sacerdotes de Pernety, ou Iluminados de Avinhão, do Velocino de Ouro, de Benedito Chastenier, dos Filaletos ou Iluminados Teósofos e as Academias Russo-Sueca de Varsóvia, dos Antigos e dos Secretos, e outras instituições. (Cf. *Rito da Academia dos Antigos Segredos.*)

PORTAL DA MORTE. Era o título do grau 3.º dos antigos Mistérios do Egito. Que este grau bem revela a origem egípcia e a antigüidade da moderna Maçonaria, prova-o a seguinte passagem de H. P. Blavatsky (*La Doctrina Secreta,* Vol. V, pp. 362-3): "Depois de haver passado em Tebas pelas "doze torturas" preliminares, exigia-se do neófito que para sair triunfante dominasse suas paixões e não perdesse nem por um instante a idéia de seu Deus interno, o seu sétimo princípio. Depois, como símbolo da errante situação da alma impura, tinha de subir por várias escadas e vagar por uma escura caverna com muitas portas fechadas. Terminadas vitoriosamente estas provas, recebia o grau de *Pastoforis,* ao que sucediam o terceiro grau de *Neocoris* e *Melancforis.* Então o conduziam a uma espaçosa câmara subterrânea, com grande número de múmias deitadas, e o colocavam na presença do ataúde que continha o mutilado corpo de Osíris. Esta era a câmara chamada *Portal da Morte,* e a ela alude o versículo do livro de Jób: "Acaso te foi revelado o portal da morte? Ou viste as portas da sombra da morte?" (*Jób* 38:17.) Assim pergunta o "Senhor", isto é, o hierofante, o *Al-om-jah*, o iniciador de Jób, aludindo ao grau da iniciação, pois o *livro de Jób é por excelência* o poema da iniciação. Quando o neófito havia vencido os terrores desta prova, levavam-no à *Câmara dos espíritos* para que estes o julgassem. Entre outras regras de conduta, se lhe davam as seguintes: *Não alimentar jamais desejos de vingança. Estar sempre disposto a auxiliar um irmão, mesmo com o risco da própria vida. Enterrar os mortos. Honrar pai e mãe sobretudo. Respeitar os mais velhos, e proteger os fracos. Re-*

cordar-se sempre da hora da morte e da ressurreição em um novo e imperecível corpo. Recomendavam-se sobremaneira a pureza e a castidade, e ameaçava-se o adultério com a pena de morte. O neófito obtinha assim o grau de *Kristophoreos,* e então se lhe comunicava o misterioso nome de IAO." (Cf. *Iao; Janelas.*)

PORTAL DOS DEUSES, *O astrônomo ante o.* Grau 6.º da Crata Repoa.

PÓRTICO. *1* — A entrada do templo maçônico, e mais especialmente, a da Câmara de Mestre, figurando três portas. *2* — Por extensão, o cômodo que precede a sala dos *passos perdidos.*

PORTUGAL. São muito confusos os dados referentes à época da origem da Maçonaria em Portugal; contudo, supõe-se que ela nasceu ali das seitas da Cavalaria da Idade Média. A fundação do Grande Oriente Lusitano data dos princípios do século XIX, mas antes já se haviam construído várias Oficinas naquele país. A primeira Grande Loja foi estabelecida em Lisboa em fins de 1804, tendo por Grão-Mestre Sebastião José Sampaio, irmão do Marquês de Pombal, e em 1816 o tenente-general Gomes Freire de Andrade foi nomeado Grão-Mestre do Grande Oriente Lusitano. A seguir desencadeou-se uma campanha de perseguições contra a Maçonaria portuguesa, morrendo no tormento Gomes Freire e mais onze companheiros seus, o que abalou profundamente aquela Instituição. Mas alguns irmãos valorosos mantiveram acesa a chama maçônica em algumas Lojas, fazendo-as funcionar regularmente. Em 1834 se estabeleceu nesse país um regime político mais liberal, que teria favorecido maior desenvolvimento à Maçonaria, não houvesse esta sido utilizada mais para fins políticos. Em 31 de janeiro de 1859 ela ressurgiu com a nomeação do Conde de Parati como Grão-Mestre do Grande Oriente Lusitano. Em 1863 este iniciou relações fraternais com o Grande Oriente da França e daí em diante foi ampliando o círculo de suas relações com todo o mundo maçônico. Também ajudou e protegeu a Maçonaria espanhola durante suas perseguições no século XIX, criando em Cádiz, Sevilha, Madrid e outras povoações, Lojas que funcionaram sob a jurisdição maçônica portuguesa, e bem assim cooperou no desenvolvimento da Maçonaria brasileira. De 1933 em diante, com o advento de um governo ditatorial, tem permanecido fechada a Maçonaria portuguesa. (Cf. *Robinson, John.*)

POSTULÂNCIA, *Casa de.* O Rito ou Ordem do Templo Moderno, de oito graus, dividia-se em dois grupos, denominados *casas.* Na primeira *casa,* chamada de *iniciação,* se conferiam e praticavam os quatro primeiros graus, e na segunda, chamada *casa de postulância,* os outros quatro graus.

POSTULANTE. *1* É a pessoa cuja admissão na Ordem tenha sido aprovada pela Loja, satisfeitos os requisitos estatutários. *2* — Por extensão, é o irmão Hospitalar no ato de fazer circular o Tronco de Beneficência, antes do encerramento dos trabalhos. (Cf. *Candidato; Profano.*)

POSTULANTE DE ORDEM. Grau 6.º da Ordem do Templo Moderno, em oito graus.

POSTURA DE ORDEM. Atitude assumida pelos irmãos ao se darem a conhecer ou em cumprimento a prescrições do Ritual. A postura específica de ordem é a do Aprendiz, inclusive o sinal; é única e universal para todos os Ritos e maçons do mundo. Além desta, cada grau tem a que lhe é característica.

POTÊNCIA. Maçonicamente, é todo Grande Oriente, Capítulo independente ou Supremo Conselho reconhecido como autoridade. No Brasil as Potências regulares são as *Grandes Lojas Estaduais* para os graus simbólicos, e o *Soberano Supremo Conselho* para os Altos Graus.

POTÊNCIA MAÇÔNICA. Alto Corpo Regular: Grande Oriente, Grande Loja, ou Supremo Conselho.

POTÊNCIA METROPOLITANA. Denominação que se deu à Grande Loja Real de Edimburgo, Escócia, quando ali se constituiu sob o título de Grande Capítulo da Ordem Real maçônica de Kilwinning em 1736.

POTÊNCIA SUPREMA DA ORDEM. Título dado ao Soberano Tribunal formado pelos Soberanos Grãos-Mestres Absolutos da Ordem.

POTENTE. Juntamente com o de Muito Ilustre e Grande, é o tratamento que se dá aos Soberanos Príncipes (85.º) do Rito de Misraim.

POTESTADE SUPREMA, *Câmara da.* Cada um das três Câmaras que governam 89 dos 90 graus do Rito de Misraim. A primeira governa os 33 primeiros graus; a segunda, a série dos graus 34.º ao 66.º; e a terceira, a série dos graus 67.º ao 89.º.

POTIER, *Miguel.* Alquimista francês do século XVII, mais conhecido pelo nome latino de Poterius. Escreveu grande número de obras sobre alquimia, e filosofias hermética e rosacruciana.

P.·. P.·. P.·. O triângulo maçônico formado por estas três letras simboliza o tempo em sua tripla manifestação de *pas-*

sado, presente e *porvir*. Cada uma destas corresponde respectivamente, a uma qualidade humana: *memória, entendimento* e *vontade*.

PRADO. Nome de um dos três Supremos Conselhos do grau 33.º, que existiram em Paris de 1812 a 1820.

PRANCHA. V. *Ata, e Balaústre*.

PRANCHA DE CONVOCAÇÃO. Carta ou circular dirigida a cada irmão pelo Secretário, convocando-o para as reuniões e indicando a ordem do dia.

PRANCHA DE GRAVAR ou TRAÇAR. Papel em branco, ou escrito maçônico.

PRANCHA DE PESQUISAS. Questionário relativo a um profano, que solicita iniciação na Ordem.

PRÁTICO. *1* — Nas Lojas dos Estados Unidos e da Inglaterra, é o oficial que exerce as funções de *Experto*. Costuma sentar-se numa cadeira em forma de tesoura, abaixo dos degraus do Oriente, diante do Hospitalar. O primeiro *Prático,* ou *Perito,* usa como jóia de seu cargo uma régua e uma espada cruzadas, e está armado de uma espada. O segundo *Prático* ou *Terrível* tem por jóia uma ampulheta e um gadanho, e está armado de uma espada. *2* — Grau 3.º das antigas propriedades herméticas ou alquimistas de Rosa-Cruz. (Cf. *Irmão Terrível.*)

PRAZER, *Cavaleiros e Damas do.* Sociedade andrógina criada em Paris em 1697, sob a tutela de Baco e do Amor. (Cf. *Filochoretas.*)

PREBOSTE. *1* — Antigo magistrado de justiça militar; nome de vários antigos funcionários reais e senhoris. *2* — Nas ordens de cavalaria, é o título dado a um dos grandes oficiais, encarregado da direção do cerimonial e de levar a faixa e a cruz da Ordem nas grandes solenidades.

PREBOSTE E JUIZ ou MESTRE IRLANDÊS. Título do grau 7.º do Rito Escocês Antigo e Aceito.

PRECEITOS. Na Maçonaria, são os livros que contêm as Antigas Constituições de 1723 e 1738. Entre seus preceitos mais preliminares estão os seguintes: 1) Todo membro ou visitante de uma Loja, ao penetrá-la, dirigir-se-á à sala dos passos perdidos, onde haverá um irmão incumbido de receber os visitantes e de fazer todos os assistentes assinarem o livro de presença. 2) Uma vez ali, decora-se com a indumentária do seu grau, constituída do avental e demais insígnias que lhe correspondem, e aproxima-se a seguir da porta do templo, em que dá as pancadas maçônicas. 3) Atravessada a porta, avançará para o Oriente pelos passos misteriosos do grau em que a Loja trabalhe; deter-se-á entre colunas, e após haver feito as correspondentes saudações ao Oriente, ao Ocidente e ao Sul, permanecerá em pé e à ordem na atitude consagrada, esperando que o Venerável o interrogue e o mande sentar-se. 4) Se é Aprendiz, irá colocar-se no N. E. da Loja; se Companheiro, no S. E.; e se for Mestre, poderá fazê-lo indistintamente na primeira fila de qualquer das colunas. 5) Não é permitido passar de uma coluna para outra, nem sair do templo sem prévia autorização do Venerável ou de seu respectivo Vigilante, e sem haver depositado o seu óbulo no tronco de Beneficência. 6) Além de se apresentar nos trabalhos decoradamente vestido, o maçom deverá assisti-los com a maior circunspecção e compostura. 7) Não é lícito conversar com irmãos seus vizinhos; para usar a palavra, deverá levantar-se, e voltando-se para o Vigilante de sua coluna, baterá uma pequena palma e esperará de pé e à ordem a concessão da palavra. 8) Se cometer alguma falta contra os preceitos maçônicos, o Venerável fará apresentar-lhe o Tronco de Beneficência, em que o infrator deverá depositar uma oferenda extra, sem murmurar. (Cf. *Mandamentos; Ordem dos Trabalhos; Visitante.*)

PRECEPTOR. *1* — Denominação dos dignitários dos Templários e grandes oficiais da Ordem de Malta. *2* — Também assim se chamam os Comendadores do Santo Espírito, residentes em Montpellier.

PRECISÃO. Obrigação, pontualidade, exatidão, figuradas na Maçonaria pela régua de 24 polegadas, um dos seus instrumentos simbólicos. (Cf. *Instrumentos de Trabalho.*)

PREFEITO DO INTERIOR. Título do grau 32.º do Rito Escocês Primitivo.

PREFEITO DO TEMPLO. Espécie de Vigilante, pertencente à classe dos Mestres que constituíam um corpo especial para manter a ordem entre os operários do Templo e ativar as obras.

PREPARAÇÃO. Nas recepções de alguns graus se exige uma sala ou câmara, a que se dá o nome de Sala ou Câmara de Preparação. (Cf. *Câmara.*)

PREPARADOR. Oficial existente em certas Lojas, com a função de receber os profanos e prepará-los para a iniciação, depois do que os entrega ao Experto ou ao Mestre de Cerimônias. Em alguns graus a função de preparador é exercida suplementarmente por outros dignitários; por exemplo no 1.º grau do Rito de Adoção pertence à *Irmã da Eloqüência* (Oradora), e nas recepções do grau 28.º do Rito Escocês Antigo e Aceito, é desempenhada pelo *Irmão da Verdade,* o único Vigilante do Conselho, do qual também é o Orador.

PRERROGATIVAS. Entre os maçons, só se reconhecem como tais as outorgadas, permitidas ou regulamentadas por suas Constituições, Leis e Potências regularmente reconhecidas. Foram privilégios muito comuns durante a Idade Média e Sistema Feudal, e ainda toleradas nos regimes monárquicos, porém praticamente desaparecidos no regime republicano e democrático.

PRESENÇA. Os regulamentos maçônicos prescrevem a obrigatoriedade da presença dos irmãos às reuniões de suas Lojas, Potências ou Conselhos. Por isso adotam um registro especial para colher as assinaturas dos presentes, chamado *Livro de Presença,* e os irmãos faltosos deverão apresentar justificação de suas ausências, acompanhada do seu óbulo para o Tronco de Beneficência.

PRESIDÊNCIA. Dignidade ou cargo do Presidente em geral; ato de presidir os trabalhos.

PRESTON, *Guilherme* (1742-1818). Ilustre maçom inglês, que foi Venerável Mestre na célebre Loja *Antigüidade,* de Londres. Ocupou-se especialmente das investigações sobre a Maçonaria e escreveu várias obras, notadamente *Ilustrações Sobre a Maçonaria* e *Calendário do Franco-maçom.* Atribui a origem da Maçonaria na Inglaterra às corporações de construtores, levadas de Roma por Santo Albano e depois por Santo Agostinho. À sua morte legou à sua Loja apreciável importância, dispondo que uma parcela fosse destinada a dotar uma escola beneficente para crianças indigentes.

PRICE. Fundador da primeira Grande Loja de São João para a América do Norte, instalada em Boston a 30 de julho de 1733, sob os auspícios da Grande Loja da Inglaterra.

PRIMA GAVOTTE e PRIMA MARIA. Nomes distintivos dos irmãos exercendo as funções de cozinheiros nos banquetes da Franco-carbonaria e vestindo trajes femininos.

PRIMAVERA. O ano maçônico que começa no equinócio da primavera e conta oficialmente seus dias a partir de 21 de março (no hemisfério norte). (Cf. *Calendário.*)

PRIMEIRO DISCRETO. Título da primeira divisão de um dos graus do Rito de Misraim (o 49.º da escala geral).

PRIMEIRO GRAU. V. *Aprendiz.*

PRIMO. Tratamento usado entre si pelos filiados de ambos os sexos dos ramos da Franco-carbonaria ou Maçonaria dos Montes; são os carbonários, silvanos, lenhadores, serradores, etc.

PRIMO DE CIMA. Título do primeira Guarda ou Vigilante das Estalagens, Canteiros, Obradores e tendas da Franco-carbonaria e dos Companheiros do Dever.

PRIMORDIAL. Qualificativo dado a um Capítulo de Rosa-Cruz criado em Arrás, França, em 1747, por Carlos Eduardo Stuart, pretendente ao trono da Inglaterra.

PRINCESA DA COROA ou SOBERANA MAÇONA. Título do último grau (10.º) da Maçonaria de Adoção.

PRÍNCIPE. Título introduzido oficialmente na Maçonaria em Paris, em 1758, ao criar-se ali o primeiro Capítulo dos altos graus, conhecido sob o nome Soberano Conselho de Imperadores do Ocidente. Então foram instituídos três graus intitulados Príncipes e Soberanos Maçons. Desde então receberam êsse título diversos graus de Ritos posteriormente criados.

PRÍNCIPE ADEPTO ou CAVALEIRO DO SOL. Título do grau 28.º do Rito Escocês Antigo e Aceito. Foi criado por Pernety e ocupa o undécimo lugar na série filosófica deste Rito. Sob o véu do hermetismo, encerra um sentido filosófico cheio de verdades e conceitos profundos.

PRÍNCIPE ADEPTO, *Soberano*. Grau 18.º do Rito Escocês Primitivo.

PRÍNCIPE ADEPTO ou QUERUBIM. Grau 1.º do Sublime Eleito da Verdade.

PRÍNCIPE ADEPTO DA MAÇONARIA, *Soberano*. Último grau (25.º) do Rito de Heredom.

PRÍNCIPE ADEPTO DO GRANDE CONSISTÓRIO. Grau 23.º pertencente ao segundo Colégio do antigo Rito de Heredom de 25 graus.

PRÍNCIPE BRÂHMAN. Grau 58.º da série filosófica do Rito de Mênfis.

PRÍNCIPE COMENDADOR. Veja-se *Príncipe do Real Segredo.*

PRÍNCIPE DA CORTINA SAGRADA. Título do grau 69.º do Rito de Mênfis.

PRÍNCIPE DA MAÇONARIA, *Sublime*. Título do grau 88.º do Rito de Mênfis.

PRÍNCIPE DA MAÇONARIA, GRANDE CAVALEIRO, SUBLIME COMENDADOR DO REAL SEGREDO, *Ilustríssimo e So-*

berano. Título do último grau (25.º) do sétimo colégio do Rito de Heredom.

PRÍNCIPE DA MAÇONARIA, VENERÁVEL GRÃO-MESTRE DE TODAS AS LOJAS ou MESTRE AD VITAM. Título do grau 20.º do Rito Escocês Antigo e Aceito.

PRÍNCIPE DA MERCÊ ou ESCOCÊS TRINITÁRIO. *1* — Grau 26.º do Rito Escocês Antigo e Aceito. *2* — Último grau (27.º) da segunda classe da série simbólica do Rito de Mênfis.

PRÍNCIPE DA MORTE (KADOSH). Título de um grau avulso, classificado por alguns, erradamente, como sendo o 27.º do Rito de Misraim.

PRÍNCIPE DA VERDADE. Grau 65.º da série filosófica do Rito de Mênfis.

PRÍNCIPE DE HEREDOM. Uma das muitas variantes do título de Rosa-Cruz de Kilwinning. (Cf. *Kilwinning.*)

PRÍNCIPE DE JERUSALÉM. Título dos graus 3.º da sexta classe do Rito dos Filadelfos de Narbona; 8.º do Escocismo Reformado; 16.º da segunda classe da série simbólica do Rito de Mênfis; 16.º da quinta classe do antigo Rito Primitivo de Heredom; 18.º do Rito Escocês Primitivo de 33 graus; 45.º da série filosófica do Rito de Misraim; 53.º da sexta classe do Capítulo Metropolitano da França; 114.º da nomenclatura da Universidade.

PRÍNCIPE DE JERUSALÉM, GRANDE CONSELHO CHEFE DE TÔDAS AS LOJAS. Título do grau 16.º do Rito Escocês Antigo e Aceito.

PRÍNCIPE DE MÊNFIS, CHEFE DO GOVERNO DA ORDEM, *Soberano*. Grau 91.º da série mística do Rito de Mênfis.

PRÍNCIPE DO LÍBANO. Veja-se *Real Machado, Cavaleiro.*

PRÍNCIPE DO NÚMERO SETENÁRIO ou MONARCA DA SANTÍSSIMA TRINDADE. Título que se atribuiu Gabrino, ao fundar a Ordem do Apocalipse, da qual se criou um Rito maçônico, que foi introduzido em várias Lojas.

PRÍNCIPE DO OCIDENTE. *1* — Grau 19.º da série simbólica do Rito de Mênfis. *2* — *Príncipe do Ocidente, Muito Grande* — Grau 3.º dos Adeptos Herméticos, e 117.º da nomenclatura da Universidade.

PRÍNCIPE DO REAL MISTÉRIO, *Soberano.* Grau 33º da série simbólica do Rito de Mênfis.

PRÍNCIPE DO REAL SEGREDO, *Conselho e Consistório do.* Depois da trágica morte de Carlos I, da Inglaterra, seus partidários introduziram no grau de Mestre certas alegorias que alteravam o seu sentido simbólico, para perpetuar a recordação da tragédia que vitimou aquele monarca, e conseguir pela vingança o restabelecimento do trono. Para tanto, buscaram partidários fiéis e experimentados, aos quais deram o título de *Mestres Eleitos.* Esse foi também o ponto de partida para a formação dos altos graus, que teriam servido de adornos do Escocismo, se não os houvesse recusado a Grande Loja de Londres. André Miguel Ramsay foi o principal criador desses altos graus. Posteriormente foi criado o *Conselho de Príncipes do Real Segredo,* que se pode considerar a origem de todos os graus supermaçônicos.

PRÍNCIPE DO REAL SEGREDO, DEPUTADO GRANDE INSPETOR GERAL. Título do grau 8.º da Ordem de Cristo de Portugal.

PRÍNCIPE DO REAL SEGREDO, GUARDIÃO FIDELÍSSIMO DO TESOURO SAGRADO SUBLIME E VALENTE. *1* — Grau 32.º do Rito Escocês Antigo e Aceito. *2* — Grau 25.º e último da antiga hierarquia do Rito de Perfeição, professado pelo Conselho de Imperadores do Oriente e Ocidente.

PRÍNCIPE DO TABERNÁCULO. Grau 24.º do Rito Escocês Antigo e Aceito.

PRÍNCIPE DO TABERNÁCULO ou CAVALEIRO DA ÁGUIA VERMELHA. Grau 26.º da série simbólica do Rito de Mênfis.

PRÍNCIPE DO ZODÍACO. Grau 39.º da série filosófica do Rito de Mênfis.

PRÍNCIPE DOS TRÊS TERRÍVEIS O.·. O.·. O.·. Título de de um grau avulso, denominado *Coluna Misteriosa* da Maçonaria.

PRÍNCIPE DOS MAGOS DO SANTUÁRIO DE MÊNFIS. Grau 92.º da série mística do Rito de Mênfis.

PRÍNCIPE HARAM e GRANDE HARAM. Título dos membros constituintes dos graus 73.º e 74.º do Rito de Misraim. Formam um Supremo Conselho Geral composto de 73 membros.

PRÍNCIPE HASID e GRANDE HASID. Título dos membros constituintes dos graus 75.º e 76.º do Rito de Misraim.

PRÍNCIPE ILUMINADO ou REGENTE. Grau 3.º dos Pequenos Mistérios, e o 7.º da Sociedade dos Iluminados de Baviera.

PRÍNCIPE ISRAELITA, *Muito Sábio.* Grau 70.º da série mística do Rito de Misraim. Este título só se dá ao presidente da Loja; aos demais membros, exceto os Vigilantes, que se intitulam Príncipes Presidentes, só se lhes pode atribuir o título de Príncipe. O titular deste grau deve contar no mínimo 25 anos de idade, e a Loja, no máximo dez membros.

PRÍNCIPE SOBERANO. Título com que se costuma distinguir todos os altos graus do Rito de Misraim.

PRÍNCIPE TALMUDINO SOBERANO. Grau 71.º da série mística do Rito de Misraim.

PRÍNCIPE ZADMO, *Soberano*. Grau 72.º da série cabalística do Rito de Misraim.

PRÍNCIPES MAÇONS. Título adotado pela primeira vez pelos membros do grau 25.º do Rito Primitivo de Perfeição, que, em 1780, no seio do Conselho de Imperadores do Oriente e Ocidente, formaram um Supremo Conselho. Além desse título, também se denominaram *Grandes Imperadores Gerais*. (Cf. *Oficiais*.)

PRINZEN, *Barão de*. Ilustre maçom alemão, que em 1760 foi Grão-Mestre da Grande Loja Real de Berlim e muito trabalhou pela unificação da Maçonaria em seu país.

PROCISSÃO. Veja-se *Circunvolução*.

PROCLAMAÇÃO. Ato solene maçônico de se anunciar em plenos trabalhos e na forma prescrita pelos Regulamentos ou Rituais regulares, a admissão de novos membros ou a exclusão de outros da Ordem, elevação de graus, a eleição para cargos, instalações e outras distinções, assim como decretos, sentenças ou providências de caráter público. (Cf. *Anúncio*.)

PRÓCULO (411-485). Escritor e filósofo e um dos últimos neoplatônicos, designado com o sobrenome de Diadoco. Nasceu em Constantinopla, estudou em Alexandria e Atenas, e sucedeu a Siriano na direção da escola ateniense. Foi tão douto nas ciências naturais quanto na teurgia. Procurando elevar o paganismo por meio de um sistema de interpretação mística, considerava como revelação divina os hinos órficos e os oráculos dos caldeus. Perdeu-se a maioria de suas obras, que exerceram influência em toda a Igreja cristã meridional, porém ainda se conservam numerosos tratados filosóficos e comentários seus a Platão.

PRÓDIGO CONVERTIDO, O. Título da segunda das cinco classes em que se dividem os membros da Maçonaria dos Bosques. A jóia deste grau é um triângulo de ouro com as letras S.·. J.·. P.·. gravadas em cada ângulo e que significam a sabedoria de Salomão, a paciência de Jób e o arrependimento do Filho Pródigo.

PROFANO (de *pro*, fora ou antes, e *fanum*, templo ou sagrado). Termo adotado pelos Antigos Mistérios para designar os estranhos e que na Maçonaria se qualificam os não-iniciados em seus mistérios. São requisitos para a iniciação maçônica de um profano que a solicite:

1.º — Ter 21 anos de idade ou ser emancipado.
2.º — Ser de reputação e costumes irrepreensíveis.
3.º — Ter profissão honesta, que lhe assegure os meios de subsistência própria.
4.º — Ter instrução suficiente para compreender os fins da Ordem e a energia moral necessária para cumpri-los.
5.º — Não ter defeito corporal que lhe impeça o cumprimento dos deveres maçônicos essenciais.
6.º — Contar no mínimo seis meses de residência na localidade da sede da Loja em que pretenda ingressar.
7.º — Obrigar-se ao pagamento dos encargos pecuniários estabelecidos nos regulamentos.
8.º — Crer num Ser Supremo.
9.º — Ser proposto por dois Irmãos idôneos da Ordem, que o conheçam. (Cf. *Admissão; Candidato; Iniciação; Proponente; Proposição.*)

PROMENISTY ou IRMÃOS RADIANTES, *Associação dos*. Um dos ramos da Maçonaria polonesa, criado pelo Dr. Zan entre os estudantes da Universidade de Vilna, para estreitar os laços de união e solidariedade entre os alunos de todas as classes e condições. Proibida e dissolvida pelo governo, ressurgiu depois como sociedade secreta, sob o nome de *Amigos da Virtude,* a qual também foi duramente perseguida.

PROMESSA. *1* — É a que em algumas Lojas substitui o antigo juramento dos iniciados. *2* — Uma das palavras de reconhecimento do Sublime Escocês de Heredom (30.º) do Rito de Misraim.

PROPONENTE. Especifica quem propôs algum profano para a iniciação. No Rito Escocês, o proponente deverá possuir pelo menos o grau de Mestre; mas no Rito Moderno ou Francês todos os irmãos ativos e quites têm esse direito. Nunca se dá a conhecer o nome do proponente, senão depois da iniciação. Comumente, os estatutos de cada Potência estipulam que os irmãos proponentes respondam pela falta de pagamento dos direitos de iniciação da parte de seu proposto. Também é prática corrente que o acompanhante do profano no dia da iniciação nunca seja o seu proponente. (Cf. *Admissão; Profano.*)

PROPOSIÇÃO. *1* — Apresentação, verbal ou escrita, de um plano ou idéia. No primeiro caso, o irmão o faz em sessão, mediante o pedido e concessão da palavra no momento oportuno; no segundo, deposita-a no *Tronco das Proposições,* que ali se faz circular. Toda proposição escrita tem que estar assinada e o Venerável se reserva o direito de examiná-la privativamente, devendo informar à Loja os motivos que possam aconselhar a conveniência ou não da sua publicidade. 2 — *O ato de propor um profano à admissão na Ordem.* Deve ser feita sempre por escrito e vir assinada pelo proponente, que a depositará no *Tronco das Proposições.* O Venerável a lerá em voz alta, sem indicar o proponente, e se a Loja não oferecer objeções, nomeará uma comissão de secreta sindicância, cujos resultados cada membro dará por escrito e isoladamente, através do *Tronco das Proposições.* Se as informações forem contraditórias, o Venerável as queimará e nomeará outra comissão; se forem favoráveis, procederá a um primeiro, segundo e terceiro escrutínio secreto, sucessivamente. Se este for favorável, só então se considerará aprovada a proposição, para se proceder à admissão regular. (Cf. *Admissão; Iniciação; Profano; Proponente; Saco de Proposições.*)

PROPOSIÇÕES, *Tronco ou Saco de.* Bolsa ou saco que serve para recolher todas as propostas e demais documentos escritos dirigidos à Loja. É obrigatória sua circulação em todas as reuniões, pelo Mestre de Cerimônias ou Experto, e de acordo com o seu Ritual.

PROSÉLITO DE JERUSALÉM. Título do grau 68.º do Capítulo Metropolitano da França.

PROUDHON, *Pedro José.* Célebre socialista francês (1809-1865), que pertenceu à associação maçônica, os *Filadelfos,* e publicou muitas e lúcidas obras sobre problemas sociais e de crítica à economia capitalista. A ele se atribui o lema socialista: *A cada um segundo as suas necessidades e de cada um segundo as suas capacidades.*

PROVAS. Na Maçonaria são atos da iniciação dos profanos, por meio dos quais se procura conhecer o grau de sua resistência física e de suas qualidades morais e intelectuais. Daí a sua divisão em *físicas* para aferir a resistência física do iniciado; *morais* para aquilatar os sentimentos do *Aprendiz* candidato a *Companheiro,* e *intelectuais,* para avaliar o talento e conhecimento deste último, antes de seu acesso a Mestre-maçom. O uso das provas data desde os primórdios da civilização; encontramo-las entre os hindus, egípcios, gregos, persas, judeus (*Ezeq.* 21:13) e cristãos (*S. Ped.* I:7). Cada Ritual maçônico prescreve o seu sistema especifico de provas, e geralmente também confia à sabedoria e discrição do Iniciador a extensão e caráter das provas físicas e morais. (Cf. *Iniciação; Ordálio.*)

PRUMO. Veja-se *Fio a Prumo.*

PRÚSSIA. Este Estado da Alemanha exerceu grande influência na Ordem maçônica. Nela ingressou em 1738 o príncipe herdeiro da Prússia, Frederico o Grande, que depois propôs a iniciação de outros personagens. Por sua iniciativa se fundou em Berlim a Loja dos Três Globos, que se denominou Grande Loja, com jurisdição sobre catorze Oficinas em outras cidades alemãs. Além de trabalhar pela propagação da Maçonaria, Frederica II concorreu para a sua reorganização, dando-lhe — diz-se — suas Constituições e Estatutos. A Ordem estendeu-se muito na Prússia, mercê da proteção que lhe deram alguns de seus monarcas e dos profundos estudos que fizeram da Instituição diversas notabilidades alemãs, como o historiador Bielefeld, o literato Fessler, o conde de Kora, o filósofo Krausse e outros.

PRUSSIANO. Título de vários graus cavaleirescos da Prússia.

PUNHAL. *1* — Acompanhado de um anel de ouro, foi na antiguidade o símbolo da soberania, substituído posteriormente pela espada. Ainda figura no capitel da face posterior da Pedra Cúbica maçônica, bem como nas cerimônias e entre os emblemas distintivos de alguns graus. *2* — Com esse caráter simbólico, vem também representado nas Lojas e no avental dos Eleitos dos Nove e dos Quinze, nos graus dos Chefes do Tabernáculo, dos Grandes Escoceses de Santo André da Escócia, dos Cavaleiros *Kadosh* e dos Grandes Inspetores Gerais do Rito Escocês Antigo e Aceito. *3* — No grau de Mestre Eleito do sistema maçônico sueco, dão-se no recipiendário ligeiros toques com um punhal, para significar que em nenhuma parte do mundo se sentiria seguro se chegasse a ser traidor ou perjuro, pois jamais poderia escapar aos remorsos de sua própria consciência. *4* — Na recepção das Companheiras (2.º) da Maçonaria de Adoção de Cagliostro, é a recipiendária introduzida com um punhal na mão, para com ele ferir simbolicamente a cabeça da serpente, e significar sua predisposição de mulher honrada para repelir as enganosas seduções do vício e da tentação. *5* — Nome alegórico das facas empregadas nas reuniões de banquete dos graus 4.º e 30.º, respectivamente, do Rito Moderno ou Francês e da Maçonaria Escandinava.

PURIFICAÇÃO. Um dos antigos ritos religiosos e iniciáticos, adotado na Maçonaria. A purificação é física, por meio de abluções e das cerimônias do batismo e lava-pés; moral, pelo domínio das paixões e emoções inferiores, e magnética pela purificação do templo por perfumes, incensos e música, antes das celebrações litúrgicas ou durante o seu desenvolvimento. Têm-na simbolizado a água e o fogo; mas enquanto a água lava as impurezas, o fogo as queima. A Maçonaria conserva essa prática tradicional, tanto nos trabalhos ritualísticos de suas Lojas como no aperfeiçoamento moral e espiritual de seus membros. Mas ela também se previne contra o perigo de se exagerarem as cerimônias da purificação externa e se esquecer da mais importante, que é a purificação interna, moral e espiritual, tal qual ocorreu à casta dos da Índia e a dos fariseus da Palestina, e que por isso foram severamente admoestados por Buddha e Cristo. (*Mar.* 7:1-8, e 18-23.)

PURIFICAÇÃO, ILUMINAÇÃO e PERFEIÇÃO. Três etapas de progresso místico reconhecidas pela primitiva Igreja Cristã e correspondentes aos três primeiros graus simbólicos da Maçonaria: *Aprendiz, Companheiro* e *Mestre.* Na primeira etapa se objetiva o domínio das paixões. Após haver dado prova de eficiência neste sentido, o Aprendiz passa para a segunda etapa, a do conhecimento ou instrução, e vencida esta, o Companheiro galga a terceira etapa, a de Mestre maçom ou dos *Perfeitos* a que alude São Paulo: "Entretanto falamos sabedoria entre os perfeitos, porém não a sabedoria deste mundo", e ainda "Lancei o fundamento como sábio construtor" (*I. Cor.* 2:6; 3:10). Atualmente o Cristianismo parece adotar apenas a primeira etapa, a da purificação, pois considera sua maior glória a formação de santos. Entretanto, não pensava assim um de seus maiores luminares primitivos, S. Clemente de Alexandria, que dizia: "A pureza é tão-só uma virtude negativa, principalmente valiosa como requisito da intuição." (Cf. *Três graus da Iniciação, Os.*)

PURIFICADOR, *Escocês*. Título de um grau da nomenclatura da Universidade.

PURIFICAR. *1* — Fazer passar alguém pela água, pelo ar e pelo fogo. *2* — Incensar o Templo, os Oficiais, os Irmãos a fim de purificá-los para a execução dos trabalhos.

PURIFICATÓRIO. Grau 6.º do Rito do Oriente.

PÚRPURA. Cor empregada como distintiva principal de muitos graus da Maçonaria Escocessa e demais Ritos.

Q

Q. *1* — Décima oitava letra do alfabeto maçônico, cuja grafia varia nos diversos sistemas e se encontra à página 16. *2* — No Rito de Misraim, figura entre outras letras na faixa e no avental dos Cavaleiros da Banuka (69.º). *3* — No alfabeto filosófico dos Juízes Filósofos Desconhecidos, está representada pelo número 20 e corresponde ao hieróglifo do quadrado, como inicial da palavra *Quadriformis.*

Q.·. Abreviatura de *querido.*

Q.·. I.·. Abreviatura de *querido irmão,* ou *querida irmã.*

QUADRADO. Antigo símbolo egípcio do Quaternário, hoje mais substituído pelo Esquadro, que, no entanto, tem também significação diferente. (Cf. *Esquadro; Quaternário.*)

QUADRADO OBLONGO. O formato da Loja.

QUADRATUS. Nome também dado pelos antigos romanos ao seu deus mitológico *Terminus,* por ser representado por sua figura de pedra quadrada, o marco limítrofe de um território.

QUADRO. *1* — Grande quadrado oblongo, colocado no meio da Loja, sobre o qual estão desenhadas as partes interiores e exteriores do Templo de Salomão (também chamado Tapete e às vezes Canteira). *2* — Relação dos membros de uma Oficina. (Cf. *Painel.*)

QUADRO DA CORRESPONDÊNCIA. Lista das Obediências reconhecidas e das Lojas regulares da Obediência.

QUADROS. Móveis da Loja representados nas diversas figuras simbólicas de cada grau. (Cf. *Jóias Imóveis; Painel.*)

QUADT. Tenente-general dos exércitos do Rei da França, a favor de quem se estendeu um falso diploma de *Doutor e Príncipe Rosa-Cruz,* que o irmão Gerbier exibiu em 1821, para fazer supor que o Grande Capítulo de Rosa-Cruz da França havia existido e atuado anteriormente.

QUATERNÁRIO — Designativo da personalidade mortal humana, formada pela união de quatro princípios perecíveis: *o corpo físico, a vitalidade, o corpo astral* ou *emocional*, e *o corpo mental concreto;* tem de se subordinar à *Tríada imortal: vontade espiritual, amor intuicional* e *inteligência superior.* No antigo Egito (e na atual Comaçonaria) o candidato, ao penetrar no templo maçônico, pisava no quadrado colocado na entrada, e ao fazê-lo, subentendia-se que estava transpondo o quaternário inferior, ou dominando a personalidade humana, a fim de desenvolver a *Tríada* Superior, a alma imortal. Esta idéia vem explicada no Primeiro Discurso, em que se ensina que um maçom vem para a Loja "a fim de aprender a governar e dominar suas paixões, para fazer ulteriores progressos na Maçonaria".

QUEIMAR A APARA. Na linguagem alegórica usada nos banquetes do Companheirismo, significa *beber.*

QUERUBIM. *1* — Denominação dos membros constituintes do Conselho dos Cavaleiros do Sol, ou Príncipes Adeptos, grau 28.º do Rito Escocês Antigo e Aceito. Pelo Ritual, seu número não pode exceder de sete, que tantos são os anjos governantes dos sete planetas conhecidos pelos antigos. São eles: *Miguel,* que governa Saturno; *Gabriel,* a Júpiter; *Uriel,* a Marte; *Z'rahhiel,* ao Sol; *Nhamnaliel,* a Vênus; *Rafael,* a Mercúrio;*Tsaphiel,* à Lua. *2* — Na Ordem andrógina da Felicidade, é a designação de um dos quatro oficiais que comandavam as Esquadras ou Lojas da mesma.

QUERUBIM ou CAVALEIRO ADEPTO. Grau 3.º da Ordem de Portugal de 10 graus.

QUERUBIM ou PRÍNCIPE ADEPTO. Veja-se *Príncipe Adepto.*

QUERUBINS (do pl. heb. *Cherubim*). Para os cabalistas, é um grupo de anjos que eles associam especialmente com a *Sephira Yesod,* e para os judeus e cristãos, é uma ordem de anjos "vigilantes" (*Gên.* 3:24; *Êx.* 25:18-20; *Ezeq.* 1:10; *Apoc.* 4). Sobre a Arca da Aliança havia duas figuras aladas, de asas de ouro, e no *Sanctum Sanctorum* do Templo de Salomão se erguiam colossais imagens da mesma categoria de anjos. Ezequiel e João Evangelista os descrevem como de quatro faces (de homem, águia, leão e touro) cheias de olhos, representação simbólica e poética dos poderosos agentes da vontade de Deus, segundo os cristãos, os instrumentos da lei do Karma, segundo os hindus, ou os árbitros do destino dos povos. Para os antigos egípcios eram os quatro irmãos ou filhos de Hórus, os deuses dos quatro quadrantes ou pontos cardeais, que como poderosas colunas sustentavam a abóbada celeste: o do Norte era *Hapi;* o do Oriente, *Tuamutef;* o do Sul, *Amset* ou *Kestha,* e o do Ocidente, *Quebsennuf,* representados pelas cabeças de um macaco, chacal, homem e falcão, respectivamente. (Cf. *Harmachis; Sephiroth.*)

QUINTA-ESSÊNCIA. O mais puro, sutil e refinado de uma coisa; uma essência pura e concentrada; o extrato que, numa pequena quantidade, contém a parte mais essencial e virtuosa de uma substância. Primitivamente se denominava assim ao éter, por ser este o mais nobre e superior dos cinco elementos dos antigos filósofos hermetistas, dos quais o derivaram alguns Ritos maçônicos.

QUINTO ANO, *Cavaleiro Noviço.* Segunda divisão do Cavaleiro da Luz, ou Mago (10.º), dos Clérigos da Lata Observância.

QUINZE. Na lenda do grau 8.º Escocês, este número lembra os *quinze eleitos* por Salomão para irem buscar o corpo de Hiram.

QUINZE, *Iluminado do Número.* Título de um grau de Universidade.

QUINZE, *Ilustre Eleito dos.* 1 — Grau 7.º da Maçonaria Adoniramita do Barão de Tschoudy, também intitulado Grão-Mestre Eleito. 2 — Grau 8.º do Rito Primitivo Escocês, em 33 graus; 10.º da série simbólica do Rito Escocês Antigo e Aceito.

QUINZE, *Mestre Eleito dos.* Grau 9.º do Rito de Heredom.

QUITTE PLACET (fr.). V. *Licença.*

QUOTTUOR CORONATI, N.º 2076. Célebre Loja maçônica inglesa, cujas Atas fascinantes são uma mina de preciosos conhecimentos históricos e arqueológicos. (Cf. *Fluvii Transitus.*)

R

R. *1* — Décima nona letra do alfabeto maçônico, cuja grafia varia nos diversos sistemas e se encontra à página 16. *2* — R. ·., isolado ou junto de outras iniciais, é de uso freqüente no simbolismo maçônico e com diversas acepções. *3* — No Rito Escocês Antigo e Aceito, figura na jóia do 12.º grau, com o significado de *Rab-banin,* sua palavra de passe, e nos tetragramas que formam a palavra de passe do grau 25.º e a palavra sagrada do grau 27.º. *4* — Na Maçonaria do Real Arco, é vista alternada com a letra K. ·., entre as letras que circundam as medalhas distintivas do *Past-Master,* significando a primeira *Rei,* e a segunda, *King* ("rei" em inglês). *5* — Aparece no Rito de Misraim em muitos de seus graus, com diferentes significações. *6* — No alfabeto hermético é representada pelo número 11; tem por hieróglifo uma linha reta e é inicial de *Roda.*

R.·. Inicial de *Respeitável, Real, Reformado, Regular, Rito.*

R.·. A.·. Iniciais de *Real Arco.*

RAB. Em hebreu e caldeu significa *grande* ou *chefe,* porém inferior a *Rabbi.* (V. esta palavra.)

RABABAK. Variante de *Bea-Mache,* que é o correto.

RABACIN. Variante de *Rab-banain,* a forma correta.

RAB-BANAIN (heb., *Edificatium Magister,* Mestre Arquiteto.) Palavra de Passe no 12.º grau do Rito Escocês Antigo e Aceito.

RABI (heb., *Senhor,* ou *Mestre; S. João* 1:38). *1* — Um ordenado instrutor ou intérprete de lei judaica, autorizado a decidir questões de lei e ritual, a realizar casamentos, etc., e agora, habitualmente, o chefe espiritual de uma congregação, ou termo usado respeitosamente em tratamento pessoal. *2* — *Rabbi ubi habitas?* Pergunta de reconhecimento do grau 8.º do sistema maçônico sueco. Recebe como resposta: *Venite Vseum,* cujas duas iniciais apareciam esculpidas na cruz vermelha dos Templários, seu distintivo.

RABBONI, heb., *Meu Mestre* (*S. João* 20:16). Uma das Palavras de Passe usadas na Comaçonaria. (Cf. *Rabi*)

RABÍNICA. Uma das 34 ordens maçônicas enumeradas por Ragon.

RACENO, ***Cavaleiro do.*** Sociedade gastronômica que existiu em 1697 em Arles, sul da França, e empregava algumas cerimônias semelhantes às maçônicas. Este era o nome de uma taberna em que, naquela época, se reuniam os irmãos de uma Loja para celebrar seus trabalhos, pois então eram as Lojas designadas pela denominação do estabelecimento onde faziam suas reuniões. (Cf. *Grande Loja.*)

RACIONAL. Veja-se *Portal* — 2.

RACIONAL, ***Filosofia.*** Doutrina que professam alguns maçons herméticos.

RACIONAL, ***Rito.*** Rito maçônico baseado na experiência e no bom senso. Compreende cinco graus: *Aprendiz, Companheiro, Mestre, Rosa-Cruz* e *Kadosh.* Foi criado em 1861 e denomina-se comumente *Maçonaria Racionalista.*

RADA. Baía, enseada, onde as embarcações podem estar ao abrigo dos temporais. A Ordem Andrógina da Felicidade, que tomou da arte náutica a sua terminologia, assim denomina ao Oriente, onde estava fundeada alguma Esquadra, ou seja, a localidade onde se achava estabelecida uma Loja de Felicitários.

RADIAÇÃO. Equivale a *Irradiação, Separação, Expulsão,* que se aplica aos maçons que se tornaram indignos deste nome. É a penalidade mais severa que se pode cominar na Maçonaria.

RADIX DE CHEVILLION. Um dos quatro irmãos que nos primórdios do século XIX colaboraram na fundação em Paris da denominada *Ordem do Templo,* que se propunha continuar a obra da extinta *Ordem dos Templários.* (Cf. *Templários.*)

RAGON, ***José Maria*** **(1781-1866).** Um dos mais conspícuos escritores maçônicos. Nascido em Bray-sur-Seine em 25 de fevereiro de 1781, iniciou-se aos 22 anos na Loja Capitular dos *Verdadeiros Amigos.* Da cidade de Bruges (Lys) trasladou-se para Paris. Diz-se que possuía numerosos documentos recebidos do famoso Conde de St. Germain, que lhe comunicou seus profundos conhecimentos sôbre a Maçonaria primitiva. Viajou por alguns países, e especialmente pela América, sempre pesquisando, abeberando conhecimentos maçônicos. Participou ativamente dos trabalhos de reforma empreendidos pelo Grande Oriente francês, do qual foi decidido colaborador, mormente no tocante à introdução do Rito de Misraim na França. Foi prolífero autor de numerosos artigos e discursos notáveis, pelo que é, no gênero, um dos mais conhecidos e acatados eruditos maçônicos. Foi também um dos primeiros a aceitar a Maçonaria filosófica e racional. Sobre ele comenta H. P. Blavatsky em *La Doctrina Secreta,* V, 369: "O Maçom belga Ragon é o autor não-iniciado que mais sabia de ocultismo. Durante cinqüenta anos estudou os mistérios antigos, onde quer que achasse rastros deles. Em 1805 fundou em Paris a associação *Os Trinósofos,* em cuja Loja deu durante anos conferências sobre Iniciação Antiga e Moderna (em 1818 e de novo em 1841), as quais foram então publicadas mas agora se perderam. Foi redator-chefe da revista maçônica *Hermes.* Entre as suas obras se reputam melhores *A Maçonaria Oculta* e *Fastos Iniciáticos.* Depois de sua morte, o Grande Oriente da França ficou dono de muitos manuscritos seus. Um maçom de grau elevado nos disse que Ragon havia mantido correspondência, durante anos, com os orientalistas da Síria e Egito, um dos quais era Cavaleiro Copto."

RAIMOND, *Conde de Sangilles e Tolosa.* Um dos heróis das Cruzadas, rememorado pelas tradições da Maçonaria cavaleiresca do sistema Templário.

RAINHA DE SABÁ ou SHEBÁ. Veja-se *Poderosa Rainha.*

RALP, *Joannes.* Foi o superior de uma associação cavaleiresca e religiosa denominada Cavaleiros da Serpente de Bronze. Ela recebia os viajantes e os peregrinos enfermos que se dirigiam aos lugares santos e encaminhava-os para a Palestina. O grau 25.º do Rito Escocês Antigo e Aceito é, segundo o seu Ritual, uma continuação dessa benemérita instituição, e por isso esse nome é ali consagrado como o de seu fundador, e lhe serve de Palavra Velada. Há Rituais que escrevem *Johan Ralp,* porém o primeiro é o mais aceito.

RAMEE, *Daniel.* Autor de uma *História Geral da Maçonaria,* que atribui aos maçons a construção de todos os monumentos da Idade Média.

RAMO DE OURO. O ramo dos Iniciados. A acácia dos Maçons. (Cf. *Acácia.*)

RAMPON, *Conde de.* Par de França, que, durante a Restauração, se manteve fiel à Maçonaria, não obstante as calúnias e intrigas assacadas então contra ela e seus adeptos.

RAMSAY, *Miguel André* (1686-1743). 1.º — Cavaleiro baronete na Escócia e Cavaleiro de São Lázaro na França. Nascido em Ayr, perto de Kilwinning (Escócia), parece não ter tido ligação com a antiga Loja desse nome. Foi convertido em 1709 ao catolicismo pelo arcebispo Fenélon, com quem conviveu até a morte deste, em 1715, e de quem escreveu uma biografia. Tornou-se tutor do duque de Château-Thierry e depois do príncipe de Tirenne, e mais tarde (1724), preceptor dos dois filhos do rei Jaques III, pretendente ao trono da Inglaterra. Foi sem dúvida um homem erudito, profundo conhecedor da história antiga e moderna, doutor pela Universidade de Oxford e membro da Sociedade Real de Londres, como muitos outros proeminentes maçons da época.

2.º — Parece nunca haver tomado interesse pela Maçonaria, embora, em 1737, houvesse escrito ao cardeal Fleury, primeiro-ministro da França, pedindo proteção para os franco-maçons, alegando que seus ideais eram bastante elevados e utilíssimos para a religião, a literatura e o país. Mas o discurso por ele proferido em 1737 na Grande Loja Provincial da Inglaterra em Paris, de que era Grão-Chanceler e Orador, exerceu profunda influência sobre a Maçonaria francesa. Foi um discurso toleravelmente bom, porém nada contendo de muito extraordinário.

3.º — Proclamou que o ideal da Maçonaria era a Fraternidade Universal dos homens cultos, um Império Espiritual que transformaria o mundo. Referiu-se aos três graus, a que denomina *Aprendizes, Irmãos Companheiros* ou *Professos, Mestres* ou *Irmãos Perfeitos,* títulos que talvez correspondam a uma diferente corrente de tradição. Neles se requer, respectivamente, a prática das virtudes morais, virtudes heróicas e virtudes cristãs.

4.º — Declarou que a Maçonaria fora fundada em remota antiguidade e depois renovada e restaurada na Terra Santa, ao tempo das Cruzadas. Que ela tem afinidades com os antigos Mistérios, especialmente com os de Ceres em Elêusis, Ísis no Egito e outros. Que os Cruzados adotaram uma série de "antigos sinais e palavras simbólicos, extraídos da fonte da religião", com o intuito de distinguir os Cruzados dos sarracenos, e eram guardados sob estritos juramentos de sigilo. Que da íntima união entre os Maçons Cruzados e os Cavaleiros de S. João de Jerusalém resultou serem os Graus Azuis chamados a Maçonaria de S. João. Que, em seu regresso, os Cruzados trouxeram as Lojas maçônicas para a Europa, e dali foram introduzidas na Escócia, onde "Jaques, Lorde Mordomo da Escócia, foi Grão-Mestre de uma Loja estabelecida em 1286 em Kilwinning, a oeste da Escócia, pouco depois da morte de seu rei, Alexandre III, e um ano antes da ascensão de João Baliol ao trono". Que por toda a parte haviam sido gradativamente negligenciados nossos ritos e Lojas, os quais, todavia, tinham sido preservados em toda sua integridade entre os escoceses, a quem os reis de França haviam confiado durante muitos séculos a guarda de suas reais pessoas. Que a "Grã-Bretanha se tornara a sede de nossa Ordem, a conservadora de nossas leis e a depositária de nossos segredos".

5.º — Finalmente, que muitos de nossos ritos e costumes contrários aos preconceitos dos Reformadores, foram mudados, disfarçados ou suprimidos, e assim muitos irmãos lhes esqueceram o espírito e lhes retiveram apenas a casca externa, porém, no futuro a Maçonaria seria restaurada em sua prístina glória.

6.º — Por sua cultura, posição social e prestígio maçônico, é apontado e criticado como tendo sido o introdutor dos altos graus na Maçonaria, de parceria com os jesuítas, pois data de sua época a proliferação dos novos sistemas e altos graus maçônicos na Europa, principalmente na França, durante a segunda metade do século XVIII. Mas seu maior trabalho conhecido, nesse sentido, foi o seu discurso de 1737, mais como um efeito do que como a causa da generalizada aspiração, na época, por uma maior ampliação dos graus, para possibilitar a harmonização e unificação das numerosas tradições e tendências maçônicas então reinantes. Só esta interpretação pode explicar a facilidade com que foram aceitas e concretizadas as suas idéias renovadoras. Mas é bem possível que nisso tenha também havido injunção e até cooperação dos jesuítas, segundo alguns tratadistas.

7.º — Também se tem atribuído a Ramsay a autoria da introdução da lenda do 3.º grau na Maçonaria, e o conseqüente clamor por vingança, como rememoração da tragédia da decapitação de Carlos I, amigo dos Maçons, e consumação da vindita pelo restabelecimento de Carlos II no trono inglês. A primeira parte não é exata, pois os 3 graus simbólicos foram instituídos em 1648/9 pelo Rosa-Cruz Elias Ashmode. Tal asserção só poderia ter sido concebida antes do século XIX, e por profanos incultos, pois então era muito restrito o âmbito cultural, mas não da segunda metade desse século em diante, quando se desenvolveu em grande escala o estudo comparativo da arqueologia, mitologia, mistérios, filosofias e religiões, de origem pré-histórica. Por esse estudo se evidencia que a lenda do 3.º remonta aos Antigos Mistérios, em que se convencionava e revivia o sacrifícia, morte e ressurreição gloriosa de Osíris no Egito, de Thammuz na Assíria, e de Adônis a Baco na Grécia. Se tem sido às vezes identificada com algum personagem histórico, o foi, ou por ignorância, ou mais comumente, para ocultar o seu verdadeiro sentido, que primitivamente só podia ser explicado oralmente, em criptas de Lojas e sob juramento de sigilo.

RAMVEL. Segundo o catecismo do Pequeno Arquiteto ou Aprendiz Escocês (8.º) da Maçonaria Adoniramita, de 13 graus, é nome de um dos três assassinos de Hiram Abiff.

RAPHAEL, *Medicina Dei*. *1* — Um dos sete Anjos que presidem os dias da semana, segundo o sistema dos Cavaleiros do Oriente e Ocidente (17.º) do Rito Escocês. *2* — Anjo governante do planeta Mercúrio e título de um dos sete Querubins. *3* — Nas recepções de Cavaleiro Rosa-Cruz, é o que o conduz em suas viagens simbólicas. *4* — Segundo a tradição judaica, é um dos quatro Anjos que, com Miguel, Iriel e Gabriel, se supunha estarem ao redor do trono de Deus. (Este nome não se acha na Bíblia, e sim no livro apócrifo de Tobias, 12:15.) *5* — Um dos porteiros do templo, mencionado pelo Catecismo dos Grandes Arquitetos de Heredom (8.º) do Escocismo Reformado, e pelo livro *I das Crônicas*, 26:7. (Cf. *Querubim* e *Querubins*.)

RAPHAIM, *Moisés*. Um dos grandes conservadores da Ordem de Misraim, segundo a lenda deste Rito.

RAPHODOM. *1* — Derivado do hebraico *Rephidim*, "lugares de descanso", onde os israelitas fizeram o seu último acampamento (*Êxodo* 17:1), depois de sua saída do Egito, guiados por Moisés. *2* — Palavra sagrada dos Cavaleiros do Oriente e Ocidente (15.º) do Rito Escocês Antigo e Aceito. *3* — Palavra geral de reconhecimento dos Cavaleiros Rosa-Cruz de Kilwinning e de Heredom.

RAPÔSA. No Rito da Ordem da Estrita Observância, era o animal que se apresentava ao Mestre Maçom, como símbolo da estúcia e da dissimulação, qualidades que devia desenvolver a par do valor do leão, da inteligência e vivacidade do mono, e da audácia e visão da águia. Cf. *Esfinge; Harmachis.*)

RATISBONA, *Congresso Maçônico de*. Congresso realizado em 1459 em Ratisbona, Alemanha, pelas corporações de construtores daquele país, em que se formularam várias regras referentes à arquitetura em geral e à solução das dificuldades com que se deparava a Confraria para levar a cabo as numerosas construções encomendadas. Cinco anos depois, voltou a reunir-se o Congresso na mesma cidade, e então se fixaram a jurisdição e direitos das cinco Grandes Lojas que existiam na Alemanha: as de Colônia, Estrasburgo, Berna, Viena e Magdeburgo.

RAVEN, *Barão de*. Maçon alemão e um dos principais dissidentes que em 1767 se separaram da *Ordem da Estrita Observância* para formar o ramo historicamente conhecido sob o nome de *Clérigos da Lata Observância*, do qual ele foi um dos chefes mais destacados.

RAZABASS. Em alguns rituais, palavra sagrada dos *Mestres ad Vitam* (20.º) do Rito Escocês Antigo e Aceito. É uma corrutela de *Razah-Betsijah*, a mais autorizada.

RAZABASSUS. Uma variante da anterior.

RAZAH-BETSIJAH. *1* — Palavra hebraica significando *"aridez da solidão"*. *2* — Palavra sagrada dos *Grandes Mestres Veneráveis de todas as Lojas, Soberanos Príncipes da Maçonaria*, ou *Mestres ad Vitam*, grau 20.º do Rito Escocês Antigo e Aceito. Alguns rituais consignam *Jeová* em lugar desta, e outros, *Razabass* e *Razabussus*, suas corrutelas. *3* — Palavra sagrada dos *Cavaleiros Grandes Mestres do Templo da Sabedoria* (20.º) do Rito de Mênfis.

RAZÃO, *Ordem da*. Ordem de Cavalaria fundada em 1387 por D. João I de Castela, e em que podiam ingressar só os fidalgos da mais alta nobreza.

R.·. B.·. Iniciais que se encontram gravadas nas colunas da Loja do grau 11.º do Rito Escocês e são abreviaturas das palavras misteriosas desse grau.

R.·. C.·. Abreviatura de Rosa-Cruz, que também toma a forma *R.·.* ✠

R.·. E.·. A.·. A.·. Abreviatura de *Rito Escocês Antigo e Aceito*.

REAL ARCO. *1* — Título do grau 13.º do Rito Escocês Antigo e Aceito; do grau 13.º do Rito de Misraim; do 15.º do Rito Escocês Primitivo e do 4.º da Maçonaria do Real Arco. *2* — No Escocismo Reformado, corresponde ao grau de *Maçom do Segredo*.

REAL ARCO, *Grande*. Título do grau 31.º do Rito de Misraim.

REAL ARCO, *Maçonaria do*. Permanece um ponto ainda controverso a origem desta Maçonaria, também conhecida como Rito de Iorque, Maçonaria Inglesa ou de São João, e Rito dos Maçons Antigos, Livres e Aceitos da Inglaterra, onde se tornou mais conhecida em 1777, quando de sua introdução em Londres. Uns pretendem ter sido uma invenção dos jesuítas escoceses; outros, uma criação dos partidários dos Stuarts em França, donde foi exportada para a Inglaterra, via Alemanha, e ainda há os que a tomam como arquitetada por Ramsay, em Roma, em 1724. A rigor, não passam de hipotéticas essas asserções. A que nos parece mais bem fundamentada e mais consentânea com as características esotérica e exotérica da longa tradição maçônica, é a apresentada pelo abalizado Irmão C. W. Leadbeater em sua obra *Pequena História da Maçonaria,* pp. 197-8: "A primeira menção nos arquivos do Santo Real Arco, ocorre em Youghal, Irlanda, em 1743. Deparamo-la novamente em 1744, no ensaio do Dr. Dassigny, *Serious And Impartial Enquiry into the cause of the Present Decay of Freemasonry in the Kindom of Irland,* p. 199. Relata-nos este autor a existência de uma Assembléia de maçons do Real Arco em Iorque, cidade donde foi introduzida em Dublin; que esse grau já era algo conhecido em Londres, "num círculo restrito", e que seus membros constituiam "um corpo organizado de homens que haviam ocupado a cadeira de Venerável".

Esta Ordem foi instituída na Inglaterra na qualidade de *Supremo Capítulo Real de Jerusalém,* sob a denominação de *Royal-Arch* (Abóbada Real), ou *Real Arco.* Sua organização vem assim consignada nos primeiros artigos das antigas constituições:

I. Segundo os antigos usos, um Capítulo completo deste grau mais elevado da Maçonaria se comporá dos seguintes membros: *três* principais que, reunido o Capítulo, são coletivamente considerados como um só e mesmo Mestre; *dois* escrivães; *dois* residentes, e *setenta e dois* membros do conselho. Nenhum Capítulo regular deste grau poderá ser composto de maior número de irmãos, etc.

II. Neste grau só serão admitidos os homens que tenham perfeita educação, excelente maneira de pensar, elevação e franqueza de caráter, e sejam verdadeiros amigos da Humanidade. Igualmente deverão ter passado pelos três primeiros graus de prova da Maçonaria e exercido as funções de Venerável. Além disso, segundo as leis, deverão ser apresentados e recomendados por dois ou mais membros de Capítulo, e por último, passar pelo escrutínio secreto, para poderem ser admitidos. Nenhum irmão poderá ter ingresso no Capítulo com menos de vinte e três anos, a não ser que seja filho de algum membro do Capítulo, etc.

III. Os *três* principais oficiais mais elevados e todos aqueles que o tiverem sido, terão o título de *Excelentíssimo,* e os outros oficiais, de "Excelente".

IV. Os oficiais comparecerão ao Capítulo paramentados com as suas jóias, insígnias e ornamentos, e os outros irmãos levarão o bastão, as insígnias da Ordem e do grau, etc. Zerubabel terá uma vestimenta de cores púrpura e escarlate, bordada de pele negra; *Haggai,* etc., *Josua,* etc., etc., e os escrivãs trarão um sobrepeliz preso por um cinto vermelho."

A sua lenda, que data da construção do 2.º Templo por Zerubabel, diz o seguinte, entre outras coisas: "Sob as ruínas do segundo Templo de Jerusalém se encontra uma abóbada; depois de retirados, pedra por pedra, os escombros sob os quais se ocultava a abóbada, os três principais, *Zerubabel, Haggai* e *Josua,* desceram e encontraram uma pedra, na qual estava gravado o nome de Deus."

Este Rito, que alguns consideram uma continuação da lei mosaica, e que veio estabelecer uma espécie de transação entre a Maçonaria simbólica e a chamada escocesa, permaneceu durante longo tempo inicial restrita a umas poucas Lojas inglesas; estendeu-se depois, consideravelmente, pela Inglaterra; penetrou em 1786 na Alemanha, e em 1797 nos EE.UU., onde existem presentemente Capítulos em todos os seus Estados. Hoje se pode calcular que quatro quintos dos franco-maçons o professam.

Compõe-se de quatro graus, que foram acrescidos aos três simbólicos universais. Esses quatro são, em prosseguimento aos anteriores: 4.º — *Past-Master* (Mestre aprovado), que compreende as instruções ministradas ao candidato sobre a constituição e instalação de Lojas, as recepções, colocação da primeira pedra dos edifícios públicos, consagração dos templos maçônicos, funerais dos irmãos, e demais cerimônias da Maçonaria. No Rito de Iorque ninguém pode presidir uma Loja se não houver recebido o grau de *Past-Master.* 5.º — *Mark-Master* (Mestre de Marca ou de Nota), que se baseia na alegoria sobre a chave de uma abóbada, supostamente pertencente à arcada principal do Templo de Salomão, e sobre o descobrimento do *tesouro oculto* (o inefável nome ou Delta, que encimava os emplemas da antiga lei). 6.º — *Super-Excellent Mason* (Excelentíssimo Mestre ou Macom), baseado no capítulo VII: 1-3 do livro das *Crônicas.* 7.º — *Holy Royal Arch* (Santo Real Arco), que recorda as desgraças e calamidades do povo judeu, durante o seu cativeiro no reinado de Nabucodonosor, o seu regresso à Terra Santa, outorgado por Ciro, e a construção do segundo Templo de Zerubabel. Convenhamos, porém, que esta é apenas uma alegórica interpretação vindicativa dos judeus, introduzida após o seu regresso do cativeiro em Babilônia e que nem mesmo consta da circular expedida em 1782 pelo Grande Capítulo Real de Jerusalém aos confrades da Sociedade Real Arco, e em particular aos seus iniciados. Ali se diz sobre a Maçonaria do Real Arco: "Tem esta por objetivo conduzir o estudo de todas as artes e ciências, até onde seja permitido ao espírito humano nesta vida imperfeita, e muito especialmente dirigir a vontade para a aquisição desta arte que nos é particularmente recomendada por nossa divisa: *Conhece-te a ti mesmo.*" Nós fazemos também uso de certas palavras, sinais e toques; devemos observar, no entanto, que quando nos servimos da expressão *Verbo*, não se deve interpretá-la como se tratasse de uma simples palavra de reconhecimento, tal qual as que se empregam nos diversos graus da Arte, e sim, que para nós ela tem um sentido místico, que desperta em nossa alma uma idéia do Ser Supremo, autor único de nossa existência. Com esta expressão, unimo-nos numa mesma homenagem a Seu Nome sagrado, ou Verbo, ao seu Poder e a todos os divinos atributos concebíveis à nossa inteligência. Que esta era a idéia que se tinha do *Nome* ou *Verbo* no mundo primitivo, no-lo confirma o testemunho de inúmeros autores, dos quais basta citar Cícero (*De Natura deorum*, liv. II); Lucano (liv. IV), e Pitágoras com o seu divino *Tetragrammaton*". Esta idéia mística aparece belamente interpretada no Discurso Místico do Ritual Comaçônico. Sobre este particular comenta Leadbeater: "Além dos três graus profissionais que constituíam a estrutura principal dos Mistérios Judaicos, havia também (nos Colégios Romanos) outras tradições maçônicas provindas do Egito. O grau atualmente denominado Santo Real Arco teve seu lugar nos seus trabalhos; as idéias contidas no que agora denominamos grau de Marca estiveram associadas com o 2.º grau simbólico, como o grau Santo Real Arco o esteve com o 3.º. Conquanto nos trabalhos ingleses o período do Real Arco represente o de Zerubabel (535 a. C.) e do Segundo Templo, os Capítulos irlandeses já referem toda essa lenda à época do Rei Josias (639 a. C.), e o Real Arco de Enoque, que difere consideravelmente em seus detalhes, embora sua simbologia tenha o mesmo significado e propósito, é descrito como pertencente à época do próprio Rei Salomão (1005 a. C.). É digna de nota a ausência de um período histórico único e fixo, como para indicar ser de importância secundária a fixação histórica, ante o objetivo capital do grau, que é ministrar instruções simbólicas." (*Pequena História da Maçonaria*, pp. 100-1.)

O significado místico de sua instrução simbólica é assim transmitido no Discurso Místico do Ritual Comaçônico, que aqui resumimos na medida do permissível: "Havendo atingido, simbolicamente, no grau 3.º, o limiar da imortalidade, o aspirante depara com uma busca a fazer, a dos Grandes Segredos de um Mestre Maçom, perdidos com a morte de Hiram Abiff. Pelo ensino ministrado neste grau, vemos pela primeira vez porque e como se perdeu a Palavra Sagrada, em conseqüência dessa morte. Não é porque haja sido esquecida, mas, antes, porque os três Principais haviam jurado pronunciá-la só quando estivessem reunidos, pois todos os Mestres Maçons juraram procurar juntos os segredos perdidos, até reencontrá-los. Estes segredos são os da natureza eterna do homem, os segredos da Divindade que ele esqueceu como efeito de seu envolvimento no véu da matéria, e que se diz poderão ser encontrados desde que ele siga a direção de uma Estrela, tal qual o fizeram os Sábios da antiguidade. Essa Estrela é a da Iniciação, a Estrela da presença de Deus em todos os corações."

Tal é a origem e a meta desta Maçonaria. (Cf. *Abóbada Subterrânea; Comaçonaria; Pedra de Fundação; Rito do Real Arco.*)

REAL MACHADO (ou *Acha*), *Cavaleiro ou Príncipe do Líbano. 1* — Grau 22.º do Rito Escocês Antigo e Aceito. Sua jóia distintiva é um machado de ouro, que tem gravadas num lado do cabo as letras L.·. S.·. A.·. A.·. C.·. D.·. X.·. Z.·. A.·., iniciais respectivas de Líbano, Salomão, Abda (pai de Adoniram), Adoniram, Ciro, Dario, Xerxes, Zorobabel e Ananias, e no outro lado, as letras S.·. N.·. S.·. C.·. J.·. M.·. B.·. O.·., iniciais correspondentes a Sidanius, Noé, Sem, Cam, Jafet, Moisés, Besellel e Ooliab. *2* — Título dos graus 22.º do Rito de Heredom e 23.º do Rito de Mênfis.

REAL MESTRE. Título que os norte-americanos acrescentaram aos quatro títulos da Maçonaria do Real Arco.

REAL MISTÉRIO, *Soberano Príncipe do*. Grau 33.º da série simbólica do Rito de Misraim.

REAL SEGREDO, *Comendador do*. Grau 25.º e último do Rito de Heredom.

REAL SEGREDO, *Sublime Príncipe do*. Título do grau 32º do Rito Escocês Antigo e Aceito.

REATAR OS TRABALHOS. Diz-se das Lojas que, com autorização prévia de suas autoridades respectivas, retornam à atividade e reencetam ou reinauguram as suas tarefas depois de haverem permanecido em recesso durante um período mais ou menos longo. O pedido de reatação deverá ser firmado sempre, no mínimo, por sete dos irmãos que foram ativos na Oficina no momento de suspensão de seus trabalhos, possuindo o grau de Mestre ou superior concedido pela Oficina. Se for aprovado, a autoridade superior expede o decreto de autorização, que é consignado na carta ou patente constitutiva e no Grande Livro de Ouro, e restitui à Oficina todos os documentos, valores e metais que hajam sido depositados na Grande Secretaria Geral durante o recesso. Se o pedido for recusado, dar-se-á aos solicitantes conhecimento ou traslado da decisão. (Cf. *Abater Colunas.*)

REBOLD, *Manoel*. Distinto escritor, nascido na França e educado na Alemanha, onde viveu muitos anos. Foi membro da Loja *Trinitários,* filiado à de *Clemente Amizade,* membro de muitas sociedades filantrópicas e autor de uma história geral da Maçonaria, publicada em 1850. Nesta interessante obra, rica de dados cronológicos e informações valiosas, ele atribui a fundação da Maçonaria ao ano de 715 a. C., o que coincide com a data em que se diz haver o rei Numa Pompílio fundado os Colégios Romanos.

RECEPÇÃO. É o ato ou a cerimônia por que se procede à admissão de novos membros da Ordem, ou à sua passagem a um grau superior. Deve ser revestida do máximo cuidado, em relação ao estado e caráter dos recipiendários, tanto durante o período do exame moral como durante o das provas. (Cf. *Admissão; Iniciação.*)

RECESSO. É o período em que permanecem suspensos os trabalhos de uma Oficina. (Cf. *Reatar os Trabalhos.*)

RECHU, *Misericordioso*. Nome de um dos nove subintendentes do Templo de Salomão, segundo o Ritual dos Príncipes de Jerusalém (8.º) do Escocismo Reformado.

RECIPIENDÁRIO. Nome que se dá ao profano durante sua passagem pelas provas e no dia de sua recepção.

RECLINATÓRIO. Espécie de carteirinha, dotada de uma pequena tarimba ao pé, revestida de almofada, em que o devoto se ajoelha para orar. Nos Santuários da Maçonaria do Santo Real Arco, grau 4.º, se vê um destes móveis à esquerda do Grão-Mestre, com uma Bíblia em cima, segundo o prescreve o seu Ritual.

RECOMPENSA. Remuneração ou distinção outorgada a irmãos por seus serviços ou ação meritória, ou por seu talento e virtude. Várias potências maçônicas têm estabelecido determinadas recompensas para premiar tanto Lojas como maçons, por destacados serviços prestados à Ordem, ou por seus atos de virtude, filantropia ou solidariedade. Costumam consistir de medalhas de ouro, prata ou outro metal, de diplomas sobre pergaminhos, ou de inscrição num quadro de honra das denominações das Oficinas ou dos nomes dos irmãos que tenham sido distinguidos.

RECONHECIMENTO. Declaração oficial que legitima, homologa ou reconhece a legalidade e validade de algum ato ou documento. Assim, o mútuo reconhecimento das potências legitima a sua existência e autoridade, bem como o destas à das Lojas e seus atos. A eleição dos Veneráveis é um dos atos sujeitos ao reconhecimento ou sanção dos corpos superiores, sem o que não pode tornar-se válida nem os eleitos tomar posse de seus cargos. Na acepção moral, esta palavra é sinônimo de gratidão e agradecimento.

RECONHECIMENTO CONJUGAL. Cerimônia de caráter moral e filosófico, à qual também se dá, aliás impropriamente, o nome de *Matrimônio maçônico*. Da ata de *reconhecimento* se extrai uma via, devidamente assinada pelas cinco Luzes, que é entregue aos interessados.

RECONHECIMENTO, *Sinais e palavras de*. Além dos sinais e das palavras sagradas e de passe, muitos graus usam outros sinais especificos e contra-senhas, que se distinguem por esta denominação e constituem uma garantia contra indiscrições e surpresas.

RECONSTITUIÇÃO. Expedição de uma nova carta constitutiva a uma Loja irregularmente formada por uma associação ou autoridade não reconhecida, desde que a solicite e cuja petição seja acolhida por uma potência regular. (Cf. *Reinstaladores*.)

RECREIO. Suspensão momentânea dos trabalhos, em que os irmãos podem comunicar-se entre si, passar de uma coluna para outra e mesmo sair por momentos do templo, sem prévia permissão superior. Um só golpe de malhete, vibrado pelo Venerável e repetido pelos Vigilantes em suas respectivas colunas, basta para convocar os irmãos ao reinício dos trabalhos. Então se restabelecem a ordem e o silêncio, indo cada qual ocupar o seu lugar.

REDENÇÃO, *Ordem da*. Denominação de uma sociedade cavaleiresca introduzida em Marselha em 1813, derivada da Ordem de Malta. Existe na Inglaterra um grau cavaleiresco sob esse título, que suas grandes Lojas não reconhecem mas toleram.

REFIK. Segundo grau da sociedade dos Ismaelitas.

REFLEXÃO. Deve ser um dos atributos distintivos de todo Mestre Maçom, em cuja câmara se acha simbolizado por uma prancha de traçar, em que tem de exercitar continuamente as suas faculdades intelectuais. (Cf. *Câmara,* 9.)

REFORMA. *1* — Assim se denomina o grande movimento religioso do século XVI, iniciado na Alemanha por Martinho Lutero contra o papado, e em que uma apreciável seção da Igreja se separou de Roma. Foi uma decorrência do movimento da Renascença, do século anterior, que propiciou na Europa um impetuoso renascimento da cultura clássica grega. Essa reforma exerceu benéfica influência na evolução da Maçonaria de operativa para especulativa, pois lhe criou, indiretamente, um clima de mais liberdade. *2* — Transformação da Maçonaria operativa em filosófica em 1717, na Inglaterra, e introdução de novos Ritos na Ordem ou inovação de costumes maçônicos. (Cf. *Dispensação.*)

REGENERAÇÃO, *Batismo da.* Cerimônia que usava na recepção o antigo grêmio de chapeleiros, e que consistia em derramar um cubo cheio de água na cabeça do candidato.

REGENTE. Grau 11.º dos Iluminados de Baviera, segundo o sistema reformado de Weishaupt. Era conferido aos seus membros mais destacados, depois de haverem se sujeitado a provas reputadas difíceis.

RÉGUA. *1* — Antigo símbolo de retidão, método e lei. *2* — O antigo Deus egípcio, Phath, tem na mão a régua com a qual ele mede as enchentes do rio Nilo. *3* — A régua de 24 polegadas figura nas Lojas simbólicas da Franco-maçonaria como instrumento de trabalho e medida do tempo, no sentido de que não se deve malgastar as horas na ociosidade e egoísmo, mas parte delas na meditação e estudo, parte no trabalho, e parte no recreio e repouso, "porém todas no serviço da humanidade". (Cf. *Cinzel; Instrumentos de Trabalho.*)

REGULADORES GERAIS DA ORDEM. *1* — Grau 87º da sétima série mística do Rito de Mênfis. *2* — Corresponde ao grau 77.º do Rito de Misraim, que tem o título de *Supremo, Grande Conselho dos Grandes Inspetores Intendentes Reguladores da Ordem.*

REGULAMENTO. São as normas estabelecidas para o governo de uma Potência ou Oficina maçônica.

REGULAR. Chama-se *regular* o maçom que, consoante os seus deveres, se acha inscrito como membro ativo e quite no quadro de uma Loja regular. A regularidade é indispensável ao maçom, à Loja e à Potência, para o exercício dos direitos e prerrogativas outorgados pela Maçonaria. (Cf. *Loja; Potência.*)

REGULARIDADE. O maçom é considerado regular se foi iniciado e devidamente admitido numa Loja regular. Uma Loja é regular se, fundada pelo menos por sete Mestres Maçons, todos eles são membros de Lojas regulares. Uma grande Loja deve ser considerada regular se foi formada pela união de no mínimo três Lojas regulares. Ademais, uma grande Loja é regular se descendeu diretamente da Grande Loja da Inglaterra, ou se recebeu suas Constituições de uma outra grande Loja regular. Finalmente, os Supremos Conselhos do Rito Escocês Antigo e Aceito, a não ser que, *expressis verbis*, tenham renunciado claramente a este direito (como já aconteceu, por exemplo, na Suíça), podem criar, em seus territórios, Lojas regulares, que podem subseqüentemente formar Grandes Lojas regulares, como ocorreu na Alemanha entre as duas Guerras Mundiais no caso da Grande Loja Simbólica. (Cf. *Legalidade; Loja; Reconhecimento.*)

REGULARIZAÇÃO. Ato de regularizar uma Potência, Loja ou maçom, segundo as normas adotadas em suas respectivas Constituições e Estatutos gerais.

REHELLIAH. Significa *stupor Domini.* É o nome de um dos nove subintendentes do Templo de Salomão, mencionados no Ritual de Príncipe de Jerusalém (8.º) do Escocismo Reformado.

REI-HOMEM. Grau 13.º e último do sistema dos Iluminados de Baviera. Este grau e mais os de *Mago* e de *Filósofo* formavam a classe que se intitulava ali dos grandes mistérios.

REI, *Muito Sábio*. Título do Grão-Mestre, Presidente do Conselho de Princesas da Coroa ou Soberanas Maçonas, grau 10.º e último da Maçonaria de Adoção.

REINANTE, *Mestre*. Título do grau 12.º e último do sistema maçônico sueco. Representa o rei da Suécia, e se lhe acrescenta também o título de *Salomonis Sanctificatus Illuminatus magnus Jehovah.*

REINSTALADORES. *1* — Membros comissionados para a instalação de uma Loja antes constituída irregularmente, mediante pedido desta a uma Potência regular. *2* — Denominação dos irmãos solicitadores da continuação de trabalhos de uma Loja que tenha permanecido inativa durante um período prolongado. Alguns também se chamam *recriadores.* (Cf. *Reconstituição.*)

REI PASTOR DOS HUTZ. Grau 45.º da primeira série e quarta classe do Rito de Mênfis.

REJENSBURGO, *Capítulo de.* Uma das leis mais remotas que existem, referentes às antigas associações e confraternidades de maçons construtores; é o *Regulamento de Canteiros de Estrasburgo.* Havendo sido perdidas as regras anteriores, pelas quais se regiam os canteiros alemães, e como tendiam a desaparecer tanto a disciplina como os próprios Rituais, sentiu-se a necessidade de não só restabelecer os antigos princípios, mas também de expurgar as corporações de todo elemento desajustado ou estranho à sua finalidade. Assim, em 1459 se reuniram na cidade de Rejensburgo os construtores alemães para compilar e escrever todas as antigas Ordenações. Realizaram-se assembléias de Mestres e Oficiais, que, além de retificar antigos usos e costumes, redigiram esse Regulamento, em defesa da emancipação política e independência do indivíduo. Ali se focaliza especialmente a conduta moral que devem observar os Companheiros entre si, e preconiza-se o amor fraternal, a justiça e solidariedade. Reconhecido posteriormente em Estrasburgo, esse Regulamento foi adotado por todos os maçons alemães, que o distinguem com o nome dessa cidade.

RELAMBER. Entre os membros da Franco-carbonaria é o ato de beber ou brindar.

RELIGIÃO (latim: *religare,* religar). Não obstante a imensa diversidade de seus cultos externos, todas as religiões apresentam uma base comum em seus internos princípios morais, filosóficos e místicos. Com efeito, o estudo comparativo das religiões demonstra serem idênticos os seus ensinamentos fundamentais sobre a Divindade, o homem, o universo, a vida futura, porém adaptados à época e ao povo a que se destinaram. Por outras palavras, são as mesmas as suas verdades esotéricas, que não raro aparecem desfiguradas em seus cultos exotéricos. Seus imortais fundadores foram todos Mensageiros da Verdade única, que deram à humanidade seu evangelho de União e Fraternidade, para que através do Amor as almas se *religuem* entre si e ao Supremo. Todos eles foram unânimes em proclamar a Paternidade de Deus e a Fraternidade dos homens. Tal foi, em essência, a mensagem de Vyâsa, Hermes Trismegisto, Zarathustra, Orfeu, Krishna, Moisés, Pitágoras, Platão, Cristo, Maomet e outros. Por isso, a máxima imparcialidade e seriedade devem presidir o estudo das religiões, para que seja realmente compreensivo e proveitoso. (Cf. *Pagão.*)

RENAN, *Ernesto.* Ilustre filósofo, historiador e crítico francês, nascido a 27 de fevereiro de 1823 e falecido em 1892. Pertenceu à Maçonaria e publicou numerosas e notáveis obras, mormente de história crítica do Cristianismo, das quais se destaca a *Vida de Jesus.*

REOBOAM. Filho e sucessor do rei Salomão (1. *Reis* 11:43, etc.), no trono e em todas as dignidades. É o *Soberano Grande Comendador,* da *ordem de Misraim,* segundo a interpretação de Badarride em sua obra *História da Ordem de Misraim.* Tam-se lhe atribui a introdução (por vingança) do nome de Hiram Abiff como personagem-mártir da lenda maçônica.

REPOA (CRATA) ou INICIAÇÃO DOS SACERDOTES EGÍPCIOS. Título de uma interessante obra sobre os antigos mistérios da Maçonaria, escrita por Carlos Koppen, conselheiro do departamento de guerra e canonista de Berlim. Foi o principal promotor e defensor da Ordem dos Senhores Africanos, organizada sob sua direção por alguns destacados maçons de Berlim e Silésia, que se separaram em 1767 do Rito da Estrita Observância. Um de seus segredos simbólicos mais importantes é a explicação dada à palavra Hiram, lida ao revés: M (Molay), A (atrocíssima), R (raptus), I (igne e intactus), H. (Hugo de Paganis). (Cf. *Rito da Crata Repoa.*)

REPOUSO DA NATUREZA. Festa da Ordem, celebrada no solstício do verão ou no equinócio do outono. (Cf. *Alvorada.*)

REPREENSÃO. A que, em certos casos e em nome da Loja, dirige o Venerável ao obreiro que haja descurado de alguns de seus deveres maçônicos. (Cf. *Penalidade.*)

REQUISITÓRIO. Chamada do Orador para a execução dos regulamentos.

RESUMO. Análise, extrato e conclusão que o Orador de uma Loja faz dos discursos e opiniões diferentemente apresentados pelos diversos irmãos em torno da discussão de um assunto, depois de terminados os debates. Teoricamente, o resumo tem que ser estritamente imparcial, em nada influenciado pela opinião pessoal do Orador, e a não ser que aí intervenham novos e robustos fatores que exijam um novo debate. Após o resumo, a Loja se manifesta pelo seu voto afirmativo ou negativo sobre o assunto.

RETELHADOR. Examinador, prático, experto. Veja-se *Experto*.

RETELHAR. Na terminologia maçônica equivale a *examinar*. Ao apresentar-se algum maçom como visitante de uma Loja, para assistir a seus trabalhos, é *retelhado*, isto é, examinado pelo Experto antes de ser ali introduzido.

RETIFICADO, *Regime*. Também denominado Rito Reformado de Dresde, foi um sistema nascido na Alemanha, baseado, segundo alguns, no sistema cavaleiresco templário de Ramsay. Compunha-se de três graus que, acrescidos aos três simbólicos universais por um grau intermediário, o de *Mestre Escocês*, totalizavam sete, divididos em dois grupos ou ordens. A primeira ordem, chamada exterior, compreendia três graus simbólicos de *Aprendiz, Companheiro* e *Mestre*. O grau intermediário era o de Mestre *Escocês*. A segunda, denominada ordem interior, se compunha de três graus templários: *Capítulo Eqüestre, Noviço* e *Cavaleiro*. Foi muito professado nas Lojas da Alemanha e particularmente em Dresde. Introduzido por volta de 1755 na França, ali se criaram vários diretórios denominados Escoceses, divididos em nove províncias: Aragão, Auvernia, Languedoc, Leão, Borgonha, Grã-Bretanha, Alemanha meridional, Itália e Grécia. Destas, só vingaram algumas da França e Itália, e outras acabaram fundindo-se em 1775 com a Ordem da Estrita Observância, em virtude do convênio firmado pelos representantes de ambos os Ritos reunidos em Grande Capitólio, na cidade de Brunswick.

RETSAH ou RETSCH OCCIDIO. Palavra de passe dos Soberanos Príncipes Hasídios, grau 75.º do Rito de Misraim.

REUNIÃO. Veja-se *Sessão*.

REVISOR. Veja-se *Arquiteto*.

REVOLTOSOS. Nome dado a um ramo de dissidentes do Companheirismo e que eles tomaram como seu distintivo.

RIBBOTH. Nome do segundo Arquiteto do Templo no Ritual dos Cavaleiros da Espada, grau 11.º da Maçonaria Adoniramita.

RICARDO I, O GRANDE. Rei da Inglaterra, conhecido como *Ricardo, o Coração de Leão*. Foi o décimo sexto Grão-Mestre da Confraria de Franco-maçons e Grão-Mestre dos Cavaleiros Templários que administraram a Ordem até a sua morte. Em seu reinado foi construída a igreja do Templo em *Pleed--Street*.

RIGHTBOYS, "Filhos do Direito". É o título de uma sociedade secreta, constituída entre os camponeses irlandeses pelo ano de 1787, como continuação da dos *Niveladores*.

RIHAN-ABU. Um dos Grandes Conservadores da Ordem de Misraim.

RITA (*sânscrito* e *pale*: a ordem). A lei, a harmonia do mundo, sacrifício. (Cf. Rito.)

RITO (latim: *ritus*, cerimônia). *1* — Solene ato religioso, e por extensão, qualquer das práticas e fórmulas usadas nos diversos cultos. Podem diferenciar-se tanto entre as religiões como dentro de uma mesma religião, tal qual se dá na católica: *Ambroziano, Gregoriano, Romano, Grego, Moçarabe,* etc. *2* — Na Maçonaria, que conta com algumas dezenas de Ritos, se entende como tal o conjunto de regras segundo as quais se praticam as cerimônias e se comunicam os graus, sinais, toques, palavras e todas as demais instruções secretas daí decorrentes. Igual nome toma o conjunto de cerimônias e instruções primitivas de cada sistema, como também o governo maçônico dos altos corpos dirigentes da Maçonaria em cada país. Os Ritos, independentes e autônomos entre si, são dirigidos cada qual por um Corpo Superior, comumente constituído por certo número de Deputados eleitos por todas as Lojas que o adotam. Estes Corpos, intitulados Grandes Orientes, Supremos Conselhos, Grandes Colégios, Consistórios, etc., assumem o poder supremo, tanto no concernente ao dogma e legislação, como no referente à administração e justiça.

Dentre os Ritos adotados pelas Potências Maçônicas, quatro são os mais praticados em todo o mundo, e por isso são tidos como universais: 1.º — o Rito *simbólico* ou *azul,* que forma a base de todos os demais. 2.º — o de *Iorque* ou *Moderno Inglês.* 3.º — O de *Schroder* na *Alemanha.* 4.º — o *Escocês Antigo e Aceito.* Nos países de língua inglesa se segue mais o de *Iorque* e o *Escocês,* e entre os germanos, o de *Schroder.* Mas outros Ritos são também praticados e tolerados, como o *Sueco,* o *Eclético, Fassler, Três Globos, Escocês ratificado,* além de outros que têm sido tachados de irregulares, como o *Argentino,* o *Brasileiro,* o *Francês* ou *Moderno,* e o *Mexicano.*

No Brasil predomina o Rito Escocês Antigo e Aceito, mas encontraram também aceitação os de *Iorque* e o Moderno ou *Francês.*

O Rito Escocês Antigo e Aceito consta de 33 graus, divididos em sete classes. Os três primeiros (*Aprendiz, Companheiro* e *Mestre*) podem ser conferidos pelas *Lojas Simbólicas;* os do 4.º ao 14.º pelas *Lojas de Perfeição;* os do 15.º ao 18.º pelos *Capítulos;* os do 19.º ao 30.º pelos *Conselhos de Kadosh;* os 31.º e 32.º pelos *Consistórios,* e o 33.º pelo *Soberano Supre-*

mo Conselho. As *Lojas Simbólicas são subordinadas* às *Grandes Lojas Soberanas,* e as demais, que conferem os altos graus (do 4.º ao 32.º), estão sujeitas ao *Soberano Supremo Conselho,* que se rege por leis especiais.

RITO ADONIRAMITA. Criado em 1776 ou 1787 pelo barão de Tschoudy, relaciona seus emblemas com a construção do Templo de Salomão, mas cultua a memória de Adoniram ou Adoram, como tendo sido o seu arquiteto e a vítima da perfídia dos três maus Companheiros. Outros maçons não aceitam, porém, esta versão, mas atribuem-na a Hiram Abiff, e daí o se denominarem *Hiramitas.* Entretanto, é idêntica a doutrina de ambos, tanto nos altos graus como nos simbólicos. Por sua vez, a Bíblia não confirma nenhuma dessas versões, pois ali se relata que Adoniram foi um superintendente de trabalhadores forçados de Davi (*II Sam.* 20:24) e de Salomão (*I Reis,* 4:6), isto é, dos cananeus reduzidos à escravidão pelos israelitas sob o mando de Judá (*Juízes* 1:21-29,31; *I. Reis* 9:15, 20-22). Nesta qualidade, Adoniram dirigiu os 30.000 hebreus enviados ao Líbano para cortar madeira destinada à construção do seu Templo (*I Reis,* 5:14). Depois foi coletor de impostos de Reoboam (*I Reis* 12:18 e *I Sam.* 10:18), e no exercício desta função morreu lapidado pelos israelitas rebelados contra Reoboam (*I Reis* 12:18; *Crôn.* 10:18). Ao passo que Hiram Abiff foi um hábil decorador, sob cuja direção se fizeram a decoração interna do templo e os seus utensílios de metal (*Reis* 7:3-45; *Crôn.* 2:13-14; 4:11-16), nada mencionando a Bíblia sobre sua morte, o que certamente não teria deixado de fazer, uma vez verificadas as graves circunstâncias descritas na lenda do terceiro grau; donde se conclui ser ela apenas simbólica. São treze os graus deste Rito: Aprendiz, Companheiro, Mestre, Mestre Perfeito ou Antigo Mestre, Eleito dos Nove ou Pequeno Eleito, Eleito de Perignan ou Desconhecido, Eleito dos Quinze ou Grande Mestre Eleito, Pequeno Arquiteto ou aprendiz Escocês, Grande Arquiteto ou Companheiro Escocês, Mestre Escocês, Cavaleiro da Espada ou do Oriente ou da Águia, Cavaleiro Rosa-Cruz, e Noaquita ou Cavaleiro Prussiano. (Cf. *Salomônica, Maçonaria.*)

RITO AMERICANO. Além do Rito Inglês, também chamado de Iorque, e do Rito do Real Arco, do qual existe um Grande Capítulo em cada um dos Estados da Federação Norte-Americana e em muitas outras regiões daquela nação, a Maçonaria na América do Norte se acha dividida em três grandes grupos. O *primeiro,* sob a denominação de *Maçonaria manual* ou *instrumental,* está constituído pelos três graus simbólicos de Aprendiz, Companheiro e Mestre, que são geralmente conferidos segundo o Rito de Iorque. O *segundo,* com a denominação de *Maçonaria científica,* está formado pelos graus do sistema do Real Arco e pelos do Rito Escocês Antigo e Aceito. O *terceiro,* denominado *Maçonaria filosófica* ou *templária,* está composto, entre outros pelos graus de Cavaleiro de Malta, do Templo, da Cruz Vermelha, do Santo Sepulcro, da Divisa Cristã, da Santa e Três Vezes Ilustre Ordem da Cruz, da Rosa Celeste e Guardiães do Conclave.

RITO ANDRÓGINO. Os historiadores maçônicos mencionam sob esta denominação todos os Ritos e cerimônias praticados por grande número de sociedades maçônicas ou pseudomaçônicas, as quais, entretanto, não devem ser confundidas com a Maçonaria de Adoção.

RITO ANTIGO. Com o título de "antigo" se têm distinguido, com ou sem fundamento, vários Ritos maçônicos, não raro para dar-lhes maior realce. O único que realmente poderá justificá-lo é o Rito simbólico.

RITO ANTIGO REFORMADO. Praticado na Bélgica e na Holanda, este Rito não passa de uma variante do Rito Moderno ou Francês.

RITO AZUL ou SIMBÓLICO. É o que se compõe exclusivamente dos três graus simbólicos, fundamentais e universais da Ordem, e os únicos que, segundo a opinião da generalidade dos tratadistas, se devem considerar como genuinamente maçônicos. Em todos os Ritos estes graus são, invariavelmente, os de *Aprendiz, Companheiro* e *Mestre.*

RITO CABALÍSTICO. *1* — Com este título parece haver existido um Rito com os graus seguintes: Aprendiz, Companheiro Místico, Mestre, O Espelho de Zoroastro, Teósofo ou Mestre Cabalístico, Sacerdote, Teósofo, Cavaleiro das Pirâmides, Ginosofista e Bardo. *2* — Título que aplicam por extensão todos os Ritos cujos graus estão consagrados à alquimia, magia, cabala, adivinhação, etc., como se dá com os de Schrôder, Schrepfer, Martinez Pascalis, os Irmãos Negros, os Iluminados do Zodíaco e outros.

RITO CAVALEIRESCO. Comumente se inclui nesta denominação os graus avulsos ou Cavalarias que se praticam na Inglaterra, Alemanha, Estados Unidos e alguns outros países. Ainda que não admitidos pelas Grandes Lojas, são por elas tolerados e muito acatados. Além dos enumerados no Rito Americano, os principais são: Cavaleiro de Alcântara, de

Calatrava, de Cristo, de Malta, de Santo Estêvão, de São Lázaro, de São Miguel, do Espírito Santo, do Santo Sepulcro, do Templo, do Zodíaco, da Cruz Vermelha, da Estrela, da Mãe de Cristo, da Ordem Teutônica, da Redenção, da Virgem, da Águia Negra ou Eleito da Prússia, Noaquita ou Cavaleiro Prussiano da Torre e outros mais.

RITO CLERICAL. Veja-se *Rito dos Eleitos Coens.*

RITO CRISTÃO. Veja-se *Rito da Ordem de São Joaquim.*

RITO DA ACADEMIA DOS ANTIGOS SEGREDOS. Associação fundada em Roma pelos fins do século XVI pelo físico João Batista Porta, com o objetivo de estudar as ciências ocultas. Em 1780, quando se pôs em prática a chamada Maçonaria filosófica, o coronel Foux de Salaverte fundou em Varsóvia um Rito baseado nos princípios da antiga Academia de Porta e designado pelo mesmo nome. Este Rito, cuja nomenclatura se desconhece, se dissolveu durante as guerras que eliminaram a nacionalidade polonesa e por isto foi curta a sua duração. (Cf. *Porta, Giambattista Della.*)

RITO DA ACADEMIA DOS NEGOCIATES. Veja-se *Rito da Academia dos Sublimes Mestres do Anel Luminoso.*

RITO DA ACADEMIA DOS SÁBIOS — Título de várias sociedades, todas consideradas derivadas da primeira que fora fundada em Londres por Elias Ashmole, com base nas doutrinas da *Nova Atlântida* de Francisco Bacon. A instrução ali ministrada se dividia em classes e graus, cuja nomenclatura se desconhece. Tais sociedades existiram na Suécia, Rússia e França, onde, em Avinhão, houve uma associação semelhante, junto à Loja Mater Escocesa do Rito Filosófico. (Cf. *Ashmole, Elias.*)

RITO DA ACADEMIA DOS SUBLIMES MESTRES DO ANEL LUMINOSO. Também conhecido como os *Negociates,* este Rito, pertencente ao sistema filosófico e considerado um rebento da antiga Maçonaria, foi fundado na França em 1780 por Grant, barão de Baerflindy, membro da *Loja do Contrato Social* e Grande Oficial, Mestre de Campo do exército escocês, com o propósito de fazer reviver a escola pitagórica. Compreendia três ordens ou classes principais, cada uma das quais subdividida em vários graus de instrução. Nos dois primeiros graus se estudava a parte histórica da Maçonaria, de que se considerava Pitágoras fundador, e, no terceiro, ministravam-se a sagrada iniciação e os conhecimentos de ciência e filosofia. Cada grau se distinguia com um sinal, um toque e uma só palavra, e sua instrução, confiada aos

Magos, versava em geral sobre física, geometria e astronomia. As cerimônias do culto e a explicação dos mistérios e emblemas estavam a cargo dos *Patriarcas.* (Cf *Pitágoras*).

RITO DA ACADEMIA DOS VERDADEIROS MAÇONS. Este Rito, considerado uma das principais fontes da Maçonaria hermética, foi fundado por Montpellier pelo ano de 1778. Integraram-no muitos dos partidários dos principais sistemas que naquela época se disputavam a supremacia, como os de Zinnendorf, Sociedade das Duas Águias, Sociedade do Apocalipse, Iluminados do Zodíaco, Irmãos Negros e Sacerdotes ou Eleitos Coens. Tinha por objetivo principal o ensino e propagação das ciências herméticas desenvolvidas nos seis graus alegóricos seguintes: Verdadeiro Maçom, Verdadeiro Maçom na Linha Reta, Cavaleiro da Chave de Ouro, Cavaleiro de Íris, Cavaleiro dos Argonautas e Cavaleiro do Tosão de Ouro.

RITO DA ACADEMIA PLATÔNICA. Sob os auspícios de Lourenço de Médicis, o criador deste Rito, Masílio Ficint (ou Ficinus) fundou em Varsóvia, em 1482, a Academia Platônica, com o objetivo de estudar as questões metafísicas. Poucas informações se têm desta associação que se reunia em sessões secretas e por isso tem sido por alguns identificada com a Maçonaria. Por volta de 1840 se formou outra sociedade sua homônima, a qual adotou os mesmos emblemas, atributos e fórmulas da Maçonaria, conquanto diferissem tanto dos ensinos maçônicos quanto dos platônicos.

RITO DA ACADEMIA RUSSO-SUECA. Veja-se *Russo-Sueca, Academia.*

RITO DA ALTA MAÇONARIA DE ADOÇÃO. Veja-se *Rito Egípcio.*

RITO DA ALTA MAÇONARIA EGÍPCIA. Veja-se *Rito Egípcio.*

RITO DA ALTA OBSERVÂNCIA. Veja-se *Rito da Estrita Observância.*

RITO DA CONGREGAÇÃO DOS IRMÃOS MORAVOS. Também denominado *Ordem do Grão de Mostarda,* e pertencente à Maçonaria chamada evangélica, este Rito foi uma das primeiras inovações introduzidas na Maçonaria alemã. Tendo-se estabelecido na Silésia por volta de 1739, tinha por objetivo a propagação do Evangelho por meio das formas maçônicas.

RITO DA CRATA REPOA ou INICIAÇÃO DOS SACERDOTES. Rito criado na Alemanha em 1767, por vários irmãos de Berlim e Silésia, que se separaram da Ordem da Estrita Observância. Este Rito, também denominado *Egípcio,* baseia-

-se numa história dos antigos mistérios da Maçonaria, e compõe-se de sete grupos: Pastóphorus, Neocoris, Melanophoris, Cristophoris, Balahata, Astrônomo da Porta de Deus, Profeta ou Sephenath Pancah.

RITO DA ESTRELA DO ORIENTE. Veja-se *Rito da Ordem da Estrela do Oriente.*

RITO DA ESTRELA FLAMÍGERA. Veja-se *Rito da Ordem da Estrela Flamígera.*

RITO DA ESTRITA ou EXATA OBSERVÂNCIA. Veja-se *Rito da Ordem da Estrita Observância.*

RITO DA EXATA OBSERVÂNCIA. Veja-se *Rito da Ordem da Exata Observância.*

RITO DA GRANDE LOJA DA SUÉCIA. Veja-se *Rito Sueco.*

RITO DA GRANDE LOJA NACIONAL DA ALEMANHA. Veja-se *Rito de Zinnendorf.*

RITO DA GRANDE LOJA REAL IORQUE DA AMIZADE DE BERLIM. Recebeu esta denominação uma simplificação do antigo Rito de Perfeição, que fora adotado pela Grande Loja Real. Compunha-se de 10 graus: *I. Graus de São João,* Aprendiz, Companheiro e Mestre. *II. Graus Superiores,* Eleito dos Nove, Eleito dos Quinze, Eleito de Perignan, Escocês Vermelho, Escocês de Santo André, Cavaleiro do Oriente e Cavaleiro da Águia ou Soberano Príncipe Rosa-Cruz. Os titulares do último grau formavam um *Conselho Sublime,* que decidia em todos os assuntos da Loja de São João. (Cf. *Rito de Fessler.*)

RITO DA HARMONIA UNIVERSAL. Também denominado *Mesmeriano* ou *de Mesmer,* este Rito foi fundado em Paris em 1782 por alguns maçons, baseados nas teorias de Frederico Antônio Mesmer, médico alemão, sobre o magnetismo, cujo segredo se propunham descobrir. Dividia-se em três graus de instrução: Associado Iniciado, Associado Discípulo e Associado Correspondente.

RITO DA LOJA MATER DO ESCOCÊS FILOSÓFICO. Veja-se *Rito Escocês Filosófico.*

RITO DA LOJA MATER ESCOCESA DE MARSELHA. Também denominado *Rito Escocês Filosófico da Loja Mater Escocesa,* crê-se que este Rito foi estabelecido em Marselha pelo ano de 1750, por um viajante cujo nome se ignora, que então o deu a conhecer numa Loja que ali fundou nessa época com o título de *São João da Escócia.* Floresceu pelo menos até 1812.

RITO DA ORDEM DA ESTRELA DO ORIENTE. Pertencente à Maçonaria de Adoção, esta Ordem foi fundada em 1778, ignorando-se onde e por quem, e a cidade de Nova Iorque foi a sede de seu Patronato. Divide-se em cinco pontos e baseia sua teoria nas Escrituras Sagradas. As personagens adotadas para tipificar estes cinco pontos, ou graus, encarnam altos ideais e virtudes maçônicas. É a seguinte a nomenclatura dos graus e de sua significação: 1. *A Filha de Juphthah*: ideal de obediência e respeito a um voto feito solenemente (*Juízes* 11:31; 34:40). 2. *Ruth*: ideal de "Beleza" ou "Amiga" (*Ruth* 1:16, 17), exemplificado em seus costumes francos, simples, leais e corteses. 3. *Esther*: ideal de fidelidade aos amigos (*Esther* 8:3-6). 4. *Marta*: ideal da fé viva (*S. João* 11:21-28). 5. *Eleita*: ideal da paciência e submissão mesmo ante a injustiças. Segundo as regras estabelecidas pelo Grande Patronato, só as esposas, viúvas, irmãs ou filhas de Mestres maçons regulares eram credenciados para receber este grau. Para ser iniciadas, as filhas e irmãs solteiras dos maçons deviam contar no mínimo dezoito anos de idade. Intitulava-se *Família* uma classe composta no mínimo de cinco senhoras e igual número de Mestres maçons, que se reuniam quinzenal, mensal ou trimestralmente, para instruir-se

RITO DA ORDEM DA ESTRELA FLAMÍGERA. Ordem fundada em Paris em 1766 pelo Barão de Tschoudy, tido como o autor da maioria dos Rituais de instrução dos graus do Rito do Conselho dos Imperadores do Oriente e da reforma em dez graus, conhecida como Maçonaria Adoniramita. Compõe-se de graus cavaleirescos, baseados nas lendas das Cruzadas e conformes com o sistema templário jesuítico.

RITO DA ORDEM DA ESTRITA OBSERVÂNCIA. Rito fundado na Alemanha em 1764 pelo Barão de Hund, baseado na tradição mística das antigas Ordens de Cavalaria. Como alguns autores têm estigmatizado este Rito como de origem jesuítica e mesmo lançado suspeitas sobre a idoneidade moral de seus criadores e primeiros seguidores, é oportuno tornar conhecido o comentário do Rev. Carlos H. Vail em *Los Misterios Antiguos y la Masoneria Moderna*, pp. 212-213: "Alguns escritores maçônicos tratam de falsários e charlatães os diretores da Estrita Observância, o que não se pode admitir, pois pertenceram a ela oficiais, homens cultos e nobres de grande reputação. A causa de os estigmatizarem se estriba no fato de que seus membros estudavam Misticismo, e acreditavam que existe na Maçonaria uma tradição mística e oculta, que é a verdadeira história da evolução. Grande parte dos membros desta Ordem pertencia também aos Rosa-Cruzes e a outras sociedades análogas, e buscava a *Porta Apertada* e o *Caminho Estreito* que conduz à Sabedoria". Depois de algumas alterações e modificações, o Rito ficou constituído em sete graus: Aprendiz, Companheiro, Mestre, Mestre Escocês, Noviço, Templário (subdividido em Cavaleiro, Aliado e Porta-espada) e Cavaleiro Professo. Posteriormente se deram várias cisões nesse Rito, das quais resultaram os ramos da *Exata Observância* e a *Lata Observância,* que com suas reformas muito concorreram para o seu desmembramento. (Cf. *Rito da Ordem do Templo.*)

RITO DA ORDEM DA FELICIDADE. Rito criado em Paris em 1742 por Chambonnet e vários outros oficiais da Marinha, e que se compunha de quatro graus: *Grumete, Patrão, Chefe de Esquadra* e *Contra-Almirante,* sendo da terminologia náutica todos os seus emblemas e vocabulário. Sua Loja se denominava *Esquadra.*

RITO DA ORDEM DA PERSEVERANÇA. Ignoram-se a época e o lugar da fundação deste Rito, cuja sede central foi em Paris em 1777. Compunha-se de cavaleiros e damas provindos das classes sociais mais elevadas, mas sujeitos todos a passar por determinadas provas antes de sua admissão, a não ser quando justificassem haver prestado algum serviço importante à humanidade.

RITO DA ORDEM DE CRISTO. Rito templário fundado em Paris pelo ano de 1806. Compunha-se de muitos graus de iniciação, cujas fórmulas se baseavam nos altos graus que então ostentavam todos os sistemas, e dos quais se destacavam os seguintes: Cavaleiro da Tripla Cruz (que se conferia depois do Rosa-Cruz), Cavaleiro da Águia Branca e Negra ou Grande Eleito *Kadosh,* Cavaleiro Adepto ou Querubim, Cavaleiro da Águia Negra ou Grande Eleito, Cavaleiro *Kaes,* Cavaleiro da Ordem de Cristo ou Soberano Comendador do Templo. Foi seu autor um português chamado Nunes.

RITO DA ORDEM DE PALLADIUM ou SOBERANO CONSELHO DA SABEDORIA. Ordem fundada em Paris em 1737, e cujo autor remonta sua origem à escola de Pitágoras. Compõe-se de dois graus apenas: *Adelfa* e *Companheiro de Ulisses.* Um retrato de Fenelon adorna o ritual, que termina com uma nomenclatura dos benfeitores da humanidade, aos quais se podem ir enfileirando outros, alçados posteriormente a essa categoria.

RITO DA ORDEM DE SÃO JOAQUIM. Este Rito, pertencente à Maçonaria chamada cristã, foi criado em Leutmeris

(Boêmia) em 1756, e só aceitava nobres de pura estirpe. A cerimônia de ingresso na Ordem, demasiado aparatosa, era realizada num templo católico.

RITO DA ORDEM DO TEMPLO ou TEMPLE. Organizado primeiro no Capítulo de Clermont, de Paris, foi depois transmitido dali para a Alemanha pelo Barão de Hund, que nesse Capítulo recebeu as linhas de sucessão em 1743 e fundou numerosas Lojas Templárias alemãs, e em 1764 criou a *Estrita Observância,* cuja estrutura era eminentemente templária. Os Ritos criados prosteriormente adotaram como tema obrigatório nos últimos graus a lenda da pretendida restauração dos antigos Templários, e suas alegorias giravam todas em torno da rememoração do trágico fim dessa Ordem e do martírio de Jaques de Molay, seu Grão-Mestre. Em 1806 surgiu em Paris uma associação com o nome de *Ordem do Temple,* composta dos seis graus seguintes: *Aprendiz, Companheiro, Mestre, Mestre do Oriente, Mestre da Aguia Negra de São João* e *Mestre Perfeito do Pelicano.* Em 1808 foi essa nomenclatura substituída pela seguinte: *Iniciado, Iniciado do Interior, Adepto do Oriente, Adepto da Águia Negra de São João* e *Adepto Perfeito do Pelicano.* (Cf. *Rito da Ordem da Estrita Observância.*)

RITO DA ORDEM DOS ARQUITETOS DA ÁFRICA ou DOS IRMÃOS AFRICANOS. Rito criado na Prússia em 1767, por iniciativa de Frederico II, com o escopo principal de promover o estudo das ciências e pesquisas históricas da Maçonaria. Anualmente se celebrava uma reunião solene, em que se premiava com uma medalha de ouro conferida pelo rei o melhor trabalho elaborado sobre a história da Ordem. Constava de onze graus, divididos em três grupos e distribuídos em dois templos, a saber: *Primeiro templo*: Aprendiz, Companheiro e Mestre. *Segundo templo*: Arquiteto ou Aprendiz dos Segredos Egípcios, Irmão Cosmopolita, Filósofo Cristão (Bossinius) e Mestre dos Segredos Egípcios ou Amigo da Verdade. *Graus Superiores*: Arminger, Miles e Eques. Este Rito parece não ter saído da Prússia, e foi de curta duração.

RITO DA ORDEM DOS CAVALEIROS HUMANITÁRIOS DA CIDADE SANTA DE JERUSALÉM, CHAMADOS CAVALEIROS DE CRISTO OU DO TEMPLO DE SALOMÃO, ou CAVALEIROS DO SANTO SEPULCRO. Rito jesuítico criado na França em 1782, com base nas doutrinas do Martinismo, pelos membros de uma Loja de Lyon, denominada *Cava-*

leiros Humanitários. Dali passou para a Alemanha, onde exerceu grande preponderância, formando associações denominadas *Lojas Unidas da Alemanha.* Mais tarde essas Lojas se fundiram com as da *Estrita Observância,* que tinham por chefe o Duque de Charyres. Tem-se considerado este Rito uma mudança de nome do sistema templário, adotada pelos maçons franceses reunidos no Convento de Lyon, para despistar a polícia. Posteriormente, ao declarar-se a abolição da *Estrita Observância* no Convento de Wilhemshad, adotou-se a mesma modificação dos maçons franceses, substituindo-a por um novo Rito que se denominou de *Cavaleiros Hospitalares.* Compunha-se este Rito de sete graus tomados da Estrita Observância.

RITO DA ORDEM DOS IRMÃOS NEGROS. Era o dos membros de uma sociedade secreta que existia no sul da Europa e que pelo ano de 1766 se fundiu com a *Academia dos Verdadeiros Maçons.* Mais tarde, sob esta denominação, constituiu-se outra sociedade maçônica cabalística, do sistema de Martinez Pascalis, a qual, unida a outras do sistema de Zinnendorf, fundou em Montpellier a *Academia Swedenborguiana dos Iluminados de Avinhão.* Pouco depois de constituída esta Ordem, também se estendeu pela Alemanha, e especialmente pela Prússia, outra sociedade da Ordem dos Irmãos Negros, baseada nos mesmos princípios e adotando as fórmulas misteriosas de *Kadosh.* Teve sua sede em Geissen e em Marburgo até 1783, quando se trasladou para Francfort, onde se deu a seus membros o título de Caveiras. Em outras cidades foram também conhecidos como Irmãos da Harmonia. Com o tempo estas sociedades tomaram caráter político.

RITO DA ORDEM SAGRADA DOS SOFÍSIOS ou SOFICIANOS. Atribui-se a origem desta Ordem a alguns generais franceses que fizeram parte da expedição napoleônica ao Egito e que a introduziram em 1801 na Loja dos Irmãos Artistas de Paris, cujo Venerável, o Sr. Avelier de Frie, a fazia derivar diretamente dos mistérios egípcios. Colocada sob os auspícios de Hórus, a Ordem se dividia em três graus: *Aspirante, Iniciado* e *Membro dos Grandes Mistérios.* Compunham-na os seguintes dignitários: 1.º — *O Grande Isarco,* órgão do Supremo Tribunal e único que pode fazer uso da palavra; 2.º — quatro *Isarcos* ou *Filisarcos,* oficiais perpétuos da Ordem, que têm o bastão augural por distintivo; 3.º — seis oficiais inferiores, assim classificados: um *Harpócrates,* Príncipe dos oficiais subalternos e Porta-Urna; dois

Horufilos, adjuntos do *Harpócrates* e Porta-Espada; um *Hermorus,* Chefe do Exterior; um *Celeireiro,* Tesoureiro das festas e banquetes, e um *Nomarco,* Porta-Estandarte do tribunal. 4.º — Sete oficiais superiores, que são: um Aprendiz, porta-bolsa, e seis *Sosis,* encarregados de manter a disciplina nos trabalhos; 5.º — dez oficiais subalternos seguintes: dois *Agatófilos,* suplentes do *Agathos;* dois *Circes,* ou Mercúrios, Porta-caduceus, às ordens do *Hermorus;* dois *Dictoros,* Reis de armas e Porta-Maças, e quatro Pastóforos, o Porta-Arca e encarregados de sua custódia. Por seu regulamento geral, a filantropia maçônica era a primeira virtude que se requeria de um sofista; por isso ninguém poderia ser admitido como *Aspirante* "nas pirâmides da República francesa", se não conhecesse já *acácia* e não houvesse trabalhado na *câmara do centro,* isto é, se não fosse já Mestre Maçom (3.º grau simbólico).

RITO DA TUNGEND BUND ALEMÃ. Também conhecido como da *União da Virtude,* este Rito foi fundado em Berlim em fins de 1790, com objetivos meramente políticos.

RITO DA UNIÃO ALEMÃ ou DOS XXII. Sociedade fundada em 1787 em Halle, Saxônia, pelo Dr. Frederico C. Bahrdt e outros maçons, no total de vinte e dois, e dissolvida em 1790. Professava uma doutrina racionalista e visava ensinar aos homens o uso de seu próprio raciocínio no exame e apreciação das verdades morais e econômicas, e fazia a apologia da religião natural. Sua doutrina era desenvolvida em seis graus: Adolescente, Homem, Ancião, Mesopolita, Diocesano e Superior.

RITO DE ADOÇÃO. Mais conhecido como *Maçonaria Andrógina,* este Rito foi criado na França em 1730 e só reconhecido em 1774 pelo Grande Oriente daquele país. Depois de muitas mudanças, seus graus foram fixados em dez, que são os seguintes: *Simbólicos*: Aprendiz, Companheira e Mestra. *Capitulares*: Mestra Perfeita, Sublime Eleita Escocesa ou Soberana Ilustre Escocesa, Escocesa, Sublime Escocesa, Dama da Pomba, Dama da Beneficência ou Rosa-Cruz das Damas, e Princesa da Coroa ou Soberana Maçona. (Cf. *Maçonaria da Adoção; — Feminina; Perfeita União,* 1.)

RITO DE BENEDITO CHASTANIER. Veja-se *Rito dos Iluminados Teósofos.*

RITO DE CAGLIOSTRO. Veja-se *Rito Egípcio.*

RITO DE FESSLER. Também chamado *da Grande Loja Real Iorque* de Berlim, ou impropriamente, de *Escocês,* dada a sua origem alemã, foi fundado durante o século dezoito, mas foi curta a sua existência. Propunha-se desenvolver um curso completo de estudos maçônicos de todos os ritos e sistemas conhecidos, vivos ou mortos. Compreendia nove graus: *Simbólicos*: Aprendiz Teósofo, Companheiro Teósofo e Mestre Teósofo; *Altos graus*: Santo dos Santos, Justificação, Celebração, Triângulo ou Verdadeira Luz, Pátria e Perfeição.

RITO DE HEREDOM ou DE PERFEIÇÃO. Em 1758 um grupo de irmãos de altos graus inaugurou em Paris um Capítulo de Soberanos Príncipes Maçons, sob o título de Conselho dos Imperadores do Oriente e do Ocidente, Grande e Soberana Loja Escocesa de São João de Jerusalém. Seus membros, intitulando-se "Poderosos Mestres do Grande Conselho das Lojas Regulares", eram em sua maioria homens descendentes da nobreza, de alta cultura e conhecedores das várias tradições místicas e gnósticas oriundas do longínquo passado. Herdaram não só os Ritos de Clermont e as correntes escocesas de Kilwinning e de Heredom, mas também as tradições derivadas diretamente de fontes templárias e rosacrucianas, e os poderes do rito egípcio. Não obstante seus profundos conhecimentos, eram, no entanto, homens eivados de muito orgulho, como soia acontecer com tantos nobres do "antigo regime", e foram eles os criadores do *Rito de Heredom* ou *de Perfeição,* de 25 graus, cuja nomenclatura adotada foi a seguinte: 1.ª *classe*: Aprendiz, Companheiro, Mestre. 2.ª *classe*: Mestre Secreto, Mestre Perfeito, Soberano Intimo, Intendente dos Edifícios, Preboste e Juiz. 3.ª *classe*: Mestre Eleito dos Nove, Mestre Eleito dos Quinze, Ilustre Eleito Chefe das Doze Tribos. 4.ª *classe*: Grão-Mestre Arquiteto, Cavaleiro Real Arco, Grande Eleito Antigo Mestre Perfeito. 5.ª *classe*: Cavaleiro do Oriente e do Ocidente, Cavaleiro Rosa-Cruz, Grande Pontífice ou Mestre *ad vitam*. 6.ª *classe*: Grande Patriarca Noaquita, Grão-Mestre da Chave da Maçonaria, Príncipe do Líbano, Cavaleiro Real Arco. 7.ª *classe*: Cavaleiro do Sol Príncipe Adepto, Chefe do Grande Consistório; Ilustre Cavaleiro, Grande Comendador da Águia Branca e Negra; Ilustríssimo Soberano, Príncipe da Maçonaria, Grande Cavaleiro Sublime, Comendador do Real Segredo. Em 1762, sob os auspícios do mesmo Conselho, foram publicados os "Regulamentos e Constituições da Maçonaria de Perfeição", e em 25 de outubro desse mesmo ano foi a sua classificação de graus ratificada em Berlim. Esses graus, cujos títulos não sofreram modificação desde 1762, foram depois adotados pelas grandes Constituições de 1/5/1786, que fixaram definitivamente as bases do Rito Escocês Antigo e Aceito de 33 graus, formalmente adotados pelo Supremo Conselho Mundial de Charleston, E. U. A., em 31 de maio de 1801. Muitos escritores maçônicos, apologistas da diminuição do número de graus ou da reforma simplificadora de 1717 de que resultou a expansão da Maçonaria especulativa, têm criticado acerbamente as reformas inclusivista de 1758 e 1786 pela multiplicidade de graus adotados. No entanto, deve-se ter em vista que grande número de Lojas maçônicas, dentro e fora da Inglaterra, nunca havia aceito a reforma de 1717, que, conseqüentemente, foi progressivamente aumentando seu número de graus, que de dois primeiros, só concedíveis pela Grande Loja, passaram para três em 1725, concedíveis "pelo Venerável de cada Loja, com a aprovação dos Vigilantes e da maioria dos irmãos Mestres", e para quatro em 1813, com o acréscimo do grau Santo Real Arco aos três simbólicos, como conseqüência da união operada entre os maçons "antigos" de Iorque e os "modernos" de 1717, de que resultou a constituição da Grande Loja Unida da Inglaterra. Além do mais, os reformadores de 1717 parecem ter tido um plano mais modesto, circunscrito às ilhas britânicas, ao passo que os de 1758 visaram nitidamente uma reestruturação maçônica em escala mundial. Eis o preâmbulo de seu plano de reforma: "Com o decurso dos tempos, a Maçonaria e a unidade de seu regime primitivo sofreram grandes alterações, por efeito das catástrofes e das revoluções que as subverteram, mudaram alternativamente a face do mundo e dispersaram os franco-maçons pelos diversos pontos do globo... Essa dispersão operou as divisões que existem hoje sob o nome de *Ritos* e cujo conjunto compõe a Ordem. Mas outras divisões saídas do seio dessas primeiras deram lugar a novas associações, das quais um grande número só tem de comum com a Maçonaria o nome e algumas formas conservadas por seus fundadores para encobrir secretos desígnios. As perturbações que essas novas associações trouxeram e muitas vezes mantiveram na Ordem, são conhecidas e não fizeram mais do que expô-la a suspeitas, à desconfiança de quase todos os chefes de governo e mesmo às perseguições de alguns. Os esforços dos maçons virtuosos conseguiram acalmar tais perturbações, e todos os seus votos são por uma medida geral que previna a sua reprodução e consolide a Ordem, restituindo-lhe a unidade de sua direção, da sua organização primitiva e de sua antiga disciplina. As novas e vivas representações que nos têm sido dirigidas de todas as partes, nos demonstram a urgência que há em opor um poderoso dique aos progressos do espírito de intolerância, de seita, de cismas e de anarquia, que inovadores recentes se esforçam por introduzir entre os irmãos, com intuitos mais ou menos restritos, irrefletidos ou censuráveis, e apresentados sob formas especiosas, capazes de desviar a verdadeira Maçonaria de seus objetivos, desnaturando-a. Por conseguinte, adotando para base de nossa reforma conservadora o título do primeiro desses ritos (Heredom) e o número de graus hierárquicos do último (Perfeição), nós os declaramos todos unidos e aglomerados desde esta data, numa só Ordem que, professando o dogma e as doutrinas puras da Maçonaria primitiva, abrangerá todos os sistemas do Escocismo sob o título de *Rito Escocês Antigo e Aceito*"". (Cf. *Rito Escocês Antigo e Aceito; Rito de Heredom ou de Perfeição; Rito de Kilwinning; Rito Inglês.*)

RITO DE KILWINNING. Um dos principais centros propagadores deste Rito é a Loja Capitular Canongate Kilwinning, cuja carta constitutiva, datada de 20 de dezembro de 1677, lhe foi outorgada pela Loja Mater Kilwinning n.º 0. Diz a história da primeira: "No começo do século dezoito, a Loja contava entre seus membros os mais proeminentes nobres e gentis-homens da Escócia, devotados à causa dos Stuarts. A derrota de 1715 jogou no exílio os que haviam escapado da morte no campo de batalha, e durante a confusão inerente àquela época todos os arquivos primitivos da Loja foram perdidos ou destruídos, não se podendo encontrar nenhum traço deles. Por fim os sobreviventes, um grupo pequeno mais fiel, se reuniu nos começo de 1735 e reencetou as reuniões". Quando se reuniram as 32 Lojas da Escócia para fundar a grande Loja daquele país, a Antiga Loja Capitular de Canongate Kilwinning, conquanto vindicasse sua remota antigüidade, não pôde comprová-lo documentadamente e por isso foi preterida pela Loja Capela de Maria, que, por ter exibido sua carta constitutiva datada de 1598, recebeu o número 1. Conseqüentemente, a Loja de Kilwinning se separou da aliança e se constituiu em autoridade independente, estabelecendo-se em Edimburgo em 1744, com o título de Loja Mater de Kilwinning, que mais tarde trocou pelo de Grande Loja Real e Grande Capítulo da Ordem de Heredom de Kilwinning. Então, com os antigos graus de Templário e de Escocês, que havia conservado, e com o acréscimo dos criados na França pelo barão de Ramsay, formou o Rito de Kilwinning, atribuindo-se a faculdade de conferir os altos

graus e deixando a administração dos graus simbólicos a cargo da Grande Loja da Escócia. Este Rito foi introduzido na França em 1786 pela Grande Loja Real, que ali fundou um Capítulo de Heredom de Kilwinning, constituindo-o em Grande Loja Provincial para a difusão deste Rito. (Cf. *Kilwinning; Rito de Heredom ou de Perfeição.*)

RITO DE MELESINO. Pelo ano de 1765 apareceu na Rússia uma Maçonaria criada pelo general Melesino, em contraposição aos graus da Estrita Observância. Compunha-se o Rito dos três graus simbólicos e de mais quatro graus superiores, denominados: A Abóboda Sombria, O Cavaleiro e Mestre Escocês, O Filósofo e o Grande Sacerdote do Templo.

RITO DE MÊNFIS ou ORIENTAL. Rito fundado na França em 1839 pelos irmãos Marconis e Moutet, que remontam sua origem aos primórdios da civilização, sendo sua fonte a Índia e o Egito, berços dos antigos mistérios. Os Cavaleiros da Palestina e Irmãos Rosa-Cruz do Oriente são considerados seus fundadores imediatos. Constituído inicialmente de 91 graus, depois se lhe foram acrescentando outros até atingir o total definitivo de 97. A rigor só se compõe de 92 graus, divididos em três séries e distribuídos em sete classes, cuja nomenclatura é a seguinte: *Série simbólica, Primeira classe* (1.º ao 13.º): Aprendiz, Companheiro, Mestre, Mestre Discreto, Mestre Arquiteto, Secretário Íntimo ou Sublime Mestre, Preboste e Juiz ou Preboste Justo, Cavaleiro dos Eleitos, Mestre Eleito dos Nove, Ilustre Eleito dos Quinze, Sublime Cavaleiro Eleito, Cavaleiro Grão-Mestre Arquiteto e Cavaleiro Real Arco. *Segunda classe* (14.º ao 27.º): Cavaleiro da Abóbada Sagrada, Cavaleiro da Espada ou do Oriente, Cavaleiro de Jerusalém, Príncipe do Oriente e do Ocidente, Cavaleiro Príncipe Rosa-Cruz, Príncipe do Ocidente, Cavaleiro Grão-Mestre do Templo da Sabedoria (Venerável Grão-Mestre de todas as Lojas), Mestre da Chave da Maçonaria, Cavaleiro Noaquita ou da Torre, Cavaleiro Real Arco (Cavaleiro do Líbano), Cavaleiro do Tabernáculo, Cavaleiro da Águia Vermelha, Cavaleiro da Serpente de Bronze e Cavaleiro da Cidade Santa ou Príncipe de Mercê. *Terceira classe:* (28.º ao 35.º): Cavaleiro Grão-Kadosh ou Soberano Grande Inspetor, Grande Inquisitor Comendador, Soberano Príncipe do Real Mistério, Cavaleiro Grande Inspetor e Comendador do Templo. *Série Filosófica. Quarta classe*: (36.º ao 47.º): Cavaleiro Filalete, Doutor dos Planisférios, Sábio Sivaísta, Príncipe do Zodíaco, Sublime Filósofo Hermético, Cavaleiro das Sete Estrelas, Cavaleiro das Sete Cores ou do Arco Íris, Cavaleiro Supremo Comendador dos Astros, Sublime Pontífice de Isis, Rei Pastor dos Hutz, Príncipe da Colina Sagrada, e Sábio das Pirâmides. *Quinta classe* (48º ao 61.º): Filósofo de Samotrácia, Titã do Cáucaso, Filho da Lira, Cavaleiro da Fênix Sublime Scalda, Cavaleiro da Esfinge, Cavaleiro do Pelicano, Sublime Sábio do Labirinto, Pontífice da Cadméia, Sublime Mago, Príncipe Brâmane, Pontífice da Ogygia, Cavaleiro Escandinavo, e Cavaleiro do Templo da Verdade. *Sexta classe*: (62.º ao 75.º): Sábio de Heliópolis, Pontífice de Mitra, Guardião do Santuário, Príncipe da Verdade, Sublime Kavi, Sapientíssimo Muni, e Cavaleiro do Templo da Verdade. *Série Mistica*: Sublime Príncipe da Cortina Sagrada, Intérprete dos Hieróglifos, Doutor Órfico, Guardião dos três Fogos, Guarda do Nome Incomunicável, Supremo Mestre da Sabedoria, e Soberano Príncipe dos Segredos da Ordem. *Sétima classe* (76.º ao 92.º): Soberano Grande Mestre dos Mistérios, Soberano Mestre do Sloka, Doutor do Fogo Sagrado, Doutor dos Vedas Sagrados, Sublime Cavaleiro do Tosão de Ouro, Sublime Cavaleiro do Triângulo Luminoso, Sublime Cavaleiro Teósofo, Soberano Grande Inspetor da Ordem, Grande Defensor da Ordem, Sublime Mestre do Anel Luminoso, Grande Regulador Geral da Ordem, Sublime Príncipe da Maçonaria, Sublime Mestre da Grande Obra, Sublime Cavaleiro do Knef, Soberano Príncipe de Mênfis ou Chefe do Governo da Ordem, e Soberano Pontífice dos Magos do Santuário de Mênfis. (Cf. *Mênfis*.)

RITO DE MISRAIM. Também conhecido como *Rito Egípcio ou Judaico*, seu chefe e introdutor na França, o irmão Bedarride, lhe atribui uma antiguidade igual à do mundo, criado pelo próprio Deus e do qual Adão e Eva formaram no Éden a primeira Loja. Mas sua lenda do 3º grau remonta à época de *Lamech* (Gên. 4:18), cujo filho Jubal, sob o nome de Harrio-Jubal-Abi, ali se relata haver sido assassinado por três traidores: Hagava, Hakina Heremda. O Rito parece ter sido introduzido na Europa, procedente do Oriente, pelos fins do século dezoito e haver incorporado alguma antiquíssima tradição. Em Paris foi estabelecido em 1814 por Lechangeur em colaboração com Joly e Bedarride. Pode também ser uma outra versão da linha de tradição tribal que Hiram Abiff representou no conselho do Rei Salomão. Compõe-se de 90 graus, com títulos tomados do Escocismo, do Martinismo, da Maçonaria Hermética e de outros vários sistemas e reformas executados com êxito na Alemanha e França antes de sua introdução. Suas doutrinas atuais se baseiam em temas bíblicos e judaicos, e por isso tem sido identificado com o Judaismo. Seus noventa graus estão divididos em dezessete classes e quatro grandes séries, sendo a seguinte a sua nomenclatura: *Primeira série, a simbólica. Primeira classe*: (1º ao 3º): Aprendiz, Companheiro e Mestre. *Segunda classe* (4.º ao 8.º): Mestre Secreto, Mestre Perfeito, Mestre por Curiosidade ou Secretário Íntimo, Preboste e Juiz ou Mestre Irlandês, e Mestre Irlandês. *Terceira classe*: (9.º ao 13.º): Eleito dos Nove, Eleito Incógnito ou de Perignan, Eleito dos Quinze, Eleito Perfeito, e Ilustre Eleito. *Quarta classe*: (14º ao 21º): Escocês Trinitário, Escocês Companheiro, Escocês Mestre, Escocês Parisiense, Mestre Escocês dos Três JJJ.·. ou Eleito dos Três III (incógnitos), Escocês da Abóbada Sagrada de Jaques VI, e Escocês de Santo André. *Quinta classe*: (22º ao 30º): Pequeno Arquiteto, Grande Arquiteto, Arquiteto ou Arquitetura, Aprendiz Perfeito Arquiteto, Companheiro Perfeito Arquiteto, Perfeito Arquiteto, Sublime Escocês, e Sublime Escocês de Heredom. *Sexta classe*:(31º ao 33º): Grande Real Arco, Grande Machado, e Sublime Cavaleiro Escolhido. *Segunda série, a filosófica. Sétima classe*: (34.º ao 41.º) : Cavaleiro da Sublime Eleição, Cavaleiro Prussiano ou da Torre, Cavaleiro do Templo, Cavaleiro da Águia, Cavaleiro da Águia Negra, Cavaleiro da Águia Vermelha, Cavaleiro do Oriente Branco, e Cavaleiro do Oriente. *Oitava classes* (42.º ao 45.º): Comendador do Oriente, Grande Comendador do Oriente, Arquiteto dos Soberanos Comendadores do Templo, e Príncipe de Jerusalém. *Nona classe*: (46º ao 51.º): Cavaleiro Rosa-Cruz de Kilwinning e de Heredom, Cavaleiro do Ocidente, Sublime Filósofo, Primeiro Caos ou Discreto, Segundo Caos ou Sábio, e Cavaleiro do Sol. *Décima classe*: (52º ao 66º): Supremo Comendador dos Astros, Filósofo Sublime, Mineiro ou Primeiro Grau da Chave Maçônica, Lavador ou Segundo Grau da Chave Maçônica, Soprador ou Terceiro Grau da Chave Maçônica, Fundidor ou Quarto Grau da Chave Moçônica, Verdadeiro Maçom Adepto, Eleito Soberano, Soberano dos Soberanos, Grão-Mestre das Lojas Simbólicas, Muito Alto e Poderoso Grão-Sacerdote e Sacrificador, Cavaleiro da Palestina, Grande Cavaleiro da Águia Branca e Negra, Grande Eleito Cavaleiro Kadosh ou Grande Inspetor, e Grande Inquisitor Comendador, Chefe da segunda série. *Terceira série, a mística. Classe undécima* (do 67.º ao 70.º): Cavaleiro Benéfico do Arco Íris, Cavaleiro da Banuka ou da Kanuka, chamado Hynaroth Ignis; Muito Sábio Israelita Príncipe. *Classe duodécima* (do 71º ao 73º): Supremo Tribunal dos Príncipes Talmudinos, Supremo Consistório dos Soberanos Príncipes Zakdim, e Supremo Conselho Geral dos Soberanos Príncipes Grande Haram. *Classe décima terceira* (do 74.º ao 75.º): Supremo Conselho dos Soberanos Príncipes Haram, e Supremo Tribunal dos Soberanos Grandes Príncipes Hasídios. *Classe décima quarta* (76º e 77.º): Supremo Conselho dos Soberanos Grandes Príncipes Hasídios, e Supremo Grande Conselho Geral dos Grandes Inspetores Intendentes e Reguladores Gerais da Ordem. *Quarta série, a cabalística. Classe décima quinta* ou dos *graus velados* (78º ao 81.º): Supremo Conselho dos Soberanos Príncipes do 78.º, Soberano Tribunal dos Soberanos Príncipes do 79º, Supremo Conselho dos Soberanos Príncipes do 80º, e Supremo Conselho dos Soberanos Príncipes do 81º. *Décima sexta classe* (82º ao 86º): Supremo Conselho dos Soberanos Príncipes do 82º, Soberano Grande Tribunal dos Ilustres Soberanos Príncipes do 83º, Supremo Conselho dos Soberanos Príncipes do 84º, Soberano Conselho Geral dos Soberanos Príncipes do 85º e Supremo Conselho dos Soberanos Príncipes do 86º. *Décima sétima classe* (87º ao 90º): Supremo Grande Conselho Geral dos Soberanos Príncipes Constituintes, representantes legítimos da Ordem para a primeira série; Supremo Conselho dos Soberanos, Grandes Príncipes Constituintes, representantes legítimos da Ordem para a segunda série; Supremo Conselho dos Soberanos Grandes Príncipes Constituintes ou Representantes legítimos da Ordem para a terceira série, e Supremo Conselho Geral dos Soberanos Grandes Mestres Absolutos, e Poder Supremo da Ordem. (Cf. *Misraim*.)

RITO DE PERFEIÇÃO. Veja-se *Rito de Heredom.*

RITO DE PERFEIÇÃO DE BERLIM. Veja-se *Rito de Fessler.*

RITO DE PERNETY. Veja-se *Rito dos Iluminados de Avinhão.*

RITO DE RAMSAY. Considerado por muitas autores como a origem de todos os graus supermaçônicos, este Rito foi composto na França em 1728 pelo barão de Ramsay. A série completa era: Aprendiz, Companheiro, Mestre, Escocês, Noviço e Cavaleiro do Templo. (Cf. *Ramsay.*)

RITO DE SCHREPFER. Rito fundado em 1768 em Leipzig, Alemanha, por J.G. Schreper, com base em práticas alquimistas e mágicas, segundo o seu fundador, porém teve curta duração.

RITO DE SCHRÖDER. Também denominado *Rosa-Cruz Retificado,* este Rito, fundado na Alemanha em 1766 por Schröder, foi uma mistura da Maçonaria simbólica e de quatro graus superiores baseados na magia e alquimia, de pouca duração e de nomenclatura já desaparecida.

RITO DE SWEDENBORG. Rito fundado em 1721 por Manoel Swedenborg, e que se propagou pela Alemanha, Inglaterra, França e América. Propondo-se ensinar a imortalidade da alma, baseava no *Gênese* a constituição de seus graus e a apresentação de sua doutrina. Compunha-se de oito graus, divididos em templos, a saber: *Primeiro templo*: Aprendiz, Companheiro, Mestre, e Eleito. *Segundo templo*: Companheiro Coen, Mestre Coen, Arquiteto ou Cavaleiro Comendador, e Kadosh. Em 1783 foi reformado em Paris pelo marquês de Thomé, no seu entender para depurá-lo das idéias estranhas à Maçonaria, e reduzido para seis graus: Aprendiz Teósofo, Companheiro Teósofo, Mestre, Teósofo Iluminado, Irmão Azul, e Irmão Vermelho. Desse Rito derivaram diversos outros sob o título genérico de *Iluminados*. (Cf. *Rito da Ordem dos Negros; dos Iluminados de Avinhão; Swedenborg, Manoel; Teósofo.*)

RITO DE TSCHOUDY. Veja-se *Rito do Soberano Conselho dos Cavaleiros do Oriente e Rito da Estrela Flamígera.*

RITO DE YORK. Veja-se *Rito do Real Arco.*

RITO DE ZINNENDORF. Rito criado cerca de 1766 na Suécia por João Guilherme Ellenberger ou Ellermann, universalmente conhecido pelo nome adotivo de Zinnendorf, e que teve aceitação entre suecos e alemães. Foi uma combinação do sistema templário e do rosacruciano, depois de haver sido excluído da Ordem da Estrita Observância, da qual divergira. Compunha-se de sete graus, assim distribuídos em três classes: *Maçonaria Azul* ou *Graus de São João*: Aprendiz, Companheiro, e Mestre. *Maçonaria Vermelha*: Aprendiz ou Companheiro Escocês, e Mestre Escocês. *Maçonaria Capitular*: Clérigo ou Favorito de São João, e Irmão Eleito.

RITO DE ZOROASTRO. Veja-se *Rito Persa Filosófico.*

RITO DO ANTIGO CAPÍTULO DE BOUILLON. Veja-se *Rito do Grande Oriente de Bouillon.*

RITO DO CAPÍTULO DA GRANDE LOJA REAL IORQUE DE *BERLIM*. (V. *Rito de Fessler; — de Zinnendorf.*)

RITO DO CAPÍTULO DE CLERMONT. Capítulo de altos graus criados em 1754 em Paris pelo Cavaleiro de Bonneville e outros maçons franceses nobres, cortezãos, militares e profissionais da elite, porém que, em realidade, foi uma continuação da Ordem do Templo de Ramsay em que se filiara o barão von Hund em 1742. Baseava-se em sete graus: Aprendiz, Companheiro, Mestre, Cavaleiro da Águia ou Mestre Eleito, Cavaleiro Ilustre ou Templário, e Sublime e Ilustre Cavaleiro. Nesta nova forma foram eliminadas as ligações jacobinas e jesuíticas. Foi neste Capítulo e no Conselho dos Imperadores do Oriente e do Ocidente em que se transformou em 1758, que em grande parte se elaborou a adaptação das antigas tradições num rito cerimonial, que é hoje o Rito Escocês Antigo e Aceito. (Cf. este Rito e *Rito de Heredom.*)

RITO DO CAPÍTULO DOS CAVALEIROS DO TOSÃO DE OURO. Mais provavelmente formado por ex-membros da Academia dos Verdadeiros Maçons, este Capítulo compreendia cinco graus: Verdadeiro Maçom, Verdadeiro Maçom na Via Reta, Cavaleiro da Chave de Ouro, Cavaleiro de Íris e Cavaleiro dos Argonautas. Em 1787 um grupo que se retirara deste Capítulo readotou em S. Pedro de Martinica a denominação de "Academia dos Verdadeiros Maçons", depois substituída pela de *Russo-Sueca,* que finalmente parece haver-se diluido nos Capítulos alquimistas dos fins do século dezoito, em muitas cidades russas e suecas. (Cf. *Tosão de Ouro.*)

RITO DO CAPÍTULO GERAL DA FRANÇA. *Veja-se Rito do Grande Capitulo Geral da França.*

RITO DO CAPÍTULO METROPOLITANO DA FRANÇA. Mediante a Concordata de 24 de maio de 1785, uniram-se em Paris o Grande Capítulo Geral da França e o Grande Capítulo da Rosa-Cruz da França, presidido pelo Dr. Gervier, para se constituir num só corpo sob a denominação de Capítulo Metropolitano. O novo organismo procedeu a uma reclassificação dos altos graus que se arrogava possuir, e que são conhecidos como graus do Capítudo Metropolitano, ordenando-os e distribuindo-os em nove séries de nove graus cada uma, num total de oitenta e um. (Veja-se *Rito do Grande Capítudo Geral da França.*)

RITO DO CAPÍTULO METROPOLITANO DOS CAVALEIROS E DAMAS ESCOCESAS DA FRANÇA, HOSPÍCIO DE PARIS, COLINA DO MONTE TABOR. Rito pertencente à Maçonaria Andrógina ou de Adoção, criado em 1810 no seio da Loja Monte Tabor de Paris pelo seu Venerável, o irmão Mangourit. Compõe-se de sete graus divididos em dois grupos de pequenos e grandes mistérios. O primeiro grupo compreende os graus do Rito Azul Ordinário ou Simbólico e os do Rito Escocês Filosófico, antes professados pela citada Loja. O segundo grupo abrange os graus sublimes que formavam o Capítulo de Perfeição. Era a seguinte a sua nomenclatura: I — *Pequenos Mistérios*: Aprendiz, Companheiro e Mestre (Rito Azul ou Simbólico); Noviça Escocesa do Monte Tabor, Noviça Mitológica, Noviça Maçona, Companheira Bíblica, e Companheira Discreta (Rito Escocês Filosófico). II — *Grandes Mistérios*: Mestra Histórica, Mestra Moralista e Grande Mestra Filósofa (Capítulo de Perfeição).

RITO DO CAPÍTULO PRIMORDIAL DE ROSA-CRUZ JACOBITA DE ARRÁS. Capítulo fundado em 1747 na cidade de Arrás, França, pelo pretendente ao trono da Inglaterra, o exilado Carlos Stuart, como prova de seu reconhecimento aos maçons daqueda cidade pela assistência que lhe deram. Foi esse o primeiro centro que então se constituiu para a administração dos altos graus criados pelos partidários de sua causa. Podem classificar-se em dois grupos os seus graus principais: I — *Graus fundamentais* ou *simbólicos*: Aprendiz, Companheiro, e Mestre. II — *Graus primitivos* ou *políticos*: Templário, Mestre Irlandês, Perfeito Mestre Irlandês, Muito Alto Mestre Irlandês, Mestre Escocês, Mestre Secreto, e Mestre Perfeito. III. — *Reformistas* (de Ramsay): Escocês Noviço, Cavaleiro do Templo, e Real Arco *Jacobitas* (*de Arrás*): Cavaleiro da Águia e do Pelicano (Rosa-Cruz Jacobita), e o Banquete (representativo do cordeiro pascal).

RITO DO CAPÍTULO ROSA-CRUZ DE RETIFICADO. Veja-se *Rito de Schrôder*.

RITO DO CELESTE IMPÉRIO. Também chamado *Rito Otomano,* é o praticado na Turquia e composto apenas de três graus, com os mesmos sinais, toques e palavras de reconhecimento dos demais Ritos. Também cultua a memória do mártir Alí, morto por haver introduzido a Maçonaria naquele país.

RITO DO CONSELHO DOS IMPERADORES DO ORIENTE E DO OCIDENTE. Veja-se *Rito de Heredom* ou *de Perfeição.*

RITO DO ESCOCISMO REFORMADO DE SÃO MARTIM. É uma simplificação do Rito do Martinismo, reduzido a sete graus em vez de dez. Generalizou-se pela Alemanha e especialmente pela Prússia, com a seguinte nomenclatura: Aprendiz, Companheiro, Mestre, Mestre Perfeito, Mestre Perfeito Eleito, Escocês, e Sábio. (Cf. *Rito do Martinismo.*)

RITO DO ESCOCISMO REFORMADO DE TSCHOUDY. Reforma introduzida na França em 1776 e atribuída ao barão de Tschoudy. Consta de dez graus, distribuídos em dois templos: *Primeiro templo* (de Salomão): Aprendiz, Companheiro, Mestre, Mestre Antigo, Eleito Simbólico, Grande Arquiteto de Heredom (Oriente de Edimburgo), e Maçom do Segredo (Oriente de Upsal). *Segundo templo* (de Zerubabel): Príncipe de Jerusalém (Oriente de Babilônia), Cavaleiro da Palestina (Oriente de Upsal), Cavaleiro Kadosh ou Homem Santo.

RITO DO FÉRETRO ou PASTOS. Rito final da iniciação nos Mistérios do Egito, Grécia e outras nações antigas. Os últimos e supremos arcanos não podiam ser comunicados ao candidato ou discípulo enquanto este não houvesse passado pela cerimônia da *Morte e Ressurreição* para a nova luz. Segundo Vronski, o verbo grego *teleutão* significa "eu morro", quando na voz ativa, e "eu sou iniciado", quando na voz passiva. Por sua vez, Stoboeus cita um autor antigo que diz: "A mente é afetada na morte, exatamente como o é na *iniciação* dos Mistérios. A palavra corresponde à palavra, tal qual a coisa corresponde à coisa; porque *teleutan* é morrer, e *eteleistrai* é "ser iniciado". Isso corrobora Mackenzie ao dizer que, quando o aspirante estava colocado no *Pastos,* ataúde (na Índia, no *torno*), *"dizia-se simbolicamente que morria".* (Cf. *Mistérios dos Coribantes; Pastóforos.*)

RITO DO GRANDE CAPÍTULO GERAL DA FRANÇA. Este Capítulo, amálgama dos restos do antigo Capítulo de Clermont, do Conselho dos Imperadores do Oriente e do Ocidente, e do Conselho dos Cavaleiros do Oriente, erigiu-se em 1782 em potência administrativa e constituinte dos altos graus. Em 1785 fundiu-se com o falso Capítulo da Rosa-Cruz inventado pelo Dr. Gerbier, e no ano seguinte se aglutinou ao Grande Oriente. Este então lhe mudou a denominação e a par do governo dos altos graus do Rito Escocês, lhe conferiu o título de Capítulo Metropolitano da França, não obstante os protestos do Capítulo de Heredom e do de Eleição de Paris, derivado do primeiro, que reivindicavam para si a autoridade de delegados da Grande Loja Real de Edimburgo. (Cf. *Rito do Capítulo Metropolitano da França.*)

RITO DO GRANDE ORIENTE DE BOUILLON. Rito fundado na cidade de Bauillon, Holanda, pelo duque do mesmo nome, seu Grão-Mestre e protetor, provavelmente do regime escocês, pois atuava em nome do centro de Edimburgo. Desapareceu em 1774, após curta duração, sem deixar nomenclatura conhecida.

RITO DO MARTINISMO ou DE SAINT-MARTIN. Rito Místico-teosófico fundado em Paris cerca de 1775, por Claude de

Saint-Martin, teósofo segundo as escolas Jacob Boheme e Manoel Swanderberg, marquês de Saint-Martin e oficial do regimento francês de Foix, também conhecido pelo pseudônimo de *Filósofo Desconhecido*. Discípulo predileto de Martinez Pascalis, dedicou-se a criar uma variante do sistema de seu mestre, conhecida como *Martinismo*. Inicialmente este Rito se compôs de dez graus de instrução, divididos em dois templos, a saber: *Primeiro Templo*: Aprendiz, Companheiro, Mestre, Mestre Antigo, Eleito, Grande Arquiteto, e Maçon Secreto. *Segundo Templo*: Príncipe de Jerusalém, Cavaleiro da Palestina, e *Kadosh* ou Homem Perfeito. Sua sede principal foi em Lyon, na Loja dos Cavaleiros Benfeitores, donde se propagou pelas principais cidades da França, Alemanha e mesmo Rússia. Posteriormente fundou o *Rito Retificado de St. Martin*, reduzido a sete graus: Aprendiz, Companheiro, Mestre Perfeito, Eleito, Escocês e Sábio. Finalmente, em 1778, depois do Convento de Lyon, fundiu-se com o ramo francês da Estrita Observância. Em 1891 o Dr. Encausse (Papus) procurou reviver o Martinismo, e desse movimento existem atualmente algumas ramificações em alguns países.

RITO DO ORIENTE. Veja-se *Rito da Ordem da Estrela do Oriente*.

RITO DO REAL ARCO ou *de Iorque*. É muito antiga a origem deste Rito, que parece haver primeiro funcionado secretamente em algumas Lojas irlandesas e escocesas. A sua primeira menção pública foi feita em 1743, no relato de uma Loja em Yoghal, Irlanda; as atas do Capítulo do Real Arco de Stirling Rock, Escócia, remontam a esse mesmo ano, e a introdução do Rito em Londres foi formalmente feita em 1777, com o estabelecimento ali de um Grande Capítulo do Real Arco, e recebendo sucessivamente as denominações de *Rito dos Antigos Franco-maçons,* e de *Rito de Iorque,* que era então o principal centro das corporações franco-maçônicas ingleses. Compõe-se de quatro graus: *Past-Master* (Mestre aprovado) ou Excelente Maçom, *Mark-Master* (Mestre de Nota), *Super-Excellent Mason* (Excelentíssimo Maçom) e *Holy Royal Arch* (Santo Real Arco). Na América compreende nove graus: Aprendiz, Companheiro, Mestre, *Mark-Master, Past-Master,* Excelentíssimo Mestre, Real Arco, Mestre Real e Mestre Eleito, notando-se que aqui os títulos dos quarto e quinto graus são o inverso do sistema inglês.

RITO DO SOBERANO CONSELHO DA SUBLIME LOJA DOS EXCELENTES DO GRANDE GLOBO FRANCÊS. Título de uma potência fundada em Paris em 1752, para a manutenção da pureza dos altos graus maçônicos, porém cuja nomenclatura se desconhece. Por um tratado de 1772, fundiu-se com a Grande Loja da França.

RITO DO SOBERANO CONSELHO DOS CAVALEIROS DO ORIENTE. Cindidos em 1762 do Soberano Conselho dos Imperadores do Oriente e do Ocidente, alguns de seus membros estabeleceram em Paris um novo Capítulo de altos graus, pelo alfaiate Pirlet. Criaram então um Rito com menor número de graus, e incumbiram o barão Tschoudy da redação dos respectivos rituais, que tiveram certa aceitação entre os críticos. Remontavam aos mistérios egípcios a origem da iniciação maçônica, com base na lenda do retorno dos judeus a Jerusalém após o seu cativeiro, e em alguns dogmas do cristianismo. Dividia-se sua instrução em quinze graus: Aprendiz, Companheiro, Mestre, Mestre Secreto, Mestre Perfeito, Secretário Íntimo, Intendente dos Edifícios, Preboste ou Juiz, Mestre Eleito dos Nove, Mestre Eleito dos Quinze, Eleito Ilustre, Grão-Mestre Arquiteto, Cavaleiro Real Arco, Grande Eleito Antigo Mestre Perfeito, e Cavaleiro da Espada ou do Oriente.

RITO DO ZODÍACO MAÇÔNICO ou RITO ASTROLÓGICO. Rito composto de doze graus com os nomes dos signos do Zodíaco: Áries, Tauro, Gêminis, Câncer, Leo, Virgo, Libra, Escorpião, Sagitário, Capricórnio, Aquário e Pisces. (Cf. *Rito dos Iluminados do Zodíaco.*)

RITO DOS ANÔNIMOS ou DOS 72 — Rito criado na Alemanha por uma associação de maçons cabalistas. Compunha-se de 72 membros, assim distribuídos: 24 Aprendizes, 24 Companheiros e 24 Mestres, Dedicavam-se especialmente ao estudo das ciências ocultas e à prática da beneficência. A distribuição de socorros e esmolas estava a cargo de jovens, que viajavam com esta finalidade, bem como para se instruirem e atrair prosélitos para a Ordem.

RITO DOS ANTIGOS MAÇONS LIVRES E ACEITOS DA INGLATERRA. Este Rito, praticado na Inglaterra e em todas as suas possessões, em quase toda a América, em parte da Alemanha e na Suíça, é um dos mais difundidos. Foi adotado no dia 24 de junho de 1717, festa de São João Batista, na ocasião da constituição da Grande Loja da Inglaglaterra, marco inicial da Franco-maçonaria. Compreende sete graus, divididos em duas classes, a saber: I. *Maçonaria de São João*: Aprendiz, Companheiro e Mestre. II. *Maçonaria do Real Arco*: Mestre de Marca, Mestre Antigo, Muito Excelente Maçom e Real Arco.

RITO DOS CAPÍTULOS IRLANDESES. Capítulos instalados em Paris em 1730 pelo Grande Capítulo de Dublin, cuja constituição adotaram. Divididos em Colégios, seus graus, do sistema político, estavam muito generalizados na França, mas cairam em desuso após a constituição dos Capítulos Escoceses.

RITO DOS CAVALEIROS DA ORDEM. Constava de quatro graus: Antigo Templário ou Grande Mestre da Ordem, Antigo Templário ou Príncipe da Ordem, Antigo Templário ou Ilustre Grande Mestre da Ordem, e Antigo Templário ou Ilustre e Sublime Grão-Mestre da Ordem Geral dos Templários. Não existem dados completos sobre o mesmo.

RITO DOS CLÉRIGOS DA ALTA OBSERVÂNCIA. Em conseqüência de uma cisão havida em Viena, em 1767, entre alguns dos principais membros da Estrita Observância, constituiu-se uma nova sociedade sob o título de *Lata Observância*. Originada das doutrinas de Zinnendorf e contando entre seus chefes o clérigo João Augusto Stark, constou esse Rito dos seguintes graus: Aprendiz, Companheiro, Mestre, Irmão Africano, Cavaleiro de Santo André, Cavaleiro da Águia ou Mestre Eleito, Mestre Escocês, Soberano Mago, Mestre Provincial da Cruz Vermelha, e Mago ou Cavaleiro da Claridade e da Luz.

Dele derivaram depois os ramos da *Alta* e *Exata Observância*. (Cf. *Rito da Estrita Observância*. *Rito de Zinnendorf*.)

RITO DOS ELEITOS COENS ou SACERDOTES. Também conhecido por *Clerical* ou *Cabalístico*, ou ainda de *Martinez Pascalis*, este Rito foi organizado em 1754 pelo português Martinez Pascalis. Compunha-se de nove graus, divididos em duas classes: *Primeira Classe*: Aprendiz, Companheiro, Mestre, Grande Eleito e Aprendiz Coen. *Segunda classe*: Companheiro Coen, Mestre Coen, Grande Arquiteto e Cavaleiro Comendador. Seu objetivo era reformar o indivíduo por meio de sua regeneração mística ou espiritual. As doutrinas deste Rito foram introduzidas em algumas Lojas de Marselha, Toulouse, Bordéus e Paris, e depois se propagaram pela Alemanha, onde se estabeleceram numerosas associações com a denominação de Lojas de Coens. (Cf. *Rito Egípcio de Adoção*.)

RITO DOS ELEITOS DA VERDADE. Rito criado em 1778 na Loja de Perfeita União de Rennes, por Mangourit e outros irmãos, com o fim de eliminar o jesuitismo da *Estrita Observância*. Era composto de catorze graus de instrução, distribuidos em três classes, a saber: *Primeira Classe, Graus In-*

feriores: Aprendiz, Companheiro, Mestre e Mestre Perfeito. *Segunda Classe. Graus Superiores*: Eleito dos Nove, Ilustre Eleito dos Quinze ou Mestre Irlandês Preboste dos Maçons, Mestre Eleito, Pequeno Arquiteto ou Pequeno Escocês, Segundo Arquiteto ou Favorito, Grande Arquiteto ou Grande Mestre Escocês, Cavaleiro do Oriente ou da Espada, e Rosa-Cruz. *Terceira Classe, Sublimes Eleitos da Verdade*: Príncipe Adepto, e Eleito da Verdade. Administrado por um Capítulo Superior, este Rito teve bastante difusão na França, originando muitas Lojas.

RITO DOS FIEIS ESCOCESES. Criado em 1748 pelos maçons de Toulouse, França, pelos partidários do pretendente Carlos Stuart e com o seu apoio, compunha-se de nove graus, distribuidos em três Capítulos. O primeiro compreendia a Maçonaria Simbólica com quatro graus: Aprendiz, Companheiro, Mestre, e posteriormente, Mestre Secreto; o segundo era a Maçonaria Templária ou das Cruzadas, composta de quatro graus com a designação genérica de *Eleitos,* e o terceiro constituia a Maçonaria Científica, formada pelos membros do 9.º e último grau, sob o título de *Iniciados nos Segredos.* Extinguiu-se por volta de 1812, e também foi conhecido como *Rito da Velha* Nora.

RITO DOS FILADELFOS DE NARBONA. Criado em Narbona, França, compreendia este Rito dez graus, divididos em três classes. A primeira classe correspondia aos graus de Aprendiz, Companheiro e Mestre; a segunda, aos graus 4.º, 5.º, 6.º, e a terceira, a quatro Capítulos da Rosa-Cruz.

RITO DOS FILALETES ou INVESTIGADORES DA VERDADE. Foi criado em 1773, na Loja *Os Amigos Reunidos,* de Paris, pelos irmãos Savalette de Langes, o visconde de Tavannes e presidente Hericourt, o príncipe de Hasse, Saint James e Court de Gibelim. Seu objetivo era o aperfeiçoamento do homem e sua aproximação do princípio divino, do qual se originou, conforme a teoria do Martinismo. Compunha-se de doze classes ou *câmaras de instrução,* agrupadas em duas séries de seis graus cada uma, denominadas Pequena e Alta Maçonaria, a saber: *Pequena Maçonaria*: Aprendiz, Companheiro, Mestre, Eleito, Escocês e Cavaleiro do Oriente. *Alta Maçonaria*: Rosa-Cruz, Cavaleiro do Templo, Filósofo Desconhecido, Sublime Filósofo, Iniciado, e Filalete ou Mestre de todos os graus. Os Filaletes, do último grau, eram os possuidores dos segredos da Ordem e adquiriram justificada reputação por seu saber metafísico.

RITO DOS ILUMINADOS. O iluminismo foi introduzido na Maçonaria por volta de 1745 pelo célebre filósofo sueco Manoel Swedenborg, com o propósito de ensinar o verdadeiro culto a Deus. Suas doutrinas, nem sempre bem interpretadas, visavam apresentar o cristianismo em seu prístino esplendor e interpretar o sentido místico das Sagradas Escrituras consoante as revelações por ele recebidas numa visão em 1743 e publicadas em seu livro *A Jerusalém Reformada* ou *O Mundo Espiritual*. Suas teorias lhe grangearam numerosos adeptos tanto na Europa como nas Américas, originando numerosas associações Swedenborguianas e diversos Ritos distinguidos com o título de Iluminados. (Cf. *Rito de Swedenborg; Swedenborg, Manoel.*)

RITO DOS ILUMINADOS DE AVINHÃO. Rito hermético criado em 1776 pelo alquimista e beneditino Antonio José Pernety, de conformidade com as doutrinas de Swedenborg. Compunha-se de nove graus: Aprendiz, Companheiro, Mestre, Verdadeiro Maçom, Verdadeiro Maçom na Via Reta, Cavaleiro da Chave de Ouro, Cavaleiro de Iris, Cavaleiro dos Argonautas e Cavaleiro do Velocino de Ouro. Depois de haver se desmembrado em diversos Capítulos e Academias, acabou fundindo-se com o movimento do Martinismo, em voga naquela época.

RITO DOS ILUMINADOS DE BAVIERA. Sociedade fundada em 1771 por Adam Weishaupt, doutor e catedrático da Faculdade de Direito na Universidade de Ingolstadt. Tinha por escopo reintegrar o homem no pleno gozo de seus direitos primitivos, outorgados pela Natureza e postergados pelas autoridades políticas e religiosas. Induzido pelo barão de Knigge, um dos mais entusiastas, ingressou na Maçonaria em Munique, em 1777, na Loja do Bom Conselho, e então compôs este Rito, com o intuito, diz-se, de atrair maior número de irmãos para a sua causa. Compreendia treze graus, divididos em duas classes, denominadas Edifícios. A primeira, *Edifício Inferior* ou de *Preparação*, abrangia quatro graus de instrução: Noviço, Minerval, Iluminado Menor e Iluminado Maior, e mais cinco graus intermediários: Aprendiz, Companheiro, Mestre Noviço Escocês e Cavaleiro Escocês ou Iluminado Diretor. A segunda classe, *Edifício Superior* ou dos *Mistérios*, subdividia-se em dois grupos, sendo um de *Pequenos Mistérios*, com os graus de *Epopto* ou Sacerdote Iluminado, e outro de *Grandes Mistérios*, com os graus de Mago Filósofo e Homem-Rei. Mas segundo alguns autores, tais graus não excediam de dez.

RITO DOS ILUMINADOS DO ZODÍACO. Denominação de um dos numerosos ramos surgidos do Iluminismo. De características cabalísticas, compunha-se de diversos graus, dentre os quais se distinguiam como grupo principal os doze signos zodiacais, que formavam o Zodíaco Maçônico. (Cf. *Rito do Zodíaco Maçônico.*)

RITO DOS ILUMINADOS TEÓSOFOS. Rito estabelecido em Londres em 1767 por B. Chastanier, com o objetivo principal de ensinar e propagar a teosofia cristã. Baseado no sistema de Swedenborg e numa modificação do Rito de Avinhão, compunha-se de seis graus: Aprendiz Teósofo, Companheiro Teósofo, Mestre Teósofo, Escocês Sublime da Jerusalém Reformada ou Teósofo Iluminado, Irmão Azul e Irmão Vermelho.

RITO DOS IMPERADORES DO ORIENTE E OCIDENTE. Veja-se *Rito de Heredom.*

RITO DOS IRMÃOS DA CRUZ VERMELHA. Título de um *Capítulo de Iluminados* do sistema sueco.

RITO DOS IRMÃOS DA ORDEM ROSA-CRUZ. Embora sua fundação remonte ao final do século XIV, esta Ordem se tornou conhecida na Europa pela primeira vez em 1614, através da publicação do opúsculo *Fama Fraternitatis da Meritória Ordem da Cruz, dirigido aos Eruditos em Geral e aos Governantes da Europa.* Esse opusculo contém uma descrição da vida tradicional de Christian Rosenkreutz (nascido em *1375*), da fundação da referida Ordem, e da morte e sepultamento de seu fundador. Segue-se aqui um relato altamente simbólico do descobrimento do Túmulo de C.·. R.·. C.·., pelos IIr. "da terceira ordem e linha de sucessão". Finaliza narrando a resolução do Chefe da Ordem de que ela deveria ser então proclamada ao mundo, e dirige um convite redigido em cinco idiomas aos esclarecidos da Europa para que adiram à Fraternidade. Esse notável documento foi seguido em 1615 de outro vibrante folheto, o *Confessio Fraternitatis R. C. ad Eruditos Europae.* Dividido em catorze capítulos, este faz um cuidadoso relato dos objetivos da Sociedade, do conhecimento dos segredos da natureza contidos dentro de seus diferentes graus, da aurora de uma nova era de regeneração, e um conseqüente apelo a todos os que nutrem amor pela humanidade para ingressarem na Ordem e participarem de seus privilégios. Um ano mais tarde, publicou-se em Estrasburgo um terceiro folheto intitulado *O Casamento Químico de Christian Rosenkreutz,* cujo manuscrito se supõe remontava ao ano de *1601-2*. Está datado *Anno 1459,* e inicia-o a seguinte advertência místicamente significativa: *Arcana publicata vilescunt, et gratiam prophanata amittunt. Ergo: me margaritas oice porcis, seu asino substernere rosas* ("Os segredos publicados se desvalorizam, e as coisas profanadas perdem sua graça. Portanto, não deites pérolas ao porcos nem espalhes rosas ao asno". (*Op. cit.* em *Pequena História da Maçonaria,* p. 211, de C. W. L. 33.º.) Trata-se de uma longa descrição cripta, de estilo algo humorístico, da iniciação do fundador da Ordem nos Mistérios da Rosa-Cruz, principiando com o seu convite ao despertamento para a vida interna, e terminando com seu final triunfo ou regeneração como um Cavaleiro da Pedra de Ouro. Tem se atribuido a autoria desses documentos ao erudito alemão do século XVII, Johan Valentine Andreas, muito interessado em sociedades secretas, porém é controverso esse ponto. Estes três documentos despertaram viva curiosidade em toda a Europa.

Do lado rosacruciano se publicou em 1615 o opúsculo *Eco da Fraternidade Iluminada de Deus da Venerável Ordem R. C.,* atribuida a Julius Sperber de Anholt, que ali afirma possuírem os rosacrucianos uma profunda sabedoria, embora apenas uns poucos tenham sido considerados dignos de partilhar dela. Um outro panfleto publicado em *1617, Fraternitatis Rosatae Crucis Confessio Recepta,* declara que se requer muito estudo e cuidadosa investigação para se entrar em posse dos segredos transcendentes.

Mas a literatura rosacruciana não se limitou a folhetos. A Ordem apresentou à Europa uma filosofia muito semelhante ao neoplatonismo teúrgico dos séculos III e IV de nossa era, e notáveis nomes como Michael Maier (falecido em 1622), Tomas Vaugham, Robert Flood, "Sincerus Renatus", ou Sigmund Richter *(1710),* e outros anônimos, publicaram obras muito interessantes e instrutivas sobre essa filosofia e alquimia.

Nos últimos tempos têm proliferado na Europa e nas Américas numerosas sociedades pseudo-rosacrucianas, homônimas da original, porém que dela só emprestaram o famoso e glorioso nome, a que infelizmente elas não têm sabido corresponder. É unanimemente reconhecido que a primitiva Ordem Rosa-Cruz foi absolutamente secreta até 1614, quando se publicou pela primeira vez o folheto *Fama,* e que seus membros jamais se reuniram fìsicamente nem se organizaram materialmente numa associação. E mesmo depois de divulgado, o ingresso aos seus recessos mais íntimos só se fazia mediante convite individual, feito a pessoas com prévia e adrede preparo moral e intelectual e rigorosamente selecionadas, independente de sua particular crença religiosa ou filosófica, ou posição social. Neste caráter oculto e místico ela ainda subsiste nos dias atuais. Como diz um ilustre Irmão, "No entanto, na Maçonaria ainda herdamos alguma parcela de seu ritual, embora pouco de sua doutrina oculta e os poderes sacramentais da Rosa-Cruz ainda resplandeçam através de alguns de nossos altos graus no Rito Escocês Antigo e Aceito. Existe, pois, boa razão da parte dos modernos maçons em proclamar sua afinidade com a Rosa-Cruz, e de haver ela exercido influência tão fascinante no espírito humano desde o primeiro momento em que dela se ouviu falar no século XVII" (C. W. L., *op. cit.*, p. 214). (C. *Rosenkreutz, Christian.*)

RITO DOS IRMÃOS DA ROSA CRUZ DE OURO. Sociedade também conhecida como dos *Irmãos Alemães da Rosa-Cruz,* fundada na Alemanha em 1777, que se apresentava como baseada nas doutrinas secretas dos antigos Rosa-Cruzes, chegando a tornar-se poderosa. Seu distintivo era um compasso de ouro, preso a uma cinta branca, e seus emblemas principais, adornados no antigo tapete, eram o sol, a lua e o duplo triângulo, em cujo centro se achava a primeira letra do alfabeto hebraico. No dedo usavam os irmãos um anel de prata, com as letras gravadas I.A.A.T., iniciais de *Ignis, Ar, Água, Terra.* Nela intervieram posteriormente os jesuitas, que a converteram numa poderosa arma repressora da liberdade de pensamento. A constituição jesuíta a dividiu em diferentes corpos, cada qual governado por um chefe, e todos os chefes em conjunto sujeitos a uma autoridade geral. Compunha-se de nove graus: Zelador, Teórico, Prático, Filósofo, Adepto Júnior, Adepto Senior, Adepto Isento, Mestre do Templo, e Mago. Foi dissolvida em 1798.

RITO DOS IRMÃOS DE SÃO JOÃO ou DA FRATERNIDADE MAÇÔNICA DE SÃO JOÃO. Os Anais de Colônia, que datam de 1535, dão provas evidentes de que, antes de 1440, existiu ali uma sociedade secreta com o nome de Fraternidade Maçônica de São João. Nestes Anais se lê: "A Fraternidade ou Ordem dos Irmãos Franco-maçons, congregados segundo as santas regras de São João, não procede dos Templários, nem de nenhuma Ordem Cavaleiresca, senão que é a mais antiga do que todas as ordens similares, pois existiu na Palestina, Grécia e em diferentes partes do Império Romano. Nossa Fraternidade é anterior às Cruzadas. Em certa época, um reduzido núcleo de iniciados que possuiam a verdadeira doutrina da virtude e os ensinos secretos, separou-se da massa, em conseqüência da luta existente entre as seitas". (Rev. Carlos H. Vail, 32.º, *Los Mistérios Antigos y la Masoneria Moderna,* p. 187). Os graus seguintes compunham a hierarquia maçônica: Aprendiz, Companheiro, Mestre, Mestre Eleito e Sublime Mestre Eleito.

RITO DOS IRMÃOS MANIQUEUS. Rito estabelecido na Itália em fins do século XVIII, baseado na antiga doutrina gnóstica de Mane e constituído de muitos graus, porém cuja nomenclatura se desconhece. Suas idéias eram cabalístas, porém foram mal compreendidas em sua época. (Cf. *Maniqueus.*)

RITO DOS MAGOS. Rito composto de muitos graus herméticos, criados em Florença, Itália, por um grupo de pessoas que se diz pertenciam a um dos sistemas Rosa-Cruz e de que formaram um ramo isolado. Seus integrantes assistiam às assembléias de seus Capítulos, cobertos com uma túnica semelhante à dos membros do tribunal do Santo Ofício.

RITO DOS NOAQUITAS ou CAVALEIROS PRUSSIANOS. Criado na Prússia em 1756, seus autores lhe atribuiram uma origem antiquíssima, ou seja, aos *Cavaleiros Teutônicos.* Segundo sua lenda, os Noaquitas descendem em linha reta de Noé por *Phaleg,* o arquiteto projetor e dirigente das obras da torre de Babel. Por esse motivo, os seus descendentes prussianos se consideravam superiores aos maçons Hiramitas ou Adoniramitas, já que a torre de Babel fora construída muitos anos antes do Templo de Salomão, donde se originaram os últimos. Havendo-se estendido rapidamente pela Europa, reuniam-se em lugares retirados, como campos ou bosques, por ocasião da lua cheia de cada mês, e celebravam seus trabalhos à luz desse planeta. Glorificavam a Deus e praticavam a humildade. Pouco a pouco foram se desagregando até seu total desaparecimento.

RITO DOS NOAQUITAS FRANCESES. Veja-se *Noaquita Francês.*

RITO DOS PITAGÓRICOS. Uma sociedade criada na Alemanha para a propagação dos princípios pitagóricos. Compreendia três graus: Ouvinte, Iniciado na Ciência, e Mestre Pitagórico.

RITO DOS XERÓFAGOS. (*"Os que só se alimentam de pão e frutas"*) — Instituição fundada em 1747 na Itália por alguns maçons, para se subtraírem da bula do Papa Clemente XII, de 1738, contra a Maçonaria.

RITO ECLÉTICO. Rito criado na Alemanha em 1783 por maçons ilustrados e independentes, para eliminar as perturbações oriundas do sistema jesuítico templário da *Estrita Observância,* outorgando às Lojas absoluta liberdade para estudar todos os Ritos maçônicos e escolher e professar o que melhor lhes conviesse. Com essa base, o Rito conservava apenas a unidade dos três graus primitivos do simbolismo. Vivas controvérsias suscitou o estabelecimento das Lojas Ecléticas; no começo foi pouco o êxito obtido, mas acabou logrando o fim proposto pelos seus promotores, pois contribuiu para escoimar a Maçonaria de muitos enxertos arbitrários.

RITO EGÍPCIO DE ADOÇÃO. Rito fundado em Lyon, França, no dia 27 de julho de 1786, com a consagração da Loja *A Sabedoria Triunfante,* pelo conde de Cagliostro, "Grão-Copto, Fundador e Grão-Mestre da alta Maçonaria egípcia", e que seus inimigos e particularmente o Santo Ofício, procuraram confundir com um obscuro José Bálsamo. Propunha-se este Rito conduzir seus membros à perfeição por sua regeneração física e moral. A regeneração física lhes propiciaria um estado de perfeita juventude, e a regeneração moral lhes daria a posse da acácia, isto é, da imortalidade.

Admitia igualmente homens e mulheres. Nas cerimônias de iniciação e exaltação empregava uma *pomba,* ou seja, uma menina em estado de completa inocência. Compunha-se de três graus: Aprendiz, Companheiros e Mestre Egípcio. (Cf. *Cagliostro; Rito das Eleitas Cohens ou Sacerdotes.*)

RITO ESCOCÊS. Muitos são os graus e Ritos que adotaram este título, porém nenhum deles da Escócia, pois nunca foram ali inventados nem praticados. Em numerosas ocasiões o tem assim proclamado a Grande Loja da Escócia, que, para evitar o emprego abusivo desse título, declarou textualmente em 1836: "A Grande Loja da Escócia não pratica mais graus que os de *Aprendiz, Companheiro* e *Mestre,* denominados Maçonaria de São João".

RITO ESCOCÊS ANTIGO E ACEITO. É no Rito de Perfeição ou de Heredom de 25 graus, criado em 1758 na França pelo Conselho de Imperadores do Oriente e do Ocidente, que se acha a origem imediata do Rito Escocês Antigo e Aceito de 33 graus. Em 1761 o referido Conselho outorgou uma patente ao judeu Estêvão Morin "para estabelecer a perfeita e sublime Maçonaria em todas as partes do mundo", constituindo-o Grande Inspetor do Rito de Perfeição. Essa patente autorizava-o a "formar e estabelecer uma Loja a fim de admitir e multiplicar a Ordem Real dos Maçons em todos os perfeitos e sublimes graus", e investia-o de poderes para criar outros Inspetores. Está assinada por

Chaillon de Joinville, Príncipe de Rohan, Brest-de-la Chaussée, conde de Choiseul, e outros membros do Conselho dos Imperadores. Morin chegou em 1761 em São Domingos, onde iniciou a disseminação do Rito de Perfeição, e nomeou muitos Inspetores tanto para as Índias Ocidentais como para os Estados Unidos.

Além de suas próprias falhas morais, ele não foi feliz na seleção de seus lugares-tenentes, que em muitos casos não eram pessoas de muito boa reputação, e foram suas poluidas mãos que manejaram o Rito de Perfeição durante os quarenta anos seguintes. Foi um período de obscurantismo, em que os graus foram vergonhosamente vendidos a quem quisesse comprar seus títulos, e completamente esquecido o significado interno das cerimônias. Perdeu-se o esplêndido conhecimento oculto dos Imperadores e os Ritos foram privados da maior parte de seu poder, mas as sementes da sucessão foram mesmo assim transmitidas através de Moisés Cohen, Isaac Long, Moisés Hayes, Isaac da Costa de Charleston, e outros mais, até que o Rito caiu em mãos mais hábeis, iniciando-se uma nova era. O Rito de Perfeição foi estabelecido em Charleston em 1783, por Isaac da Costa, constituído Deputado-Inspetor da Carolina do Sul por Moisés Hayes, e portanto, assegurando definitivamente a linha de sucessão do Rito.

Durante esse período de obscurantismo surgiu também o curioso mito de Frederico o Grande, entre os maçons judeus. É certo que o rei da Prússia era o Chefe Supremo do Rito, pois nas Atas da Grande Loja de Perfeição de Albânia (Nova Iorque), fundada em 1767, requereu-se à Loja em 3 de setembro de 1770, que preparasse o seu relatório para ser enviado a Berlim, como, também, em 1785, certo Solomon Bush, Deputado Grande Inspetor da América do Norte, escreveu ao monarca uma carta solicitando o reconhecimento de uma Loja por ele consagrada. E posteriormente se alegou que o rei, em seu leito de morte, ratificara as Grandes Constituições de 1.º de maio de 1786, contendo as leis que ainda vigoram no Rito Escocês; que ele constituíra pessoalmente o grau 33.º e delegara seus poderes, como Soberano da Maçonaria, a nove irmãos em cada país. As Grandes constituições originais estavam redigidas em francês, porém em 1834 o Supremo Conselho da França aceitou como genuína uma versão latina das mesmas, que se alegava havia sido assinada por Frederico o Grande, porém que hoje é geralmente considerada apócrifa pelas Grandas Lojas dos Três Globos de Berlim (*Ísis Sem Véu,* IV, 63).

A verdade é que Frederico jamais tomou parte ativa no Rito de Perfeição, nem ratificou as Constituições e nem criou o grau 33.º, e mesmo a maioria dos Supremos Conselhos atuais rejeita que as Constituições tenham derivado sua autoridade do referido monarca. Não obstante, por consenso unânime dos maçons, as Grandes Constituições de 1786 permanecem como a lei do Rito em todos os Supremos Conselhos legalmente derivados de Charleston, e Alberto Pike, uma das maiores autoridades do Rito Escocês, as aceita como genuinas.

Até 1801 os maçons da América trabalharam com o Rito de Perfeição, pois até então o mais alto grau ali conhecido era o de Príncipe do Real Segredo (25.º). Mas a 31 de maio desse ano eles constituiram em Charleston uma nova Potência dirigente, que adotou as Grandes Constituições de 1786 e os trinta e três graus por elas estabelecidos. Essa autoridade, que tomou o título de Supremo Conselho dos Grandes Inspetores Gerais, foi a primeira que pôs em execução as Grandes Constituições.

Em 1802, alguns meses após a sua formação, esse Supremo Conselho outorgou ao conde de Grasse-Tilly uma Patente certificando haver ele sido aprovado em todos os graus do Rito, e credenciando-o a estabelecer Lojas, Capítulos, Conselhos e Consistórios em ambos os hemisférios, e criando-o Soberano Grande Comendador Perpétuo de um Supremo Conselho para as Antilhas. Estava assinado por Frederico Dalcho, De La Hogue e outros, todos se designando como *Kadosh,* Príncipe do Real Segredo, Soberano Grande Inspetor 33.º. Nesse mesmo ano voltou o conde a S. Domingos, e ali fundou, com La Hogue, um Supremo Conselho, de que ele foi o Muito Poderoso Soberano Grande Comendador. Em 1803 regressou à França, onde, em París, elevou certo númedo de irmãos aos graus 33.º e com eles constituiu um Supremo Conselho Provincial, em 22 de setembro de 1804. Convocados os altos oficiais em 12 de outubro do mesmo ano, constituiram-se em Grande Consistório e realizaram uma assembléia geral de todos os membros, de que resultou a formação de uma Grande Loja, que foi instalada em París sob a denominação de *Grande Loja Escocesa da França do Rito Escocês Antigo e Aceito.* Elegeram-se 49 membros e proclamou-se seu Grão-Mestre o príncipe Luís Napoleão, representado por Grasse-Tilly, e dali emanaram posteriormente os diversos Supremos Conselhos, que foram sucessivamente se estabelecendo em ambos os hemisférios, nos países que os aceitaram: Itália (1805), Espanha (1811), Irlanda (1824), Inglaterra e Gales (1845), Escócia (1846), e hoje é o Rito mais difundido no mundo, inclusive o Brasil.

A Hierarquia de 33 graus está assim classificada; I — *Graus Simbólicos* (1.º - 3.º): *Aprendiz, Companheiro e Mestre;* II — *Graus Inefáveis* (4.º - 14.º): *Mestre Secreto,* Mestre Perfeito, Secretário Íntimo, Preboste ou Juiz, Intendente dos Edifícios, Mestre Eleito dos Nove, Mestre Eleito dos Quinze, Sublime Cavaleiro Eleito, *Grão-Mestre Arquiteto, Cavaleiro de Real Arco, Grande Eleito da Abóboda Sagrada* ou *Sublime Maçom;* III — *Capítulos* ou *Oficinas Vermelhas* (15.º - 18.º): Cavaleiro do Oriente ou da Espada, Príncipe de Jerusalém, *Cavaleiro do Oriente e do Ocidente, Cavaleiro Rosa-Cruz;* IV — *Areópagos* ou *Oficinas Filosóficas* (19.º - 30.º): Grande Pontífice ou Supremo Escocês da Jerusalém Celeste, Venerável Grão-Mestre de Todas as Lojas Regulares ou Mestre *ad Vitam,* Noaquita ou Cavaleiro Prussiano, Cavaleiro do Real Machado ou Príncipe do Líbano, Chefe do Tabernáculo, Cavaleiro da Serpente de Bronze, Escocês Trinitário ou Príncipe da Mercê, Grande Comendador do Templo, Cavaleiro do Sol, Grande Escocês de Santo André, *Grande Eleito Cavaleiro Kadosh* ou *Cavaleiro da Águia Branca e Negra;* V — *Graus Administrativos* (31.º - 33.º): Tribunais (31.º): *Grande Inspetor Comendador; Consistórios* (32.º): *Sublime Príncipe do Real Segredo; Supremo Conselho* (33.º): *Soberano Grande Inspetor Geral.*

Os graus com o título em itálico são conferidos por meio de uma cerimônia iniciática especial, e os demais são transmitidos "por comunicação".

Pode-se traçar assim o desenvolvimento histórico dos atuais graus do Rito Escocês Antigo e Aceito: seis graus até 1736, sete até 1747, nove até 1754, dez até 1758, vinte e cinco até 1801, e trinta e três daí em diante. (Cf. também *Maçonaria Branca; — Negra; Simbólica; Vermelha.*)

RITO ESCOCÊS FILOSÓFICO. Muito semelhante ao hermético de Montpellier, este Rito foi fundado em 1776 em Paris, pelo médico Boileau, partidário de Pernety. Com tendências aproximadas às dos Rosa-Cruzes de Ouro alemães, e embora ligado à Maçonaria universal pelos três graus simbólicos, o Rito não incluia estes últimos. O esquema compreendia 16 graus, mas deduzindo os três simbólicos, restavam os treze seguintes: Cavaleiro da Águia Negra ou Rosa-Cruz da Tôrre de Heredom (dividido em 1.º, 2.º e 3.º graus), Cavaleiro da Fênix, Cavaleiro do Sol, Sublime Filósofo, Cavaleiro do Íris, Verdadeiro Maçom, Cavaleiro dos Argonautas, Cavaleiro do Velocino de Ouro, Grande Inspetor Perfeito Iniciado, Grande Inspetor ou Grande Escocês, e Sublime Mestre do Anel Luminoso.

RITO ESCOCÊS FILOSÓFICO DA LOJA MATER DA FRANÇA. Rito que se deu a conhecer com o título de *Rito Nacional,* criado no seio da Loja de São Lázaro para subtrair-se à jurisdição dos dignitários alemães em suas tendências, e incluia os graus: Aprendiz, Companheiro, Mestre, Mestre Perfeito, Cavaleiro Filósofo, Grande Escocês, Cavaleiro do Sol, Cavaleiro do Anel Luminoso, Cavaleiro da Águia Branca e Negra, e Grande Inspetor Comendador.

RITO ESCOCÊS FILOSÓFICO DA LOJA MATER DE MARSELHA. No começo do século XVIII, os Mestres Escoceses gozaram privilégios tais nas Lojas Simbólicas Francesas, que chegaram a ser formalmente reconhecidos em 1755 pela Grande Loja da França. Usavam vestimenta diferente, permaneciam de chapéu na cabeça numa Loja de Mestres, vindicavam o direito de conferir graus simbólicos, com ou sem uma cerimônia, e as Lojas escocesas eventualmente nomeavam o Venerável da correspondente Loja Simbólica à revelia dos componentes dessa Loja, e afinal, usurpando o privilégio da Grande Loja, expediam cartas constitutivas. Uma de suas criações mais importantes, por volta de 1751, é a Loja Mater Escocesa de Marselha, onde nasceu este Rito, que trabalhava com certo número de graus não pertencentes ao que posteriormente se tornou o Rito Escocês, e mais tarde incorporados, pelo menos os seus títulos, ao Rito de Mênfis de 96 graus. Esta Grande Loja constitui numerosas Lojas, operando o Rito com dezoito graus herméticos, com a seguinte nomenclatura: Aprendiz, Companheiro, Mestre Maçom, Mestre Perfeito, Grande Escocês, Cavaleiro da Águia Negra, Comendador da Águia Negra, Rosa-Cruz, Verdadeiro Maçom, Cavaleiro dos Argonautas, Cavaleiro do Velocino de Ouro, Aprendiz Filósofo, Adepto da Loja-Mãe, Cavaleiro de Íris e Cavaleiro do Sol.

RITO ESCOCÊS PRIMITIVO. Três são os Ritos escoceses distinguidos com este título: 1.º — o *Rito Escocês Primitivo* de 25 graus, criado em París em 1758, no seio do Soberano Conselho de Imperadores do Oriente e Ocidente, mais conhecido como o Rito de Heredom ou de Perfeição. 2.º — *Rito Escocês Primitivo* de 10 graus, fundado em Narbona em 1769 e também intitulado Rito dos Filadelfos. 3.º — *Rito Escocês*

Primitivo de Namur, de 33 graus, atribuido principalmente a um irmão de Nivelles, o advogado Marchot e presumivelmente introduzido pela Grande Loja Metropolitana de Edimburgo, porém atualmente desaparecido.

RITO ESLAVO. Veja-se *Rito de Melesino.*

RITO EXEGÉTICO. Rito instituido em Estocolmo por uma sociedade denominada Exegética e Filantrópica, porém que teve pouca duração, não se conhecendo sua nomenclatura nem graus. Seus princípios se basearam nas doutrinas de Swedenborg e do magnetismo.

RITO HAITIANO. Compõe-se de três graus dos antigos maçons livres da Inglaterra, dos graus do Real Arco e dos Cavaleiros Americanos, com ligeiras modificações.

RITO HELVÉTICO RETIFICADO. É o mesmo Rito dos Cavaleiros da Cidade Santa, criado no capítulo de Wilhemsbad. Introduzido na Polônia em 1784, foram tantas as modificações ali introduzidas, que se transformou numa nova Maçonaria, a qual foi adotada pelo Grande Oriente daquele país sob o título em epígrafe.

RITO HERMÉTICO. Rito fundado em Avinhão em 1770 por Pernety e transportado para Montpellier em 1778. Tinha por objetivo ensinar por meio de símbolos a arte de transmutar os metais, compor o elixir da longa vida, preparar a pedra filosofal, etc. Seus graus, que no começo somavam nove, foram se multiplicando até atingir 45 ou mais, achando-se seus títulos disseminados nas diversas nomenclaturas.

RITO HIRAMITA. Veja-se *Rito Adoniramita.*

RITO INGLÊS. Também denominado *Rito dos Antigos Maçons Livres e Aceitos na Inglaterra,* é o único que tem vigorado durante muitos anos naquele país, e o que segue à Grande Loja Inglesa, erigida em 1813 pela união dos membros da Grande Loja de Iorque fundada em 926 (os "antigos" maçons) e dos Maçons Livres e Aceitos (os "modernos") criados em 1717 e cujo rito foi o adotado. Dessa união resultou a Grande Loja Unida da Inglaterra, com o reconhecimento dos três graus simbólicos e mais o Santo Real Arco, hoje muito difundidos. Consta assim dos graus: Aprendiz, Companheiro, Mestre, Maçom do Santo Real Arco, sendo este considerado um desdobramento do 3.º, mas com assembléias ou capítulos e dignitários próprios.

RITO INGLÊS DE IORQUE. Veja-se *Rito de Real Arco.*

RITO INGLÊS PRIMITIVO. Veja-se *Rito Primitivo Inglês.*

RITO IRLANDÊS. Criado em 1747 com fins políticos pelos partidários dos Stuarts, este Rito é uma recompilação dos primeiros graus supermaçônicos aparecidos desde os meados do século XVI, principalmente na França, de orígem escocesa, irlandesa e inglesa. Primeiro se compunha de três graus: Mestre Irlandês, Perfeito Mestre Irlandês, e Muito Alto e Poderoso Mestre Irlandês. Posteriormente lhes foram sendo acrescentados os de: Eleito Irlandês, Mestre Inglês, Pequeno Mestre Inglês, Excelente e Perfeito Inglês, Muito Excelente Maçom, Escocês, Mestre Escocês, Sublime Escocês, Sublime Grande Escocês, Escocês-Irlandês-Inglês, Inspetor Inglês, Grande Perfeito, Cavaleiro Sublime, Cavaleiro Templário, Cavaleiro de São João, Cavaleiro da Távola Redonda do rei Artur, e mais outros.

RITO JESUÍTICO. Não existe um tal Rito, mas traços de evidente influência ou infiltração jesuítica em muitos ritos, dos quais cumpre destacar especialmente o dos Eleitos Coens ou Sacerdotes, bem como o sistema templário depois da criação dos primeiros graus irlandeses e escoceses, atribuidos por alguns a Ramsay. Existem também muitos graus avulsos classificados como jesuíticos, como: Aprendiz de Santo André, Aprendiz Filósofo, Cavaleiro da Palestina, ou da Aurora e da Beneficência, Cavaleiro da Cruz de Roma e de Constantino, Cavaleiro Eleito Supremo, Escudeiro Ilustre e Iniciado nos Mistérios.

RITO JUDAICO ou DE MISRAIM. Veja-se *Rito de Misraim*.

RITO MODERNO OU FRANCÊS. Este Rito foi criado em Paris em 1761, constituido em 24 de dezembro de 1772 e proclamado em 9 de março de 1773 pelo Grande Oriente da França, cujo Grão-Mestre, Felipe de Orleans, duque de Chartres, instalou então três câmaras. Em 1774 o Grande Oriente incumbiu uma comissão de maçons distintos para estudar as diferentes doutrinas maçônicas então espalhadas e propor uma reforma e simplificação de seus numerosos graus. Essa comissão acabou renunciando à sua tarefa, mas propondo a exclusão absoluta de todos os altos graus. Acatando essa proposta, a 3 de agosto de 1777 o Grande Oriente dirigiu uma circular a todas as Lojas de sua jurisdição, declarando que no futuro passaria a reconhecer somente os três graus do simbolismo. Mas, devido à generalizada e crescente inclinação pelos altos graus e à pressão dos investidos dos mesmos, o Grande Oriente teve que moderar sua decisão, introduzindo alguns dos graus antes repelidos. Assim, em 1782, sob o título de Câmara dos Ritos, o Grande Oriente criou uma comissão especial, com a finalidade de formar um Rito que compreendesse tudo o que de essencial contivessem os altos graus. Em 1786 essa comissão apresentou ao Grande Oriente um plano de reforma composto de sete graus, redução dos dezoito graus do Rito Escocês, o qual, aprovado por unanimidade, promulgado e posto em execução, recebeu a denominação de Rito Moderno ou Francês. São êles: *Graus Simbólicos*: Aprendiz, Companheiro e Mestre. *Graus Capitulares*: Eleito (primeira ordem), Escocês (segunda ordem), Cavaleiro do Oriente (terceira ordem), Rosa-Cruz (quarta ordem). No princípio sua aceitação só foi acolhida pela minoria das Lojas, e encontrou mesmo séria oposição. Por último, porém, o Grande Oriente transigiu com todos os demais Ritos, outorgando-lhes a faculdade antes negada de expedir títulos de filiação a seus respectivos altos graus, com o que se estabeleceu uma espécie de concordata. Daí em diante êsse Rito se difundiu cada vez mais, acabando por ser o adotado pela maioria das Lojas maçônicas francesas dentro e fora da França, e entre numerosas Lojas de paises latinos da Europa e da América.

RITO NACIONAL DA FRANÇA. Rito criado na França, na Loja do Contrato Social, em oposição ao sistema da Estrita Observância, apelidado *estrangeiro,* que fora introduzido ali em 1774 pelo irmão Weiler, e reconhecido e aceito pelo Grande Oriente da França, em virtude de um tratado de fusão celebrado em 1776. Os maçons franceses descontentes fundaram então o Rito Nacional da França, título esse substituido depois pelo de *Escocês Filosófico.* (Cf. *Rito Escocês Filosófico da Loja Mater Escocesa da França.*)

RITO NACIONAL MEXICANO. Rito de nove graus, composto em 22 de agosto de 1825 por um grupo de maçons mexicanos pertencentes aos Ritos Escocês e de Iorque, inconformados com a decadência então verificada em seus país entre membros da Maçonaria. São seus graus: Aprendiz Admitido, Companheiro, Mestre Maçom, Mestre Aprovado, Cavaleiro do Segredo, Cavaleiro da Águia Mexicana, Perfeito Artífice, Grande Juiz, e Grande Inspetor Geral da Ordem. Nessa mesma data se instalou a primeira Grande Loja do Rito, a que aderiram cinco outras.

RITO OTOMANO. Veja-se *Rito do Celeste Império.*

RITO PERSA FILOSÓFICO. Pelo ano de 1800 se tentou fundar na França, sem êxito, um regime maçônico-filosófico de derivação persa, composto de sete graus, divididos em três séries ou ordens, a saber: I — *Ordem Simbólica*: Aprendiz ouvinte, Companheiro adepto, Escudeiro da beneficência, e Mestre Cavaleiro do Sol. II — *Ordem Capitular*: Arquiteto Omnirita ou Cavaleiro da Filosofia do Coração, e Cavaleiro do Ecletismo e da Verdade. III — *Ordem Areopagita*: Mestre Bom Pastor e Venerável Grande Eleito.

RITO PRIMITIVO. Veja-se *Rito dos Filadelfos de Narbona.*

RITO PRIMITIVO INGLÊS. Segundo um manuscrito de Kloss, cuja redação se supõe ser anterior a 1751, este Rito compreendia nove graus: Aprendiz, Companheiro, Mestre, Mestre Perfeito ou Arquiteto Irlandês, Mestre Eleito, Aprendiz Escocês, Companheiro Escocês, Mestre Escocês, e Cavaleiro do Oriente.

RITO REFORMADO DE DRESDE. Ramo da Estrita Observância, que em 1755 apareceu na Alemanha, numa das Lojas de Unnvurden e em outra de Dresde. Baseado no sistema templário de Ramsay, originou diversos chamados Diretórios Escoceses. Compreendia sete graus: *Ordem Exterior*: Aprendiz, Companheiro, Mestre. *Ordem Intermediária*: Mestre Escocês de Santo André. *Ordem Interior*: Capítulo Equestre, Noviço, Cavaleiro.

RITO RETIFICADO ESCOCÊS. Com o intuito de eliminar da Maçonaria a influência templária de múltiplos graus, dirigidos pelos *superiores desconhecidos,* o duque Fernando de Brunswich promoveu na Alemanha um movimento nesse sentido. Convocou um congresso de todos os maçons da Europa, tendo se realizado o primeiro em Brunswich em 1775; o segundo, em 1778, em Wolfenbuttel, ambos sem resultado, e o terceiro em Wilhemsbad em 1782, que realizou 38 sessões nem todas frutíferas. Afinal se conveio em que se deveria abandonar o sistema templário e substitui-lo por outro mais simples, escoimado dos inexpressivos altos graus, intitulado *Rito Retificado Escocês* e composto de cinco graus apenas, a saber: Aprendiz, Companheiro, Mestre, Mestre Escocês, Cavaleiro da Cidade Santa, ou de Beneficência. Este último era secreto e compreendia três fases: Noviço, Professo, e Cavaleiro.

RITO SOCRÁTICO ou DOS PANTEÍSTAS. Rito fundado na Inglaterra por volta de 1720 por João de Toland, professado por uma seita estabelecida na Alemanha e identificado por alguns com a Maçonaria.

RITO SUECO. A Maçonaria data na Suécia desde 1735, quando foi ali introduzida da Inglaterra com a fundação de sua primeira Loja. Acolhida muito favoravelmente, propagou-se com rapidez entre as classes sociais mais elevadas. Todavia, não era a Maçonaria inglesa puramente simbólica, mas um cruzamento das tradições templárias e rosacrucianas com bastante da influência jesuítica, ao qual depois também se juntou a de Swedenborg. A Maçonaria sueca dedicou-se muito a obras de beneficência, porém o que muito lhe favoreceu a prosperidade foi a sua participação na vida política e o apoio por ela prestado ao rei Gustavo III em 1772, quanto este aboliu as leis de 1719 e 1721 e decretou a supressão do Senado, o que fêz ruir todos os planos dos jesuítas. Entre os maçons suecos subsistiu apenas a idéia da restauração da Ordem do Templo, efetuada pela Maçonaria sob a direção e govêrno de Gustavo III, ao qual se atribui, assim, a verdadeira criação do Rito Sueco e o seu posterior aperfeiçoamento. Seu ponto culminante foi a constituição, em 1777, do Grande Capítulo Iluminado de Estocolmo, presidido provisoriamente pelo próprio irmão do rei, o duque de Sudermania, na qualidade de *Vicarius Salomonis.* Em 1780 o rei foi proclamado Grão-Mestre da Loja Nacional. O rei Carlos XIII fundou uma Ordem com o seu próprio nome, destinada a premiar os maçons dignos de tal distinção. Esta Ordem, composta de trinta membros, terminou por substituir a dos Templários, e é a que constitui o grau de Cavaleiro na assembléia dos maçons suecos.

A rigor, compõe-se este Rito de nove graus de instrução, divididos em três grandes seções. Mas geralmente se inclui na nomenclatura uma quarta divisão, que se pode considerar simplesmente honorífica, o que eleva a doze o número de graus, que são: *Loja de São João*: Aprendiz, Companheiro, e Mestre. *Loja de Santo André,* ou *Escocesa*: Aprendiz ou Companheiro de Santo André, e Mestre de Santo André, *Loja ou Capítulo dos Stewards* (*Intendentes*): Irmão Iniciado de Salomão ou Cavaleiro do Oriente e da Sabedoria de Jerusalém, Cavaleiro do Ocidente, Iniciado de São João, Iniciado de Santo André. *Capítulo Iluminado* (*dos Irmãos Cavaleiros e Comendadores Iluminados da Cruz Vermelha*): Membro do Capítulo, Dignitário do Capítulo, e Mestre Reinante. Distingue-se este Rito por seu caráter religioso muito especial, refletido em seu conjunto e particularmente nos altos graus, em que aparecem também alguns símbolos estranhos à Maçonaria, como os do Cordeiro de Deus, da Coroa e da Espada. O sistema sueco difere da Maçonaria verdadeira no respeitante à pretensa antigüidade de sua origem (1135), e à sua constituição e doutrina. Seu caráter é eminentemente romano, em vez de cristão-germânico, e tende mais para o desenvolvimento das formas patriar-

cais e hierárquicas do que para edificar uma sociedade de irmãos livres. É mais sectária do que cosmopolita, pois só admite cristãos em seu quadro social. Tal qual a Estrita Observância, divide-se em *províncias,* e como a maioria dos demais sistemas, considera os três primeiros graus simbólicos como um estágio preparatório. Não obstante a sua estabilidade e exclusivismo, numerosas mudanças o têm afetado e aperfeiçoado no decurso dos séculos.

RITUAL. Em Maçonaria, é o livro que contém a ordem, fórmulas e demais instruções para a prática regular e uniforme dos trabalhos e cerimônias em geral, de iniciações, aumento de salários, exaltações ou consagrações de graus, instalações de Oficinas e seus oficiais, festas e banquetes da Ordem, atos fúnebres, etc. A adoção e aprovação de rituais é prerrogativa da autoridade superior do Rito de cada corpo ou potência jurisdicional.

ROBINSOW, *Adolfo.* Foi o representante da Grande Loja de Estrasburgo na Grande Loja Escocesa, membro da Loja de Santa Maria, iniciador da Loja Nova Luz e o autor da da erudita obra *A Origem dos Ritos.*

ROBINSON, *John.* Escritor inglês, secretário da Sociedade Real de Edimburgo, que em 1793 publicou um livro sobremodo prejudicial à Maçonaria, intitulado *Provas de uma conspiração contra as religiões e governos da Europa.* Tal publicação coincidiu com o desencadeamento de uma difamação geral contra a Maçonaria, e o início de uma série de perseguições, de curta duração em alguns países, porém prolongadas em outros, como na Espanha e Portugal.

RODECH (IMPERANS). Um dos 25 grandes nomes de Deus mencionados na instrução dos Grandes Arquitetos de Heredom (6.º) do Rito Escocês Reformado, atribuido a Tschoudy.

ROGER DE MONTGOMERY. Grão-Mestre da Confraternidade de Franco-maçons da Inglaterra em 1066, e que com o bispo Gondulfo de Rochester fez o possível para realçar a Maçonaria naquele tempo. Dentre as numerosas obras promovidas por ambos, cumpre destacar a Torre de Londres, a Ponte de madeira e o antigo palácio de Westminster.

ROGHELLINI DE SCHIO. Erudito escritor maçônico e orientalista, autor da obra *A Franco-maçonaria em suas relações com a religião dos antigos egípcios,* em que sustenta originar-se a Maçonaria dos primitivos mistérios egípcios.

ROLO MÍSTICO. Rôlo de papel usado pelos Vigilantes nas recepções do grau de Mestre, em lugar dos maços ou malhetes, e que se deposita no fundo do ataúde ao se tributarem as últimas honras aos irmãos falecidos.

ROMÃS DA AMIZADE. Emblemas que coroam as colunas J. e B. dos Templos e cujos grãos simbolizam a prosperidade e solidariedade da família maçônica. Em certos Templos são substituídas pelos globos celeste e terrestre. (Cf. *Colunas; Estâncias de Dzyan,* III, 5. (S.D.I., 97-8.)

ROSA. Flor da roseira, uma planta de origem oriental. É geralmente fragrante, de cor vermelho-clara, carmesim, branca, amarela, etc. Misticamente simboliza a iniciação, adquirida pela perseverança e sofrimentos; para os alquimistas era o signo da realização da *Magnus Opus* (*Obra Magna*), e para os maçons é o emblema da perfeição atingida.

ROSA, *Cavaleiras Ninfas da.* Título de uma Ordem de pseudomaçonaria andrógina, fundada em Paris em 1778 pelo irmão Chaumont, com o objetivo, diz-se, de satisfazer caprichos do duque de Chartres, de quem era secretário particular em assuntos maçônicos. De finalidades meramente sociais e fúteis como outras de seu gênero, desapareceu com elas no vórtice revolucionário de 1789.

ROSA, *Congregações da.* Denominação de umas associações aparentemente religiosas da Argélia, em que se admitem só muçulmanos, que se chamam de irmãos e se dão as mãos no estilo maçônico.

ROSA CELESTE, *Irmãos da.* Título de um grau hermético da Maçonaria americana.

ROSA-CRUZ ou R.·. C.·. No 18.º grau do Rito Escocês e no 7.º do Rito Moderno ou Francês se usa o símbolo da Rosa unida à Cruz; a primeira comporta a tripla conotação de Amor, Segredo e Fragrância, e a segunda, o triplo significado de Auto-sacrifício, Imortalidade e Santidade. Ambos estes emblemas, tomados em conjunto, como sempre o estão no binômio Rosa-Cruz, indicam o Amor pelo Auto-sacrifício, o Segredo da Imortalidade e a doce Fragrância de uma vida santa. Portanto, colocada na intercessão dos dois braços da cruz, a rosa é um dos mais graciosos emblemas do "Mistério da Iniciação". Em essência, a Rosa-Cruz é uma etapa ou grau de cristianização, do despertar do Cristo místico dentro do coração, do amor oculto que é o âmago da rosa mística, e que só pode manifestar-se quando o coração é colocado sobre a Cruz do Sacrifício. Mas originariamente não se visava transformá-la num apêndice do Cristianismo, como o fizeram posteriormente, mas, sobretudo, torná-la um canal sacramental independente e cosmopolita. (Cf. *Rito dos Irmãos da Ordem Rosa Cruz; Rosenkreutz, Cristiano.*)

ROSA-CRUZES (ou *Rosacrucianos*). Nome dado originalmente aos discípulos de um sábio Adepto chamado Christian Rosenkreutz, que floresceu na Alemanha por volta de 1460. Ele fundou uma Ordem de estudantes místicos cuja história primitiva se encontra na obra alemã *Fama Fraternitatis* (1614), que foi publicada em diversas línguas. Os membros da Ordem guardaram seus segredos, mas traços destes têm sido encontrados em vários lugares cada meio século, desde essas datas. A *Societas Rosicrociana in Anglia* é uma Ordem Maçônica, que adotou filiações no "exterior"; a Chabrath Zereh Aur Bokher, ou Ordem do G. D., que tem um esquema muito completo de iniciações na Cabala e na Magia Superior do tipo ocidental ou hermético, e admite pessoas de ambos os sexos, é descendente direta dos sodalícios medievais de Rosa-Cruzes, por sua vez descendentes dos Mistérios Egípcios. (*W. W. W.*) (Cf. *Rito dos Irmãos da Ordem Rosa-Cruz; Rosa Cruz; Rosenkreutz, Christian.*)

ROSA E OURO, *Cavaleiro de*. Título de um grau do Rito Primitivo, segundo uma nomenclatura do irmão Thory.

ROSA MAGNÉTICA, *Grande*. Título de um grau avulso e do grau 125.º da nomenclatura da Universidade.

ROSENKREUTZ, *Christian*. Personagem reconhecido como o fundador da Ordem da Rosa-Cruz. Nascido em 1375 segundo a tradição oculta de sua Ordem, não obstante o panfleto *Fama* registrar 1378, foi enviado muito jovem ainda para um mosteiro solitário, situado nas fronteiras da Alemanha com a Áustria, onde se educou e desenvolveu. Qual muitas comunidades semelhantes da Idade Média, este mosteiro conservava uma tradição secreta, e seus monges, que se devotavam à meditação, eram detentores do genuino conhecimento espiritual oculto. Dedicou-se ali o jovem ao estudo dos segredos mais profundos da natureza, dos quais a alquimia não era mais que a aparência externa. A alquimia real concernia primariamente à transformação do chumbo da personalidade mortal no ouro do espírito imortal, e tão-só secundariamente se relacionava com a transmutação de metais e manufatura de jóias. Rosenkreutz começou depois a viajar, e após percorrer a Alemanha, Áustria e Itália, encaminhou-se para o Egito, onde foi bem acolhido pelos irmãos da Loja Egípcia. Ali foi admitido em todos os graus dos Mistérios Egípcios, então conservados por sucessão direta desde os hierofantes da antiguidade, e assim através dele se pode traçar uma das mais importantes linhas de sucessão finalmente incorporadas ao Rito Escocês Antigo e Aceito.

Em seu retorno do Egito, fundou a Ordem da Rosa--Cruz, selecionando aqui e ali um irmão digno de pôr-se em contato com os Mistérios Secretos do Egito e com o profundo conhecimento oculto que emvolviam. Embora muito limitada em número de membros, no máximo uns quarenta, a Ordem exerceu enorme influência sobre a tradição secreta na Europa, e com efeito formou uma escola ocidental para veicular os mais elevados conhecimento ocultos e espirituais. Mais tarde uma parcela de seus ensinos e ritual caiu em mãos menos exclusivistas, e foi através de uma dessas corporações semi-exotéricas que o Ritual Rosa-Cruz foi transmitido à custódia do Conselho dos Imperadores do Oriente e do Ocidente. Mas durante a sua passagem por tantas mãos ignorantes, o real significado desse ritual sofreu numerosas distorções, quer nos trabalhos maçônicos cristianizados da Inglaterra e dos Estados Unidos, quer na sua exagerada racionalização sob os auspícios do Supremo Conselho da França. No entanto, a atual Ordem Co-maçônica "Le Droit-Humain" procura manter em seus trabalhos a sua prístina pureza. Não existem dados positivos da data de sua morte, porém, segundo a lenda, ocorreu 120 anos depois de seu nascimento. Na campa do seu túmulo, acidentalmente encontrado depois, estava escrito em grandes letras: *"Post CXX Annos Patebo"*, "Depois de cento e vinte anos retornarei", o que coincidiria mais ou menos com a época em que se publicou o folheto *Fama*. (Cf. *Rito dos Irmãos da Ordem Rosa-Cruz; Rosa-Cruz.*)

ROSIER. Distinto literato francês, autor de várias obras didáticas e um dos fundadores do Grande Oriente da França.

ROSS, *Condessa de.* Dama pertencente a uma das mais nobres famílias da Escócia do século XVI. Protegeu as corporações de maçons e promoveu muitas obras importantes, entre as quais se conta a capela de Santa Maria de Edimburgo, muito célebre nos anais da Maçonaria Escocesa.

RUBI. Uma das doze pedras que adornavam o peitoral do sumo sacerdote dos israelitas (*Êxodo* 28:15-21) segundo o catecismo dos Grandes Arquitetos de Heredom do colégio ternário de Santo André da Escócia, (6.º grau do Escocismo Reformado de dez grau). Mas o trecho bíblico acima citado não menciona essa pedra.

RUMINANTES, *Ordem dos*. Espécie de Maçonaria de Adoção, criada em Viena em 1738 por católicos de ambos os sexos. Desejosos de escapar ao efeito da bula de excomunhão, submissão e acatamento ao Papa, fecharam as Lojas manônicas mas criaram outro tipo de Maçonaria, que pouco durou.

RÚSSIA. Opina a maioria dos historiadores que a Maçonaria foi introduzida na Rússia durante o primeiro terço do século XVIII. Seu progresso ali foi muito dificultado pelas normas autocráticas do governo imperial moscovita, até 1740, quando se criou a Grande Loja sob os auspícios da Grande Loja da Inglaterra. Depois, e especialmente sob o reinado de Catarina II, amante das atividades culturais, a Maçonaria prosperou notavelmente, surgindo grande número de Lojas por toda a parte, filiadas a todos os Ritos e sistemas. A ela aderiram a imperatriz, o herdeiro do trono e muitos outros grandes personagens, que ergueram soberbos edifícios com luxuosas Lojas e fundaram valiosas instituições de beneficência. Foi nessa fase que ali penetrou o sistema da Estrita Observância, a qual em 1765 possuía um Capítulo seu. Vieram também os altos graus, e a Maçonaria russa contribuiu com reformas próprias, entre as quais se conta o Rito Melesino, criado pelo general desse nome. Em 1767 o coronel Foux de Salaverte estabeleceu em São Petersburgo uma Academia maçônica denominada Mestres dos Segredos. Em 1770, sob os auspícios da Grande Loja da Inglaterra, instalou-se em São Petersburgo uma Grande Loja provincial. Mas a evolução nitidamente republicana dos enciclopedistas franceses, por quem antes Catarina II nutria admiração; os grandes e dramáticos sucessos que foram se desenvolvendo na Europa e particularmente na França; a desordem e confusão provocadas pelos múltiplos sistemas, maçônicos ou não, que se disputavam autoridade e supremacia, e sobretudo, a atitude e espécie dos trabalhos que se praticavam em muitas Lojas, levaram a imperatriz (que, naturalmente, pelo regime dominante na Maçonaria, nunca pudera transpor os portais dos mistérios maçônicos, por ser mulher) a adotar medidas restritivas e de repressão. E em breve, sem que se publicasse qualquer decreto ou proibição formal, considerou-se proscrita a Maçonaria, e suas Lojas se fecharam bruscamente. Posteriormente a Maçonaria chegou a passar ainda por algumas alternativas favoráveis, às vezes com a benevolência do governo, mas tanto se viu perseguida que acabou desaparecendo, não sem haver contribuído para solapar a tirania tzarista com as suas doutrinas liberais e democráticas. Na atual Rússia bolchevista também não há condições para o funcionamento da Maçonaria (Cf. S.D.I., 19/20.)

RUSSO-SUECA, *Academia*. Era o título da Academia dos Verdadeiros Maçons, fundada em 1785 pelo Capítulo do Velocino de Ouro, ao associar-se às sociedades alquimistas tão em voga naquela época na Alemanha, Rússia, Suécia e alguns outros países europeus.

RUTH. Viúva moabita que se casou com Booz (*Ruth* 4:10), tornando-se bisavó de Davi, da linhagem de Jesus Cristo (*Mat.* I:5). Desempenha importante papel nos Ritos da Maçonaria, mormente no da Estrela do Oriente.

RUTOWSKI, *Marechal*. Entusiasta maçom, que em 1738 fundou em Dresde a Loja das Três Águias Brancas e cooperou a seguir na formação das Lojas das Três Espadas e dos Três Cisnes. Estas três Oficinas, reunidas em 1741, constituiram uma Grande Loja para toda a Saxônia, com o marechal como seu Grão-Mestre.

S

S. *1* — Vigésima letra do alfabeto maçônico, cuja grafia consta da lâmina à página 16. *2* — Isolada, é muito empregada como inicial de *Sabedoria, Sábio, Sagrado, Salário, Salatiel, Salomão, Santidade, Sapientíssimo, Saúde, Schechel, Schekel, Schem, Schibbolet, Secretário, Secreto, Selado, Selo, Sem, Senado, Senhor, Sentença, Septentrião, Sidônias, Sidrac, Sige, Signo, Silêncio, Servente, Soberano, Socius, Sono, Sterkim, Stibium, Stolkin, Sublime, Submissão, Sul, Superior, Supremo,* etc.

S.·. *1* — No Rito Escocês Antigo e Aceito significa: *Sabedoria* no 17.º; *Salomão* no 22.º, e designa a tenda *Malaquias* no 32.º. *2* — No Rito de Misraim corresponde e *Schechel* no 78.º.

SÁBADO. *1* — Na moderna Ordem dos Cavaleiros do Templo, criada em París em 1820, cada dia da semana tinha suas palavras especiais de reconhecimento. As de sábado eram *Molay* para a pergunta, e *Mártir* para a resposta. *2* — No Grande Acampamento dos Príncipes do Real Segredo (32.º), do Rito Escocês Antigo e Aceito, há também duas palavras de reconhecimento para cada dia da semana. As correspondentes ao sábado são *Ezequias* como protetor e *Malaquias* como profeta.

SABATHAI-MANAHEU. Um dos grandes Conservadores e propagadores do Rito de Misraim, iniciado, segundo a crônica desse Rito, no ano 3160 do mundo, na cidade de Jerusalém.

SABBAL. Palavra hebraica com a acepção de *onus* (*carga, peso*). Figura no sétimo degrau do primeiro montante da escada misteriosa dos Cavaleiros *Kadosh* (30.º) do Rito Escocês Antigo e Aceito.

SABEDORIA. *1* — Designativo de uma das três colunas que sustentam o Templo maçônico, sendo as outras duas denominadas *Força* e *Beleza,* e estão também personificadas no Venerável, Primeiro Vigilante e Segundo Vigilante, respectivamente. *2* — Uma das palavras escritas no traçado dos Capítulos dos Cavaleiros Rosa-Cruz, num dos ângulos do quadrilátero simbólico deste grau. *3* — Palavra de passe do 90.º e título do Presidente nas recepções de Cavaleiros Rosa-Cruz de Kilwinning de Heredom (46.º), ambos do Rito de Misraim. *4* — Título do Venerável nas recepções do Rito da Ordem Real de Kilwinning. *5* — Título de uma Loja do Rito Escocês Filosófico fundado em Toulouse em 1806. (Cf. *Colunas; Pilares.*)

SABEDORIA, *Estátua da.* Figura sempre nos templos simbólicos, e especialmente nos de Adoção.

SABEDORIA, *Grande Mestre do Templo da.* Grau 20.º do Rito de Mênfis.

SABEDORIA, *Idade da.* É a dos Cavaleiros *Kadosh* em alguns areópagos.

SABEDORIA, *Livro da.* Título habitualmente dado à Bíblia em todos os graus salomônicos, hiramitas e hebraicos, mais genericamente intitulados *Escoceses.*

SABEDORIA, *Sociedade de.* Título de um grau ou série de graus avulsos encontrados em certas nomenclaturas.

SABEDORIA *Sublime Mestre da.* Grau 74.º do Rito de Mênfis, na sexta classe da série cabalística.

SABEDORIA TRIUNFANTE. Título da Loja Mater do Rito Egípcio de Cagliostro, fundada em Lyon em 1782.

SÁBIO. *1* — Título do grau 7.º e último do Martinismo reformado ou Escocismo Reformado de St. Martin. *2* — Denominação do segundo ponto do grau 50.º do Rito de Misraim, intitulado *Caos.*

SÁBIO CERYCE. Título do sexto oficial dignitário do Santuário de Mênfis, ou seja, do Grande Experto nos trabalhos dos Sábios das Pirâmides do Rito de Mênfis.

SÁBIO CRISTÓFORO. Título do sétimo oficial dignitário do Santuário de Mênfis, ou seja, do Bibliotecário Arquivista.

SÁBIO DAS PIRÂMIDES. Grau 47.º do Rito de Mênfis.

SÁBIO DO LABIRINTO, *Sublime.* Grau 55.º do Rito de Mênfis.

SÁBIO GRÃO-MESTRE. Título do Presidente do Supremo Conselho dos Soberanos Príncipes do Grau 84.º do Rito de Misraim.

SÁBIO HELIÓPOLIS. Grau 62.º correspondente à sexta classe da série filósofica do Rito de Mênfis.

SÁBIO HIDRANOS. Um dos oficiais dignitários do Santuário de Mênfis, ou seja, o Mestre de Cerimônias nos Areópagos dos Sábios das Pirâmides, do Rito de Mênfis.

SÁBIO HIEROCERYX. Um dos oficiais do Santuário de Mênfis, ou seja, o Custódio-Guarda-Templos nos Areópagos do Rito de Mênfis.

SÁBIO HIEROSTOLISTA. Título do quinto dignitário do Santuário de Mênfis, ou seja, o Secretário.

SÁBIO ISRAELITA PRÍNCIPE. Título do grau 70.º do Rito de Misraim.

SÁBIO MESTRE. Título do segundo dos altos graus da Ordem dos Irmãos Iniciados da Ásia.

SÁBIO MISTAGOGO (*Primeiro e Segundo*). Os dois oficiais que seguem em categoria depois do Sublime. Dai e Sábio Odos, nos Santuários de Mênfis e que nos Areópagos dos Sábios das Pirâmides funcionam como Primeiro e Segundo Vigilantes.

SÁBIO, *Muito*. Título que toma o Venerável nos trabalhos de vários graus. Incluem-se entre estes, o 4.º da Ordem Capitular do Rito Moderno ou Francês; o 4.º do Escocismo Reformado do barão de Tschoudy; o 4.º e o 5.º da Maçonaria Adoniramita; e os 49.º e 50.º do Rito de Misraim. (Cf. *Sapientíssimo.*)

SÁBIO MUNI. Grau 77.º do Rito de Mênfis.

SÁBIO ODOS. Título do segundo dignitário do Santuário de Mênfis, que exerce as funções nos areópagos dos Sábios das Pirâmides.

SÁBIO SIVAISTA. Grau 38.º do Rito de Misraim.

SÁBIO YZED. Um dos oficiais dignitários do Santuário de Mênfis, que funciona como mensageiro, cargo semelhante ao dos Expertos.

SÁBIO ZACORIS. Oitavo dos oficiais dignitários do Santuário de Mênfis, correspondente a Tesoureiro.

SACELLUM, lat.. Capela, pequeno templo fechado, mas sem telhado.

SACERDOTE ou EPOPTO. Título de um grau dos pequenos mistérios dos Iluminados de Baviera, e de muitos outros graus maçônicos de diversos Ritos .

SACERDOTE DO TEMPLO, *Grande*. Grau 7.º do Rito de Melesino.

SACERDOTE ILUMINADO. Grau 7.º dos Iluminados de Baviera.

SACERDOTE REAL ou VERDADEIRO IRMÃO ROSA-CRUZ. Grau 5.º dos Cavaleiros e Irmãos Iniciados da Ásia na Europa.

SACERDOTES ou ELEITOS COHEN. Título de um Rito filosófico de 9 graus criado em 1754 por Martinez Pascalis.

SACKVILLE, *Carlos*. O fundador da primeira Loja regular estabelecida na Itália em 1733.

SACO DE PROPOSIÇÕES. Também denominado *Tronco de Proposições,* é uma bolsa oblonga, de abertura suficientemente grande para se lhe poder introduzir uma folha de papel dobrada em dimensões tais que não seja percebida por outrem. Em todas as sessões celebradas por uma Loja é obrigatória a circulação do saco de proposições, antes da circulação do *tronco de beneficência,* sem o que nunca se poderá proceder ao encerramento dos trabalhos. Essa circulação compete aos Irmãos Expertos ou Mestres de Cerimônias fazer, consoante o que estabeleçam os regulamentos por que se reja a Loja, ou o determine o seu respectivo Venerável. As petições de profanos solicitando ingresso na Ordem, ou as de filiação e regularização de maçons; as propostas de aumento de salários, de concessão de graças e dispensas, os pedidos de auxílios e socorros, as acusações, as informações, e em geral, toda petição ou documento que se tenha de formular por escrito à Oficina, deverão ser depositados no saco de proposições. Terminada a sua circulação, passam-no para o Oriente, e em presença de todos o esvaziam sobre a mesinha ou pedestal do Venerável, que após haver se inteirado do número de proposições que contém, anuncia-o à Oficina por intermédio dos Vigilantes. O Secretário o consigna em ata e o Orador faz a leitura completa de cada um dos documentos, a não ser que o Regulamento ou o Venerável o atribua a outro Oficial. (Cf. *Proposições.*)

SACRIFICADOR. *1* — Sacerdote incumbido da Custódia dos templos e de receber as oferendas destinadas aos deuses. *2* — No Rito Escocês Antigo e Aceito, é o título de um dignitário especial do 26.º, que exerce as funções de Experto no segundo departamento de recepção dos Cavaleiros *Kadosh* (30.º). *3* — Título de dois graus registrados, sendo um nos arquivos da Loja Mater do Rito Escocês Filosófico, e o outro nos da Loja São Luiz dos Amigos Reunidos de Calais. *4* — Nome distintivo de Sofônio (*Stephaniah*), que se interpreta por *Secretum Domini* no grau 8.º do Escocismo Reformado de Tschoudy. *5* — Título dos Vigilantes da Arca ou dos Tabernáculo, ou seja, dos templos dos Sublimes Cavaleiros Escolhidos, chefes do grau 33.º do Rito de Misraim.

SADOC. Veja-se *Zadok*.

SADUCEUS. Uma seita racionalista judaica, sequazes de Zadok, sempre em pugna contra os judeus por princípios doutrinários (*Atos* 23:6-9). Eram geralmente os homens instruídos de Jerusalém, que desempenhavam elevados cargos, como os de juiz e sumo sacerdote. Anás e Caifás pertenciam a essa seita. (Cf. *Ezeq.* 40:46; *Zadok.*)

SAFIRA. Uma das doze pedras preciosas do racional do sumo sacerdote hebreu, na qual, segundo o Ritual do Grande Arquiteto de Heredom (6.º) do Escocismo Reformado, estava gravada a palavra *Haim* ("o que tudo vê"), considerada um dos grandes nomes de Deus. (Cf. *"O Olho que tudo vê".*)

SAGARIDA. Machado de dois gumes, que figura em alguns ritos do sistema salomônico. (Cf. *Machado.*)

SAGGHI ou SAGHI. *1* — Palavras hebraicas, traduzidas por *trabalho* ou *obra,* e por *fecho* ou *luz.* *2* — *Amal Saghi* (*Labor Magnus*), "grande obra". Nome designativo do quinto degrau do primeiro montante da escada misteriosa dos Cavaleiros *Kadosh* (30.º) do Rito Escocês Antigo e Aceito. *3* — *Saghi-Nabor* (tocha, grande luz). Sobrenome de José de Sara, um dos antigos Grandes Conservadores da Ordem de Misraim, nos Vales de Sara da Ásia.

SAGITÁRIO. *1* — O nono signo do Zodíaco, chamado o do arqueiro e representado por uma flecha; tipifica a aspiração. É usualmente pintado como o Centauro — meio cavalo e meio homem — o que simboliza o conflito entre a mente filosófica e o instinto carnal da conquista, como, também, a aspiração mantida pelo esforço visando as estrelas. É notável por seu grande número de cachos de estrelas, nebulosas e outros fenômenos siderais. O Sol permanece nele, anualmente, de 23 de novembro a 21 de dezembro. *2* — Grau 9.º do zodíaco maçônico. (Cf. *Labirinto.*)

SAINT-AGNAN, *Archambaud de*. Um dos nove fundadores da Ordem dos Templários.

SAINT-AMAND. Um dos fundadores do Rito dos Filaletes em 1773, e que mais tarde colaborou com Saint-Martin na criação do Martinismo.

SAINT-AMAND, *Francisco Othon de*. Sexto Grão-Mestre dos Templários de 1179 a 1184, segundo a cronologia da Estrita Observância, e de 1171 a 1180, segundo a cronologia da Ordem do Templo na França.

SAINT-CLAIR DE ROSLIN, *Guilherme de*. Nobre escocês, conde de Orney e Caithnes, e barão de Roslin, cujo nome e o de seus descendentes ocupam lugar de muito destaque nas tradições e história da Maçonaria da Escócia, mercê do patronato hereditário que lhe foi conferido e que seus herdeiros mantiveram ininterruptamente durante três séculos. Pelo ano 1440 o rei Jaime II lhe outourgou e a seus sucessores a perpetuidade do título de Governador e Patrono da Confraria dos maçons da Escócia. Influenciados pela reforma da Maçonaria operada em Londres em 1717, os maçons escoceses cogitaram de se reorganizar segundo as modernas bases adotadas pela Grande Loja de Londres, porém tropeçaram com o obstáculo que lhes parecia insuperável, representado pelo patronato hereditário vinculado à família de Saint-Clair e que lhes impossibilitava proceder de moto-próprio à eleição de um Grão-Mestre. Em 1736, Guilherme de Saint-Clair de Roslin, ilustre descendente da nobre família desta linhagem, resolveu por si esta questão, propondo a reforma almejada e oferecendo formal e solene renúncia de sua alta dignidade para si e seus descendentes. Conseqüentemente, convocou-se uma assembléia geral para a eleição de um Grão-Mestre por sufrágio direto, e nela foi aclamado, por unanimidade, o nome do próprio proponente para ser o primeiro Grão-Mestre da Grande Loja especulativa dos maçons da Escócia, constituída desde aquele momento em substituição à antiga Confraria da Maçonaria manual ou operativa, que ficou assim extinta. Substituído no ano seguinte pelo conde Jorge Cromarty, continuou dando seu concurso à Grande Loja e à Maçonaria escocesa até a sua morte em 1778.

SAINT-DUST. Arcebispo de Canterbury, nono Grão-Mestre da Confraria de Franco-maçons da Inglaterra, considerado um dos patronos da Ordem, por haver-lhe prestado valiosa proteção no ano de 960.

SAINT GERMAIN, *Conde de*. Descrito pelos escritores modernos como um personagem enigmático, Frederico II da Prússia a ele se referia como sendo um homem que ninguém chega a compreender. Muitas são as biografias suas, porém cada qual com informes absurdos e extravagantes; no entanto, todos os escritores são concordes em reconhecê-lo como um cavalheiro elegante, distinto, sábio, poliglota, exímio musicista, hábil alquimista, riquíssimo e liberalíssimo, e dotado de raros poderes mágicos ou psíquicos. Profetizou dias trágicos aos reis Luiz XV e Luiz XVI, e à infeliz Maria Antonieta, bem como o *Terreur* seguinte, que afetaria a França e a Europa nos séculos 18, 19 e 20. Debalde tentou salvar a corte francesa e a França da revolução que se armava, pois o primeiro ministro Maurepas o embargou de chegar até o rei. Como é inevitável, teve muitos inimigos gratuitos e despeitados; todavia, foi o maior Adepto oriental dos últimos séculos, que a Europa não reconheceu, apesar de tê-la percorrido muito, porém provavelmente o reconhecerá no futuro. Em termos os mais encomiásticos falaram ou escreveram sobre ele Voltaire, Frederico o Grande, Madame de Pompadour, Condessa de Adhemar, Rousseau, Chatam, e Walpole, todos contemporâneos seus. E Manly P. Hall comenta: "O Conde de St. Germain tem sido geralmente considerado uma importante figura nas atividades primitivas da Franco-maçonaria. No entanto, provavelmente com motivos escusos, repetidos esforços têm sido feitos para desacreditar suas filiações maçônicas. Exemplo disso é o relato feito em *The Secret Tradition in Freemasonry* por Arthur Edward Waite. Este autor, depois de críticas muito desairosas sobre a matéria, amplia o seu artigo reproduzindo uma figura do *falso* Conde de St. Germain, mas obviamente por ser incapaz de distinguir o grande Iluminado de um general francês seu homonimo. É mister estabelecer-se sem sombra de dúvida que o Conde de St. Germain foi Maçom e Templário; com efeito, as memórias de Cagliostro contêm incisiva afirmação de sua iniciação na Ordem dos Cavaleiros Templários pelas mãos de St. Germain. Muitos dos personagens com quem o Conde se relacionou, eram altos Maçons, e ainda se conservam documentos válidos sobre discussões mantidas para provar ter sido ele hábil na Arte Real. É igualmente certo que ele esteve ligado aos Rosa-Cruzes, de cuja Ordem foi, pelo visto, Chefe Vitalício". (*The Secret Teachings of All Agges*, pp. CXCIX e CC, Los Angeles, Calif.)

Infelizmente, o Conde de St. Germain só nos deixou um ou dois fragmentos literários. É sabido que ele conseguiu no Vaticano cópia de um manuscrito sobre Cabala, e que a biblioteca de Troyes conserva o manuscrito *Le Trés Saint Trinosophie*, cuja autoria lhe tem sido atribuida. Formosamente redigido, este manuscrito está ilustrado com doze miniaturas coloridas e é tido como um documento único e de valor inestimável. Na obra *Le Musée des Sorciers* de Grillot e Givry, aparece a seguinte anotação no mesmo, que é ali descrito como um livro de alquimia cabalizada: "Este volume, artisticamente escrito, foi comprado num leilão em Messina, e traz no cabeçalho uma nota do filósofo de nome I.B.C. Philothaume, que declara ser este o único exemplar existente, e que outrora pertencera à famosa Trinosofia do Conde de St. Germain... Acrescenta que Cagliostro também havia possuido um exemplar idêntico, porém que a Inquisição o confiscou ao prendê-lo em sua residência em Roma, em fins de 1789".

Numerosas Lojas reverenciam mui justamente o Conde de St. Germain, como um dos Grandes Patronos e Luzes da Maçonaria.

SAINT-JAMES. Literato francês e distinto maçom, membro da Loja "Os Amigos Reunidos de Paris". Com Court de Gibelin e outros filósofos eminentes, colaborou em 1773 na criação do Rito dos Filaletes ou Investigadores da Verdade.

SAINT-LEONARD. Um dos poucos oficiais do Grande Oriente da França, que contribuiu para evitar a completa extinção deste corpo durante os tormentosos acontecimentos de 1793, que desagregaram quase todas as Lojas da França.

SAINT-MARTIN, *Luiz Claude de*. Marquês de Saint-Martin e oficial francês do regimento de Foix, que se celebrizou no mundo maçônico sob o pseudônimo de *O Filósofo Desconhecido* (1743-1803), e fundou o sistema martinista. (Veja-se *Rito do Martinismo.*)

SAINT-MOUR, *Felisberto de*. Um dos fundadores da Ordem do Templo, segundo a lenda dos Cavaleiros Caritativos da Cidade de Jerusalém.

SAINT-OMER, *Godofredo*. Nobre francês, que com Hugo de Paganis criou a Ordem do Templo. Segundo a história do Rito de Misraim, ambos pertenciam a essa instituição e eram Príncipes Rosa-Cruz, assim como os demais seis cavaleiros que depois aderiram à instalação da Ordem do Templo.

SAINT-SIMON, *Maximiliano de* (1720-1799). Um dos maçons mais ativos de sua época, que em 1761 ocupava o cargo de Primeiro Grande Inspetor do Grande Consistório de Príncipes do Real Segredo, e nessa qualidade teria firmado a patente de Inspetor Geral de todas as Lojas do Novo Mundo, outorgada por aquele corpo a Estevão Morin. (Cf. *Rito Escocês Antigo e Aceito.*)

SAISERAL, *Luciano, Marquês de*. Maçom francês, fundador da primeira Loja de Adoção, instalada em Paris em 1775 sob o título de *Candor*. Celebrizou-se esta Loja pelas importantes festas que realizou, presididas pelas duquesas de Chartres e de Lamballe, que as suas reuniões atraíam os maçons mais seletos da corte e da sociedade parisiense.

SAL. Recebe diferentes denominações na linguagem simbólica empregada em seus banquetes: *areia* ou *areia branca* nos três graus simbólicos; *água seca* na Maçonaria de Adoção, e *semente comum* na Maçonaria Escandinava.

SALA DA FAZENDA. Denominação da terceira das quatro câmaras de recepção do Supremo Conselho dos Grandes Mestres da Ordem, Soberanos Grandes Príncipes (87.º) do Rito de Misraim.

SALA DE GUARDAS. Denominação da primeira câmara de recepção do grau 87.º Rito de Misraim. Iluminam-se 27 luzes distribuídas em 7 candelabros. (Cf. *Sala da Fazenda.*)

SALADINO. Heroi lendário do tempo das Cruzadas e um dos príncipes mais célebres do Islamismo, pelas vitórias que obteve sobre os cristãos, pela tomada de Jerusalém e por seus atos de magnanimidade durante as batalhas.

SALA DO OCIDENTE. Denominação do segundo departamento de recepção dos Cavaleiros do Oriente ou da Espada (15.º) do Rito Escocês Antigo e Aceito.

SALA DO ORIENTE. Denominação do primeiro departamento de recepção do grau 15.º do Rito Escocês Antigo e Aceito.

SALA DO SUPREMO CONSELHO. Denominação da câmara de recepção do grau 87.º do Rito de Misraim, em que o seu Supremo Conselho realiza os seus trabalhos ordinários. Iluminam-na 90 luzes distribuídas ao Oriente, Sul e Norte.

SALAMANDRA. Títudo do Orador no grau 50º do Rito de Misraim, onde simboliza o fogo. (Cf. *Elementos.*)

SALÁRIOS. Entre os antigos operativos, os salários eram reais e correspondiam à categoria ou grau profissional de cada um: *Aprendiz, Companheiro, Mestre* e *Arquiteto.* Mas são simbólicos entre os maçons especulativos, voluntariamente engajados na construção do templo espiritual e filosófico da Verdade, ou da Liberdade, Igualdade e Fraternidade. Cada qual recebe seus salários, as instruções, "sem escrúpulos nem desconfianças", por serem os que efetivamente merecem, por meio de um sinal, uma palavra e os toques de reconhecimento requeridos. No Rito Escocês, o Aprendiz os recebe na coluna B. ∴, e o Companheiro, na J. ∴, mas no Rito Moderno ou Francês é o inverso, isto é, o Aprendiz os recebe na coluna J. ∴, e o Companheiro, na coluna B. ∴. E o Mestre, que esboça os planos e resolve seus problemas na prancha de traçar ou desenhar, recebe-os na câmara do meio ou do centro, e assim em todos os graus, segundo suas respectivas instruções. Mas atrás desta simbologia, os salários maçônicos também têm um significado real e subjetivo, pois representam os resultados naturais que cada um colhe de sua conduta interna e externa, presente ou passada. Quem desejar obter bons resultados ou melhores salários, adote como norma de conduta esta dos seus antepassados: *Semeia um pensamento bom e colherás um hábito bom; semeia um hábito bom e colherás um caráter bom; semeia um caráter bom e colherás um destino bom.* (Cf. *Aumento de Salários.*)

SALÁRIOS EM ESPÉCIE. Alegoricamente são resultados físicos. morais, mentais e espirituais que a cada qual advêm diretamente de sua conduta, como retribuição natural da Lei, a Justiça Divina. Em alguns Ritos Escoceses, esses salários são percebidos pelos maçons só do segundo grau (Companheiro) em diante, ao passo que no primeiro grau (Aprendiz) os recebem simbolicamente em trigo, vinho e óleo. Os dois primeiros ingredientes aparecem também como elementos sagrados na Eucaristia Cristã e tipificam as coisas ricas e necessárias ao nosso sustento, e o terceiro alude à maior dádiva de todas, que é a sabedoria, fruto das experiências assimiladas pela alma. (Cf. *Justiça.*)

SALATIEL. *1* — Variação de *Shealtiel,* "eu pedi a Deus", nome do pai de Zerubabel (*Esdra* 3:2), o reconstrutor do segundo templo de Jerusalém, depois do cativeiro dos judeus em Babilônia. *2* — Uma das palavras de reconhecimento dos Cavaleiros Rosa-Cruz de Kilwinning e de Heredom. *3* — Grau 46.º do Rito de Misraim. *4* — Nome de um dos sete anjos presidentes das quintas-feiras da semana, no grau 17.º do Rito Escocês Antigo e Aceito. *5* — No Rito de Misraim, é o seu grau 46.º, e figura na genealogia dos chefes supremos, como um dos Patriarcas Grandes Conservadores da Ordem.

SALEM, "em paz" (*Gên.* 14:18; Heb. 7:2). *1* — Uma antiga cidade da Palestina, de que Melquisedec foi rei; é a atual Jerusalém. *2* — Palavra de passe dos Cavaleiros da Banuka, grau 69.º do Rito de Misraim. (Cf. *Jerusalém; Salom*).

SALIX. Silex, pedra simbólica, empregada para acender fogo nas cerimônias de consagração de um templo maçônico, e alusiva ao fogo sagrado. (Cf. *Fogo Sagrado.*)

SALIXIUM. Palavra que na Ordem dos Noaquitas franceses se traduzia por álamo e simbolizava Napoleão.

SALIX-NONI-TENGU. No grau 32.º do Rito Escocês Antigo e Aceito, são as suas três palavras sagradas, compostas das letras que assinalam as nove tendas e os cinco estandartes do Campo dos Príncipes.

SALM, *Hugo; conde de*. Personagem histórico da Ordem do Templo, a quem os criadores dessa Ordem atribuem um importante papel na continuação secreta da mesma, consoante as instruções e testemunho do último Grão-Mestre Jaques de Molay.

SALOM. Palavra de passe, com o significado de *paz,* também usada no grau 69º do Rito de Misraim, em lugar de *Salem.*

SALOMÃO (do hebreu *Shelmo,* "pacífico"). *1* — Segundo filho de Daví e de Bersabé, foi o terceiro rei de Israel, em sucessão a seu pai, e governou quarenta anos (1016-976 a. C.). Seu nome está ligado a diversos graus da Maçonaria, cuja paternidade alguns lhe atribuem. Mas outros, e com mais razão, o consideram apenas um notável reformador hebreu da tradição dos mistérios egípcios, trazida uns quinhentos anos antes por Moisés, que fora iniciado nos mesmos (*Atos* 7:22), e foi o verdadeiro fundador dos Mistérios Judaicos, introduzindo-lhes a sucessão sacerdotal que recebera dos hierofantes egípcios. Durante sua longa marcha pelo deserto, Moisés ou seu irmão Araão celebrou o essencial dos rituais egípcios em sua tenda ou templo portátil, o qual foi preservado na tradição hebraica do tabernáculo, porém em escala e esplendor bem menores. Depois de haverem se estabelecido os israelitas na Terra Prometida e ter-se escolhido Jerusalém para sua Capital, resolveu Davi edificar ali o "templo de Jeová" e dessa honrosa tarefa incumbiu seu filho e sucessor. O jovem rei Salomão iniciou a obra quatro anos após sua ascensão ao trono, com a valiosa cooperação de Hiram, rei de Tiro, que lhe forneceu copioso material e milhares de operários e artífices. Admirador das famosas dinastias e tradições egípcias, mas também cioso de manter o orgulho nacional de seu povo, casou-se logo com a filha do faraó de então (*I Reis* 3:1), e adotou a tradição mosaica do Egito, porém adaptando-a aos costumes e história israelitas, conservando o culto externo destes (I *Reis* 3:1) e substituindo nomes e personagens egípcios pelos da história de seu povo. O local escolhido para levantar o templo foi o monte Moriah (*Gên.* 22:2, 14), em Jerusalém, no centro da linha divisória entre a tribo de Judá, ao norte, e a de Benjamim, ao sul. A edificação levou sete anos (1011-1004 a. C.), e compreende três fases: a construção, a decoração interna (sob a direção de Hiram Abiff, hábil artífice de Tiro), e a dedicação ou consagração do templo pelo próprio rei, que depois o confiou ao sacerdote Zadoc (*I Reis,* 2:35). Nessa obra monumental intervieram três linhas de tradição: a dos mistérios egípcios através de Moisés, representada em Salomão; a da Caldéia por meio do rei Hiram de Tiro, e a bárbara do culto de Baal, dos fenícios, personificada em Hiram Abiff, a vítima da lenda. O templo manteve sua magnificência e esplendor pelo espaço de trinta e três anos apenas; ao cabo desse tempo foi saqueado por Shishak, rei do Egito (*I Reis* 14:25, 26; *II Crôn.* 12: 9). Seguiu-se depois uma longa série de profanações e saques, nas mãos de Hazael, Teglat-Falasar, Sennaquerib e outros (*II Reis*, 12; 14; 16; 18; 24), até sua final destruição no ano de 588 a.C. por Nabucodonosor, rei de Babilônia, para onde levou cativos os judeus.

Reza a lenda maçônica dos graus simbólicos que Salomão dividiu os operários segundo suas habilitações, em *Aprendizes, Companheiros* e *Mestres,* porém que Hiram Abiff, o arquiteto, foi assassinado em meio da obra por três Companheiros ambiciosos e despeitados. Tal relato é, porém, alegórico, e não consta da Bíblia, que, ao contrário, descreve que toda a obra foi levada a feliz conclusão. (*I Reis* 7:40.)

Naquele tempo era costume erguer-se, como um dos primeiros atos, um monumento, obelisco ou templo religioso, como marco inicial de um regime, nação ou cidade, e ali se guardavam carinhosamente as relíquias e escrituras sagradas, cujos princípios morais, religiosos e espirituais iriam nortear a vida da coletividade. Tais foram as pirâmides do Egito, a torre de Babel de Babilônia, o Colégio Romano fundado em 715 a. C. por Numa Pompílio, o segundo rei de Roma, e os panteões grego e Romano. E esse parece ter sido o objetivo de Daví e Salomão, desde a projeção do seu templo. Sábio e hábil político que era, Salomão não só atraiu e incluiu as diferentes tradições de seus povos vizinhos em seu templo, como depois levantou altares especialmente dedicados a Astarté (Astoret), deus dos sidônios; Chemosh, deusa dos moabitas, e Milcom ou Moloc, deusa dos ammomitas (*I Reis* 11:5, 6, 7; *II Reis* 23:3, 14). (Cf. *Hiram Abiff; Mistérios Egípcios; Mistérios Judáicos.*) *2* — Palavra de Passe dos Soberanos Grandes Comendadores do Templo de Jerusalém (27.º) do Rito Escocês Antigo e Aceito. *3* — Idem do grau 69.º do Rito de Misraim. *4* — Palavra Sagrada e de Resposta na Maçonaria Iátrica.

SALOMAO, *Arquiteto de.* Título de um grau avulso da nomenclatura da Universidade.

SALOMAO, *Cavaleiro do Templo de.* Título com que se designam os membros de uma das Ordens pseudo-maçônicas, denominada "Ordem dos Cavaleiros Caritativos da Cidade Santa de Jerusalém na Palestina".

SALOMÃO, *Confidente de*. Título de um grau avulso do sistema jesuita templário.

SALOMÃO, *Filhos de*. Nome que se dão os Companheiros do Dever na Maçonaria dos Bosques e um dos três grandes ramos em que se divide o Companheirismo.

SALOMÃO, *Irmão Favorito de*. Grau 7.º do sistema geralmente intitulado Cavaleiro do Ocidente.

SALOMÃO, *Irmão Iniciado de*. Título de vários graus avulsos.

SALOMÃO MENSUSAUS. Soberano Grande Conservador da Ordem de Misraim para todas as cidades da Trácia, pelos anos de 3740 do mundo, segundo o histórico desse Rito.

SALOMINIS SANTIFICATUS, ILUMINATUS MAGNUS JEHOVAH ou MESTRE REINANTE. Alusão ao rei da Suécia, e título do último grau (12.º) do sistema sueco.

SALOMO-MALEK, "rei pacífico". Palavra sagrada dos Cavaleiros do Arco Íris (68.º) do Rito de Misraim.

SALOMÔNICA, *Maçonaria*. Denominação genérica dada a todos os graus cuja criação se atribui ao rei Salomão, ou baseados na construção do Templo de Jerusalém e na vida e atos atribuídos a esse monarca. Muitos também substituem esta denominação pela de Maçonaria Hiramita ou Adoniramita; mas há diferenças assenciais entre as três. Na Maçonaria Salomônica, Salomão é o criador, fundador e iniciador, enquanto que Hiram é apenas um Mestre. Na Maçonaria Hiramita tudo se subordina a Hiram: é ele quem projeta, dirige e governa; o próprio Salomão se sujeita a este grande homem, cujo gênio e sabedoria respeita e acata. Na Maçonaria Adoniramita, o herói é Adoniram, ao qual se subordinam os outros dois. (Cf. *Rito Adoniramita.*)

SALTER, *João*. Deputado Grão-Mestre da Grande Loja da Inglaterra, de 1761 a 1767. Distinguiu-se por suas múltiplas atividades maçônicas, inclusive a da regularização da Maçonaria sueca.

SALVA. *1* — É a bateria simples ou tripla de saudação, aclamação ou aplauso, privativa dos diferentes graus maçônicos. *2* — Na linguagem alegórica dos banquetes maçônicos, *fazer uma salva significa brindar.*

SAMARIA ("Monte" ou "Guardião Vigilante"). *1* — Cidade ao norte de Jerusalém, sobre um cerro oblongo, edificada em 920 a. C. por Omri, quinto rei das dez tribos de Israel, que a tornou a Capital de seu reino, em sucessão a Siquem e Tirsa. Assim se conservou durante duzentos anos, tendo transmitido sua denominação a todo o reino, o qual, com as sucessivas invasões estrangeiras, foi se diminuindo cada vez mais até se reduzir a uma província. Excelente ponto estratégico por sua posição topográfica, foi duas vêzes sitiada pelos assírios (901 e 892 a. C.), e depois resgatada. Mas em 720 a. C., após um assolador sítio de três anos, promovido pelos reis assírios Salmanasar IV e Sargão, foi tomada pelo segundo, e sua população levada cativa para a Assíria, e substituída por colonos cutitas (*II Reis* 17:24) por ordem do conquistador. Quando os judeus regressaram do seu cativeiro em Babilônia (535 a. C.), recusaram a assistência oferecida pelos samaritanos para a reconstrução do 2.º Templo de Jerusalém, e daí nasceu a áspera e permanente hostilidade entre ambos. Tomada e ocupada depois disso, no decurso dos séculos, por macedônios, assírios e romanos, hoje é uma pequena povoação denominada Sebustieh, com umas tantas casas edificadas com pedras tiradas das antigas ruínas. No século doze os cruzados edificaram no cume a igreja de São João Batista, no local tradicionalmente tido como o de seu sepulcro, mas é agora usada como mesquita. *2* — Em alguns graus bíblicos ou judaicos dos Ritos Escocês Antigo e Aceito, de Misraim e outros, alude-se aos sucessos que determinaram a criação do reino de Samaria pelas dez tribos israelistas capitaneadas por Jeroboam (976 a. C.) quando se separaram da casa de Davi, à história de suas vicissitudes até a sua destruição, e à sua captura pelos reis assírios.

SAMARITANOS. Habitantes da cidade ou região de Samaria. Sua história particularmente em relação à reconstrução do 2.º Templo de Jerusalém, ocupa lugar importante na lenda dos graus bíblicos. (Cf. *Samaria.*)

SAMELLO. Um dos grandes oficiais da côrte de Ciro, rei da Pércia. Acha-se representado nos Conselhos dos Cavaleiros do Oriente ou da Espada (6.º) do Rito Moderno ou Francês, pelo Grão-Mestre do Despacho, ou seja, o Secretário.

SAMOTRÁCIA *1* — Uma pequena ilha do Arquipélago grego, situada entre a Ásia Menor e a Grécia, e que se tornou célebre pelos Mistérios que ali se realizavam, os mais antigos da raça atual e um dos mais famosos do mundo antigo. Seus deuses eram considerados idênticos aos poderosos Cabiros, Dióscuros e Coribantes. *2* — *Filosofia da* —. Grau 48.º da série filosófica do Rito de Mênfis. (V. também *Mistérios Cabíricos*.)

SAMOTRÁCIOS. V. Glosário.

SAMUEL ("ouvido por Deus"). Levita de nascimento, célebre profeta e o 14.º e último e o melhor dos juízes hebreus, é equiparado a Moisés e Aarão em *Salmo* 99:6 e *Jer.* 15:1. Instituiu escolas de profetas, que subsistiram com proveito durante muito tempo; ungiu a Saul como primeiro rei de Israel, e depois a Davi, e morreu cerca de 1060 a.C., em avançada idade, honrado e lamentado por todos, sendo considerado o fundador da monarquia judaica. Sua lenda figura nos graus judaicos dos Ritos Hiramita, Adoniramita e de Misraim. (Cf. *Mistérios Judaicos*.)

SANCIONAR. Na Maçonaria, além da sua acepção na linguagem profana, é um sinal de aprovação, que se faz estendendo o braço, em pé ou sentado.

SANCTA SANCTORUM. O santuário, a parte interior e a mais sagrada das três em que Moisés dividiu o tabernáculo erigido no deserto, onde se guardava a Arca do Testamento e só entrava o sumo-sacerdote uma vez por ano (*Heb.* 9:7). Os maçons bíblicos, mormente os da escola salomônica, o consideram o símbolo mais expressivo da perfeição, e o destacam especialmente em todos os graus de seus diferentes Ritos. Durante a segunda metade do século dezoito, chegou a ser o ideal de todos os principais Ritos e sistemas. (Cf. *Santo dos Santos*.)

SANGALLO, *Julião Giamberti*. Ilustre arquiteto, membro da Confraria de maçons construtores de Florença, que viveu de 1443 a 1517.

SANGRIA. Uma das provas físicas a que alguns Ritos submete, simbolicamente, o aspirante no decurso de sua iniciação. Significa a imolação do eu inferior no altar do ideal e do Eu Superior.

SANGUS (Deus). Aclamação que os Cavaleiros *Kadosh* repetem nos banquetes da urna (vaso ou taça) depois do brinde.

SANKEY, *Eduardo*. Firmador de um documento maçônico descoberto no museu britânico, onde se conserva registrado sob o n.º 3849. É uma espécie de reprodução das antigas Constituições da Maçonaria.

SANTA, *Príncipe da Mercê, Cavaleiro da Cidade*. Título do grau 27.º da série simbólica do Rito de reconhecimento de Sublime Escocês de Heredom (30º) do Rito de Misraim. (Cf. S.·. S.·. S.·., 2.)

SANTIDADE DE DEUS. Palavra de Mérito entre as seis de reconhecimento do grau Santo Real Arco (4.º e último) da Maçonaria desse nome.

SANTO AGOSTINHO. Cognominado o Apóstolo da Inglaterra, foi para ali enviado em 596 pelo Papa Gregório I, para converter o país ao Cristianismo, tendo iniciado o seu mister em Kent e se constituído o arcebispo e o Segundo Grão-Mestre da Confraria de Franco-maçons; faleceu em 613.

SANTO ALBANO. Nome posteriormente dado a Albano, filho de uma família da nobreza romana e nascido na antiga cidade de Verulam, Inglaterra, depois denominada Santo Albano, em sua homenagem. Ainda jovem, seguiu para Roma, onde se engajou no exército em que serviu uns vinte e sete anos e galgou relevante posição. Admite-se haver ali ingressado na Franco-maçonaria e se destacado nos Mistérios Mítriacos, então intimamente associados à primeira. Depois retornou a sua cidade natal, de cuja praça forte foi nomeado governador pelo imperador Carásio. Acumulava também ali as funções de "Mestre das Obras". Supõe-se que ele superintendeu as reparações e acréscimos feitos na fortaleza, e foi o Pagador Imperial. Conta-se que até então eram os operários tratados como escravos e pagos mesquinhamente, porém que Santo Albano introduziu ali o sistema da Maçonaria, instituindo as assembléias gerais e obtendo para os operários uma Carta Constitutiva, as Ordenações, e melhores sálarios e condições de vida. No manuscrito de Watson, de 1687, se encontram muitas informações acerca de sua obra pela Maçonaria Operativa, e de haver ele trazido da França certas instruções praticamente idênticas às atuais em uso. Adotou o Cristianismo como religião e foi decapitado durante a perseguição que o imperador Diocleciano moveu contra os cristãos em 303. No lugar de sua tumba ergueu o rei Offa, em 795, o famoso mosteiro de Santo Albano. A Igreja romana celebra seu festival em 22 de junho, e a anglicana, em 17 junho, como protomártir da Bretanha. (Cf. *Verulam.*)

SANTO ALEXANDRE DA ESCÓCIA. Antiga e famosa Loja da França, fundada em 1775 por Bruneteau, e onde nasceu o Rito Nacional, depois intitulado Rito Escocês Filosófico. Fundindo-se posteriormente com a do *Contrato Social,* não menos antiga, ambas constituíram a Loja Mater do Rito Escocês Filosófico, ou a Loja Mater Escocesa da França, que durante muito tempo se manteve separada do Grande Oriente. Foi esta Loja a escolhida em 1802 pelo conde Grasse Tilly para centro de propaganda e atividades do Rito Escocês Antigo e Aceito, por ele trazido da América.

SANTO ANDRÉ. *1* — Patrono da Escócia. Sob seus auspícios trabalharam as Lojas daquele país, embora os três graus do simbolismo se denominassem Maçonaria de São João, que era a designação geral que admitiam e ainda admitem os escoceses. Todavia, ao constituir-se a Grande Loja da Escócia em 1736, aceitando a Reforma da Inglaterra, como esse fato ocorreu em 30 de novembro, dia de Santo André, concordou-se que no futuro a festa da Ordem e a Grande Assembléia Geral, que anualmente se celebravam no dia de São João, seriam realizadas no dia de Santo André. *2* — *Aprendiz e Companheiro de* — Grau 4.º do sistema sueco, eqüivalente ao Eleito Secreto do regime francês. *3* — *Cavaleiro de* —. Título de um grau avulso; grau 5.º da Ordem dos Clérigos das Alta e Estrita Observância; título dos Cavaleiros Rosa-Cruz (30º) do Rito de Mênfis; grau 29.º do Rito Escocês Antigo e Aceito. *4* — *Cruz de* —. Sinal hieroglífico no alfabeto hermético dos Juízes Filósofos Desconhecidos, correspondente ao número 3; distintivo dos Sublimes Filósofos (53.º) do Rito de Misraim, rematada por um esquadro coroado; se rematada por uma coroa real, é o distintivo do grau 29.º do Rito Escocês Antigo e Aceito. *5* — *Ordem de Santo André do Cardo.* Ordem de Cavalaria da Escócia, com a qual, segundo a lenda maçônica templária, se fundiram os três templários que se refugiaram na Escócia, para escapar à matança geral com que se acabou tão poderosa instituição. Em atenção a boa acolhida que lhes dispensaram os de Santo André, transmitiram-lhes as tradições e os segredos de sua extinta Ordem.

SANTO DOS SANTOS, ou *Sancta Sanctorum*. Os astrólogos, os egitólogos e os orientalistas em geral provam que esse santuário existia em todos os templos da antiguidade, muito antes de Moisés. O grande templo de Bel-Merodach, cujos lados, tal qual os da Grande Pirâmide, estavam voltados para os quatro pontos cardeais, tinha numa de suas extremidades um "Santo dos Santos" oculto por um véu à vista dos profanos; ali, "no princípio do ano (isto é, no equinócio da primavera) se senta o divino Rei do céu e da terra, o senhor dos céus" (o Sol). Segundo Heródoto, havia ali a imagem de ouro do deus com uma mesa também de ouro em frente, tal qual a mesa ebréia dos pães de proposição, e sobre a qual parece haver sido colocado alimento. Em alguns templos havia também "um pequeno cofre ou arca com duas tábuas de pedra, gravadas". "O grande templo de Babilônia existia muito antes do ano 2250 a.C. Seu "Santo dos Santos" estava dentro do santuário de Nebo, o profético deus da Sabedoria". (Meyer, *Quabbalah,* cit.). (Cf. *Sancta Sanctorum; Tabernáculo, 1.*)

SANTO ESTÊVÃO, *Ordem de.* Uma das Ordens pseudomaçônicas chamadas Cavalarias, que se praticam na Inglaterra.

SANTO SEPULCRO, *Igreja do.* 1 — Igreja de Jerusalém, mandada construir por Constantino no suposto lugar da sepultura de Cristo, e também chamada a Igreja da Ressurreição. Várias corporações cristãs têm direitos em diferentes partes dela, e é visitada por numerosos peregrinos. *2* — *Cavaleiro do* — Um dos graus cavaleirescos praticados pelos ingleses; grau 6.º do Grande Capítulo Real Iorque, de Berlim, e grau 5.º do Capítulo Metropolitano da França. *3* — *Ordem dos Cavaleiros da Divisão Cristã e Guardas do Conclave do* — Um dos ramos em que se subdivide a Maçonaria filosófica ou templária nos Estados Unidos, completamente separada e independente dos demais.

SANTOS ou PATRONOS, *Os Quatro.* Nas antigas religiões, são Anjos ou Regentes que dirigem e governam as poderosas forças cósmicas, presidindo os quatro pontos cardeais ao N.S.E. e O. também representados numa Loja maçônica e invocados em alguns Ritos da Ordem. (*V. Harmachis; Pontos Cardeais.*)

SANTUÁRIO. *1* — Denominação do quarto departamento de recepção do grau de Real Arco. *2* — O grau 23.º do Rito Escocês, que se distingue pelo título de Chefe do Tabernáculo e tem também um santuário no fundo do templo, formando um recinto isolado por uma balaustrada. (Cf. *Santo dos Santos.*)

SANTUÁRIO DE MÊNFIS. Título no primeiro dos cinco Supremo Conselhos pelos quais se rege essa Ordem, e formados pelos membros do grau 95.º.

SANTUÁRIO DOS SÁBIOS DAS PIRÂMIDES. Compõem-no onze grandes dignitários do Rito de Mênfis, os quais constituem o Tribunal de Exame durante as recepções.

SANTUÁRIO, *Guardião do.* *1* — Título do grau 74.º da série filosófica do Rito de Mênfis. *2* — *Soberano Príncipe dos Magos do* — Grau 92.º do Rito de Mênfis.

SÃO DIONÍSIO. Uma Igreja católica de Paris, notável por sua arquitetura, obra dos maçons construtores, e pela imagem de Jesus Cristo à entrada do pórtico, cuja mão direita, colocada numa posição bem conhecida dos maçons, comprova a antiguidade do gesto que ela representa.

SÃO DUNSTAN. Arcebispo de Cantuária e Grão-Mestre dos Franco-maçons da Inglaterra, que em 959 reanimou os trabalhos das Confrarias, muito decaídas após a mort\ lestan.

SÃO JAIME DA ESPADA. Ordem Cavaleiresca Ragon, se estabeleceu na Espanha nos fins do s\ to, imitando outras congêneres então existentes na Alemanha.

SÃO JOÃO. *1* — Patrono da Maçonaria simbólica e primitiva, que usa esse nome. — *2* — Na Franco-maçonaria se presta especial tributo aos três São João das Escrituras: o Batista, o Evangelista, ambos considerados seus santos patronos, e o mais conhecido como Marcos (*Atos* 12:12, 25), autor do segundo Evangelho. (Cf. *São João, Festas de.*)

SÃO JOÃO DA ESCÓCIA. Denominação de uma Loja fundada em Marselha em 1751, a qual desempenhou importante papel na história da Maçonaria francesa. Pouco antes da Revolução francesa, passou a denominar-se Loja Mater de Marselha, e logo depois Loja Mater do Rito Escocês Filosófico da França, com sede em Paris.

SÃO JOÃO DA PALESTINA. *1* — Denominação de uma suposta Ordem de Cavalaria a que alguns panegiristas do sistema templário atribuem a origem da Maçonaria. *2* — Título de uma Loja fundada em París em 1780 pela Loja Mater do Rito Escocês Filosófico da França.

SÃO JOÃO DE BOSTON. Denominação da primeira Grande Loja fundada no continente americano, em 1733. Muitos a têm confundido com a Loja "La Vinha", a primeira constituída na América do Norte e que posteriormente serviu de estrutura para a referida Grande Loja. Desta última nasceram depois muitas outras no continente americano, inclusive a de Filadélfia, cuja carta constitutiva lhe foi outorgada por Benjamim Franklin. Mais tarde foi substituída pela de Massachusetts a denominação de São João de Bostom.

SÃO JOÃO DE EDIMBURGO. Denominação dada em 1736 à Grande Loja da Escócia, berço da Maçonaria moderna naquele país. (Cf. *Saint-Clair de Escócia, Guilherme de.*)

SÃO JOÃO, *Favoritos de.* Graus 6.º do sistema jesuítico sueco de Zinnendorf, e 7.º do Rito de Swedenborg.

SÃO JOÃO, *Festas de.* São duas grandes festas anuais que a Franco-maçonaria costuma celebrar em honra a São João Batista e São João Evangelista, considerados os seus Santos Patronos. Correspondem ambas à época dos solstícios e por isso são também chamadas festas solsticiais. No hemisfério norte têm lugar a do verão, dedicada a S. João Batista no dia 24 de junho, e a outra, no inverno, e dedicada a S. João Evangelista em 27 de dezembro. Remontam aos tempos das primitivas iniciações, em que os mistérios eram realizados com grande compenetração e pompa no Egito, Grécia, Roma e outras regiões. Para celebrá-las, as Grandes Lojas se reunem em assembléia geral, e as Lojas, em sessão magna. Aproveitam-se também, freqüentemente, essas ocasiões para realizar a cerimônia de posse dos Grãos-Mestres, Veneráveis e dignitários eleitos, a não ser que sejam outras as prescrições de seus estatutos e regulamentos. (Cf. *Festas; Solstícios.*)

SÃO JOÃO, *Grande Adepto da Aguia Negra e de. 1* — Título do grau 5.º da Ordem do Templo. *2 — Grande Cruz de* — Um grau templário dos Capítulos da Suécia. *3 — Iniciado de* — Grau 8.º do sistema sueco. *4 — Intimo de* — Grau 6.º do sistema seguido pelo Capítulo unido da Suécia. *5 — Irmão de* — Título que usaram os obreiros pertencentes às corporações de franco-maçons durante o século VI. *6 — Lojas de* — Título genericamente aplicado a todas as Lojas simbólicas, e também alternado com o de *Maçonaria de São João. 7 — Ordem dos Cavaleiros de* — Título aplicado erroneamente, por alguns, aos Cavaleiros de Malta, confundindo-os com os Cavaleiros Templários.

SÃO JOÃO, *Graus de.* Denominação também dada aos três primeiros graus simbólicos: Aprendiz, Companheiro e Mestre, tidos em geral como os únicos genuínos e legítimos.

SÃO JOAQUIM, *Ordem de.* Sociedade pseudomaçônica, instituida em 1756 na Boêmia, que Ragon classificou de Maçonaria Cristã.

SÃO LÁZARO, *Cavaleiro de. 1* — Grau cavaleiresco, supermaçônico, praticado na Inglaterra. *2* — Título de uma antiga Loja de París, fundada por Brunetau e que foi o berço do Rito Escocês Filosófico criado por Boileau. Ascendida a Loja Mater do novo Rito, mudou logo depois sua denominação para a de *Contrato Social.* (Cf. *Santo Alexandre da Escócia.*)

SÃO MIGUEL, *Cavaleiro da Ordem de.* Título de um grau cavaleiresco da Inglaterra.

SÃO PAULO. Denominação de uma antiquíssima Loja de Londres, a promotora da reforma maçônica de 1717, da qual se originou a Maçonaria moderna. Mais tarde essa denominação foi mudada para *Antiguidade,* que é a que ainda conserva, sob o n.º 2, entre as demais suas coirmãs filiadas à Grande Loja da Inglaterra.

SÃO SWITHIN. Quarto Grão-Mestre da Confraria de maçons da Inglaterra, de 856 a 872. (V. *Swthin.*)

SAPCNATH PENCAH, *Templo de*. Nome com que, em seus trabalhos, os Sublimes Magos (96.º) do Rito de Mênfis designam o seu Grande Areópago dos Magos do Celeste Império, que é o seu templo simbólico do Universo e o órgão supremo do Rito.

SAPICOLA. Título de um grau avulso mencionado em várias nomenclaturas.

SAPIENTÍSSIMO. *1* — No Rito Escocês Antigo e Aceito, é o título que no grau 18.º se dá ao Presidente do Soberano Capítulo de Rosa-Cruz, e no grau 22.º, primeira Sala do Colégio (Loja), ao seu Mestre (Presidente). *2* — No Rito Moderno ou Francês é o título que no 7.º grau (Soberano Príncipe Rosa-Cruz) se dá ao seu Presidente, também designado *Perfeitíssimo Mestre.*

SARÇA. Planta da família das rosáceas, mencionada em *Êxodo* 3:2 "que ardia mas não se consumia", e da qual "Deus falou a Moisés" descalço, no monte Horeb. Considerada sagrada entre os judeus, figura em todos os graus israelitas dos diferentes Ritos. (*Cf. Mistérios Cristãos; Pés Descalços.*)

SARÇA ARDENTE, *Cavaleiro da* . . Título de vários graus em diversos Ritos e sistemas.

SARSCENA ou *O Arquiteto Perfeito*. Título de uma obra publicada na Prússia em 1816 por Carlos Frederico Hebers, membro de uma Oficina filiada à Grande Loja dos três Globos, de Berlim. Dizendo-se conter as cerimônias, Ritos e costumes da Maçonaria, foi uma obra inspirada na má fé, tentando ridicularizar a Maçonaria perante o público, por suas informações errôneas e absurdas.

SATÃ ou SATANÁS. Termo hebreu que significa *obstáculo, adversário, contraditor*. O clero das religiões dogmáticas o considera "Inimigo de Deus", "Anjo Rebelde", ou "Espírito das Trevas", porém primitivamente, na Índia e na Caldéia, se referia às lendas dos "Anjos caidos" e das "Guerras no céu". Essas guerras correspondem às perpétuas lutas de ajustamentos espirituais, cósmicos e astronômicos. Assim, pois, Satã é apenas uma grotesca personificação das tendências, forças ou polaridades opostas da natureza, macrocósmicas e microcósmicas, existentes desde o início do Universo, e todavia necessárias ao seu desenvolvimentc e aperfeiçoamento.

SATURNO — *1* — Na Astronomia, é o segundo planeta em magnitude e o sexto em distância, em relação ao Sol, sendo notável pelo seu sistema de três anéis concêntricos e satélites circundantes. Montam a dez os satélites já identificados; destes, Titã, o sexto, é o mais brilhante; Fobe, o nono, é o mais lânguido e distante de todos, e Themis, o décimo e último descoberto em 1905, se situa entre Titã e Hipério, Por alguma razão inexplicada, sua cor muda de ano em ano. Os alquimistas e químicos primitivos usavam o nome Saturno em conexão com o metal chumbo. *2* — Na Mitologia greco-romana, Saturno foi a antiga divindade da sementeira e agricultura. Seu templo, fundado em Roma em 497 a. C., era usado como um tesouro do Estado. Em 217 a. C., o culto de Saturno foi ajustado ao seu modelo grego *Kronos,* ou Crono, filho de Urano (céu) e da Terra, o deus do tempo ilimitado e dos ciclos. Circulava então a lenda de que Saturno na Itália, como Crono na Grécia, fora rei de uma antiga idade de ouro, e de que nessa qualidade fundou a civilização italiana. Também associado com o deus grego Fenon, "o ser cruel", com deus Ninib assírio, patrono da agricultura, e ainda com o "Vingativo" Jeová dos judeus, é um dos deuses do Panteão romano. Os antigos romanos lhe celebravam as suas festas "saturnais (*Saturnalis*) em honra à igualdade que existira entre todos os homens no tempo em que Saturno, expulso do céu, viera habitar no Lácio". Iniciadas anualmente em 16 ou 17 de dezembro, duravam de três a sete dias, em que se aboliam todas as distinções entre classes sociais, a ponto tal que os senhores se igualavam com seus escravos e os serviam. Mas nos últimos tempos essas festividades se degeneraram em licenciosidade. *3* — A Maçonaria, cujas tradições, tanto quanto as das religiões mais antigas, ainda existentes ou não, remontam ao longínquo passado, mantém alguns atos e símbolos alusivos à alegoria e festividade saturninas. Tais são os ágapes e alguns dos brindes trocados entre os irmãos maçons, sem qualquer discriminação. Na Ordem dos Juízes Filósofos Desconhecidos, era esse planeta simbolizado pela letra K, inicial de *Kronos,* ou Crono, primeira divindade dos antigos saxões, e se lhe consagrava a cor preta, emblema de sua taciturnidade lendária. *4* — No grau de Cavaleiro do Sol ou Príncipe Adepto, (28.º) do Rito Escocês Antigo e Aceito, é o querubim Miguel o anjo presidente desse planeta, e nas interpretações cabalísticas e herméticas existe um grau especial de Saturno.

SAUDAÇÃO DO MACHADO. Maneira especial de os Companheiros do Dever, Lenhadores e outros, da Maçonaria dos Bosques, para saudarem o seu Pai Mestre.

SAUDAÇÃO MAÇÔNICA — *1* — É o sinal que faz o Maçom quando entra ou sai da Loja, ao Venerável, aos Vigilantes e a outros superiores hierárquicos, bem como entre seus irmãos de todos os graus. (Cf. *Sinal.*) *2* — No encerramento dos trabalhos de uma Loja e de acordo com o seu Rito, são as saudações apresentadas à mesma pelos representantes do Supremo Conselho, de Conselhos Consistórios, Capítulos e Lojas, em resposta às três perguntas ritualísticas formuladas pelo Venerável. À primeira pergunta respondem os membros dos graus 31 ao 33, correspondentes à Maçonaria Branca, ou também a um Acampamento do grau 30 cujas insignias são pretas devido a sua especial função de aplicações da Justiça, ordem e disciplina (cf. *Maçonaria Negra.*) À segunda pergunta respondem os representantes dos graus 4 a 29 da Maçonaria Vermelha ou Rosa, inclusive os maçons do Santo Real Arco. À terceira pergunta respondem os membros dos três graus restantes, da Maçonaria Azul e Lojas de Mark. Estes três tipos de saudação infundem, respectivamente, bênção, amor e estímulo fraternal.

SAUDAR OS BARDOS. *1* — Significa *brindar* na linguagem alegórica dos banquetes da Maçonaria Escandinava. *2* — *Saudar por nove vezes ou por três vezes três.* Saudação trocada entre os Veneráveis Mestres das Lojas por meio dos irmãos visitantes.

SAÚDE. *1* — Uma das condições indispensáveis para ser-se admitido na Maçonaria, é o gozo de uma perfeita saúde. Tal é o que consignam tôdas as leis e preceitos fundamentais da Jurisprudência maçônica. *2* — *Relamber à* — Significa *brindar,* na linguagem simbólica empregada nos banquetes de Maçonaria Florestal pelos Lenhadores, Companheiros do Dever, Silvanos e Carbonários.

SAÚDE SOBRE OS PONTOS DO TRIANGULO. Fórmula de saudação com que os maçons dos Ritos de Misraim e de Mênfis encabeçam todos os seus documentos e escritos.

SAVALETTE DE LANGES. Maçom francês do século dezoito, que fundou o regime dos Filaletes ou Investigadores da Verdade.

SAXONIA. A vida maçônica desta região pode incluir-se na Maçonaria geral da Alemanha, porém os historiadores a tem estudado em separado, à vista de sua característica independente durante muitos anos. A Maçonaria saxônica começou a delinear-se antes do ano de 1369, pois naquela época eram as cidades dessa região e da Alemanha que não contavam com uma Loja. Com a gradativa evolução das Lojas em Grandes Lojas, em torno das quais, como sucedeu na Inglaterra, se foram agrupando as de importância menor, as da Saxônia reconheceram logo a autoridade da Grande Loja de Estrasburgo, mas tão logo a de Magdeburgo ascendeu a esta alta posição, todas as reconheceram e se colocaram sob sua jurisdição. Como em toda parte, porém de maneira mais acentuada ali, a reforma de Lutero vibrou um golpe mortal na Confraria de franco-maçons operativos, que acabaram se dissolvendo totalmente em todo o território alemão. Após a reforma de 1717 na Inglaterra, da qual emergiu decisivamente a Maçonaria especulativa, esta foi introduzida na Alemanha, como obra inteiramente nova e desconhecida, de exclusiva propriedade dos ingleses, que a espalharam por todo o mundo. Conquanto seja ponto controverso a verdadeira data da introdução da Maçonaria especulativa na Alemanha, prevalece uma geral aceitação de que as primeiras noções e elementos que dela receberam foram devidos, como na França, aos proscritos partidários dos Stuarts refugiados na Áustria, que se puseram a seu serviço. Em 1730 a Grande Loja da Inglaterra nomeou um Grão-Mestre Provincial para a Baixa Saxônia, mas parece que a primeira Loja alemã só foi criada em Hamburgo em 1733. Em Dresde se foram constituindo as Lojas das Três Águias Brancas, das Três Espadas e dos Três Cisnes, fundidas depois para se constituírem em Grande Loja Soberana para toda a Saxônia, tendo como seu Grão-Mestre o marechal Rutowski, e a ela foram se subordinando as demais Lojas. Como nos demais países, a Maçonaria saxônica seguiu seu curso por vários e acidentados caminhos, para os quais convergiram todos os sistemas, todas as organizações e todos graus, em freqüentes competições entre si, para alcançar o predomínio, Em 1805 se celebrou uma Grande Assembléia das Lojas saxônicas, em que se acordou em opor-se às tentativas de se estabelecer a unidade de sistema e de Ritual das Lojas, mas, ao contrário, deixando-lhes plena liberdade para adotar o Rito que preferissem. Em 1848 a Maçonaria saxônica passou por um período de decomposição, mas a partir de 1854 voltou a recuperar suas energias, o que se evidenciou pelo crescente número de suas Lojas e membros, pela aproximação e filiação das Lojas a Grandes Lojas e pelo incremento de suas relações fraternais. A Grande Loja da Saxônia tem em geral mantido sempre a integridade sua e das Lojas dentro dos limites de sua jurisdição.

SAYER, *Antônio*. Maçom inglês, que se notabilizou por ter sido o primeiro Grão-Mestre eleito pela Grande Loja de Londres, ao constituir-se esta, definitivamente, em centro e autoridade única da histórica reforma que teve lugar na festa de São João Batista, em 24 de junho de 1717, e converteu a antiga Maçonaria manual e prática na moderna especulativa. Seu substituto no ano seguinte foi Jorge Payne.

S.·. B.·. F.·. P.·. H.·. G.·. D.·. Iniciais de *Sabedoria, Beleza, Força, Poder, Honra, Glória* e *Divindade*, insculpidas nos ângulos dos triângulos cruzados em forma de estrela, que constituem a Jóia distinta dos Cavaleiros do Oriente (17.º) do Rito Escocês Antigo e Aceito.

S.·. C.·. *1* — Iniciais de *Sabedoria* e *Candura*, lema das Princesas da Coroa, ou Soberanas e Sublimes Maçonas. grau 10.º e último da Maçonaria de Adoção, que aparecem no traçado deste grau e na jarreteira que lhe serve de distintivo. *2* — Geralmente com um só ponto, são iniciais de Sinal Complementar.

SCALA, *Canis de*. Nobre alemão e um dos sete Cavaleiros Cruzados que se uniram a Hugo de Paganis e a Godofredo de Saint-Omer para a fundação da Ordem dos Templários.

SCAMOZZI (1522-1616). Célebre arquiteto italiano, franco-maçom ilustre, que projetou e dirigiu a construção de muitos monumentos notáveis.

SCHADDAI, "Onipotente". De origem hebraica, é um dos grandes nomes que se davam a Deus, segundo o Ritual dos Sublimes Príncipes do Real Segredo (32.º) do Rito Escocês Antigo e Aceito, e a palavra final que sintetiza as palavras de passe deste grau. Igual interpretação tem no Ritual de Grande Arquiteto de Heredom (6.º) do Escocismo reformado de Tschoudy.

SCHALAL-CHALUM ABI. Palavras hebraicas com acepção de "eles roubaram a paz ou o bem-estar de nossos pais". Grande palavra de reconhecimento final, que se dá depois da de *passe* e da *sagrada*, entre os Cavaleiros do Oriente ou da Espada (15.º) do Rito Escocês Antigo e Aceito. Tem sido escrita erradamente em muitos Rituais.

SCHALASH-ESRIM. *1* — Palavras hebraicas com o significado de "vinte e três". *2* — Resposta que se dá à Palavra

Sagrada no exame de reconhecimento dos Príncipes de Jerusalém (16.º) do Rito Escocês Antigo e Aceito. Esta palavra, combinada com a de Passe (*Thebet ou Thevet*), que é o nome do décimo mês lunar dos hebreus, e com a resposta a *Schalash-Esrim,* que significa "vinte", e junto com a primeira parte da palavra sagrada (*Adar*), que é o nome do duodécimo mês, forma a chave do grande objetivo deste grau, que é comemorar a data 20 de *Thevet,* em que os judeus entraram em seu país depois do cativeiro de Babilônia, e a data de 23 de Adar, que foi aquela em que puderam fazer a nova dedicação do Templo de Jerusalém, reedificado, restabelecendo os antigos segredos e mistérios, e as cerimônias do culto. (Cf. *Templo de Zerubabel*).

SCHALOM, heb., "paz". Palavra de passe dos *Soberanos Príncipes do Real Segredo,* (81.º) do Rito de Misraim.

SCHALUM. Em hebreu, *"pacífico"*. Aparece no Ritual dos Príncipes de Jerusalém, grau 1.º do segundo templo (o de Zorobabel) do Escocismo Reformado, e oitavo do sistema. Segundo esse Ritual, é o nome de um dos três chefes dos porteiros do Templo de Salomão.

SCHAUBERG, *José*. Erudito escritor alemão do século XIX, a cuja iniciativa se deveu a fundação em Potsdom, em 1861, da importante sociedade denominada União dos Franco-maçons da Alemanha. Criou a revista maçônica *A Alpina* e publicou várias obras interessantes do mesmo gênero.

SCHECHEL. Em hebreu, *"inteligência"*. Palavra de passe dos Soberanos Príncipes (78.º) do Rito de Misraim.

SCHELEMOTH. *1* — Em hebreu, *íntegro, puro, inalterável, perfeito*. *2* — Uma das palavras de reconhecimento dos Escoceses (5.º) do Rito Francês, que se pronuncia ao dar o toque deste grau. *3* — Palavra de reconhecimento dos graus 6.º 11.º e 14.º do Rito Escocês Antigo e Aceito.

SCHEMED. *1* — Em hebreu, *destruição*. *2* — Junto com *Berith, pacto,* formam ambas a palavra sagrada do grau 73.º do Rito de Misraim e interpretam-se por *pacto de destruição.*

SCHEM HAMPHORAS. Palavras misteriosas, compostas cabalisticamente com o concurso de 72 nomes sublimes, cuja essência inefável sintetizavam e de que se valiam os antigos para exprimir o grande nome de Deus, que lhes era vedado pronunciar. É a Palavra Sagrada dos Escoceses (5.º) e a segunda capitular do Rito Francês.

SCHLEMIAH, heb., "paz do Senhor". Nome de um dos seis porteiros encarregados da vigilância interna do Templo de Salomão, segundo a instrução do grau 8.º do Escocismo Reformado.

SCHOR-LABAN. *1* — Em hebreu, *pureza*. *2* — Nome distintivo do segundo degrau do primeiro montante da escada filosófica dos Cavaleiros Kadosh (30.º) do Rito Escocês Antigo e Aceito.

SCHOULKAIN. *1* — Em hebreu, *livre de domínio*. *2* — Nome que em alguns graus se dá a um dos escolhidos por Salomão em busca do cadáver de Hiram.

SCHRODER, *Frederico Luís* (1744-1816) — Artista e literato alemão; maçom eminente e culto, fundou em 1766, em Hamburgo, um Capítulo de antigos e verdadeiros maçons Rosa-Cruz, que não obteve grande êxito. Concentrando suas atividades, principalmente, na depuração e simplificação do Ritual, optou pela supressão definitiva das Lojas Escocesas e retorno aos três graus simbólicos. Criou nesta base o Rito denominado Rosa-Cruz retificado, composto de sete graus. Foi Grão-Mestre da Loja de Hamburgo, que sob sua administração adquiriu muito prestígio e influência.

SCHTERKE. Nome que na Maçonaria Adoniramita e no Escocismo reformado de Tschoudy, se atribui a um dos três assassinos de Mestre Hiram Abiff.

SCHUBART DE KIEEFELD, *José Cristóvão* (1735-1787). Erudito e reputado maçom da Prússia, foi membro da Ordem da Estrita Observância e eficiente colaborador do barão de Hund.

SCHUPHIM. *1* — Em hebreu, *barbudo*. 2 — Um dos seis porteiros do Templo de Salomão, que figuram no Ritual dos Príncipes de Jerusalém (8.º) do Escocismo reformado.

S.·. D.·. H.:. Iniciais de *Sábio de Heliópolis*, título do grau 62.º do Rito de Mênfis, bordadas na faixa distintiva do mesmo. (Cf. *Heliópolis*.)

SEÇÃO. Cada um dos departamentos em que costumam dividir-se os componentes das Grandes Lojas, Grandes Orientes, Lojas simbólicas, etc., para a inteligente ordenação e despacho dos assuntos sob sua incumbência. Os corpos mistos denominados Grandes Orientes dividem-se, geralmente, em cinco grandes seções que têm a cargo a direção e administração da Maçonaria. Distinguem-se com os nomes de Câmara de Correspondência e Fazenda, ou Câmara de Administração, a cargo das atribuições administrativas; Câmara Simbólica, que se incumbe das oficinas simbólicas; Supremo Conselho e Grande Câmara dos Ritos, que se ocupa dos graus superiores ao terceiro e de tudo o concernente aos diversos Ritos; Câmara do Conselho e de Apelação, que trata de tudo relativo à existência e organização de todas as Oficinas da obediência, e conhece em último recurso todas as causas ou incidentes promovidos nas Lojas e seus obreiros, e a Câmara Central e de Eleições, que trata destas matérias, mas em caráter privado. Além desta divisão geral, alguns Grandes Orientes costumam ter três seções especiais, denominadas Grande Colégio de Ritos, Seção de Fazenda, Estatística e Beneficência, e Seção de Inspeção de Secretaria e Arquivos. Nos Supremos Conselhos do Rito Escocês Antigo e Aceito, a Grande Loja Central, que é o corpo legislativo subseqüente ao Supremo Conselho, também se divide, geralmente, em três seções chamadas *Simbólica, Capitular* e dos *Altos Graus.*

SECRETÁRIO. Oficial dignitário, uma das Luzes da Loja, ocupando o quinto lugar na escala hierárquica das dignidades. São suas atribuições a lavratura das atas ou pranchas das reuniões e a correspondência em geral.

O Secretário é colocado ao Oriente, sobre o estrado, à direita do Venerável Mestre, e de frente para o lugar ocupado pelo Orador. Como Jóia distintiva, usa duas penas cruzadas, pendentes de uma corrente ou fita larga sobre o peito, como os demais dignitários. Pede a Palavra diretamente ao Venerável, e este lha pode conceder com preferência. É um dos cargos que requerem mais atividade. Na abertura dos trabalhos, deve fazer a leitura da ata da sessão anterior e dos demais documentos em pauta. Depois deve passar a tomar notas para a redação da ata da sessão em curso, redigindo-a posteriormente de forma clara e sem omissões. Em quase todos os Ritos existe um Secretário, geralmente distinguido por esse nome; mas há também graus em que recebe uma denominação especial. Assim, no grau 6.º do Rito Moderno ou Francês se denomina *Grão-Mestre do Despacho* e representa Samélio, um dos grandes dignitários do rei Ciro; *Arquivista,* no grau 8.º do Escocismo Reformado; *Grande Cinzelador* no grau 25.º e *Chanceler* no grau 31.º, ambos do Rito Escocês Antigo e Aceito. (Cf. *Grande Secretário; Ilustre Secretário do Santo Império.*)

SECRETÁRIO ADJUNTO. Oficial da Loja que auxilia o titular ou o substitui em casos de ausência, com as mesmas prerrogativas do cargo.

SECRETÁRIO ÍNTIMO ou MESTRE POR CURIOSIDADE Título de um grau avulso que passou a ser o 6.º dos Ritos de Heredom ou Perfeição; do Escocismo Antigo e Aceito; de Mênfis, de Misraim, e do Capítulo Metropolitano da França.

SEDECIAS. *1* — Décimo nono e último rei de Judá, feito prisioneiro por Nabucodonosor ao tomar Jerusalém em 588 a. C. *2* — Palavra de Passe do Mestre Escocês (16.º) do Rito de Misraim. *3* — Desempenha papel importante nos graus *Príncipe de Jerusalém* (8.º) do Escocismo Reformado, e Cavaleiro do Oriente ou da Espada (15.º) do Rito Escocês Antigo e Aceito, em que se comemora a morte desse rei e a destruição do Templo e da cidade de Jerusalém.

SEGREDO. As antigas instituições religiosas e filosóficas tiveram seus ensinos divididos em *secretos* e *públicos*, ou *esotéricos* e *exotéricos*. Os públicos e exotéricos, de caráter geral e ético, eram ministrados à massa popular sob a forma de mitos, contos, alegorias e parábolas, e os secretos, de caráter individual e místico, eram reservados aos poucos, já preparados pela assimilação e realização dos ensinos éticos. Que este foi o método também seguido por Jesus Cristo o provam as seguintes passagens: "A vós (os discípulos) é dado saber o mistério do reino de Deus, mas aos que estão fora, todas estas coisas se ensinam por parábolas" (*Marc.* IV:9-10 e 11). E acrescenta o evangelista: "E com muitas parábolas parecidas lhes falava a palavra, conforme o que podiam ouvir. Sem parábolas não lhes falava, porém a seus discípulos em particular declarava tudo (*Idem,* 33 e 34). Também do sábio Mestre é a severa advertência: "Não deis o que é santo aos cães, nem deiteis vossas pérolas aos porcos" (*Mat.* VII: 6). Naquela época, e dentro de certos círculos, a palavra "cães" significava, alegoricamente, "vulgos" e "profanos" ao passo que as expressões "Reino de Deus", "Reino dos Céus", "Porta Estreita", "Caminho Estreito" e "Salvos", eram termos técnicos relacionados com as iniciações esotéricas e os Mistérios. (Cf. também *Mat.* VII:13 e 14; *Luc.* XIII: 23 e 24; *I Cor.* II: 6, 7, 10 e 13; III:1, 2, 3 e 10).

Sendo ""um sistema de moral velado em alegorias e símbolos", a Franco-maçonaria, como uma continuadora dos Antigos Mistérios, também tem a sua parte mística e os seus segredos, porém estes se limitam estritamente a algumas partes de sua cerimônia, a palavras de passe ou sagradas e aos sinais que os maçons usam para se reconhecerem mutuamente. Como diz o erudito irmão Stillson em sua introdução à *História de Franco-maçonaria e das Ordens Concordantes*: "... a fraternidade maçônica não é em princípio uma sociedade oculta, já que não são secretos os seus objetivos e constituições. Seus amigos e inimigos podem encontrar em todas as partes dados sobre sua legislação e objetivos, que sempre foram e continuam a ser conhecidos em em todo o mundo. Poderíamos dizer que, ao invés de secreta, é uma sociedade privada, pois que, excetuando-se nossos hábitos esotéricos relacionados direta ou indiretamente com os sinais ou maneira peculiares universais de que nos valemos para reconhecer-nos, não possuimos nenhum segredo". A terrível solenidade do compromisso de sigilo que presta o candidato, teve sua origem na Idade Média, quando a Ordem esteve exposta a implacáveis perseguições, e que se conhecidos do clero romano naquela época tenebrosa, os teriam levado com seus companheiros à fogueira e ao martírio, o que assim mesmo ocorreu a muitos deles. (Cf. *Mistérios Cristãos; O Cristianismo Esotérico*, ed. *Pensamento*, Annie Besant, e *S. D.* de H. P. B.)

SEGREDO, O, ou CAVALEIRO DA CÂMARA DO MEIO. Título do grau 6.º dos altos graus do Adeptos Herméticos.

SEGREDO DOS FRANCO-MAÇONS DESCOBERTO, O. Título de oito obras publicadas na França e Alemanha de 1740 a 1814, de autoria do abade Oerau e outros escritores a serviço do clericalismo, com o intuito de ridicularizar a Maçonaria.

SEGREDO DOS SEGREDOS. Título de um grau avulso da nomenclatura de Fustier.

SEGREDOS GENUÍNOS DO MESTRE-MAÇOM, OS. É a resposta que dá o Mestre Maçom à pergunta *O que é que se perdeu?*, e que significa "o verdadeiro conhecimentos de nós mesmos", "a realização consciente de nossas potencialidades divinas", "a Palavra" ou "os segredos perdidos" em cuja descoberta anda perpetuamente a alma peregrina. Há um eco vedantino nesta concepção maçônica, pois dizem os vedantinos que os homens se perderam neste labirinto do mundo, como numa grande e terrível floresta, e que agora o seu integral objetivo na vida é safar-se dali e descobrir a real felicidade que jaz no âmago e essência do seu verdadeiro ser, o "Centro do qual ninguém pode errar".

SEGUNDO ARQUITETO ou SEGUNDO ESCOCÊS. Grau 9.º dos Eleitos da Verdade.

SEGUNDO GENERAL ou SEGUNDO INSPETOR. Título do Segundo Grande Vigilante do Conselho dos Cavaleiros do

Oriente ou da Espada (15.º) do Rito Escocês Antigo e Aceito.

SEGUNDO GRAU. V. *Companheiro.*

SEGUNDO TEMPLO. V. *Templo de Zerubabel.*

SELEMIAS, "pai do Senhor". Um dos seis porteiros do Templo de Salomão, que figura nos Conselhos dos Príncipes de Jerusalém (8.º) do Escocismo Reformado.

SELO. *1* — Peça geralmente metálica, em que estão gravados os títulos e os emblemas ou atributos distintivos adotados pelas Lojas, Grandes Lojas, Grandes, Orientes, etc., com o qual se imprimem todos os documentos oficiais, para revestí-los de maior autenticidade. *2* — Uma das provas físicas que às vezes se propõem ao candidato durante a cerimônia da iniciação para aquilatar o seu espírito de sinceridade e respeito à dignidade humana. (Cf. *Guarda-Selos; Timbres.*)

SELO DE SALOMÃO. É o duplo triângulo entrelaçado adotado em alguns Ritos maçônicos para simbolizar a manifestação e evolução duais do Cosmos. O triângulo com o vértice para cima figura o Espírito cósmico, e o de vértice para baixo, a Matéria cósmica, ambos representados no mundo físico pelos elementos Fogo e Água, respectivamente. Os judeus lhe deram essa denominação, porém o emblema já existia muito antes de Salomão, na Índia, onde é chamado "Signo de Vishnu" e é visto nas casas de todas as aldeias como um talismã contra o mal, e no Egito é visto nas pirâmides e obeliscos. Sempre esteve cheio de significados místicos e ocultos, como em geral todos os triângulos. Já que uma Loja maçônica visa simbolizar, embora palidamente, o Cosmos e a sua maravilhosa atividade, é sem dúvida e lógico que muitas delas adotem e realcem esse antiquíssimo símbolo. (Cf. *Estrela Flamígera; Hexagrama; Loja; Senário.*)

SEM, "Nome célebre". *1* — Primeiro filho de Noé (*Gên.* X:1) a quem se atribui uma descendência numerosa, a da *raça semita.* É venerado no Rito de Misraim como uma das três Palavras de Passe (*Sem, Cham,* ou Cão, e *Japhet*) dos Cavaleiros Prussianos (21.º), e uma das palavras cuja inicial se acha gravada no Machado ou Príncipes do Líbano (22.º), no Rito Escocês Antigo e Aceito. *3* — No Rito de Real Arco, é uma das três palavras de reconhecimento (*Sem, Cham, Japhet*), que se pronunciam ao dar os toques do grau 4.º e último.

SEMAIA. Do hebreu *Shemaiah, "ouvido pelo Senhor"*. Filho de Shecaniah (*Neh.* 3: 29), e guarda da porta oriental de Jerusalém, ajudou a edificar os seus muros e figura na lenda de alguns graus bíblicos.

SEMANA. *1* — Período de sete dias sucessivos, correspondente mais ou menos a uma fase ou quarto do ciclo lunar e adotado desde épocas remotas como uma divisão do mês. Entre os antigos, cada dia da semana correspondia a um dos seus sete planetas. *2* — No Rito Escocês Antigo e Aceito se perpetua a antiga semana astrológica no grau 28.º (grau cabalístico) e uma bíblica no grau 32.º; na primeira, cada dia está dedicado a um planeta, e na segunda, um personagem bíblico.

SEMENTE. Símbolo do sacrifício gerador de vida. (Cf. *Mistérios Gregos,* 3.)

SEMENTE COMUM. Designação alegórica do sal nos banquetes da Maçonaria simbólica.

SEMI-NUDEZ. Símbolo da simplicidade e inocência, desprendimento e renúncia, humildade e perdão, que deve caracterizar todo candidato à iniciação ao primeiro grau. Esta prova lhe reaviva o sentido das seguintes palavras patéticas do Apóstolo e iniciado São Paulo: "Até esta hora padecemos fome, e sede, e nudez, e somos esbofeteados, e não temos morada certa, e fatigamo-nos trabalhando com nossas próprias mãos. Quando vilipendiados, bendizemos; perseguidos, sofremos; difamados, rogamos. Somos feitos como refugo do mundo, como escória de tudo até agora" (*I, Cor.* 4:11-13). E também lhe recorda o dever de solidariedade para com os seus semelhantes realmente pobres, fatigados, famintos e nus. (Cf. *Pés Descalços.*)

SENADO MAÇÔNICO. *1* — Órgão legal máximo das Lojas e dos corpos maçônicos de uma região, país ou grupo de países, comumente denominado Grande Loja, Grande Oriente, Supremo Conselho, etc., e que exerce o governo e administração geral do Rito ou Ritos sob sua jurisdição. Cria ou confirma as Lojas, dita-lhes as leis em geral, e decide as questões legislativas, dogmáticas e administrativas. Examina e julga os Ritos antes de aceitá-los, defende a Ordem contra a invasão de más doutrinas e de associações irregulares, e é o responsável junto às autoridades constituídas da Nação ou Nações, dos atos da Maçonaria sob sua obediência. *2* — Título da Loja dos *Cavaleiros Kadosh* (7º) do Rito Moderno ou Francês, (30.º) do Escocês, (31.º) de Mênfis) e (65.º) de Misraim.

SENÁRIO. É o número composto de seis unidades. Chama-se senário hieroglífico o duplo triângulo equilátero, símbolo da dupla evolução cósmica do Espírito-Matéria ou Vida-Forma, bem como da união dos alegóricos três fogos (os três poderes do Espírito: *Vontade, Amor* e *Inteligência*) e das três águas filosóficas (os três atributos da Matéria: *Resistência, Movimento* e *Ritmo*), de cuja interação resulta a manifestação e desenvolvimento da vida multiforme. (Cf. *Selo de Salomão.*)

SENIOR, lat., "mais velho". Título de alguns oficiais das antigas *maceriae* ou Lojas dos Colégios de artífices romanos. Exerciam as funções de inspetores ou fiscalizadores dos trabalhos, hoje representados nas Lojas pelos Vigilantes. Na terminologia maçônica inglesa se usa esse vocábulo em lugar de "Primeiro" para designar os Primeiros Vigilantes Diáconos, e o vocábulo *Junior* para designar os Segundos.

SENTIMENTO, *Cavaleiro* do. Título do irmão que fazia as vezes de introdutor na Ordem andrógina dos Cavaleiros e Ninfas da Rosa.

SEPHIRA. (Hebr). Uma emanação da Divindade.

SEPHIROTH, heb., plural de *Sephira.* Na Cabala dos hebreus, são as dez emanações da Divindade (*Ain-Soph-Aur,* "Luz Infinita"), também adotadas pelos maçons herméticos. São os seguintes os *Sephiroth*: 1.º *Kether,* a Coroa, a Causa das Causas, o Pensamento; 2.º *Chochmah,* a Sabedoria; 3.º Binah, a *Inteligência;* 4.º *Chesed,* a Graça; 5.º *Geburah,* o Rigor; 6.º *Thiphereth,* a Beleza; 7.º *Netzah,* a Vitória; 8.º *Hod,* a Glória; 9.º *Yesod,* o Fundamento; 10.º *Malchut,* o Reino. Os três primeiros *Sephiroth* são chamados superiores; formam o Ternário Divino e correspondem às três hipóstases ou Pessoas da Trindade. Os outros sete são Sephiroth inferiores ou construtores. (Cf. *Querubins; Serafins.*)

SEPHORA ou ZIPPORAH. *1* — Esposa de de Moisés (*Êxodo* 2:21). *2* — No grau 4.º da Maçonaria de Adoção é representada pela Grã-Mestra.

SERAFINS, do heb., *Seraphim.* 1 — Seres celestiais descritos por *Isaías* 6:2 como sendo de forma humana com três pares de asas. Os Serafins do Antigo Testamento parecem estar relacionados com os Querubins. (Cf. *Queribins.*) Na Cabala são um grupo de poderes angélicos atribuidos a *Sephira Geburah,* Rigor. (Cf. *Sephiroth.*) Ocupam lugar proeminente no grau místico ou cabalista do Cavaleiro do Sol ou Príncipe adepto (28.º) do Rito Escocês Antigo e Aceito. — *2* — *Ordem dos* — Ordem de Cavalaria criada em 1734 na Suécia pelo rei Meynus IV. (Cf. D.S., V, 387 n.)

SERÁPIS. Um grande deus solar egípcio que substitui Osíres no culto popular. Em suas representações o faziam aparecer muitas vezes como uma serpente, o "Dragão de Sabedoria". Foi o maior deus do Egito durante os primeiros séculos do cristianismo. (Cf. *Labirinto; Mistérios Egípcios, II.*)

SERENÍSSIMO. *1* — Tratamento honroso que se dá a algumas corporações e personagens maçônicas — *2* — *Sereníssimo Senhor Alcaide.* Título dado ao Presidente dos Colégios ou Lojas do grau Maçom do Segredo (7.º) do Escocismo Reformado.

SERPENTE. *1* — Símbolo da Razão, da Imortalidade e do poder iniciático. Entre os hindus se chama *Naga,* emblema do Adepto ou Iniciado, e na primitiva igreja cristã simbolizava a vitória de Cristo sobre o diabo (o mal), a virtude da prudência ou sabedoria, a cruz de Cristo. (Cf. *Num* 21: 8/9; *S. João* 3:14). É neste sentido esotérico que figura em muitos graus da Maçonaria, e principalmente na de Adoção. — *2* — *Serpente de Bronze, Cavaleiro da* — Grau 25.º do Rito Escocês Antigo e Aceito.

SERRADOR. Nome por que se designam os membros de um dos cinco grupos subdivisionários da Franco-carbonaria ou Maçonaria dos Bosques.

SERVATI, E. Literato e escritor maçônico alemão, autor da obra *Fragmentos para uma História da Maçonaria Alemã.* Precedido também de *Humilíssimos Irmãos,* é o título que se dão os membros do Conselho de Sublimes Eleitos da Verdade (28.º) do Rito Escocês Antigo e Aceito.

SESBASSAR. V. *Sheshbazar.*

SESSÃO. É a realização de reuniões maçônicas, também denominadas trabalhos. As sessões podem ser ordinárias ou extraordinárias, administrativas, iniciatórias, magnas, de instalação, de instrução, de famílias, acadêmicas, fúnebres, brancas, etc., segundo sejam o seu objetivo e circunstâncias.

SESSÃO BRANCA. *1* — É a reunião a que podem assistir convidados profanos — *2* — *Sessão branca aberta*: diz-se quando os assistentes são profanos e maçons. *3* — *Sessão branca fechada,* ou *a coberto*: diz-se quando somente o conferencista é profano.

SESSÃO OBRIGATÓRIA. *1* — Dia fixado para as assembléias obrigatórias de uma Loja. *2* — Por extensão, o dia das duas festas solsticiais ou equinociais de uma Potência ou Loja. (Cf. *Alvorada da Natureza.*)

SESSÃO PLENÁRIA. Assembléia organizada por várias Lojas, amiúde todas as Lojas de um mesmo Oriente.

SETE ESPADAS, *Cavaleiro das*. Títul› de uma associação pseudo-secreta, mencionada em algumas nomenclaturas maçônicas.

SETE ESTRELAS, *Cavaleiro das*. Grau 41.º do Rito de Mênfis.

SETENÁRIO. Sistema composto essencialmente de sete unidades ou termos. Por ser a base da ordem da Natureza, o número sete tem sempre comportado um simbolismo quase universal. (Cf. *Década Pitagórica.*) — *2* — *Príncipe do número setenário.* Título adotado por Grabino em fins do século XVII, ao fundar a Ordem pseudomaçônica do Apocalipse, da qual derivou um Rito, posteriormente.

SETENTA. Diz-se dos 72 judeus que em 285 a.C. traduziram o Antigo Testamento do hebraico para o grego, então chamado *Septuaginta.*

SETENTA E DOIS. Número-chave de todos os ciclos. (Cf. *Ezequiel,* 8:14)

SETENTRIÃO. *1* — O pólo norte ou regiões desse hemisfério. *2* — Denominação também dada nas Lojas ao seu lado norte alegórico, onde devem colocar-se os Aprendizes.

SETE ORDENS, *Cavaleiro das*. Título de um grau da nomenclatura da Universidade.

SETE PLANETAS, *Príncipe dos*. Título de um grau das nomenclaturas de Peuvret e da Universidade. (Cf. *Pedra Cúbica Piramidal, IV.*)

SETH, heb., "apontado" ou "compensado". *1* — Terceiro filho de Adão e Eva (*Gên.* 4:35), que no Rito de Misraim se venera como o segundo grande Conservador da Ordem. *2* — No antigo culto egípcio aparecia como o filho de Noé e Tifon, sendo o último o lado obscuro de Osíris. (D.S. III, 428)

SEVERO. Nome de vários imperadores romanos, venerados no Rito de Misraim como grandes Conservadores da Ordem.

SEVERO INSPETOR. Título do Segundo Vigilante nos Conselhos de Eleitos (4.º) do Rito Moderno ou Francês.

SEYMOUR, *Eduardo*. Irmão da rainha Joana Seymour da Inglaterra e do duque de Sommerset, que em 1549 foi proclamado Grão-Mestre da Confraria de Franco-maçons.

SHAW, *Guilherme*. Mestre de Obras, Presidente da Loja e um dos signatários da Carta da Escócia de 1439.

SHESHBAZAR, "adorador do fogo". Nome provavelmente caldeu, com que Esdras designa Zerubabel, o construtor do segundo Templo de Jerusalém e governador da Judéia após o cativeiro babilônico dos judeus. Aparece nos grau judaicos grafados *Sesbassar, Sassabasar,* etc. (Cf. *Esd.* 1:8, 11; 5:14, 16; 3:2, 8; 5:2. (Cf. *Zorobabel.*)

SHETHAR-BOZENAI, pers., "esplendor da Estrela". *1* — Alto oficial persa na Palestina, subordinado ao governador Tatnai, no reinado de Dario Hystaspis, em 520 a. C. (*Esd.* 5:3; 6:6, 13), que, tendo interpelado os judeus sobre quem os autorizara a reconstrução do Templo, ante a informação deles fez com que o governador escrevesse a respeito ao rei persa, e este, em resposta, expediu um decreto confirmando a autorização anterior dada pelo rei Ciro e proibindo qualquer interferência estranha nessa obra. *2* — Este nome tomou a forma anglicizada *Starbuzanai* no ritual dos *Cavaleileiros do Oriente* ou *da Espada* (6.º) do Rito Moderno ou Francês.

SHIBBOLETH ou SCHIBBOLETH, hebr., "espiga de trigo", "rio" ou "correnteza". *1* — Palavra que, segundo *Juízes* 12:6, usaram os gileaditas para distinguir os seus inimigos efraimitas dentre os que atravessavam os vaos do rio Jordão, pois no dialeto efraimita se suprimia a letra *h* na primeira sílaba, pronunciando-a *Sibboleth;* por isso passou a ser usada como senha de um partido. *2* — Na Maçonaria tem significado "abundantes como espigas de trigo", e é Palavra de Passe no 1.º grau do Escocismo Reformado, no 2.º grau do Rito Moderno ou Francês, no grau 2.º do Rito Escocês Antigo e Aceito, no grau 9.º da Maçonaria Adoniramita, no 15.º do Rito de Mênfis, e em outros altos graus dos Ritos ora inativos. (Cf. *Bethabara; L.D.P.*)

SIÃO, do gr. *Sion* e der. de *tsiyon,* "monte". *1* — O morro a sudoeste de Jerusalém (*Sal.* 48:2), a zona mais alta e mais antiga da cidade Às vezes se refere a toda Jerusalém. Em *Deut.* 4:48 é o monte Hermon, famoso pelos seus tres picos em disposição triangular, pela sua majestosa altitude dominando todas as planícies circundantes, pela resplandecente camada de neve que o cobre durante o ano e finalmente pelo copioso orvalho que dele se desprende com o calor, e que o *Salmo* 133:3 tomou como emblema do orvalho espiritual da bênção divina. *2* — Palavra Sagrada dos Cavaleiros da Palestina (8.º) do Escocismo Reformado e do grau 7.º do Rito de Misraim. *3* — Palavra interpretativa dos favoritos ou íntimos de São João (6.º) do sistema de Zinnendorf.

SIBBOLETH. Veja-se *Shibboleth.*

SÍBILAS. *1* — Nome antigamente dado a certas mulheres a quem se atribuia o conhecimento e predição do futuro. Ficaram famosas as de Delfos, Eritréia, Cumas, Iídia e outras. Pausânias, referindo-se ao terremoto que sacudiu a ilha de Rodes derrubando a enorme estátua de Apolo então considerada uma das sete maravilhas do mundo, disse que *fora demasiado certa a predição da síbila.* *2* — Figuram simbolicamente na Maçonaria andrógina. *e* — No Rito Egípcio de Cagliostro as suas doze Mestras mais antigas atuam como síbilas na recepção.

SIBIM, "vestíbulo". Palavra inscrita no interior e no alto da porta da Câmara do Supremo Conselho de Soberanos Príncipes do grau 84.º do Rito de Misraim.

SIDÔNIO. *1* — Habitante ou natural de *Sidom,* um porto marítimo ao norte da palestina (*Gên.* 10:19). Os sidônios foram famosos por suas artes e manufaturas, comércio e marinha (*Isa.* 23:2; *Ezeq.* 27:8). Cooperaram na construção do templo de Salomão (*I Reis* 5:6; *I Crôn.* 22:4), e depois, na sua reedificação sob o governo de Zerubbabel (*Esq.* 3:7). Homero decanta a habilidade dos artífices sidônios e menciona a presença de seus navios no sítio de Tróia. *2* — Palavra Sagrada do grau 22.º do Rito Escocês Antigo e Aceito, onde também se vê gravada no cabo do machado dos Cavaleiros do Real Machado.

SIGÉ, gr., "silêncio". Palavra Sagrada das Mestras Perfeitas (4.º) da Maçonaria de Adoção. Freqüentemente é substituída pela palavra hebraica *Achitob* (V. esta palavra). Uma destas palavras é gravada na aliança de ouro que cada irmã ali recebe no momento de sua admissão. (Cf. *Aletheia e Sié; Esfinge; Silêncio.*)

SIGÉ e ALETHÉ, gr., "silêncio e Verdade". São as palavras mestras das Eleitas Sublimes Escocesas (5.º) do primitivo Capítulo de Adoção. (Cf. *Aletheia e Sigé.*)

SIGILO. Veja-se *Segredo.*

SILENCIARIO. *1* — É quem guarda e observa completo silêncio. No Rito Escocês e outros, é o Aprendiz que por sua tenra idade simbólica não pode tomar parte ativa nas discussões entre seus maiores, a não ser quando interrogado ou solicitado por algum Mestre. *2* — O oficial encarregado de vigiar pela manutenção do silêncio durante as sessões e cerimônias de certos graus.

SILÊNCIO. Virtude maçônica, mediante a qual se desenvolve a discrição, corrigem-se os defeitos próprios e usa-se prudência e tolerância em relação a faltas e defeitos de outros. Na Maçonaria se costuma simbolizá-lo pela *trôlha,* com a qual se deve estender uma camada de silêncio sobre os defeitos alheios, tal qual faz o pedreiro vulgar com o cimento para cobrir as arestas do edifício em construção. (Cf. *Esfinge; Sigé.*)

SILÊNCIO e VIRTUDE. *1* — Divisa bordada em ouro e azul sobre a jarreteira de cetim branco, usada pelos irmãos da Maçonaria de Adoção como um distintivo de sua Ordem. *2* — Divisa bordada sobre uma jarreteira verde que os Cavaleiros Rosa-Cruz de Kilwinning do Rito de Misraim usam pregada no joelho esquerdo.

SILEX. Pederneira da qual se tira ou tirava o fogo necessário à inauguração de um Templo maçônico.

SILFOS. *1* — Denominação rosa-cruz para os elementais do ar. (V. *Elementos.*) *2* — No grau de Cavaleiro do Sol, ou Príncipe Adeptos (28.º) do Rito Escocês Antigo e Aceito, quando o seu Conselho se compõe de doze membros, denominam-se *Silfos* os cinco excedentes dos sete *Querubins,* representantes dos sete Anjos planetários. *3* — Título especial distintivo do Mestre de Cerimônias no grau chamado *Caos,* Segundo Sábio (50.º), no Rito de Misraim. (Cf. *Querubins.*)

SILVANOS, (mit. romana). *1* — Termo genérico que compreende os faunos, sátiros, silenos e outras semi-divindades ou gênios campestres, adorados pelos antigos habitantes do Lácio. Este culto parece oriundo do país dos pelasgos tirrenos, que lhe haviam consagrado um bosque e uma festa anual. *2* — Entra no vocabulário maçônico como denominação de um dos ramos constituintes da Franco-carvoaria ou Maçonaria dos Bosques. Chama-se Canteira ou Tenda o lugar onde os *Silvanos* se reunem em assembléia, com o mínimo de nove Companheiros Lenhadores.

SIMBOLISMO. Uma das fortes características da Maçonaria em geral. Pode-se dividir o simbolismo em duas categorias: a *emblemática* e a *esquemática.* A primeira tem um sentido mais moral a inferir-se por analogia: a régua figurando a retidão de conduta; a perpendicular, a perspicácia mental; a cor branca, a inocência ou pureza; a cruz, o ideal de auto-sacrifício; uma ferramenta, o trabalho, etc. A segunda comporta um significado mais intelectual, filosófico ou científico, que pode ou não incluir a primeira:

o ponto representando a Vida Una cósmica; a circunferência, o infinito ou a eternidade; o triângulo, a trina manifestação da Vida Una; o pentágono, o homem perfeito; o hexágono, a evolução cósmica; a cruz de braços iguais, a lei do sacrifício cósmico. O simbolismo realmente iniciático é esquemático e tem sido a linguagem inalterável, universalmente usada desde a mais remota antiguidade pelas ciências e artes "sacerdotais" para proclamar e perpetuar certas verdades eternas, essenciais à vida humana. Foi posteriormente transmitido às sociedades secretas, que o mantiveram intacto através dos séculos e adversidades. Mercê desses esquemas simbólicos, é-nos possível reencontrar atualmente as antigas informações sobre a Iniciação da alma nos mistérios da Vida. No entanto, é mister que cada interessado procure interpretá-lo, compreendê-lo e senti-lo por seus próprios esforços para poder penetrar seus profundos significados.

SÍMBOLO. É a representação gráfica ou pictórica de uma idéia ou princípio. Este método tem a vantagem de não se encerrar nos limites de uma definição, sempre mais ou menos arbitrária e contestável. Apresenta idéias particulares sob uma forma abstrata, de uma ordem superior às representações mentais comuns, e permite-nos aproximações. Os símbolos maçônicos, derivados dos símbolos primitivos, foram em parte aplicados à arte de construir ou à Maçonaria operativa; tais são o Compasso, o Esquadro, a Régua, o Nível, o Prumo, a Trolha, aos quais hoje se empresta um sentido todo moral, espiritual e filosófico.

SIMEÃO ou SIMÃO, heb., "ouvindo com aceitação". Segungundo filho de Jacó e Lea (*Gên.* 29:33), e um dos doze patriarcas ou pais das tribos de Israel. Sua tribo ocupa o segundo lugar na classificação feita no grau de Grande Arquiteto de Heredom (6.º) do Escocismo Reformado.

SINAI, *Corte de.* Título que toma a Loja no grau 25.º do Rito Escocês Antigo e Aceito.

SINAL. Um dos meios convencionais que os maçons empregam para se reconhecerem entre si e para revelar o seu grau. A adoção de sinais de reconhecimento e intercomunicação dos iniciados remonta à longínqua época dos primeiros mistérios. Escalonados em várias hierarquias e ordens, estes iniciados tinham toques e palavras de reconhecimento privativos de cada grau, cujo significado e prática só podiam ser ministrados em recinto fechado, no ato da iniciação, elevação, exaltação e consagração nos respectivos graus. Esse tradicional costume é mantido pela Maçonaria que, graças a ele, conseguiu sobreviver a todas as perseguições que as forças reacionárias lhe têm movido através dos séculos e preservar a santidade de seus ensinos e tradições. São numerosos os sinais maçônicos, que só podem ser ensinados ao candidato "com a Loja a coberto e sob juramento de perpétuo sigilo". Ei-los: de Aclamação, Admiração, Aflição, Amizade, Angústia, Aprovação, Apuro, Ar, Bom Pastor, Capital, Caráter, Característico, Colar, Contestação, Demonstração, Desaprovação, Desesperação, Dor, Entrada, Eqüidade, Extase, Exterior, Extremo, Fogo, Geral, Gutural, Hieróglifo, Heredom, Horror, Identificação, Igualdade, Inteligência, Intrepidez, Interrogação, Instrução, Invocação, Juramento, Lei, Manual, Mestre, Obrigação, Ordem, Pasmo, Passagem, Passe, Paz, Pedestal, Pedestre, Peitoral, Penalidade, Próprio, Reconhecimento, Reflexão, Saudação, Secreto, Silêncio, Socorro, Sol, Surprêsa, Terra, Torre, Vocal. (Cf. *Saudação Maçônica.*)

SINAL COM ARMAS. Sinal que nos banquetes maçônicos se faz segurando o copo na mão para brindar, descrevendo três vezes um triângulo com a base figuradamente apoiada no peito do executor e o vértice para a frente.

SINAL COMPLEMENTAR. O sinal ou série de sinais que em alguns graus maçônicos precedem ou seguem a um sinal maior, como o de penalidade, ou as palavras de passe ou sagrada.

SINAL DE HARROR. *V. Harror.*

SINAL DE SILÊNCIO e VIRTUDE. No Rito Escocês Antigo e aceito é o sinal de reconhecimento do grau 4.º e o terceiro dos sinais no grau 14.º.

SINAL DE SOCORRO. É o que faz o Mestre Maçom ao ver-se em perigo, acompanhado do apêlo: AM.·. F.·. da V.·. Qualquer irmão do mesmo grau ou superior que ouvir acorrerá em seu auxílio, mesmo com risco da própria vida, em obediência a esta sagrada regra maçônica: *Todos por um e um por todos.* (Cf. *Beneficência; Socorro, Lançar grito de.*)

SINAL DO BOM PASTOR. Sinal dos Soberanos Príncipes Rosa-cruz.

SINNA. Aparentemente, um personagem importante da corte de Ciro, rei da Pérsia, que no grau 6.º do Rito Moderno ou Francês é representado pelo Primeiro Vigilante, sob o título de *Grande Mestre Geral da Cavalaria,* nos Conselhos de Cavaleiros do Oriente ou da Espada.

SÍNODO. *1* — Denominação que antigamente se dava ao lugar onde se congregavam as corporações de construtores obreiros dionisianos, correspondentes às atuais Lojas. *2* — Assembléia ou concílio de prelados para tratar de assuntos eclesiásticos. *3* — Nome dado às assembléias da sociedade maçônica intitulada *União Alemã dos XXII*.

SION. Forma grega do hebraico *Zion*, "elevado" ou "monte". (Cf. *Sião*.)

SIPHRA DTZENIOUTA (cald.). O Livro do Mistério oculto: uma das divisões do *Zohar*, o compêndio de teosofia cabalista que, com o *Sepher Yetzirah*, tem a reputação de ser o mais antigo tratado existente sobre doutrinas religiosas esotéricas hebréias.

SÍRIO, lat., *Sirius;* gr. *Seírios*, "ardente"; eg., *Sothis*. *1* — Grande estrela da constelação do Grande Cão, adorada pelos egípcios e venerada pelos ocultistas, porque, para os primeiros, sua helíaca saida com o sol era uma indicação do benéfico transbordamento do Nilo, e para os segundos, estava misteriosamente associada com Toth-Hermes, o deus da Sabedoria. Era "Isis no céu", chamado *Isis-Sothis*, porque Isis se achava "na constelação de Cão", como se declara em seus monumentos. Estando em conexão com a Grande Pirâmide, Sírio estava associada às iniciações que nela se realizavam, e neste sentido reza o ritual comaçônico ao candidato: "Que a Estrela esteja sempre diante de vossos olhos e que sua luz ilumine vosso coração. Segui-a como a seguiram os Magos da antiguidade, até que vos conduza ao portal da Iniciação, onde brilha sobre o pórtico daquele glorioso templo eterno nos céus, do qual o de Salomão foi tão-só um símbolo." *2* — Título de um grau da Ordem da Broma. *3* — *Grande Estrela de.* — Uma das três grandes condecorações da Ordem, segundo o Rito de Mênfis. (Cf. *Estrela, I; Sothis*.)

SÍRIOS, *Cavaleiros*. Título de uma Ordem semimaçônica, dividida em três graus intitulados *Grande Patriarca, Noviço* e *Professo*.

SITIM, *Shitim* ou SETIM, heb.; resina, cedro, "acácia". Os hebreus empregaram muito a madeira desta árvore na construção do tabernáculo e seus paramentos; as tábuas, barras e colunas do edifício, a arca, a mesa do pão da proposição e o altar do incenso, alguns cobertos de ouro: o altar dos holocaustos e suas barras eram da mesma madeira coberta de metal (*Êx*. 25; 26; 27; 30; 36; 37; 38). Há muitas espécies dessa árvore no Egito, Arábia e Palestina, cuja madeira era a preferida por sua incorruptibilidade ao tempo e imunidade aos insetos. Desde épocas remotas os maçons a tomaram como símbolo da incorruptibilidade da alma. (Cf. *Acácia.*)

SIVA ou SHIVA (sânscr.). Primeira pessoa da Divina Trindade dos hindus (*Shiva, Vishnu* e *Brahmâ*: Pai, Filho e Espírito Santo); *Brahmâ* cria novas formas de vida, *Vishnu* as mantém, e *Siva* as destrói quando desgastas ou imprestáveis.

SIVAISTA, sânscr. "adorador de Siva". Título, na acepção de *Sábio,* do grau 38.º do Rito de Mênfis.

SKOUGALL, *Davi*. Maçom escocês, Venerável da Loja e um dos signatários da Carta da Escócia de 1439.

SLOKA ou SHLOKA, sânscr. "verso". *1* — O metro épico sânscrito formado de trinta e duas sílabas; um dístico, uma estância heróica. *2* — Título do grau 7.º do Rito de Mênfis.

SMIRNA ou ESMIRNA, ár. Izmir, "mirra". Antiga e importante cidade marítima na costa ocidental da Ásia Menor, sede de uma das sete igrejas a que alude o *Apoc.* 1:11; 2:8-11. Entre os seus templos havia um dedicado a Zeus Olímpico, a cuja honra se celebravam jogos cada quatro anos. O cristianismo se estabeleceu ali logo no seu princípio. Na moderna Smirna se erguem igrejas gregas, católicas romanas e protestantes. Foi uma das primeiras cidades asiáticas em que se introduziu a Maçonaria moderna, em 1738, criando-se então duas Lojas, uma alemã e outra inglesa, sob a jurisdição da Grande Loja provincial para a Turquia.

SOBAI ou SHOBAI, hebr., "recompensa do Senhor". O chefe da família de porteiros do templo, (*Esd.* 2:42), cujos filhos voltaram do cativeiro babilônico com Zerubabel e cujo nome aparece em alguns graus do Escocismo Reformado.

SOBERANA ESCOCESA, *Ilustre*. Grau 5.º da Maçonaria de Adoção.

SOBERANA GRÃ-MESTRA. Título da Presidente dos trabalhos ou sessões do grau 5.º da Maçonaria de Adoção.

SOBERANA MATRONA ou PRINCESA DA COROA. Grau 10.º e último da Maçonaria Capitular de Adoção.

SOBERANÍSSIMO. Título do Presidente do Capítulo dos Eleitos dos Nove (9.º) do Rito Escocês Antigo e Aceito.

SOBERANÍSSIMO COMENDADOR. Título dos Vigilantes nas Cortes (Lojas) do grau 27.º do Rito Escocês Antigo e Aceito.

SOBERANO. *1* — O Ritual maçônico prescreve que nos banquetes se dedique o primeiro brinde ao Soberano ou Chefe de Estado. *2* — Título do Presidente dos Capítulos do grau 15.º do Rito Escocês Antigo e Aceito. *3* — O Título *Soberano* aparece como complemento, antes ou depois do nome designativo de numerosos graus maçônicos.

SOBERANO CAPÍTULO. Loja dos Soberanos Príncipes Rosa-Cruz.

SOCORRO. Dever de espontânea solidariedade entre todos os irmãos, que a Maçonaria fixa como um dos mais sagrados. No ato de sua recepção, todo o maçom se compromete a cumpri-lo fielmente, sem esperar nenhuma recompensa. (Cf. *Beneficência; Sinal de Socorro.*)

SOCORRO, *Lançar o grito de*. Fazer um apelo de socorro a seus irmãos. (Cf. *Sinal de Socorro.*)

SOD, heb., "mistério religioso", "arcano". Corresponde ao termo grego *mysterion,* "culto secreto", porém na versão bíblica cristã foi traduzido por "segredo", "conselho" e "concílio". Assim, o *Salmo* 25:14, que no original está *"Sod Ihoh* ("os mistérios de Jeová") são para aqueles que o temem", foi traduzido como "O *segredo* de Jeová é para aquêles que o temem"; e o *Salmo* 89:7, que diz: "*Al* (*EL*) é terrível no grande *Sod dos Kedeshim"* (os sacerdotes dos mistérios internos judeus, os Santos, os Iniciados), foi interpretado como *"Um Deus* sobremodo tremendo nos *conselhos dos Santos"*. Simeão e Levi também tiveram o seu *Sod,* que seu pai Jacó rejeitou: "Não entres, minha alma, em seu concílio; não te juntes, minha glória, à *sodalidade* (*Gên.* 49:6).

SODALES, lat., *sodalis,* "companheiro". Segundo Dunlap (citando *Latin Lexicon,* IV:448), eram os membros dos antigos Colégios Sacerdotais, romanos e anteriores. (Cf. *Colégios Sadalitim.*)

SODÁLICO, *Juramento*. O mais sagrado de todos os juramentos antigos, cuja violação acarretaria pena de morte. Tanto o juramento como o *Sod* eram anteriores à Cabala, ou Tradição, e ao *Zohar.* Presentemente se lhes faz referência sob o nome de Mistérios Secretos do *Thorah* (Lei), cuja violação se castigava com a morte. Referindo-se ao *Juramento Sodálico*. diz Champollion que "o sonho de Platão seria escrever uma obra completa sobre as doutrinas ensinadas pelos hierofantes egípcios; ele o confessou freqüentemente, mas o seu 'solene juramento' o compeliu a silenciar".

SODALIDADE, lat., *sodalitas,* "companhia". Reunião de companheiros, e posteriormente, de companheiros de mesa ou comensais. Em *De Senectute,* 13, diz Cícero que "as Sodalidades eram constituidas dos Mistérios ídeos da Mãe Poderosa" (a deusa grega Cibeles ou Rea). (S.D., II, 222 n.)

SODALITIUM, lat. derivado de *sodalis,* "companheiro. Antiga associação ou corporação romana. Pl. *Sodalitia,* "sodalícios". Os *sodalitia,* sinônimo aproximado de colégios, tiveram por objetivo, originariamente e para a maioria de seus membros, o culto de uma divindade particular. Certos deles eram puramente reservados ou privados, porém outros se imiscuíram em lutas políticas, e Júlio César os suprimiu, com exceção dos mais antigos. (Cf. *Colégios.*)

SODOMA, heb., "ardente". Segundo *Gên.* 19:24-26, esta cidade e Gomorra foram destruídas com uma chuva de enxôfre e fogo devido às suas iniqüidades, e a mulher de Lot ficou convertida numa estátua de sal por haver olhado para trás durante a fuga com seu esposo. O incêndio de Sodoma está representado no quadro do 3.º grau da Maçonaria de Adoção e é citado na instrução desse grau.

SOFIA, gr. *Sophia,* "sabedoria". *1* — A Sabedoria Divina personificada. — *2* — Palavra de Passe do grau 90.º do Rito de Misraim de Nápoles, que difere do organizado pelos irmãos Bedarride na França.

SOFONIAS, heb., *Zephaniah,* "escondido pelo Senhor". *1* — O nono dos profetas menores da Bíblia, filho de Coshi (*Zeph.* 1:1). *2* — Uma das palavras de *ordem diurna* no grau 32.º do Rito Escocês Antigo e Aceito, é relativa à quarta-feira e responde à pergunta *Alexandre.* *3* — Figura no grau 8.º do Escocismo Reformado em 10 graus, com as acepções de profeta e de sacrificador.

SOFRIMENTO, *Irmão do,* ou *Irmão Sofredor.* Título do 2.º grau dos irmãos iniciados da Ásia.

SOL. *1* — Misticamente, este astro é uma dualidade de Espírito e Matéria, e um inesgotável manancial de vida e luz, que dele flui sem cessar. Generoso "doador de vida" como é, alimenta e sustenta todas as criaturas, e é o coração de todo o sistema solar. Todas as antigas religiões populares exotéricas reconheceram sua natureza dual e o tomaram como símbolo mais completo de sua Divindade, porém sua dualidade foi antropomorfizada pelos profanos: Osíris-Tifan, Ormuzd-Ahrimam, Bel Júpiter-Baal. O jesuíta Cornélio de Lápide, em seu *Sermon sur la Sainte Vierge,* põe na boca de São Bernardo as seguintes palavras, dirigidas à Virgem Maria: "O Sol-Cristo vive em ti, e tu viverás nele", e o *Salmo*

84:11 canta: "Deus Jeová é sol e escudo". As lendas que acompanhavam os mistérios e cultos dos povos antigos giravam em torno da marcha aparente do Sol declinando para o ocaso, para expressar, em linguagem figurada, que ele era aparentemente vencido pelas trevas, representando na mesma alegoria o gênio do mal; mas reaparecia depois como o herói vencedor ressuscitado. Na Maçonaria, o Mito de Hiram Abiff é uma miniatura simulada e sinótica dessas lendas. Seu aparente nascimento, curso, morte e ressurreição periódicas descrevem alegoricamente as vicissitudes cíclicas da alma e o eterno combate entre o bem e o mal, ou interação dos pólos positivo e negativo de toda a natureza; e isso tem sido universal e simbolicamente representado com variadíssimos nomes e atributos. Na simbologia maçônica, um dos emblemas mais significativos do Sol é o esquadro e o compasso cruzados, que nessa disposição constituem a jóia distintiva do terceiro grau. O esquadro com as pontas voltadas para cima indica o céu ou o alto, para onde deve o iniciado dirigir constantemente as suas duas hastes; o compasso com as pontas voltadas para baixo e o seu eixo representavam os raios, que dele devem irradiar superiormente, tal como o disco solar representa o centro do imenso círculo, cujos pontos brilham por igual. Diz a Real Enciclopédia Maçônica de Mackenzie, em seu verbete sobre o "Sol": "O Sol sempre desempenhou papel importante como símbolo na Maçonaria. O V.·. M.·. representa o Sol nascente; o S.·. V.·., o Sol no meridiano, e o P.·. V.·., o Sol poente. Nos ritos druídicos, o Arquidrúida representava o Sol e o assistiam nas cerimônias dois oficiais representando um a Lua no Ocidente e o outro o Sol no meridiano." (Cf. *Equinócios; São João, Festas de; Solstícios.*) *2 — Cavaleiro Adepto da Águia e do Sol.* Grau 13.º do Rito Escocês Filosófico da Loja Máter Escocesa de Marselha. 3 — *Cavaleiro Cabalista do Sol.* Título de um grau avulso da nomenclatura de Lepage. *4 — Cavaleiro do Sol.* Grau 4.º do Rito Escocês Primitivo; 5.º do Rito Escocês Filosófico em doze graus; 18.º e último do Rito Escocês Filosófico da Loja Máter de Marselha; 23.º do Rito de Heredom; 24.º do Rito Primitivo de Namur; 51.º do Rito de Misraim e 72.º do Capítulo Metropolitano. 5 — *Cavaleiro do Sol e da Alegria.* Grau 29.º do Rito de Mênfis. *6 — Cavaleiro do Sol, Grão-Mestre da Luz* ou Grande *Escocês de Santo André, Patriarca das Cruzadas.* Grau 28.º do Rito Escocês Antigo e Aceito. 7 — *Cavaleiro Solar.* Título de um grau avulso mencionado na nomenclatura de Peuvret. *8 — Príncipe do Sol* ou o *Homem Regenerado.* Título de um grau da nomenclatura da Universidade.

SOLDADO. *1* — **Título que se dava aos iniciados no primeiro grau dos Mistérios de Mitra.** — *2* — **Título do grau 10.º do Rito da Ordem dos Arquitetos da África.**

SOLDADOS ANTIGOS. Sobrenome que se dava aos membros de um ramo do Companheirismo, que se diziam "Filhos do Pai Subise".

SÓLIDOS. Denominação geral usada para distinguir os alimentos na linguagem figurada empregada nos banquetes da Maçonaria Escandinava.

SOLIMÃO (árabe). Nome que os muçulmanos dão a Salomão.

SOL-OM-ON. O nome do Sol em três línguas; uma expressão de luz, conhecimento, compreensão. *Sol* em latim significa o astro *sol*; *om* é uma palavra sacrada dos hindus, e *on* vem do grego *on*, a existência absoluta. Daí o atribuírem alguns que *Solomon* (Salomão) não é um nome pessoal, mas um composto de três nomes de origens diferentes, que invocam a Divindade Suprema em suas respectivas línguas. (Cf. *Aum*)

SÓLON, gr. Célebre legislador ateniense (638-558 a.C.) ascendente de Platão e um dos sete sábios da Grécia e iniciado em Sais, Egito. Eleito arconte em 594 a.C., com poderes especiais, elaborou uma constituição nacional, em que dividiu os cidadãos em quatro classes, entre as quais está a dos obreiros *construtores dionisianos*, considerados um dos remotos antecessores da Maçonaria operativa. (Cf. *Colégios Romanos*.)

SOLSTICIAIS, *Festas*. Festas solenes celebrada pela Maçonaria por ocasião dos solstícios de verão e inverno, a primeira dedicada ao Reconhecimento, e a segunda, à Esperança. (Cf. *S. João, Festas de.*)

SOLSTÍCIOS. Os pontos na Eclítica, em que o Sol está em sua distância máxima ao norte ou sul do Equador, e que são assim chamados porque então parece estar esse astro parado. No hemisfério norte o Solstício de Verão ocorre quando o Sol está a 0º de Câncer, cerca de 21 de junho; o Solstício de Inverno, a 0º de Capricónio, cerca de 21 de dezembro. A exemplo das religiões mais antigas, o culto cristão está distribuído segundo a marcha do Sol e da Lua. O nascimento de Cristo coincide com o solstício de inverno; na época dos solstícios de verão e inverno, no hemisfério norte se celebram as festas de João Batista em 24 de junho, as Natalinas em 25 de dezembro e as de João Evangelista em 27 de dezembro. As demais festas vêm distribuídas metodicamente em outros períodos do ano, seguindo um ordem comparável à

das cerimônias védicas. Ambos os solstícios ocorrem quatro dias antes das datas consagradas pelos cristãos às suas festas de Natividade e João Batista, e tal diferença se deve à precessão dos equinócios. Sendo essa precessão de cerca de 50 segundos por ano, um cálculo matemático demonstra que as datas e festividades solsticiais pré-cristãs coincidiam há cerca de 7 000 anos. (Cf. *Ocidente,* 1; *Ponto dentro do Círculo; São João, Festas de; Sol.*)

SOLUERE, *João de.* Hábil arquiteto alemão, Mestre de Loja e um dos signatários da Carta de Estrasburgo de 1459.

SOMEK, heb. "fulgente". Um dos grandes nomes de Deus no Ritual do Grande Arquiteto (6.º) do Escocismo Reformado de Tschoudy.

SONDADOR, *Grande.* Na Ordem andrógina da Felicidade, é o título do segundo dos quatro oficiais que regiam suas Esquadras (Lojas).

SONNAC, *Guilherme de.* *1* — Grão-Mestre dos Templários de 1272 a 1277, segundo a cronologia da Ordem da Estrita Observância na Alemanha. *2* — Palavra de Ordem correspondente à sexta-feira de cada semana na moderna Ordem pseudomaçônica do Templo, criada em Paris em 1804. A contra-senha ou resposta é *Celestino.*

SONO. *1* — Afastamento ou suspensão temporários de um franco-maçom dos trabalhos de sua Loja, passando para a categoria de *dormentes.* *2* — Uma das Palavras Sagradas e de Reconhecimento dos Cavaleiros e Damas da Ordem andrógina da Felicidade.

SONTHONAX (1763-1813). Advogado francês e ardoroso maçom, que se consagrou abnegadamente à causa da humanidade. Enviado a São Domingos para abafar as turbulências ocasionadas ali pelo descontentamento dos homens de cor, pôs-se ao lado destes e proclamou-lhes a emancipação geral.

SOSIS, pr. do eg. *Sothis* — Título de seis oficiais superiores da Ordem dos Sofísios, encarregados de manter a boa disciplina nos seus trabalhos. (Cf. *Rito da Ordem Sagrada dos Sofísios.*)

SOTHIS, eg. Nome da estrela Sírio, consagrada a Ísis. Seu orto helíaco, que assinalava o início do ano, era o ponto de partida do ano civil egípcio. Consideravam-na a rainha das 36 constelações que presidiam sucessivamente as 36 décadas. Parte do templo de Denderah estava consagrada à celebração da saída de Sothis, e em Assuan havia um templo dedicado a Ísis-Sothis. Nos Mistérios Maiores se achava representada pela estrela flamígera, atualmente um dos mais importantes símbolos maçônicos. (Cf. *Sírio*.)

SPARTACO. Pseudônimo que se adotava para indicar o professor Adão Weishaupt, fundador da Ordem dos Iluminados da Alemanha, na Baviera, em 1776.

SPES, "esperança". Palavra de Passe dos Cavaleiros do Oriente (40.º) do Rito de Misraim.

SPES, *Davi*. Arquiteto e Mestre da Loja de renome e um dos signatários da histórica carta da Escócia em 1439.

SPIRA, *Congresso de*. Congresso ou convento maçônico realizado em Spira, em 1469, por convocação da Grande Loja de Estrasburgo, com o fim de: a) — reunir dados exatos e completos para formular um memorial inteligível do estado geral e movimento das obras públicas, religiosas e monumentais dos principais países da Europa; das que se achavam em construção, e das que estiveram interrompidas ou não terminadas. b) — Reunir também os dados e informes necessários para poder avaliar a real situação das Confrarias Maçônicas, e especialmente das estabelecidas na Inglaterra, Gálias, Lombárdia e Alemanha. c) — Tratar dos direitos e atribuições das Lojas e suas mútuas relações.

SPIRITUALIS, *Coadjutor*. Título do grau 3.º dos Jesuítas.

SPOULÉE, *João de*. Um dos cinco deputados nomeados por Eduardo III da Inglaterra, em 1337, para superintender os franco-maçons e as obras em execução. Em 1350 foi nomeado Grão-Mestre em propriedade pelo mesmo monarca, elevado cargo que desempenhou até 1357, quando sucedeu a Guilherme Wykeam, bispo de Winchester.

S.·. P.·. S.·. Iniciais de Saúde, Progresso e Solidariedade.

S.·. S.·. S.·. *1* — Iniciais de Saúde, Saúde, Saúde, que alguns maçons fazem mencionar no intróito de suas cartas ou pranchas. *2* — No grau 28.º do Rito Escocês Antigo e Aceito, acima da cabeça do Presidente (*Adão*), acha-se um círculo com um triângulo inscrito, refletindo o Sol e tendo uma dessas letras em cada um de seus ângulos, com o significado de *Stella, Sedet, Soli,* e também *Sciencia, Sabedoria, Santidade.*

STANHOPE, *Felipe*. Diplomata maçom inglês, que se celebrizou por seus relevantes serviços prestados à Ordem. Iniciado em 1721, dez anos depois organizou e impulsionou a Maçonaria nos Países Baixos.

STAPLETON, *Walter*. Grão-Mestre da Confraria de Franco-maçons da Inglaterra, em 1307.

STARBUZANAI, grafia provavelmente anglizada de *Shethar-Bozenai*. Nome adotado no grau 6.º do Rito Moderno ou Francês, para designar o rio com uma ponte superposta, que na decoração da Loja figura no átrio separando a *Sala do Oriente* da *Sala do Ocidente,* ou a segunda Câmara da Terceira. Ambas as *Salas* são, respectivamente, uma alegoria da corte de Ciro no reinado de Babilônia e do templo destruído de Jerusalém, cidades essas separadas pelo rio Eufrates, cuja ponte os judeus libertos do cativeiro tinham de atravessar para regressar à sua pátria e reconstruir o seu templo.

STARK, *João Augusto, Barão* (1741-1816). Pastor protestante e depois clérigo; católico, orientalista, historiador e eloqüente orador, foi um dos maçons reformadores mais ativos da Alemanha, e o criador do sistema dos Clérigos da Lata Observância.

STASSART, *João A. Jaswin*. Primeiro Grão-Mestre da Grande Loja simbólica independente de Bruxelas, eleito em 1835.

STEFFENA, *Dr. Z. W*. Professor de Leipzig, que em 1821 escreveu uma obra intitulada *Caricaturas do Santíssimo,* atacando violentamente a Maçonaria, mas sem o menor êxito, dada a reação de ilustres e cultos maçons, seus contemporâneos.

STEINBACH, *Erwin*. Célebre Mestre maçom, falecido em 1318, e que de 1275 até a sua morte foi o Arquiteto diretor das obras finais da Catedral de Estrasburgo, que haviam sido iniciadas em 1015. Para tanto convocou em 1275 um congresso maçônico de arquitetos famosos de todos os países, e constituiu, como na Inglaterra e conforme as antigas práticas, uma grande *Huten* (*Loja*), em que todos prestavam juramento de acatar e obedecer as regras e regulamentos da Confraria. Segundo o abade Garnier e outros historiadores, construiu-se junto à catedral um edifício de madeira (Loja), destinado à realização de assembléias, convocadas para tratar de assuntos relacionados com a obra. Numa dessas assembléias magnas, foi Steinbach eleito presidente jurisdicional da Confraria; estabeleceram-se sinais e palavras especiais para mútuo reconhecimento, e por último se adotou um cerimonial para a recepção de Mestres e Companheiros, em que, sob o véu das alegorias, se ocultavam as doutrinas e regras mais profundas da "Arquitetura". Esta organização engenhosa se propagou pela Alemanha: todas as demais Lojas, reconhecendo-lhe a superioridade, a distinguiram com o título honorífico de *Haupt Hutte* (Grande Loja), título esse que um congresso realizado em Ratisbona em 1459 tornou efetivo. Alguns historiadores consignam a Grande Loja de Estrasburbo como o verdadeiro berço da atual Franco-maçonaria, e a Erwin de Steinbach como tendo sido o primeiro Grão-Mestre dos franco-maçons da França e Alemanha.

STEINBACH, *João*. Filho do anterior e também notável arquiteto, que sucedeu a seu pai em dignidade e dirigiu as obras da mesma catedral de 1318 a 1338, quando faleceu.

STELLA-SEDET-SOLI. Lema distintivo dos Cavaleiros do Sol (28.º) do Rito Escocês Antigo e Aceito. Expressa-se pelas três iniciais S.·. S.·. S.·., que nos rituais franceses também se traduzem por *Science, Sagesse, Saintété* ou "Ciência, Sabedoria, Santidade." (Cf. S.·. S.·. S.·.)

STERKIN. *1* — Segundo o ritual do Pequeno Eleito ou Eleito dos Nove (5.º) do Rito Adoniramita, este é o nome do primeiro dos nove Mestres escolhidos por Salomão para irem em busca do cadáver de Hiram Abiff. *2* — Em alguns graus deste mesmo Rito e dos diferentes ramos do Escocismo, é também o nome de um dos três assassinos do referido Hiram. *3* — Palavra de Passe no grau 5.º do Rito Adoniramita.

STEWARDS. Mordomos, peritos ou práticos que nas Lojas da Inglaterra desempenharam função de Mestres de Banquetes.

STEWARDS, *Loja dos*. Com o intuito de disciplinar os seus banquetes festivos anuais, em constante desenvolvimento, a Maçonaria da Inglaterra restabeleceu em 1728 o antigo costume de nomear comissários especiais encarregados de executar os trabalhos e pormenores relativos a essas festas. Ante os excelentes resultados colhidos, em 1735 a Grande Loja decretou a formação de um comitê permanente, constituido dêsses mesmos comissários e denominado *Loja dos Stewards*. Com o decorrer do tempo, essa Loja tomou a seu cargo, mediante uma retribuição, o fornecimento dos diversos artigos de consumo e o pagamento dos cozinheiros e demais gastos concernentes aos convites — *2* — No sistema sueco, dá-se essa denominação ao Capítulo dos altos graus, que compreendem o 6.º, 7.º, 8.º e 9.º.

STIBIUM, lat., "estíbio", "antimônio". *1* — Palavra de Passe do grau 28.º do Rito Escocês Antigo e Aceito. Algumas Lojas lhe acrescentam *Helios, Mené, Tetragrammaton,* denominações gregas de *Sol,* da *Lua* e do *nome de Deus nas quatro letras* hebraicas *yod, he, vau, he,* ou em maiúsculas latinas: *IHVH*. (Cf. *Tetragrammaton.*) *2* — Palavra de Passe do único grau da Maçonaria Iátrica, intitulado *O Oráculo de Cós.*

STOLKIN, hebr., "água corrente". *1* — Nome de um personagem que figura em quase todos os graus da Maçonaria bíblica, conhecida por *Salomônica, Hiramita, Adoniramita,* etc., como tendo sido um dos principais Mestres escolhidos por Salomão para ir, primeiro, em busca do cadáver de Hiram Abiff, e depois, dos seus assassinos. Segundo a lenda, para recompensar-lhe o zelo e eficiência, o referido rei constituiu um corpo de 81 Mestres para o prosseguimento das obras e lhes designou para chefes os seus três prediletos. Assim, *Stolkin,* o principal dos eleitos, tinha 27 Mestres sob suas ordens, e Adoniram e Berechiel tiveram outros tantos, cada um. *2* — Segundo o ritual dos Eleitos simbólicos (5.º) do Escocismo reformado, o nome *Stolkin* fora esculpido no mausoléo mandado erigir por Salomão para guardar as cinzas de Hiram. *3* — No Rito Escocês Antigo e Aceito, é o título do quinto oficial (o Grande Imperador) do Real Arco 13.º), que se coloca ao Ocidente; é Palavra Sagrada do grau 12.º. *4* — Este personagem também aparece em muitos outros graus, porém com nomes diversos e alguns errôneos, entre os quais se citam *Stolkin, Etokin, Shoulkain,* etc. (Cf. J.·. H.·. S.·.)

STRABUZANES. Nome atribuído a um dos generais do rei Ciro, da Pérsia, e com o qual se designa o Primeiro Vigilante no grau 15.º do Rito Escocês Antigo e Aceito.

STRACHANE, *Roberto*. Mestre de Loja e um dos signatários da Carta da Escócia de 1630.

STROGONOF, *Conde de*. Embaixador da Rússia em Paris, em 1786, e um dos franco-maçons mais ilustrados. Durante sua permanência na França, tomou parte ativa nos trabalhos do Grande Oriente, muito especialmente na reforma dos altos graus, havendo sido eleito com os irmãos Bacon de Chavallerie e o barão de Toussaint, para procederem à redação dos novos catecismos maçônicos.

STUART, *Irmão*. Título do grau 6.º do Rito Sueco.

SUBCOMENDADOR. O tenente comendador nas ordens militares e nos Supremos Conselhos dos Ritos Escocês, de Misraim e outros.

SUBISE, *O Pai*. Chefe alegórico de um dos ramos mais importantes do Companheirismo (*Compagnonnage*), cuja lenda está intimamente ligada à de *Maese Jaime,* ou *irmão Jaime,* seu rival. (Cf. *Jaime.*)

SUBLIME. Título complementar de numerosos graus supermaçônicos nos diversos Ritos.

SUBMISSÃO. *1* — Ato solene pelo qual o Franco-maçom se submete às leis da Instituição e à jurisdição da Loja e da Grande Loja, ou de qualquer autoridade jurisdicional da qual passe a depender. *2* — Uma das Palavras de Reconhecimento dos Cavaleiros do Templo.

SUDERMÂNIA. *1* — Antiga província da Suécia, limitada pelo Báltico e pela província de *Upland.* *2* — *Príncipe Carlos de* (1748-1818). Irmão do rei Gustavo III da Suécia e um dos mais fervorosos maçons de sua época. Eleito Grão-Mestre em sua juventude, mostrou-se partidário das inovações da magia, cabalismo e templarismo. Ao ascender ao trono com o nome de Carlos XVIII, resignou o malhete de Grão-Mestre em mãos de seu sucessor e filho adotivo Carlos João (Bernadote). Ao cessar suas funções, fundou a Ordem de Carlos XIII, para honrar a prática das virtudes, e da qual só os franco-maçons podiam fazer parte.

SUFISMO, (raiz de *sophia,* sabedoria). Seita mística persa, baseada na "Filosofia e doutrina esotéricas do *verdadeiro* Maometismo", e de organização semelhante à da Maçonaria. Prega um só credo universal, o respeito mútuo e a tolerância para com as crenças *exotéricas* populares, sendo um de seus lemas: "Os caminhos que conduzem a Deus são tantos quantos são os alentos dos filhos dos homens." Consta de 4 graus: 1.º — o *probatório,* com estrita observância externa dos ritos muçulmanos, porém com a explicação do significado místico de cada dogma e cerimônia; *2.º* — *treinamento metafísico; 3.º* — o grau de *Sabedoria,* em que o candidato é iniciado na mais íntima natureza das coisas; *4.º* — a *Verdade final,* em que o adepto alcança poderes divinos e completa união com a Divindade única e universal por meio do *Êxtase* (*Wadj*).

SUFRÁGIO. *1* — Favor, ajuda ou socorro. *2* — Princípio democrático pelo qual na Maçonaria se confere a todo irmão em pleno gozo de seus direitos, a faculdade de votar e ser votado em eleições de dignitários e representantes da Loja e da Grande Loja, tanto quanto na sociedade civil se aplica o *Sufrágio Universal.* (Cf. *Votação.*)

SUL. Lado direito da entrada da Loja, também chamada Coluna do Sul, alegoricamente a mais iluminada (em relação ao hemisfério setentrional, berço da Maçonaria). Fica à esquerda do Venerável sentado ao Oriente. (Cf. Colunas; *Pontos Cardeais.*)

SUMO. *1* — O mais alto ou elevado. *2* — *Sumo Pontífice* ou Sacerdote. O chefe da ordem sacerdotal entre os hebreus e o principal de todos os sacerdotes.

SUPERINTENDENTE. Título com que se designaram alguns chefes da Franco-maçonaria da Inglaterra, quando sua nomeação era privativa da Coroa. Depois passou a ser eleito pelos Maçons, e o seu título mais comum passou a ser o de *Grão-Mestre.*

SUPERINTENDENTE DOS EDIFÍCIOS. Título do grau 8.º do Rito Escocês Antigo e Aceito. É mais comumente conhecido como *Intendente* ou *Mestre de Israel.*

SUPERIOR. Título que se dava aos Grãos-Mestres provinciais do regime jesuítico templário da Estrita Observância e aos grandes delegados do Rito Escocês Filosófico.

SUPERIORES DESCONHECIDOS ou INCÓGNITOS. Chefes Supremos da Maçonaria, que os forjadores dos graus templários do século dezoito procuraram fazer crer como existentes num lugar misterioso da Escócia, o que foi desmentido pelos próprios maçons escoceses.

SUPREMA POTESTADE ou POTÊNCIA DA ORDEM. Título da autoridade suprema do Rito de Misraim, constituída pelos membros do grau 90.º

SUPREMO. *1* — Título muito empregado nos sistemas maçônicos de altos graus. *2* — *Supremo Conclave.* Também chamado *Grande Acampamento,* é o organismo superior de certos graus cavaleirescos, muito especialmente dos Templários em voga na Inglaterra e nos Estados Unidos. *3* — *Supremo Conselho.* Tribunal Supremo do Rito Escocês Antigo e Aceito. *4* — *Supremo Consistório.* Nome de várias câmaras do Rito de Misraim. *5* — *Supremo Grande Capítulo.* Título dos Capítulos Metropolitanos do Real Arco.

SUPREMOS MESTRES ELEITOS. Título de um Rito Reformista de autoria do príncipe Frederico de Nassau, para neutralizar a influência do sistema da Estrita Observância, que dominava em toda a Alemanha.

SURDO. Sem ruído; calado; silencioso. Veja-se *Bateria Surda.*

SURPRESA, *Sinal de*. O primeiro dos três Sinais de Reconhecimento dos Intendentes dos Edifícios ou Mestres de Israel (8.º) do Rito Escocês Antigo e Aceito. Faz-se levantando os braços, com as mãos abertas, de palmas para fora, e o polegar estendido formando esquadro perto das fontes temporais. Retrocedem-se dois passoss e volta-se a avançar os mesmos dois passos, cobrindo-se o rosto com as mãos ao mesmo tempo que se exclama: *Ben-chorim!*

SURREY, *Tomás Fitz-Allen; conde de*. Grão-Mestre dos Franco-maçons da Inglaterra, eleito em 1399.

SUSPENDER. *1* — Privar temporariamente alguém de exercer determinado cargo ou função. *2* — *Suspender os trabalhos*: Interromper por certo tempo as atividades de uma *Loja*. *3* — *Suspenso de trabalhos*: Condição provisória de uma Loja ou Franco-maçom privados do exercício de seus direitos.

SUSSEX, *Príncipe Frederico Augusto; duque de*. Membro da família real da Inglaterra, que em 1790 foi iniciado na Maçonaria em companhia de seu irmão, o príncipe Eduardo, duque de Kent. Em 1813 foi eleito Grão-Mestre da Grande Loja Unida da Inglaterra.

S.·. V.·. *1* — Iniciais de *Silêncio e Virtude,* que é a divisa dos Cavaleiros Rosa-Cruz de Kilwinning e no simbolismo da Maçonaria de Adoção, onde é também palavra sagrada em vários graus. *2* — Iniciais de *Segundo Vigilante.*

SWEDENBORG, *Manoel* (1688-1772). Grande vidente e místico sueco, filho do doutor Gaspar Swedenborg, bispo luterano de Skara. Nascido em Stokolmo e falecido em Londres, destacou-se como teósofo, matemático, metalúrgico, filósofo, religioso, reformista, maçom e autor de diversas obras. Doutorou-se em filosofia em 1709, fundou a "Nova Igreja", e visitou a Inglaterra diversas vezes; a Holanda, França e Alemanha, e em seu regresso foi nomeado assessor do Real Colégio de Minas por Carlos XII. Desde 1716 passou 30 anos publicando obras científicas; de 1734 em diante se interessou por assuntos psicológicos, e em 1743 começou a publicação de numerosas obras sobre esse tema, nem sempre bem interpretadas. Havendo-se iniciado na Maçonaria, dedicou-se ardorosamente ao estudo de seus mistérios, chegando à conclusão de que estes provieram dos egípcios, persas, judeus e gregos, e criou um Rito que se distingue pelo seu nome. (Veja-se *Rito de Swedenborg.*)

SWEDENBORGISMO. Doutrina de Swedenborg .

SWEDENBORGIANA, *Academia*. Veja-se *Academia dos Iluminados de Avinhão* e *Rito de Pernety*.

SWEDENBORGISTA. Discípulo de Swedenborg. Os Swedenborgistas formam uma igreja à parte, sob a denominação de Nova Jerusalém, e acham-se disseminados pela Suécia, Alemanha, Inglaterra e Estados Unidos, onde há Lojas filiadas ao Rito de Swedenborg.

SWITHIN. Sacerdote e célebre arquiteto, que no ano de 856 foi nomeado pelo rei Sthewolp Grão-Mestre dos maçons da Inglaterra. Incumbido então da reparação de numerosos templos antigos e da construção de novos e importantes edifícios, distinguiu-se pela pronta reorganização que imprimiu às antigas confrarias que fazia cerca de dois séculos esse encontravam em conpleto marasmo, (V. *São Swithin*).

SYERLEY, *Washington*. Conde de Ferres, 32.º, Grão-Mestre da Grande Loja da Inglaterra, eleito em 27 de dezembro de 1761 e sucedido em 1764 por lorde Blaney Cadwallader.

T

T. *1* — Vigésima primeira letra do alfabeto maçônico, cuja grafia se encontra à página 16. No alfabeto latino seu valor era 160, e com um traço sobreposto significava cento e sessenta mil. Corresponde ao *Tau* egípcio e ao *Tav* hebreu. *2* — No simbolismo maçônico aparece freqüentemente como inicial e abreviatura de diferentes nomes e objetos, como Tabernáculo, Templo, Tempo, Têmpora, Terrível, Tesouro, Tesoureiro, Tribunal, Trolha, Tronco, etc. — *3* — Entre as quatro letras gravadas na jóia e no anel dos antigos Rosa-Cruzes de Ouro e que correspondem às iniciais dos quatro elementos a que dedicam seus estudos, sigfica *Terra.* *4* — No Acampamento dos Sublimes Príncipes do Real Segredo (32.°) do Rito Escocês Antigo e Aceito, é o destintivo do estandarte confiado a Beseleel. *5* — Sobre uma das colunas da Câmara dos Grandes Mestres Arquitetos (13.°) do mesmo Rito acima, é a sua jóia distintiva, como inicial de *Toscana,* uma das cinco ordens de arquitetura representadas pela coluna a que pertence. *6* — Sobre a jóia distintiva dos *Past Masters* (*Mestres Passados*) da Maçonaria do Real Arco, aparece duas vezes a Letra T, sendo a primeira inicial de *Tiro,* e a segunda, de *Thoth.* (Deus). *7* — No alfabeto hermético dos Juízes filosóficos desconhecidos, é designado pelo n.° 18 e inicial de *Titã.*

TABALOGIA, *Ordem da.* Chamada dos *Polvistas* ou *tomadores de tabaco* (*Priseurs*), esta Ordem é uma Maçonaria curiosa e erudita, instituída no século dezoito e composta de quatro graus, objetivando ensinar a doutrina de Pitágoras sob uma artificiosa alegoria do cultivo e manipulação da planta do *Tabaco.* (*Ver Ragon, Mundo Maçônico* n.° 12 de abril de 1859).

TABERNÁCULO. *1* — Tenda, cabana, pavilhão destinado à morada temporária. Nas Escrituras se emprega esta palavra para designar particularmente o lugar onde os hebreus praticaram o culto religioso, antes da edificação do Templo. O Tabernáculo por excelência foi erigido por Moisés, Beseleel e Aoliab, no deserto, no primeiro dia do segundo ano após a saída de seu povo do Egito; tinha forma oblonga e retangular (*Êxo.* 26:15-30; 36:20-30). Atualmente recebe esse nome o sacrário em que se acha simbolicamente guardado o corpo de Jesus Cristo nos altares, e a sua forma é a de capela. Segundo Josefo e outros testemunhos, o tabernáculo de Moisés era uma imitação do cofre sagrado em que fora encerrado Osíris, chamado *Tabernáculo de Ísis,* que nas procissões egípcias era conduzido com grande pompa e solenidade. Sustentam alguns escritores maçônicos que desse *Tabernáculo* procede a *Câmara do Meio* do grau de Mestre (3.º) e de outros graus análogos. *2* — — Na Maçonaria Egípcia de Cagliostro é um pequeno compartimento fronteiriço ao templo e à altura do trono do Grão-Copto, no qual se introduzia a *pupila* ou *pomba* que, segundo o ritual, se punha em comunicação com os anjos e destes recebia indicação favorável ou desfavorável à admissão do candidato. *3* — Na Maçonaria de Adoção, o *Tabernáculo* aparece em alguns de seus graus. *4* — No Rito de Misraim, dá-se este título às Lojas dos Sublimes Cavaleiros escolhidos (33.º). *5* — *Cavaleiro do Tabernáculo das Verdades Divinas.* Título de uma grau avulso da nomenclatura de Fustier e outros. *6* — *Tabernáculo das Verdades Reveladas.* Palavra de passe e de resposta dos *Chefes do Tabernáculo* (23.º) do Rito Escocês Antigo e Aceito. (Cf. *Santo dos Santos.*)

TALJAHHAD. Nome que no grau 29.º do Rito Escocês Antigo e Aceito se dá ao anjo da terra que figura neste grau, e é também uma das suas quatro palavras de passe.

TALLIUD. Nome que alguns rituais adotam em lugar de *Taljahhad.*

TALMON. heb., "grande opressão". Um dos porteiros do segundo Templo de Jerusalém (*I. Crôn.* 9:17); figura no grau de Príncipe de Jerusalém (8.º) do Escocismo Reformado.

TALMUD. Coleção clássica de textos e comentários sobre a lei religiosa judaica segundo o Pentateuco. Consiste de duas partes: *Mishnah,* a mais antiga, e *Gemara,* a mais moderna, que são comentários posteriores à própria *Mishnah.* Os ortodoxos judeus reputam a autoridade do *Talmud* em segundo lugar somente em relação ao Antigo Testamento; consideram-no como a Lei oral, e ao Pentateuco, a Lei escrita. Na opinião de abalisados ritualistas, o terceiro grau de Mestre classificado de Bíblico é antes talmúdico, bem como muitos outros ritos e sistemas, e especialmente o Rito de Misraim.

TALMUDISTA. É quem professa as doutrinas do *Talmud.* Então nesse caso os mebros do grau 71.º do Rito de Misraim, os *Soberanos Príncipes Talmudistas.*

TAPETE. V. *Quadro.*

TARAFORI. Palavra Sagrada do grau 50.º do Rito de Misraim.

TASSIM. Um dos membros mais destacados e influentes da Franco-maçonaria na França, Presidente da Câmara do Grande Oriente, que pereceu no cadafalso em 1790, vítima das perseguições de então.

TAU (heb.). Antigo símbolo egípcio de iniciação. Segundo do o demonstra R. F. Mackenzie, "era um símbolo de salvação e consagração, e como tal, tem sido adotado como símbolo maçônico no grau do Real Arco". O *Tau* é a cruz em forma de T, e um dos mais antigos símbolos cruciformes, entre os quais se inclui o Malhete. No Budismo do Norte significa "Senda de perfeição": "Não entraste no *Tau,* 'a senda que conduz ao conhecimento?" (*Voz do Silêncio, Parte I,* de H. P. B.)

TAURO, "touro". Nome de uma constelação do Norte, contendo as Plêiades, e do segundo signo do zodíaco, que figura nos templos simbólicos da Franco-maçonaria azul ou de São João.

TAXADORES, *Ordem dos.* Espécie de Maçonaria dividida em muitos graus, obscuros e complicados, para o ensino da doutrina de Pitágoras.

TEBETH. "inverno". *1* — Décimo mês do ano sagrado (*Ester* 2:16), e quarto do calendário civil hebreu, correspondente à lua nova do seu 4.º mês (correspondente ao nosso janeiro). — *2* — Palavra de Passe do grau 16.º do Rito Escocês Antigo e Aceito. (Cf. *Vinte e Três.*)

TELHA. Nome simbólico que nos banquetes de Franco-maçonaria se dá aos pratos e terrinas.

TELHADOR e RETELHADOR, do fr. *Tuileur.* Emprega-se na Franco-maçonaria como sinônimo de *examinador, averiguador.* É o oficial encarregado de examinar os irmãos visitantes, antes de serem admitidos na Loja, para certificar--se, por meio de sinais, palavras, toques, perguntas de instrução, e outros meios, da autenticidade de seu caráter maçônico e dos graus que declaram possuir. Habitualmente estas funções são exercidas pelos Expertos ou pelos Mestres de Cerimônia. (Cf. *Trolhador.*)

TELHAR ou RETELHAR. Sinônimo de *examinar;* são as funções do *Telhador.* (Cf. *Trolhar.*)

TEMPEST, *Jorge.* Grão-Mestre da Grande Loja de Iorque em 1705.

TEMPLÁRIA. *1* — Título de uma das seções mais importantes da Franco-maçonaria super-maçônica ou dos altos graus. *2* — *Maçonaria Templária* ou *Filosófica.* Uma das três grandes agrupações divisionárias da Maçonaria nos Estados Unidos. Compõe-se do Cavaleiro da Rosa-Cruz, Cavaleiro Templário e Cavaleiro de Malta, aos quais outros também acrescentam o Cavaleiro da Divisa Cristã, o Guarda do Conclave, o do Santo Sepulcro, e o da Santa e Três Vezes Ilustre Ordem da Cruz. Esta Maçonaria se governa completamente independente dos demais ramos, por meio de grandes Acampamentos. Cada Estado da União tem, além da Grande Loja Simbólica para o regime da Maçonaria universal e dos Grandes Capítulos para o da científica, um Grande Capítulo e um Grande Acampamento para a Maçonaria Templária Filosófica. Os Grandes Capítulos têm por autoridade um Grande Capítulo Geral, e os Grandes Acampamentos, um Grande Conclave.

TEMPLÁRIO. *1* — Membro de uma ordem militar religiosa fundada em 1118 em Jerusalém, para proteger os peregrinos cristãos, e que posteriormente se estendeu por toda a Europa. Algumas teorias têm atribuído a essa Ordem a origem da Maçonaria, e não ao Templo de Salomão; segundo outras, porém, hoje está fora de dúvida que sua origem remonta a eras pré-salomônicas. *2* — Rito místico-cavaleiresco da Maçonaria, oriundo da Escócia e que adquiriu grande preponderância na segunda metade do século dezoito, mormente depois da chegada de Eduardo Stuart na França, acompanhado de seus sequazes, e do famoso discurso de Ramsay. Este sistema tem caído em desuso, mas ainda subsiste na Ordem do Templo criada em Paris no fim do século dezoito, contando com número reduzido de adeptos, e no Rito Sueco, que mantém o espírito do templarismo num estado ideal e platônico. *3* — No Rito Escocês Antigo e Aceito, que classifica os seus graus em sete categorias, dedica-se a sexta categoria aos graus templários que são: o 19.º,

Grande Pontífice; o 20.º, Venerável Mestre *ad vitam;* o 23.º, Chefe do Tabernáculo; o 24.º Príncipe do Tabernáculo; o 25.º, Cavaleiro da Serpente de Bronze; o 26.º, Escocês Trinitário ou Príncipe da Mercê; o 27.º Grande Comendador do Templo, e o 29.º, Grande Escocês de Santo André da Escócia. No entanto, desde a fundação do Rito nunca se trabalhou com estes graus que, quando conferidos, o são por comunicação. *4* — Grau 6.º do sistema da Estrita Observância, criado na Alemanha em 1763 pelo barão de Hund, e dividido em três categorias: ***Eques, Socius*** e ***Arminger,*** a que se acrescentou em 1770 uma quarta: ***Eques Propessus.*** (Cf. ***Ordem dos Templários; Rito da Estrita Observância; Rito da Ordem do Templo.***)

TEMPLO. *1* — Nas sociedades *iniciáticas,* ***Templo*** é o lugar onde se reunem os seus adeptos; esotericamente, é o ser humano ideal e perfeito, que deve ser "edificado" pelos "construtores" da raça; é o ***Iniciado*** verdadeiro mas ainda muito raro. É o seu corpo purificado: "Não sabeis que sois o templo de Deus e que o Espírito Santo habita em vós? Se alguém destrói o templo de Deus, Deus o destruirá; pois o templo de Deus, que sois vós, é santo" (*I Cor.* 3:16, 17). *2* — Maçonicamente, é o lugar onde se reunem as Lojas ou trabalham os irmãos em Loja. Cada grau possui seu "Quadro de Loja"; primitivamente, este Quadro era traçado a giz no solo. O Templo é a realização material do Quadro da Loja, e é orientado como as igrejas: a entrada ao Ocidente, o lugar do Venerável ao Oriente, o lado esquerdo ao Sul e o direito ao Norte; simbolicamente, o Oriente é sempre onde se acha instalado o Venerável. Por extensão se denomina Templo também à *Loja* ou *Oficina,* e Éden na Maçonaria de Adoção, bem como as muitas câmaras dos graus e agrupações destes. Trabalhar na construção do Templo é "trabalhar em seu próprio aperfeiçoamento e no da humanidade". (Cf. *Loja; Oficina.*)

TEMPLO DE PERFEIÇÃO. Título especial dado à terceira câmara de recepção do grau de Escocês (5.º) do Rito Moderno ou Francês.

TEMPLO DE SALOMÃO. Na acepção maçônica, este templo é mítico. É a imagem e representação do Universo e de todas as maravilhas e perfeições da criação, e a Maçonaria o tomou como protótipo para a ministração de seus ensinos e aplicação simbólica de suas doutrinas. Na Bíblia, é o templo que o famoso rei de Israel mandou erigir em Jerusalém, sobre o monte Moriah (*II. Crôn.* 3:1), e cujos dados arquitetônicos a Maçonaria adotou para a formulação e perpetuação de seu simbolismo. Este templo compreendia três partes: o pórtico ou vestíbulo, onde se erguiam as duas colunas *Jachin* ("Ele estabelecerá") e *Boaz* ou *Booz* ("Fôrça interna"); o *Santuário,* onde se achavam o candelabro, a mesa dos pães e o altar de ouro para os perfumes, e o *Oráculo* ou lugar *Santíssimo* que guardava a Arca. As duas últimas partes estavam separadas por um muro com duplas portas de madeira de oliva, das quais pendia uma cortina de várias cores e com desenhos de querubins e flôres. O lugar *Santíssimo* era uma pequena câmara quadrada, iluminada apenas pela luz que ali penetrava pela porta de entrada e tendo instaladas duas enormes figuras de querubins, feitas de ouro e colocadas uma em cada lado da Arca, que cobriam com as suas asas (Cf. *I. Reis, Caps.* 6 e 7; *Mistérios Judaicos.*)

TEMPLO DE ZERUBABEL, ou *Segundo Templo.* No ano 536 a. C., Ciro, rei da Pérsia e conquistador da Babilônia, permitiu aos expatriados judeus regressarem ao seu país e ali reedificarem o seu Templo. Como a destruição deste tinha sido total, tiveram de edificar um segundo, cujas dimensões eram o dobro das do primeiro. Esta edificação durou vinte e um anos, por causa da oposição levantada contra os reconstrutores pelos samaritanos, dissentidos dos judeus desde a divisão de seu reino em 976 a. C. (*I Reis* 12: 16-20; *Esdras, Caps.* 1 a 6). Toda a lenda do cativeiro e libertação do povo judeu e da construção do seu segundo Templo é alegoricamente perpetuada no 4.º e último grau (*Santo Real Arco*) da Maçonaria do Real Arco, e incorpora, misticamente, um ensino ou etapa superior ao da lenda da construção do primeiro Templo, o de Salomão. Alguns autores também atribuem à fase da reconstrução do Templo em meio de lutas contra seus obstrutores samaritanos, a origem do duplo símbolo da espada e trolha usadas pelos recipiendários, ao prestarem o seu Juramento, da Real Ordem da Escócia, agora mais conhecida como *Ordem Real de Heredom de Kilwinning,* bem como em outros rituais escoceses, simbolizando a busca da "Palavra inefável há longo tempo perdida". No entanto, dado o seu significado místico, é bem mais antiga a origem desse duplo símbolo, pois a Trolha significa a pacífica e nobre edificação de nosso caráter no ápice de nossa natureza superior, e a Espada, a perpétua luta que para isso temos de travar valentemente contra a sistemática oposição e rebeldia de nossa natureza inferior e mortal. (Cf. *Mistérios Judaicos.*)

TEMPO ou IDADE, *Completar seu*. Em Maçonaria significa que um irmão completou o prazo regular para ascender ao grau seguinte.

TENAZES. Simbolicamente são as tesouras de aparar pavios de velas. (Cf. *Alicates*.)

TENDA. *1* — No acampamento alegórico dos Príncipes do Real Segredo (32.º) do Rito Escocês Antigo e Aceito, há nove tendas ou barracas de campanha sobre os lados do exágono, e sobre os ângulos, nove flâmulas de cores idênticas às bandeiras das tendas que as precedem. As flâmulas são anotadas por números, e as tendas, por letras dispostas da direita para a esquerda, na ordem seguinte: I.N.O.N.X.I. L.A.S., que lidas na ordem inversa, formam as duas palavras sagradas desse grau. (Cf. *Salix-Noni-Tengu*.) *2* — Denominação tomada pelas Lojas dos Cavaleiros Escandinavos. *3* — Nome designativo do lugar onde os membros da Franco-carbonaria celebravam suas reuniões. (Cf. *Anteolhos*.)

TENENTE GRANDE COMENDADOR. Título dado ao substituto do Grande Comendador e Chefe do Rito denominado Escocês e de outros que se regem por Supremos Conselhos.

TENGU. Veja-se *Salix-Noni-Tengu*.

TEODIDACTO, do grego *Theodidaktos,* "ensinado por Deus". Título aplicado a Ammonio Saccas, fundador da Escola eclética neoplatônica dos filaleteus, no século III, em Alexandria, pois se cria que sua sabedoria lhe fora revelada por Deus em sonhos e visões.

TEOFANIA, do grego *Theophania,* "aparição de Deus". *1* — Entre os neoplatônicos era interpretado como "Deus no homem" ou "cobrindo o homem". *2* — Manifestação ou aparição de Deus aos patriarcas sob a forma angélica ou humana. Segundo se infere de certas confissões de Platão, Próculo e outros autores notáveis, os Iniciados gozaram da teofania, isto é, tiveram visões de deuses e de autênticos Espíritos imortais. Como disse acertadamente Taylor: "A mais sublime parte de *epopteia,* ou revelação final, consistia no obtenção da visão dos próprios deuses (os elevados Espíritos planetários) revestidos de uma luz refulgente". (*Doctrina Secreta,* Vol. III, 283, Blavatsky.)

TEOSOFIA, do grego *Theosophia,* "Sabedoria Divina". *1* — Nome que os filósofos alexandrinos do 3.º século da éra cristã davam à antiga religião da sabedoria e à ciência oculta, que também compreendia a Teurgia ou Magia Divina. *2* —

Denominação dada à ciência de alguns místicos dos séculos XVII e XVIII, que visavam obter a iluminação direta e pôr-se em relação com a Divindade. — *3* — Doutrina apresentada no fim do século XIX por H. P. Blavatsky em suas obras *A Doutrina Secreta* (6 vols.) e *Isis sem Véu* (4 vols.), *Chave da Teosofia*. etc.

TEOSOFISTA. Aquele que adota e pratica os princípios teosóficos.

TEÓSOFO, do grego *Theos*, Deus, e *sophos*, *sábio*. *1* — É a pessoa que professa a Teosofia. Sob esta designação se têm nomeado muitos místicos em vários períodos da história: os neoplatônicos de Alexandria do II ao IV século, os alquimistas e cabalistas dos tempos medievais, bem como os martinistas, os alquimistas e outros místicos, isolados ou incorporados a alguma fraternidade ou sociedade. Deles diz o irmão Kenneth R. Mackenzie: "Os teósofos dos passados séculos, inteiramente especulativos e sem haverem fundado escolas, exerceram constante influência sobre a filosofia, e sem dúvida, chegado o tempo, muitas das idéias assim apresentadas em silêncio podem imprimir novos rumos ao pensamento humano. Assim, entre certos entusiastas dos graus superiores da Maçonaria, estas doutrinas chegaram a alcançar autoridade e força. Contudo, essas força feneceu consideravelmente com o desaparecimento dos fundadores, e por isso a Maçonaria moderna conserva apenas escassos vestígios da influência teosófica. Por muito acertadas e belas que tenham sido algumas das idéias de Swedenborg, Pernetti, Paschalis, Saint Martin, Marconis, Ragon e Chastanier, muito pouca é a influência que hoje exercem sobre a sociedade." Todavia, no fim do século XIX houve novo renascimento das idéias teosóficas, com a fundação da Sociedade Teosófica, em 17 de novembro de 1875, em Nova Iorque, por Helena Petrowna Blavatsky, o maçom coronel Henry Steel Olcott e outros, que a transferiram em 1878 para a Índia, onde hoje está a sua sede internacional em Adyar, Madras. Numerosos teósofos atuais pertencem à Franco-maçonaria, e principalmente à Comaçonaria. *2* — Grau 3.º do Rito de Beneditino Chastanier e 125.º da nomenclatura da Universidade. (Cf. *Teosofia*.)

TERAPEUTAS, do grego *Therapeutés*. Uma escola de esoteristas, que constituia um grupo interior dentro do judaismo alexandrino, e não, como se crê vulgarmente, uma seita religiosa. Fílon, o Judeu, os chama "servidores de Deus". Eram judeus helênicos contemplativos. São mencionados em alguns graus do Rito Escocês, bem como dos de Misraim e Mênfis. (Cf. *Essênios.*)

TERCEIRA CÂMARA. Nome derivado dos mistérios de Atenas e que é o que às vezes se dá à Câmara do Meio (3.º Grau).

TERCEIRO CÉU. Loja do 26.º grau do Rito Escocês Antigo e Aceito. (Cf. *II Cor.* 12:2.)

TERCEIRO GRAU. V. *Mestre.*

TERMINUS. Deus mitológico romano, que presidia os limites ou fronteiras dos Estados e cujo culto se diz ter sido instituído por Numa Pompílio.

TERNÁRIO. Termo bastante usado na Maçonaria para designar um número formado de três unidades ou um todo constituído de três princípios ou elementos, como, por exemplo, o Espírito que é a Tríada Superior manifestando-se através da Vontade-Amor-Inteligência. (Cf. *Quaternário.*)

TERRA. *1* — Segundo a filosofia hindu, da escola *Sânkhya,* a terra é um dos cinco elementos compostos (éter, ar, fogo, água e terra) correspondentes aos nossos cinco sentidos. *2* — Para os hermetistas é um dos quatro elementos (os anteriores, menos o éter), representando a associação do Frio e do Seco, da Inércia e da Fixidez, e tendo analogia com o outono, a velhice, a melancolia. *3* — Na Maçonaria filosófica simboliza no 1.º grau o corpo físico do Aprendiz, que ele deve dominar e educar antes de ascender ao grau seguinte, tal qual o Aprendiz operativo aprendia primeiro a desbastar a pedra bruta para depois ser promovido a Companheiro. (Cf. *Elementos.*)

TERRA FORTE. Denominação alegórica da *mostarda nos banquetes* da Maçonaria Escandinava.

TERRÍVEL. V. *Irmão terrível.*

TESOUREIRO. *1* — Oficial da Loja, que tem a função de arrecadar e custodiar os fundos da mesma, bem como efetuar os pagamentos regulares. *2* — *Grande Tesoureiro.* Título dos grandes oficiais responsáveis pela tesouraria das Grandes Lojas e Conselhos. *3* — *Ilustre Grande Tesoureiro do Santo Império.* Um dos grandes dignitários do Supremo Conselho do Rito Escocês Antigo e Aceito, que tem a seu cargo a direção do Grande Tesouro da Ordem em cada Supremo Conselho.

TESTAMENTO. Fórmula usada na Maçonaria, com o duplo objetivo de fazer compreender ao iniciando que morre para o mundo profano e nasce para uma vida nova, em que vai conhecer os íntimos sentimentos de sua alma. Junto com as perguntas que se formulam para ser respondidas pelo aspirante enquanto se acha na câmara de reflexões, o testamento se reveste de grande importância moral. O aspirante o escreve numa folha de papel cortado em forma de triângulo equilátero, que o Irmão Terrível lhe entrega ao introduzi-lo na câmara. Em sentido paralelo a cada um de seus lados, costuma-se escrever as três perguntas seguintes ou outras análogas: *Que deve o homem a Deus? Que deve o homem a si mesmo? Que deve o homem a seus semelhantes?* No vértice do triângulo está escrita a seguinte recomendação: *Formulai vosso testamento.* Esta folha adverte o aspirante para que medite seriamente no seu conteúdo e escreva junto a cada pergunta a resposta que lhe ditarem os seus sentimentos, e depois de preenchida, é recolhida pelo Irmão Terrível, que a apresenta na Loja ao Venerável Mestre. Este determina que se faça a sua leitura, para que os presentes conheçam os sentimentos do candidato e façam as observações e as perguntas que acharem convenientes durante o exame que precede às provas. Terminada a iniciação, o Irmão Terrível, levando o Testamento erguido na ponta da espada, passa a queimá-lo entre colunas, na presença do interessado, a quem se explica o significado e objetivo daquela folha.

TETRAGRAMA ou TETRAGRAMATON. Nome de Deus em grego, composto de quatro letras hebraicas: *yod, he, vau, he,* ou em maiúsculas: I H V H. Sua Verdadeira pronunciação antiga é atualmente desconhecida; os hebreus sinceros consideravam este nome demasiado sagrado para ser proferido, e ao lerem as Escrituras sagradas, o substituiam pelo de *Adonai,* que significa "Senhor". Os cristãos têm substituído estas quatro letras pelas I N R I. (V. *estas letras.*)

THAMEDI. Lâmpada perpétua que ardia nos santuários de Misraim e que nos Supremos Conselhos dos Soberanos Príncipes Grande Haram (73.º) do Rito deste nome se acende para iluminar o grande Nome de Deus, escrito em caracteres hebraicos, e que brilha no Oriente do Santuário onde os membros desse grau celebraram as suas assembléias. (Cf. *Tetragrama.*)

THABE. Nome do pai de Abrahão, cuja memória é celebrada no Rito de Misraim, que o considera um dos Grandes Conservadores da Ordem.

THEBA. Com o significado de Arca Santa, é o nome que no Rito de Misraim se dá à arca de Noé.

THEBOUNA ou THEBOUNAH, heb., "prudência". Nome de um dos degraus da escada misteriosa dos Cavaleiros Kadosh (30.º) do Rito Escocês Antigo e Aceito.

THECHINNAH, heb. "dispensador de graças". Um dos grandes nomes de Deus, no Ritual do grau 6.º do Escocismo Reformado.

THOR ou TOR. *1* — Na *Mitologia nórdica,* é o deus do trovão, da guerra, da força e o filho de Odin; tinha um martelo mágico com o qual destruía os inimigos dos deuses. O trovão era a sua ira, e o raio ígneo emitido do céu, o seu martelo fulminante. Era o mais poderoso dos deuses, o inimigo dos poderes caóticos, e correspondente ao Júpiter romano e Zeus dos gregos. Dele derivou o nome *Thursday* com que na língua inglesa se designa quinta-feira, o quinto dia da semana. *2* — THOR, *Martelo de.* Uma arma que tinha a forma da cruz esvástica, e que os maçons místicos europeus denominavam "Cruz hermética" e também "Cruz jaina", *croix champonné.* A cruz esvástica é o símbolo mais arcaico e sagrado, e universalmente respeitado. Deve ter servido de protótipo do Lábaro dos antigos imperadores romanos e do imperador Constantino I da era cristã, que o adaptou ao espírito da época. (Cf. *Cruz,* 1-2.º; *Malhete; Mistérios Escandinavos.*)

THORI, *Carlos Antonio.* Jurisconsulto francês e um dos mais destacados escritores do comêço do século XIX. Pertenceu a famosa Loja de Paris, denominada *Contrato Social,* célula mater do Rito Escocês Filosófico, e da Grande Loja Mater Escocesa da França, e foi membro eleito do Grande Oriente. Um dos primeiros a aceitar o Rito Escocês Antigo e Aceito, fez parte dos Grandes Dignitários do Supremo Conselho, desempenhando o cargo de Grande Secretário do Santo Império. Escreveu diversas obras, dentre as quais se destacam pela riqueza de dados que exibem, a História do *Grande Oriente da França* e a *Acta Latomorum.*

THU. As três letras iniciais da palavra hebraica *Thummim,* que constituem uma das palavras de passe do grau 24º do Rito de Mênfis.

THUMMIM e URIM. Palavra Sagrada do Mestre Escocês (10.º) da Maçonaria Adoniramita. (Cf. *Urim* e *Thummim.*)

THYNNE, *Lorde.* Grão-Mestre da Franco-maçonaria da Inglaterra em 1735.

TIARA. *1* — Mitra do sumo sacerdote ou pontífice (*Êx.* 29:9, etc.). *2* — Diadema de três ordens usado em certos graus, tal como o 24.º do Rito Escocês Antigo e Aceito, e outros. *3* — Na Maçonaria de Adoção, as presidentes das Lojas da Sublime Escocesa (5º) cingem na fronte uma tiara cercada de uma faixa amarela, na qual há escritas em letras douradas as palavras *Kadosh Adonai,* "consagrado ao Senhor".

TIEN-LÊ ou A RAZÃO CELESTE. Sociedade secreta da China, que professa a doutrina da igualdade e comunidade. É uma derivação da sociedade denominada *Tien-Té-Ohe,* em cujos princípios se baseia e que, como ela, tem uma iniciação e sinais de reconhecimento especiais.

TIEN-TÉ-OHE ou UNIÃO DO CÉU E DA TERRA. Célebre sociedade secreta chinesa, semelhante à Maçonaria, cujos símbolos apresentam relação com as iniciações da antigüidade e que proclama a igualdade entre os homens. O ingresso nela requer do candidato a sujeição a grandes e duras provas físicas, para aferir o grau de sinceridade de sua vontade, e juramento de sigilo.

TIMBRE. Selo seco ou carimbo, com inscrições e adornos, que se apõe junto aos títulos e em documentos oficiais expedidos pelos corpos maçônicos e pelas Lojas. Toda peça oficial que emane de uma Loja deverá ser timbrada ou selada. (Cf. *Selo.*)

TIRO, heb. "rocha". Capital da antiga Fenícia, situada na costa ocidental do Mediterrâneo. Deuses antigos: Baal e Astoret, Astart ou Ishtar (a Vênus babilônica). Uma aliança estabelecida entre Daví e Hiram, rei de Tiro, continuou firme depois, com Salomão. Foi com o auxílio dos operários e artífices de Tiro, onde também nascera Hiram Abiff, e de seus materiais, que se edificou a casa de Daví, e depois, o templo de Salomão (*II Sam.* 5:11; *I Reis,* 5; *Crôn.* 14; *II Crôn.* 2:3; 9:10). Mais tarde, sob o domínio persa, contribuiu com materiais para a construção do templo de Zerubabel (*Esd.* 3:7). Antes do ano 58, em que São Paulo visitou essa cidade por uma semana (*Atos* 21:3-7), ali se estabeleceu uma igreja cristã, que prosperou por alguns séculos. Nessa localidade se realizaram vários concílios, entre os quais o de 335, que condenou Atanásio. Foi tomada pelos maometanos em 633-638, e transformada numa poderosa fortaleza, que resistiu galhardamente aos cruzados até 1124. Foi reconquistada pelos turcos em 1291, e desde então decaiu totalmente, reduzindo-se hoje a um povoado pobre, em ruínas, chamado Sul, de poucos milhares de habitantes.

TIRSATA, persa, "austero", "augusto". *1* — Título honorífico assumido por Zerubabel e Nehemias em caráter de governadores da Judéia (*Esd.* 2:63). *2* — Título que se dá ao presidente dos graus capitulares, também chamado *Athisarta.*

TITÃ DO CÁUCASO. Título do grau 49.º do Rito de Mênfis.

TITO. *1* — Gentio de origem grega (*Gál.* 2:3), convertido ao cristianismo pela pregação de São Paulo, de quem foi depois fiel companheiro e colaborador. Distinguiu-se por sua integridade, discrição e ardente zelo, pelo que mereceu toda a confiança e amor que o grande Apóstolo lhe dedicou e externou na epístola a ele dirigida. *2* — Palavra de Passe do grau 7.º do Rito Escocês Antigo e Aceito.

TOAST, ingl. "brinde". Palavra muito empregada na linguagem alegórica dos banquetes maçônicos.

TOFFET. Nome pelo qual se designa um dos três assassinos de Hiram Abiff nos graus 5.º e 6.º da Maçonaria Adoniramita.

TOMPKINS, M.. Vice-Presidente da República dos Estados Unidos, foi o primeiro Grão-Comendador do Supremo Conselho do Rito Escocês Antigo e Aceito, estabelecido em Nova Iorque em 1813.

TOPÁZIO. Pedra preciosa de cor amarela venosa, às vezes com sombras de verde ou vermelho. Era a segunda das doze jóias que adornavam o racional do sumo sacerdote dos israelitas (*Êx.* 28:17; 39:10), e a nona pedra das que formavam o cimento da Nova Jerusalém (*Apoc.* 21:20). O rei de Tiro também a usava (*Ezeq.* 28:13). É adotada no grau 6.º do Escocismo Reformado, tendo gravada a palavra hebraica *Gomel,* "remunerador". (Cf. *Gomel; Gomer.*)

TOQUE. *1* — Meio de se conhecer, experimentar ou avaliar certos metais para aferir seu peso, qualidade e valor. *2* — Na Maçonaria, são determinados sinais táteis, convencionais e antiquíssimos, adotados entre seus membros para seu mútuo reconhecimento e identificação, e geralmente acompanhados de palavras sagradas e de passe, quando as circunstâncias o permitem. A cada grau corresponde um ou vários toques peculiares. Por ser mais individual e discreto, o toque é o mais eficaz dos sinais, pois só pode ser percebido e identificado pelos irmãos com que se entre em contato direto, de dia ou de noite, mesmo que estejam perto de estranhos. (Cf. *Sinal.*)

TOQUE DE APRENDIZ. É o *toque* geral ou universal, que se faz com a m... d..., calcando com o p...r de maneira peculiar

(* ou ***), a base do índex da m... d... daquele a que se quer dar a conhecer. Para alguns autores, o índex corresponde à Religião.

TOQUE DE COMPANHEIRO. No Rito Escocês, é uma repetição do *toque de Aprendiz,* com o acréscimo de mais ** leves pancadas ou pressões sobre a segunda falange do dedo médio; no Rito Francês ou Moderno, calca-se *** sobre o índex e ** sobre o médio. Para certos autores, o dedo médio corresponde à Filosofia.

TOQUE DE MESTRE. Compõe-se de cinco partes, chamadas os *Cinco Pontos de Perfeição* ou *Fidelidade,* cuja explicação só é feita oralmente e em Loja. A ordem de sua seqüência varia nos dois Ritos Escocês e Francês, e há os que se cingem apenas ao quinto ponto, a "Agarra do Mestre" ou do "Leão", prescindindo dos outros quatro. Antigos hieróglifos nos indicam que já eram usados nos templos iniciáticos egípcios, se bem que num estilo algo diferente do agora empregado na Maçonaria. (Cf. *A garra do Leão; Perfeição, Os Cinco Pontos de.*)

TORRE. *1* — Edificação esguia que antigamente se erguia nos muros exteriores da cidade, ou em pontos culminantes fora dela, para servir de postos de observação da aproximação de inimigos, bem como de prisão e fortaleza. À semelhança da torre, era Deus considerado um protetor forte e incomovível de seu povo (*Sal.* 18:2; 61:3; *Prov.* 18:10). *2* — Graus 22.º do Rito de Mênfis, e 35.º do de Misraim.

TORRE DE BABEL. Veja-se *Babel.*

TORRE DE GEZER ou GHEZER. Segundo a lenda do grau de Mestre, e outros da série salomônica-hiramita, é a fortaleza em que foram encerrados os assassinos de Hiram Abiff. Geralmente denominada *Achizar* nos rituais, esta *Torre* passou depois a chamar-se *Ezer,* com a acepção de Socorro.

TORRUBIA, *José.* Revisor e assessor do Santo Ofício na Espanha. Em 1750 se fez iniciar em uma Loja sob um nome falso, com o intuito de surpreender os segredos da Maçonaria, e em curto tempo percorreu todas as Lojas da península. Ao regressar de sua expedição, apresentou ao tribunal de inquisição uma lista contendo 97 Lojas maçônicas e seus respectivos membros, que conseqüentemente sofreram atroz perseguição.

TOSÃO DE OURO. *1* — Segundo a mitologia grega, lã de um carneiro que Frixo, depois de o haver sacrificado a Zeus, deu a Aetes, rei da Cólquida, que o fez dependurar de um carvalho sagrado e ali guardado por um monstruoso dragão. Isso motivou a expedição dos argonautas, capitaneada por Jasão, para recuperar o tosão e restituí-lo à Grécia, o que conseguiram depois de matarem o dragão com a ajuda dos feitiços de Medea. É uma alegoria à conquista e domínio das faculdades superiores da mente e da inteligência (o tosão de ouro), com a ajuda de sua astuta mente infefior (Medea) e subjugação de seus instintos inferiores (dragão). Indubitavelmente, uma posterior e algo materializada variação dessa lenda é a do Santo Gral do Rei Artur e sua Távola Redonda no século VI e que gênios do porte de Sir Thomas Malary, Dennyson e Wagner souberam aproveitar em *Morte d'Arthur, Idyles of the King,* e *Parsifal,* respectivamente *2* — Condecoração simbólica do Rito de Mênfis. (Cf. *Gral* ou *Graal, Santo; Velocino de Ouro.*)

TOSÃO DE OURO, *Cavaleiro do*. Título dos seguintes graus: 4.º do Rito Escocês Filosófico; 6.º da Academia dos Verdadeiros Maçons; 9.º e último do Rito Filosófico Hermético; 11.º da Grande Loja Escocesa de Marselha, e 80.º do Rito de Mênfis. (Cf. *Rito do Capítulo dos Cavaleiros do Tosão de Ouro.*)

TOSÃO DE OURO, *Ordem do*. *1* — Uma das primeiras ordens do Cristianismo, pertencente à Áustria e Espanha. Foi instituída em 10 de janeiro de 1429 por Felipe III (*O Bom*), duque de Borgonha e dos Países Baixos, e dedicada à Virgem e a Santo André. Tem-se atribuído a origem de sua denominação à lenda dos argonautas, ao relato bíblico de Gideão (*Juiz., caps.* 6 a 8), e a outros motivos de somenos importância. Exerceu grande influência política, inclusive o direito de censurar o próprio Grão-Mestre, i. é, o Soberano. Tinha por distintivo um colar de ouro ou larga fita vermelha no pescoço, da qual pendia um carneiro. *2* — Condecoração simbólica do Rito de Mênfis.

TOSCANA. Entre os romanos, a mais simples das cinco ordens de arquitetura.

TOUB BAGANI GAMAL ABEL, heb., "É ótimo recompensar o trabalho". Palavra de reconhecimento dos Cavaleiros do Real Arco (13.º) do Rito Escocês Antigo e Aceito. Alguns catecismos e chaves registram *Toub Baani Amal Abel,* "Ânimo, coragem", como também *Toub baani amalabec,* considerado errôneo.

TRABALHAR. Termo muito empregado na Maçonaria, em relação à execução dos Ritos e cerimônias, como de atos referentes exclusivamente à Instituição.

TRABALHO. *1* — Exercício de alguma atividade ou função na Maçonaria, de natureza manual, intelectual e espiritual. A própria terminologia maçônica demonstra sua profunda e alta identificação com o trabalho: cada Loja é uma *Oficina,* cada maçom, um *Obreiro* do templo da humanidade, e a Ordem Maçônica, uma Colmeia ativa em todo o mundo, dia e noite. *2* — *Abrir* ou *encerrar os trabalhos.* É *o ato de* declarar abertas ou encerradas as sessões maçônicas. *3* — *Horas de trabalho.* É alegórico e varia em cada grau, que trabalha numa câmara especial. Por isso é essencial a pergunta ao visitante de uma Loja: *Onde trabalhais?* Pois *trabalhar numa Loja justa e perfeita, na Câmara do centro,* ou *na Corte de Sinai,* por exemplo, são coisas diferentes, e bastará uma resposta destas para um Experto poder conhecer o grau de um irmão desconhecido, sem necessidade de qualquer outra pergunta ou antecedentes.

TRAÇADO ARQUITETÔNICO. Discurso, memória ou qualquer outro escrito maçônico.

TRAÇADO DOS TRABALHOS. É a ata lavrada de uma sessão maçônica. (Cf. *Balaústre; Prancha.*)

TRAÇAR. Escrever, redigir uma carta (*prancha*), uma ata (*balaustre*), uma planta (*quadro*).

TRAJO. Vestuário adotado pelos maçons nas várias cerimônias, usualmente de acordo com a época em que se passou a ação ou viveu o personagem que se rememora. Na falta de indumentária própria, compete ao maçom apresentar-se decentemente vestido, e empregar roupa preta ou escura nas solenidades magnas. (Cf. *Avental; Vestidura.*)

TRÂMITES. Em todas as partes são iguais e universais os trâmites maçônicos atinentes à iniciação, regularização, filiação, aumento de salários, expulsões ou desligamentos de membros.

TRÊS. Número muito associado à simbologia e hermenêutica maçônicas: as Três Luzes da Loja, os três graus simbólicos, os três pontos, o triângulo, etc.

TRÊS GRAUS DA INICIAÇÃO, *Os*. Cada nação tem sua religião exotérica e esotérica; a primeira para as massas, e a outra para as pessoas instruídas, as "eleitas". Os hindus tinham três graus com vários subgraus. Os egípcios tinham igualmente três graus preliminares, personificados sob os nomes de "três guardiães do fogo" nos Mistérios. Os chineses tinham sua antiqüíssima Sociedade *Tríada,* e os tibetanos têm ainda hoje o seu "triplo passo", simbolizado nos *Vedas* pelos três passos de *Vishnu*. Em todas as partes a antigüidade mostra um ilimitado respeito pela Tríada e o Triângulo, a primeira figura geométrica. Os antigos babilônicos tinham os seus três graus de iniciação no sacerdócio (que era então conhecimento esotérico); os judeus, os cabalistas e místicos os tomaram dos caldeus, assim como a Igreja cristã os tomou dos judeus. "Há Dois — diz o rabino Simão ben Jochai — em conjunção com o Um; por conseguinte, há Três, e se eles são Três, logo são UM." (*Glosário Teosófico,* H. P. Blavatsky.) Entre os gregos foram as *Lustrações,* os Mistérios Menores (dos *Mistos*), e os Mistérios Maiores (dos *Epoptes*); e Pitágoras os classificou em *akoustikoi* (ouvintes), *mathematikoi* (matemáticos), e *physikoi* (físicos). Os druídas os conheceram como *Eubates, Bardos* e *Druidas;* os essênios, como *neófitos, irmãos* e *perfeitos;* os primitivos cristãos, como *catecúmenos, competentes* e *iluminados,* e finalmente, a Maçonaria operativa os adotou como: *Aprendiz, Companheiro* e *Mestre.* (Cf. *Graus; Mistérios Antigos; Números; Vestíbulo.*)

TRÊS VEZES EXCELENTE NOBRE E GLORIOSA UNIÃO. Título lembrado pelas iniciais que designam os cinco estandartes dos Sublimes Príncipes do Real Segredo (32.º) do Rito Escocês Antigo e Aceito.

TRÊS VEZES ILUSTRE. Título do Presidente das Lojas de Preboste e Juís do Rito Escocês Antigo e Aceito.

TRÊS VEZES PODEROSO. Título designativo dos membros de alguns altos graus e que habitualmente se expressa através das iniciais P∴ P∴ P∴.

TRÊS VEZES PODEROSO E RESPEITÁVEL MESTRE. Título dos Veneráveis das Lojas de Mestre Perfeito (5.º) do Rito Escocês Antigo e Aceito.

TRÊS VEZES PODEROSO GRÃO-MESTRE. Título dos Presidentes das Lojas do Real Arco (13.º) do Rito Escocês Antigo e Aceito.

TRIÂNGULO EQÜILÁTERO. Desde remota antiguidade, o triângulo eqüilátero tem sido considerado o símbolo da Trindade Divina por excelência, e também tomado como o signo da Alma perfeita e dos altos Iniciados. Nos vetustos monumentos cristãos tem sido encontrado associado ao monograma de Cristo, e na Maçonaria figura perpetuando esse elevado conceito. (Cf. *Delta.*)

TRIÂNGULO RETÂNGULO. *1* — Um dos mais importantes símbolos cósmicos da antiguidade, adotado na Maçonaria, e a que se aplica o famoso teorema de Pitágoras, "a soma dos quadrados dos catetos é igual ao quadrado da hipotenusa". É um triângulo escaleno, com um ângulo reto e dois agudos; o ângulo reto é constante e lembra a imutável operação da Lei natural e os outros dois podem variar com os seus lados. No Egito, a perpendicular desse triângulo representava Osíris, a base Ísis e a hipotenusa, Hórus. Se representarmos os catetos por 3 e 4, a hipotenusa por 5, e os somarmos, temos $3 + 4 + 5 = 12$, os quais, traduzidos respectivamente em figuras geométricas, correspondem ao triângulo equilátero, ao quadrado (ou cubo), ao pentágono (ou estrêla), e ao dodecaedro. Na tradicional simbologia cósmica essas figuras representam o Espírito, a Matéria, o Homem em evolução e o Universo objetivo de que a Grande Pirâmide é o emblema na Terra e em cuja complicada construção, se diz, houve aplicações de fórmulas ora desconhecidas dêsse teorema, cujos números estão ali basicamente presentes. Os alquimistas também têm nesse teorema as proporções adequadas de sal, enxofre e mercúrio para a obtenção da sua famosa Pedra Filosofal. Na Loja Maçônica de Jerusalém há uma estreita correspondência entre os seus três Grãos-Mestres e os três quadrados ou pedestais de tamanhos desiguais, em harmonia com o teorema pitagórico. Pode-se ainda considerar o triângulo retângulo a metade de um quadrado, cujo dobro é a medida da planta de uma Loja maçônica; e se fizermos dêsse triângulo um quadrado perfeito, obteremos a quadratura de uma circunferência, tradicional símbolo do universo. Por sua vez, o quadrado inscrito numa circunferência está abstratamente alicerçado na cruz de quatro braços iguais, cujos extremos são os quatro pontos cardeais, governados pelos quatro poderosos Agentes cármicos cósmicos, comuns a todos os cultos passados e personificados nos antigos quatro Animais sagrados rememorados na Esfinge milenar e descritos no *Apocalipse* como as quatro Bestas. (Cf. *Harmachis*). O número 12 ($= 3 \times 4 = 5 + 7$) aparece em todos os importantes cultos pré-históricos para designar as 12 Divindades presidentes das 12 Hierarquias Divinas configuradas nos doze signos do Zodíaco, donde provavelmente se transmitiu para os cultos de todas as antigas religiões, inclusive o Judaísmo e o Cristianismo. Pitágoras, que procurou traduzir em expressões aritméticas e geométricas os antigos hieróglifos, considerava sagrado o número doze, e portanto fora de série, e adotou o pentáculo para recordar mais ìntimamente as quatro poderosas Divindades cósmicas. Por outro lado, elevando ao quadrado os números 3, 4 e 5, temos $3^2 + 4^2 + 5^2 = 9 + 16 + 25 = 50$, que é o número sagrado em que se baseiam as festas das Sete Semanas dos judeus e de Pentecostes dos cristãos. Os primeiros as celebram na Páscoa do Cordeiro, em memória à Lei transmitida a Moisés no Monte Sinai cinqüenta dias depois da saída dos hebreus do Egito, e os segundos as efetuam cinqüenta dias depois da Páscoa de Ressurreição, em memória à descida do Espírito Santo sôbre os Apóstolos (*Atos*, cap. 2). Tal é o formoso significado filosófico e maçônico do teorema 47 de Pitágoras, que ainda se presta a outras luminosas interpretações, e que por isso em alguns Ritos franco-maçônicos constitui a jóia do P.M.I., como distintivo de experiências acumuladas por seu portador. (Cf. *Páscoa.*) *2* — Por ter os seus lados desiguais, é também emblemático do imperfeito e trino caráter humano, em que os atributos Vontade-Amor-Inteligência se manifestam e atuam desequilibradamente. A Alma tem por missão equilibrá-los e aperfeiçoá-los, de sorte a transformar o seu caráter num triângulo equilátero, perfeito como o Delta maçônico, isto é, um reflexo do divino Triângulo equilátero, símbolo do Altíssimo manifestado plena e harmonicamente como Pai-Filho-Espírito Santo em Seu universo. (Cf. *Delta.*)

TRIBUNAL. Loja do 27.º grau do Rito Escocês Antigo e Aceito.

TRIBUNAL, *Soberano*. *1* — Título da Alta Câmara ou Loja dos Grandes Inspetores, Inquisidores, Comendadores (31.º) do Rito Escocês Antigo e Aceito. *2* — *Soberano e Supremo Tribunal.* No Rito de Misraim, é o título das Altas Câmaras de seus graus 71.º, 79.º e 83.º. *3* — *Supremo Grande Tribunal dos Grandes Defensores da Ordem.* Título do corpo supremo que governa o Rito de Mênfis.

TRIMURTI, sânsc., "três faces" ou "aspectos". Designação hindu dos três aspectos da Divindade, ou modalidades de sua dinâmica manifestacção: *Brahmâ,* o Criador; *Vishnu,* o Conservador, e *Shiva,* o Destruidor; mais antigamente, por *Nâri, Adha-Nâri e Nirady,* ou por *Agni, Vayh* e *Surya.* Sob sua forma abstrata, a Trimurti é *Sat-Chit-Ananda.* Corresponde à Trindade Divina do Cristianismo: Deus o Pai, Deus o Filho e Deus o Espírito Santo. (Cf. *Trindade.*)

TRINDADE. *1* — Os três aspectos de um todo, tal como energia, resistência e movimento; energia, matéria e vida; começo, meio e fim; tese, antítese e síntese. O número três exprime a seriação e organização, sem as quais não é possível nenhuma manifestação ou atividade. *2* — As religiões são acordes em reconhecer estes três aspectos no Criador do mundo: Vontade. Idéia, Ação, correspondentes ao Pai, Filho

e Espírito Santo do Cristianismo; ao *Brahmâ, Vishnu* e *Shiva* do Hinduismo; ao Osíris, Ísis e Horus, ou *Ammon, Maat* (ou Maut) e *Khons,* entre os egípcios. A Trindade também simboliza o trabalho em equipe, a cooperação, de que depende a realização de toda obra prima. (Cf. *Trimurti.*)

TRINDADE, *Ordem da.* Instituição religiosa criada em 1198 pelo Papa Inocêncio III, tendo por escopo redimir os cativos.

TRINITÁRIO. Membro da Ordem da Trinidade. (Cf. Escocês *Trinitário.*)

TRIPONTUAÇÃO. Abreviação maçônica (.˙.), lembrando o segredo dos FF.˙. MM.˙. Não se emprega senão para abreviação dos termos técnicos maçônicos, conservando-se o ponto (.) para a abreviação das palavras profanas.

TRISMEGISTO, *Discípulo de.* Título de um grau avulso das séries herméticas, constante de algumas nomenclaturas. (Cf. *Hermes.*)

TROLHA, lat. *trullia, trullea.* *1* — Espécie de pá achatada, usada pelo pedreiro para aplicar a argamassa. *2* — Sob a forma triangular, é adotada pela Maçonaria como instrumento simbólico com que se aplica a armagassa humana destinada a realizar a unidade, tal qual o pedreiro cimenta as várias pedras para formar um só todo, que é o edifício. Instrumento de trabalho essencialmente construtivo, é o emblema característico do amor fraternal que deve unir todos os Maçons, e o único cimento que os operários maçônicos podem empregar para a edificação do Templo da solidariedade humana e do seu próprio caráter. Com tal significado, é usado no Rito Moderno ou Francês durante a quinta viagem da elevação do Aprendiz ao grau de Companheiro, e na Ordem Real de Heredom e de Kilwinning, onde o recipiendário, com a *Trolha* em uma mãe e a *Espada* na outra, presta o seu Juramento. (Cf. *Espada e Trolha; Templo de Zerubabel.*) *3* — *Passar a Trolha.* Significa esquecer as injúrias e as injustiças.

TROLHADOR. *1* — Funcionário da Loja, encarregado de reconhecer os visitantes no átrio. *2* — Manual que trata da parte secreta dos graus. (Cf. *Telhador.*)

TROLHAMENTO. Maçonicamente, ação de *trolhar.*

TROLHAR. *1* — Instruir um Maçom constituído, quanto ao *toque, às palavras* e ao significado do seu grau, e aos Regulamento da Ordem. *2* — Certificar-se se um Maçom é regular, examinando os seus documentos e tomando-lhe o toque e as palavras. (Cf. *Telhar.*)

TRONCO DE BENEFICIÊNCIA ou DA VIÚVA. Bolsa oblonga que o irmão Hospitalar ou quem o substitui, faz circular, sistematicamente, em todas as reuniões maçônicas, sejam cerimoniais ou administrativas, para colher dos presentes seus donativos destinados a socorrer os necessitados. (Cf. *Bolsa; Saco de Proposições; Tzedak.*)

TRONCO DE PROPOSIÇÕES. V. *Saco de —*

TRONO. *1* — Assento, geralmente sôbre um pequeno estrado ou degraus, e encimado por um dossel, situado no Oriente simbólico do Templo, onde se sentam os Veneráveis das Lojas e os Presidentes dos graus. Cada Ritual especifica a sua disposição, adornos e a cor da tapeçaria. *2* — *Cavaleiro do Trono.* Grau 11.º do Rito de Mênfis, e título de um grau da nomenclatura de Fustier.

TSADAKH, heb., "Justiça". É o segundo degrau da escada mística dos Cavaleiros *Kadosh* (68.º) do Rito de Misraim.

TSAPHIEL, heb., "contemplador de Deus". Nome de um dos sete querubins componentes do Conselho dos Cavaleiros do Sol (28.º) do Rito Escocês Antigo e Aceito, e que é o governante do planeta Lua.

TSCHOUDY, N., *Barão de* (1730-1769). Nobre francês, escritor distinto e maçom entusiasta. Adversário decidido dos altos graus maçônicos, empreendeu uma reforma visando suprimi-los ou pelo menos reduzi-los, e também expurgá-los de doutrinas a seu juízo espúrias. Compôs, assim, um novo grau, intitulado *Escocês de Santo André,* ampliado com informes interessantes acerca da origem de muitos altos graus. Entretanto, compôs os Rituais do Conselho do Oriente e posteriormente criou a Ordem da Estrela Flamígera rematada com os graus templários, e tornou-se partidário da escola jesuíta, atribuindo a fundação da Maçonaria a Pedro o Ermitão, famoso promotor das Cruzadas. Posteriormente formulou um novo Rito, de 13 graus, ao qual denominou Maçonaria Adoniramita, formada por graus bíblico-salomônicos e templários, e na qual as lendas da construção do Templo e do assassinato de Hiram Abiff ou Adoniram são interpoladas com as dos templários e a morte de seu Grão-Mestre Jaques de Molay.

TSEDEK, heb. "justo". Um dos grandes nomes de Deus, que figuram nos Colégios de Grande Arquiteto de Heredom (6.º) do Escocismo Reformado. (Cf. *Tsadakh.*)

TUBALCAM ou TUBAL-CAIN (heb., *propagação de Caim* ou de sua raça). *1* — Nome de um filho do patriarca Lamech

(*Gên.* 4:22), e que foi "fabricante de todo o instrumento cortante de cobre e ferro", e dai o ser tomado como tendo sido o inventor das artes. — *2* — Palavra de Passe do grau 3.º do Rito Escocês Antigo e Aceito; do grau 2.º do Rito Moderno ou Francês e do Escocismo Reformado.

TUBAR. Nome duodécimo dos Mestres designados por Salomão para governar as doze tribos, inclusive a de Gad, segundo o Ritual do grau 6.º do Escocismo Reformado.

TURIBULÁRIO. O oficial que nas Lojas oscila o turibulo para incensá-las e purificar o ambiente. (V. também *Incenso.*)

TURIBULO. Vaso suspenso por correntes delgadas, empregado nas Igrejas e muitas Lojas, para ali se queimar o incenso purificador.

TZEDAKA ou TSEDEKAH, heb., "justiça" e "caridade". *1* — Nome do primeiro degrau do primeiro lanço da escada misteriosa dos Cavaleiros *Kadosh* (30.º) do Rito Escocês Antigo e Aceito, às vêzes também traduzido ali por *Justitia, eleemosyna* *2* — No Rito de Mênfis, é a designação tomada pelo *Tronco* ou *Bolsa de Beneficência.* (Cf. *Tsedek.*)

U

U. *1* — Vigésima letra do alfabeto, representada na Maçonaria de maneiras diferentes, segundo os seus sistemas. É empregada nos escritos maçônicos como abreviatura de *União, Único, Universal, Universo, Uno, etc.* *2* — Figura num dos cinco estandartes do Grande Acampamento dos Soberanos Príncipes (32.º) do Rito Escocês Antigo e Aceito, como distintivo do corpo comandado por Amariah, um dos cinco príncipes e chefes das milícias maçônicas. (Cf. *Salix-Noni-Tengu.*) *3* — No alfabeto filosófico hermético dos Juízes Filosóficos Desconhecidos, esta letra corresponde ao número 25, tem por hieróglifo uma cruz invertida e é inicial de *Urna,* que, segundo a instrução da Ordem é o Tabernáculo que encerra o destino dos homens.

ULETE. Com o significado de *Verdade,* é Palavra de Passe entre as Mestras Perfeitas (4.º) da Maçonaria de Adoção. Também se diz *Beth-Abara,* "casa da passagem". (Cf. *Bethebara.*)

ULISSES (do grego *Ulysseus*). *1* — Personagem grega, rei lendário de Itaca, uma das ilhas jônicas, hoje Tiaqui ou Teaqui. Aparece na *Odisséia* como um dos principais heróis no cerco de Tróia, onde se celebrizou por sua prudência e sagacidade. *2* — Com base no argumento de sua vida, constituiu-se uma espécie de Maçonaria Paládica ou do Soberano Companheiro da Sabedoria, denominada Ordem dos Sete Sábios ou de Minerva, da qual se derivou a Ordem de Palladium ou Soberano Conselho da Sabedoria, cujos estatutos se atribuiam a Fenélon. Esta Ordem tinha graus, dos quais o segundo se intitulava *Companheiro de Ulisses.*

UNIÃO. É simbolizada na Maçonaria pelo Laurel e Cadeia de União, e em alguns países pelo ósculo da paz. Tem também por emblema o Anel ou Jóia de duas mãos entrelaçadas por dois arcos encadeados, porém com o nome de Aliança e Concórdia. Além de ser distintivo de alguns graus, o anel é usado por muitos maçons como símbolo da união e aliança que devem marcar as relações mútuas entre os Irmãos. (Cf. *Anel; União Alemã dos XXII.*)

UNIÃO, *Cavaleiros da.* Título do grau 3.º do Capítulo Metropolitano da França.

UNIÃO ALEMÃ DOS XXII. Associação pseudomaçônica de gênero místico e fundo protestante, fundada na Alemanha em 1786 pelo teólogo Carlos Frederico Bahrdt, e mais 21 adeptos, e que por alguns anos atraiu a atenção do mundo maçônico. Derivou seu nome do fato de sua constituição ter sido assinada por 22 firmantes.

UNIÃO DA SALVAÇÃO. Sociedade secreta fundada na Rússia em 1816, com o objetivo de trabalhar pela reforma da Constituição e das leis do Império, visando torná-las mais liberais e democráticas. Sua organização, imitando a da Maçonaria, se dividia em três classes ou graus: *Irmãos, Homens e Boyardos.* (Cf. *União do Bem Público.*)

UNIÃO DO BEM PÚBLICO. Sociedade secreta de caráter político, formada na Rússia pela fusão da União da Salvação com a dos Cavaleiros Russos, em colaboração com outros elementos que a nenhuma delas pertenciam.

UNIÃO ECLÉTICA. Denominação de um grupo formado por algumas Lojas maçônicas da Alemanha e Suiça, para se libertarem do jugo dos altos graus e conduzir a Maçonaria por vias mais racionais e instrutivas que as vigorantes pelo ano de 1783, quando o barão de Knige arquitetou esta reforma.

UNIÕES, *Cavaleiros das.* Título de um grau da Universidade.

UNIR. Na linguagem alegórica usada nos banquetes maçônicos, indica o ato de comer.

UNIVERSAIS, *Graus.* São os três graus da Maçonaria simbólica: Aprendiz, Companheiro e Mestre.

UNIVERSAL. Qualificativo geralmente aplicado à Maçonaria simbólica, também chamada Azul ou de S. João, pelo caráter universal de seus três primeiros graus: *Aprendiz, Companheiro* e *Mestre.*

UNIVERSALIDADE. É uma das características fundamentais da Franco-maçonaria, que não conhece fronteiras para a prática da fraternidade e filantropia. Por esse espírito, não comporta ela nenhum sectarismo nem exclusivismo, mas, sim, a máxima tolerância. Todavia, nem sempre tem sido ela assim interpretada e praticada, mormente do século dezoito em diante, pois foi propositalmente confundida e identificada com outras correntes de idéias, como o Templarismo, o Cristianismo e ideologias políticas, com graves danos para a Ordem. Se é certo que ela deve sua existência atual ao fato de haver mudado de nome muitas vezes durante a Idade Média, importa considerar que ela então o fez estrategicamente, como um desesperado recurso para poder sobreviver às implacáveis perseguições que lhe moveu a Igreja Romana, porém tal medida não se justificaria hoje. Todo maçom é livre para participar ou não de outros movimentos ideológicos, porém cabe-lhes respeitar a neutralidade de sua Instituição. As Constituições maçônicas de 1815 reconheceram essa liberdade e neutralidade, ao promulgarem, no tocante a cultos religiosos: *Por motivo de sua religião ou crença, ninguém é excluido da Ordem, desde que creia no glorioso Arquiteto do céu e da terra e pratique os sagrados deveres da moralidade.* E coerente com este princípio, a Grande Loja da Inglaterra declinou de limitar ou definir qualquer tipo de crença em Deus, que se requer do candidato, e prescreveu que o Volume da Lei Sagrada a expor-se nas Lojas, tanto pode ser a *Bíblia* como o *Al Corão*, o *Zendavesta*, os *Shastras*, o *Rig Veda*, ou qualquer outra Escritura. Ao passo que a Co-maçonaria ou Maçonaria Mista Internacional "*Le Droit Humain*", o mais recente e universal dos Ritos atuais, por ser o único relmente subordinado a um Oriente mundial e a reconhecer direitos iguais a homens e mulheres, declara que suas Lojas tanto podem trabalhar à *Glória do Grande Arquiteto do Universo*, como à *Glória da Humanidade*. (Cf. *Bíblia; Pagão; Pagãos, Deuses.*)

UNIVERSIDADE. Centro de estudos maçônicos criado na França, que colecionou considerável número de graus isentos de Ritos e sistemas, isto é, avulsos, cuja nomenclatura abrange mais de 300 títulos.

UNIVERSO. Sistema de mundos para a manifestação, desenvolvimento e aperfeiçoamento da vida, regido por leis imutáveis, que lhe dão coesão, ordem, ritmo e harmonia, e de que os templos maçônicos e seu funcionamento são uma representação alegórica e dinâmica. (Cf. *Ovo; Ovo Alado.*)

UPSAL. Cidade da Suécia, muito conhecida no século XVII, por ter sido o berço do sistema maçônico sueco, que por sua vez deu origem ao Rito do Real Arco.

URIEL, heb., "fogo de Deus". *1* — Nome dado na Bíblia a um Arcanjo, tido por um anjo de luz entre os judeus e cristãos. Aparece nos vários graus bíblicos, templários e cabalísticos da Maçonaria. *2* — No Ritual dos Cavaleiros do Oriente e Ocidente (17.º), grau bíblico do Rito Escocês Antigo e Aceito, é um dos sete anjos que têm a seu cargo presidir cada um dos sete dias da semana, correspondendo-lhe terça-feira. No grau Templário de Chefe do Tabernáculo (23.º) figura como o anjo do céu que preside o incensário, e é palavra de passe deste grau e do 24.º, intitulado Príncipe do Tabernáculo. No grau 28.º (Cavaleiro do Sol) aparece como um dos sete anjos que governam os sete planetas, correspondendo-lhe Marte. *3* — É palavra de passe dos Soberanos Grandes Príncipes do Supremo Conselho Geral do grau 89.º do Rito de Mênfis, onde figura como um dos sete chefes das legiões celestes.

URIM e THUMMIM, heb., "luzes e perfeições". *1* — Um ornamento do peitoral dos sumos sacerdotes do Judaísmo, que sem dúvida foi tomado dos antigos ritos egípcios (que Moisés conheceu), entre os quais o escaravelho místico usado no peito dos hierofantes tinha as mesmas funções adivinhatórias e oraculares que *Urim* e *Trummim* entre os judeus. *2* — No Ritual escocês significam *Luz e Santidade*, e são palavras de passe no grau de Mestre Escocês (10.º) da Maçonaria Adoniramita. *3* — No Rito de Misraim é palavra sagrada no grau de Arquiteto (24.º).

URNA. *1* — Vaso funerário que na Franco-maçonaria figura no grau de Mestre (3.º) e sobre as suas colunas solsticiais, e do qual saem ramos de acácia, como símbolo de morte e ressurreição, tanto quanto nas cerimônias fúnebres. *2* — Nome aplicado aos vasos nos banquetes dos eleitos (4.º) do Rito Moderno ou Francês. *3* — No sistema hermético dos Juízes Filósofos Desconhecidos, é o "Tabernáculo que encerra o destino dos homens", e emblemático do coração que guarda o segredo da evolução do Universo. (Cf. *Ataúde; Caixa.*)

V

V. Vigésima primeira letra do alfabeto. Aparece na Maçonaria como abreviatura de *Vale, Venda, Venerável, Verdade Vigilante, Virtude,* e outras. No alfabeto filosófico hermético ocupa o vigésimo quinto lugar; tem por hieróglifo a mesma cruz invertida comum à letra *U,* e é inicial de *Vodam* ou *Wodan,* emblema do comércio e da profundidade das empresas que os maçons tinham de realizar.

VAGAO, heb. "íntimo". *1* — Na Bíblia, é o nome do eunuco que introduziu Judith na tenda de Holofernes, que ela se propôs degolar para salvar a sua pátria. *2* — Palavra de passe das Eleitas Sublimes Escocesas (5.º) do já extinto Capítulo Primitivo de Adoção.

VALE. Lugar onde se estabelecem os graus capitulares, ao passo que se chama *Oriente* o lugar onde funcionam os graus simbólicos. (Cf. *Maçonaria Vermelha.*)

VALOROSO. Título geralmente anteposto ao de alguns graus, particularmente do sistema templário, como, por exemplo, estes do Rito Escocês: o Valoroso (ou Valente) Príncipe do Real Segredo (32.º); o Valorosíssimo (ou Muito Valente) Soberano Comendador do Templo (27.º); e os Valorosos (ou Valentes) Príncipes de Jerusalém (16.º), e muitos outros.

VARA. *1* — Tem a mesma acepção e aplicação que a Régua de 24 polegadas. (Cf. *Régua,* 3). *2* — Na Maçonaria de Adoção é a insígnia das Mestras Perfeitas (4.º) que se apresentam com uma vara na mão, como símbolo da ordem e precisão a imperar em seus atos e pensamentos.

VASO. Na linguagem alegórica usada em cerimônias e banquetes, os vasos recebem denominações diferentes: *canhões,* nos três graus da Maçonaria simbólica e em alguns outros diferentes Ritos; *cálices,* nos ágapes dos Cavaleiros da Rosa-Cruz; *estrelas,* nos graus capitulares da Maçonaria de Adoção; *lâmpadas,* nos graus simbólicos da mesma Maçonaria; *urnas,* no grau 4.º do Rito Moderno ou Francês; *cavilhetes* e *aparas,* entre os membros do Companheirismo ou Franco--carbonaria.

VASOS HERMÉTICOS. Espécie de caços ou matrazes que os alquimistas empregavam para fazer a transmutação dos metais e outras operações da ciência secreta ou arte sacerdotal.

V. C. S.. Sigla ou letras iniciais de *Volume da Ciência Sagrada.* (Cf. *Bíblia; Decoração da Loja, 2; Universalidade.*)

VEDAS, sâns., der. da raiz *vid,* "saber". *1* — Quatro livros sagrados dos hindus e os mais antigos entre as obras sânscritas. Segundo os hindus, cujos brâmanes e pânditas devem saber mais do que ninguém mais sobre suas próprias escrituras sagradas, seus ensinamentos foram primitivamente comunicados oralmente, por espaço de milhares de anos, e depois compilados nas orlas do lago Mânasa-Sarovara, além dos Himalaias no Tibete. Segundo a mesma fonte, a compilação definitiva foi feita por Veda Vyâsa, que viveu 3100 anos antes de Cristo. Sua remota antigüidade está suficientemente provada pelo fato de que foram escritos numa forma tão antiga do sânscrito, e tão diferente do uso corrente, que são ímpares entre todas as demais obras dessa língua. Hoje são quatro os livros dos Vedas, porém as antigas obras indianas indicavam apenas três, o *Brayâ Vidya* ou "tripla ciência". São: o *Rgveda* ou *Rigveda,* o livro dos hinos, talvez o mais antigo; o *Yajurvada* ou *Yadjurvada,* "branco e preto", o livro das fórmulas recitadas durante o sacrifício; o *Samaveda,* o livro dos cantos religiosos, e finalmente o mais recente, *Atharvaveda,* o livro das fórmulas mágicas, de exorcismos e encantações. *2* — *Doutor dos Vedas* — Título do grau 27.º do Rito de Mênfis. (Cf. *Edda.*)

VELAR. Palavra de passe dos Sublimes Filósofos (48.º) do Rito de Mênfis.

VELAS. É antiquíssimo o uso de velas tanto para iluminar o local onde se realizam os trabalhos maçônicos como com fins litúrgicos. Todavia, é mistér destacar a iluminação litúrgica da ornamental do Templo, pois, se esta pode ser elétrica, de gás ou outra, aquela só tem de ser de vela ou cera. Se, no entanto, os candelabros ou aparelhos de iluminação forem de feitio litúrgico especial e colocados nos lugares ritualísticos, a luz elétrica poderá excepcionalmente ser aproveitada.

VELOCINO DE OURO, *Cavaleiro do.* Título de um Capítulo do sistema cabalista hermético, estabelecido em 1785 por vários membros dissidentes da Academia Swedenborgiana e do Rito de Avinhão, composto de 6 graus, propondo-se a prática das ciências ocultas. (Cf. *Tosão de Ouro.*)

VENDA. Pedaço de tecido com que se cobrem os olhos do candidato por ocasião de sua iniciação e em outras cerimônias. É um emblema da cegueira e trevas em que vive a alma, que por isso busca a luz e o conhecimento espiritual. (Cf. *Véus, Os Quatro.*)

VENERA. *1* — Insígnia dos condecorados com qualquer grau de uma ordem militar. *2* — Na Maçonaria, é a insígnia distintiva que usam pendente do peito todos os grandes dignitários e oficiais dos Corpos Superiores e das Lojas, bem como a maioria dos altos graus de todos os Ritos.

VENERÁVEL. *1* — É o tratamento que se dá ao Presidente das Lojas simbólicas, cujas atribuições são explicitamente definidas pelos regulamentos gerais de seu respectivo corpo ou autoridade jurisdicional, consoante os Ritos e Constituições que os regem. *2* — Título comum a todos os Mestres na Câmara do Meio. *3* — *Ex-Venerável* ou *Past Master Imediato* é o título que se dá ao último Venerável, pelo período que durarem as funções de seu sucessor, junto ao qual, geralmente, atua como assessor e conselheiro experimentado, para ajudá-lo no desempenho de suas delicadas atribuições. *4* — *Muito Venerável.* Tratamento dado ao Mestre presidente da Câmara de terceiro grau; aos Vigilantes na abóboda dos Eleitos de Perigan (6.°) da Maçonaria Adoniramita, e aos Vigilantes da Câmara de Escoceses (6.°) do Rito de Adoção. *5* — *Muito Venerável Mestre.* Tratamento também dado ao Presidente das Lojas simbólicas, mormente quando um irmão se dirige a ele.

VENERÁVEL DE TODAS AS LOJAS. Grau 19.° do Rito Escocês Filosófico de Edimburgo, de 33 graus.

VENERÁVEL GRANDE ALEXANDRE. Título do presidente nas *Vendas* (*Lojas*) do grau 2.° da Franco-carbonaria.

VENERÁVEL GRANDE ELEITO. O sétimo e último grau honorífico no Rito Persa Filosófico.

VENERÁVEL GRANDE MESTRE. *1* — Título que se dá ao Presidente nas Lojas do 1.° grau do Rito de Adoção, seja homem ou mulher. *2* — Título do presidente das Lojas de Grande Arquiteto (12.°) do Rito Escocês Antigo e Aceito.

VENERÁVEL GRANDE MESTRE DE TODAS AS LOJAS. *1* — Grau 20.° do Rito Escocês Antigo e Aceito, também denominado ali *Soberano Príncipe da Maçonaria* e *Mestre ad Vitam*. *2* — Título desse mesmo grau no Rito de Mênfis.

VENERÁVEL HONORÁRIO AD VITAM. Dignidade honorífica que, em muitas Lojas, principalmente em países latinos, se confere a Veneráveis que hajam se destacado por seus méritos pessoais e serviços relevantes prestados à Ordem e à Loja, durante o exercício de suas funções e por certo número de anos. Esta outorga não o incompatibiliza para sua eleição ou desempenho de cargos ativos; sem prejuízo da mesma, podem ser eleitos ou nomeados para qualquer cargo. Também é norma serem-lhe atribuídas as mesmas honras devidas aos Veneráveis em exercício. Freqüentemente a Loja lhe oferece a presidência das sessões magnas de instalação de novos oficiais e lhe confia primeiro o malhete nas grandes solenidades.

VENERÁVEL INAMOVÍVEL. Antiga dignidade presidencial que outorgava ao seu titular o direito de fundar uma Loja, e de governá-la e administrá-la como se fora seu soberano e dono absoluto. Esta prática vingou nos primórdios da reforma maçônica, porém adquiriu vícios de arbitrariedade e autoritarismo, nocivos na França, donde se propagou a todo o continente europeu com seus inconvenientes e abusos. O Grande Oriente a aboliu em 1773 e declarou que só reconheceria como Venerável da Loja o Mestre que tivesse sido elevado a essa dignidade pela livre eleição de seus membros.

VENERÁVEL IRMÃO. *1* — Tratamento dado aos Irmãos condecorados com o grau de Pequeno Arquiteto da Maçonaria Adoniramita, e aos seus Vigilantes da câmara dos Eleitos Desconhecidos, chamados Perignan (6.º), bem como dos irmãos e irmãs nas Câmaras Escocesas (6.º) do Rito de Adoção; e aos Cavaleiros do Templo (36.º) do Rito de Misraim. *2* — Título do Presidente do Conselho de Eleitos da Verdade, grau Filosófico Moderno, via de regra conferido no Rito Escocês, em substituição ao grau 28.º da escala primitiva desse Rito.

VENERÁVEL MESTRE. *1* — Título com que nos países latinos em geral se designa o presidente de uma Loja simbólica. *2* — Título genérico dado a todos os Mestres quando reunidos na Câmara do Meio. *3* — *Muito Venerável Mestre*. Título que na Comaçonaria se dá ao presidente de uma Loja simbólica, e com que os hiramitas designam os presidentes das Câmaras de grande número de graus.

VÊNUS. *1* — Planeta de nosso sistema solar, cuja órbita está fora da de Mercúrio e dentro da terrena. Depois do Sol e da Lua, é o mais brilhante dos corpos celestes, aparecendo como estrela matutina ou vespertina, segundo nasça ou se ponha antes ou depois do Sol. No decurso dos séculos foi identificada pelos povos como uma de suas divindades femininas, hoje tidas por mitológicas. Foi *Sukra* entre os hindus, e também *Uzanas* (Guru ou Instrutor entre os Daityas, os gigantes da terra) em sua escritura os *Puranas; Anahid* entre os persas; *Anaitis* ou *Anaitia* entre os gregos, lídios e armênios; *Astartéia* dos sírio-fenícios; *Ishtar,* "a primogênita do céu e da terra" dos babilônios; *Milita* dos assírio-babilônicos; *Vênus Urania* ou *Afrodita* dos gregos e romanos. Foi sempre considerada como deusa ou emblema do amor espiritual e da beleza, mas posteriormente essas concepções foram degradadas. Também foi cultuada como *Lúcifer,* "portadora de luz", porém esta denominação foi dada pelas autoriaddes eclesiástica a "Satã", sua interpretação de *Isaias* 14:12. Cf. *Satã*. *2* — Entre os maçons é tido como um emblema natural da beleza abstrata, universal, inerente à própria Natureza, e alguns dos templos simbólicos lhe consagram uma estátua entre os seus adornos.

VERDADE. *1* — A Verdade absoluta não existe no mundo finito e condicionado onde vive o homem; ali só existem verdades relativas, em que o ser humanuo tem de se apoiar. Todavia, em todos os tempos têm existido Sábios que vislumbraram a Verdade absoluta, de que tiraram parcelas para ensinar apenas verdades relativas ao gênero humano, e assim mesmo condicionadas às suas próprias necessidades e limitadas possibilidades. Ninguém pode comunicar a outrem a verdade total e definitiva, porque é lei que cada qual tem de desvendá-la por si mesmo e em si mesmo; daí o famoso oráculo de Delfos *"Gnothi seauton"* ("Conhece-te a ti mesmo"). O primeiro passo para a Verdade é o ardente e desinteressado amor. Sendo a Verdade em si mesma um algo abstrato, é inútil para o indivíduo senão quando lhe infunde intensa alegria, confiança, devoção e o desejo de criar dentro e fora de si. A adesão incondicional à Verdade é o credo do autêntico maçom, e render culto a toda verdade deve ser seu ritual diário e constante, mesmo ao extremo de se sacrificar a si e seus próprios interesses no sagrado altar da Causa humana, como o fizeram tantos maçons no passado. Se convenientemente estudada e vivida, a Maçonaria pode conduzir à Verdade que palpita e se reflete através de seus símbolos e alegorias. *2* — Primeira palavra de reconhecimento, ao darem o Toque, entre os Cavaleiros Kadosh (5.º) do Rito Moderno ou Francês. *3* — Palavra de passe que se pronuncia em hebreu (*Emeth*) entre os Príncipes Grandes Haram (73.º) e do *Arco Arcanorum* (87.º) do Rito de Misraim. Cf. *Alethe.*

VERDADE, *Altar da.* Altar simbólico, no qual prestam seu juramento e consagram os seus trabalhos e ações as Mestras Perfeitas da Maçonaria de Adoção.

VERDADE, *A mim os filhos da.* Exclamação de extrema súplica de socorro dos Escoceses Trinitários (26.º) do Rito Escocês Antigo e Aceito, e do grau 14.º do Rito de Misraim, acompanhada do sinal correspondente, indicado no Ritual.

VERDADE, *Cavaleiro do Templo da.* Grau 61.º do Rito de Mênfis.

VERDADE, *Cavaleiros do Ecletismo da.* Grau 5.º do Rito Persa filosófico.

VERDADE, *Eleito da.* Título do grau 14.º do Rito dos Eleitos da Verdade e do grau 2.º do Rito dos Sublimes Eleitos da Verdade.

VERDADE, *Grande Eleito da.* Grau 29.º do Rito Escocês Primitivo.

VERDADE, *Irmão da.* Título do único Vigilante no Conselho (Loja) dos Cavaleiros do Sol ou Príncipe Adepto (28.º) do Rito Escocês Antigo e Aceito.

VERDADE, *Mestre da.* Grau 8.º do Rito dos Arquitetos da África.

VERDADE, *Príncipe da.* Grau 65.º do Rito de Mênfis.

VERDADE, *Sublime Eleito da.* Grau 28.º do Rito Escocês Antigo e Aceito, como continuação ou substituição do Cavaleiro do Sol ou Príncipe Adepto, do mesmo grau.

VERDADEIRA LUZ. *1* — A Sabedoria, a autêntica luz maçônica. *2* — Grau 7.º do Rito de Fessler.

VERDADEIRO E FIEL IRMÃO. Tratamento dado aos Grandes Pontífices (19.º) do Rito Escocês Antigo e Aceito.

VERDADEIRO IRMÃO ROSA-CRUZ. Título do grau 5.º da Ordem dos Cavaleiros e Irmãos Iniciados da África na Europa.

VERDADEIRO MAÇOM ADEPTO. Grau 58.º do Rito de Misraim.

VERDADEIRO MAÇOM NA VIA RETA. Grau 2.º do Rito de Pernetty.

VERDADEIRO MESTRE ESCOCÊS. Título de uma variante do grau 14.º do Rito Escocês Antigo e Aceito.

VERDE. Cor tida como característica do sentimento de simpatia e fraternidade. Aparece no simbolismo maçônico como distintivo de alguns graus, como nos graus 4.º, 17.º e 26.º do Rito Escocês Antigo e Aceito; no do Grande Arquiteto de Heredom (6.º); Cavaleiro da Palestina (9.º) do Escocismo Reformado de Tschoudy; Cavaleiro da Espada (6.º) do Rito Moderno ou Francês; Mestre Perfeito (4.º) do Rito de Adoniramita, e Eleitos e Sublimes Escoceses (5.º) da Maçonaria de Adoção, e outros.

VERIFICADOR, ou ARQUITETO VERIFICADOR. Oficial de Loja, encarregado de exame, revisão e comprovação dos documentos contábeis, do material e bens da Oficina, e dos livros ou registros do Tesoureiro, Hospitaleiro e Mestre de Banquetes. Mantém um inventário dos próprios e utensílios da Loja, cuja conservação e custódia lhe pertencem. Pode superintender os serventes ou operários contratados, e contratar os fornecedores de materiais ou gêneros alimentícios necessários.

VERMELHA, *Cavaleiro da Aguia.* Grau 25.º do Rito de Mênfis, e 39.º do Rito de Misraim.

VERMELHA, *Cavaleiro da Cruz.* *1* — Grau 9.º do Rito da Lata Observância e do Rito Sueco. *2* — Título de um grau cavaleiresco templário na Inglaterra e Estados Unidos.

VERMELHA, *Mestre Provincial da Cruz.* Grau do Rito da Estrita Observância.

VERMELHO. *1* — Palavra em resposta que se profere ao fazer-se o quarto sinal de reconhecimento do grau Real Arco (4.º), e último da Maçonaria desse nome. *2* — *Fogo Vermelho.* Nome convencional do vinho tinto, na terminologia dos banquetes da Maçonaria Escandinava. *3* — *Irmão Vermelho.* Grau 6.º do Rito de Swedenborg e dos Iluminados Teósofos.

VERULAM. Antiga capital da Bretanha, que Carásio, general da frota romana, escolheu para sua residência após haver conquistado aquele país e na qual se fez proclamar imperador pelo ano 287 da era cristã. Desejoso de rodeá-la de muralhas e de atrair, para isso, as simpatias das confrarias maçônicas profissionais que ali existiam, confirmou-lhes seus antigos privilégios outorgados por Numa Pompílio 715 a. C. Essa cidade tomou depois o nome de Santo Albano, em homenagem ao protomártir da Bretanha. (Cf. *Santo Albano.*)

VESTÍBULO. *1* — Átrio, entrada de um edifício; pátio de um templo, onde se celebram algumas cerimônias na recepção de visitantes e comissões. *2* — Misticamente, existem *três vestíbulos,* que são os três estados de consciência pelos quais passa a alma peregrina em busca da perfeição: o da Ignorância, o da Instrução e o da Sabedoria, quando ela alcança a iluminação. Maçonicamente esses estados correspondem aos três graus simbólicos: *Aprendiz, Companheiro* e *Mestre.* (Cf. *Três Graus da Iniciação.*)

VESTIDO. Em Maçonaria, é o avental que obrigatoriamente deve o irmão usar durante os trabalhos em Loja e que tradicionalmente simboliza a sua profissão operativa ou de operário ativo e diligente. Compreende também as faixas, colares e outros distintivos e condecorações dos graus, cargos e dignidades conferidos aos maçons. (Cf. *Avental; Trajo; Vestidura.*)

VESTIDURA. São as prendas ou indumentária especial que assinalam alguns graus, como o manto dos Cavaleiros Rosa-Cruz, a dalmática dos graus templários, as vestimentas sacerdotais dos Grandes Pontífices ou Chefes do Tabernáculo, e outros. (Cf. *Avental; Trajo; Vestido.*)

VESTIR-SE. Investir-se dos ornamentos do seu grau.

VÉU. *1* — Denominação que alguns Rituais dão à venda que cobre os olhos do recipiendário durante a iniciação. *2* — Na linguagem alegórica dos banquetes são os mantéis ou toalhas de mesa. (Cf. *Venda.*)

VÉUS, *Os Quatro.* Na Maçonaria do Real Arco ou Rito de Iorque, são os entraves físicos (vícios), morais (cobiça), mentais (preconceitos), e espirituais (egoísmo), de que deve libertar-se o Super-Excelente Maçom (6.º), antes de atingir o grau seguinte e último *Santo Real Arco,* em que teoricamente penetra na Cidade Celeste, Santuário da Luz e Paz, para ali encontrar a *Palavra Perdida.* As "palavras de passe dos véus" mostram ao buscador da luz os meios para derrubar essas barreiras e desenvolver as qualidades requeridas. (Cf. *Nome Inefável; Palavra Perdida; Venda.*)

VIAGENS SIMBÓLICAS. São as circunvoluções ritualísticas feitas em Loja pelo recipiendário durante a sua iniciação ao grau de Aprendiz (1.º) e, posteriormente, quando de sua elevação ao grau de Companheiro (2.º), bem como as que, mais tarde, fazem os quinze Mestres ao redor da sepultura simbólica do mesmo, na qualidade de representante do Mestre Hiram Abiff, quando de sua exaltação ao grau de

Mestre (3.º). Elas nos recordam os antigos Mistérios Menores do Egito e da Grécia, que as usavam para ministrar aos candidatos ensinamentos alusivos a determinados e sempre reiterados fatos universais que regem a vida humana. No Egito, por exemplo, o candidato penetrava no templo por uma porta do formato de um triângulo equilátero, mas pisando sobre um quadrado, para com esse ato simbolizar a subjugação de sua natureza inferior (figurada no quadrado) por sua natureza superior (figurada no triângulo). Em seguida viajava por longos corredores ao arrepio de temíveis perigos e armadilhas adrede preparados para submeter à prova sua coragem e decisão, e, se triunfasse, acabava circulando sete vezes pelo recinto do templo, em busca da Luz (*Shu* ou *Ra*), e em cada circunvolução recebia ensinos quanto ao seu significado e à sua futura conduta em face da vida e da morte. Tal é também, ou deveria ser, o significado mais profundo das procissões litúrgicas e públicas das religiões.

No Ritual maçônico, no *primeiro grau* o candidato penetra no Templo em busca de luz e lhe é formulada a pergunta, "Donde viestes e para onde ides?". Ao que ele responde, "Venho do Ocidente e viajo para o Oriente". Então de novo se lhe pergunta, "Por que viajais do Ocidente para o Oriente?", e o candidato responde, "Em busca de luz na Maçonaria". No *segundo grau* o candidato continua passo a passo a adquirir conhecimentos e consegue o direito de entrar na Câmara do Meio do Templo do Rei Salomão, e ali recebe seus "salários", por ter viajado diligentemente em busca de conhecimentos. No *terceiro grau,* o Mestre ferido corre (viaja) de uma porta para outra, deparando com dificuldades em cada uma delas, à procura da palavra do Mestre e ao mesmo tempo sendo o seu custódio. Assim, toda iniciação maçônica implica a idéia de viagem: a viagem em busca de luz; a viagem em busca de conhecimentos, e a viagem em busca da palavra do Mestre. Essas três buscas se acham admiravelmente sintetizadas nesta milenar invocação dos hindus: "Do ilusório conduze-nos ao Real; das trevas conduze-nos à Luz; da morte conduze-nos à Imortalidade". E também nestes versos de Buda: "Cessa de praticar o mal; pratica apenas o bem, e sê limpo de coração." E afinal nesta afirmação de Cristo: "Eu sou o Caminho, a Verdade e a Vida; quem não passar por mim (essas três etapas), não entrará no reino do céu." (Cf. *Circunvolução; Esfinge; Harmachis; Pirâmides; Três Graus da Iniciação.*)

VIANDAS. Veja-se *Materiais*.

VICARIUS SALOMONIS. Veja-se *Vigário de Salomão*.

VICE-ALMIRANTE. Título do grau 4.º da Ordem Andrógina da Felicidade, criada em París em 1742.

VICTUS DO COLÉGIO TERNÁRIO DE SANTO ANDRÉ. Grau 6.º do Escocismo Reformado, também intitulado *Grande Arquiteto de Heredom*.

VIGÁRIO DE SALOMÃO, ou *Vicarius Salomonis*. Título do grau 12.º e último do Rito Sueco. Ali, esta dignidade, também denominada Mestre Reinante, é pessoal e é reservada exclusivamente ao rei ou ao herdeiro de seu trono.

VIGILANTES. São os dois primeiros oficiais da Loja maçônica, que seguem ao Venerável na ordem hierárquica e em alguns Ritos o substituem em seus impedimentos. Em regra, o Primeiro Vigilante se senta ao Ocidente da Loja e tem a seu cargo a inspeção e vigilância dos Companheiros, ao passo que o Segundo Vigilante está sentado ao Sul da Loja e cuida dos Aprendizes. (Cf. *Oficiais*.)

VILLAUME, J. Ilustre literato e maçom francês, membro do Supremo Conselho da França. Publicou um manual de todos os graus do Rito Escocês, que o Supremo Conselho adotou em 1821.

VILLIERS, *Jorge*. Grão-Mestre da Confraternidade de Franco-maçons na Inglaterra, em 1674.

VILÕES. *1* — Na lenda mística, são os três assassinos da Alma, a saber: *a*) — *mentais*: a ignorância, a mentira e o orgulho; *b*) — *morais*: a ira, a sensualidade e a ambição; *c*) — *físicas*: a gula, a preguiça e a toximania. *2* — Na tradição maçônica, são os três maus Companheiros que assassinaram o Mestre Hiram Abiff: Abiram, Romvel e Gravalot. No entanto, seus nomes variam nos diferentes Ritos e graus; assim, são Obben, Giblas e Giblos, e também Jubela, Jubelo e Jubelum, no grau Eleito dos Quinze (10.º) do Rito Escocês Antigo e Aceito; Obben, Schaterké e Austerfurth, no Escocismo; Squim de Ploriam, Roffedei e Desconhecido, nos Templários (sobre cujas declarações se estribou Filipe o Belo para acusar a Ordem dos Templários ante o Papa), e também Filipe o Belo, Clemente V e Noffodei na mesma Ordem. Ao passo que o Maçom Coroado, o Rosa-cruz francês e outros o substituem por Judas, Caifás e Pilatos, os três protagonistas da morte de Jesus Cristo, e na

Rosa-Cruz de Kilwinning os três assassinos da Beleza são: Cain, NaKan e Eni. (Cf. *Assassinos; Fúrias; Giblas; Vilões.*)

VINCERE AUT MORI, lat., "vencer ou morrer". Divisa geralmente bordada em letras brancas sobre o fundo negro, peculiar dos graus seguintes: 4.º do Rito Moderno ou Francês; 11.º do Rito Escocês Antigo e Aceito; Cavaleiro Kadosh em todos os Ritos; Pequeno Eleito da Maçonaria Adoniramita; e grau 12.º do Rito de Misraim.

VINHO. *1* — Sem álcool, é símbolo da vida, alegria e força, e usa-se em várias cerimônias maçônicas, especialmente na instalação de novas Lojas e consagração de novos templos. *2* — Na linguagem simbólica dos banquetes, recebe nomes como: Pólvora forte, vermelha ou branca, segundo a cor do vinho; Azeite vermelho, branco ou forte na Maçonaria Adoniramita, conforme sua cor e dosagem: Vitura vermelha ou branca, segundo seja sua cor, na Franco-carbonaria.

VINTE E QUATRO. *1* — Número que no Budismo (*A Buddhist Bible,* pp. 227-50, por Dwight Goddard, ed. E. P. Dutton & Co., Inc., Nova Iorque, 1952) e no Cristianismo (*Apoc.* 4:4, 10 e 11; 5:8 e 9) aparece associado a 24 Anciães de alta estirpe espiritual e provindos de todas as partes do mundo, que se reúnem em magnífica assembléia para ouvir de seus respectivos insignes Instrutores (Buda e Cristo) a palavra transcendente sobre os mistérios da Lei Divina e render seu culto ao Supremo e aos seus iluminados Guias. No Jainismo, segundo o seu *Kalpa Sutra,* há os 24 *Tirthamkaras* que aparecem em cada ciclo. As Escrituras dessas religiões descrevem o acontecimento em termos os mais sublimes. *2* — Na Maçonaria, é o número máximo fixado para a composição dos Grandes Conselhos de *Cavaleiros do Oriente e Ocidente,* grau 17.º do Rito Escocês Antigo e Aceito. Os titulares do mesmo grau que excederam esse número, não podem integrar tais Conselhos como seus membros ativos, mas tão-só assistir a seus trabalhos e reuniões com voz consultiva. (Cf. *Régua.*)

VINTE E SETE. Número dos Grandes Eleitos, aos quais Salomão confiou o segredo da cripta sagrada, mandada construir por ele num subterrâneo do templo, para guardar o precioso Delta, que continha a palavra sagrada ali esculpida por Hiram, e que este usava sobre o peito, pendente de uma correntinha.

VINTE E TRÊS. *1* — Número que serve de base à lenda do grau 23.º, que recorda o regresso dos israelitas a Jerusalém depois de seu cativeiro em Babilônia, o qual teve lugar, segundo o relato, no vigésimo dia da Lua de Tebeth, décimo mês do ano judaico, bem como a festa que os judeus celebravam dando graças a Jehovah pelo feliz término das obras da reconstrução do Templo de Salomão, em 23 do mês de Adar, do sexto ano do reinado de Dario. *2* — Palavra dos Príncipes de Jerusalém (16.º) do Rito Escocês Antigo e Aceito, pronunciada ao responder-se ao toque de interrogação do exame de reconhecimento deste grau. (Cf. *Tebeth.*)

VIOLAÇÃO. O mais grave delito que por infelicidade possa cometer um maçom ao seu próprio Juramento, prestado no ato de sua iniciação na Ordem ou elevação de grau. Se cometido, acarreta-lhe, inapelável e irrevogavelmente, a degradação e perpétua expulsão da Ordem.

VIRTUDE E SILÊNCIO, *Virtute et Silentio*. *1* — Na Maçonaria de Adoção, é a divisa usada pelas irmãs, bordada em ouro sobre a jarreteira ou laço distintivo, que elas ostentam no braço. *2* — Entre os Cavaleiros Rosa-Cruz de Kilwinning, é uma divisa em ouro adornada com as armas do selo da Ordem, que usam presa ao joelho esquerdo.

VIRTUDE E VALOR. Divisa dos Cavaleiros da Serpente de Bronze (25.º) do Rito Escocês Antigo e Aceito, bordada sobre a faixa distintiva desse grau.

VIRTUDES PRINCIPAIS, *As Três*. Fé, Esperança e Caridade são as três virtudes principais da Maçonaria. A escada ascensional das virtudes de perfeição, que figura no Quadro de Aprendiz de algumas Lojas simbólicas, tem por emblemas, respectivamente, a Cruz, a Âncora e o Cálice (ou o Coração). (Cf. *Escada; Escada de Jacó; Abraxos.*)

VIRUTA. Denominação figurada do vinho e da água nos banquetes da Franco-carbonaria: *Viruta Apodrecida,* a água; *Viruta branca,* o vinho dessa cor; *Viruta vermelha,* o vinho tinto.

VISITANTE. É o maçom que assiste aos trabalhos de seu grau ou inferior, de outra Loja regularmente constituida em outra região ou país. Pode fazê-lo livremente todo maçom, desde que se ache no pleno gozo de seus direitos e identifique ali sua pessoa e seu caráter maçônico, exibindo seus títulos e provas de reconhecimento. Geralmente os visitantes são recebidos com as honras correspondentes ao seu grau, ao seu posto hierárquico ou à representação de que estejam credenciados, e segundo as prescrições estabelecidas nos Estatutos gerais e Regulamentos particulares por que se rege a Loja visitada. Os visitantes podem apresentar proposições e fazer uso da palavra em todos os assuntos de interesse geral da Ordem, mormente em se tratando de admissão de novos membros na Maçonaria, quando então intervêm com voz consultiva, ou mesmo com voto deliberativo. (Cf. *Votação.*)

VITÓRIA. Palavra de passe das Eleitas Escocesas (5.º) da Maçonaria de Adoção.

VITORIOSO. *1* — Título de vários graus avulsos de diferentes Ritos e sistemas. *2* — *Vitorioso do Oriente*. Título de um grau templário. *3* — *Real Vitorioso.* Grau templário do antigo Capítulo do Grande Oriente de Bouillon, Bélgica.

VITRIOL. As letras desta palavra, atribuídas como lema dos antigos Rosa-Cruzes, significam: *Visita Interiora Terrae Rectificandoque, Invenies Occultum Lapidem* ("Visita o interior da Terra, e retificando, encontrarás a Pedra Oculta"). Figurando no painel da Câmara de Reflexões em algumas Lojas, é um convite à busca mística do Ego profundo, a essência da Alma humana, no silêncio e meditação. Às vezes se escreve VITRIOLUM, e traduzem-se as duas últimas letras por *Verum Medicinam* ("A verdadeira medicina").

VIÚVA. A Maçonaria. (Cf. *Filho da Viúva.*)

VIVA!. Exclamação de alegria e aplauso, que acompanha as baterias ou saudações dirigidas aos maçons nas cerimônias de iniciação, recepção de visitantes, abertura ou encerramento dos trabalhos, felicitações e muitas outras manifestações maçônicas festivas. Varia, no entanto, em muitos graus e Ritos, segundo a língua ali falada; na inglesa é *hurra*! (Cf. *Aclamações.*)

VIVAT!. Exclamação francesa, adotada pelos irmãos franceses no Rito Moderno ou Francês e no Rito Escocês Antigo e Aceito, em suas manifestações de alegria e aplauso.

VOGEL, *Roberto*. Ilustre maçom prussiano do século dezoito. Médico, químico e bibliógrafo, escreveu várias obras científicas e maçônicas, das quais cumpre destacar *Cartas sobre a Franco-maçonaria,* publicadas em 1775.

VOIGTS. Erudito maçom e bibliógrafo alemão do século dezoito. Publicou uma obra intitulada *A Arte da Franco-maçonaria Apreciada pela Voz dos Príncipes e Julgada pelos Grandes Homens.*

VOLUME DA CIÊNCIA SAGRADA. V. *Decoração da Loja,* Mobiliário.

VOLUME DO CONHECIMENTO SAGRADO. V. *Decoração da Loja;* Mobiliário.

VOLTAIRE, *Francisco Maria Arouet de* (1693-1778). Célebre escritor e filósofo francês. Sob a presidência do ilustre matemático Jerônimo de Lalande, foi iniciado maçom pouco antes de sua morte, na Loja das Nove Irmãs de Paris, onde por então se reuniam os homens mais eminentes da França. Mostrou-se muitíssimo satisfeito com a Maçonaria, em cujos princípios encontrou muita afinidade com as doutrinas e idéias que professara e difundira em toda a sua vida. Em poucas palavras ele definiu os benefícios dos antigos Mistérios: "No caos das superstições populares, existiu uma instituição que sempre preservou o homem de cair na brutalidade absoluta: foi a dos Mistérios" (*Secret Doctrine* de Blavatsky, Vol. II, p. 262).

VOTAÇÃO. Um dos atos democráticos mais importantes muito em voga na Maçonaria, para consultar a vontade de seus membros, livremente expressa por meio de sufrágio. Os regulamentos gerais de cada autoridade maçônica definem os requisitos e condições que regem o exercício do voto dentro de sua jurisdição. (Cf. *Visitante.*)

VOTO SECRETO. É o que na Loja se manifesta por meio de bolas brancas e pretas, ou de escrútínio secreto. O uso das bolas é obrigatório nos casos de admissão de novos membros ou de anulação de dúvidas não dirimidas por outras espécies de votação. Ao passo que o escrutínio secreto é aplicado nos casos de aumento de salários, e eleição do Venerável e de outros dignitários. É também usual que sejam secretas as votações sobre qualquer assunto. desde que o solicitem três dos membros com direito a voto.

VOTO SOLENE. É o que se faz em Loja, perante os irmãos e dentro das formalidades requeridas, como, por exemplo, as iniciações maçônicas ou posse de novos Oficiais.

VOZ ou LÍNGUA DE BOA REFERÊNCIA. São as informações especialmente colhidas sobre o profano que solicita seu ingresso na Maçonaria. Equivale à expressão inglesa "tongue of good report", em que a palavra "tongue" é sinônimo de "fiel da balança". As informações são *boas,* se atestam ser o solicitante "livre e de bons costumes", tal qual se exigia outrora do candidato aos Antigos Mistérios, e ter afinidade pelos ideais maçônicos, isto é, que não o move o espírito de mera especulação, curiosidade ou interesses subalternos. Normalmente sua aprovação e admissão dependerão ainda de três votações secretas favoráveis, em Loja aberta e em três reuniões realizadas em datas diferentes. A fórmula é uma reminiscência e adaptação de antiquíssima prática ritualística egípcia, em relação ao Julgamento dos Mortos, que Sir E. A. Wallis Budge, Londres, descreve assim em sua tradução do *Livro dos Mortos,* p. LXV *et seq.*: "O julgamento dos mortos (pp. 25-30) tinha lugar no Tribunal de Osíris, cuja exata posição se desconhece. O Juiz era Osíris, assistido pelos deuses que formavam sua *paut* ou corte. O julgamento de cada indivíduo parece que se realizava logo após a sua morte; os condenados eram ato contínuo tragados pelo Devorador dos Mortos e cessavam de existir, e os não condenados ingressavam nos domínios de Osíris, onde encontravam vida e felicidade perenes. Não há nenhuma base para admitir-se que os egípcios tivessem acreditado numa ressurreição geral ou numa punição prolongada. Os mortos cujo coração, ou consciência, pesado na balança, fosse sem mácula (i. é, "limpo e puro"), eram declarados "maâ kheru", palavras estas no papiro sempre seguidas dos nomes das pessoas a que se referiam. São comumente traduzidas por "triunfante" ou "vitorioso", "dizendo a verdade", "justo", "justificado", "vencedor", "vrai de voix", "juste de voix" etc. Mas o seu real significado parece ser "aquele cuja palavra é exata e verdadeira"... Assim, diante da pessoa portadora da "palavra exata" se abriam os portais dos recintos do submundo e os seres que ali detinham o poder tornavam-se seus servos".

No ritual do julgamento, num dos pratos da balança se colocava o coração (consciência) do morto, e no outro, uma pena de ave; se o coração pesasse mais que a pena, o morto estava condenado e sofria logo as conseqüências devidas; se pesasse menos, estava livre. Obviamente, "domínio da Osíris" corresponde ao "reino de Deus" dos cristãos. O "Devorador dos Mortos" figura no *Livro dos Mortos* egípcio como um Dragão, Serpente ou Chacal, os quais, segundo os melhores exegetas, simbolizavam o perpétuo e penoso ciclo das reencarnações sucessivas na terra e de novos julgamentos até quando fosse achado imáculo. (Cf. *Admissão.*)

W

W. Letra anglo-saxônica, que na língua portuguesa é substituída ora por *u* ora por *v*, segundo seja a sua pronúncia na língua estrangeira. Ocupa o vigésimo quarto lugar no alfabeto maçônico, e é diversamente representado, conforme os Ritos e sistemas. Com exceção do Rito de Iorque ou inglês, é muito pouco empregada na terminologia maçônica de origem latina ou hebraica.

WAGENAAR, *Conde João de*. Literato do século dezoito e um dos mais ilustres maçons de então, na Holanda. Foi Grão-Mestre de uma Grande Loja provincial, fundada em Haia em 1735, com o objetivo de afastar da tutela alemã a Maçonaria holandesa.

WALKENAER DE OBDAM. Maçom holandês, cujos ascendentes foram durante muitos anos depositários de um documente histórico de autenticidade e existência muito discutidas. Trata-se de um pergaminho contendo a chamada Carta de Colônia, datada de 24 de junho de 1535 e assinada por dezenove personagens célebres na época, na qualidade de delegados das Lojas maçônicas dos principais Estados e cidades da Europa.

WALPOLE, *Ricardo* (1679-1745). Estadista inglês, em cuja residência se realizou uma reunião maçônica em 1732 para se conferirem cerimonialmente os graus 1.º e 2.º da Maçonaria simbólica a Francisco, duque de Lorena e grão-duque de Toscana, que posteriormente veio a ser imperador da Alemanha.

WANESLEET, *Guilherme*. Bisbo de Winchester e Grão-Mestre da Confraternidade de Franco-maçons da Inglaterra, por nomeação do rei Henrique VI, em 1443.

WARD, J. S. M. Culto maçom inglês do século dezoito, filiado à escola antropológica quanto à antiguidade histórica da Maçonaria, cuja origem ali se atribui mais à Síria do que ao Egito. Legou-nos esplêndidos tratados de estudos e instruções maçônicos.

WASHINGTON, *Jorge* (1732-1799). Um dos fundadores da República dos Estados Unidos da América do Norte e o seu primeiro presidente em dois períodos sucessivos (1789-1797). Em 4 de novembro de 1752 se filiou à Maçonaria, na Loja n.º 4 de Frederiksburg; em 3 de março de 1753 foi elevado ao 2.º grau, e em 4 de agôsto do mesmo ano, ao terceiro.

WHARTON, *Filipe; duque de*. Aristocrata e maçom do século dezoito. Em 1722 criou uma conjuntura difícil para a Maçonaria de seu país, ao pretender sua nomeação para Grão-Mestre da Grande Loja da Inglaterra, em lugar do duque de Montagu, que fora reeleito para esse cargo. Todavia, mercê de seu desprendimento e bom tato, o segundo apresentou sua renúncia em favor do pretendente, evitando assim um cisma eminente, ao passo que o duque de Wharton correspondeu a esse cavalheirismo, trabalhando com zelo e entusiasmo tais, que a Grande Loja muito prosperou sob sua direção. Algum tempo depois, encontrando-se na Espanha, introduziu ali a Maçonaria moderna, cuja primeira Loja, denominada *Matritense,* foi instalada em Madrid em 15 de fevereiro de 1728, sob os auspícios da Grande Loja da Inglaterra.

WILHELMSBADT. Pequena cidade alemã, onde se realizou a reunião de um Convento maçônico no dia 16 de julho de 1782, sob a presidência do duque Fernando de Brunswick, na qual se tratou da reforma geral da Maçonaria alemã, que pôs termo ao sistema da Estrita Observância.

WILSON, *Guilherme*. Erudito orientalista inglês, que em 1622 ingressou na Confraternidade de Franco-maçons, juntamente com outros. Esse grupo se uniu posteriormente ao sábio Elias Ashmole para assentar as bases da reforma da Maçonaria, concretizada em 1717.

WINZER, J. Maçom alemão, autor de uma *História das Associações da Idade Média*. Prova o autor nessa obra que tanto os canteiros e pedreiros alemães como os construtores ingleses não formaram grêmios exclusivos de seu ofício, porém que estes operaram como verdadeiras corporações científicas, em que se praticava a teoria secreta da arte. Afirma ainda que os maçons modernos não são os criadores das liturgias e símbolos que usam, nem os emprestaram de nenhuma sociedade secreta, pois tais símbolos e liturgias têm sido transmitidos por tradição através das idades, desde os mais remotos tempos, dos quais provêm as sociedades maçônicas.

WOIGT. Autor alemão da obra *Atas Históricas,* em que expõe os mistérios mágicos e cabalísticos dos clérigos da Estrita Observância.

WOLFF, *João Cristiano* (1679-1764). Filosófo e maçom alemão, foi quem primeiro estabeleceu a idéia de uma enciclopédia das ciências filosóficas e a levou em parte a cabo.

WYKEAM, *Guilherme*. Bispo de Winchester, foi eleito em 1357 Grão-Mestre da Confraternidade de Franco-maçons da Inglaterra.

X

X. *1* — Vigésima quarta letra do alfabeto maçônico, no qual se apresenta sob diferentes grafias. *2* — Aparece no simbolismo maçônico como inicial de alguns nomes e significados diversos; ex.: *Xerxes, Xinchen* e outros. — *3* — No alfabeto hermético dos Juízes Filósofos Desconhecidos corresponde ao número 3, tem por hieróglifo a cruz de Santo André e é inicial de *Xanto,* nome, segundo o Ritual, de um rio que livrava a Grécia de invasões pelo transbordamento de suas águas.

XANTRAILLES, *Madame de.* Esposa do general francês deste nome, à qual, por seus atos de bravura, foi concedido o ingresso na Maçonaria, não obstante ser mulher.

XERXES (em persa, *Khshayarsha*). Rei da Pérsia de 485 a 465 a. C., filho e sucessor de Dario, seu nome intervém em vários graus da Maçonaria sem motivo que o justifique. No Rito Escocês Antigo e Aceito está esculpido na manga do machado dos Cavaleiros do Real Machado (22.º), e é uma das palavras de ordem da semana, correspondente à terça-feira, dos Príncipes do Real Sagredo (32.º).

XINXEN. Palavra hebraica, cuja letra inicial se acha gravada sobre o túmulo de Adoniram, no grau de Grande Arquiteto de Heredom (6.º) do Escocismo Reformado, cujo ritual o traduz por *assento* ou *morada da alma.* Nalguns rituais é também uma das grandes palavras dos Prebostes e Juízes, ou Mestres de Israel, conquanto alguns historiadores a reputem errônea.

Y

Y. *1* — Vigésima quinta letra do alfabeto inglês, derivada do *épsilon* grego, e décima letra do alfabeto hebraico, a *Yod.* Na Maçonaria não aparece como inicial. *2* — É a *littera Pythagorae,* "letra pitagórica". que simboliza a bifurcação do caminho em duas sendas: a da *virtude* à direita, e a do *vício* à esquerda. *3* — No alfabeto hermético dos Juízes Filósofos Desconhecidos corresponde ao número 24 e tem por inicial a dupla cruz.

YAO. Um dos imperadores da China, no século XIV a. C. e que, segundo o Ritual de Misraim, foi Grande Conservador da Ordem nos Vales indochineses.

YA VAROUM HAMEN ou AMMAIM. Palavra de passe dos Cavaleiros do Oriente ou da Espada (6.º) do Rito Moderno ou Francês. É tida como uma corrutela de *Jeaborou-Hammaim* ("passaram as águas"). (V. esta palavra.)

YEVELE, *Henrique.* Arquiteto inglês, que em 1327 foi eleito Grão-Mestre dos Franco-maçons da Inglaterra.

YORK (ou *Iorque*). Uma antiga cidade da Inglaterra, conhecida entre os romanos como *Eboracum.* Foi o centro do poder romano naquele país, do qual restam ainda muitas relíquias. Segundo os anais maçônicos, foi edificada pelas sociedades de construtores, ou Colégios, que acompanhavam as legiões romanas e converteram essa cidade num centro das famosas Confrarias de construtores. Posteriormente estas encontraram ali seguro refúgio contra as perseguições e decomposições que arruinaram suas congêneres no continente europeu, em diferentes épocas. (Cf. *Maçonaria Operativa.*)

YORK, *Carta ou Constituição de.* Documento histórico, de autenticidade controvertida por alguns investigadores, o qual constitui um dos códigos mais antigos da Maçonaria, e sobre o qual se têm calcado as principais Constituições maçônicas ora conhecidas. Segundo os historiadores ingleses, pelo ano de 926 o rei Athelstan, neto de Alfredo o Grande, educado pelos sacerdotes arquitetos e ele também arquiteto, fez educar nesta arte o segundo de seus filhos, o príncipe Edwin, e nomeou-o chefe ou Grão-Mestre da Confraria. Desejando este príncipe reconstruí-la segundo as antigas leis e costumes, e reparar as perdas acarretadas pelos incêndios e destruições causadas pelas guerras, convocou todas as Lojas do reino para a celebração de uma assembléia de York. Ali o rei submeteu ao exame dos presentes uma nova Constituição, que foi votada e aprovada, e desde então declarada como a lei única e suprema para reger e governar a Confraria. Converteu-se desde então York na sede dos Grãos-Mestres, e a Constituição denominada "Carta de York" tem sido a base de todas as demais Constituições e leis fundamentais posteriormente formuladas.

YOUNG. Coronel inglês, que por treze anos consecutivos exerceu as funções de Deputado Grão-Mestre da Grande Loja da Escócia e a quem alguns panegeristas atribuem a introdução do Rito Escocês Antigo e Aceito na América, em 11 de junho de 1757. Todavia, o que parece mais confirmado é que ele só foi incumbido de propagar ali a Maçonaria simbólica.

YSCHIM KIBBONTZ, *collecto virorum*. Divisa que circunda a esfera terrestre que figura sobre a porta do Supremo Conselho dos Soberanos Príncipes Hasid (76.°), do Rito de Misraim.

YSIRE. Provável corrutela de *Izrach-iah* (v. esta palavra), e eliminada em 1875 do Rito Escocês Antigo e Aceito.

YZED, "sábio". Título de um dos onze grandes dignitários dirigentes do Grande Areópago dos Sábios das Pirâmides (56.°), ou Santuário, do Rito de Mênfis.

Z

Z. *1* — Vigésima terceira letra do alfabeto brasileiro e sétima do hebreu (*zayin*), cujo símbolo é uma espécie de cetro egípcio, uma arma. *2* — No simbolismo dos vários graus maçônicos aparece como inicial de determinados nomes, como *Ziza, Zephoras, Zaddiquin,* etc. *3* — No alfabeto hermético dos Juízes Filósofos Desconhecidos, corresponde ao número 16; tem Júpiter por hieróglifo.

ZABULON ou ZEBULON ("forma grega de Zebulon"). *1* — O décimo filho de Jacó (*Gên.* 30:20), e o pai de três filhos que foram os chefes de suas tribos (*Gên.* 46:14). Segundo intérpretes bíblicos, significa "desejado para habitação", e segundo outros autores, "o céu, a morada de Deus. *2* — Palavra de passe do grau de *Past Master* (4º) do Rito do Real Arco, e do grau 8.º do Rito de Misraim. *3* — No Escocismo Reformado figura com sua tribo, mormente no grau 6.º. *4* — No Rito Escocês Antigo e Aceito, é palavra de passe nos graus 13.º e 17.º e figura como Tesoureiro no grau 14.º. *5* — Aparece em vários rituais diversamente como *Jabulon, Jabulum, Johabulm, Jibilum, Jibellum, Chibullum,* etc. (Cf. *Jabulon; Jabulum.*)

ZACARIAS, heb., "lembrança do Senhor". Nome de vários personagens bíblicos, que é a palavra de ordem para sexta-feira e se dá em resposta à palavra *Herodes,* entre os Príncipes do Real Segredo (32.º) do Rito Escocês Antigo e Aceito.

ZACORIS. Nome atribuído ao Grande Tesoureiro no Grande Areópago dos Sábios das Pirâmides do Santuário de Mênfis.

ZACUTO (1575-1646). Estudioso médico português, de origem israelita, que pelos historiadores do Rito de Misraim é considerado um dos Grandes Conservadores da Ordem.

ZADDICHIM, ZADDIKIM ou ZADDIQUIM, heb., "justos"; variação de *Zadok* — Nome que no Rito de Misraim se dá aos Grandes Vigilantes dos Soberanos Príncipes Talmúdicos (71.º), e a todos os membros do grau 72º (Príncipes Zaddichim), que não exercem cargos no Supremo Consistório.

ZADOK, heb., "justo". Segundo Josefo (Antiguidades X, 8; § 6), foi o primeiro sumo sacerdote hierofante do grande Templo de Salomão. Os maçons o relacionam com alguns de seus graus. (Cf. *Saduceus; Zaddichim;* e 1. *Reis* 2:35, 1. *Crôn.* 9:11.)

ZAKAI, heb., "puro", "universal". Um dos grandes nomes de Deus no grau 6.º do Rito Escocês Reformado.

ZAO. Palavra sagrada dos Grandes Mistérios da Ordem e Soberanos Príncipes (89º) do Rito de Misraim.

ZARATHUSTRA. Veja-se *Zoroastro.*

ZAUNABOZANE ou ZANABOZANE. Palavras esdrúxulas que alguns Rituais do 20º grau do Rito Escocês Antigo e Aceito consignam erroneamente, em lugar de *Stolkin* ou *Zabulon.*

ZEDIAC, heb., "o que se sacrifica a Deus". Palavra de passe no grau 20º da Maçonaria Adoniramita.

ZEKARIAN ou ZECHARIAH, heb., "lembrança do Senhor". Segundo o Ritual do grau 8.º do Escocismo Reformado, foi o nome de um dos seis porteiros do Templo de Salomão. (Cf. *Zacarias.*)

ZEND-AVESTA ou ZEN DAWASTA. São os livros sagrados dos persas ou parses, chamados pelo vulgo os "adoradores do Sol", e também as escrituras do Zoroastrismo, também denominado Mazdeismo, Magismo, Dualismo, Culto do Sol, etc. Como se acha atualmente coligido, o *Avesta* se divide em duas partes: a primeira é o *Vendîdad,* o *Vispêrad* e o *Yazna;* a segunda, o *Khorda Avesta,* que é uma coletânea de breves orações chamadas *Gâh, Nyâysh,* etc. *Zend* significa "comentário", "explicação", e *Avesta* deriva do antigo vocábulo persa *âbâshtâ,* "lei".

ZÊNITE, ár., "caminho direto". *1* — Ponto imaginário da esfera celeste, que se supõe situado diretamente sobre nossa cabeça, e oposto ao Nadir, supostamente situado sob nossos pés. Cada um deles constitui, pois, uma das extremidades de uma reta que atravessa perpendicularmente o ponto por nós ocupado na superfície da Terra. São, respetivamente, as direções ascendente a descendente, ao passo que o quatro pontos cardeais são as direções longitudinais das energias que atravessam cada um de nós e as Lojas maçônicas, como também os demais corpos ocupando um espaço. *2* — Denominação simbólica da sede de um Supremo Conselho e da Maçonaria Branca (graus 31.º a 33.º), donde data seus documentos e envia suas saudações às Oficinas. (Cf. *Saudação Maçônica; Canapé Celeste; Loja; Pontos Cardeais.*)

ZEPHORAS. Uma das três palavras sagradas do grau 53.º do Rito de Misraim.

ZERBAL, heb., "prevalecente com o Senhor". *1* — Nome suposto de um dos guardas de *Salomão.* *2* — No Rito Escocês Antigo e Aceito é a segunda palavra de passe no 6.º grau; a primeira palavra sagrada no grau 10.º, e o nome do Capitão do Guarda do 14.º também representado no grau 5.º pelo Irmão Condutor ou Instrutor. — *3* — Palavra sagrada no grau 11.º do Rito de Misraim.

ZEUS, gr. o "Pai dos deuses". É o regente do céu, correspondente ao Brishaspati dos hindus e ao Júpiter da mitologia romana. É a origem mais provável do vocábulo *Deus.*

ZINNENDORF. Nome suposto de João Guilherme Ellenberger (ou Ellermann), que no século dezoito fundou o Rito designado com esse nome. (Cf. *Rito de Zinnendorf.*)

ZIZA, heb., "brilho", "abundância" (1. Crôn. 4:37). Nome de um personagem bíblico que, segundo alguns autores, serve de palavra de passe do grau 5.º do Rito Escocês Antigo e Aceito. (Cf. *Acária* — 4.)

ZODIACAL. *1* — Relativo ou pertencente ao Zodíaco — *2* — *Colunas zodiacais.* As doze colunas que circundam alguns templos maçônicos, alusões alegóricas aos doze signos do Zodíaco, cada qual representando uma força, uma influência, uma virtude especial. (Cf. *Zodíaco.*)

ZODÍACO, gr., *zodiakos,* "ciclo de animais". *1* — É uma faixa celeste imaginária, que se estende de 8 a 9 graus em cada lado da ecliptica e que com esta coincide de certo modo, pois ambas são medidas a começar do Equinócio da Primavera (no hemisfério norte), sob o signo de *Aries,* que astrologicamente é o primeiro signo do Zodíaco, a 0º grau da eclíptica. Contém as doze constelações ou "signos" de 30 graus cada um, que o Sol aparentemente percorre durante o ano. Como nas configurações das constelações os antigos viam semelhanças com os animais, destes lhes tiraram as denominações. Todavia, devido à lenta e contínua precessão dos equinócios, os signos não ocupam sempre os mesmos lugares zodiacais, mas sofrem uma deslocação retrógrada no sentido oriente-ocidente, na proporção aproximada de 50 segundos por ano, o que soma um grau cada 72 anos luni-solares, 30 graus cada 2160 anos luni-

Zodiaco

-solares, e 360 graus em 25920 anos luni-solares, findo o qual o ponteiro zodiacal se reencontra no signo inicial (0°), isto é, as constelações retornam às suas casas originais, e reinicia-se um novo ciclo de igual período. O efeito prático e imediato da precessão equinocial é anticipar um pouco, cada ano, o princípio das estações, e o remoto, é despertar e ativar, cada ano sideral, em todo o globo terrestre, novas energias naturais, tanto físicas como espirituais. Na antiguidade, os astrólogos hindus, os magos persas e caldeus, e os sacerdotes egípcios, foram famosos por seus conhecimentos da ciência zodiacal, como a Bíblia o confirma em *II Reis 23:5,* e *Mat. 2:1-12,* e o reconheceram Tycho Brahé e João Kepler, os pais da astronomia moderna. "Os antigos pré-históricos encaravam o zodíaco como a chave de todas as ciências humanas e naturais, e não é de duvidar que algum dia se descubram abundantes razões para retornar-se a esta alta posição" (Revista *Le Lotus,* maio de 1888, Paris). São as seguintes as denominações dos signos, cada qual compreendendo 30 graus da faixa zodiacal e correspondendo a uma virtude específica, segundo os astrólogos: I — *Aries* (Carneiro): aspiração; II — *Taurus* (Touro): integração; III — *Gemini* (Gêmeos): vivificação; IV — *Cancer* (Caranguejo): expansão; V — *Leo* (Leão): intrepidez; VI — *Virgo* (Virgem): adaptação; VII — *Libra* (Balança): equilíbrio; VIII — *Scorpio* (Escorpião): criatividade; IX — *Sagitarius* (Arqueiro): energia especulativa; X — *Capricornio* (antílope): discernimento; XI — *Aquário* (porta-água): lealdade; XII — *Pisces* (Peixes): compreensão. No hemisfério norte, onde se situam as nações que no passado (e ainda no presente) celebravam as festas equinociais e solsticiais, o Sol entra no signo de *Aries* no equinócio da primavera (21 de março) e em *Libra* no equinócio de outono (23 de setembro); ao passo que o ponto inicial de *Cancer* marca o solstício de verão (21 de junho), e o de *Capricórnio* o do inverno (21 de dezembro). Tais festividades, celebradas pelas religiões mais antigas do mundo, são perpetuadas simbolicamente na Maçonaria. *2* — Um dos antigos ramos da Maçonaria hermética, que se dedicava ao estudo e influência dos astros na vida dos indivíduos e compôs numerosos graus próprios, dos quais se originou o *Rito do Zodíaco Maçônico.* (Cf. *Equinócios; Fênix; Festas; São João, Festas de; Sol; Solstícios.*)

ZOROASTRO. Designação grega de Zarathustra, o grande legislador persa, fundador da antiga religião hoje conhecida sob várias denominações e muito mal compreendida: Culto do Fogo, Magismo, Mazdeísmo, Parsismo e Zoroastrismo. Zozoastro foi o nome genérico de todos os grandes sucessores de Zarathustra, ao todo dezoito, segundo algumas autoridades, sendo que o último viveu antes da guerra de Tróia, e portanto, uns 6.500 anos antes de Platão.

ZOROBABEL, forma grega de Zerubbabel, "nascido em Babilônia" (*1. Crôn.* 3:19). *1* — Filho de Salatiel, da estirpe real de Davi, em *Esdra* 1:8 é designado pelo nome caldeu Sesbassar, "príncipe de Judá". Teve um emprego em Babilônia e foi o chefe da primeira colônia de judeus que no ano 536 a. C. voltou do cativeiro de Babilônia. Sob seus cuidados colocou o rei Ciro os vasos sagrados do templo, que ele trouxe de volta para Jerusalém, com outros valiosos objetos de ouro e prata, acompanhado de Josué, o sumo sacerdote, e de muitos outros sacerdotes. Também estava habilitado por uma ordem do rei para obter a madeira e as pedras que necessitasse para a reconstrução do templo. É sempre indicado como o principal chefe entre os judeus que regressaram a seu país natal. Sua lenda constitui o motivo de alguns rituais bíblicos, particularmente o grau 15.º do Rito Escocês Antigo e Aceito. *2* — Palavra de passe dos Cavaleiros Rosa-Cruz de Kilwinning (46.º) do Rito de Misraim. (Cf. *Sheshabazar.*)

Z'RAHHIEL, heb., "norte do Senhor". Um dos sete querubins que constituem o Conselho de Cavaleiros do Sol (28.º) do Rito Escocês Antigo e Aceito, onde governava o Sol, incluído entre os planetas. (Cf. *Querubim; Querubins.*)